民法原理与实务

王　勇　葛现琴　主编

中国人民公安大学出版社
·北　京·

图书在版编目（CIP）数据

民法原理与实务 / 王勇，葛现琴主编. —北京：中国人民公安大学出版社，2020. 12

（高职高专法律专业课教材及辅导丛书）

ISBN 978-7-5653-4082-6

Ⅰ.①民…　Ⅱ.①王…②葛…　Ⅲ.①民法—中国—高等职业教育—教材　Ⅳ.①D923

中国版本图书馆 CIP 数据核字（2020）第 208237 号

民法原理与实务

王　勇　葛现琴　主编

出版发行：中国人民公安大学出版社
地　　址：北京市西城区木樨地南里
邮政编码：100038
经　　销：新华书店
印　　刷：涿州市新华印刷有限公司

版　　次：2020 年 12 月第 1 版
印　　次：2024 年 1 月第 3 次
印　　张：36. 75
开　　本：787 毫米×1092 毫米　1/16
字　　数：700 千字

书　　号：ISBN 978-7-5653-4082-6
定　　价：115. 00 元

网　　址：www.cppsup.com.cn　www.porclub.com.cn
电子邮箱：zbs@ cppsup.com　zbs@ cppsu.edu.cn

营销中心电话：010-83903991
读者服务部电话（门市）：010-83903257
警官读者俱乐部电话（网购、邮购）：010-83901775
法律图书分社电话：010-83905745

本书编写分工

主　　编　王　勇　葛现琴

副 主 编　卫国平　冀彩芳　郭　文

编写人员　（按撰写章节先后为序）

葛现琴　任会杰　郭　文　邢丹丹

冀彩芳　蒋　亮　王译敏　王　勇

卫国平　朱云霞

编写说明

根据2018年我院向河南省教育厅申报建设省级优质高等职业院校方案中的“司法保障专业群”建设要求和2019年我院获准的河南省教育厅立项“法律事务专业”建设要求，以及我院精品资源课程建设的要求，要针对法律事务专业开发具有针对性和实用性的教材及辅导丛书。根据以上要求，全体参编人员共同努力，在大量研读、借鉴现有本科、高职高专民法教材的基础上，结合《中华人民共和国民法典》（以下简称《民法典》）及相关的司法解释，编写完成本书。本书根据课程设置和教学需要，结合高职高专法律事务专业学生的实际情况进行编写，现对以下问题进行说明：

第一，本书的书名。本书的书名定为《民法原理与实务》，主要是针对高职高专实践性教学的要求，注重实操性、实用性、工作场景仿真性。做到“教、学、做”一体化。书中每一章有本章引例、课后思考案例，同时在文中根据需要穿插案例。“法律最大的功能就是用和平的方式解决纠纷。”通过大量的案例分析训练，让学生学会“发现事实、寻找法律、解决问题”。知识的积累是一个长期渐进的过程，必要的借鉴吸收是不可避免的。我们在编写本书时，学习、借鉴了不少专家、学者的理论观点、体系结构等方面的内容，在此表示感谢。

第二，本书的内容。本书的内容比本科教材简单，减少理论阐述，注重实用性、可操性、实务性；同时又比一般的高职高专法律类教材内容翔实、理论性更强。主要考虑到法律类专业要求学生有一定的理论功底和逻辑思维能力，法律类专业如果不注重理论学习，像工科一样注重实操训练，最终会形成东施效颦的局面。毕竟法律纠纷不像某个器件可以标准化、模型化、数字化。世界上没有完全相同的两个纠纷，只有掌握足够的法律知识、一定的逻辑思维能力，才能做到举一反三，以不变应万变，用法律规定、法律知识、法律思维去解决不同的法律纠纷。

第三，本书的体例。关于民法、民法学的体例与结构编排，历来是众说纷纭，莫衷一是。由于人类认识的有限性、局限性，社会科学领域很难找到“标准答案”。所以，民法教材体系结构很难做到统一化、标准化。为减少不必要的争议，本书采用了《民法典》的结构体系进行编排。为了避免一出版就过时的尴尬局面，本书一直等待《民法典》的出台，因此从开始编写至今已有两年时间。《民法典》出台后，本书根据其规定进行了相应的修改，体系结构借鉴其编排逻辑。但由于立项时的惯例，婚姻家庭法律制度没有列入本书编写内容之中，所以本书没有包括婚姻家庭制度，这略微有些遗憾，等以后修订时再进一步完善。

本书由河南司法警官职业学院法律系撰写，按照章节先后具体分工为：葛现琴：第一章；任会杰：第二、四章，第二十一章第三节，第二十二章；郭文：第三、十、十二、十三章；邢丹丹：第五章；冀彩芳：第六、七、八、九章；蒋亮：第十一、十四章；王译敏：第十五章，第十六章第一、二、三、四节，第十七、十八、十九、二十章，第二十一章第一、二节；王勇：第十六章第五节，第三十、三十一、三十二、三十三、三十四章；卫国平：第二十三、二十四、二十五章；朱云霞：第二十六、二十七、二十八、二十九章。

本书的编写和出版得到了学院领导和同事们的大力支持和帮助，在此一并表示感谢！尤其要感谢的是河南司法警官职业学院袁理政院长、张峰副院长，以及为我们提供帮助的中国人民公安大学出版社的编辑老师！

王　勇

2020 年 8 月

目录

第一编 民法总论

第三编　合　　同

第四编　人身权

第五编　继　承

第六编　侵权责任

第一编
民法总论

第一章 民法概述

【引入案例】

被告甲系社会力量办学的民办高级中学。1999 年 8 月 3 日，原告乙（15 周岁）到被告处报名就读，按被告甲的要求一次性交纳了高中一至三年级的学费 6000 元人民币，被告为其出具了收据。同年 8 月 30 日，原告向被告交纳了第一年的学杂费 760 元，被告为其出具了收据。此后，从 1999 年 9 月 1 日起，原告开始在被告处就读。2000 年 4 月 26 日，原告因涉嫌犯罪被公安局羁押，该案依照刑事诉讼程序进行。原告被羁押后，其法定代理人丙向被告要求退还余下两年学费 4000 元，被告拒绝，双方发生纠纷。原告遂起诉至×市人民法院，请求判令被告退还学费 4000 元。在本案审理过程中，因原告与被告双方是学生与学校，法院就原告与被告二者之间的关系是否适用民法调整存在不同意见。法院综合考量案件事实，最终认定本案属于民法调整的范围。

【学习目标】

通过本章学习，能够掌握：

1. 民法的概念及其调整对象；
2. 民法与商法的关系；
3. 民法的法律渊源；
4. 民法的效力范围；
5. 民法的解释方法。

第一节 民法的含义

一、民法的概念

“民法”一词是表述基本部门法的术语，系日本学者在明治维新时引进欧洲法律文明时创造性的翻译，源于罗马法的市民法。法国大革命后，“市民”被理解为“公民”。所谓民法，是指适用于全体人的法，是一个无等级社会的法。《日本民法典》中的“民法”一词由《法国民法典》的“droit civil”翻译而来。“民法”一词随着 1911 年《大清民律草案》的完成开始传入我国。我国法律上使用“民法”一词始自南京国民政府于 1929 年 5 月 23 日公布的《民法总则》（《中华民国民法典》的第一编）。

民法通常是指调整社会平等成员之间的人身关系和财产关系的法律规范的总称。根据《中华人民共和国民法典》（以下简称《民法典》）第 2 条的规定，我国民法是指调整平等主体的自然人、法人和非法人组织之间的人身关系和财产关系的法律规范的总称。

人们在具体使用“民法”一词时，往往根据语境的不同而赋予其不同的含义。它有时指的是作为一个部门法的民法，有时指的却是作为一门法学学科的民法。作为一个部门法，民法是调整平等主体的自然人、法人、其他组织之间的财产关系和人身关系的法律规范的总称。作为一门法学学科的民法，它是指研究民法规范及其相关学理的法律科学，亦即民法学。

二、民法的分类

在理论上，按一定的标准可将民法分为形式上的民法与实质上的民法，广义民法与狭义民法，普通民法与特别民法。

形式上的民法与实质上的民法的划分，是以民法涵盖范围的不同为标准的。形式上的民法，是指以“民法”或者“民法典”命名的法律，如《法国民法典》《德国民法典》和我国《民法典》等。以法国 1804 年颁布的《法国民法典》为始，形式上的民法在大陆法系或受大陆法系影响的国家相继出现。实质上的民法，是指所有调整民事关系的法律规范，既包括直接以“民法”或“民法典”命名的法律、法规，也包括其他法律、法规中调整民事关系的有关法律规范。由于实质上的民法是以法律规范的内容来定义民法的，故与形式上的民法相比，其形成要早得多，即使在法律出现的初期，也有着大量的调整民事关系的民事法律规范。本书所称的民法如无特别说明，均指实质上的民法。在现代社会，一个国家可以没有形式上的民法，但绝不能没有实质上的民法，如英美法系国家，虽无形式上的民法，但同样有着内容广泛、形式多样（如单行法律、判例、习惯、学说等）的实质上的民法，并以之调整着丰富多彩的民事关系。

广义民法与狭义民法的划分，是由于各国调整民事关系的法律体制（主要指私法体制）不同而形成的一种分类。广义民法，是指所有调整民事关系的法律规范。如《意大利民法典》，其调整范围包括了物质资料占有关系、智慧财产专有关系、商品交换关系、劳动关系、继承关系、婚姻家庭关系等各种民事社会生活关系，此种民法便为广义民法。

从调整社会关系的范围来看，广义民法与实质民法并无不同。狭义民法仅指私法的一部分，其民法典除以总则形式对民事关系作出一般规定外，法典的分则部分只规定了对部分民事关系的调整，其他民事关系则另行制定法典或单行法律（如商法、专利法、商标法、著作权法、婚姻家庭法等）加以规范和调整。此种民法即为狭义民法。

普通民法与特别民法的划分，是以民法规范表现形式的不同为标准的。普通民法，是指经过编纂，以民法或民法典的形式集中表现出来的民法规范，如《法国民法典》《德国民法典》和我国的《民法典》等。特别民法，是指没有收入民法或民法典之中，散见于其他法律、法规、司法解释、习惯之中的民法规范，如我国的《公司法》《产品质量法》《消费者权益保护法》《著作权法》《专利法》《商标法》等。区分普通民法与特别民法对于民法规范的适用具有重要的意义。

三、民法的沿革

民法作为一个法律部门，是起源于民法法系国家的法律。民法是随着商品经济关系的产生而产生，随着商品经济关系的发展而发展。民法的历史演进可以分为古代民法、近代民法和现代民法三个阶段。

古代民法是指简单商品生产者即奴隶制社会和封建社会的民法。古代社会民法的典型代表为罗马法。公元前 8 世纪罗马城建立，成为城邦国家，形成了市民社会与政治国家的分离，法学理论上出现了公法与私法的区分；同时罗马国家商品经济关系在当时比较发达，特别是随着后期罗马帝国版图的扩大，外来人与罗马本地人交往的日益增多，从而形成了较为完善的调整商品经济关系的基本规则。罗马法于公元 6 世纪发展到顶峰，先后编纂了《查士丁尼法典》《法学阶梯》《学说汇纂》和《新律》，被称为《国法大全》，它是历史上最完备的奴隶制成文法典。正如恩格斯所说，罗马法是“商品生产者社会的第一个世界性法律”。

近代民法，是指随着民族国家的形成而产生的反映自由资本主义社会生活条件的民法。19 世纪资本主义经济迅速发展，欧洲一些国家或为巩固资产阶级革命成果，或为统一国家的法律，法典编纂运动随之勃兴。近代民法是在继受罗马法的基础上形成的，以 1804 年的《法国民法典》为代表。近代民法以权利为本位，以人格平等为基础，确立了“私法自治”“私有财产神圣”和“过失责任”等基本原则。

现代民法，是指 19 世纪末 20 世纪初资本主义进入垄断时期以来的民法。资本主义现代民法可以说是始于 1896 年公布、1900 年生效的《德国民法典》。20 世纪以来，西方国家的两大法系虽然仍保留自己的传统，但相互吸收对方的长处，有融合的趋势。以大陆法国家而言，为适应经济和社会发展的需要，或对原法典进行修订，或制定新的法典。现代民法对近代民法的原则有修正，从以权利为本位的私权绝对化、意思自治转向对私权予以一定的限制，并确立了诚实信用、无过失责任等一些新的原则。

世界上第一部社会主义民法典是 1922 年苏联颁布、由列宁亲自主持制定的《苏俄民法典》，它是苏联将战时共产主义政策转变为新经济政策的产物。在实行公有制和计划经济的背景下，苏联先后颁布了 1961 年的《苏联和各加盟共和国民事立法纲要》和 1964 年的《苏俄民法典》。

我国古代法律与其他国家的古代法一样，也是诸法合一的，虽然在律法中也有民事法律规范，但民事关系主要是由“礼”来调整，私法并不发达。中国的近代民事立法始于清末。1907 年清政府开始制定《大清民律草案》，1911 年完稿。但该法典未来得及颁布施行，清王朝就覆灭了。1925 年北洋政府制定了《民国民律草案》。南京国民政府在 1929 年至 1930 年先后制定了《中华民国民法》各编，陆续实施，中国历史上第一次有了现代意义上的民法典。

中华人民共和国的民法典立法走过了一个曲折复杂的过程。自中华人民共和国成立以来，我国曾经于 1954 年、1962 年、1979 年和 2001 年先后四次启动制定民法典，均因各种不同的原因而未成功。长期以来，民事关系主要由单行的民事法律调整。

我国长期采用单行法的形式调整民事关系，在 1950 年 5 月就颁布了《中华人民共和国婚姻法》。从 1954 年开始起草民法典，直至 1986 年制定了《中华人民共和国民法通则》（以下简称《民法通则》），此后，相继颁布了一系列民法的部门法，《中华人民共和国收养法》（以下简称《收养法》）、《中华人民共和国继承法》（以下简称《继承法》）、《中华人民共和国合同法》（以下简称《合同法》）、《中华人民共和国担保法》（以下简称《担保法》）、《中华人民共和国物权法》（以下简称《物权法》）、《中华人民共和国著作权法》（以下简称《著作权法》）、《中华人民共和国专利法》（以下简称《专利法》）、《中华人民共和国商标法》（以下简称《商标法》）、《中华人民共和国侵权责任法》（以下简称《侵权责任法》）等，形成了比较完整的中国民法体系。

2015 年中共中央十八届四中全会提出了编纂民法典的重大立法任务。民法典编纂工作按照“两步走”的思路进行：第一步，编纂民法典总则编。2017 年 3 月 15 日通过了《中华人民共和国民法总则》，并于 2017 年 10 月 1 日生效。第二步，完成民法典各分编的编纂。我国《民法典》经第十三届全国人民代表大会第三次会议于 2020 年 5 月 28 日通过，并自 2021 年 1 月 1 日起施行。民法典的颁行“对以法治方式推进国家治理体系和治理能力现代化，更好地发挥法治固根本、稳预期、利长远的保障作用”，具有非常重要的意义。民法典是我国第一部以法典命名的法律，在新中国立法史上具有里程碑的意义。

四、民法与商法、经济法的关系

（一）民法与商法的关系

商法，又称商事法，是指调整商事关系的法律规范的总称。形式上的商法，专指在民法典之外的商法典以及公司、证券、保险、破产、票据、海商等单行法；实质上的商法，指有关商事的法则。民法法系对于民法和商法的编纂体例有两种：一是民商分立。民商分立是指在民法典之外，另行制定商法典，民法典与商法典并存。采用民商分立的国家有法国、德国、日本等。二是民商合一。民商合一是指民事和商事统一立法，民法统率商法，将商事方面的内容编入民法典中，或以单行法规的形式出现。采用民商合一的有瑞士、意大利、荷兰以及我国民国时期的民法等。

民法与商法同为私法，就调整的商品经济关系而言，商法不过是民法原则在具体商事领域中的体现，是民法规范在某些经济活动中的具体化。商法为民法的特别法，民法和商法的关系是普通法和特别法。商法调整的对象是民法调整对象的一部分，商法中的基本原则来源于民法，民法中的基本制度是商法的依据。但是二者也有一定的区别：

1. 主体不同。民法的主体是一般的人，商法的主体必须是从事商事行为的商人（公司、个体商人等）。

2. 调整范围不同。商事关系是纯粹的财产关系，具有有偿性，而民法不仅调整财产关系，而且调整人身关系。

3. 商法具有国际性。商法是技术性决定其具有国际性，民法基于民族传统、历史传统、文化差异、经济基础等不同，导致民法的许多规则具有地域性。

此外，商法还规定民法所没有的制度，如商业账簿、商业登记制度等。

（二）民法与经济法的关系

经济法是调整国家在调控经济运行活动中所发生的经济关系的法律规范的

总称。

民法、经济法都是以经济关系作为主要的调整对象，都是组成市场经济法律体系的重要法律部门。尽管民法和经济法都调整经济关系或者财产关系，但是二者存在着很大差别。

1. 所属法域不同。民法是为了保护民事主体的合法权益，是市民社会自由发展的产物，民法涉及私人利益，属于私法的范畴。经济法主要是维护社会公共经济利益，兼顾消费者和劳动者等弱势群体的个体利益，涉及公共利益，兼具公法与私法的特征，属于社会法范畴或者“第三法域”。经济法作为一个法律部门，从根本上来说，是从行政法中分离出来的，所以又称“经济行政法”“经济宪法”。就调整社会主义市场经济关系而论，经济法和民法相互结合发挥作用。二者的结合，也就是国家适度干预经济和市民社会自由发展的结合在法律上的表现。

2. 调整对象不同。民法调整横向经济关系，即平等主体之间的财产关系；而经济法的调整对象，既有纵向经济关系，也有横向经济关系。即命令者与服从者之间具有行政隶属性质的经济管理关系与平等主体之间的经济协作关系。

3. 适用的原则不同。民法的属性决定了其适用平等原则、诚信原则和意思自治原则等；经济法的本质属性决定了其特有的适用原则，即社会公共利益原则、适度干预原则、合理竞争原则、资源优化配置原则、效率原则等。

4. 调整方法不同。民法调整以意思自治为核心，具有任意性，事前调整以任意性规范为主，事后调整以同质救济为特征；经济法的调整方法具有强制性，贯彻国家意志先定原则，即采取以行政指令为主的方式，包括适用带有行政性的经济制裁手段。

第二节　民法的调整对象

民法的调整对象，是指由民法加以规范，可以由民法解决其矛盾、冲突的特定社会关系。我国《民法典》第 2 条规定：“民法调整平等主体的自然人、法人和非法人组织之间的人身关系和财产关系。”根据这一规定，我国民法的调整对象就是平等主体的自然人、法人和非法人组织之间的人身关系和财产关系。因此，我国民法的调整对象应科学地概括为：平等主体的自然人、法人以及非法人组织之间的人身关系与财产关系。根据体现利益的不同，民法的调整对象可分为民事人身关系和民事财产关系两大类。

一、平等主体的含义

平等是民法的本质体现，没有平等观，就不可能有真正意义上的、发达的民法。这里所讲的平等是就一定社会关系中主体所处的法律地位而言的，否则，就不平等。而主体地位平等正是民法区别于其他部门法的关键所在，可以说没有平等就没有民法。英国历史学家梅因说，人类社会演进的历史就是“从身份到契约（from status to contract）”的历史，就是从不平等到平等的发展史。平等有形式平等和实质平等之分。形式平等，是指主体法律地位上的平等，发展机会上的平等。在现代民主社会，形式平等应受到法律的尊重和确认；否则，社会就无公平、正义可言。实质平等，是指主体通过实力的较量和社会的调节而形成的结果上的平等。实质平等是一种理想的社会形态，但在现有的社会经济条件下，盲目地追求实质平等也是不现实的。因此，现代法律所确认和追求的主要是形式平等，亦即赋予主体平等的法律地位、平等的发展机会。

就民法而言，其调整的主体，不管地位多高，权力多大，一旦进入民法领域就与其他主体一样，处于平等的法律地位。这也就意味着民事主体在进行民事活动时，意思独立，意志自由，并受到法律的平等保护。

二、平等主体的人身关系

人身关系又称非财产关系，是指基于人格和身份发生的，以人身利益为内容，不直接体现财产利益的社会关系。人身关系包括人格关系和身份关系。

所谓人格，是指生物学意义上的人被承认为法律上的人的状态，这种承认的结果表现为国家赋予生物学意义上的人以权利能力。

因此，人格主要是就自然人而言的，但考虑到对法人及其他组织利益的保护，也同样赋予法人以人格。人格关系又可分为自然人的人格关系和法人及非法人组织的人格关系。自然人的人格关系，是自然人基于其生命、身体、健康、姓名、肖像、名誉、隐私等人格利益而发生的社会关系。法人及其他组织的人格关系，是指法人及其他组织基于其名称、名誉等人格利益而发生的社会关系。所谓身份，是指基于先天的血缘或后天的社会活动而在一定的社会结构中所处的地位。身份关系，是指人与人之间基于彼此的社会身份而形成的、以特定的身份利益为内容的社会关系。民法上的身份关系主要指自然人的身份关系，即以自然人的血缘与婚姻为纽带而形成的社会关系。

人身关系主要由民法调整，但其他部门法也从不同的角度对人身关系进行调整。与其他部门法调整的人身关系相比，民法调整的人身关系具有以下特点：

1. 主体地位平等。民法所调整的人身关系的主体地位是平等的，相互之间不存在隶属关系。在现代社会，任何民事主体都有其独立的人格利益，对于这种人格利益均应予以平等地保护和尊重。在自然人的身份关系中，虽然有长幼之别、夫妻之别，但其民事地位都是平等的，同样享有独立的人格。

2. 与人身不可分离。由于人身关系是基于人身利益而发生的，故离开了人身也就无人身关系可言。根据法律的规定，民事主体的人身权利除法律另有规定外，不能转让，不能放弃，也不能被剥夺。

3. 不直接体现财产内容。人格与身份本身并非财产，故因其产生的人身关系就不直接体现财产内容。但这并不意味着人身关系与财产没有任何联系，事实上，对人身权的合理行使即可使人身权转化为财产利益。例如，企业有偿转让其名称时，就可取得财产利益；自然人有偿转让其肖像使用权时，也可获得财产利益；自然人基于一定的身份行使继承权时，同样可以取得财产利益。

三、平等主体的财产关系

财产关系，是指民事主体之间基于财产而形成的一种权利义务关系。要明了民事财产关系，首先就要对财产有确切的理解。一般认为，财产是具有经济价值的有体物、智力成果和利益。

作为法律上的财产，应具备以下条件：（1）能满足人的某种需要，即具有经济价值。没有经济价值的事物自然不能成为财产。（2）能够为人力所控制和支配，如阳光、空气等对人们来说虽不可或缺，但目前人们尚不能有效地对其加以控制，故不是财产。（3）具有稀缺性，即其存在是有限的。如果某些事物可无偿取得且取之不尽、用之不竭，也无作为财产之必要。（4）具有合法性，法律上的财产须为法律所认可，如学历、学位、职称、军衔等，虽具有稀缺性，但基于公共利益的考虑，法律禁止其成为财产。

关于财产的内容，随着市场经济的发展，财产的范围呈现出不断扩大的趋势。在现代社会，财产大致可分为两大类：一类是有形财产，另一类是无形财产。有形财产，是指能为人们掌握和控制，可以在社会的生产经营活动中和人们的生活中加以利用的物质资料，如土地、矿藏、水流、汽车、书籍、衣服、日常用品等。无形财产，是指对人具有经济价值的非物质财富，具体包括智慧财产（如作品、技术发明等）、具有经济价值的权利（如专利权、商标权、股权）、劳动力等。劳动力虽为人的一种本能，但在商品经济中也是一种财产或商品。

根据财产关系的内容，可将其分为静态财产关系和动态财产关系。静态财产关系又称财产支配关系，是指财产在特定民事主体支配下形成的支配者与其他民事主体之间的社会关系。静态财产关系主要解决财产的归属问题，在平等主体之间发生，均由民法调整，主要包括物质财产占有关系和智慧财产专有关系。动态财产关系又称财产流转关系，是指财产由一个主体向另一个主体移转时所形成的社会关系。动态财产关系主要解决财产的流转问题，既可以发生在平等主体之间，也可以发生在不平等主体之间。发生在平等主体间的动态财产关系（如买卖关系、赠与关系等）由民法调整，发生在不平等主体间的动态财产关系（如征纳税关系、财产征收关系等）由经济法、行政法等法律部门调整。一般认为，民法所调整的动态财产关系主要包括商品交换关系、投资及盈利分配关系、遗产继承关系、近亲属间的扶养关系等。

四、民法的体系

民法的体系即民法内部的组织结构，它是一国法律体系的重要组成部分。通常认为，民法体系应当包括：

（一）民事主体制度

民事主体制度主要是对民事主体（自然人、法人和非法人组织）的资格及其参与民事法律关系、从事民事活动、享有民事权利、履行民事义务和承担民事责任等一般问题方面的规定。它包括民事主体权利能力方面的规定，自然人、法人和非法人组织等制度，代理制度等。它是民法体系的基础。

（二）物权制度

物权制度是规范财产的所有关系和使用关系的基本制度，它是我国民法体系的重要组成部分之一。其中，所有权制度是物权制度的核心，它反映的是财产归属关系，即静态的财产关系，它既是财产流转关系的前提，又是财产流转关系的结果。当然，物权制度除所有权制度外，还包括用益物权和担保物权制度。前者表现为权利人对物的使用价值的支配性；后者则是以支配物的交换价值从而确保债权人债权的实现为目的。

（三）合同法律制度

合同法律制度是市场经济的基本法律制度。大陆法系国家的民法典分则中通常设立债编作为调整财产流转关系的法律制度，但我国民法典未沿袭大陆法系国家的立法模式，而是从中国实际情况出发，为保持合同法总则体系的完整性和内容的丰富性，设置合同编。此立法模式可以有效简化法律规则，有利于法律适用的便利，实现涵摄债之规则的功能。为避免债法总则功能的缺失，合同编的规范在一定程度上发挥了债法总则的功能。为使其体系完整、逻辑自洽，将无因管理之债和不当得利之债作为准合同进行规定。

（四）人格权制度

人格权是民事主体为维护其独立人格所必备的最基本权利，也是民事主体取得、行使其他民事权利的前提和基础，它是民法体系的重要组成部分。人身权（主要是人格权）和财产权是民法的两大支柱，民事主体制度和侵权行为制度并不能概括、涵摄人格权制度的全部内容。只有单独设立人格权制度，才能全面展示人格权法的丰富而复杂内容，才能更有利于保护民事主体的人格权。所以，人格权应当成为一项独立的民事制度。

（五）知识产权制度

对于知识产权是否应纳入民法体系，立法上和理论上的争议都很大。我们认为，知识产权在本质上仍然是私权，是一种人身权与财产权相结合的民事权利。其调整对象是因创造、使用智力成果而形成的财产关系和人身关系，其调整的手段和适用的原则也主要是民法的手段和原则；而且，我国《民法典》第 123 条第 1 款规定："民事主体依法享有知识产权。"在该法合同编中，也对知识产权的转让和利用作了专门的规定。所以，应将其纳入民法调整的范畴。

（六）婚姻家庭制度

婚姻家庭制度反映的是人类的两性关系和血缘关系的特殊社会关系。婚姻家庭是人类的自然属性与社会属性、个体需要与社会存在和发展需求之间的一种不可调和而又必须调和的产物。调和的结果，是为两性关系和血缘关系确立婚姻家庭法律制度。婚姻家庭法是规定婚姻家庭关系的发生和终止，以及婚姻家庭主体之间，其他近亲属之间的权利义务的法律规范的总和。婚姻家庭法是民法中的一项基本制度。

（七）财产继承制度

继承法律制度是规定自然人生前的财产如何转移给他人的法律制度。它既与一国的政治、经济制度相关，更与一国的历史、文化传统、婚姻家庭制度密切联系。继承是指基于自然人死亡而发生的财产转移，其所产生的财产关系是民法调整的财产关系的一部分，所产生的财产继承权也是财产所有权的重要组成部分。因此，它是我国民法体系的一个重要组成部分。当然，我们也应当承认，由于财产继承权主要是发生在具有一定身份关系（如婚姻关系、血缘关系和收养关系）的自然人之间，民法调整财产关系的一些原则并不能完全适用于财产继承关系，继承法律制度兼具一定的人身关系属性。

（八）侵权责任法律制度

"无救济则无权利"，侵权责任法是保障民事权利得以实现的重要法律。对人身权、物权、知识产权等权利或利益的侵害都将构成民法上的侵权，行为人都应承担相应的侵权民事责任。侵权责任法律制度是民法体系的重要组成部分，属于民法的范畴。侵权责任法从债法中独立，并不是对债的概念和原则的否定，而是使其更加合理、更加符合逻辑，进而与我国民法的体系更加契合。

第三节 民法的性质与本位

民法的性质是民法理念所塑造的内在的品质，如恩格斯所说："民法的准则只是以法律的形式表现了社会的经济生活条件。"民法是规范商品经济、市场经济的基本法，以其特有的方式调整社会关系而形成的法权模型表征其性质。

一、民法的性质

（一）民法是权利法

民法是权利的宣言书。民法的重要内容就是规定和保障民事主体的合法民事权利。我国《民法典》第1条开宗明义地规定，"保护民事主体的合法权益"是其根本立法理由之一。权利包括政治权利和民事权利，政治权利主要由宪法和行政法规定，民事权利则主要由民商法规定。保护民事主体的正当权益，并且使之权利化、法律化，是民法调整社会关系的基本方法，因此，民法为权利法。在民法体系的建构中，民法规定了权利的主体（自然人、法人、非法人组织）、权利行使的方式（法律行为和代理）、民事权利的各种类型（物权、债权、知识产权、人身权与继承权等）、权利保护的方式（民事责任）、权利保护的时间限制（诉讼时效）等内容，完全是一个以权利为核心的体系。如果从民法中抽掉权利，民法将不复存在。

民法之所以为权利法，在于它的规范多为授权性规范，这类法律规范规定带有肯定内容的权利，如物权、债权、人身权等，被授权者有完成这样或那样的积极行为的权利。授权性规范不同于禁止性规范，后者规定主体不为一定行为的义务，刑法规范多属此类。以授权性规范为主体的民法，重在鼓励民事主体积极进行活动并对这种活动加以引导，"法无禁止即可为"。以禁止性规范为主体的刑法，则重在限制主体的行为，二者的立足点完全不同。因此，民法是以权利为本位的法，民法学就是权利之学。

（二）民法是人法

民法本质上是人法，终极价值是对人的关爱，最高目标是服务于人的尊严和人的发展。法国资产阶级启蒙思想家孟德斯鸠说过，"在民法慈母般的眼里，每一个个人就是整个国家"。人权作为人的应有权利，只有由制定法加以规定才能变为现实权利。从我国《民法典》确立的立法目的和基本原则来看，都服务于"人"的全面发展，致力于实现对个人的全面保护。民法以人为本，以人作为基本出发点，规定自然人和法人的主体地位，确定合理的人性观点，依公平正义的观念来规范人的行为，建立和谐的人际社会。民法中规定的各种人身权和财产权，都是人权的具体化。

民法的基本内容是通过对人身关系和财产关系的调整，以人为本确认和保护人的权利和利益，体现了民法对个人价值的尊重。因此，民法就是人法。

（三）民法为私法

法律区分为公法与私法，是自罗马法以来西方法律史上源远流长的分类，究竟用何种标准，法学界一直存有争论。“主体说”以法律关系主体中有无国家为区分标准；“利益说”以法律保护的利益是公益还是私益为区分标准；“法律关系说”以主体者之间的关系是否平等为区分标准等。不论采用何种标准分类，都对民法属于私法并无异议。将民法确立为私法，也就是以权利为核心、以人的平等和自治为基本理论，建立起人们之间的民事法律关系，以有别于赖于命令与服从的公法关系。

进入20世纪后，公、私法之分的传统日趋动摇，公法与私法由界限分明走向相互渗透、相互融合。产生这一现象的历史背景是西方经济在19世纪末20世纪初由自由竞争、自由放任的市场经济进入国家干预的垄断资本主义经济，随着国家在社会、经济领域中的活动日益扩张，出现了所谓的“公法私法化”和“私法公法化”的现象。行政行为中大量出现行政协议的平等协商行为。国家对意思自治进行了越来越多的限制和管制。但是，公法与私法的划分仍然是法律的最基本的分类。民法的私法属性是民法性质的主要体现，并由此决定了民法意思自治、权利本位的理念与功能。

（四）民法规范以任意性规范为主兼辅以强行性规范

法律规范有任意性和强制性之分。所谓任意性规范，是允许法律关系的参与者自行确定其权利和义务内容的规范。在民法规范中，特别是在调整财产关系的领域内，存在着大量的任意性规范。这是因为平等主体之间设定财产关系，只能通过互相协商来进行，商品交换的复杂性和随机性，也决定了尊重当事人意思的必要性。法律无须而且也不可能越俎代庖，为当事人规定交换的具体内容与方式。民法规范以任意性规范为主兼辅之以少数强行性规范。

（五）民事责任的同质救济性

同质救济原则是民事责任中普遍适用的一项原则。所谓同质救济，是指权利人在行使救济请求权时，以恢复被侵害权利的初始状况为原则，在不能恢复原状时，则以金钱补偿受害人损失，请求的数额以自己遭受的实际损失为限。民事责任适用同质救济原则主要有两个方面的原因：一是民法是私法，而制裁惩罚一般是公法行为；二是平等和公平是民法的基本原则，无论是权利人还是义务人，双方的地位是平等的，权利人无权要求义务人超额履行义务或得到超额的补偿，如果权利人从中获得比损失还多的利益就显失公平。所以，同质救济也即直接救济，与行政责任和刑事责任通过惩罚加害人的救济根本有别。在后者，尽管手段更严厉，但却是对社会秩序和公共安全的保护，就受害人而言，只是间接救济。同质救济原则在法律中有例外规定，我国《民法典》对惩罚性赔偿作出了原则性规定，一些单行法作出了具体规定。例如，我国《消费者权益保护法》第 55 条第 1 款规定："经营者提供商品或者服务有欺诈行为的，应当按照消费者的要求增加赔偿其受到的损失，增加赔偿的金额为消费者购买商品的价款或者接受服务的费用的三倍；增加赔偿的金额不足五百元的，为五百元。法律另有规定的，依照其规定。"

二、民法的本位

民法本位，是指民法的基本观念，亦即民法的基本目的，或基本作用，或基本任务。我国民法以权利为本位。权利本位包含以下三个方面的含义：(1) 在整个法律体系中，应当以权利为起点、核心和主导。(2) 在权利和义务的关系中，权利是目的，义务是手段，法律设定义务的目的在于保障权利的实现。(3) 在权利和权力的关系中，公民的权利是国家权力的源泉，也是国家权力配置和运作的目的和界限。

也有学者提到民法是"个人"本位，重视对具体民事主体的权益保护，与经济法的"社会"本位、宪法行政法的"国家"本位相区别。

第四节　民法的渊源

民法的渊源，是指民法法律规范的来源或者表现形式。我国《民法典》第 10 条规定："处理民事纠纷，应当依照法律；法律没有规定的，可以适用习惯，但是不得违背公序良俗。"可见，我国民法的渊源就包括法律和习惯。由于立法者主观认识的局限性，制定法的相对稳定性与社会生活不断变化的矛盾，制定法存在滞后性和法律漏洞是难以避免的，"法律一经制定，便已过时"。承认习惯为民法的补充渊源，有利于克服成文法的局限性。

一、制定法

我国从法律传统上属于成文法国家，以制定法为主要法律渊源，具体包括以下法律法规：

（一）宪法

宪法是国家的根本大法，具有最高的法律效力，是包括民法等法律制定的根据。宪法中有关民事活动的规范，如所有权制度的规定，公民基本权利中关于民事权利、婚姻家庭制度的规定等，既是宪法规范又是民法规范，是我国民法的渊源之一。

（二）民事法律

民事法律，是指由国家立法机关制定的有关民事活动的规范性文件。我国的民事法律由全国人民代表大会及其常务委员会制定，是我国最主要的民法渊源，如我国的《民法典》《著作权法》等。

有的法律从整体性质来说属于经济法的范畴，但其中有关调整民事活动的规定，也是民法的渊源，如《土地管理法》《消费者权益保护法》《城市房地产管理法》等法律中有关民事活动的规定。

（三）行政法规、部门规章中的民法规范

国务院根据宪法和法律，有权制定行政法规，发布决定和命令。国务院制定的行政法规和其他规范性文件中有关民事活动的规范也是民法的渊源之一，如《城镇国有土地使用权出让和转让暂行条例》等行政法规中，就有部分关于民事活动的规范。此外，根据全国人民代表大会及其常务委员会的授权，国务院还可制定具有法律效力的规范性文件。理论上，这些规范性文件不属于行政法规，而是授权立法，授权立法具有比行政法规更高的法律效力。授权立法中有关民事活动的规范也是民法的渊源。

部门规章是指国务院各部、委根据宪法和法律、行政法规的规定，在其权限范围内所制定的规范性文件。部门规章中有关民事活动的规范也是民法的渊源。

（四）地方性法规、自治条例、单行条例中的民法规范

地方性法规是指省、自治区、直辖市以及省级人民政府所在地的市和设区的市的人民代表大会及其常委会制定的适用于本地方的规范性文件。自治条例和单行条例是由民族自治地方的人民代表大会依照当地民族的政治、经济和文化的特点制定的规范性文件。地方性法规、自治条例、单行条例中的民法规范也是我国民法的渊源。地方性法规、自治条例、单行条例中的民法规范是地方性民法的渊源。

（五）最高人民法院所作的司法解释

最高人民法院是我国的最高审判机关，有权对法律进行司法解释。由于我国的民事立法尚不完善，在此情形下，最高人民法院有关民事方面的司法解释就显

得尤为重要。这些司法解释一般是在总结民事审判工作经验的前提下，根据民法的原理、原则作出的，具有针对性强、便于操作的特点。我国《民法典》颁布后，最高人民法院在整合原有的民事法律的司法解释的基础上，同时因应《民法典》的新规定积极制定新的司法解释。

（六）国际条约

国际条约，是指两个或两个以上的国家缔结的关于政治、经济、贸易、军事、法律、文化等方面的相互间权利与义务的协定，其名称有条约、公约、协定、协议等。国际条约是国际法的主要渊源，本不属国内法的范畴，但我国签订或加入的国际条约生效后，按照“条约必须遵守”的国际惯例，它在我国同样具有法律约束力，是我国的法律渊源之一。国际条约中有相当一部分属民事规范，这些规范属于我国的民法渊源。

二、民事习惯

习惯是独立于制定法之外的另一类法律渊源，是指在一定地域、行业范围内长期为一般人确信并普遍遵守的民间习惯或者商业习惯。社会生活中自发形成的行为规范。从法律的发展过程来看，习惯先于法律而产生，当国家援用习惯来处理某些纠纷时，习惯就具有了法的属性。在人类社会早期，从习惯发展而来的习惯法在整个法律渊源中具有重要的地位，但到了近现代，随着制定法的发展，习惯作为法的渊源只起补充作用。我国《民法典》确认习惯也是我国民法的渊源之一，以弥补制定法之不足。

习惯作为民法的渊源，其适用应具备下述条件：（1）适用习惯的前提是法律没有规定。所谓法律没有规定，就是相关的法律、行政法规、地方性法规对特定民事纠纷没有作出明文规定。（2）所适用的习惯不得违背公序良俗。并非所有的习惯都能够作为处理民事纠纷的依据，只有不违背公序良俗的习惯，不违背法律基本原则的习惯，才能作为民法的渊源。

第五节 民法的效力和解释

一、民法的效力

民法的效力，是指民法发生法律效力的范围，即民法在时间上的适用范围、在空间上的适用范围以及对人的适用范围。

（一）民法在时间上的效力

民法在时间上的效力又称民法在时间上的适用范围，是指民法的生效时间和失效时间，以及民事法律规范对其生效前发生的民事法律关系有无溯及力。

民法的生效时间主要有两种情形：（1）自法律公布之日起生效，可称为“即时生效”，如2008年颁布的《劳动合同法实施条例》第38条规定：“本条例自公布之日起施行。”（2）由法律明文规定该法律开始生效的时间，如我国2020年5月28日通过的《民法典》第1260条规定：“本法自2021年1月1日起施行……”

民法的失效时间主要有以下几种情形：（1）新法取代原有法律，同时在新法中明文规定废止旧法，如我国《民法典》第1260条规定，本法自2021年1月1日起施行。我国《婚姻法》《继承法》《民法通则》《收养法》《担保法》《合同法》《物权法》《侵权责任法》《民法总则》同时废止。（2）新法律公布实施后，旧法规定与新法相抵触的部分失效，如1982年颁布并于1993年、2001年、2013年和2019年经过四次修正的《商标法》第73条第1款规定：本法自1983年3月1日起施行。其他有关商标管理的规定，凡与本法抵触的，同时失效。（3）国家机关颁布专门的规定，宣布某些法律失效，如我国最高人民法院会不定期地宣告某些司法解释失效。

按照法律不溯及既往的原则，一般地说，新法对于其生效前的事项不适用，即民法一般没有溯及力。但是，也有一些例外。如原《最高人民法院关于贯彻执行〈中华人民共和国继承法〉若干问题的意见》第64条第2款规定：“人民法院对继承法生效前已经受理，生效时尚未审结的继承案件，适用继承法。但不得再以超过诉讼时效为由驳回起诉。”这就赋予了我国《继承法》一定的溯及力。

（二）民法在空间上的效力

民法在空间上的效力，是指民事法律规范在什么空间领域内发生法律效力。根据我国《民法典》第12条的规定：“中华人民共和国领域内的民事活动，适用中华人民共和国法律。法律另有规定的，依照其规定。”关于“中华人民共和国领域”的范围，一般包括中华人民共和国领土、领水、领空以及依据国际法和国际惯例视为我国领土的一切领域，如我国驻外使馆，国籍为中国的船舶、航空器等。这里的“另有规定”主要涉及涉外民事法律关系的法律适用问题，在中华人民共和国领域内的涉外民事活动，法律适用应根据具体的民事法律关系类型不同而具体适用相应的特别法规定，并非一律适用中国法律。

根据民事法律的制定机关不同，其空间效力也有区别。凡国家最高立法机关和最高行政机关制定的民事法律、行政法规、行政规章，均适用于我国全部领域，但法律、行政法规、行政规章明确规定仅适用于某一地区的除外。地方性的民事法规、自治条例、单行条例仅适用于本辖区之内，对其他地方不产生效力。

（三）民法对人的效力

民法对人的效力，是指民法适用于哪些人。作为民法上的“人”，通常指所有民事主体，包括自然人、法人及非法人组织等。我国民法对人效力同时采用“属人主义”和“属地主义”两项原则。

1. 根据“属人主义”原则，凡具有我国国籍的自然人、法人和非法人组织，原则上都应当适用中国法律。

2. 依“属地主义”原则，凡在我国领域内从事民事活动的自然人、法人和非法人组织，无论是否具有我国国籍，均应适用我国法律。

3. 在适用以上两项原则时也存在例外情形：（1）居住在外国的中国公民虽有中国国籍，但在外国从事民事活动，其行为应当适用住在国的民法，但是，依照我国民法和国际条约等规定应当适用我国民法的，仍应适用我国民法。（2）依照国际法或者国际惯例享有司法豁免权的外国公民，除了他们自愿适用我国民法外，我国民法对其没有法律效力。

二、民法的解释

民法的解释，是指在适用民法的过程中，根据立法意图和法律意识，对民法的具体内容、含义和使用的概念、术语所作的阐释和说明。民事法律规范都是对社会生活中的民事活动所作的抽象概括，是具有抽象性、稳定性、定型化特点的规则；而社会生活不仅极端复杂又是不断发展变化的。民法解释是民法适用的前提，要正确适用民法，就必须对民法的有些规定进行解释。因此，民法的解释也属于民法的适用方法。

（一）民法解释的种类

根据解释的主体和效力不同，民法解释的种类可分为立法解释、司法解释、学理解释三类。

1. 立法解释。立法解释，是指国家立法机关对民法法律规范所作的解释。这是最高效力的民法解释。其他任何民法的解释若与这种解释相矛盾，都没有法律效力。

2. 司法解释。司法解释，是指最高审判机关在审理民事案件中对如何具体适用民事法律规范所进行的解释。人民法院在审判活动中，经常遇到具体适用民事法律、法规的疑难问题，需要进行解释。最高人民法院针对这些问题作出解释，统一全国法院对民事法律、法规的理解和适用，通常作出规范性的解释。例如，最高人民法院 2012 年颁布的《关于买卖合同纠纷案件适用法律问题的解释》。对具体案件的适用法律问题，最高人民法院作出的具体解释，是批复性司法解释。这些解释对人民法院的民法适用都具有约束力。

3. 学理解释。学理解释，是指法律人在学术研究、法学教育中对民事法律规范所作的解释，以及任何个人按照自已的理解对民事法律规范进行的分析和解释。这种解释性质上属于对民法规范学理性质的探讨，不具有法律约束力，但是对于推动法律的发展、进步和法律适用，具有重要的意义。

（二）民法解释的方法

民法的解释方法有文理解释与论理解释两种。

1. 文理解释。文理解释，又称文义解释，是指对民法规范所适用的文字词句的含义所进行的解释。例如，《民法典》第180条第1款规定："因不可抗力不能履行民事义务的，不承担民事责任。法律另有规定的，依照其规定。"什么是"不可抗力"？该条第2款解释为："不可抗力是指不能预见、不能避免且不能克服的客观情况。"

2. 论理解释。论理解释，又称逻辑解释，是指不拘泥于民事法律规范的文句，斟酌立法理由、基本原则以及其他一切情事，依推理而阐明民法规范的真意。只有在法律条文含混不清，或条款间相互矛盾，或对待决事项法无明确规定，或现有法律规定已经不适应变化了的事实的情形下，才可适用论理解释的方法。论理解释方法主要有以下几种：

（1）扩张解释。扩张解释，又称扩充解释，是指仅依法律文句的文义解释不足以表示立法的真意时，而扩张该条文文句的含义作出解释。例如，《民法典》第121条规定："没有法定的或者约定的义务，为避免他人利益受损失而进行管理的人，有权请求受益人偿还由此支出的必要费用。"条文中仅规定"偿还由此支出的必要费用"，而管理人在无因管理中受到损失，该损失是否可以要求受益人返还？此项损失若不能请求返还，则显然不符合立法本意，对此，最高人民法院关于贯彻《民法通则》的意见解释规定，管理人或者服务人可以要求受益人偿付的必要费用，包括在管理或者服务活动中直接支出的费用，以及在该活动中受到的实际损失。这种解释就属于扩张解释。

（2）限缩解释。限缩解释，又称缩小解释、限制解释，是指在法律条文的文句含义过于广泛时，对其含义应予以缩小的解释。例如，《民法典》第464条第1款规定，合同是民事主体之间设立、变更、终止民事法律关系的协议。"民事法律关系的协议"含义过于广泛，依立法本意，在解释上应理解为债的权利义务关系的协议，不包括人身关系的权利义务关系的协议。

（3）反面解释。反面解释，又称反对解释，是指依法条规定的事项，就其反面的意思进行解释。例如，《民法典》第13条规定，自然人从出生时起到死亡时止，具有民事权利能力。从反面解释，即未出生的胎儿和已经死亡的自然人不具有民事权利能力。

【本章小结】

民法是调整平等主体的自然人、法人和非法人组织之间的人身关系和财产关系的法律规范的总称。民法作为一种法律文化，为大陆法系所特有；民法作为一个独立的法律部门，也是我国法律体系的重要组成部分。民法的演进反映了人类波澜壮阔的社会生活的发展轨迹，民法以权利本位为轴心构建其体系，民法的渊源规定并彰显对民事权利的保护。从民法本质上来说，其终极价值是对人的关爱，最高目标是服务于人的尊严和人的发展。

【引例评析】

本案中原、被告双方是学生与学校，受理案件的法院审判过程中就二者之间的关系是否适用民法调整存在不同意见。我国《民法典》第 2 条规定："民法调整平等主体的自然人、法人和非法人组织之间的人身关系和财产关系。"即民法调整的对象之间是平等的，区别于行政法和刑法调整关系中双方地位不平等、存在管理与被管理、强制与被强制的关系。结合本案案情来看，学校提供的是教育服务，学生交纳学费到学校就读，学校与学生之间主要是一种平等主体教育服务合同关系。由于教育行业的特点，双方的权利义务多为法定，习惯上也无须订立书面合同。再者，我国《教育法》第 83 条规定："违反本法规定，侵犯教师、受教育者、学校或者其他教育机构的合法权益，造成损失、损害的，应当依法承担民事责任。"该规定肯定了民法调整教育服务合同关系的正当性。因此，本案应当属于民法调整的范围。法院对合同性质的认定是正确的，本案属于民法调整的范围。

【练习题】

1. 名词解释

(1) 民商分立

(2) 民法的渊源

(3) 习惯

(4) 民法的效力

(5) 民法的解释

2. 简答题

(1) 民法的调整对象是什么？

(2) 民法与商法的关系是怎样的？

(3) 如何理解民法的性质?

(4) 我国的民事法律渊源有哪些?

(5) 民法的解释方法包括哪些?

3. 案例分析题

山东省某市中学生齐某苓参加中招考试，被某商业学校录取。齐某苓同届的学生陈某琪冒领齐某苓的录取通知书。陈某琪即以齐某苓的名义读完中专，分配到某银行工作，并一直使用齐某苓的姓名。1999 年 1 月 29 日，齐某苓以陈某琪以及原所在学校等数家单位侵害其姓名权和受教育权为由诉至法院，请求被告承担侵权责任。

问题:

该案是否为民法调整的范围?

第二章
民法基本原则

【引入案例】

原告甲某和被告乙某各投资1万元，合伙做服装生意，共同经营。该合伙存续近5年时解散。散伙时，双方协商，所剩货物归被告所有；原告在设立合伙时投资的1万元，由被告出具借据，转为被告向原告的借款。原告多次催要，被告久拖不还，起诉至法院。被告辩称，原告所说的借款，不是现金，而是以货物折抵的价款，并出具了欠款条。现主要是货卖不出去，没钱还账。本案应当如何解决？

【学习目标】

通过本章学习，能够掌握：

1. 民法基本原则的概念及其特征；
2. 民法各基本原则的含义。

第一节　民法基本原则概述

一、民法基本原则的概念与特征

（一）民法基本原则的概念

民法基本原则，是指贯穿民事立法、民事司法和民事行为始终具有普遍适用效力的指导思想和基本准则，是对民法调整对象的民事法律关系的本质和规律的集中反映，是克服法律局限性的工具。

（二）民法基本原则的特征

民法基本原则是民法的灵魂，反映了市民社会和市场经济的根本要求，负载着民法平等、自由、效益、安全、公正等价值取向。它彰显了民法的基本价值取向，是高度抽象的、最一般的民事法律行为规范和价值判断准则。它具有以下特征：

1. 内容上的根本性。民法是商品经济发展的产物，最终以市场经济关系为主要调整对象。民法基本原则是对民法主要调整对象的商品关系的本质和规律的集中反映。它反映了市场经济的规律、市场交换的法则，反映了市场经济对民事主体平等地位的要求。它凸显了民法的本质特征，负载着市民社会的根本价值，为市场经济的发展提供坚实的保障。

2. 效力上的贯穿始终性。民法基本原则贯穿于全部民法规范中，是指导民事立法、民事司法和民事活动的根本准则。效力贯穿民法始终是民法基本原则的基本特征和判断标准。如果某一原则仅限于民事领域的某一范围，则不属于民法的基本原则而是民法某一领域的具体原则，如公示公信原则只是物权法的原则，而不是民法基本原则。

3. 形式的非规范性。民法的基本原则不直接涉及当事人的具体权利义务，不具有法律规则所要求的具体行为模式和法律后果的逻辑构成，因此不是确定的法律规范，而以非规范性的形式存在。此外，民法基本原则通过抽象弹性概念授予司法机关自由裁量权，具有不确定性。

二、民法基本原则的功能

（一）民事立法准则的功能

民法基本原则的立法准则功能，是指民法基本原则在民事立法中的指导作用和约束力。民法基本原则蕴含着民法调控社会生活所欲实现的目标，所欲达致的理想，民法本质和特征的集中体现，它贯穿于整个民事立法，确定了民事立法的基本价值取向，是制定具体民法规则，设计具体民法制度的基础。民法的基本原则通过体系强制落实于民事立法和立法解释的全过程，有助于形成民法和谐的内部体系。因此，民法基本原则在民事立法的过程中，就具有重要的指导作用。具体而言，在民法的基本原则确立后，所有的民事立法都应在这些原则的指导下进行，具体的民法规范也要受其约束而不能与其相悖。

（二）行为准则和审判准则的功能

民法基本原则的行为准则功能和审判准则功能，是指民法基本原则在民事活动和民事审判中的指导作用和约束力。民法基本原则虽然具有非规范性和不确定性的特点，但它却体现了民法的精神实质和价值取向，对整个民事法律制度有着统率作用。基于人的理性的有限性，以及立法不可能穷尽一切所应当规范的社会关系，法律就必然存在缺陷，民法基本原则对民事活动和民事审判就起着重要的指导作用。首先，民事主体在民事活动中，如果遇到法无明文规定的情况，就可依据民法基本原则的精神实施自己的行为，而且可以合理地预期，只要自己的行为符合民法基本原则的精神，就可得到法律的确认和保护。其次，人民法院在审理民事案件时，如果寻找不到相应的法律规范来适用，而且又不能以法无规定拒绝裁判时，则可直接依照民法基本原则的精神对案件作出适当的处理。甚至有学者认为，在现行法对某一现象已有规定但该规定违背民法基本原则，其适用会导致显失公正时，法院可以不适用该具体规定而直接适用民法的基本原则。不过，在这种情形下应报请最高人民法院核准。

（三）弥补民事法律规范缺陷的功能

弥补民事法律规范缺陷的功能，是指民法基本原则在民事法律规范存在缺陷的情形下，可起到弥补其缺陷的作用。民法基本原则在立法上的确定，正是克服成文法局限性的产物。由于立法者不可避免地存在认识上的局限，立法时不可能穷尽一切可能出现的社会现象，同时由于受本身稳定性的限制，法律不能朝令夕改，不能适应变动不居的社会生活，现行法必然存在法律漏洞，因此，现行民事法律规范往往不能完全适应社会发展的实际需要，有些民事法律规范甚至成为阻碍社会经济发展的桎梏。在此情形下，民事主体就可以直接依据民法基本原则进行民事活动，司法机关可以直接根据民法的基本原则进行漏洞补充，以克服成文民法的局限性。

第二节　民法的各项基本原则

一、民事合法权益受法律保护原则

所谓民事合法权益受法律保护原则，即私权神圣原则，是指民事权利及其他合法权益受法律保护体现了民法的基本精神，统领整部民法典和各民商事特别法，突出了民事权利受法律保护的理念；民事权益受到法律的充分尊重和保护，任何人不得侵犯，非依法定程序，也不得限制和剥夺。我国《民法典》第3条规定："民事主体的人身权利、财产权利以及其他合法权益受法律保护，任何组织或者个人不得侵犯。"

民事权利的内容无限广泛，只要是民事权利可支配的人格和财产范围，都属于民事权利的范畴。民法既保护民事主体的各种人身权利、财产权利以及其他合法权益，也保护兼具人身和财产性质的知识产权。除民法规定的民事权利受保护外，其他合法权益也应当受到保护。民事权利及其他合法权益受法律保护，就要求任何组织或者个人不得侵犯。不得侵犯就是任何组织或者个人不得非法侵占、限制、剥夺他人的民事权利及其他合法权益，也不得干涉他人正常行使民事权利及其他合法权益。但这并非意味着民事主体的民事权利不受限制。相反，民事主体行使民事权利是要受到法律、公序良俗的约束，民事主体不得滥用民事权利。为了公共利益的需要，在法定权限范围内经法定程序，国家可以对民事主体的财产予以征收或者征用。

民事合法权益受保护原则确认了民事主体在经济社会生活中获得的民事权利和合法利益受法律保护，这是市场经济中激励机制的原动力。民事合法权益受保护原则协助司法机关裁判时，主要在法律解释和法律漏洞填补中发挥作用。

二、平等原则

平等原则，是指在民事活动中所有民事主体法律地位平等，同时法律对民事主体提供平等的法律保护。平等是交易的前提和基础，也是交易得以正常实现的保障，没有平等也就没有真正的市场公平交换。可见，平等原则是市场经济的内在要求在法律原则上的体现。我国《民法典》第 4 条明文规定：“民事主体在民事活动中的法律地位一律平等。”平等原则集中反映了民事法律关系的本质特征，是民事法律关系区别于其他法律关系的主要标志。平等原则是民法的其他基本原则的基础，即民法的核心原则。

平等原则具体含义包括：第一，民事主体的权利能力平等。任何民事主体在民法上都具有独立的法律人格，互不隶属，各自独立。自然人无论其民族、性别、年龄、精神状态、财产状况、宗教信仰和文化程度等有何差别，其民事权利能力都是平等的。不论法人经营的业务范围是否不同，从事民事活动时，民事主体相互之间的民事主体资格都是平等的。第二，在具体的民事法律关系中，民事主体的法律地位平等。民事主体在产生、变更和消灭民事法律关系时，应当平等协商；任何一方民事主体不得享有特权，利用自己的优势地位向对方施加不当压力；具有隶属关系的上下级单位，在民事活动中也是平等的主体，即使是国家作为民事主体参与民事活动时也不例外；不同所有制性质的民事主体，其法律地位也是平等的。第三，民事主体的合法权益平等地受法律保护。任何民事主体依法取得的民事权益都受法律的同等保护；任何民事主体合法的民事权益受到非法侵害时，在适用法律上都是平等的，能够获得同等的法律保护和救济。

平等原则是民法的前提和基础，是国家立法规范民事法律关系的逻辑起点。民事主体法律地位的平等是民事主体自愿参与民事活动、自主决定民事活动的权利义务内容，实现意思自治的前提，进而实现公平交易。

参考案例

刘某约数名客户到樱花咖啡厅商谈事务，进入大厅后，樱花咖啡厅的服务员用日语询问。当知道刘某等是中国人时，服务员告知刘某："本咖啡厅不接待中国人，只接待日本人。"并以店堂告示为凭，拒绝刘某及客户入座。刘某十分恼怒，双方发生冲突，引起纠纷。

【评析】本案中，樱花咖啡厅作为经营主体从事民事活动，应当遵守民法的平等原则，向任何一名消费者提供接受平等服务的机会。但樱花咖啡厅依国籍为标准选择服务对象，构成对消费者的国籍歧视，违反了平等原则。

三、自愿原则

所谓自愿原则，又称意思自治原则，是指民事主体根据自己的意愿，自主地行使民事权利，参与民事法律关系，不受国家权利和任何第三者的非法干预。意思自治原则是市场经济客观要求的法律表现，它反映和保护了市场主体人格的独立、财产和责任的独立，是对民事关系一般法律准则的高度概括。我国《民法典》第 5 条规定："民事主体从事民事活动，应当遵循自愿原则，按照自己的意思设立、变更、终止民事法律关系。"自愿原则适用于整个以意思为核心的法律行为支配的私法领域，尽管在民法各个部分中表现的强调存在差别，但仍然不可能动摇它是民法的核心原则。

自愿原则的基本含义包括以下几个方面：第一，民事主体有权自愿从事民事活动。民事主体是否参加某项民事活动，由其根据自身意志和利益自由决定，其他民事主体不得干预、强迫其参加。第二，民事主体有权自主决定民事法律关系的内容。民事主体决定参加民事活动后，可以根据自己的利益和需要，自愿选择合作伙伴或者对方当事人，并决定具体的权利、义务内容，以及民事活动的行为方式。第三，民事主体有权自主决定民事法律关系的变动。民事法律关系的产生、变更、终止应由民事主体自己根据本人意志自主决定。第四，民事主体应当自觉承受其参加民事活动的相应法律后果。法律赋予和保护每个民事主体同样的自由，同时法律也要求每个民事主体对其自愿参加的民事活动自觉承受相应法律后果。自愿或者说意思自治的必然要求就是，每个人对自己的行为负责。自愿原则要求民事主体在行使权利的同时，自觉履行约定或法定的义务。第五，当事人的意志优于任意性民事法律规范。民事法律规范中存在大量的任意性规范，当事人可以协议排除任意性规范的适用，当事人的协议的效力优于任意性规范的效力。

在自愿原则与其他民法基本原则的关系上，自愿原则以平等原则为基础，公平原则、诚信原则主要在权利行使上对自愿原则形成限制；公序良俗原则主要在权利的产生上，通过否定法律行为的效力对自愿原则形成限制。

四、公平原则

所谓公平原则，是指民事主体应依据社会公认的公平观念从事民事活动，平衡各方利益要求以社会公平、正义的理念来处理当事人之间的纠纷。公平原则道德规范的法律化，是民法所追求的民事活动的愿景。我国《民法典》第 6 条规定："民事主体从事民事活动，应当遵循公平原则，合理确定各方的权利和义务。"公平是人类社会崇高的价值理念，以一定的社会共同价值观为基础。公平原则是作为社会共同价值观的公平、公正、平允的道德观在法律上的表现。

公平原则的基本含义包括以下几个方面：第一，民事主体参与民事法律关系的机会平等。民事主体进行民事活动的机会平等是公平的重要保障和基本条件，只有机会平等，主体才能平等地进行正当竞争。社会必须给每一个民事主体的自由发展提供公平的机会，为民事主体有同等机会参与民事活动，行使和实现自己的合法权益提供相应的保障和条件。第二，当事人之间以及当事人与社会之间的利益均衡。在民事活动中，当事人的民事权利和义务应按照公平合理的要求确定，不得偏向一方而加重对方的义务或责任，不得要求一方承担超出其应承担的义务之外的义务或责任，以达到当事人之间的利益均衡。同时还要按照公平观念，兼顾他人的利益和社会的利益，不能只顾当事人之间的利益而忽视或者侵害他人的和社会的利益。此外，公平原则所要求的利益均衡不局限于经济利益。第三，当事人承担民事责任的平衡。在民事活动中，当事人受有损害时，应公平合理地确定当事人的民事责任。例如，双方都有过错时，双方应依自己的过错承担民事责任；即使因一方过错造成损害时，过错方承担的责任范围也应与造成的损害相当。在双方都没有过错，法律也没有规定应由何方承担责任，而由受害人自己承担损失显失公平时，应由双方公平地分担责任。第四，司法机关在处理民事纠纷时，应当坚持公平原则，既要合法又要公平合理。

公平原则与自愿原则是互补关系。自愿不能违反社会正义和公平，公平又是以自愿为前提的。公平原则与诚实信用原则既有联系，又有区别。两者的相同点是，认定是否违反公平原则或者诚实信用原则时，都是以客观上当事人之间的利益是否失衡为判断标准；两者的不同之处在于诚实信用原则主要是从道德观念上要求当事人怎样做，不应当怎样做，在人身关系方面贯彻诚实信用原则，更注重道德标准。公平原则主要是从客观上判断当事人之间的利益是否失衡。公平原则比诚实信用原则层次更高，内涵更丰富。

五、诚实信用原则

诚实信用原则，简称诚信原则，是指民事主体在从事民事活动、行使民事权利和履行民事义务时，应当恪守诺言、诚实不欺，在不损害他人利益和社会利益的前提下追求自己的利益，最终达到当事人双方之间的民事利益平衡，以及当事人利益与社会利益达到平衡的基本原则。事实上，迄今为止，没有一个被普遍接受或者认同的关于诚信原则的概念。诚信原则最基本的但不可能穷尽的含义是：一方面，对当事人的民事活动起着指导作用，确立了当事人以善意方式行使权利、履行义务的行为规则，要求当事人在进行民事活动时遵循基本的交易道德，以平衡当事人之间的各种利益冲突和矛盾以及当事人的利益与社会利益之间的冲突和矛盾。另一方面，该原则具有填补法律漏洞的功能。当人民法院在司法审判实践中遇到立法未预见的新情况、新问题时，可直接依据诚信原则行使自由裁量权，调整当事人之间的权利义务关系。我国《民法典》第7条规定："民事主体从事民事活动，应当遵循诚信原则，秉持诚实，恪守承诺。"

诚信原则是民法最重要的基本原则之一，被称为是民法的"帝王条款"，是各国民法公认的基本原则。诚信原则是市场经济中的道德准则的法律化，最初被规定在债法领域，调整债的关系中权利的行使和义务的履行。随着学说和实践的发展，诚信原则的适用范围扩展到整个私法领域。

诚实信用原则主要表现在：（1）在立法上，不仅需要在民事基本法上确立诚实信用为基本原则，而且还应根据需要制定若干体现诚实信用原则的具体条款；（2）民事主体行使民事权利，与他人之间设立、变更或消灭民事法律关系，均应诚实，不作假，不欺诈，不损害他人利益和社会利益；（3）民事主体应恪守信用，履行义务；（4）法官及仲裁员处理民事案件时贯彻诚实信用原则，主要体现在以事实为依据，保护各方当事人的利益，平衡当事人的利益。由于诚信原则具有高度抽象性和概括性，使得诚信原则对于民事主体从事民事活动、司法机关进行民事裁判活动都具有重要作用。

六、禁止权利滥用原则

权利不得滥用原则，指民事权利的行使不得损害国家利益、社会公共利益或者他人合法权益。我国《宪法》第51条规定："中华人民共和国公民在行使自由和权利的时候，不得损害国家的、社会的、集体的利益和其他公民的合法的自由和权利。"可见，权利不得滥用是宪法上的一项基本原则。我国《民法典》第132条规定："民事主体不得滥用民事权利损害国家利益、社会公共利益或者他人合法权益。”

关于禁止权利滥用是否为民法的基本原则存在争议。本书认为，禁止权利滥用应当作为我国民法的基本原则，其原因在于：权利不得滥用是我国宪法上的一项基本原则，根据合宪性解释方法，禁止权利滥用当然是民法的基本原则。禁止权利滥用原则不是对个别权利的限制性规定，而是对一切民事权利的行使给予限制的一般条款，反映了人类社会可持续发展的根本利益高于个人自由的现代民法思想，在民法的基本价值体系中具有越来越重要的地位，将其作为基本原则更符合现代民法精神。禁止权利滥用作为民法基本原则亦具有守法、司法的现实意义。

民法一方面鼓励权利主体正当地行使权利，另一方面为权利的行使划定了明确的界限，即不得滥用民事权利损害国家利益、社会公共利益或者他人合法权益。行使民事权利，超出了权利的界限而损害他人权益或者公共利益，构成权利滥用。对于权利滥用行为，立法上多设有一定的构成要件。构成权利滥用应当具备以下条件：一是当事人有权利存在；二是权利人有行使权利的行为；三是当事人的行为有滥用的违法性。

滥用民事权利损害国家利益、社会公共利益或者他人合法权益可能构成侵权。滥用民事权利和侵权存在区别：权利滥用的前提是有正当权利存在，且是权利行使或者与权利行使有关的行为，侵权行为一般事先没有正当权利存在；权利不得滥用原则是对民事主体行使民事权利的一定限制，通过限制民事主体不得滥用权利损害国家利益、社会公共利益或者他人合法权益达到民事权利与国家利益、社会公共利益、他人合法权益的平衡，而侵权责任制度的目的是保护民事主体的权利。

禁止权利滥用原则的价值，是对自愿原则进行限制。民法一方面奉行私权神圣原则，充分保护私权，另一方面又提出禁止权利滥用原则，将权利之行使限制在不违反法律和损害社会公共利益的范围之内，以协调个人利益与社会公共利益的关系。

七、公序良俗原则

公序良俗是公共秩序和善良风俗的合称。学界通说认为，公序良俗与“社会公共利益”“社会公德”等概念在性质和作用上相当。公共秩序，是指社会的存在及其发展所必要的基本秩序。通常，违反禁止性规定的，即为违反公共秩序。善良风俗，学界一般认为指为社会、国家的存在和发展所必要的一般道德，是特定社会所尊重的起码的道德要求。善良风俗具有一定的时代性和地域性，随着社会成员的普遍道德观念的改变而改变。公共秩序强调的是国家和社会层面的价值理念，善良风俗突出了道德观念，以道德观念为核心。公序良俗原则，是指一切民事活动应当遵守公共秩序及善良风俗。我国《民法典》第8条规定："民事主体从事民事活动，不得违反法律，不得违背公序良俗。"

参考案例

原告周某和被告李某先后在一条街上毗邻经营快餐店。原告周某经营有方，生意兴隆。被告李某生意冷落，不久改开花圈店。李某因嫉妒而生怨恨，便将样品花圈放在与周某相邻的一侧，并没有逾界。周某为了不影响自己的生意，用一张薄席遮拦在自己方一侧，使来本店吃饭的客人看不到摆放的花圈。李某随即架高花圈，周某只得随之架高薄席。李某最后将样品花圈吊在屋檐上，使周某无法继续遮挡。周某的生意日渐萧条，遂向法院起诉李某恶意摆放花圈，影响其正常经营，请求李某停止侵害、赔偿损失。

【评析】本案中，李某故意行为违背了善良风俗，侵害了周某的权利。

诚实信用原则和公序良俗原则都是道德的法律化，目的都在于实现当事人利益以及当事人与社会利益关系的平衡，都是对私法自治的限制，都赋予法官自由裁量权，都具有填补法律漏洞的功能。但两者存在和发生作用的领域不同。善良风俗主要适用于非交易道德的范围内，诚实信用原则主要是市场交易道德的准则。

公序良俗原则赋予了法官自由裁量的因素，具有极大的灵活性，因而能处理现代市场经济中发生的各种新问题，在确保国家一般利益、社会道德秩序，以及协调各种利益冲突、保护弱者、维护社会正义等方面发挥极为重要的功能。如果人民法院在司法审判实践中，遇到立法当时未能预见到的一些扰乱社会秩序、有违社会公德的行为，而又缺乏相应的禁止性规定时，可直接适用公序良俗原则认定该行为无效。总之，公序良俗原则负载着弘扬社会公共道德，维护社会公共秩序的价值取向，从而塑造并实现民事主体的个体利益与社会公共利益之间的平衡。

八、生态环境保护原则

生态环境保护原则，又称绿色原则，是指民法要求民事主体在从事民事活动时，应当有利于节约资源、保护生态环境，实现人与生态环境之间的利益平衡，促进人与自然和谐发展。我国《民法典》第9条规定："民事主体从事民事活动，应当有利于节约资源、保护生态环境。”生态环境保护原则不仅被我国《民法典》在总则中规定为基本原则，而且在《民法典》分则的物权编、合同编中得以凸显。例如，《民法典》第286条第1款中规定，业主应当遵守法律、法规以及管理规约，相关行为应当符合节约资源、保护生态环境的要求；该法第509条第3款规定：“当事人在履行合同过程中，应当避免浪费资源、污染环境和破坏生态。”

生态环境保护原则既是贯彻宪法关于保护环境的要求，又是进行生态文明建设，实现可持续发展的国家发展战略的要求。坚持生态保护原则，就是要坚持人与自然和谐发展的和谐价值观。生态环境保护原则要求立法者在制定法律时，都要考量节约资源、保护生态环境的因素；民事主体在进行民事活动时，应当本着有利于节约资源、保护生态环境的理念从事活动；司法机关在司法适用法律时，要注重对节约资源、保护生态环境的民事法律行为的保护。当今世界生态环境形势日益严峻，人类面临因生态恶化、资源过度开发利用的“增长的极限”，将生态环境保护上升到民法基本原则的地位，开启了生态环境保护的民法路径，具有鲜明的时代特征。

【本章小结】

民法基本原则是民法的灵魂，反映了市民社会和市场经济的根本要求，负载着民法平等、自由、效益、安全、公正等价值取向。民法基本原则作为民事立法、民事司法与民事活动的基本准则，其效力贯穿民法始终。并发挥着民事立法准则，民事活动中的行为准则、司法准则的功能；发挥着弥补民事法律规范缺陷的功能。根据我国《民法典》的规定，结合学理解释，我国民法的基本原则包括：(1) 民事合法权益受法律保护原则；(2) 平等原则；(3) 自愿原则；(4) 公平原则；(5) 诚实信用原则；(6) 禁止权利滥用原则；(7) 公序良俗原则；(8) 生态环境保护原则。各具体原则从不同的角度彰显着民法的基本价值和理念并发挥功能。

【引例评析】

所谓自愿原则，又称意思自治原则，是指民事主体根据自己的意愿，自主地行使民事权利，参与民事法律关系，不受国家权利和任何第三者的非法干预。本案中原、被告由合伙关系转为债权债务关系，由当事人平等协商而成，充分体现了当事人的意思自治，符合民法基本原则中的自愿原则，受理案件的法院予以支持。

【练习题】

1. 名词解释

(1) 民法基本原则

(2) 平等原则

(3) 自愿原则

(4) 诚实信用原则

(5) 生态环境保护原则

2. 简答题

(1) 民法基本原则的特征有哪些?

(2) 如何理解民法基本原则的功能?

(3) 民法的基本原则有哪些?

(4) 如何理解诚实信用原则?

(5) 如何理解公序良俗原则的含义?

3. 案例分析题

甲房地产开发公司(简称甲公司)在某城市湿地公园旁开发预售期房,乙、丙等近百人一次性支付了购房款,总额近8000万元。但甲公司迟迟未开工,按期交房无望。乙、丙等购房人多次集体去甲公司交涉无果,险些引发群体性事件。面对高涨的房价,乙、丙等购房人为另行购房,走投无路时与甲公司签订《退款协议书》,承诺放弃数额巨大的利息、违约金的支付要求,领回原购房款。经向律师咨询后,乙、丙等购房人起诉甲公司。

问题:

乙、丙等购房人与甲公司签订的《退款协议书》是否违反民法的基本原则?违反了哪一项民法基本原则?

第三章
民事法律关系

【引入案例】

原告甲某等一行四人入住由被告乙开办的宾馆。入住标准间502房间，以甲某两个伙伴名义进行了登记。甲某及另外一人也同居于此房间，但未办理加铺登记手续。次日凌晨3时许，该宾馆因302房间失火，火势迅速蔓延，致使宾馆三层以上发生重大火灾，原告等人为逃生而破窗跳楼，身上有多处被火烧伤，另有跌伤等其他损伤，随身所带物品也付之一炬。事发后，被告为平息事态，先行支付了原告的前期医疗费用。原告出院后，曾与被告交涉财产、误工等损失及后期整容费用等问题，但因双方意见相差悬殊而未成。原告遂诉至法院。被告乙辩称：原告入住其宾馆没有登记，登记人系原告其他两伙伴，原告私自入住，与被告之间未形成旅客住宿消费合同关系。法院经审理认为：原告未经登记入住被告开办的宾馆，且未办理加铺登记手续，其行为违法，原、被告之间不构成消费合同关系。因此，原告不能享有该种合同关系中的相应权利。

【学习目标】

通过本章学习，能够掌握：

1. 民事法律关系的概念与特征；
2. 民事法律关系的构成要素；
3. 民事法律关系的重要分类；
4. 民事法律事实中的行为事实；
5. 民事权利的分类及其保护方式。

第一节 民事法律关系概述

一、民事法律关系的概念

民事法律关系，是指民事法律调整的具有民事权利义务内容的社会关系。民法的调整对象是平等主体之间的人身关系和财产关系，平等主体之间的人身关系和财产关系因民法的调整而具有民事权利和民事义务内容，形成民事权利义务关系，这种民事权利义务关系就是民事法律关系。因此，民事法律关系是民法调整平等主体之间的人身关系和财产关系的结果。

二、民事法律关系的特征

法律依其调整的社会关系的不同分为不同的法律部门，法律关系也就因确认它们的法律部门的不同而分为不同的法律关系，如行政法律关系、诉讼法律关系等。民事法律关系作为法律关系的一种，它既有法律关系的共性，又具有区别于其他部门的法律关系的特征，其具体表现为：

（一）民事法律关系是平等主体之间的法律关系，其主体具有平等性

民事法律关系是根据民事法律规范建立起来的社会关系，而民法调整的社会关系的平等性和民法的平等原则决定了民事法律关系主体的平等性。不是发生在平等主体之间的或者不是在平等基础上设定的法律关系，不属于民事法律关系。民事法律关系的平等性通常表现为它们在民事法律关系中享有的权利和义务的对等一致，即在通常情况下一方取得权利必须以承担相应的义务为前提，反之亦然。民事主体平等是民事法律关系的基本特征。

（二）民事法律关系是以民事权利和民事义务为基本内容的社会关系

民法的调整对象范围决定了民事法律关系的内容和范围。一方面，民事法律关系为民事权利义务关系。权利义务是法律关系的核心，法律确认某一法律关系的目的是依赖确认权利义务来实现的。民法调整平等主体之间的社会关系，目的是赋予民事主体以民事权利和民事义务。另一方面，民事法律关系的内容为具体的民事权利和民事义务。民事法律关系是当事人依法在民事活动中形成的现实的社会关系，当事人根据法律规定或者合同约定而享有民事权利或者承担民事义务，该民事权利和民事义务的内容是具体的、现实的。应当注意的是，通常讲民事法律关系以权利义务为内容，实际上包括了责任在内。我国民法严格区分债务

与责任，基于民事责任发生的关系也是一种民事法律关系。

（三）民事法律关系是基于民事法律事实而形成的社会关系

民事法律规范实施于社会生活，才有民事法律关系的出现，即有民事法律规范和民事法律事实才会形成具体的民事法律关系。例如，基于著作权法，有某人创作完成小说的事实，才会形成著作权人与著作权人以外的人之间的著作权法律关系；基于合同法，有甲乙双方当事人协商一致租赁房屋的事实，才会形成甲乙之间的租赁合同关系。总之，民事法律规范为确定法律事实的根据，民事法律事实为民事法律关系变动的原因。

三、民事法律关系的要素

民事法律关系的要素，是指构成民事法律关系的必要因素或条件。任何民事法律关系都由主体、内容和客体三个要素构成。这三个要素缺一不可，缺少其中的任何一个都不能成立民事法律关系；其中任何一项内容发生变化，民事法律关系也就会发生变化。

（一）民事法律关系的主体

民事法律关系的主体，简称民事主体、当事人，是指参加民事法律关系，享有民事权利和承担民事义务的人。享有权利的一方称为权利主体，或称权利人；负有义务的一方称为义务主体，或称义务人。多数民事法律关系当事人双方都既享有权利，又负有义务；既是权利主体，又是义务主体，如买卖合同关系。有些民事法律关系中，一方仅为权利人，只享有权利，不承担义务；另一方仅为义务人，只承担义务，不享有权利，如赠与合同关系。

民事法律关系的主体可以是双方的，也可以是多方的。就组成民事主体一方的人数而言，可能是单一主体，也可能是多数人主体。在不同的民事法律关系中当事人的称谓不同，例如，在所有权关系中是所有人与非所有人，在买卖关系中是买受人与出卖人，在侵权关系中是侵权人和被侵权人等。

根据我国《民法典》的规定，自然人、法人和非法人组织可以以自己的名义进行民事活动，参加民事法律关系，享有民事权利和承担民事义务。因此，自然人、法人和非法人组织都是民事主体。在有些情况下，国家也可以作为民事主体，参与民事法律关系，如发行国债。

（二）民事法律关系的客体

民事法律关系的客体，又称为标的，是指民事权利和民事义务所指向的对象。通常情况下，民事主体是为了某一客体而设定权利义务关系的，因此，民事主体因一定的客体而发生联系，产生相应的权利义务。如果没有客体，民事权利义务就失去了依附的目标和载体，也就不可能发生权利义务关系。民事法律关系的客体既是民事权利与民事义务的依托，也是确认民事法律关系性质的重要依据。例如，客体是物的民事法律关系是物权关系。民事法律关系的客体非常广泛。

1. 物。民法上的物，是指独立于人身之外，能够为人所控制，并且具有价值或使用价值的物质实体。物是物权法律关系的客体。

2. 行为。行为是指民事主体有目的、有意识的活动（包括作为和不作为）。行为主要是债权法律关系的客体。例如，在运输合同中，承运人将旅客或货物按时、安全地运送到指定地点的行为，就是运输合同的客体。需要注意的是，在以行为为客体的法律关系中，在很多情况下都涉及物，如保管行为指向的保管物、加工承揽行为指向的定作物等，这些物只是债务人履行义务的行为所涉及的物，即标的物，而非法律关系的客体。

3. 智力成果。智力成果是人类通过脑力劳动所创造的精神财富，也可以作为民事法律关系的客体。智力成果是知识产权法律关系的客体。

4. 人身利益。人身利益又称精神利益或非物质利益，是民事主体因享有人身权而获得的各种无形利益，如生命、健康、自由、荣誉等。人身利益是人身权民事法律关系的客体。

此外，某些权利也可以成为民事法律关系的客体，如建设用地使用权可以设立抵押，企业法人的名称权可以转让等。我国《民法典》第 127 条规定："法律对数据、网络虚拟财产的保护有规定的，依照其规定。"

（三）民事法律关系的内容

民事法律关系的内容，是指民事法律关系主体享有的民事权利和承担的民事义务。民事法律关系的内容体现了民事主体的利益和要求，若仅有主体，而无主体之间的权利义务，当然也就构不成民事法律关系。

在民事法律关系中，民事权利与民事义务的关系既是相互对立，又是相互联系。民事权利是民事主体为实现特定的利益而实施或者不实施某种行为的可能性；民事义务是义务人为满足权利人的利益而为一定行为或者不为一定行为的必要性。主体是否具有民事权利义务，是民事法律关系与一般社会关系及其他法律关系的重要区别。

民事法律关系的内容是民事法律关系三要素中起主导作用的要素，决定着民事法律关系的性质。例如，区分某一合同是买卖合同还是承揽合同，认定该项合同性质的根据是该合同内容，即根据当事人约定的权利、义务认定其属于买卖合同，还是承揽合同。

四、民事法律关系的分类

民事法律关系根据不同的标准，可分为不同的种类：

(一) 财产民事法律关系和人身民事法律关系

民事法律关系依据其是否具有直接物质内容，可分为财产民事法律关系和人身民事法律关系，这是民事法律关系最基本的分类。财产民事法律关系，是指民事主体在物质资料生产、分配、交换和消费过程中形成的社会关系，包括财产所有（归属）关系和财产流转关系，前者如所有权法律关系，后者如债权法律关系。人身民事法律关系，是指与当事人的人身不可分离，以人身利益为内容的民事法律关系，包括人格关系和身份关系两种。

区分财产民事法律关系和人身民事法律关系的意义在于：①财产法律关系中权利义务一般具有可让与性，而人身法律关系中的权利义务一般不具有可让与性；②对财产法律关系的保护主要采用财产救济方式，而对人身法律关系的保护则主要采取非财产救济的方式。

(二) 物权关系和债权关系

根据权利人权利实现方式的不同，财产民事法律关系又可以分为物权关系和债权关系。物权关系，是指权利人可以依自己的意思直接支配物，无须义务人的积极作为即可行使并实现其权利的民事法律关系。所有权法律关系便是典型的物权关系。债权关系，是指权利人必须依赖义务人的一定行为，才能行使和实现其权利的民事法律关系。合同法律关系就是最典型的债权关系。

区分物权关系和债权关系的法律意义在于：掌握物权关系和债权关系的不同特点，有助于我们正确理解和把握民法中物权法和债权法这两大基本财产权法律制度。

(三) 绝对民事法律关系和相对民事法律关系

根据民事法律关系义务主体的范围不同，可分为绝对民事法律关系和相对民事法律关系。绝对民事法律关系，即义务主体是除权利人以外的一切不特定的人的民事法律关系。在这种法律关系中，权利人无须义务人的积极作为即可直接行使和实现其权利，而义务人的义务通常是消极的不作为义务，如所有权法律关系。相对民事法律关系，是指义务主体为特定人的民事法律关系。在这种法律关系中，权利人权利的实现须依赖义务人实施积极的行为。因此，其义务人通常是特定的一人或数人，并且义务人的义务通常表现为作为（即为一定行为），如债权法律关系。

区分绝对民事法律关系和相对民事法律关系的意义在于：正确确定某一民事法律关系义务人的范围及义务人义务的内容。

（四）单一民事法律关系和复合民事法律关系

依据民事法律关系内容的复杂程度，民事法律关系可分为单一民事法律关系和复合民事法律关系。单一民事法律关系，是指只有一组对应的权利义务内容的民事法律关系，如赠与法律关系。复合民事法律关系，是指由两组或两组以上的互相对应的权利义务共同构成的民事法律关系，如买卖合同关系。

区分单一民事法律关系和复合民事法律关系的意义在于：合理确定当事人的权利、义务和责任，从而正确适用民法规范。

第二节 民事法律事实

一、民事法律事实的概念

民事法律事实，是指依据民事法律规范规定的，能够引起民事法律关系发生、变更或者消灭的客观现象。

民事法律规范本身并不能在当事人之间产生民事上的权利和义务关系，它仅意味着民事主体享有权利和承担义务的可能性。法律可以规定一些事实条件，当发生这些事实时，就会使民事法律关系产生、变更和消灭。这种由法律规定的，能产生一定法律后果的事实，就是民事法律事实。民事法律事实具有下列特征：

（一）民事法律事实是由民法规定的客观现象

客观现象可以是自然现象或者人的活动，但并非一切的自然现象或人的活动都可以成为民事法律事实。哪些事实属于民事法律事实，是民法上的价值判断问题。只有当某种客观事实为民事法律规范所规定，并能够产生一定的法律后果时，这种客观事实才具有法律意义，才能成为民事法律事实。

（二）民事法律事实是引起民事法律关系的发生、变更或者消灭的原因

民事法律关系虽然是民法调整的结果，但现实的、具体的民事法律关系的发生、变更或者消灭，都必须以特定的民事法律事实的存在为客观依据。民事法律事实是民事法律关系变动的事实原因和事实根据。

二、民事法律事实的分类

民事法律事实根据其是否与当事人的意志有关，分为人的行为和自然事实两大类。

（一）行为

行为，是指与当事人的意志有关，能够引起民事法律关系发生、变更或消灭的活动。人的行为中，由民法规定的，为民法上的行为；其他法律规定的行为，属于其他法律上的行为，如涉及民事方面的行政行为、司法行为（如生效的判决、裁定），也是一种法律事实，也可以引起一定的民事法律关系的发生、变更或消灭。民法上的行为可作如下分类：

依其合法与否可分为合法行为与违法行为。合法行为，是指符合民法规定或者不违反民法规定而能够引起民事法律关系变动的行为。违法行为，是指违反民法规定，侵犯他人合法权益，依法应当承担民事责任的行为，包括侵权行为和债务不履行行为。

依据当事人实施行为是否以发生民事法律后果为目的，行为还可以分为民事法律行为、准民事法律行为和事实行为。民事法律行为是民事主体通过意思表示设立、变更、终止民事法律关系的行为。准民事法律行为，是指由法律直接规定结果的当事人的表示行为。民事法律行为和准民事法律行为属于表意行为。事实行为，是指民事主体实施的，没有预期目的，但能够依法直接产生一定法律后果的行为，如侵权行为、拾得遗失物行为、无因管理行为等。

（二）自然事实

自然事实，是指与当事人的意志无关的，能够引起民事法律关系产生、变更或消灭的客观现象，又可分为事件和状态。

事件，是指某种客观现象的发生。例如，人的出生、死亡的事实；无民事行为能力人的“行为”，完全民事行为能力人在无意识或者神志错乱中所为的“行为”；自然灾害和意外事故的发生，如地震、洪水、战争等。

状态，是指某种客观现象的持续。例如，时间经过的法律事实，它可以引起一定的请求权的发生或消灭；人的下落不明的事实，它可以引起宣告失踪或宣告死亡的法律后果。

三、民事法律事实的构成

民事法律事实的构成，又称民事法律事实结合，是指引起民事法律关系变动的两个或者两个以上的法律事实的总和。例如，遗嘱继承法律关系的发生，须由被继承人死亡的事实、被继承人留有合法有效遗嘱的事实以及继承人表示接受继承的事实共同构成。

在通常情况下，一个法律事实足以构成一个民事法律关系发生、变更或消灭的原因，但在有些情况下，一个民事法律关系的变动，需要有两个或更多的民事法律事实作为原因。因此，对于后一种情况，就必须待所有的民事法律事实全部充分时，民事法律关系才会产生相应的变动；如果仅有部分法律事实出现，则不能发生民事法律关系变动的后果。

第三节 民事权利和民事义务

一、民事权利

（一）民事权利的概念与特征

有关民事权利的概念，学说上有不同的观点。有人认为，权利是个人意思支配的范围；有人认为，权利是法律保护的利益；有人认为，权利是享受特定利益之法律上之力。一般认为，民事权利是指民法规范赋予民事主体为实现受法律保护的利益而实施一定行为的意思自由。

民事权利本质上体现为民事主体依其意思实施行为的自由，是社会秩序对自由的肯定和保障，是民事主体不可剥夺的正当利益在法律上的定型化，是由法律上之力保证实现的自由。民事权利具有以下特征：

1. 民事权利是一种自由权。权利在本质上体现为人依其意思实施行为的自由。正是如此，民事权利主体可以在法定的或者约定的范围内，做其希望做的事。民事权利主体根据自己的意愿，决定行使权利或者不行使权利，也可以抛弃权利，进而产生预期法律后果，不受干扰和妨碍，以实现其享有利益的可能性。

2. 民事权利意味着权利主体实现一定利益的可能性。民事权利主体享有权利的目的并不是享有自由权，而是要利用自由权来实现自己的利益。在私法领域，一切法律关系都归结为利益关系，民事权利主体之所以设定权利，是将实现正当利益的可能性变为现实。

3. 民事权利受国家强制力保障。没有救济的权利不是真正的权利。民事权利之所以受法律保障，乃在于任何权利反映的利益符合社会的需要和国家的要求，并依法产生，具有合法性。民事权利的法律保障，反映在法律对各种权利都提供了相应的救济措施上。

（二）民事权利的分类

民事权利按照不同的标准可分为不同的种类：

1. 人身权与财产权。根据民事权利是否以财产利益为内容，可分为人身权与财产权。人身权，是指以人身利益为内容，不具有直接的财产利益，与权利主体人身不可分离的权利。人身权具有人身依附性，一般不能转让或放弃，受到侵害时也主要以非财产的责任方式予以救济。人身权主要有人格权和身份权。财产权，是指以财产利益为内容的权利。财产权不具有人身依附性，因此权利主体可依其意思转让或放弃，当财产权受到侵害时须以财产责任的方式予以救济。财产权主要包括物权、债权、继承权。

2. 支配权、请求权、形成权与抗辩权。根据民事权利的作用不同，可分为支配权、请求权、形成权与抗辩权。支配权，是指权利人可以自己直接支配其权利客体并有权排除他人干涉的权利。物权、知识产权、人格权属于支配权。请求权，是指权利人有权要求他人为一定行为或不为一定行为的权利。债权是最典型的请求权。形成权，是指权利人依自己单方的意思表示，使民事法律关系发生、变更或消灭的权利，如追认权、选择权、撤销权等都属于形成权。抗辩权，是指对抗请求权或否认对方权利的权利。抗辩权的作用在于阻止请求权的效力，从而使抗辩权人能够在一定条件下拒绝向其债权人履行义务，但债权人的权利并不因此而消灭。抗辩权分为永久性抗辩权和延期性抗辩权，前者如诉讼时效期间届满的抗辩，后者如双务合同履行中的同时履行抗辩权等。

3. 绝对权与相对权。根据民事权利的效力范围不同，可分为绝对权与相对权。绝对权，又称对世权，是指义务人是不特定的人，权利人无须通过义务人实施一定的积极协助行为即可实现的权利。物权、人格权、知识产权、继承权等属于绝对权。相对权，又称对人权，是指义务人为特定人，权利人必须通过义务人实施一定行为或不实施一定行为才能实现的权利，其权利主体和义务主体均是特定的人。债权、身份权为相对权。

4. 主权利与从权利。根据民事权利相互之间是否有依存关系，可分为主权利与从权利。主权利，是指在两项有关联的权利中，不依赖另一权利即可以独立存在的权利。从权利，是指在两项有关联的权利中，其效力受另一权利制约的权利。主权利与从权利的关系是：主权利存在，从权利才能存在，主权利消灭，从权利同时消灭，并且从权利不能与主权利分离而单独转让。

5. 专属权与非专属权。根据民事权利是否具有可转移性，可分为专属权和非专属权。专属权，是指只能由其主体享有或者行使的权利。专属权原则上不得转让或者继承的权利，如人身权。非专属权，是指非专为特定人设立的、可与权利主体分离、可转让和可继承的权利。民法上的大多数财产权属于非专属权。

6. 既得权与期待权。根据民事权利的成立要件是否已全部实现，可分为既得权与期待权。既得权，是指其成立要件已全部实现的权利。一般民事权利，如物权、债权、人身权等都是既得权。期待权，是指其成立要件尚未全部实现，将来有可能会实现的权利，如保险合同中受益人的权利就是期待权。

7. 原权利与救济权。根据民事权利形成的原因不同，可分为原权利与救济权。原权利，是指在合法的民事法律关系中存在的权利。一般的民事权利都是原权利，如所有权、债权、人身权等。救济权，是指在原权利受到侵害时，或有受到侵害危险时而发生的权利。救济权是原权利的保护手段，是基于原权利而派生的权利，诉权就属于救济权。

（三）民事权利的行使

民事权利的行使，是指民事权利主体具体实施构成民事权利内容的行为，实现其受法律保护的合法民事权益。民事权利只有经过行使才能得以成为现实的利益，民事权利的实现是民事权利行使的结果。例如，出租人请求承租人交付租金，属于出租人享有的债权；承租人交付租金后，出租人的债权就得以实现。

按照行使权利行为的性质，可将民事权利的行使分为事实方式的行使与法律方式的行使。前者是指权利人通过实施事实行为行使其权利，如占有所有物、消费所有物等；后者是指权利人通过法律行为行使其权利，如出租房屋、转让专利权等。

按照行使权利行为的实际执行情况，可将民事权利的行使分为自己行使、代理行使与移转他人享有并行使。在通常情况下，民事权利由权利人自己行使，但法律允许权利人通过代理人来行使其权利，同时法律也规定某些具有人身性质的民事权利如立遗嘱的权利只能由权利人自己行使。此外，民事权利也可以依法或依合同移转他人享有并行使，如国家可将国有财产移转给国有企业并行使其民事权利。

我国《民法典》第 130 条规定："民事主体按照自己的意愿依法行使民事权利，不受干涉。"民事权利是一种私权，因此其行使一般由权利人按自己的意思决定。我国《民法典》第 132 条规定："民事主体不得滥用民事权利损害国家利益、社会公共利益或者他人合法权益。"权利主体应在法律规定的范围内正当地行使其权利，不得滥用权利，否则将会承担不利后果。

（四）民事权利的保护

民事权利的保护，是指为确保民事权利不受侵犯或恢复被损害民事权利而采取的各种合法的措施。民事权利的保护方式，依其性质、保护机关等的不同，可分为私力救济与公力救济。

1. 私力救济。私力救济，又称自我保护，或者称自力救济，是指民事权利受到侵害时，民事主体自己采取必要的措施保护其权利的救济方式。民事主体以私力救济方式保护其民事权利，必须在法律规定的范围内，其所实施的救济行为不得超越法律允许的限度，否则，行为人应当承担救济行为过当部分相应的法律责任。私力救济包括自卫行为和自助行为。

（1）自卫行为。自卫行为，是指民事权利受到不法侵害或者有受到侵害的现实危险时，权利人采取必要的措施，以防止损害的发生或扩大。自卫行为包括正当防卫和紧急避险。

正当防卫，是指为了保护本人或者他人的民事权益或者公共利益，对于现实的不法侵害采取的防卫行为。因正当防卫造成损害的，不承担民事责任。正当防卫超过必要的限度，造成不应有的损害的，正当防卫人应当承担适当的民事责任。

紧急避险，是指为了避免本人或者他人的民事权益或者公共利益受到急迫的危险所为的行为。因紧急避险造成损害的，由引起险情发生的人承担民事责任。危险由自然原因引起的，紧急避险人不承担民事责任，可以给予适当补偿。紧急避险采取措施不当或者超过必要的限度，造成不应有的损害的，紧急避险人应当承担适当的民事责任。

（2）自助行为。自助行为，是指权利人为保护自己的民事权利，在情况紧迫又来不及请求国家机关救助的情况下，对义务人的财产予以扣押或者对其人身自由进行拘束等措施，而为法律和社会公德认可的行为。自助行为的一般构成要件是：①为了保护自己的合法权利免遭不法侵害；②情事紧迫，来不及得到国家有关机关的救助，即如不实施自助行为，势必导致权利无从实现或难以实现；③所采取的手段须适合于其权利的实现，不得逾越避免危险所必要的程度；④事后必须及时提请有关国家机关处理。

自卫行为与自助行为的区别是：自卫行为注重消极防守，其特点在于防御性；而自助行为注重积极的进攻，其特点在于自救性。自卫行为既可以为保护自己的权益而实施，也可以为保护他人的利益而实施；而自助行为仅为保护自己的利益而实施。

2. 公力救济。公力救济，指民事权利受到侵害时，权利主体请求国家机关通过法定程序予以保护的救济方式。因该救济方式是由国家机关依靠国家强制力而采取和实现的，因而也称国家保护。由于民事权利受国家宪法、民法、行政法、刑法等诸多法律部门的保护，因此，在民事权利受到侵害时，其权利人既可依法请求有关行政机关给予保护，也可以诉请人民法院依照民事诉讼程序保护其权利。

二、民事义务

（一）民事义务的概念与特征

民事义务，是指义务主体为满足权利人的利益需要，在法律规定或当事人约定的范围内，实施一定行为的法律拘束。民事义务与民事权利相对应，共同构成民事法律关系的内容、要素。

民事义务具有以下特征：

1. 民事义务具有利他性。义务主体必须作出或者不作出一定行为，作出行为的目的不是为了满足自己的利益，而是为了满足权利主体的利益。

2. 民事义务具有限定性。义务主体实施的义务是在法定的范围内进行的。超越法律规定的限度，义务主体则不受限制和约束。主体只需在权利主体的权限范围内实施一定的行为，权利主体不得超越其权限范围要求义务主体实施不应负担的行为。

3. 民事义务具有法律的拘束性。民事义务本质上是法律课以义务主体的一种拘束，受此拘束，义务主体必须实施一定行为以满足权利主体的利益。义务主体不依法履行义务，就应当承担相应的民事责任。

（二）民事义务的分类

民事义务一般与民事权利相对应，因此，民事权利的分类标准大都适用于民事义务的分类，如民事权利分为主权利与从权利，民事义务可分为主义务与从义务。但民事义务也有不同于权利分类的独有分类，如积极义务与消极义务。民事义务主要有以下分类：

1. 法定义务与约定义务。民事义务根据其发生的原因不同，可将其分为法定义务与约定义务。法定义务是直接根据法律规定而产生的义务；约定义务是由当事人自行协商而确定的义务。

2. 积极义务与消极义务。根据义务人行为的方式不同，又可将其分为积极义务与消极义务。积极义务又称作为义务，是指义务人应为一定积极行为的义务；消极义务又称不作为义务，是指义务人须不为一定行为的义务。

3. 专属义务与非专属义务。根据义务对义务人的依附性，则可将其分为专属义务与非专属义务。专属义务，是指义务人不得移转给他人代为履行的义务；非专属义务，是指义务人可以移转给他人代为履行的义务。

【本章小结】

民事法律关系是基于民事法律事实并由民事法律规范调整形成的民事权利义务关系。民事法律关系是民法体系建构的主线，民法的问题本质上就是民事法律关系的问题。民事法律关系通过民法规范所确认的模型化的一般权利义务关系，形成规范意义上的民事法律关系；规范意义上的民事法律关系与民事法律事实结合的结果是，形成事实意义上的民事法律关系。只有事实上的民事法律关系才能获得法律的保护，进而实现民事主体追求的私法目的。民事法律关系由主体、客体和内容三要素构成，三个要素不可或缺，构成了民事法律关系的必要条件。

【引例评析】

在本案中，原、被告双方当事人之间的民事法律关系如何定性是焦点问题。原告主张双方之间存在消费合同关系，而法院于判决中否定了双方存在消费合同关系。旅客与住宿服务提供者经要约、承诺，成立住宿服务合同关系。在此合同中，旅客要支付住宿费，服务提供者提供房间及相关服务。按照行业习惯，客房标准对住客人数有限制，应采取登记入住的方式，未经登记的人员一般不允许入住，在人数超标的情况下，应经过经营者的允许，办理加床登记手续并且支付相关费用。本案原告利用他人入住的条件，以不支付对价而得到住宿为目的，是一种投机取巧行为，不符合建立合同关系的双方应意思表示一致的原则，故双方不能成立住宿合同关系。因此，原告不能享有该种合同关系中的相应权利。

【练习题】

1. 名词解释

(1) 民事法律关系

(2) 民事法律事实

(3) 民事权利

(4) 民事义务

(5) 自助行为

2. 简答题

(1) 民事法律关系的特征是什么？

(2) 民事法律关系的构成要素有哪些？

(3) 如何理解民事法律事实的特征？

(4) 民事权利包括哪些分类？

(5) 民事权利的救济包括哪些途径？

3. 案例分析题

某名校研究生甲、乙系同寝室的同学。在研一暑假结束后，乙看到甲在假期中购买的一本绝版专业书籍，便爱不释手。甲见后，便说了一句：“你拿去吧。”乙非常高兴地将该书拿走，在阅读完该书籍后放进自己的书箱中珍藏。过了2个月，甲见乙未将书籍送还，便请求乙归还。乙一听非常生气，说：“你这个人怎么这样，给人的东西还往回要。”甲说只答应借给乙用一段时间，从未说过给乙的话。乙说“你拿去吧”这句话的意思就是送给乙的意思。为此，甲乙发生争执。

问题：

(1) 甲、乙之间是否存在民事法律关系？如果存在，是一种什么性质的民事法律关系？

(2) 本纠纷中民事法律关系的事实是什么？

第四章 民事主体

【引入案例】

小明17周岁，初中毕业后在一家理发店工作，月收入2000元。小明心仪一款手机许久，父母不同意，便偷偷攒下2个月工资，花了3600元买下。其父母得知此事后，以小明不具有完全民事行为能力，购买手机未经父母同意为由，找到商家要求退货。商家不同意，双方为此发生纠纷。

【学习目标】

通过学习本章，能够掌握：

1. 自然人民事权利能力范围；
2. 自然人民事行为能力的分类；
3. 监护的设立及监护人的职责；
4. 宣告失踪与宣告死亡的构成条件和法律效果；
5. 法人的法律地位及其成立要件；
6. 法人的法定代表人及法人的设立、变更和终止；
7. 合伙的法律特征及其相应的制度。

第一节 民事主体概述

一、民事主体的概念和特征

民事主体，是指依照法律规定能够以自己的名义从事民事活动，享有民事权利和承担民事义务的人。其主要具有如下特征：

1. 民事主体是能够以自己的名义从事民事活动，享有民事权利和承担民事义务的人。不能以自己的名义享有民事权利和承担民事义务的社会组织不是民事主体。例如，法人内设的机构，就不能以自己的名义对外签订合同。

2. 民事主体的法律地位平等。在民法上，任何民事主体的法律地位都是平等的，不存在管理与服从等不平等的关系。这与行政法上的行政机关与行政相对人之间的管理与服从关系截然不同。

3. 民事主体的资格来自法律的规定。能否成为民事主体，民法有明确的规定。

二、民事主体的分类

根据《民法典》和有关法律的规定，民事主体分为以下几类：一是自然人，包括具有中华人民共和国国籍的自然人、外国人和无国籍人；二是法人，即具有法人资格的组织，法人又分为营利法人、非营利法人、特别法人等；三是非法人组织，即不具有法人资格的其他组织，如公司的分支机构、个人独资企业等；四是国家参与民事活动时也可成为民事主体。

第二节 自 然 人

一、自然人及其民事权利能力

（一）自然人的概念

自然人是按照生理规律出生的人。自然人与公民并不是同义语。公民是从国籍角度来说的，而自然人是从人的自然属性来说的。从范围上看，凡公民都是自然人，但自然人并不都是特定国家的公民。在民法上使用自然人的概念要比使用公民的概念更为准确。

自然人为当然的民事主体，具有民事权利能力，依法享有民事权利和承担民事义务。自然人包括本国人、外国人和无国籍人。

（二）自然人民事权利能力的概念和特征

自然人的民事权利能力，是指自然人依法享有民事权利和承担民事义务的资格。自然人从出生时起到死亡时止，具有民事权利能力，依法享有民事权利和承担民事义务。

自然人的民事权利能力具有如下特征：

1. 当然性。在现代文明社会，自然人无条件地享有民事权利能力，只要是生物学意义上的人，都自动享有民事权利能力，无需任何条件或手续，即具有民事主体资格。

2. 平等性。自然人的民事权利能力一律平等，无论社会地位、经济实力、民族、种族、文化程度或宗教信仰。法律赋予所有人平等的民事权利能力，就是赋予其平等地参与民事活动的机会。

3. 广泛性。所有自然人都有民事权利能力，具有普遍性和广泛性。

4. 不可转让性。自然人民事权利能力随出生而享有，随死亡而终止，他人无权限制或剥夺，也无法转让。

（三）自然人民事权利能力的开始

《民法典》第 13 条规定："自然人从出生时起到死亡时止，具有民事权利能力，依法享有民事权利，承担民事义务。"

关于出生的时间，《民法典》第 15 条规定："自然人的出生时间和死亡时间，以出生证明、死亡证明记载的时间为准；没有出生证明、死亡证明的，以户籍登记或者其他有效身份登记记载的时间为准。有其他证据足以推翻以上记载时间的，以该证据证明的时间为准。"

我国原则上不承认胎儿有权利能力，但在某些情况下视为有民事权利能力，法律给予特殊的保护。《民法典》第 16 条规定："涉及遗产继承、接受赠与等胎儿利益保护的，胎儿视为具有民事权利能力。但是，胎儿娩出时为死体的，其民事权利能力自始不存在。"《民法典》第 1155 条规定："遗产分割时，应当保留胎儿的继承份额。胎儿娩出时是死体的，保留的份额按照法定继承办理。"

（四）自然人民事权利能力的终止

按照《民法典》第 13 条的规定，自然人的民事权利能力终于死亡。死亡包括自然死亡和宣告死亡。自然死亡又称生理死亡，指自然人肉体生命的绝对消灭。宣告死亡是依法定程序对自然人生命消灭的宣告和推定，具体是指自然人下落不明达到法定的期限，经利害关系人申请，由人民法院宣告其死亡的法律制度。自然人死亡会产生一系列后果，包括婚姻关系消灭、继承开始和债权债务清偿等。

相互有继承关系的几个人在同一事件中死亡，如不能确定自然死亡先后时间，则按照《民法典》第 1121 条第 2 款的规定确认死亡时间，即"相互有继承关系的数人在同一事件中死亡，难以确定死亡时间的，推定没有其他继承人的人先死亡。都有其他继承人，辈份不同的，推定长辈先死亡；辈份相同的，推定同时死亡，相互不发生继承"。这里的"没有其他继承人的人"是指除了在同一事件中死亡的人之外，没有其他继承人。

二、自然人的民事行为能力

（一）自然人民事行为能力的概念

自然人的民事行为能力，是指自然人能够以自己的行为享有民事权利和承担民事义务的资格。自然人享有民事权利能力只是使其享有民事权利和承担民事义务有了可能性，而要通过自己的行为实际地承受这种权利义务，必然要求行为人能够认识和判断行为的性质、意义，甚至后果，要求行为人具有一定的辨认能力。由此，法律设立了民事行为能力制度，赋予有辨识能力和意思能力的成熟理智者独立进行民事法律行为的资格，否则，不得独立为民事法律行为，而应由他人进行代理，以保护本人和他人的利益。

（二）自然人民事行为能力的种类

我国《民法典》根据自然人的年龄、智力和精神状况，将自然人的民事行为能力分为三类，即完全民事行为能力、限制民事行为能力和无民事行为能力。

1. 完全民事行为能力。完全民事行为能力，是指法律赋予自然人可以独立进行民事法律行为的资格。我国《民法典》第 17 条规定，18 周岁以上的自然人为成年人。不满 18 周岁的自然人为未成年人。完全民事行为能力人包括两种：

（1）18 周岁以上的智力和精神状况正常的自然人。《民法典》第 18 条第 1 款规定："成年人为完全民事行为能力人，可以独立实施民事法律行为。"

（2）视为具有完全民事行为能力人。《民法典》第 18 条第 2 款规定："十六周岁以上的未成年人，以自己的劳动收入为主要生活来源的，视为完全民事行为能力人。"

2. 限制民事行为能力。限制民事行为能力，是指自然人只能从事与其年龄、智力和精神状况相适应的民事法律行为的资格。限制民事行为能力人包括以下两类：

（1）8 周岁以上的未成年人。

（2）不能完全辨认自己行为的成年人。

限制民事行为能力人实施民事法律行为由其法定代理人代理或者经其法定代理人同意、追认；但是，可以独立实施纯获利益的民事法律行为或者与其年龄、智力或者精神健康状相适应的民事法律行为。

3. 无民事行为能力。无民事行为能力，是指自然人不具有以自己的行为实施民事法律行为的资格。无民事行为能力人包括两类：

（1）不满 8 周岁的未成年人。

（2）不能辨认自己行为的人。包括不能辨认自己行为的成年人和 8 周岁以上不能辨认自己行为的未成年人。

无民事行为能力人，由其法定代理人代理实施民事法律行为。

(三) 自然人民事行为能力的宣告和撤销

自然人民事行为能力的宣告，是指不能辨认或者不能完全辨认自己行为的成年人，其利害关系人或者有关组织，可以向人民法院申请认定该成年人为无民事行为能力人或者限制民事行为能力人。具体条件如下：

1. 受宣告人必须为不能辨认或者不能完全辨认自己行为的成年人；

2. 须经利害关系人或有关组织申请；

3. 须经人民法院审理、宣告。

被人民法院认定为无民事行为能力人或者限制民事行为能力人的，经本人、利害关系人或者有关组织申请，人民法院可以根据其智力、精神健康恢复的状况，认定该成年人恢复为限制民事行为能力人或者完全民事行为能力人。

无论是自然人的民事行为能力的宣告还是撤销，向法院提出申请的有关组织包括：居民委员会、村民委员会、学校、医疗机构、妇女联合会、残疾人联合会、依法设立的老年人组织、民政部门等。

三、住所

住所，是指民事主体以久住的意思经常居住的处所，是自然人生活和进行民事活动的主要基地和中心场所。住所有两个构成要素：一是有久住的意思，即心素；二是有经常居住于该处所的事实，即体素。住所具有唯一性。住所以外的居住地，称为居所。一个人只能有一个住所，但可以有多个居所。在我国，自然人以户籍登记或者其他有效身份登记记载的居所为住所；经常居所与住所不一致的，经常居所视为住所。所谓经常居所，是指公民离开住所地后连续居住一年以上的地方，但在医院治病的除外。此外，公民由其户籍所在地迁出后至迁入另一地之前，无经常居住地的，仍以其原户籍所在地为住所。

确认住所在法律上具有重要意义：

1. 住所是确定债务履行地点的依据。例如，债务通常是在债务人的住所地履行。

2. 住所是民事诉讼地域管辖的依据和民事法律文书的送达地点。在民事诉讼中，一般案件是原告到被告住所地法院起诉；民事法律文书的送达地点是当事人的住所地。

3. 住所是确定其他有关组织或机关管辖的依据。继承一般是在被继承人死亡时的住所地进行。住所也是决定婚姻登记管辖的依据，居民办理结婚或离婚登记手续，必须共同到一方住所地的婚姻登记机关进行。

4. 住所是确定宣告失踪和宣告死亡的依据。自然人离开住所或最后居所杳无音信达一定期间才能认定为失踪。

5. 住所在涉外民事案件中是确定准据法的依据之一。例如，在涉外遗产继承中，动产适用被继承人住所地的法律。

四、监护

（一）监护的概述

1. 监护的概念。监护是对无民事行为能力人和限制民事行为能力人的人身、财产和其他合法权益进行监督和保护的一种制度。在监护法律关系中，行使监督和保护的人称为监护人，被监督和保护的无民事行为能力人和限制民事行为能力人称为被监护人。

2. 监护的目的。无民事行为能力人和限制民事行为能力人，由于缺乏对自身行为社会后果和法律意义的正确认识，其权利能力的实现因其民事行为能力不足而受影响，通过设立监护由监护人帮助或代替进行民事活动，使其得到生存和发展，其合法权益可以得到法律的强制性保障。同时，法律通过监护制度由监护人对被监护人加以监督和管束，预防被监护人实施违法行为，因监护人未尽到监护职责，造成他人利益的损害，则由监护人承担民事责任，这样也有利于社会秩序的稳定。

被监护人由于缺乏对自身行为社会后果和法律意义的正确认识，轻率行为不仅可能给自身带来不利后果，也可能给他人的合法权益造成损害。

3. 监护的分类。根据设立方式不同，我国监护分为以下几类：

法定监护：由法律直接规定监护人的监护。

指定监护：没有法定监护人或对担任监护人有争议的，由有关组织或者人民法院指定监护人。

协议监护：具有监护资格的人之间通过协议确定由其中一人或数人担任监护人的监护。《民法典》第30条规定：“依法具有监护资格的人之间可以协议确定监护人。协议确定监护人应当尊重被监护人的真实意愿。”

遗嘱监护：被监护人的父母以遗嘱的方式为未成年人指定监护人的监护。《民法典》第29条规定：“被监护人的父母担任监护人的，可以通过遗嘱指定监护人。”

成年人意定监护：成年人在具有完全民事行为能力时，与他人约定，在自己丧失或部分丧失民事行为能力时由其担任监护人的监护。《民法典》第33条规定：“具有完全民事行为能力的成年人，可以与其近亲属、其他愿意担任监护人的个人或者组织事先协商，以书面形式确定自己的监护人，在自己丧失或者部分丧失民事行为能力时，由该监护人履行监护职责。”这种监护类型主要是为了适应我国人口老龄化的社会现实而设置的，体现了私法自治的原则。

（二）监护的设定

1. 未成年人监护人的设定。依照《民法典》第 27 条规定，未成年人的监护人的范围和顺序如下：

（1）父母是未成年人的当然法定监护人。未成年人一经出生，具有监护能力的父母便成为未成年人的当然监护人，这种监护是一种法定监护，无需任何程序和手续，非经法定程序也不得剥夺其监护人资格，即使父母离婚，也不会改变。离婚后不与子女一起生活的一方仍有监护权，不存在变更监护权的问题。实践中父母有正当理由的，可以委托他人代为履行全部或部分监护职责，但父母法定监护人的身份仍然不变。

（2）除父母之外的未成年子女的法定监护人。未成年人的父母死亡、无监护能力或被取消监护人资格的，依次由下列有监护能力的人员担任监护人：①祖父母、外祖父母；②兄、姐；③其他愿意担任监护人的个人或者组织。

其他愿意担任监护人的个人或者组织可以成为未成年人的监护人，例如叔、舅、姨、姑等。但是要满足三个条件：第一是具有监护能力；第二是愿意担任监护人；第三是须经未成年人住所地的居民委员会、村民委员会或者民政部门同意。

（3）民政部门、居民委员会或村民委员会作为监护人。针对可能出现的没有法定监护人，也没人愿意担任监护人的情形，法律设立了兜底性条款，规定由民政部门、居民委员会或村民委员会担任监护人。《民法典》第 32 条规定：“没有依法具有监护资格的人的，监护人由民政部门担任，也可以由具备履行监护职责条件的被监护人住所地的居民委员会、村民委员会担任。”

认定监护人的监护能力，应当根据监护人的身体健康状况、经济条件，以及与被监护人在生活上的联系状况等因素确定。

2. 无民事行为能力或者限制民事行为能力的成年人监护的设定。依据《民法典》第 28 条的规定，无民事行为能力或者限制民事行为能力的成年人，由下列有监护能力的人按顺序担任监护人：

（1）配偶。

（2）父母、子女。

（3）其他近亲属，包括兄弟姐妹、祖父母、外祖父母、孙子女、外孙子女。

上述三类人员担任监护人是法定义务，属于法定监护。

（4）其他愿意担任监护人的个人或者组织，但是须经被监护人住所地的居民委员会、村民委员会或者民政部门同意。

（5）民政部门、居民委员会或村民委员会。

3. 指定监护。根据《民法典》第 31 条规定，对监护人的确定有争议的，由被监护人住所地的居民委员会、村民委员会或者民政部门指定监护人，有关当事人对指定不服的，可以向人民法院申请指定监护人；有关当事人也可以直接向人民法院申请指定监护人。居民委员会、村民委员会、民政部门或者人民法院应当尊重被监护人的真实意愿，按照最有利于被监护人的原则在依法具有监护资格的人中指定监护人。指定监护人前，被监护人的人身权利、财产权利以及其他合法权益处于无人保护状态的，由被监护人住所地的居民委员会、村民委员会、法律规定的有关组织或者民政部门担任临时监护人。监护人可以指定一人，也可以指定数人，监护人被指定后，不得擅自变更；擅自变更的，不免除被指定的监护人的责任。

（三）监护人的职责

依法被确定的监护人，应当按照最有利于被监护人的原则履行下列职责：

1. 保护被监护人的身体健康，照顾被监护人的生活，并对被监护人进行管理和教育。

2. 管理和保护被监护人的人身、财产和其他合法权益。除为维护被监护人利益外，不得处分被监护人的财产。

3. 担任被监护人的法定代理人，代理被监护人实施民事法律行为和诉讼活动；并对被监护人造成他人的损害承担民事责任。

监护人应当履行监护职责。未成年人的监护人履行监护职责，在作出与被监护人利益有关的决定时，应当根据被监护人的年龄和智力状况，尊重被监护人的真实意愿。成年人的监护人履行监护职责，应当最大限度地尊重被监护人的真实意愿，保障并协助被监护人实施与其智力、精神健康状况相适应的民事法律行为，对被监护人有能力独立处理的事务，监护人不得干涉。

（四）监护人资格的撤销

依据《民法典》第36条的规定，监护人不履行监护职责或侵害被监护人的合法权益，人民法院可以根据有关人员或组织的申请，撤销其监护人资格，安排必要的临时监护措施，并按照最有利于被监护人的原则依法指定监护人。

1. 撤销监护人的事由。

（1）实施严重损害被监护人身心健康的行为，如性侵、虐待、殴打等。

（2）怠于履行监护职责，或者无法履行监护职责并且拒绝将监护职责部分或者全部委托给他人，导致被监护人处于危困状态。

（3）实施严重侵害被监护人合法权益的其他行为，如胁迫、诱骗其乞讨；教唆、利用其犯罪等。

2. 撤销监护人的程序。监护人有上述情形之一的，人民法院根据有关个人或者组织的申请，撤销其监护人资格，安排必要的临时监护措施，并按照最有利于被监护人的原则依法指定监护人。

（1）由有关个人或组织向人民法院提出申请。可以提出撤销监护人资格的有关个人和组织包括：其他依法具有监护资格的人、居民委员会、村民委员会、学校、医疗机构、妇女联合会、残疾人联合会、未成年人保护组织、依法设立的老年人组织、民政部门等。上述可以提出申请的个人和民政部门以外的组织未及时向人民法院申请撤销监护人资格的，民政部门应当向人民法院申请。

（2）法院受理申请后安排必要的临时监护措施。法院在撤销监护人资格并指定监护人前可以视情况先中止监护人的监护职责，并由被监护人住所地的居民委员会、村民委员会、法律规定的有关组织或者民政部门担任临时监护人。

（3）撤销原监护人的监护资格并指定新的监护人。撤销监护资格后，人民法院应按照最有利于被监护人的原则指定监护人。依法负担被监护人的抚养费、赡养费、扶养费的父母、子女、配偶等，被人民法院撤销监护人资格后，应当继续履行负担的义务。

3. 被撤销监护人资格的恢复。

被监护人的父母或者子女被人民法院撤销监护人资格后，除对被监护人实施故意犯罪的以外，确有悔改表现的，经其申请，人民法院可以在尊重被监护人真实意愿的前提下，视情况恢复其监护人资格，人民法院指定的监护人与被监护人的监护关系同时终止。

（五）监护的终止

监护因下列情形而终止：

1. 被监护人取得或恢复民事行为能力；
2. 监护人丧失监护能力；
3. 监护人或被监护人死亡；
4. 人民法院认定监护关系终止的其他情形。

监护关系终止后，被监护人仍然需要监护的，应当依法另行确定监护人。

五、宣告失踪

（一）宣告失踪的概念和条件

宣告失踪是指自然人下落不明达到法定期限，经利害关系人申请，由人民法院宣告其为失踪人的法律制度。

现实生活中，由于自然灾害、意外事件、战争等原因，会造成自然人下落不明，致使与其有关的法律关系处于不确定的状态，宣告失踪就是对一种不确定的自然事实状态的确定，目的在于结束失踪人财产关系不确定的状态，保护失踪人和利害关系人的利益。

宣告失踪应具备如下的条件：

1. 自然人下落不明满 2 年。下落不明，是指自然人离开最后居住地杳无音讯。下落不明的时间是持续不间断的时间，而不是累积相加达 2 年的时间。自然人下落不明的时间自其失去音讯之日起计算。战争期间下落不明的，下落不明的时间自战争结束之日或者有关机关确定的下落不明之日起计算。

2. 须由利害关系人向人民法院提出申请。利害关系人是指法律上与下落不明的人存在一定的人身关系或者财产关系的人，如债权人、债务人、亲属等。

3. 人民法院依法定程序宣告。人民法院收到利害关系人的申请后，应当发出寻找失踪人的公告，公告中应当规定下落不明者应当做出答复的期限。期满仍然没有下落的，宣告该自然人为失踪人。

（二）宣告失踪的法律后果

1. 为失踪人设立财产代管人。根据《民法典》第 42 条、第 43 条、第 44 条的规定，有资格担任财产代管人的是失踪人的配偶、成年子女、父母或者其他愿意担任财产代管人的人。代管有争议，没有前款规定的人，或者前款规定的人无代管能力的，由人民法院指定的人代管。

2. 财产代管人的职责。财产代管人的职责是妥善管理失踪人的财产，维护失踪人的财产权益。失踪人所欠税款、债务和应支付的其他费用，由代管人从失踪人的财产中支付。

财产代管人因故意或者重大过失造成失踪人财产损失的，应当承担赔偿责任。

财产代管人不履行代管职责，侵害失踪人财产权益或者丧失代管能力的，失踪人的利害关系人可以向人民法院申请变更财产代管人。财产代管人有正当理由的，可以向人民法院申请变更财产代管人。人民法院变更财产代管人的，变更后的财产代管人有权请求原财产代管人及时移交有关财产并报告财产代管的情况。

（三）宣告失踪的撤销

失踪人重新出现，经本人或者利害关系人申请，人民法院应当撤销失踪宣告。被撤销宣告失踪的人有权请求财产代管人及时移交有关财产并报告财产代管的情况。

六、宣告死亡

（一）宣告死亡的概念

宣告死亡是指自然人下落不明达到法定的期限，经利害关系人申请，由人民法院宣告其死亡的法律制度。宣告死亡是法律上的推定，不同于自然死亡。

宣告死亡不同于宣告失踪。宣告死亡不仅是为了结束失踪人财产关系不确定的状态，也是为了结束其人身关系不确定的状态。因此，宣告失踪重在保护失踪人的利益，而宣告死亡重在保护利害关系人的利益。

（二）宣告死亡的条件

1. 自然人下落不明达到法定的期限。

（1）一般原因，下落不明满 4 年；

（2）因意外事件下落不明，从事件发生之日起满 2 年。

因意外事件下落不明，经有关机关证明该自然人不可能生存的，申请宣告死亡不受 2 年时间的限制。

2. 利害关系人提出申请。依《民法典》第 47 条的规定，对同一自然人，有的利害关系人申请宣告死亡，有的利害关系人申请宣告失踪，符合《民法典》规定的宣告死亡条件的，人民法院应当宣告死亡。

3. 经人民法院宣告死亡。人民法院受理案件后，应当发出寻找下落不明人的公告。一般公告期间为 1 年。因意外事件下落不明，经有关机关证明该公民不可能生存的，公告期间为 3 个月。公告期间届满仍无消息的，作出宣告死亡的判决。

被宣告死亡的人，人民法院宣告死亡的判决作出之日视为其死亡的日期；因意外事件下落不明宣告死亡的，意外事件发生之日视为其死亡的日期。

（三）宣告死亡的法律后果

宣告死亡和自然死亡产生同样的法律后果，即宣告死亡人丧失民事主体资格，其民事权利能力和民事行为能力终止。

1. 婚姻关系：被宣告死亡的人的婚姻关系，自死亡宣告之日起消除，其配偶可另行缔结婚姻关系。

2. 子女收养关系：被宣告死亡的人在被宣告死亡期间，其子女可以被他人依法收养。

3. 财产关系：被宣告死亡的人的个人合法财产成为遗产，继承关系开始。

宣告死亡只是一种死亡推定，事实上该失踪人可能生存着。《民法典》第 49 条规定："自然人被宣告死亡但是并未死亡的，不影响该自然人在被宣告死亡期间实施的民事法律行为的效力。"

（四）死亡宣告的撤销

1. 被宣告死亡的人重新出现，经本人或者利害关系人申请，人民法院应当撤销死亡宣告。

2. 死亡宣告撤销的法律后果。

（1）婚姻关系。死亡宣告被撤销的，婚姻关系自撤销死亡宣告之日起自行恢复。但是，其配偶再婚或者向婚姻登记机关书面声明不愿意恢复的除外。

（2）收养关系。被宣告死亡的人在被宣告死亡期间，其子女被他人依法收养的，在死亡宣告被撤销后，不得以未经本人同意为由主张收养行为无效。

（3）财产关系。被撤销死亡宣告的人有权请求依照《民法典》第六编（继承）取得其财产的民事主体返还财产；无法返还的，应当给予适当补偿。

利害关系人隐瞒真实情况，致使他人被宣告死亡而取得其财产的，除应当返还财产外，还应当对由此造成的损失承担赔偿责任。

参考案例

赵某长期下落不明，经其配偶甲向法院申请，法院判决宣告赵某死亡。赵父乙继承了赵某的房屋，赵某的妻子甲继承了汽车，卖给了丁，儿子丙继承了存款10万元，其后，甲与他人结婚，但三个月后又离婚。并将6岁的儿子丙送给他人收养，双方办理了收养手续。实际上赵某并未死亡。经赵某请求法院撤销了对其死亡的宣告。问：赵某可否与甲自动恢复婚姻关系？赵某儿子与他人间的收养关系是否无效？赵某的房屋能否从赵父乙那里要回来？赵某的汽车能否从丁那里要回来？

【评析】赵某与甲间的婚姻关系不能自行恢复，因为根据《民法典》第51条的规定，被宣告死亡的人与其配偶的婚姻关系，自其宣告死亡之日起消灭，死亡宣告被撤销，其配偶再婚后离婚或配偶又死亡的，则不得认定夫妻关系自动恢复。赵某儿子与他人间的收养关系有效，因为根据《民法典》第52条的规定，被宣告死亡的人在被宣告死亡期间，其子女被他人收养的，被宣告死亡的人在死亡宣告被撤销后仅以未经本人同意而主张收养关系无效的，不应准许。赵某有权要求其父亲乙返还继承的房屋，因为根据《民法典》第53条的规定，被宣告死亡的人有权请求继承其财产的自然人或组织返还财产或者给予适当补偿。赵某无权要求丁返还汽车。根据有关规定，被撤销死亡宣告的人要求归还财产，其原物已经被第三人合法取得的，第三人可不予返还。

第三节　法　人

一、法人的概念与特征

法人是具有民事权利能力和民事行为能力，依法独立享有民事权利和承担民事义务的组织。

法人具有如下的特征：

1. 法人是具有民事权利能力和民事行为能力的组织。法人是由人或者财产组合而成的组织体，有自己的名称、场所、人员、财产以及组织机构等。

2. 法人是能够独立享有民事权利和承担民事义务的组织。

（1）法人是独立的社会组织，具有独立人格。法人能够以自己的名义参加民事活动，享有民事权利和承担民事义务。法人的民事主体资格与组成法人的自然人的民事主体资格彼此独立，某个或者某些成员的死亡或者退出，不影响法人的存续；法人不依赖于其他人或组织的存在而存在。

（2）法人具有独立的财产。法人的财产，是指法人能够根据自己的意志在法定范围内独立进行占有、使用、收益和处分的财产。具体来说：法人的财产与法人成员的个人财产相分离；法人的财产与法人投资者的其他财产相分离；不同法人组织相互之间，在各自的财产上相分离。正是因为法人的财产具有独立性，法律对法人管理自己的财产要求比较严格，如公司须具备严格的财务制度。

（3）法人能独立承担民事责任。法人能独立承担自己行为的法律后果。法人对外所欠债务，由法人以其全部财产予以偿还，法人成员、设立人、捐助人等对法人的债务不承担责任，除非有特殊情况。

二、法人的分类

（一）我国民法典的分类

《民法典》将法人分为营利法人、非营利法人和特别法人。

1. 营利法人。以取得利润并分配给股东等出资人为目的成立的法人，为营利法人。营利法人包括有限责任公司、股份有限公司和其他企业法人等。

2. 非营利法人。为公益目的或者其他非营利目的成立，不向出资人、设立人或者会员分配所取得利润的法人，为非营利法人。非营利法人包括事业单位、社会团体、捐助法人（基金会、社会服务机构）等。《民法典》第95条规定："为公益目的成立的非营利法人终止时，不得向出资人、设立人或者会员分配剩余财产。剩余财产应当按照法人章程的规定或者权力机构的决议用于公益目的；无法按照法人章程的规定或者权力机构的决议处理的，由主管机关主持转给宗旨相同或者相近的法人，并向社会公告。"

3. 特别法人。《民法典》第96条规定，机关法人、农村集体经济组织法人、城镇农村的合作经济组织法人、基层群众性自治组织法人，为特别法人。

（二）学理上对法人的分类

在理论上，通常对法人作如下几种分类：

1. 公法人与私法人。依法人设立的目的及法律依据不同，将法人分为公法人和私法人。凡以实现社会公共利益为目的并依公法组织起来的法人称为公法人，国家机关均为公法人。公法人以行使国家权力或行使政府职能为目的，只有在进行民事活动时才作为民事主体出现。凡以追求私人利益为目的，并依私法所设立的法人称为私法人，公司是典型的私法人。

2. 社团法人与财团法人。以法人成立的构成要素为标准，将私法人分为社团法人和财团法人。这是传统民法对法人的基本分类。

社团法人是以人的集合为基础而成立的私法人，以社员权为基础，是一种人合组织。公司是典型的社团法人，除此之外还包括如各种协会、学会和合作社等。财团法人是以财产的集合为基础而成立的私法人，具体是指为一定目的而设立的，并由专门委任的人按照规定的目的使用的各种财产，是一种资合组织。包括各种基金会组织、寺院、慈善组织等。

3. 营利法人、公益法人与中间法人。以法人活动是否以营利为目的为标准，将法人分为营利法人、公益法人与中间法人。

营利法人是以取得经济利益并分配给其成员为目的的法人，公司是典型的营利法人。公益法人是为社会公益或者其他非营利目的而成立的法人，非为其成员谋利，所得不得分配给其成员或设立人，如学校、医院、慈善组织等都是公益法人。中间法人是既不以为成员营利为目的又不以公益为目的成立的法人，如同乡会、校友会等。

一般而言，社团法人多为营利法人，财团法人多为公益法人。

4. 本国法人与外国法人。以法人的国籍为标准，将法人分为本国法人和外国法人。

本国法人，是指根据本国法设立的具有本国国籍的法人。外国法人，是指不具有本国国籍的法人，即本国法人之外的法人。例如，凡是依照我国法律在我国境内设立的法人，均为中国法人，其他均是外国法人。区分的意义在于对于外国法人有专门的认可制度和管理规范。

三、法人的民事能力

（一）法人的民事权利能力

法人的民事权利能力是指法律赋予法人能够参与民事法律关系并享有民事权利和承担民事义务的资格。与自然人的民事权利能力相比，法人的民事权利能力具有如下主要特征：

1. 始于法人成立，终于法人消灭。《民法典》第 59 条规定，法人的民事权利能力和民事行为能力，从法人成立时产生，到法人终止时消灭。

2. 法人民事权利能力受到一定的限制。

(1) 性质的限制。法人是一个社会组织体，所以法人不能享有与自然人的人身不可分离的某些专属性的民事权利能力，如生命权、健康权、身体权、隐私权、肖像权等；也不享有继承权、扶养请求权等；当然，作为自然人也不能享有某些只有法人才能从事的经营活动。例如，银行法人开展信贷业务的权利，自然人是不能涉足的。

(2) 法律法规的限制。法人的民事权利能力依法受法律和行政法规的限制，如破产法对清算法人权利能力的限制。

(3) 法人目的与经营范围的限制。法人的民事权利要受法律和法人章程规定的法人目的与经营范围的限制，如企业法人应当在核准登记的经营范围内从事经营。

3. 法人的权利能力相互具有差异性。自然人的权利能力一律平等，法人的民事权利能力范围由法人的成立宗旨及国家主管机关批准的业务范围来决定。因此，法人的权利能力因经营、业务范围的不同而不同。

(二) 法人的民事行为能力

法人的民事行为能力，是指法人以自己的行为独立享有民事权利和承担民事义务的资格。与自然人的民事行为能力相比，法人的民事行为能力具有以下特征：

1. 法人的民事行为能力享有的时间与其民事权利能力享有的时间一致，即法人的民事行为能力自法人成立时取得，至法人消灭时终止。自然人的民事权利能力和民事行为能力享有时间并不一致。

2. 法人的民事行为能力与民事权利能力的范围相一致。不同的法人，其民事权利能力的范围是有区别的，但就某一个具体的法人而言，一旦其权利能力的范围确定，其行为能力的范围也随之确定，并且二者的范围是一致的。自然人的民事行为能力因其年龄、精神状况的不同而有差异。

3. 法人的民事行为能力由其机关或代表人实现。法人作为组织体，它的意思是通过法人机关、法定代表人或法人的代理人的活动来实现的。自然人的民事行为由其自己实施，即使由他人代理也仅仅是代理自己实施民事行为，其法律后果仍由自然人承担。

(三) 法人的民事责任能力

法人的民事责任能力是指法人对自己的行为承担民事责任的资格。

1. 法人须对法定代表人的职务行为负责。法定代表人以法人名义从事的民事活动，其法律后果由法人承受。法人章程或者法人权力机构对法定代表人职权的限制，不得对抗善意相对人。

法定代表人因执行职务造成他人损害的，由法人承担民事责任。法人承担民事责任后，依照法律或者法人章程的规定，可以向有过错的法定代表人追偿。

2. 法人对工作人员的职务行为负责。法人的工作人员因执行工作任务造成他人损害的，由法人承担侵权责任。劳务派遣期间，被派遣的工作人员因执行工作任务造成他人损害的，由接受劳务派遣的用工单位承担侵权责任；劳务派遣单位有过错的，承担相应的补充责任。

3. 法人对自己的民事违法行为承担民事责任。法人应当在核准登记的经营范围内从事经营活动，法人从事非法经营或者向登记机关、税务机关隐瞒真实情况，弄虚作假、抽逃资金、隐匿财产以逃避债务以及从事其他违法活动，损害国家利益或者社会公共利益，或者给他人造成损失的，应首先追究法人的责任。

四、法人的成立

（一）法人的成立和设立

法人的成立是社会组织取得民事权利能力和民事行为能力的法律事实，类似于自然人的出生。法人的成立不同于法人的设立，法人设立是指依照法律规定的条件和程序使社会组织获得法律上人格的整个过程，即它是创设法人的一系列行为的总称。法人是一种社会组织，必须由自然人或其他社会组织（设立人）设立才能存在，法人的成立是法人设立的目的，法人设立的目的是经过设立的一系列连续行为取得法人资格。

法人设立阶段不具有法人资格，所发生的法律后果，由成立后的法人承担；如果法人没能成立，则由设立人承担法律后果。如果设立人为二人以上的，则由设立人享有连带债权，承担连带债务。《民法典》第 75 条第 2 款还赋予了第三人选择权，设立人为设立法人以自己的名义从事民事活动产生的民事责任，第三人有权选择请求法人或者设立人承担。

（二）法人的成立条件

不同的法人成立的具体条件不同，总体说来，法人成立应包括以下基本条件：

1. 依法成立。法人应按照法律法规规定的具体条件和程序成立。法人的成立条件包括两个：一是实质方面合法，法人的组织机构、设立目的宗旨、设立方式、经营范围和经营方式等要符合国家法律法规的要求。二是程序方面合法，法人需符合审核或登记方面的程序要求。由于法人的类型不同，其设立的程序方面的要求也不一样。

2. 有必要的财产或经费。必要的财产或经费是法人存在的物质基础，是其独立享有权利、履行义务和承担责任的财产保障。“必要的”指要与性质和规模相适应的财产和经费。

3. 有自己的名称、组织机构和场所。名称是法人人格化的标志，法人享有名称权。组织机构是对内管理法人事务，对外代表法人进行民事活动的法人机关。场所是法人从事经营活动或者业务活动的地点。法人场所不同于住所，场所可以有多个，但住所只能有一个，住所是指主要办事机构所在地。

法人成立的具体条件和程序，依照法律、行政法规的规定执行。

（三）法人设立的原则

不同的国家和地区对于法人的设立采用不同的原则。概括起来，法人设立的原则有如下几种：（1）放任主义，又称自由设立主义，指法人的设立完全听凭当事人的自由，国家不加以干涉或限制。这是在商品经济发展的早期采取的原则，目前已经鲜有国家采用。（2）特许主义，指法人的设立需要有专门的法令或国家的特别许可。特许主义原则在目前私法中已经鲜有适用，但在公法中仍然作为重要的原则。（3）核准主义，又称行政许可主义，指法人设立时除了应符合法律规定的条件外，还要经过行政主管部门的批准。（4）准则主义，又称登记主义，是指法律预先对法人的设立规定了条件，只要符合这些条件，发起人就可以向登记机关申请登记。经登记机关审核认为符合法定条件的，就予以登记并成立法人。准则主义是私法人成立的主要原则。（5）强制主义，又称命令主义，指国家对于法人的设立实行强制设立，即依国家法律规定，在某些领域必须设立法人。这些法人的设立多是基于公共政策的考虑。

在我国，对于不同类型的法人采取不同的设立原则。现行法律对法人设立的原则主要有：

1. 公司企业法人的设立原则。依据《公司法》的规定，一般采准则主义，例外地采取核准主义。《公司法》第6条第1款、第2款规定："设立公司，应当依法向公司登记机关申请设立登记。符合本法规定的设立条件的，由公司登记机关分别登记为有限责任公司或者股份有限公司；不符合本法规定的设立条件的，不得登记为有限责任公司或者股份有限公司。法律、行政法规规定设立公司必须报经批准的，应当在公司登记前依法办理批准手续。"

2. 机关法人的设立原则。机关法人的设立，取决于宪法和相关国家机构设置法的特别规定，在设立原则上采特许设立主义。机关法人自成立之日起，即具有法人资格，不用进行法人登记。

3. 事业单位和社会团体法人的设立原则。事业单位和社会团体法人有的需要登记，有的不需要登记。依法不需要办理法人登记的，其设立原则上应属于特许设立主义。依法需要办理法人登记的，应当经过业务主管部门的审查同意，向登记机关申请登记，其设立原则应属于核准主义。《民法典》第88条规定："具备法人条件，为适应经济社会发展需要，提供公益服务设立的事业单位，经依法登记成立，取得事业单位法人资格；依法不需要办理法人登记的，从成立之日起，具有事业单位法人资格。”《民法典》第90条规定：“具备法人条件，基于会员共同意愿，为公益目的或者会员共同利益等非营利目的设立的社会团体，经依法登记成立，取得社会团体法人资格；依法不需要办理法人登记的，从成立之日起，具有社会团体法人资格。”

4. 捐助法人的设立原则。捐助法人的发起人在取得国家有关机关的批准后进行筹建，向民政机关登记后取得法人资格，采取的是核准主义。《民法典》第92条规定，具备法人条件，为公益目的以捐助财产设立的基金会、社会服务机构等，经依法登记成立，取得捐助法人资格。

5. 特别法人的设立原则。特别法人中的机关法人、城镇农村的合作经济组织法人、基层群众性自治组织法人采用的是特许设立主义。

（四）法人设立的方式

法人设立的方式主要有：（1）命令设立，即政府以其命令的方式设立法人，主要适用于国家机关和全民所有制事业单位；（2）发起设立，即由发起人一次性认足法人成立所需资金而设立法人，主要适用于有限责任公司和一些股份有限公司；（3）募集设立，即法人组织所需要的资金，在发起人认购一定比例后，向社会公开募集的一种法人设立方式，主要适用股份有限公司；（4）捐助设立，即由法人或自然人募足法人所需资金的一种法人设立方法，主要适用于基金会法人。

五、法人的机关及法定代表人

（一）法人的机关

法人机关，是指根据法律或者法人章程的规定，对内管理法人事务，对外代表法人进行民事活动的集体或个人。

法人的机关通常分为权力机关、执行机关和监督机关。权力机关又称决策机关或意思机关，它是法人自身意思的形成机关，如股东大会、会员大会、职工代表大会等。执行机关是实施权力机关意思的机关，如董事会、理事会等。监督机关是对法人执行机关以及高级管理人员的职务行为进行监督检查的机关，如监事会或监事。

根据《民法典》的规定，营利法人应当设立权力机构和执行机构，也可以设立监事机构。事业单位法人设理事会的，除法律另有规定外，理事会为其决策机构。社会团体法人应当设会员大会或者会员代表大会等权力机构，应当设理事会等执行机构，理事长或者会长等负责人按照法人章程的规定担任法定代表人。捐助法人应当设理事会、民主管理组织等决策机构，并设执行机构，理事长等负责人按照法人章程的规定担任法定代表人，捐助法人应当设监事会等监督机构。

法人机关是法人的有机组成部分，法人机关与法人之间是代表关系，法人机关在其权限范围内的活动就是法人的活动。

（二）法定代表人

1. 法定代表人的概念。法人的法定代表人，是指依照法律或者法人组织章程规定，代表法人行使职权的负责人。

按《民法典》规定，营利法人执行机构为董事会或者执行董事的，董事长、执行董事或者经理按照法人章程的规定担任法定代表人；未设董事会或者执行董事的，法人章程规定的主要负责人为其执行机构和法定代表人。一般情形下，社团法人的法定代表人是理事长或者会长，捐助法人的法定代表人为理事长。

2. 法定代表人以法人的名义实施的行为代表法人。法定代表人的职务行为是代表行为，不是代理行为无须授权。法定代表人只有在以法人的名义代表法人从事民事活动和民事诉讼活动时，才具有法定代表人的身份，其行为也才是法人的行为。如果他的行为不是代表法人所进行的活动，则不是法定代表人，其行为属于自然人的个人行为，其后果应当由自然人用其个人财产来承担。法人章程或者法人权力机构对法定代表人代表权的限制，不得对抗善意相对人。

六、法人的变更和终止

（一）法人的变更

法人的变更，是指法人在其存续期间内因各种原因而发生的组织体、组织形式以及名称、住所、经营范围等其他重要事项的变动。

依据《民法典》的规定，法人的实际情况与登记的事项不一致的，不得对抗善意相对人。登记机关应当依法及时公示法人登记的有关信息。法人合并的，其权利和义务由合并后的法人享有和承担。法人分立的，其权利和义务由分立后的法人享有连带债权，承担连带债务，但是债权人和债务人另有约定的除外。

（二）法人的终止

法人的终止，又称法人的消灭，是指法人的民事主体资格不再存在，其民事权利能力和民事行为能力终止。

1. 法人终止的原因。依《民法典》第 68 条和第 69 条规定，法人终止的原因有以下几种：

（1）法人解散。有下列情形之一的，法人解散：法人章程规定的存续期间届满或者法人章程规定的其他解散事由出现；法人的权力机构决议解散；因法人合并或者分立需要解散；法人依法被吊销营业执照、登记证书，被责令关闭或者被撤销；法律规定的其他情形。

（2）法人被宣告破产。

（3）法律规定的其他原因。

法人发生上述情形后，并不立即消灭，还要经过清算程序和注销登记才丧失民事主体资格。

法人终止，法律、行政法规规定须经有关机关批准的，依照其规定。

2. 法人的清算。法人的清算是指清理即将终结的法人的财产，了结其作为民事主体的民事法律关系，从而使法人归于消灭的必经程序。

法人终止，应当由清算人依法进行清算。清算分为破产清算和非破产清算两种。

清算期间，原法人资格仍然存在，但法人只具有清算所必需的法律行为能力，不得进行清算范围外的民事活动。

法人的董事、理事等执行机构或者决策机构的成员为清算义务人。法律、行政法规另有规定的，依照其规定。清算义务人未及时履行清算义务，造成损害的，应当承担民事责任；主管机关或者利害关系人可以申请人民法院指定有关人员组成清算组进行清算。

法人清算后的剩余财产，根据法人章程的规定或者法人权力机构的决议处理。法律另有规定的，依照其规定。

清算组织于清算结束后，应按有关规定向有关部门或人员报告清算情况，向登记机关完成注销登记并公告，法人才终止；依法不需要办理法人登记的，清算结束时，法人终止。法人被宣告破产的，依法进行破产清算并完成法人注销登记时，法人终止。

第四节 非法人组织

一、非法人组织的概念与特征

（一）非法人组织的概念

非法人组织是指不具有法人资格，但是能够依法以自己的名义从事民事活动的组织。

非法人组织包括个人独资企业、合伙企业、不具有法人资格的专业服务机构等。除此之外，还包括符合条件的法人分支机构、筹建中的法人，以及不具有法人资格的外商投资企业、乡镇企业等。

（二）非法人组织的特征

非法人组织具有以下几个方面的特征：

1. 非法人组织是依法成立的社会组织。非法人组织是人合组织体。非法人组织虽然同法人一样是社会组织，但法律要求不同，法律对非法人组织的设立程序、财产数额、内部机构设置、议事规则等事务一般不加以规定，往往由组织成员自己决定。而法律对法人的各项规定相对比较来说较为具体严苛。

2. 非法人组织具有相应的民事权利能力和民事行为能力。非法人组织作为民事主体，与自然人、法人一样，享有民事权利能力和民事行为能力，可以在其业务范围内独立从事民事活动与诉讼活动。但是，其民事权利能力和民事行为能力与自然人和法人的民事权利能力和民事行为能力有所不同。

3. 非法人组织不能独立承担民事责任。非法人组织与法人的重要区别之一，是非法人组织不能独立承担民事责任。《民法典》第 104 条规定："非法人组织的财产不足以清偿债务的，其出资人或者设立人承担无限责任。法律另有规定的，依照其规定。"

二、非法人组织设立的基本条件

（一）有自己特定的活动目的或者经营范围

非法人组织与法人一样，必然是为实现某种目的成立。这种目的既可以是以营利为目的，也可以是以从事科技、文化、教育、卫生等公益活动为目的。因此，非法人组织须有自己特定的活动目的或者经营范围。

（二）有自己的名称、组织机构和场所

非法人组织作为民事主体，以自己的名义参与民事活动，必然有自己的名称以便与其他民事主体相区别。为了保持非法人组织的稳定性，非法人组织需设立一定的组织机构，但这种组织机构的设立同法人不同，往往比较松散，法律对此往往不做过多规定。非法人组织需有一定的场所，以便其开展业务活动实现设立目的。

（三）有能自己支配的财产或经费

一定的财产或经费是非法人组织进行民事活动的物质基础。法律对非法人组织的要求是可以不独立享有财产或经费，只要能独立支配即可。

（四）设立有代表人或管理人

非法人组织可以确定一人或者数人代表该组织从事民事活动。

（五）依法成立

非法人组织必须按照法律规定的条件和程序设立，否则非法人组织不成立。

《民法典》第103条规定："非法人组织应当依照法律的规定登记。设立非法人组织，法律、行政法规规定须经有关机关批准的，依照其规定。"

三、非法人组织的解散与清算

有下列情形之一的，非法人组织解散：（1）章程规定的存续期间届满或者章程规定的其他解散事由出现；（2）出资人或者设立人决定解散；（3）法律规定的其他情形。

非法人组织解散的，应当依法进行清算。有关清算的其他问题参照《民法典》总则编第三章第一节关于法人清算的有关规定。

【本章小结】

1. 民事主体是指按照法律规定能以自己的名义进行民事活动，享有民事权利和承担民事义务的人。主要包括自然人、法人和非法人组织。

2. 自然人是有生命的人。民事权利能力，是指法律赋予民事主体享有民事权利和承担民事义务的资格。民事行为能力，是指民事主体能够以自己的行为享有民事权利和承担民事义务的资格。自然人的民事权利能力始于出生终于死亡。自然人的民事行为能力以年龄和认知能力为标准分为完全民事行为能力人、限制民事行为能力人和无民事行为能力人。我国《民法典》还规定了自然人的监护制度和宣告失踪、宣告死亡制度。

3. 法人是具有民事权利能力和民事行为能力，依法独立享有民事权利和承担民事义务的社会组织。法人是法律创设的与自然人相对的独立民事主体。法人的显著特征是具有独立性，尤其是能够独立承担民事责任，这是法人与其他社会组织最主要的不同。法人的设立、变更和终止法律都有明确的规定。

4. 非法人组织是指不具有法人资格，但是能够依法以自己的名义从事民事活动的社会组织。主要包括合伙、个人独资企业、法人分支机构等。非法人组织不具有法人的成立条件，不能独立承担民事责任。

【引例评析】

在引入案例中，小明虽然从年龄上看属于限制民事行为能力人，但由于其年龄达到16周岁以上，能够以自己的收入维持一般的生活需要，并且比较稳定，根据《民法典》第18条规定，视为完全民事行为能力人，因此，该买卖行为合法有效，小明的父母无权要求退货，商店有权拒绝小明的父母的退货要求。

【练习题】

1. 名词解释

(1) 民事权利能力

(2) 民事行为能力

(3) 监护

(4) 宣告死亡

(5) 法人

(6) 法定代表人

(7) 非法人组织

2. 简答题

(1) 自然人的民事行为能力有哪些类型？

(2) 监护的职责是什么？监护人的范围和顺序是什么？

(3) 比较民事权利能力与民事权利。

(4) 法人成立的条件是什么？

(5) 与自然人相比，法人的民事权利能力与民事行为都有哪些特点？

(6) 法人机关包括哪些？法定代表人承担什么责任？

(7) 什么是非法人组织？有何特征？主要包括哪些？

(8) 宣告失踪和宣告死亡的构成要件和法律效果是什么？被撤销后有哪些后果？

3. 案例分析题

2016年5月，甲、乙、丙三人合资开办了一家服装销售公司，向工商局办理了四海有限责任公司注册登记，甲做法定代理人。其中甲出资20万元；乙向张三借款5万元加上自己的10万元作为自己的出资，丙出资10万元。2020年2月，公司因遭受疫情严重亏损，乙、丙两人对甲的管理能力提出质疑，三人共同决议由丙担任法定代表人，并登记。但公司经营未能好转，至2020年6月公司只剩下2万元存款，而负债却高达10万元，全部是向李四购买布料所欠货款，服装公司面临破产。此时张三、李四都找到法定代表人丙，要求清偿欠款，丙提出张三的欠款与公司无关，对李四说其借款是原来甲任法定代表人时所欠，乙、丙并不知情。张三、李四不同意，便起了纠纷。

问题：

(1) 张三的借款应否由公司偿还，为什么？

(2) 李四的欠款应否由公司偿还，为什么？

(3) 公司无力偿还债务，能否要求发起人甲、乙、丙以个人财产偿还？为什么？

第五章
民法法律关系的客体

【引入案例】

王某与李某订立买卖合同，将一件祖传花瓶卖给李某，价款为2万元。在李某付款后、王某交付花瓶之前，花瓶被盗，王某无法交付。双方为此发生纠纷。李某遂起诉到法院，要求王某交付花瓶。本案应当如何处理？

【学习目标】

通过本章学习，能够掌握：

1. 民事法律关系客体的概念与范围；
2. 物的概念及特征；
3. 物的分类标准及分类内容。

第一节 民事法律关系客体概述

一、民事法律关系客体的概念

民事法律关系客体，通常指民事法律关系主体享有的民事权利和承担的民事义务所共同指向的对象，也称为民事权利客体。民事法律关系建立的目的，是为了保护、获取或者分配转移某种利益，因此，民事法律关系客体所承载的利益，是民事权利和民事义务联系的媒介。这些利益虽可从不同角度进行分类，但总可归结为物质利益和非物质利益。

自罗马法以来的通说认为，民事法律关系的客体是权利客体，又称权利标的。权利客体受权利主体支配。权利客体远较“物”的概念外延广泛，是指受权利主体支配的各种权利的对象，不仅包括物，还包括各种权利、利益以及无财产价值的作为或不作为。

二、民事法律关系客体的范围

关于民事法律关系客体的范围，中外学者多有争议，主要有如下观点：(1) 民事法律关系客体是物；(2) 民事法律关系客体是物和行为；(3) 民事法律关系客体是体现一定物质利益的行为；(4) 民事法律关系客体是物、行为、智力成果以及与人身不可分离的非物质利益。本书认为，民事法律关系的客体为各种物质利益和非物质利益，其范围包括：

1. 物。物是能够满足人们需要的并能为人所控制的物质对象。

2. 行为。专指为满足他人利益而进行的活动，主要是提供劳务、提供服务一类行为（如运送货物、完成工作等）。保管、运输、加工承揽、演出等合同关系的客体是行为。

3. 智力成果。它是指人们通过智力劳动创造的精神财富或精神产品，依靠智力成果产生的权利叫知识产权，是由智力劳动者对其成果依法享有的一种权利，智力成果是知识产权的客体。

4. 有价证券。有价证券通常为权利凭证，它既可以成为物权的客体，又可以成为债权的客体。

5. 权利。在法律有规定的情况下，权利可成为民事法律关系的客体。

6. 非物质利益。人身权的客体为非物质利益，亦称精神利益，如自由权的客体是自由价值。

7. 虚拟财产。虚拟财产作为民事权利客体的定位已经取得了一定的理论共识。虚拟财产既具有一般财产的基本属性，又具有自身的特殊属性。

8. 自然人的个人信息。自然人的个人信息为个人信息权的客体。

第二节 物

一、物的概念与特征

法律上的物，是指存在于人身之外，能够满足人们的社会需要而又能为人所实际控制或者支配的物质客体。从这个意义上讲，法律上物的范围将随着人类征服自然、改造自然的能力不断扩大而呈扩大趋势。

物具有下列特征：

1. 物存在于人身之外。

2. 物能够满足人的社会需要，具有有用性。

3. 物能为人力实际控制或者支配。不能为人所控制的物，如日月星辰，即使是客观存在的物质，但不是民法上的物。

4. 物一般指有体物，具有客观实在性。这一点将物和虚拟财产区分开来。

5. 物需有独立性。交易上不能独立作为人类的生活资料和生产资料，不能为法律上的物。

二、物的法律意义

物在民法中有着重要的地位，民法上的许多权利义务都是围绕物而产生的，它是民事法律关系的重要客体之一。有的法律关系直接以物为客体，如所有权关系；有的虽以行为为客体，但仍然与物紧密相关，如交付物的债权关系。物还在很大程度上决定着民事法律关系的有效与否。法律关系有效与否，除了看法律关系的主体、内容之外，还要看法律关系的标的物是否符合法律的规定。例如，禁止流通物不能成为交易的客体，消耗物不能成为租赁、借用关系的标的物。此外，物在程序法上也有意义，在某些情况下关系到案件的管辖。

三、物的分类

（一）动产与不动产

以物是否能移动并且移动是否损害其价值为标准，可将物分为动产和不动产。

1. 动产。动产是能够在空间上自由流动而不损害其价值或用途的物。此外，在法律上各种可以支配控制的自然力，在性质上也应认定为动产。某些物在性质上能够移动，但因价值较高，且在交易习惯上转让程序较为慎重，在法律上亦具有不动产的某些特征，在学理上称为“准不动产”，如船舶及民用航空器等。

2. 不动产。不动产，是指不能移动或者移动会损害其用途或者价值的物。不动产主要是指土地及土地上的定着物。

动产与不动产，是法律上对物进行的最重要的分类。区分动产和不动产的意义在于法律上对动产和不动产调整原则有很大不同。具体而言，法律对不动产的权属转让和诉讼管辖等有特殊规定。例如，不动产的权属转让为要式行为，动产则没有这些限制；在诉讼管辖上，不动产争议和动产争议适用不同的规则。

（二）种类物与特定物

根据物是否具有独立的特征或者是否被权利人指定而特定化，可将物分为特定物与种类物。种类物是指具有共同的特征，能以品种、规格、质量或者度量衡加以确定的可替代性物。特定物是指自身具有独立的特征，或者被权利人指定而特定化，不能以其他物代替的物。种类物与特定物的区别不是绝对的，种类物可经由民事主体的选择、确定而成为特定物。例如，被人买走的众多奥迪牌汽车中的一辆，即因被权利人的意志确定而成为特定物。

在民法上区分种类物和特定物的意义，在于其作为民事法律关系的客体时会产生不同的权利义务，物意外灭失的法律后果是不同的。在债的关系中，如果以种类物作为标的物，在其灭失时债务人需做替代履行。如果以特定物作为标的的物，在其灭失时不需要做替代履行，交付标的物的义务免除，只需要进行赔偿。

参考案例

张某与李某订立买卖合同，将一件祖传玉器卖给李某，价款为 1 万元。在李某付款后、张某交付玉器之前，玉器被盗，张某无法交付。李某遂起诉到法院，要求张某交付玉器。法院认为，该玉器为特定物，因被盗而导致张某对买卖合同的履行不能，无法交付玉器，因此，判决张某返还价款和利息，免除交付义务。

【评析】双方当事人之间争议交付的物为特定物，在交付之前，由于该物丢失，不能用其他物代替，因而张某无法完成交付。法院判决返还价款和利息，免除交付义务，正是根据特定物的上述特征决定的，因而是正确的。

（三）流通物与限制流通物

根据物的流通性，物可以分为流通物和限制流通物。流通物是法律允许在民事主体之间依法定程序自由流转的物，大部分物为流通物。限制流通物是按照法律规定其流转受到一定程度的限制或者禁止的物，如专属国家的财产、矿藏、水流、军用武器、弹药、毒品等。

对流通物与限制流通物区分的意义在于法律对不同物的流转有不同的限制，有助于我们明确某一具体的物可以设立法律关系的性质与范围。例如，以限制流通物为标的物设定法律关系时，须了解法律的相关规定，以保证所设定的法律关系不因标的物不合法律要求而致无效。

（四）主物与从物

根据两个物在物理上相互独立，而在经济用途上又相互联系的关系，把物划分为主物与从物。在必须结合使用才能发挥经济效益的两个独立的物中，起主要效用的为主物；在两个独立物结合使用中处于附属地位，起辅助和配合作用的物是从物，如船和配合其使用的桨等。《民法典》第 320 条规定：“主物转让的，从物随主物转让，但是当事人另有约定的除外。”

区分主物和从物的法律意义是，在法律没有相反规定或者当事人没有相反约定时，从物依附于主物，从物的权属随主物转让而转让，随主物变更而变更。

参考案例

某甲将自己所有的一幅油画卖给某乙，议定价格为3万元。交付油画的时候，某甲只将油画交给某乙，却没有将油画的画框交付。双方发生争议。

【评析】油画是主物，画框是从物，主物转让的，从物随主物转让，所以画框应当一并交付。

（五）原物与孳息

原物，是指依照法律规定或者依其自然性质产生新物的物。孳息，是指因物或者权益而生的收益。孳息又分为天然孳息和法定孳息。天然孳息是指依照物的自然性质而产生的收益，如母牛所生的小牛，从果树上摘下的果子；法定孳息是依照法律规定产生的收益，如租金、存款利息等。《民法典》第321条规定，“天然孳息，由所有权人取得；既有所有权人又有用益物权人的，由用益物权人取得。当事人另有约定的，按照其约定。法定孳息，当事人有约定的，按照约定取得，没有约定或者约定不明确的，按照交易习惯取得。”

区分原物和孳息的意义是，除另有约定或者另有规定外，原物所有权人有权获得其孳息，孳息的所有权附属于原物的所有权。

（六）可分物与不可分物

依照物能否分割，以及分割是否损害其用途及价值的特点，物可分为可分物与不可分物。可分物是可以进行实物分割而不改变其经济用途和价值的物。如一袋米可分为数小袋米。经分割后就丧失原有的用途或者降低其价值的物为不可分物，如一头牛、一辆汽车等。

可分物和不可分物区分的法律意义是二者在法律上的处理方式不同。例如，在共有关系中对于共有财产的分割，对于可分物可以进行实物分割，而对不可分物只能进行变价分割或作价补偿其他共有人的方法。在债的关系中，标的为可分物的，为可分之债；标的为不可分物的，为不可分之债。

（七）消耗物与非消耗物

根据物经使用后的形态变化性，物可分为消耗物和非消耗物。消耗物是经一次使用就归于消灭或者改变其原有形态和性质的物。粮、油、糖、茶等生活用品均为消耗物。非消耗物是可长期多次使用，并不会改变其形态和性质，逐渐磨损并实现其经济价值的物，如房屋、机器、牛、马等。

区分消耗物和非消耗物的意义是，消耗物不能作为转移物的使用权的债的标的物，只能作为消费借贷或者转移所有权等债的标的物；非消耗物可以成为转移使用权的债的标的物。

（八）单一物、合成物与集合物

根据物是由一个还是多个独立物构成，可将其划分为单一物、合成物与集合物。单一物是独立成一体的物，如一张桌子、一把椅子等。合成物，是指由数个单一物构成的物。数个单一物合成为一体，在法律上或者观念上视为一物的为合成物，如配有鸡心宝石的金项链、嵌有钻石的金戒指等。合成物的各个组成物之间无主物从物关系，而是合成一体的。集合物是指由多个单一物或合成物聚合而成的，在法律或者交易观念上视为一物的物的总体，如一个图书馆的所有藏书。

对物作这种分类的法律意义在于确定其在物理上或者权利义务上能否分割。无论是哪种物，作为权利的客体时，在法律和观念上都是一个完整的物。单一物在物理上是不能分割的；合成物中的一物如果为第三人所有，则他不能请求返还原物，只能请求金钱补偿；集合物中的一物为第三人所有时，他可以请求返还原物。单一物和合成物只能整体买卖，聚合物可以买卖其中的部分物，也可以整体买卖。

第三节　货币和有价证券

一、货币

在民法上，货币是一种种类物。

货币是用作商品交换支付手段的一般等价物。它既是衡量和表现其他商品的价值的等价物，又是商品交换的媒介。因此，它是一种特殊的种类物。它不仅可以作为民事法律关系的客体，而且还可以是许多民事法律关系中实现权利、履行义务的支付手段。

货币作为民法上特殊的种类物，其特殊之处是：（1）货币占有权与所有权合二为一，货币的占有人视为货币所有人。（2）货币所有权的转移以交付为要件，即使在借款合同中，转移的也是货币所有权，而非货币的使用权。其特殊之处是由货币的流通手段决定的。

二、有价证券

（一）有价证券的概念与特征

有价证券是设定并证明持券人有取得一定财产的权利，且能够流通的一种书面凭证，它是一种特殊类型的物。

有价证券具有下列特征：

1. 有价证券与其上面记载的财产权利不可分离，具有权利证券化的特征。

2. 有价证券的债务人是特定的，证券权利人只能向对证券负有支付义务的人主张票面权利。有价证券的义务人只向持券人负有履行义务，通常不问持券人是否为权利人，见票即付。

3. 对有价证券负有支付义务的人单方面履行义务，无权要求持券人给付对价。

（二）有价证券的几种主要类型

根据所代表的财产权利性质的不同，有价证券可以分为：

1. 设定一定股份权利的有价证券，如股票。股票是股份有限公司依法发行的表明股东权利的有价证券。它是公司股份采取的形式，是股东所持股份的凭证。

2. 设定一定物权的有价证券，如提单、仓单。提单是指用来证明海上货物运输合同和货物已经由承运人接收或者装船，以及承运人保证据以交付货物的单证。

3. 设定一定债权的有价证券，如债券、汇票、本票、支票等。债券是国家或者企业依法发行的，约定到期时还本付息的有价证券。它可以分为公债券和企业债券。汇票指出票人签发的，委托付款人在见票时或者在指定日期无条件支付确定的金额给收款人或者持票人的票据。本票，是指出票人签发的，承诺自己在见票时无条件支付确定的金额给收款人或者持票人的票据。支票，是指出票人签发的，委托办理支票存款业务的银行或者其他金融机构在见票时无条件支付确定的金额给收款人或者持票人的票据。

第四节　其他客体

一、智力成果

智力成果是知识产权法律关系的客体。智力成果又称知识产品，指人们通过精神性活动创造的，具有一定表现形式的非物质成果。它是文学艺术和科学作品、发明、实用新型、外观设计、商标以及其他创造性劳动成果的统称。

智力成果具有下列特征：（1）创造性。智力成果的创造性是指以前未曾出现过的智力劳动成果，具有创新和突破的特点。人类的智力成果虽具有继承性，但智力成果要成为权利标的应具有创造性。各项具体的智力成果要求的创造性不同。（2）非物质性。智力成果是一种非物质化的知识形态的劳动产品。人们对其占有不是具体实在的控制，而是表现为认识和利用。但智力成果总要以一定的形式表现出来，如文学作品表现为小说、诗歌、散文等。（3）公开性。权利主体在对其智力成果取得专有权或者专用权前应将该成果向社会公开（商业秘密除外）。

依照《民法典》第123条的规定，知识产权的客体具体包括：作品，发明、实用新型、外观设计，商标，地理标志，商业秘密，集成电路布图设计，植物新品种等。

二、权利

虽然通常权利是民事法律关系的内容，但由于权利的利益属性，使其也可以成为民事法律关系的客体。《民法典》第115条规定，法律规定权利作为物权客体的，依照其规定。《民法典》第395条规定，建设用地使用权、海域使用权等都可成为抵押权的客体；第440条也规定，可以转让的股权，以及法律、行政法规规定可以出质的其他财产权利都可成为权利质权的客体。权利成为民事法律关系客体的条件是：（1）必须是财产权利，人身权利通常不可成为民事法律关系的客体。例如，姓名权、肖像权等不可成为民事法律关系的客体。（2）必须是可转让的财产权利，不可转让的财产权利不可成为民事法律关系的客体，如专属于权利人自身的财产权不可转让（退休金、养老金、抚恤金、安置费、人寿保险、人身伤害赔偿请求权等权利）。（3）必须是法律规定可成为民事法律关系客体的权利。

三、非物质利益

非物质利益又称人身非物质利益或者精神利益，是物质利益或者财产利益的对称。非物质利益成为权利客体或者民事法律关系的客体是由其利益属性决定的。就自然人而言，非物质利益包括生命、健康、自由、名誉、个人隐私等，这些非物质利益使其成为生命权、健康权、自由权、名誉权、隐私权等的客体。就法人和其他社会组织而言，非物质利益包括名称、名誉（或商业信誉）等，这些非物质利益使其成为名称权、商誉权的客体。非物质利益作为民事法律关系客体的特点是其不可转让性，除非法律有明确的例外规定。

四、虚拟财产

虚拟财产，指虚拟的网络本身以及存在于网络上的具有财产性的电磁记录。一般认为，虚拟财产是指在网络游戏中为玩家所拥有的、存储于网络服务器上的，以特定电磁记录为表现形式的无形财产，虚拟财产是一种数字化、非物化的财产形式。随着互联网与现实世界的联系愈加紧密，虚拟财产的范围也逐渐扩大。诸如手游账号、微信公众号、抖音号、虚拟货币及存储在云端的数据，也都具有了一定的资产属性。虚拟财产作为民事法律关系的客体，具有不同于现有的财产类型的特点，虚拟财产只具有虚拟性，不具有客观实在性，只存在于虚拟世界。《民法典》第127条规定："法律对数据、网络虚拟财产的保护有规定的，依照其规定。"

参考案例

2003年9月8日，北京市朝阳区法院公开审理了国内首例有关虚拟财产争议的案件。该案的原告是游戏玩家李××，被告是网络游戏运营商北极冰科技有限公司。从2001年开始，李××花费了几千个小时的精力和上万元的现金，在一个名叫"红月"的游戏里积累和购买了各种虚拟"生化武器"几十种，这些装备使他一度在虚拟世界里所向披靡。但2003年2月的一天，当他再次进入游戏时，却发现自己库里的所有武器装备都不翼而飞了，其中包括自己最心爱的3个头盔、1个战甲和2个毒药等物品。后经查证，在2月17日12时55分左右，这些装备莫名其妙地被一个叫SHUILIU0O11的玩家盗走了。李××找游戏运营商北极冰科技有限公司交涉，但该公司却拒绝将玩家SHUILIU0O11的个人资料交给李××，于是李××以游戏运营商侵犯了他的私人财产为由，把北极冰科技有限公司告上了法庭，要求被告赔礼道歉，并赔偿他的财产损失。

【评析】本案中游戏中的虚拟武器装备属于虚拟财产，应受法律保护，未受权利人同意或许可任何人不得侵犯。

五、自然人个人信息

自1970年世界上第一部个人信息立法《德国黑森州资料保护法》公布以来，世界上已有许多国家和地区对个人信息保护进行立法。依据《民法典》第1034条的规定，个人信息是以电子或者其他方式记录的能够单独或者与其他信息结合识别特定自然人的各种信息，包括自然人的姓名、出生日期、身份证件号码、生物识别信息、住址、电话号码、电子邮箱、健康信息、行踪信息等。个人信息中的私密信息，适用有关隐私权的规定；没有规定的，适用有关个人信息保护的规定。《民法典》第 111 条规定："自然人的个人信息受法律保护。任何组织或者个人需要获取他人个人信息的，应当依法取得并确保信息安全，不得非法收集、使用、加工、传输他人个人信息，不得非法买卖、提供或者公开他人个人信息。"

【本章小结】

民事法律关系客体是指民事法律关系主体享有的民事权利和承担的民事义务所共同指向的对象，其范围包括物、行为、智力成果、有价证券、权利、非物质利益、虚拟财产、自然人的个人信息等。

【引例评析】

在本章引例中，双方当事人之间争议交付祖传花瓶，是民法上的物，为特定物。在交付之前，由于该物丢失，不能用其他物代替，因而王某无法完成交付。法院判决返还价款和利息，免除交付义务，正是根据该花瓶为特定物的特征决定的，因被盗而导致王某对买卖合同的履行不能，无法交付花瓶。

【练习题】

1. 名词解释

(1) 民事法律关系客体

(2) 物

(3) 不动产

(4) 动产

(5) 有价证券

(6) 智力成果

2. 简答题

(1) 民事法律关系客体的范围包括哪些？

(2) 民法上的物具有哪些法律特征？

(3) 物的分类有哪些？

(4) 特定物与种类物的划分标准是什么？两者如何区分？

(5)《民法典》对民事法律关系的客体有哪些新规定？

3. 案例分析题

原、被告原系夫妻，2016 年离婚。男方罗某在分割共同财产的时候，将已经分给女方王某的三张大额定期存单拿走，但由于不知道密码而无法取出现金。王某得知后，到银行挂失，并向法院起诉罗某，追究其侵害财产的侵权责任。

问题：

(1) 银行存单是否具有物的属性？

(2) 任某的行为是否构成侵害财产的侵权行为？应当怎样处理？

第六章 民事法律行为

【引入案例】

9 岁的小明在放学回家的路上发现了邻居张某家的小狗，就把小狗送还给张某。张某正因丢失宠物狗着急，见小明把狗送回，非常高兴给小明 100 元作为酬谢。小明能否独立决定接受酬谢？为什么？

【学习目标】

通过本章学习，能够掌握：

1. 民事法律行为的含义与成立要件和生效要件；
2. 民事法律行为的效力形态：有效、无效、可撤销与效力未定。

第一节 民事法律行为概述

一、民事法律行为的概念、特征与历史演变

（一）概念

民事法律行为是民事主体通过意思表示设立、变更、终止民事法律关系的行为。

民法以意思自治为根本原则，意思自治指个体基于自己的意思为自己形成法律关系。私法上的每一主体均可根据自己的意愿为自己创设各种民事权利义务关系，借此实现正常的工作、生活和学习的目的。在诸多可以导致民事权利义务发生得丧变更的法律事实中，法律行为以自愿的意思表示为要素，体现了民事主体极大的自由度，从而被称为“私法自治的工具”。

（二）特征

1. 民事法律行为是民事主体的行为。（1）民事法律行为是法律事实中的行为事实，是人的行为，不是事件；（2）民事法律行为是民事主体的行为，是作为民事主体的自然人、法人或非法人组织实施的行为，不是公法主体的行为，如政府的命令、法院的裁决等。

2. 民事法律行为是表意行为。作为法律事实的行为包括表意行为与非表意行为。所谓的表意行为是指法律效果依附于行为人的意志，意志决定法律效果的行为。例如，行为人有抛弃旧电脑的意思，并把它弃于垃圾桶，按照行为人的意思，他对旧电脑的所有权消灭。非表意行为，又称事实行为，行为的法律效果并不取决于行为人的意志，而是由法律规定，是效果法定的行为。例如，创作完成获得著作权，无论创作人有无意思表示能力，有无获得著作权的意思，根据著作权法规定，只要创作完成就能获得著作权。

3. 民事法律行为是以意思表示为核心要素的行为。意思表示就是把内心要发生某种民法上效果的意思通过一定的方式，表达于外部的过程。意思表示是民事法律行为的核心要素，没有意思表示就没有法律行为。单方民事法律行为需要一个意思表示，双方民事法律行为需要双方当事人意思表示一致，多方民事法律行为由多方当事人意思表示一致。

（三）法律行为概念在中国民法上的演变

1986年《民法通则》同时采用了“民事法律行为”和“民事行为”两个概念。民事法律行为是“公民或者法人设立、变更、终止民事权利和民事义务的合法行为”。由于把民事法律行为定义为合法行为，这个概念无法涵盖同属于表意行为但因效力瑕疵未获得法律认可的无效、可撤销、效力待定的行为。于是民事行为作为所有能够引起民事法律关系及其他民事法律后果的行为，包括合法有效的民事法律行为和无效行为、可撤销行为、效力未定行为等表意行为，也包括侵权行为、违约行为、事实行为等非表意行为的上位概念出现。

在法律行为理论的来源地德国，民法学理论侧重从私法自治和意思表示来界定法律行为的内涵，不太关注法律行为的合法性问题。而《民法通则》颁布以来，关于法律行为合法性的讨论逐渐倾向于否定，与此同时《民法通则》创造的民事行为概念也受到诸多批判。因为法律行为如果与合法性无关，无效法律行为并非矛盾的表述，则根本无须创造一个“合法”与“违法”法律行为的上位概念即民事行为。在起草《民法典》的过程中，我国立法机关废除了法律行为合法性的要求，并不认为无效法律行为存在逻辑矛盾。《民法典》取消法律行为合法性要件，使法律行为的本质回归到按意思表示发生相应法律效果的本源，所以民事行为这个概念没有继续存在的必要。民事法律行为是以意思表示为要素发生民事法律后果的行为，涵摄了有效民事法律行为、效力待定的民事法律行为、无效民事法律行为和可撤销的民事法律行为。

（四）民事法律行为与情谊行为、准民事法律行为、事实行为

1. 民事法律行为与情谊行为。法律行为是能够产生法律效果的行为，而情谊行为是在日常交往中产生的不具备法律效果的行为，又称好意施惠行为。情谊行为虽然通常以合同形式出现，但并不具有法律拘束力，称为“君子协定”，如请人吃饭、看电影、搭便车，为他人无偿指挥倒车、叫醒服务等都是常见的好意施惠行为。在好意施惠关系中，如果一方爽约，另一方不得追究对方的违约责任，因为当事人并无受法律约束的效果意思。

情谊行为虽不能产生合同的法律拘束力，但却能向侵权行为转化，如开车人同意他人搭便车，路上因开车人过失发生交通事故导致搭车人受伤害，开车人与搭车人之间形成侵权法律关系。

2. 民事法律行为与准民事法律行为。民事法律行为与准民事法律行为都是表意行为，但民事法律行为的法律效果是由行为人的意思表示决定的，行为人的意思表示直接指向特定的法律效果，而准民事法律行为并无规范意义上的效果意思，其法律效果基于法律规定产生。准民事法律行为可分为催告、通知和宽恕三种。

（1）催告。债务人延期履行主债务的，债权人有权催告债务人履行。虽然债权人催告的目的是希望债务人履行债务，但法律效果是起算法定的“合理期限”，期限经过，债权人产生解除权。此外，因无权代理人实施的法律行为及限制行为能力人超越行为能力签订的合同，同属于效力待定，相对人有权催告被代理人或法定代理人追认（希望获得追认），催告产生的法律效果是开始计算一个月的追认期，追认期间追认权人无明确表示视为拒绝追认。

（2）通知。如债权让与的通知，债权让与的通知到达债务人时对债务人发生效力。

（3）宽恕。《民法典》第 1125 条第 2 款规定，对有些丧失继承权的继承人，确有悔改表现，被继承人表示宽恕或者事后在遗嘱中将其列为继承人的，该继承人不丧失继承权。

3. 民事法律行为与事实行为。民事法律行为是与事实行为相对应的概念。事实行为是指不具有意思表示内容，不体现民事主体的自由意志或者说根本不考虑民事主体是否自愿，直接按照法律规定，在客观上引起了民事法律后果的行为，如侵权行为、无因管理、拾得遗失物、发现埋藏物等。

民事法律行为与事实行为的主要区别是：

（1）民事法律行为以意思表示为其必备要素；而事实行为不以意思表示为

要素，当事人实施行为的目的并不在于追求民事法律后果。

(2) 民事法律行为根据当事人意思表示产生法律效力，事实行为依据法律规定产生法律后果。

(3) 民事法律行为以行为人具有相应行为能力为生效条件，遵守意思表示的规则，事实行为不要求行为人具有相应民事行为能力，也不受意思表示规则的影响。

二、民事法律行为的分类

(一) 单方民事法律行为、双方民事法律行为和多方民事法律行为

1. 单方民事法律行为。单方民事法律行为指仅由一方意思表示就能成立的民事法律行为。这类民事法律行为的特点是不需要相对人的同意，该行为即告成立，又可以分为无相对人的单方民事法律行为（遗嘱、捐助、抛弃所有权）与有相对人的单方民事法律行为（如授予委托代理权、解除合同、追认权等）。

单方民事法律行为一般只在两种情况下出现：一是有关行为的后果仅使相对人取得权利而不承担相应义务，如授权行为、捐助、遗赠等；二是形成权的行使，即行为人依法或根据合同而享有单方民事法律行为的权利，如撤销行为、解除行为、追认行为等。

民法上的单方民事法律行为主要有：(1) 产生物权变动效果的行为：抛弃物权、行使分割共有物请求权、遗产分割请求权。(2) 产生债权变动效果的行为：发布悬赏广告、免除债务、债的法定抵销、合同的解除与撤销、效力未定法律行为的追认。(3) 产生代理权变动效果的行为：意定代理权的授予与撤销。(4) 产生继承法效果的行为：遗嘱的订立、撤销与变更、抛弃继承权和受遗赠权。(5) 产生身份变动效果的行为：可撤销婚姻的撤销、行使离婚请求权。(6) 产生其他法律效果的行为：如设立财团法人捐助行为。

2. 双方民事法律行为。双方民事法律行为是指双方当事人对应的意思表示达成一致才能成立的民事法律行为。双方民事法律行为强调双方当事人之间的“合意”，要求当事人之间意思表示达成一致，双方民事法律行为即合同才能成立。例如，甲承租乙的房屋，双方民事法律行为通常有双方交换利益的性质，甲以支付租金为代价租用乙的房屋，乙以约定时间内的房屋使用权为代价换取甲的租金。

3. 多方民事法律行为。多方民事法律行为是指两个以上当事人多个的意思表示达成一致才能成立的民事法律行为。多方民事法律行为多见于团体设立行为。例如，设立公司发起人协议、订立公司章程、订立合伙协议等。

（二）财产民事法律行为与身份民事法律行为

财产民事法律行为是指发生财产关系变动效果的民事法律行为，如订立买卖合同、抛弃动产所有权。

身份民事法律行为是指发生身份关系变动效果的民事法律行为，如结婚、协议离婚、撤销婚姻、收养等。

区分财产民事法律行为与身份民事法律行为的意义在于：

1. 适用法律不同，身份行为适用身份法规范，财产行为适用财产法规范。

2. 法律限制不同，身份民事法律行为涉及伦理关系，较多地受到法律和公序良俗的限制，如结婚、离婚不得代理、不得附条件等，而财产民事法律行为自由度相对高些，只要有相应民事行为能力即可。

（三）有偿民事法律行为与无偿民事法律行为

有偿民事法律行为指行为人取得权利时必须支付对价的民事法律行为，如买卖、租赁、承揽等。

无偿民事法律行为则指行为人取得权利时不必支付对价的民事法律行为，如赠与、无偿保管等。

区分有偿民事法律行为与无偿民事法律行为的意义在于：

1. 确定行为性质。法律规定某些民事法律行为必须是有偿的或者无偿的。如买卖必须是有偿的，而赠与则必须是无偿，对此当事人不能自由约定。

2. 认定行为效力。有偿民事法律行为显失公平时，受损害方有权请求撤销；而无偿民事法律行为则不存在显失公平的问题。

3. 确定行为人的责任。一般来说，有偿民事法律行为的民事责任要重于无偿民事法律行为。例如，买卖合同中的出卖人应当对买卖标的物的瑕疵承担违约责任；而赠与合同中的赠与人原则上不对赠与物的瑕疵承担责任。

4. 对当事人的行为能力要求不同。如果是有偿民事法律行为，要求当事人应当具有相应的民事行为能力；如果是无偿民事法律行为，则对于获得利益的当事人为限制行为能力人即可。

（四）诺成民事法律行为与实践民事法律行为

诺成民事法律行为指仅以意思表示一致即可成立或生效的民事法律行为。

实践民事法律行为指除当事人的意思表示一致以外，还必须交付标的物才能成立或生效的民事法律行为，如保管合同、自然人之间的借贷合同、定金合同等。

在法律没有明确规定或者当事人没有特别约定时，民事法律行为都是诺成民事法律行为，即诺成民事法律行为是常态，实践民事法律行为是例外。

区分诺成民事法律行为与实践民事法律行为的意义在于：

1. 诺成民事法律行为仅依行为人的意思表示一致即可成立或生效；

2. 实践民事法律行为则除意思表示一致外，还需要有交付实物的行为才能成立或生效。

（五）要式民事法律行为与不要式民事法律行为

要式民事法律行为是指法律明确规定或当事人约定必须采用某种形式或履行一定程序才能成立的法律行为，如票据行为就是法定要式行为。

不要式民事法律行为指法律未规定特定形式，而可由当事人自由选择形式成立的法律行为。法律没有特别规定，当事人没有特别约定的行为，都属于不要式民事法律行为。

区分要式民事法律行为与不要式民事法律行为的意义在于：不要式民事法律行为可以由当事人自由选择民事行为的形式；要式民事法律行为要求当事人必须采取法定或约定形式，否则法律行为不能成立。

（六）负担民事法律行为与处分民事法律行为

负担民事法律行为是使某人负担给付义务并因此而为他人创设一项或多项请求权的民事法律行为。负担民事法律行为包括单独民事法律行为（如悬赏广告）和双方民事法律行为（如买卖合同、租赁合同）。

处分民事法律行为指直接使某种权利发生、变更或消灭的民事法律行为。处分民事法律行为包括物权民事法律行为和准物权民事法律行为。例如，抛弃所有权导致所有权的消灭，为物权民事法律行为；债务免除导致债务消灭，债权转让导致债权易主，均属准物权民事法律行为。

（七）有因民事法律行为与无因民事法律行为

有因民事法律行为指以原因之存在为有效要件的民事法律行为。大多数民事法律行为均为有因民事法律行为。

无因民事法律行为指不以原因行为的存在为有效要件的民事法律行为。例如，票据中的出票行为，不受买卖等基础关系效力的影响，即使基础关系被宣告无效，票据行为的效力也不受影响。此外，代理权授予行为、债务免除行为均为无因行为。

（八）独立民事法律行为与辅助民事法律行为

独立民事法律行为指具有独立的、实质的内容的民事法律行为。

辅助民事法律行为指行为人的意思表示本身并没有独立的、实质的内容，只是作为他人民事法律行为效力完成的条件而存在的民事法律行为。例如，法定代理人对限制民事行为能力人订立的合同表示追认的行为就是辅助民事法律行为。

第二节 意思表示

一、意思表示的概念及要素

意思表示是指将企图发生一定民法效果的内心意思表示于外部的行为。意思表示是民事法律行为的核心要素，无意思表示即无民事法律行为。单方民事法律行为仅需一个意思表示即可成立；双方民事法律行为需两个意思表示一致才能成立；多方民事法律行为则需要两个以上意思表示一致才能成立。

意思表示的要素是指构成意思表示不可或缺的因素，它是判断是否存在一个意思表示的标准。学理上通常把意思表示分为内部和外部两个层面的要素，内部要素又称为主观要素，外部要素又称为客观要素。

1. 意思表示的内部要素

(1) 行为意思指实施外部行为时，必须是在表意人意识控制下的行动，不能是无意识的身体举动。内心意思可以通过语言、手势及沉默表现出来。如果在睡眠中或在催眠状态下进行的行为，或身体反射性的动作，或身体受到直接强制，就缺少行为意思。例如，强行拉来他人的手在借条上按指印，由于意思表示不真实，借款合同可撤销。

(2) 表示意思，指意识到自己的行为具有民法上的意义，行为人意识到其正在参与民事法律行为性质的交往，而且通过其行为发出某种民事法律行为意义上的表示。表示意思无须行为人明确知道自己所从事的究竟是哪一种具体的民事法律行为及特定的法律后果，只需要意识到表示具有法律意义即可。

(3) 效果意思，指希望表示引起特定法律后果的意思。与表示意思不同，效果意思要求明确具体的法律后果，指明民事法律行为具体内容的意思要素，如买什么，买几件，什么价位。

一个完整的、正常的意思表示应同时具备上述三个主观要素，但行为人往往因为这样或那样的原因，发生意思表示的瑕疵，从而不完全具备三个主观要素。

缺少主观要素会对意思表示产生影响：通说认为，如果缺少行为意思，则意思表示根本不发生或不成立，因为要求行为人对意思表示负责，前提是存在可归责的行为，缺少行为意思的身体举动，行为主体不具有主观上的可归责性。

缺少表示意思或效果意思对意思表示会产生什么影响呢？对此有两种对立的理论，即“意思说”与“表示说”。意思说认为对意思表示的效力起决定作用的是内心意思，与表意人的内心真意不符合的表示不发生法律效果。该观点有利于表意人，但不利于表示的受领人。表示说基于交易的安全和信赖保护的理由，从意思表示受领人的角度出发，认为即使表意人缺少相应的真意，也应坚持其所表达出来的意义。该观点有利于意思表示的受领人但不利于表意人。目前普遍采用折中说，权衡表意人和受领人之间的利益状况，分别不同类型问题找寻公正的解决方法。

2. 意思表示的外部要素。意思表示的外部要素就是表示行为，是指行为人将其内在意思（包括表示意思和效果意思）以一定方式表示于外部，并足以为外界所客观理解的行为。内心意思与表示行为合起来就是“意思表示”。

表示行为有明示和默示两种。明示的意思表示，通常是以口头或书面的语言文字形式明确表达。默示的意思表示包括以下两种情况：一是可推断的意思表示(如点头、摇头、硬币投入自动售货机)；二是单纯沉默，单纯的沉默只有法律明确规定或当事人有约定才能被认定为意思表示。

二、意思表示的分类

（一）明示的意思表示与默示的意思表示

1. 明示的意思表示。明示的意思表示是指行为人以语言、文字或其他直接表意方法表示内在意思的表意方式。具体如下：

(1) 口头形式。口头形式即口头语言形式，如以口头语言洽谈并订立的合同，以口头语言委托代理人，以口头立遗嘱。口头形式的优点是便捷，但也具有不易保留证据的缺点，一般适用于小额即时清结的交易。

(2) 书面形式。书面形式即书面语言形式，主要指文字（文件、信函、电报)、图表、照片、技术工程图、电子数据等形式。书面形式的特点是烦琐不便，但却有郑重庄严和“白纸黑字，铁证如山”的优点。书面形式又分一般书面形式和公证、登记等特别书面形式。

公证形式即以公证书对民事法律行为加以证明的形式。民事法律行为除法定必须公证的以外，是否办理公证，应依当事人意思决定。

登记则是国家主管行政机关对于民事主体资格和物权变动等事实通过审查，予以确认并在专门登记簿上加以登录的管理手段。设立法人和个体工商户、取得和变更不动产物权、结婚、收养等民事法律行为，依法必须登记。登记行为，只有依法完成登记才能发生效力。

2. 默示的意思表示。默示的意思表示是指从行为人的某种作为和不作为中推断出来的意思表示。默示所包含的意思，他人不能直接把握，而要通过推理才能理解。因此，默示形式只有在法律有规定、当事人有约定或交易习惯被允许时才被使用。按默示时的作为和不作为又可划分为：

（1）推定，即行为人用语言外的可推知含义的作为间接表达内心意思的默示行为。所谓可推知，是从该行为中，一般人能够容易地推知其意思的内容。例如租赁合同届满，承租人继续交付租金并为出租人接受，便可推知其表示要延展租赁期间。

（2）沉默，即行为人依法或者依约以不作为间接表达内心意思的默示行为。不作为即缄默、沉默不语。《民法典》第 1124 条第 2 款规定的受遗赠人到期没有表示的，视为放弃受遗赠，属于法定沉默形式。此外，当事人可以约定以沉默作为意思表示。

（二）有相对人的意思表示和无相对人的意思表示

根据意思表示应否向相对人表示，意思表示可以分为有相对人的意思表示和无相对人的意思表示。

1. 有相对人的意思表示。有相对人的意思表示是指行为人应向相对人所为的意思表示。意思表示通常都有相对人。有相对人的意思表示又分为有特定相对人的意思表示和无特定相对人的意思表示。

有特定相对人的意思表示是指意思表示的对象是特定的；无特定相对人的意思表示是指意思表示的对象是不特定的，如悬赏广告。

有特定相对人的意思表示分为对话方式和非对话的方式。对话方式是指相对人可以同步受领意思表示的，如口头方式；非对话方式是指相对人不可同步受领意思表示的，如信函方式。

对有特定相对人的意思表示的生效，对话方式采用了解主义。根据《民法典》第 137 条第 1 款的规定，以对话方式作出的意思表示，相对人知道其内容时生效。对话方式作出的意思表示一般只能撤销，不能撤回。非对话方式采用到达主义。根据《民法典》第 137 条第 2 款的规定，以非对话方式作出的意思表示，到达相对人时生效。以非对话方式作出的采用数据电文形式的意思表示，相对人指定特定系统接收数据电文的，该数据电文进入该特定系统时生效；未指定特定系统的，相对人知道或者应当知道该数据电文进入其系统时生效。当事人对采用数据电文形式的意思表示的生效时间另有约定的，按照其约定。

对不特定相对人的意思表示的生效，采取发出主义。以公告方式作出的意思表示，公告发布时生效。

2. 无相对人的意思表示。无相对人的意思表示是指无须向相对人所为的意思表示，如遗嘱行为、抛弃行为等。无相对人的意思表示的生效，采取作出主义。根据《民法典》第 138 条的规定，无相对人的意思表示，表示完成时生效。法律另有规定的，依照其规定。例如抛弃动产所有权，抛弃行为完成时生效，而遗嘱行为由于是死因行为，在被继承人死亡时生效。

3. 意思表示的撤回与撤销。民事法律行为以私法自治为原则，在不影响对方利益的前提下，表意人可以在意思表示生效之前通过撤回意思表示阻止其生效。撤回意思表示必须是在意思表示生效前，一旦生效，对方即产生了信赖利益，则不能撤回。撤回意思表示采用通知方式，撤回意思表示的通知应当在意思表示到达相对人之前或者与意思表示同时到达相对人。并不是所有的意思表示都可以撤回，只有针对特定相对人以非对话方式作出的意思表示才能撤回。

对于已经生效的意思表示只能撤销，不能撤回。有瑕疵的意思表示，表意人可以撤销；《民法典》规定要约人（除不能撤销的要约外）可以撤销已生效的要约。

三、意思表示的解释

意思表示就是表意人用明示或默示的方式把内心的意愿表示出来，其所使用的词语、文字或行为动作都是语言的形式，而人际交往中，因具体环境或条件的不同，可能存在多种理解。由此，造成表意人与受领人可能对于表示的意义理解不一致。此外，当事人所表达的意思表示对于他们想要追求的行为目的而言，有时可能存在不周延之处，即所谓的“漏洞”。上述情况下，表意人的意思表示都需要解释，以确定表示的具体含义。

（一）意思表示解释的原则

当能证明表意人的内在意思与外在表示的客观含义不一致时，意思表示是按照内在意思还是按照外在表示的客观含义发生法律效果，这是意思表示解释的核心问题。若从表意人的角度出发进行解释，则意思表示的内容以表意人的内心真意为准。这种解释规则被称为意思主义，它优先保护表意人的意思自治和自我决定。若从意思表示受领人的角度出发进行解释，则意思表示的内容以表意人外在表示的客观含义为准（它无须与表意人的内心真意一致），这称为表示主义，它优先保护理性受领人的合理信赖利益，而理性受领人的合理信赖利益又是交易安全的代名词。

（二）我国采取的意思表示规则

根据《民法典》第142条的规定，意思表示解释以表示主义为原则，以意思主义为例外。具体情况如下：

1. 无相对人意思表示的解释，采意思主义。无相对人的意思表示，如遗嘱、捐助、抛弃所有权等。对于无相对人的意思表示，除表意人外，不存在其他需要保护的人，意思表示的解释仅仅是为了探求表意人的主观真实意思。意思表示按照所探知的表意人的内心真意发生法律效果，而不按照外在表示的客观含义发生法律效果。《民法典》第142条第2款规定：“无相对人的意思表示的解释，不能完全拘泥于所使用的词句，而应当结合相关条款、行为的性质和目的、习惯以及诚信原则，确定行为人的真实意思。”

2. 有相对人的意思表示的解释，采表示主义。《民法典》第142条第1款规定：“有相对人的意思表示的解释，应当按照所使用的词句，结合相关条款、行为的性质和目的、习惯以及诚信原则，确定意思表示的含义。”绝大多数的法律行为是由有相对人的意思表示构成，意思表示需从受领人的视角去解释和查明其含义。总之，意思表示解释的目的不是确定表意人的真实意思，而是查知相对人可以理解的意思，意思表示按照相对人可以理解的意思发生效力。当然必须澄清的是，在有相对人的意思表示时，虽然解释的目的是查知表示的客观含义，但绝非不考虑表意人的内心意思。例如，通过意思表示解释查明的结果，确与表意人的内心真意相背，则可以通过意思表示错误的规定而撤销其意思表示。

例外：实际理解一致的优先性，又称为“误载不害真意”。有相对人的意思表示从受领人的角度理解，查知其客观含义，前提是受领人并未准确地理解表意人的意思。如果受领人事实上已经正确地理解表意人的真实意思，则应当按照该意思表示表意人真实意思进行理解。换言之，如果受领人对表示的理解与表意人的理解上发生一致，在审查意思表示的成立和内容时，应优先考虑。总之，如果存在表意人与受领人理解上的一致性，表意人的真实意思不仅优先于文字或其他表示形式，而且也优于其他形式的解释方法。虽然内在意思与外在表示不一致，并且受领人不知道表意人的内心真意，但受领人在尽到交易上的合理注意后应当知道表意人的内心真意，此时受领人对外在表示的信赖就是不合理的，就不值得保护。从表意人角度而言，他必须作出努力，去识别表意人意思表示的含义。

有相对人的意思表示解释的目的是从受领人的角度查知表示的客观含义。解释的后果首先是得出这种客观的含义，即使其并不符合表意人的内心真意。在这种客观意义基础上成立的法律行为，其权利义务内容对当事人产生法律效力。无相对人的意思表示解释的目的是探知表意人的内心真意，法律行为的内容按照表意人的内心真意发生法律效力。

（三）意思表示解释的考量因素

1. 文义因素。文义是意思表示解释的出发点，尤其是在有相对人的意思表示解释中，应当从受领人的角度客观地确定词句的含义。语言文字有一般用法与特别用法的区别，在通常的法律交往中，首先考虑语言的一般用法，而在某一领域的专业人员之间，原则上应当适用该语言的特别用法或专业语言的含义。

2. 体系因素。在法律解释中又称为体系解释或整体解释，对位于合同文书或其他具有法律意义的法律文书中的个别条款或约定，应当结合合同或法律行为的整体进行解释。

3. 行为的性质和目的因素。当事人成立法律行为必有其目的，解释法律行为必须符合当事人的目的，又称为目的解释。在法律行为的解释中目的解释是指如果法律行为所使用的文字或某个条款可能作多种理解时，应采取最适合于法律行为目的的解释。

4. 习惯因素。习惯不是法律规范，但作为事实要素，对意思表示的解释起着决定性的作用。根据《最高人民法院关于适用〈中华人民共和国合同法〉若干问题的解释（二）》（以下简称《合同法解释（二）》）第7条第1款规定，交易习惯是指"（一）在交易行为地或某一领域、某一行业通常采用并为交易对方订立合同时所知道或者应当知道的做法；（二）当事人双方经常使用的习惯做法"。按照交易习惯理解意思表示，前提是表意人与受领人属于同一个交易圈子，或者有交易先例。

5. 诚实信用原则。诚实信用原则要求在进行意思表示解释时，要考虑各方当事人而非一方当事人的利益。据此，法律行为所使用的语言文字有疑义时，应以诚实信用的原则确定其正确的意思；法律行为的内容有漏洞时，应依诚实信用的原则补充漏洞。

上述因素是我们在进行意思表示解释时考量的因素，这些因素在有相对人的意思表示的解释与无相对人的意思表示的解释中基本一样，但侧重点稍有差别。

四、意思表示的瑕疵

（一）欺诈

所谓欺诈，是指行为人故意告知虚假事实或者故意隐瞒真实情况欺骗他人，使之陷于错误的行为。受欺诈而实施的行为，则是由于他人的欺诈行为陷于错误认识或维持错误认识，进而作出的不真实的意思表示。欺诈行为的构成要件：

1. 在欺诈人方面。

（1）须有欺骗他人的行为。欺诈人故意告知虚假事实或者故意隐瞒真实事实，欺诈包括积极欺诈与消极欺诈。积极欺诈，指故意告知虚假的事实；消极欺诈，故意隐瞒真实情况。消极欺诈仅在欺诈人负有告知义务或说明义务时，才成立欺诈。

欺诈具有不正当性，欺诈行为超出法律、道德或交易习惯允许的限度。欺诈人仅是对个人观点或意见的虚假陈述，如售货员对顾客说："这件衣服您穿上就像影视明星"；或销售人员故意对商品或服务作抽象夸大宣传，或言过其实的吹嘘都不成立欺诈，如卖家吹嘘用了自家的化妆品消费者会"今年十九明年十八"。此外，对无须说明的虚假回答不成立欺诈，对法律的虚假陈述不成立欺诈，过失的虚假陈述也不成立欺诈。

（2）须有欺诈的故意。欺诈的故意，是指具有欺骗他人的故意。这种故意的含义包括两层：一层是使相对人陷于错误的故意，即行为人明知自己所表示的情况不真实，并且希望或放任相对人有陷入错误或者维持错误的认识；另一层是有使相对人因陷于错误而作出意思表示的故意。这两种故意从根本上妨碍了被欺诈人意思形成的自由。

2. 在被欺诈人方面。

（1）须被欺诈人因受欺诈而陷于错误。被欺诈人陷于错误与欺诈人的欺诈行为之间须有因果关系。如果被欺诈人并不陷于错误，或者虽然陷于错误，但该错误不是受欺诈而产生，则欺诈行为不能成立。

（2）须被欺诈人因错误而作出意思表示，即错误与意思表示之间须有因果联系。如果被欺诈人虽然陷于错误，但是并没有因之而作出意思表示；或者虽有意思表示，却不是因错误所致，欺诈行为也不能成立。

关于欺诈需要注意的两点：

1. 第三人欺诈。第三人实施欺诈行为，使一方在违背真实意思的情况下实施的民事法律行为，对方知道或应当知道该欺诈行为的，受欺诈方有权请求人民法院或仲裁机构撤销。因第三人欺诈使表意人陷入错误的认识，因错误的认识而作出不真实的意思表示，只有在受欺诈人的相对人知道或应当知道第三人的欺诈行为时，受欺诈人才可以以受欺诈为由撤销，否则不能撤销。

2. 通过代理人实施法律行为，是否受欺诈以代理人主观状况为依据，代理人受欺诈时，撤销权属于被代理人。

（二）胁迫

胁迫是因他人的威胁或者强迫陷于恐惧而作出的不真实的意思表示。胁迫是指以预告未来的损害使相对人精神上感到恐惧，是一种精神强制，当事人因恐惧而作出的不真实的意思表示。胁迫应当具备如下构成要件：

1. 须有胁迫行为存在。胁迫是不正当地预告危害，以使他人陷于恐惧的行为。《最高人民法院关于贯彻执行〈中华人民共和国民法通则〉若干问题的意见（试行）》（以下简称《民通意见》）第69条规定，以给公民及其亲友的生命健康、荣誉、名誉、财产等造成损害，或者以给法人的荣誉、名誉、财产等造成损害为要挟，迫使对方作出违背真实的意思表示的，可以认定为胁迫行为。

2. 威胁具有不正当性。所谓不正当性，即违背诚实信用原则和公认的道德准则。违法当然属于不正当，但不正当却不一定都违法。

3. 须有胁迫的故意。胁迫人的故意包括两个方面：一是须有胁迫相对人使之产生恐惧的故意；二是须有使相对人因恐惧而作出意思表示的故意，即胁迫的目的在于使相对人作出迎合性意思表示。

4. 胁迫人是当事人也可以是第三人。因胁迫行为比欺诈行为的违法性更为严重，不论胁迫人是否为对方当事人，表意人均得撤销其意思表示，并且此撤销得对抗善意第三人。

5. 被胁迫人须因受到胁迫而产生恐惧，胁迫行为与恐惧之间具有因果关系。如果胁迫人纵然施加胁迫，但被胁迫人并不因此恐惧，或虽有恐惧，但恐惧并不是因胁迫而生，就不能构成胁迫。并且须因恐惧作出意思表示，即胁迫人的意思表示与其恐惧须有因果联系。而且，其意思表示，又须迎合胁迫人的意思作出。这两个方面必须同时存在，如果被胁迫人并不因胁迫而恐惧，就不能构成受胁迫而实施的行为。进一步看，即使被胁迫人产生恐惧，但是所实施的行为却不迎合胁迫人的意思，也还是不能构成受胁迫而实施的法律行为。因为，受胁迫而实施的行为，其实质在于行为人的意思形成和表示均受到不正当干涉。

参考案例

甲因饥寒交迫拦路抢劫乙，不巧的是乙是一个武术教练根本就不害怕，乙看到甲瘦小枯干、满脸菜色，遂心生同情就把身上所带钱财悉数拿出给甲。

【评析】本案中虽然甲实施了胁迫行为，但乙并未因此而陷入恐惧，把钱财给甲也不是由于恐惧而作出的意思表示，而是基于对甲的同情，所以不成立胁迫。

（三）重大误解

重大误解行为是表意人基于重大错误认识而实施的意思表示。所谓重大误解，是指行为人因对行为的性质、对方当事人或标的物的品种、质量、规格和数量等的错误认识，使行为的后果与自己的意思相悖，并造成较大损失的，可以认定为重大误解。

1. 重大误解行为的构成要件。

（1）须有错误认识。所谓错误认识，既包括表意人方面的错误，也包括意思表示受领人的误解。前者是主动型错误，后者则是被动型错误。错误的形态包括：①对法律行为性质的认识错误，误把买卖的要约当成赠与而承诺。②对对方当事人特征的认识错误，如当事人的年龄、宗教信仰、职业能力等。一般情况下对当事人的认识错误不构成重大误解，只有在人的特征对合同的履行具有重要意义时，才能构成重大误解，如某工厂招一名普通工人，误把甲把当成乙招来，就不构成重大误解，因为无论是甲或乙自身的特质对合同的履行都没有重要影响。

但某律所招聘一名律师，误认为甲有律师证，但其并没有，就构成重大误解。③对标的物的认识错误。对标的物的品种、质量、规格、数量等认识错误。④误传、误写、误说等表示错误。

（2）须错误性质严重。判断错误是否严重，应从两个方面来把握：一是主观重要性方面。表意人如认识到此种错误就不会做出这样的意思表示。二是客观重要性方面。一般理性的人处于表意人的地位，如果有此误解，会不会实施该行为，如果不会实施，则属于性质严重。

（3）须当事人不了解其错误。即当事人无意中犯了错误。如果是故意搞错，那就属于欺诈或虚伪行为，而不再是误解行为。

（4）重大误解与意思表示之间具有因果关系。

因重大误解作出意思表示，该意思表示与当事人没有误解情况下可能作出的意思表示不一致，且有重大差异。

2. 不构成重大误解的情形。

（1）狭义的动机错误不构成重大误解。例如，甲误认为乙要与其结婚而购买婚房，事实上乙并无与其结婚的意思。甲不能以重大误解为由撤销该买卖合同。

（2）对既已承担的错误风险，不允许以重大误解撤销合同。保证人对债务人的清偿能力认识错误，而提供担保，后证明债务人无清偿能力，保证人不能以重大误解为由撤销合同。

（四）不真实的意思表示

不真实的意思表示包括故意的不真实与无意的不真实两类。无意的不真实如前述重大误解。故意的不真实，指表意人于意思表示时知道其表示出来的意思与其内心真意不一致，表面意思表示所指向的法律效果，不是表意人内心所追求。包括以下两种：

1. 单独的虚伪表示。单独的虚伪表示是指虚假的意思表示由表意人单方故意作出，相对人并未参与虚假意思表示的形成与作出。对于单独的虚伪意思表示需要回答的问题是，表示于外的虚假意思产生何种法律效力？真实却未表示于外的意思又有何种效力？单独的虚伪表示又分为两类：

（1）真意保留。真意保留指表意人故意隐瞒其内心真实想法，而作出与其真意不同的意思表示。真意保留的效力，原则上按照表意人表示出来的意思即表面意思发生法律效果。但是如果相对人知道表意人内心真意与表示意思不一致的，则应该无效。被保留的内心真意因为未表示于外，无论如何不能发生效力。

（2）戏谑行为。戏谑行为，又称非诚意表示，指表意人故意使自己的意思表示不真实，且表意人有理由期待对方明了自己内心的真意，其内心真意与意思表示的客观意思不一致不会被对方误解的意思表示。戏谑行为的意思表示无效。若相对人对戏谑行为产生信赖，则表意人有义务立即向对方澄清、避免对方受到合理信赖利益的损失。

参考案例

甲乙是闺密，甲刚从国外购得一限量版手提包，爱不释手，乙看到后表示自己要是也有一件该多好啊，甲开玩笑地说："喜欢就送给你。"乙说："好啊。"

【评析】甲乙之间的赠与合同无效，甲只是开玩笑，乙也知道甲只是开玩笑。

2. 通谋的虚伪表示。通谋的虚伪表示是指表意人与相对人通谋，不表示内心真意的意思表示。通谋的虚伪行为需要双方当事人合作完成，披着真假两项意思表示的外衣，呈现出内外两层结构：一是虚假的意思表示浮现于表面，称为表面行为或伪装行为，是双方当事人共同作出的与真实意思不一致的行为；二是内部的隐藏行为，被掩盖于表面行为之下，代表双方当事人真意的行为，又称非伪装行为。

（1）表面行为。表面行为指表意人与相对人通谋而为虚假的意思表示，即双方故意为非真实的意思表示。在当事人之间由于双方均无受约束的意思、无效果意思，故虚假行为无效，但是不能以此对抗善意第三人。

参考案例

为了防止债权人对自己的房屋强制执行，甲与自己的小舅子乙商量把自己名下的房产以虚假买卖的形式过户到乙名下。甲与乙之间的买卖合同无效，但如果后来乙擅自又把房屋卖给善意的第三人丙，并过户给丙。问：甲能否从丙处要回自己的房屋呢？

【评析】因为对于丙来说并不知道甲乙之间的买卖合同无效，并相信登记簿上记载的乙就是房屋的真正所有人，支付了合理的价款并办理了过户手续，符合善意取得的构成要件，丙已经善意取得房屋的所有权，所以甲不能要回房屋，甲的损失只能要求乙赔偿。

（2）隐藏行为。隐藏行为，指隐藏于虚假行为背后的表意人的内心真正希望发生效果的意思。隐藏行为的构成要件如下：一是表意人作出了一个虚假的意思表示；二是表意人还有一个内心真实的意思表示；三是表意人以虚假的意思表示把内心真正的意思表示掩盖起来。表面的虚假行为因意思表示不真实而无效，而隐藏行为是当事人的内心真意，其不因被隐藏而无效，是否有效依法律规则来判断。

参考案例

甲借给乙80万元，借期1年，为了保证乙按时还款，甲乙约定把乙所有的一套房租给甲，租期10年每年租金8万元。如果乙到期不能按时还款，则租赁合同生效，到期后乙果然无力还款。其间乙又把该房屋卖给了不知情的丙，并办理了过户，就在丙要搬进新房的时候，才发现房子的钥匙被人换掉了，甲声称根据买卖不破租赁的原则，虽然丙购得该房屋但应当承受原来的租赁合同，10年租期届满后才能入住。

【评析】该租赁合同是一个“阳合同”，租赁合同并不是双方的真实意思表示，其之所以签订该合同其内心真意是担保乙债务履行的担保合同，担保合同是被租赁合同隐藏的双方内心真意。虚假行为租赁合同无效，担保合同是否有效呢？如果说这是一个保证合同，保证人必须是债务人之外的第三人，本案情况不符合保证合同的特点。如果是担保物权，根据物权法定原则，我国《民法典》没有规定以房屋的租赁权设定债权担保的，所以因违反物权法定而无效。

第三节 民事法律行为的成立与生效

一、民事法律行为的成立

民事法律行为的成立是指民事法律行为在客观上已经存在，是事实判断。

（一）民事法律行为的一般成立要件

所谓一般要件，是指所有民事法律行为成立所不可或缺的要件。民事法律行为的一般成立要件包括：

1. 当事人，民事法律行为的主体。

2. 标的，民事法律行为的内容。

3. 意思表示。单方民事法律行为需要一个意思表示；双方民事法律行为如合同需要双方当事人意思表示一致才成立；多方民事法律行为，需要多方当事人意思表示一致才成立。

（二）民事法律行为的特别成立要件

某些民事法律行为的成立，除须具备一般成立要件外，依法还须具备其他特殊要件。具体如下：

1. 实践民事法律行为的特别成立要件：交付标的物。实践合同仅有意思表示一致还不够，需要标的物的交付才能成立，如保管合同需要保管物的交付才能成立。

2. 要式民事法律行为的特别成立要件：具有法定的形式。例如，遗嘱必须符合《民法典》继承编规定的形式才能成立。

二、民事法律行为的生效

民事法律行为是意思表示决定法律效果的行为，表意人能否达到行为的预期目的，还要接受法律的价值评判。民事法律行为的生效是指已经成立的法律行为经过法律的评价后，确定符合法律行为的生效要件，按照意思表示所确定的内容产生相应的法律效果。原则上法律行为自成立时起生效，但法律另有规定或当事人另有约定的除外。

（一）法律行为的一般生效要件

1. 行为人具有相应民事行为能力。

（1）无民事行为能力人独立实施的民事法律行为无效，无行为能力人必须由法定代理人代理才能实施民事法律行为。

（2）限制民事行为能力人独立实施法律行为的效力情况。限制民事行为能力人的行为能力一分为二，在其认识能力范围内或者纯获利的行为，能够独立实施，效力不因其为限制行为能力人而受影响。超出其认识能力范围的法律行为，只能由法定代理人代理或征得法定代理人同意后实施。

2. 意思表示真实。民事法律行为是民事主体根据自己的意思安排个人工作、学习、生活、实现意思自治的工具，只有自愿真实的意思表示才能达到这样的效果，所以民事法律行为要发生当事人预期的法律效果，意思表示必须真实。

意思表示不真实包括：意思表示不自由和狭义的意思表示不真实。

（1）意思表示不自由包括欺诈、胁迫、重大误解、显失公平。

（2）狭义的意思表示不真实包括单方虚伪表示、双方虚伪表示，因不是当事人的内心真意原则上导致无效。(详见本书意思表示一节)

3. 不违反法律、行政法规的强制规定，不违背公序良俗。

（1）这里的违法是指违反法律、行政法规的强制性规定。

(2) 且需违反的是强制规范中的效力性规范才是无效的，如果违反的是强制规范中的管理性规范会导致行政违法，但民事法律行为仍然有效。

(3) 除了法律、行政法规，其他法律规范无权评价民事行为是否有效，违反法律、行政法规之外的规范可能会导致行政违法，但不影响民事法律行为的效力。

4. 形式合法。要式民事法律行为分为一般要式（书面）和特殊要式（登记批准）。

(1) 一般要式是成立要件，如银行借贷、融资租赁、建设工程、技术开发、技术转让和担保合同等，法律要求采用书面形式。

(2) 特殊要式是生效要件，如中外合资经营企业的合同要经过批准；向外国人转让中国专利的要经过批准。

身份民事法律行为如婚姻、收养、遗嘱也是要式民事法律行为，婚姻、收养需要登记，遗嘱的形式多样，但法律对遗嘱的形式有特别的要求，如只有在特殊情况下才能立口头遗嘱。另外，遗嘱是死因行为，遗嘱人死亡时遗嘱才会生效。

三、民事法律行为成立与生效的关系

（一）成立即生效

一般情况下成立即生效，因为成立和生效的要件可以同时具备。

（二）成立在先，生效在后

例如，附始期的民事法律行为、附停止条件的民事法律行为；需要登记批准的才能生效的民事法律行为。

（三）成立后不生效或成立后无效或可撤销

出现成立后不生效，或者成立后无效或可撤销的原因多种多样，主要包括如下几个：

1. 需要批准的没有得到批准；
2. 附停止条件的民事法律行为，条件确定不成就的，永远不会生效；
3. 无效合同成立即无效；
4. 可撤销合同成立、生效后又被法院或者仲裁机构撤销；
5. 效力未定合同被法定代理人或被代理人否认的，或被善意第三人撤销的。

第四节　民事法律行为的效力

根据民事法律行为是否符合生效要件，法律行为分为有效、无效、可撤销和

效力未定四种类型。

一、有效民事法律行为

有效民事法律行为指符合法律规定的生效要件，法律承认该民事法律行为按照当事人所追求的法律效果发生法律效力，当事人按照自己意思设定的民事法律行为享有民事权利承担民事义务。

二、无效民事法律行为

（一）无效民事法律行为的概念和特征

无效民事法律行为，是指因欠缺民事法律行为的有效条件，不发生当事人预期法律后果的民事法律行为。无效民事法律行为具有如下特征：

1. 自始无效。无效的民事法律行为，从行为成立时就没有法律约束力。

2. 当然无效。无效的民事法律行为，不论当事人是否主张，是否知道，不论是否经过人民法院或者仲裁机构确认，该民事法律行为当然无效。

3. 绝对无效。无效的民事法律行为绝对不发生法律效力，不能通过当事人的行为进行补正。通过当事人的行为消除无效原因，不是无效民事法律行为的补正，而是消灭旧的民事法律行为，成立新的民事法律行为。

（二）无效民事法律行为的类型

1. 无民事行为能力人实施的民事法律行为。《民法典》第 144 条规定，无民事行为能力人实施的民事法律行为无效。无民事行为能力人不能正确认识其行为的法律意义，依法不能独立进行民事活动，只能由其法定代理人代理。因此，无民事行为能力人独立实施的民事法律行为，因主体不合格而无效。

2. 恶意串通损害他人合法权益的民事法律行为。《民法典》第 154 条规定："行为人与相对人恶意串通，损害他人合法权益的民事法律行为无效。"恶意串通导致民事法律行为无效应具备如下要件：

（1）须双方通谋。双方在实施民事法律行为时有串通一气、互相勾结的行为。当事人具有共同目的，希望通过实施某种行为而损害他人利益。共同目的可以表现为当事人事先达成一致的协议，也可以是一方作出意思表示，而对方或其他当事人明知实施该行为所达到的目的非法，而用默示的方式表示接受。

（2）当事人主观上为故意。当事人主观上为故意，指行为人明知或应知某种行为将造成对他人的损害，而故意为之。当事人出于恶意，表明其主观上具有违法的意图。

（3）损害了他人合法权益。损害方面只要求有导致损害的现实可能性即可，不需要已经实际导致损害。

3. 行为人与相对人以虚假的意思表示实施的民事法律行为。根据《民法典》第146条第1款的规定，行为人与相对人以虚假的意思表示实施的民事法律行为无效。这类民事法律行为并非行为人双方的真实意思表示，并且行为人双方知情且没有受约束的意思，因此是无效的。最典型的是伪装行为，即以一种表面行为掩盖另一种行为。伪装行为，它由表面行为与掩藏行为互为表里构成。其表面行为因意思表示不真实而无效，至于隐藏行为，根据《民法典》第146条第2款规定："以虚假的意思表示隐藏的民事法律行为的效力，依照有关法律规定处理。"

4. 违反法律、行政法规的强制性规定。法律行为的合法性要求，是私法自治的外在约束，为私法自治设定了边界，可用于判定法律行为效力的规范，限于法律和行政法规中的强制性规范（全国人大及其常委会制定的法律以及国务院制定的行政法规），其他国家机关制定的规范性文件中的强制性规范，不得直接作为民事法律行为效力判定的依据。法律和行政法规中的强制性规范仅指效力性强制规范，不包括管理性规范。

5. 违反公序良俗的民事法律行为。法律行为不违反公序良俗，是法律行为的妥当性要件，也是私法自治的外在约束，私人自治的边界。公共秩序，是指国家、社会的一般秩序，善良风俗是社会的一般道德观念。违反公序良俗无效的规定，旨在阻止法律行为为实施不道德行为提供服务、给不道德行为提供履行强制，如断绝亲子关系的契约；违反性道德的行为；违反人权和人格尊重的行为等。

（三）无效民事法律行为的效果

根据《民法典》第155条的规定，无效的或者被撤销的民事法律行为自始没有法律约束力。第157条规定："民事法律行为无效、被撤销或者确定不发生效力后，行为人因该行为取得的财产，应当予以返还；不能返还或者没有必要返还的，应当折价补偿。有过错的一方应当赔偿对方由此所受到的损失；各方都有过错的，应当各自承担相应的责任。法律另有规定的，依照其规定。"

根据以上《民法典》的规定，无效民事法律行为的法律后果如下：

1. 如果这类行为所约定的义务尚未履行，那么就无须履行。因为它们根本不能使义务人负担义务。

2. 如果这类行为所约定的义务正在履行之中，那么应中止履行。对于业已履行的部分，应按下面的原则去处理：

（1）返还财产。在给付了财产的情况下，受领财产的一方应将该财产返还相对人。这是因为，自从民事法律行为被确认为无效之时，受领财产的一方继续占有该项财产就丧失了法律依据，因而有义务将财产返还给相对人。如果仅仅是当事人一方取得了财产，那么该当事人负返还义务；如果当事人双方对等地取得了财产，那么双方应当相互返还财产。如果财产已不存在，无法返还的，应折价赔偿。

（2）赔偿损失。如果民事法律行为无效后给对方或者第三人造成了损失，还应当赔偿损失。如果损失是因一方的过错造成的，则仅过错方赔偿；如果双方都有过错，则由双方承担各自应负的责任。

3. 追缴财产。这应属于公法上的责任。双方恶意串通，实施民事法律行为损害国家、集体或者第三人的利益，应当追缴双方已取得的或者约定取得的财产，分别收归国家、集体所有，或者返还第三人。应注意的是，不仅要追缴双方已取得的财产，还要追缴其约定取得的财产。

4. 解决争议条款之有效。在双方民事法律行为无效后，该行为中关于解决双方争议的意思表示，可以独立发生效力，不因该行为无效或被撤销受到影响。根据《民法典》第507条规定，合同无效、被撤销或者终止的，不影响合同中独立存在的有关解决争议方法的条款的效力。

（四）民事法律行为的部分无效

《民法典》第156条规定："民事法律行为部分无效，不影响其他部分效力的，其他部分仍然有效。"部分无效的民事法律行为包括但不限于下列情况：

1. 定金条款。合同中的定金数额超过主合同标的额的20%，定金条款仍然有效，但是超过20%的部分无效。

2. 抵押或者质押合同中的流质条款无效。

3. 遗嘱部分无效的情形，如篡改遗嘱的，篡改部分无效。

4. 普通合伙协议中把全部利润分给部分合伙人的无效。

5. 民间借贷合同中约定的利率超过中国人民银行授权全国银行业同业拆借中心每月20日发布的一年期贷款市场报价利率（LPR）的4倍为标准确定民间借贷利率司法保护的上限。超过利率上限的部分无效。

三、可撤销的民事法律行为

（一）可撤销的民事法律行为的概念和特征

可撤销的民事法律行为，是指民事法律行为虽已成立并生效，但因意思表示不真实、不自由，可因撤销权人行使撤销权，使其自始不发生效力的民事法律行为。可撤销的民事法律行为在被撤销前，已发生效力，这一点不同于无效民事法律行为。可撤销的民事法律行为的特征如下：

1. 在撤销前，其效力已发生，而且未撤销，其效力不消灭。

2. 可撤销民事法律行为的效力消灭，以撤销权行使为条件。

3. 可撤销的民事法律行为的撤销，应由撤销权人为之，非撤销权人不得主张其效力消灭。

4. 可撤销的民事法律行为的撤销权人，对权利的行使拥有选择的自由，撤销权人可以行使撤销权撤销其行为，也可以放弃撤销权，使已生效之法律行为继续维持其效力。

（二）可撤销民事法律行为的类型

根据《民法典》规定，可撤销民事法律行为有如下几类：

1. 受欺诈的民事法律行为。根据《民法典》第 148 条规定，一方以欺诈手段，使对方在违背真实意思的情况下实施的民事法律行为，受欺诈方有权请求人民法院或者仲裁机构予以撤销。

《民法典》第 149 条规定："第三人实施欺诈行为，使一方在违背真实意思的情况下实施的民事法律行为，对方知道或者应当知道该欺诈行为的，受欺诈方有权请求人民法院或者仲裁机构予以撤销。"

2. 受胁迫的民事法律行为。根据《民法典》第 150 条规定，一方或者第三人以胁迫手段，使对方在违背真实意思的情况下实施的民事法律行为，受胁迫方有权请求人民法院或者仲裁机构予以撤销。

3. 重大误解的民事法律行为。根据《民法典》第 147 条规定，基于重大误解实施的民事法律行为，行为人有权请求人民法院或者仲裁机构予以撤销。

4. 显失公平的民事法律行为。《民法典》第 151 条规定："一方利用对方处于危困状态、缺乏判断能力等情形，致使民事法律行为成立时显失公平的，受损害方有权请求人民法院或者仲裁机构予以撤销。"显失公平的构成要件：

（1）结果失衡要件。在合同成立时，双务合同中当事人的权利义务明显不对等，违反公平、等价有偿原则。单务合同或单方民事法律行为中不存在显失公平的问题。

显失公平必须是在法律行为成立时存在，如果在法律行为成立时，双方的给付与对待给付并不存在显失公平，而是在法律行为成立后，履行完毕之前，由于法律行为成立时未预见到的客观情况出现，导致继续该行为对一方严重不公平，这种情况只能以情势变更原则处理，而不能以显失公平撤销法律行为。

是否显失公平通常需要借助于市场价格来考查，是一个相对客观的判断。

（2）意思瑕疵要件。表意人因不利状态的存在，所作出的意思表示不能完全自由，缺乏私法自治的支撑力。

（3）归责要件。一方主观上对对方的不利状态加以利用。一方当事人利用自己的优势或利用对方的困境、危难、急迫、轻率、无经验、缺乏判断力、意志力薄弱等不利境地。

显失公平实施的民事法律行为的法律效果为可撤销。显失公平一方当事人可以撤销该民事法律行为，维护自己的意思自由。

（三）可撤销民事法律行为的法律后果

1. 撤销权人。可撤销法律行为制度是为了救济意思表示不真实或者不自由的当事人而设的，通过赋予其撤销权，许可撤销权人选择是通过行使撤销权使因其意思表示不真实而实施的法律行为归于无效，从而达到意思自治的状态；或者选择不行使撤销权而使意思表示有瑕疵的法律行为继续有效。法律把意思表示有瑕疵的法律行为的效力决定权赋予意思表示有瑕疵的一方或双方当事人，进一步彰显了民法的私法自治原则。撤销权人因可撤销的事由不同而不同，具体如下：

（1）受欺诈人；

（2）受胁迫人；

（3）发生重大误解的双方；

（4）显失公平法律行为中利益受损一方。

2. 撤销权的除斥期间。撤销权是形成权，仅因一方当事人的行为就会改变相对人的法律地位，如久拖不行使，将影响相对人的利益和法律秩序的稳定，法律对撤销权的行使规定了除斥期间，超过法定期间，撤销权人没有行使撤销权，撤销权消灭。

（1）撤销权行使的短期除斥期间及起算。

①1 年。自撤销权人知道或应当知道撤销事由之日起 1 年未行使的，撤销权消灭。因遭受胁迫而撤销的，自胁迫行为终止之日起 1 年内未行使的，撤销权消灭。

②3 个月。因重大误解撤销的，自撤销权人知道或应当知道撤销事由之日起 3 个月未行使的，撤销权消灭。

（2）撤销权行使的最长除斥期间及起算。5 年，当事人自民事法律行为发生之日起 5 年内没有行使撤销权的，撤销权消灭。

3. 撤销权的行使方式。撤销权的行使决定着一个已经成立且生效的民事法律行为的有效或无效，撤销权人必须通过诉讼或仲裁的方式行使，单纯通知的方式不能行使撤销权。

4. 撤销权人行使撤销权的法律后果。可撤销的民事法律行为一经撤销，其效力溯及于行为成立时无效。之后按无效法律行为的效果处理。

四、效力未定的民事法律行为

（一）效力未定的民事法律行为的概念与特点

效力未定的民事法律行为是指民事法律行为之效力有待于第三人的意思表

示，在第三人意思表示前，效力处于不确定状态的民事法律行为，其包括《民法典》第145条规定的限制民事行为能力人不能独立实施的法律行为和《民法典》第171条规定的无权代理的民事法律行为。

行为人已完成民事法律行为，法律行为外表已健全，但其效力却有赖于第三人表示是“同意”还是“不同意”，第三人的行为属于辅助行为，在辅助行为作出前该行为的效力处于不确定状态。

效力未定民事法律行为与可撤销民事法律行为不同：可撤销民事法律行为在撤销前是有效的民事法律行为，只是在撤销后溯及成立时发生无效后果，其效力“有效”或“无效”有待表意人定夺；而效力未定民事法律行为的法律效力处于不确定状态，在确定前既非有效亦非无效，究竟是有效或无效有待第三人定夺。

效力未定民事法律行为与无效民事法律行为也不同：无效民事法律行为自始无效，不可能起死回生；而效力未定法律行为，效力既可能向有效方面发展，也可能归于无效。

（二）效力未定的民事法律行为的类型

1. 限制民事行为能力人实施的民事法律行为。这是指限制民事行为能力人实施的超越其民事行为能力范围，依法不能独立实施的民事法律行为。这类行为若获法定代理人追认，即变为有效民事法律行为，反之，则为无效民事法律行为。

根据《民法典》第145条第1款规定，限制民事行为能力人实施的纯获利益的民事法律行为或者与其年龄、智力、精神健康状况相适应的民事法律行为有效；实施的其他民事法律行为经法定代理人同意或者追认后有效。

2. 无权代理行为。无代理权人所为之“代理行为”对本人是没有效力的，但若本人事后追认，就成为名正言顺的“代理行为”，对本人发生效力；若本人否认，则该行为对行为人生效，对本人不生效。在本人承认与否认前，该行为的效力处于不确定状态。根据《民法典》第171条第1款规定，行为人没有代理权、超越代理权或者代理权终止后以被代理人名义订立的合同，未经被代理人追认的，对被代理人不发生效力，由行为人承担责任。行为人没有代理权、超越代理权或者代理权终止后，仍然实施代理行为，未经被代理人追认的，对被代理人不发生效力。

此外，代理人滥用代理权实施的自己代理行为、双方代理行为，也是效力待定的民事法律行为。

（三）效力未定的民事法律行为的效果

1. 追认权。追认，是追认权人实施的使他人效力未定行为发生效力的辅助行为。追认属于单方民事法律行为，在意思表示完成时生效，其作用在于补足效力未定民事法律行为所欠缺的行为能力要件。

因效力未定民事法律行为的事由不同，追认权主体不同，具体如下：

(1) 限制民事行为能力人的法定代理人。限制民事行为能力人实施依法不能独立实施的民事法律行为，追认权属于其法定代理人。追认权的实施方式，应由当事人以意思通知方式，向效力未定行为的相对人或限制民事行为能力人追认。

(2) 无权代理的被代理人。

(3) 自己代理、双方代理中的被代理人。追认行为完成，使效力未定行为生效要件补足，除非追认权人有特别声明，效力未定行为溯及自法律行为成立时发生效力。如果追认权人拒绝追认，则效力未定的法律行为确定无效。

2. 相对人的催告权。相对人告知事实并催促追认权人在法定或约定的期间内行使追认的权利。根据《民法典》第 145 条第 2 款、第 171 条第 2 款之规定：

(1) 限制行为能力人实施的待追认行为，相对人可以催告法定代理人自收到通知之日起一个月内予以追认。法定代理人未作表示的，视为拒绝追认。

法定代理人追认的，行为自始有效。法定代理人拒绝追认或视为拒绝追认的，行为确定无效。

(2) 无权代理人实施的无权代理行为，相对人可以催告被代理人自收到通知之日起一个月内予以追认。被代理人未作表示的，视为拒绝追认。

被代理人追认，行为自始有效。被代理人拒绝追认或视为拒绝追认的，行为确定无效。无权代理人实施的行为未被追认的，善意相对人有权请求无权代理人履行债务或就其受到的损害请求无权代理人赔偿，但是赔偿的范围不得超过代理行为有效时所能获得的利益。

3. 善意相对人的撤销权。撤销权，指效力未定民事法律行为的相对人撤销其意思表示的权利。撤销权与催告权都是相对人的权利，两者的不同主要在于对效力待定行为的期待不同，相对人行使催促权，表示期待追认权人追认该行为，使其生效，而行使撤销权，则表明相对人不希望该行为生效；无论相对人主观上是否善意，都可以行使催告权，但是只有善意的相对人才有撤销权。

撤销权的构成要件：

(1) 撤销权的发生须在追认权人未予追认前，追认权一旦行使，效力未定民事法律行为即生效，相对人不得行使该项撤销权。

(2) 撤销之意思必须以通知的方式作出。

(3) 撤销权人须为善意，即对效力未定民事法律行为欠缺生效要件没有过失。例如，明知对方行为能力或代理权欠缺而为之，则不得享有撤销权。

五、无权处分法律行为

(一) 无权处分的含义

无权处分，是指行为人没有处分权，却以自己的名义实施的对他人财产的法律上的处分行为。处分包括如下几种：

1. 最广义之处分，包括事实上及法律上之处分。所谓事实上之处分，就原物加以物质的变形，如对原物进行改造或毁损、拆除房屋等。法律上之处分，除负担行为（债权行为如悬赏广告、买卖、保证）外，包括处分行为，如所有权之移转、抵押之设定、所有权之抛弃（物权行为）。

2. 广义之处分，仅指法律上之处分，不包括事实上的处分。

3. 狭义之处分，是指与负担行为相对的处分行为（物权行为）。本节所说的处分主要是指狭义上的处分。

（二）无权处分法律行为的构成要件

1. 无权处分法律行为首先是财产处分权的欠缺。无处分权主要包括两种情形：一是无所有权。如将他人之物出卖，以他人之物出租等都构成无权处分行为。二是处分权受到限制，这是在有所有权但所有权受限制的情况下实施的处分行为。例如，共有财产的共有人，未经其他共有人的同意，擅自处分共有物等。

2. 处分权人是以自己的名义实施了处分他人财产的行为。财产处分权的欠缺，是指无权处分人以自己的名义与第三人订立合同。无权处分人如以财产权利人名义与第三人订立合同，构成无权代理合同。

（三）无权处分法律行为的法律效力

《最高人民法院关于审理买卖合同纠纷案件适用法律问题的解释》（以下简称《买卖合同司法解释》）第 3 条规定：“当事人一方以出卖人在缔约时对标的物没有所有权或者处分权为由主张合同无效的，人民法院不予支持。出卖人因未取得所有权或者处分权致使标的物所有权不能转移，买受人要求出卖人承担违约责任或者要求解除合同并主张损害赔偿的，人民法院应予支持。”

1. 因无权处分订立的买卖合同，不因无权处分影响其效力，如符合法律行为的有效要件，则该买卖合同有效。这还可以准用于互易、出资、债权转让、股权转让等其他有偿合同。

2. 因出卖人无处分权，标的物所有权的转移即物权行为效力待定，如果得到权利人的追认，标的物所有权可有效地转移给买方，买方根据买卖合同继受取得标的物的所有权。如果事后没有取得权利人的追认，由于没有处分权，无法按照买卖合同的约定把标的物的所有权转移给买方，构成违约，买方有权要求卖方承担违约责任。

3. 无权处分与善意取得。《民法典》第 311 条第 1 款、第 2 款“无处分权人将不动产或者动产转让给受让人的，所有权人有权追回；除法律另有规定外，符合下列情形的，受让人取得该不动产或者动产的所有权：（一）受让人受让该不动产或者动产时是善意的；（二）以合理的价格转让；（三）转让的不动产或者动产依照法律规定应当登记的已经登记，不需要登记的已经交付给受让人。受让人依照前款规定取得不动产或者动产的所有权的，原所有权人有权向无处分权人请求损害赔偿。”

虽然出卖人无处分权，因无权处分订立的买卖合同效力不受影响，但因无权利人的追认，买方无法依据买卖合同继受取得标的物的所有权。但如果买方符合善意取得的构成要件，可以根据善意取得制度取得标的物的所有权。

第五节　附条件与附期限的民事法律行为

民事法律行为是民事主体实现意思自治的工具，当然也允许当事人根据自己的意志控制民事法律行为的效力。当事人可以通过为民事法律行为附条件或期限控制民事法律行为的生效或失效。

一、附条件的民事法律行为

（一）附条件的民事法律行为的概念与特征

附条件的民事法律行为是指当事人在法律行为中特别约定一定条件，并以条件是否成就决定法律行为效力的发生或消灭的民事法律行为。民事法律行为所附条件应当具备下列特征：

1. 条件必须是将来发生的事实。既成事实不能作为条件，如果以既成事实作为停止条件的，视为未附条件；如果以既成事实作为解除条件的，则法律行为不生效。

2. 条件必须是将来不确定的事实。

（1）如果是以将来确定发生的事实为条件，则为附期限，如甲乙约定如果甲父去世，甲将房屋卖与乙。人的死亡是确定要到来的事实，只是什么时候到来不确定，所以是期限而不是条件。再比如，如果甲父在三年内去世，甲将房屋卖与乙，这是一个条件，因为人的死亡虽然是确定要到来的事实，但在一定时期内是否死亡则是不确定的。

（2）如果以将来确定不能发生的事实为生效条件，则民事法律行为不生效。例如，甲与乙约定，如果明天太阳从西边出来，我把房屋卖与你。如果以不能发生的事实为解除条件，视为未附条件。例如，甲与乙约定，如果明天太阳从西边出来，咱们的买卖合同解除。

3. 条件必须是约定的事实。民事法律行为中所附条件，必须是双方当事人约定，并以意思表示的形式表现出来。如果是法律规定的条件，不是此处所说的“条件”。

4. 条件必须具有合法性。附不法条件的民事法律行为无效。

5. 条件必须是决定整个民事法律行为的效力。如果条件不是决定民事法律行为的效力，而只是决定部分内容的效力，则不属于附条件的民事法律行为。例如，所有权保留的买卖，只是标的物所有权转移的附条件，这个条件与买卖合同的效力无关。

(二) 附条件的民事法律行为的范围

民事法律行为可以附条件，但并非所有的民事法律行为都可以附条件，根据相关法律规定，下列民事法律行为不得附条件：

1. 条件与行为性质相违背的。形成权不得附条件，如法定代理人追认权、法定抵销权、合同的解除权等。

2. 身份行为不得附条件如结婚、离婚、收养等行为。因身份行为附条件违背社会公共利益或社会公德，将使身份关系处于不确定状态。

3. 其他不得附条件的法律行为，如不动产登记行为、票据行为等。

(三) 民事法律行为所附条件的分类

1. 延缓条件与解除条件。

(1) 延缓条件，又称为生效条件、停止条件，是限制民事法律行为效力发生，民事法律行为只有当约定的条件成就时，才发生效力。

延缓条件的作用在于使民事法律行为暂时不生效，因此，也称停止条件。民事法律行为附延缓条件后，法律行为的效力就获延缓或暂时停止，待所附条件成就时再发生效力。如果所附条件最终未成就，该民事法律行为即确定的不生效。

(2) 解除条件，是限制民事法律行为效力的存续，使已经发生效力的民事法律行为在条件成就时效力终止。解除条件的作用，在于使条件所附的已生效的民事法律行为的效力归于消灭。

2. 积极条件与消极条件。

(1) 积极条件是以所设事实发生为内容的条件。易言之，积极条件，以设定事实的发生为条件成就。停止条件与解除条件，均可设定积极条件。

(2) 消极条件是以所设事实不发生为内容的条件。易言之，消极条件，所设定事实是消极的。条件的积极与消极，其区别仅在设定的角度不同。“留学归国并需要住房，就终止合同”，属积极条件，而反过来约定“如留学后定居不归国，就续租合同”，则属消极条件。两者条件内容并无不同，但条件的性质，却有积极与消极之分。

(四) 民事法律行为所附条件的成就与不成就

1. 条件的成就与不成就的含义。

(1) 条件的成就指作为条件的事实成为现实，也就是当事人所附的条件，自然地而非当事人人为地出现或不出现。在积极条件中，以约定事实的发生为成就，而在消极条件中，则以约定事实的不发生为成就。

（2）条件的不成就是作为条件的事实已经确定不能发生。在积极条件中，是指事实已经肯定不发生，在消极条件中，则指事实已经发生。

2. 条件成就与不成就对当事人的效力。

（1）附生效条件的民事法律行为，在条件成就时，就会使当事人一方取得权利，而他方则负担义务；附解除条件的民事法律行为，在条件成就时，就会使当事人一方丧失权利，他方义务解除或者权利恢复。

（2）条件拟制效力。附条件的民事法律行为，当事人为自己的利益不正当地阻止条件成就的，视为条件已经成就；不正当地促使条件成就的，视为条件不成就。当事人负有必须顺应条件的自然发展而不是加以不正当地干预的义务，亦即不作为义务。即当事人恶意促成条件实现的，视为条件不实现；恶意阻止条件实现的，视为条件已经实现。

（五）条件未定前的法律状态

1. 附生效条件的法律行为成立要件已经具备，只是其法律效力在所附条件成就前处于待定状态，权利人此时取得期待权。期待权可以继承、转让甚至质押。当事人已受法律行为的约束，任何一方不得擅自解除法律行为的约束力。当期待权受到侵害，在条件成就时可以要求损害赔偿。

2. 在附解除条件的法律行为中，受保护的债务人在条件成就时的返还请求权。该请求权如果被交易相对人侵害，交易相对人同样应当承担损害赔偿义务。

3. 限制处分。附生效条件的法律行为，如果期待权的义务人在条件成就与否的未定期间对权利进行了处分，之后如果条件成就，处分行为无效，但第三人可根据善意取得制度获得保护。

二、附期限的民事法律行为

（一）附期限的民事法律行为的概念与特征

附期限的民事法律行为，是指当事人在法律行为中设定一定的期限，并把该期限的到来作为法律行为效力的发生或消灭的依据的民事法律行为。这是一个与附条件的民事法律行为相对的法律制度。附期限的民事法律行为包括附生效期限的民事法律行为和附终止期限的民事法律行为。附生效期限的民事法律行为，自期限届至时生效。附终止期限的民事法律行为，自期限届满时失效。

法律行为的期限通常是一个具体的日期，或者是一个具体的时间段，但也可能是其他的在将来确定要发生的事实。

附期限的民事法律行为所附期限具有如下特点：

1. 未来性，作为期限的时间客观上必须发生在未来，已经发生的事实不能被设定为期限。

2. 确定性，其发生为确定的事实。不可能发生的事实（如千年以后赠与），不能被设定为期限。

（二）条件与期限的区分

条件是不确定的偶然性事实，期限是确定的必然性事实。条件之事实成就与否是不确定的，期限是肯定会到来的事实。期限包括两种：一是时期确定，事实的发生也确定，如“今年9月9日”。二是时期不确定，到来确定，如“临终时将某物送给你”，何时死亡虽难预料，但人必有一死，死期终会到来。

如果日期确定，到来不确定，为条件。例如“等六十大寿送电视一台”，60岁虽确定，但人之寿命不可测，是否能活到60岁不可知，具有偶发性。

如果时期不确定，到来也不确定，为条件。如“司法考试通过之日”，能否考得上，已属不确定，至于哪一年考得上，则更加不确定，故显然属于条件。

（三）期限的分类

1. 延缓期限。它是指在民事法律行为中规定的期限到来之前，该行为已经成立，但其效力处于暂时的抑制状态，所确定的民事权利和民事义务尚不能发生法律效力，一旦期限届至，法律行为随之生效，当事人即可依约定享受权利并承担义务。因此延缓期限又称为生效期限或者始期。例如，签订合同注明“自明年1月1日生效”，该日期就是该合同的始期。

2. 解除期限。它是指在民事行为中约定的期限到来之前，该行为已经成立并生效，但一旦该期限届至，民事法律行为所确定的民事权利和民事义务的法律效力即行消灭。因此，解除期限又可称为失效期限或终期。例如，有期限的房屋租赁合同即为附解除期限的民事法律行为。合同条款中约定“本合同于明年底终止”，明年底就是该合同所附的终期。

（四）期限的效力

1. 期限到来前的效力。附始期的民事法律行为，在期限未届至时，不生效；而附终期的民事法律行为，在期限未届满时，其效力不终止。

因期限届至而享有利益的当事人取得“利益期待权”，该权利可作为处分行为和继承的标的，并受法律的保护。

2. 期限到来后的效力。附始期的民事法律行为，在始期届至时，发生效力；而附终期的民事法律行为，在终期届满时，终止其效力。

【本章小结】

民事法律行为是民事主体通过意思表示设立、变更、终止民事法律关系的行为。民法以私法自治为根本原则，私法自治指个体基于自己的意思为自己形成法律关系，借此实现正常的工作、生活和学习的目的。在诸多可以导致民事权利义务得丧变更的法律事实中，法律行为以自愿的意思表示为要素，体现了民事主体极大的自由度，从而被称为“私法自治的工具”。

【引例评析】

根据《民法典》的规定，小明作为限制民事行为能力人有权独立实施纯获利益的民事法律行为，所以小明无须征得监护人的同意自己就能决定是否接受张某 100 元的酬金。

【练习题】

1. 名词解释

(1) 民事法律行为

(2) 意思表示

(3) 无效民事法律行为

(4) 可撤销民事法律行为

2. 简答题

(1) 民事法律行为的成立要件和有效要件有哪些？

(2) 无效民事法律行为与可撤销民事法律行为的种类有哪些？

(3) 什么是效力未定的民事法律行为？有哪些类型？

(4) 什么是附条件的民事法律行为和附期限的民事法律行为，有何区别？

3. 案例分析题

某商场搞有奖销售活动，15 岁的小王在商场买了一瓶价格为 30 元的洗发水，中了 8000 元奖金。母亲和他一起去领了奖金。回来后，小王偷偷拿走了 6000 元买了一台电脑，母亲想拿这些钱买化妆品时发现钱被儿子花了，于是要求电脑商家退钱。

问题：

(1) 小王买洗发水的行为有效吗？奖金归谁？说明理由。

(2) 小王买电脑的行为有效吗？小王的母亲要求电脑商家退电脑合理吗？说明理由。

(3) 小王的母亲用这笔奖金买化妆品的行为符合《民法典》规定吗？

第七章 代 理

【引入案例】

张某自己开饭店，委托李某从东北购入黑木耳100斤。李某听后满口答应，并说这次回牡丹江市一定把这事给你办好。春节过后，李某从牡丹江市托运回100斤黑木耳，当他欲交给张某准备要钱时，得知张某在大年初一因酒后驾车出了车祸，经抢救无效死亡，因欠别人的债，饭店已被债主接管。李某把100斤黑木耳送到张某家交给他妻子林某，并向他妻子要钱。张某的妻子说她不知道此事，而且张某已死，饭店已由别人经营，故拒绝接受并拒绝支付买黑木耳的钱。李某认为张某的妻子应该接受这100斤黑木耳并支付价款，因为这是继承的一部分内容。张某的妻子则说，张某已死，这同她没有任何关系，继承只继承财产，没听说过还要继承这些的。李某没办法，遂向人民法院提起诉讼，要求张某的妻子接受这些黑木耳，并支付黑木耳的价款。

【学习目标】

通过本章学习，能够掌握：

1. 代理的概念与特征，代理的适用范围；
2. 代理权的行使原则及滥用代理权的行为和后果；
3. 表见代理的构成要件及法律后果。

第一节　代理的概念和类型

一、代理的概念和特征

1. 代理的概念。代理是指代理人在代理权限内以被代理人名义与第三人实施民事法律行为，法律效果直接归属于被代理人的法律制度。

代他人为法律行为的人，称为代理人；由他人代替自己实施法律行为并承受法律效果的人，称为被代理人。代理制度存在三方当事人，三种法律关系。

（1）被代理人与代理人：代理的基础关系，如委托关系、雇佣关系等。基于委托授权或法律直接规定而形成的代理权关系。

（2）代理人与第三人：代理人在代理权限内与第三人独立为意思表示或接受意思表示，形成民事法律行为。

（3）被代理人与第三人：法律行为效果的归属关系。代理人在代理权限内与第三人实施的民事法律行为，约束被代理人和第三人。

2. 代理的特征。

（1）代理人以被代理人的名义为民事法律行为，如果代理人以自己名义与第三人为民事法律行为，则属于隐名代理。

（2）代理人在代理权限内独立向第三人为意思表示。代理人在实施代理行为时应独立思考、自主作出意思表示。这种意思表示既包括代理人向第三人作出的意思表示，也包括受领第三人的意思表示。

（3）代理人从事代理行为时必须拥有代理权。代理权是代理人能够以被代理人名义实施民事法律行为，并使该行为的效果直接归属于被代理人的法律资格。具体包括有代理权和在代理权限内为法律行为两个方面。

（4）代理行为的法律效果归属于被代理人。代理人利用自己的技能和经验为被代理人提供服务。其行为只是补充或延伸被代理人的民事行为能力，为被代理人服务，所以代理人在代理权限内实施的民事法律行为的后果归属于被代理人。

3. 代理的适用范围。代理行为以意思表示为核心，能够在被代理人与第三人之间设立、变更和终止民事权利和民事义务，因此代理主要适用民事法律行为，如订立合同、履行债务等。此外还包括代理诉讼、代理纳税、代理申请专利、注册商标等。

并非所有的民事法律行为都可以代理，依照法律规定、当事人约定或者民事法律行为的性质，应当由本人亲自实施的民事法律行为，不得代理。

二、代理与相关概念的区别

（一）代理与使者

1. 是否独立进行的意思表示不同。代理人在代理权限范围内独立为意思表示，有权独立决定意思表示的内容。使者无独立的意思表示，只需传达表意人的意思表示。

2. 法律关系的结构不同。代理行为形成被代理人、代理人与第三人的三方结构；而使者并未加入法律关系中，通过使者形成的法律关系只限于表意人与相对人双方结构中。

3. 是否需要具有民事行为能力不同。法定代理人只能是完全民事行为能力人，委托代理人可以是完全民事行为能力人，也可以是限制民事行为能力人。使者只是一个传话人，无行为能力要求，即使无行为能力人也可充当使者。

4. 被代理人或被传达人是否要求具有行为能力不同。法定代理中，被代理人为无民事行为能力人或限制民事行为能力人；而被传达人必须有相应行为能力，因为他要形成意思表示。

（二）代理与代表

法人的法定代表人或者非法人的代表人代表法人或非法人组织实施民事活动属于代表行为。代理与代表有如下区别：

1. 是否具有独立性不同。代理人与被代理人是两个民事主体间的关系，是两个独立的民事主体；法定代表人或者代表人是法人或者非法人组织的机关，其职务行为就是法人或者非法人组织的行为。

2. 民事法律行为的法律效果归属不同。代理人从事的法律行为效力归属于被代理人；法定代表人或者代表人实施民事法律行为就是法人或者非法人组织实施民事法律行为。

3. 形成法律关系的结构不同。代理是三方当事人，形成三方结构；而法定代表人或者代表人与法人或者非法人人格一体，法定代表人或者代表人代表法人或者非法人组织与相对人形成的法律关系，属于两方结构。

4. 是否需授权不同。委托代理中需要被代理人对代理人的授权，而法定代表人或者代表人的职权由法律或章程规定，无须法人或者非法人组织的特别授权。

（三）代理与行纪

行纪，指行纪人与委托人订立的以行纪人自己的名义从事交易活动的法律行为。行纪与代理的区别体现在：

1. 行纪人以自己的名义与第三人实施法律行为；代理人以被代理人的名义与第三人实施法律行为。

2. 行纪的法律效果先由行纪人承受，然后通过其他法律关系（如委托合同）转给委托人；代理的法律效果直接归属于被代理人。

3. 行纪为有偿民事法律行为；代理既可为有偿，亦可为无偿。

三、代理的类型

（一）法定代理与委托代理

根据代理权产生原因的不同，代理可分为法定代理与委托代理。

1. 法定代理。法定代理是依据法律规定而当然发生的代理。它是为了弥补无民事行为能力人和限制民事行为能力人行为能力的欠缺，保护其合法权益设立的，来源于民法规定的监护制度。

2. 委托代理。委托代理是基于被代理人的授权而发生的代理，又称意定代理。

（二）直接代理与间接代理

根据代理人是否以被代理人的名义实施民事行为，代理可分为直接代理与间接代理。

1. 直接代理。直接代理是指代理人以被代理人的名义实施民事法律行为，其法律后果直接归属于被代理人的代理，又称显名代理。

2. 间接代理。间接代理是指代理人在代理权限内，为了被代理人的利益，以自己的名义实施民事法律行为。根据第三人与代理人实施民事法律行为时是否知道被代理人存在，又可分显名的间接代理与隐名的间接代理。

（1）显名的间接代理。代理人与第三人实施民事法律行为时原则上约束被代理人和第三人。但第三人与代理人约定该法律行为只约束第三人与代理人的除外。

（2）隐名的间接代理。由于实施民事法律行为时第三人不知道委托人（被代理人）的存在，因此该法律行为只约束受托人与第三人。

①委托人的介入权。如果因第三人的原因使受托人不能履行合同约定义务的，受托人可以向委托人披露第三人，委托人可以行使介入权，合同约束委托人与第三人。但第三人知道委托人而不实施该法律行为的除外。

②第三人的选择权。如果因委托人原因致使受托人不能履行对第三人的义务，受托人可以向第三人披露委托人，第三人有权选择要求委托人或受托人履行义务。

（三）本代理与复代理

根据代理人的选任者是本人还是代理人，代理可划分为本代理与复代理。

1. 本代理。本代理，是指代理人由被代理人选任或者依照法律规定而产生的代理。

2. 复代理。复代理，亦称再代理或转委托，指代理人为了被代理人的利益，选任他人为被代理人的代理人。

（1）复代理的特征。复代理人由代理人以自己名义选任，而非由被代理人选任；复代理人的权限以代理人的权限为限；复代理人不是代理人的代理人，而是被代理人的代理人，其所为民事法律行为的后果直接由被代理人承担。

（2）复任权。代理人选任他人为复代理人的权利，为复任权。代理人的复任权因代理的类型不同而不同。

①委托代理人的复任权。委托代理人原则上没有复任权，委托代理人选任复代理人时，应当事先取得被代理人的授权、同意或者事后得到被代理人追认。否则复代理人实施法律行为的后果由代理人承担。但是，在紧急情况下，出于保护被代理人利益的目的，即使没有取得同意，代理人也可以选任复代理人。“紧急情况”必须同时满足：急病、通信联络中断等特殊原因；代理人自己不能办理代理事项；不能与被代理人及时取得联系；不及时转托他人，会给被代理人的利益造成损失或者扩大损失；必须是为了被代理人的利益。

②法定代理人的复任权。法定代理人无条件享有复任权。因为法定代理根据法律规定而产生，并且法定代理的内容具有概括性。但法定代理人对复代理人的选任和监督应给予高度的注意。

（3）复代理的法律后果。

①复代理中的复代理人，不是代理人的代理人，而是被代理人的代理人，其所为法律行为的后果由被代理人承担。

②复代理有效时，代理人只对复代理人的选任及对复代理人的指示有过错时，就其过错承担法律责任。如果没有过错，则代理人对复代理人的行为不承担民事责任。

③复代理无效时，由代理人对复代理人的行为承担民事责任。

（四）单独代理与共同代理

根据代理人是一人还是数人，代理可分为单独代理和共同代理。

1. 单独代理。单独代理是代理权属于一人的代理，委托代理和法定代理，都可产生单独代理。

2. 共同代理。共同代理是代理权由数人共同享有，共同行使的代理行为。《民法典》第166条规定：“数人为同一代理事项的代理人的，应当共同行使代理权，但是当事人另有约定的除外。”

第二节 代 理 权

一、代理权的概念

代理权，是能够据之进行代理并使行为的效果直接归属于被代理人的权限或资格。

代理权是一种权限、资格或法律地位。在代理关系中，代理人代理民事法律行为的范围，取决于代理权的有无及大小。

二、代理权的产生与消灭

（一）法定代理权的产生与消灭

1. 法定代理权的产生。法定代理权基于法律直接规定而产生，代理权的权限也由法律直接规定。《民法典》第 23 条规定：“无民事行为能力人、限制民事行为能力人的监护人是其法定代理人。”

2. 法定代理权的消灭。根据《民法典》第 175 条的规定，有下列情形之一的，法定代理终止：

（1）被代理人取得或者恢复完全民事行为能力；

（2）代理人丧失民事行为能力；

（3）代理人或者被代理人死亡；

（4）法律规定的其他情形。

（二）委托代理权的产生与消灭

1. 委托代理权的产生。委托代理权基于被代理人的授权而产生。

（1）授权行为的特点。

①单方性。委托代理权的授权行为是被代理人的单方民事法律行为，无须代理人的同意。

②独立性。授权行为独立于基础关系（代理人与被代理人间的委托合同、雇佣合同、合伙关系、夫妻关系等）。基础关系的存在并不能自然获得代理权，代理权产生的唯一根据就是被代理人的授权行为。

③无因性。授权行为独立于基础关系，且不受基础关系的影响，基础关系不成立、无效、被撤销，都不会影响到授权行为。

（2）授权行为与基础关系的区别。

①性质不同。授权行为是单方民事法律行为，基础关系如委托、雇佣等均是契约，属双方民事法律行为。

②效果不同。授权行为发生代理权，代理人行使代理权得与第三人为民事法律行为并由本人承受该行为效果，基础关系中的契约关系只对缔约的当事人有效，如果没有授权仅有基础关系，受托人与他人之行为并不当然对本人生效。

③授权行为是独立的民事法律行为，不以基础关系为必要。

（3）授权方式。

①被代理人采用书面或口头方式明确授予代理权及权限。

②职务授权。《民法典》第 170 条规定："执行法人或者非法人组织工作任务的人员，就其职权范围内的事项，以法人或者非法人组织的名义实施民事法律行为，对法人或者非法人组织发生效力。法人或者非法人组织对执行其工作任务的人员职权范围的限制，不得对抗善意相对人。"

（4）代理权授予不明的责任。代理权授予不明，委托书授权不明的，被代理人应当向第三人承担民事责任，代理人负连带责任。

2. 委托代理权的消灭。《民法典》第 173 条规定，有下列情形之一的，委托代理终止：

（1）代理期限届满或者代理事务完成；

（2）被代理人取消委托或者代理人辞去委托；

（3）代理人丧失民事行为能力；

（4）代理人或者被代理人死亡；

（5）作为代理人或者被代理人的法人、非法人组织终止。

《民法典》第 174 条规定，被代理人死亡后，有下列情形之一的，委托代理人实施的代理行为有效：

（1）代理人不知道并且不应当知道被代理人死亡；

（2）被代理人的继承人予以承认；

（3）授权中明确代理权在代理事务完成时终止；

（4）被代理人死亡前已经实施，为了被代理人的继承人的利益继续代理。

作为被代理人的法人、非法人组织终止的，参照适用前款规定。

三、代理权的行使

（一）代理权行使的规则

代理权是代理关系的基础，代理人之所以能代替被代理人实施民事法律行为，就在于代理人拥有代理权。代理人在行使代理权时，应当遵循以下规则：

1. 在代理权限范围内行使代理权。代理人不得擅自扩大、变更代理权限。代理人超越代理权限或变更代理权限所为的行为，构成无权代理，非经被代理人追认，对被代理人不发生法律效力。

2. 代理行为合法。代理人知道被委托代理的事项违法仍然进行代理活动的，或者被代理人知道代理人的代理行为违法而不表示反对的，由代理人和被代理人负连带责任。

3. 亲自行使代理权，不得擅自转托他人。

4. 行使代理权须尽职尽责。代理人应当诚实守信，在处理代理事务时，以善良管理人或与处理自己事务同样的注意义务进行。代理人不得与他人恶意串通损害被代理人的利益。

（二）代理权的滥用

1. 滥用代理权的含义。滥用代理权指代理人为自己利益或为他人利益计算，行使代理权，损害被代理人利益的行为。

2. 滥用代理权与无权代理、越权代理。

（1）滥用代理权。滥用代理权的前提是代理人有代理权，代理人的代理行为仍在代理权范围内。越权代理、无权代理，因为没有代理权，所以不构成滥用代理权。

（2）对被代理人的效果不同。滥用代理权以损害被代理人利益为目的，结果是被代理人受害，代理人或第三人受益。无权代理行为的效果，有可能对被代理人有利，也可能是对被代理人不利，但即使对被代理人有利，被代理人也有权拒绝接受该效果。

3. 滥用代理权的类型。

（1）自己代理。《民法典》第 168 条第 1 款规定，代理人不得以被代理人的名义与自己实施民事法律行为，但是被代理人同意或者追认的除外。

自己代理，指代理人以被代理人的名义与自己实施民事法律行为。代理关系是代理人与被代理人、相对人的三方关系，必须有第三人存在。而在自己代理中，代理人以被代理人的名义在自己和被代理人之间实施民事法律行为，很难或不能站在公允的法律地位去安排双方的权利义务，很可能会偏袒自己，损害被代理人的利益，因此自己代理属于滥用代理权的行为。但被代理人同意或者追认时有效。

（2）双方代理。《民法典》第 168 条第 2 款规定，代理人不得以被代理人的名义与自己同时代理的其他人实施民事法律行为，但是被代理的双方同意或者追认的除外。

同一代理人代理双方当事人进行同一项民事法律行为构成双方代理。在双方代理中，被代理人的意志与第三人的意志集中于代理人自己一人，不存在双方意思表示。同自己代理一样，双方代理有违代理原则，双方代理属于滥用代理权的行为，但被代理的双方同意或追认的除外。

(3) 代理人和第三人恶意串通。《民法典》第164条第2款规定，代理人和相对人恶意串通，损害被代理人合法权益的，代理人和相对人应当承担连带责任。

第三节 无权代理与表见代理

一、无权代理

（一）无权代理的概念与特点

无权代理是非基于代理权而以被代理人名义实施的旨在将效果归属于被代理人的代理，且不属于表见代理。委托代理以被代理人授予代理权为要件，无权代理与有权代理的区别就是欠缺代理权。具有如下特征：

1. 行为人没有代理权。

2. 无权代理人除欠缺代理权外，符合代理行为的其他特征，如以被代理人的名义与第三人独立实施民事法律行为，欲把法律效果归属于被代理人，如行为人假冒他人名义实施法律行为，因为并没有表明代理关系且并没有要把法律行为的效果归属于被冒名者的意思，而是冒名人自己要承受法律行为的法律后果。

3. 无权代理的行为人实施的民事法律行为除没有代理权外，符合法律行为的有效要件。如果行为人实施的民事法律行为具有其他无效事由如违反法律、行政法规的强制性规定、违反公序良俗而无效，属于无效代理并不是无权代理。

（二）无权代理的类型

1. 未授权之无权代理。指既没有委托授权，又没有法律上的根据，而以他人名义实施民事法律行为的代理。

2. 越权之无权代理。指代理人超越代理权限范围而进行的代理。

3. 代理权消灭后之无权代理。指代理人因代理期限届满或者约定的代理事务完成或者被解除代理权后，仍以被代理人的名义进行的代理。

（三）无权代理的法律效果

根据《民法典》第171条的规定，无权代理的法律效果如下：

1. 本人追认权和拒绝追认权。行为人因无权代理实施的民事法律行为效力未定，被代理人追认的，对被代理人发生效力。在被代理人追认时，无权代理人与相对人实施的民事法律行为约束被代理人与相对人。

被代理人拒绝追认的，对被代理人不发生效力，此时因无权代理行为在代理人与相对人之间产生法律后果。善意的相对人有权请求无权代理人履行债务，或者就其受到的损害请求无权代理人赔偿。但是，赔偿的范围不得超过被代理人追认时相对人所能获得的利益。相对人知道或应当知道行为人无权代理的，相对人和行为人按照各自的过错承担责任。

2. 相对人的催告权与善意相对人的撤销权。相对人可以催告被代理人自收到通知之日起30日内予以追认。被代理人未作表示的，视为拒绝追认。行为人实施的行为被追认前，善意相对人有撤销的权利。撤销应当以通知的方式作出。撤销的相对人可以是无权代理人也可以是无权代理的被代理人。

二、表见代理

（一）表见代理的概念与类型

表见代理，是指行为人无代理权，但被代理人的行为足以使相对人相信行为人有代理权，并基于这种信赖而与无权代理人实施民事法律行为，其法律后果由被代理人承担的代理。表见代理从广义上看也是无权代理，但是为了保护善意第三人的信赖利益与交易的安全，法律强制被代理人承担其法律后果。

法律确立表见代理规则的意义在于维护代理制度的信用与稳定，保护善意相对人的合法权益，进而保障交易安全。

表见代理主要有以下类型：

1. 授权表示型。被代理人以自己的行为表示授予他人代理权而实际上并未授权，或者明知他人以自己的名义从事民事法律行为而不作否认表示，造成第三人误以为行为人有代理权时，本人要对相对人承担实际授权人的责任。

①被代理人以书面、口头或者其他形式直接或间接向相对人表示已经授权而实际上并未授权，相对人信赖本人的表示而与行为人进行的交易行为。

②被代理人将其具有代理权证明意义的文书、印鉴等交与他人，他人凭此以被代理人的名义从事民事活动，相对人对此信赖而进行的交易。这些文书印鉴包括被代理人的印章、合同章、盖章的空白证明信、空白委托书、空白合同文书等。

③被代理人知道他人以自己的名义实施民事法律行为而不作否认表示的。如果被代理人明知他人以自己的名义进行无权代理，既不承认，又不作明确的否认，为保护善意无过失的第三人，应认为成立表见代理。

2. 权限逾越型。权限逾越型表见代理，又称为超越代理权的表见代理。权限逾越型表见代理主要有以下两种表现形式：

①被代理人虽对行为人的代理权作了某些限制，但未在委托授权书中说明，或者被代理人授予代理人一定的代理权，但事后又加以限制，代理人不顾其限制而按原来的代理权进行代理活动，但相对人并不知情，这时，应构成表见代理。

②被代理人委托授权不明，而客观情况又能使善意相对人误信行为人有代理权，使行为人的行为超越了被代理人意定的授权范围，成立表见代理。

3. 权限延续型。权限延续型表见代理，又称代理权终止后的表见代理。被代理人与行为人曾有代理关系，但代理权已经因各种原因而终止，被代理人未及时向外部公示，相对人并不知情，为保护善意相对人的利益和维护交易安全，构成表见代理。权限延续型表见代理主要有以下两种情况：

①代理期间届满或代理事务完成后的代理。被代理人应当在出具的授权委托书中载明代理期间及代理事务。如果授权委托书中没有明确记载，即使其与代理人对代理权的消灭事由有过约定，只要第三人不知道这种情况，仍与代理人订立合同，则成立表见代理。

②被代理人撤回委托后的代理。代理权依被代理人的意思撤回时，应收回代理证书，通知第三人，或者发布代理权撤回的公告。如果本人怠于履行该义务，致使相对人不知道代理权已撤回，仍与代理人为民事法律行为，则构成表见代理。

（二）表见代理的构成要件

1. 表见代理应当符合代理的表面要件。表见代理人须以被代理人的名义与第三人缔结民事法律关系。表见代理作为代理的一种，应当符合代理的表面要件，包括以被代理人的名义作出意思表示或受领意思表示。因为如果不是以被代理人的名义为民事法律行为，即使有代理被代理人的意思，也只能适用无因管理或隐名代理的规定。

2. 行为人无代理权。成立表见代理的第一要件是行为人无代理权。表见代理是广义的无权代理，行为人若有代理权，适用有权代理的规定，即使代理权有瑕疵，也只能适用狭义无权代理的规定，与表见代理无涉。

3. 客观上须有使第三人相信表见代理人具有代理权的事实或理由。这一点是表见代理与狭义无权代理最大的不同，也是表见代理之所以发生有权代理效果的根本理由。所谓“相信其有代理权”，是被代理人以作为或者不作为形式实施了某种意思表示，相对人根据该意思表示足以相信行为人有代理权，这是一种积极的信赖利益。

4. 行为人与相对人之间的民事法律行为具备生效要件。即行为人具有相应的民事行为能力、意思表示真实、内容不违背法律或者社会公共利益。如果表见代理人与相对人之间的民事行为欠缺有效要件，则不能成立表见代理。

5. 相对人主观上善意且无过失。相对人不是明知行为人没有代理权而仍与之实施民事法律行为，也不是由于自己疏忽大意，缺乏应有的谨慎而轻易将没有代理权的行为人误认为有代理权的人，而是有正当理由相信行为人有代理权。

（三）表见代理的法律效果

1. 发生有权代理的效果。即因行为人之行为，在被代理人与相对人之间发生权利义务关系，被代理人不得以行为人无代理权为由抗辩。被代理人履行义务之后，可以向无权代理人追偿因无权代理行为遭受的损失。

2. 相对人有选择权。表见代理旨在保护相对人利益，相对人可以选择按狭义无权代理或表见代理处理。

【本章小结】

本章主要介绍了代理的概念与特征，代理的适用范围；代理权的行使原则及滥用代理权的行为和后果；表见代理的构成要件及法律后果。

【引例评析】

根据《民法典》第 174 条规定，被代理人死亡后，代理人不知道并且不应当知道被代理人死亡，委托代理人实施的代理行为有效。本案中代理人不知道被代理人死亡，代理行为有效。继承人应当继受该代理行为的后果。

【练习题】

1. 名词解释

（1）代理

（2）代理权

（3）表见代理

2. 简答题

（1）代理的概念及特征是什么？

（2）无权代理的类型及法律后果是什么？

（3）表见代理的构成要件及法律效果是什么？

3. 案例分析题

吴某是甲公司员工，持有甲公司授权委托书和合同专用章。吴某与温某签订了借款合同，该合同由温某签字，吴某用甲公司合同专用章盖章。后温某要求甲公司还钱。

问题：

分析下列哪些情形有助于甲公司否定吴某的行为构成表见代理？

A. 温某明知借款合同上的盖章是甲公司的合同专用章而非甲公司的公章，未表示反对

B. 温某未与甲公司核实，即将借款交给吴某

C. 吴某持有的甲公司授权委托书载明甲公司仅授权吴某参加投标活动

D. 吴某出示的甲公司的授权委托书已到期

第八章 民事责任

【引入案例】

2013 年 5 月 22 日，被告孙某在新浪微博上以名为“作业本”的账号发文称：“由于邱少云趴在火堆里一动不动最终食客们拒绝为半面熟买单，他们纷纷表示还是赖宁的烤肉较好。”该文在 31 分钟后转发即达 662 次，点赞 78 次，评论 884 次。被告加某宝公司无视“作业本”微博话语体系中“烧烤”的特指现象，于 2015 年 4 月 16 日，以公司新浪微博账号“加某宝活动”发文称：“多谢@作业本，恭喜你与烧烤齐名。作为凉茶，我们力挺你成为烧烤摊 CEO，开店十万罐，说到做到。”孙某也与加某宝公司进行了互动。

邱少云烈士的弟弟向法院提起诉讼，认为被告孙某和加某宝公司对邱少云烈士进行了侮辱、丑化，用于市场营销的低俗行为，要求两被告赔礼道歉，并主张精神损害抚慰金 1 元。

【学习目标】

通过本章学习，能够掌握：

1. 民事责任的概念、特征、类型；
2. 民事责任的形式及每种责任形式的适用条件；
3. 不承担或减轻民事责任的情形。

第一节 民事责任概述

一、民事责任的概念和特征

（一）民事责任的概念

民事责任是民事主体违反约定或者法定的民事义务而依法应承担的民事法律后果。

民事责任制度是民法的一个重要组成部分。民事责任是民事义务约束性的体现，是保护民事权利的手段。民事责任制度对于预防民事违法行为的发生，保护民事主体的合法权益，维护社会秩序，具有重要的意义。

（二）民事责任的特征

1. 强制性。民事责任的强制性是其区别于道德责任和其他社会责任的基本标志。主要表现为以下两点：

（1）民事责任以违反民事义务为前提，即民事责任是违反民事义务的后果。民事责任产生的前提是违反民事义务的行为，包括合同义务、法定义务以及其他民事义务，违反这些民事义务都会产生民事责任。

（2）当民事主体不主动承担民事责任时，通过国家强制力强制其承担责任，履行民事义务。

2. 财产性。民事责任以财产责任为主，非财产责任为辅。一方不履行民事义务的行为，给他方造成财产和精神上的损失，通常通过财产性赔偿的方式予以恢复。但是仅有财产责任不足以弥补受害人的损失，还要承担非财产责任。

3. 补偿性。民事责任以补偿受害人的损害为目的，以弥补民事主体所受的损失为限。但在个别情况下，也可以采用惩罚性赔偿。就违约责任而言，旨在使当事人的利益达到合同获得适当履行的状态；侵权责任，旨在使当事人的利益恢复到受损害以前的状态。

4. 民事责任是一方当事人对另一方当事人的责任。民事责任的这一特征，将民事责任同刑事责任和行政责任相区别开来，刑事责任和行政责任都是责任人向国家承担的责任。

5. 民事责任有独立性与实现上的优先性。民事责任是与行政责任、刑事责任相对独立的法律责任，行为人的同一行为既应承担行政责任或者刑事责任，又应承担民事责任的，应当同时承担，不能相互替代，并且民事责任在承担上优先于其他法律责任具有实现上的优先性。《民法典》第187条规定："民事主体因同一行为应当承担民事责任、行政责任和刑事责任的，承担行政责任或者刑事责任不影响承担民事责任；民事主体的财产不足以支付的，优先用于承担民事责任。”

（三）民事责任与民事义务的区别

1. 性质不同。义务反映了正常的社会秩序，是民事主体“当为”，义务本身不产生法律责任。责任反映了不正常的社会秩序，是民事主体违反义务的不利法律后果，要求当事人承担民事责任的目的就是要恢复因义务不履行而被破坏的社会秩序。

2. 功能不同。义务的履行直接指向权利人权利的实现，而民事责任的承担则是督促义务人履行义务，间接保证权利人权利的实现。

3. 约束力不同。义务的约束力是义务人必须履行义务，不能选择。不履行义务，就要承担法律责任，义务人同时成了责任人，可动用国家强制力强制义务人履行义务。

二、民事责任的分类

（一）合同责任、侵权责任与其他责任

根据民事责任发生的根据不同，民事责任分为合同责任、侵权责任与其他责任。

1. 合同责任是指因违反合同约定义务及附随义务而产生的责任，主要是违约责任。

2. 侵权责任是指行为人因过错侵犯他人的财产权益与人身权益而产生的责任或者无论行为人主观上是否有过错，根据法律规定应当承担的责任。

3. 其他责任包括如不当得利、无因管理、缔约过失等产生的责任。

（二）财产责任与非财产责任

根据民事责任是否具有财产内容不同，民事责任可以分为财产责任与非财产责任。

1. 财产责任是指由民事违法行为人承担财产上的不利后果，使受害人得到财产上补偿的民事责任，如损害赔偿责任。

2. 非财产责任是指为防止或消除损害后果，使受损害的非财产权利得到恢复的民事责任，如消除影响、赔礼道歉等。

（三）无限责任与有限责任

根据承担民事责任的财产范围不同，民事责任可以分为无限责任与有限责任。

1. 无限责任是指责任人以自己的全部财产承担的责任，如普通合伙人对合伙债务承担的责任；投资人对个人独资企业债务承担的责任等。

2. 有限责任是指债务人以一定范围内或一定数额的财产承担的民事责任，如有限责任公司股东的有限责任；物的担保以特定物价值为限的有限责任等。

（四）单独责任与共同责任

根据承担民事责任的主体数量的不同，民事责任可以分为单独责任与共同责任。

1. 单独责任是指由一个民事主体独立承担的民事责任，大部分责任属于单独责任。

2. 共同责任是两个以上的民事主体共同承担的责任，如共同侵权中，加害人为两人以上的对受害人承担连带责任。

（五）按份责任、连带责任、不真正连带责任与补充责任

根据各责任人之间的关系不同，将共同责任区分为按份责任、连带责任与不真正连带责任。

1. 按份责任。按份责任是指多数当事人按照法律的规定或者合同的约定，各自承担一定份额的民事责任。在按份责任中，债权人如果请求某一债务人清偿的份额超出了其应承担的份额，该债务人可予以拒绝。如果法律没有规定或合同没有约定其应承担的份额，则推定为责任份额均等。

2. 连带责任。连带责任是指多数当事人按照法律的规定或者合同的约定，不分份额地向权利人承担责任。在连带责任中，权利人有权要求责任人中的任何一个人承担全部或部分责任，责任人也有义务承担部分或全部责任。每个连带责任人都负有清偿全部债务的义务，任何一个债务人在全部债务清偿前都不能免除清偿责任，任何一个连带债务人对于债权人做出的全部清偿，都将导致全部责任的消灭。连带债务的各债务人的全部财产对债权人的债权承担责任。

外部连带内部按份。按份责任与连带责任的区别在于按份责任的多数债务人与债权人之间为外部关系而不是内部关系。任何连带责任在债务人内部关系上都是按份责任。连带责任人的责任份额根据各自责任大小确定；难以确定责任大小的，平均承担责任。实际承担责任超过自己责任份额的连带责任人，有权向其他连带责任人追偿。

3. 不真正连带责任。不真正连带责任是指各债务人基于不同的发生原因而对于同一债权人负有以同一给付为标的的数个债务，因一个债务人的履行而使全部债务均归于消灭，此时数个债务人之间所负的责任即为不真正连带责任。不真正连带责任具有如下特点：

（1）数个行为人基于不同的行为造成一个损害。

(2) 数个行为人的行为产生不同的侵权责任。各行为人承担责任就救济受害人损害而言，具有同一个目的，即救济该同一损害。

(3) 受害人享有不同的损害赔偿请求权，可以“择一”行使，而不是分别行使各个请求权。

(4) 损害赔偿责任最终归责于造成损害发生的直接责任人。如果受害人选择的侵权责任人是直接责任人，则该责任人就应当最终地承担侵权责任。如果选择的责任人并不是最终责任人，则承担了侵权责任的中间责任人可以向最终责任人追偿。

不真正连带责任主要类型有：

(1) 生产者、销售者的产品责任。因产品存在缺陷造成损害的，被侵权人可以向产品的生产者请求赔偿，也可以向产品的销售者请求赔偿。产品缺陷由生产者造成的，销售者赔偿后，有权向生产者追偿。因销售者的过错使产品存在缺陷的，生产者赔偿后，有权向销售者追偿。

(2) 医疗产品损害责任。《民法典》第 1223 条规定：“因药品、消毒产品、医疗器械的缺陷，或者输入不合格的血液造成患者损害的，患者可以向药品上市许可持有人、生产者、血液提供机构请求赔偿，也可以向医疗机构请求赔偿。患者向医疗机构请求赔偿的，医疗机构赔偿后，有权向负有责任的药品上市许可持有人、生产者、血液提供机构追偿。”

(3) 因第三人的过错污染环境造成损害的赔偿责任。《民法典》第 1233 条规定：“因第三人的过错污染环境、破坏生态的，被侵权人可以向侵权人请求赔偿，也可以向第三人请求赔偿。侵权人赔偿后，有权向第三人追偿。”

(4) 因第三人的过错致使动物造成他人损害的责任。《民法典》第 1250 条规定：“因第三人的过错致使动物造成他人损害的，被侵权人可以向动物饲养人或者管理人请求赔偿，也可以向第三人请求赔偿。动物饲养人或者管理人赔偿后，有权向第三人追偿。”

4. 补充责任。补充责任是一种新的侵权责任形态，指当多个行为人基于各自不同的原因而产生数个责任，造成损害的直接责任人按照第一顺序承担责任，承担补充责任的责任人在第一顺序的责任人无力赔偿、赔偿不足或者下落不明的情况下承担责任，且可以向第一顺序的责任人追偿。补充责任主要有：

(1)《民法典》第 1191 条规定：“用人单位的工作人员因执行工作任务造成他人损害的，由用人单位承担侵权责任……劳务派遣期间，被派遣的工作人员因执行工作任务造成他人损害的，由接受劳务派遣的用工单位承担侵权责任；劳务派遣单位有过错的，承担相应的责任。”

(2) 根据《民法典》第 1198 条的规定，宾馆、商场、银行、车站、机场、体育场馆、娱乐场所等经营场所、公共场所的经营者、管理者或者群众性活动的组织者，未尽到安全保障义务，造成他人损害的，应当承担侵权责任。因第三人的行为造成他人损害的，由第三人承担侵权责任；经营者、管理者或者组织者未尽到安全保障义务的，承担相应的补充责任。

（3）根据《民法典》第 1201 条的规定，无民事行为能力人或者限制民事行为能力人在幼儿园、学校或者其他教育机构学习、生活期间，受到幼儿园、学校或者其他教育机构以外的第三人人身损害的，由第三人承担侵权责任；幼儿园、学校或者其他教育机构未尽到管理职责的，承担相应的补充责任。

（六）过错责任、无过错责任

1. 过错责任。过错责任是指行为人违反民事义务并致他人损害时，应以过错作为责任的要件和确定责任范围依据的责任。可见依过错责任原则，若行为人没有过错，则虽有损害发生，行为人也不负责任。同时，在确定责任范围时应当确定受害人是否具有过错，受害人具有过错的，可以减轻和免除加害人的责任。我国一般侵权行为责任即采过错责任为归责原则。

2. 无过错责任。无过错责任是指行为人只要给他人造成损失，不问其主观上是否有过错，依据法律规定应承担的责任。一般认为，我国民法上的违约责任与侵权法上的特别侵权责任的归责原则即为无过错责任原则。例如，在违约责任中，在违约事实发生后，非违约方只需证明违约方的行为已经构成违约即可，而不必证明其主观上有无故意或者过失。对于违约方而言，通过举证证明自己无过错来免责是徒劳的，但可以通过证明违约行为的发生是由于不可抗力和存在特定的免责条件而获得免责。同理，特别侵权行为人也只能通过证明法定免责事由的存在而获得免责。无过错责任主要有：

（1）因产品存在缺陷造成他人损害的，生产者和销售者承担的不真正连带责任，为无过错责任。销售者具有过错的，承担最终责任；销售者无过错的，生产者承担最终责任。

（2）机动车与行人、非机动车驾驶人之间发生道路交通事故的，机动车一方承担无过错责任。

（3）因环境污染致人损害的，污染者承担无过错责任。

（4）高度危险责任中，从事高度危险作业者，高度危险物品的经营者、占有人承担无过错责任。

（5）饲养的动物致人损害的，动物饲养人或者管理人承担无过错责任（但动物园适用过错推定责任）。

三、民事责任的方式

根据《民法典》第 179 条规定，承担民事责任的方式主要有：

（一）停止侵害

行为人实施的侵害他人财产和人身的行为正在继续进行中，受害人可依法请求法院责令侵害人停止侵害行为。这种责任形式以侵权行为正在进行或仍在延续中为适用条件，尚未发生的或业已终止的侵权行为不能适用。此种责任形式的作用在于能够及时制止侵害行为，防止侵害后果的扩大。

（二）排除妨碍

不法行为人实施的侵害行为使受害人无法行使或不能正常行使自己的财产权利、人身权利，受害人有权请求排除妨碍。其构成要件包括：

1. 妨碍行为必须是不正当的。如果妨碍行为是合法的，被请求人有权拒绝受害人的请求。

2. 妨碍既可以是实际存在的，也可以是将来可能出现的。受害人不仅可以对已经发生的妨碍要求排除，对尚未发生但又确有可能发生的妨碍也有请求排除权。

3. 妨碍构成权利人行使权利的障碍。

（三）消除危险

行为人的行为对他人人身和财产安全造成威胁，或存在着侵害他人人身或财产的可能，他人有权要求行为人采取有效措施消除危险。适用消除危险的责任形式必须是损害尚未实际发生，也没有妨碍他人民事权利的行使，但行为人的行为又确有可能造成损害的后果，对他人权益造成威胁。

（四）返还财产

返还财产是不法占有他人财产的人应当将其所占有的财产返还给权利人，以使财产关系恢复到原始状态。一是返还不当得利；二是不法侵占他人财产，应当返还原物。有权请求返还原物的人，一般是财产的所有权人、合法占有人和使用人；被请求人只能是非法占有人；原物依然存在。例如，原物已经灭失的，返还原物在客观上已经不可能，所有权人只能要求赔偿损失，而不能要求返还原物。

（五）恢复原状

广义的恢复原状，是指恢复到权利被侵害前的原有的状态。狭义的恢复原状是指将损害的财产修复，即所有人的财产在被他人非法侵害遭到损坏时，如果能够修理，则所有人有权要求加害人通过修理，恢复财产的原有状态。

恢复原状主要是针对物遭受损害情况适用的，对人格利益遭受损害则不适用；遭受损害的物须有修复的可能，且经济上具有合理性。

遭受损害的物须有修复的必要，如果财产被损坏已无法修复，或虽可修复，但权利人已不需要，则不能适用恢复原状的民事责任，应当折价赔偿。

（六）修理、重作、更换

不动产或者动产毁损，物权人可以请求恢复原状，包括修理、重作、更换。如果通过修理、重作、更换等方式仍不足以保护受害人的利益，受害人有权要求赔偿损失。

（七）继续履行

继续履行，我国合同法上也叫强制履行，学说上又称强制实际履行或者依约履行，是指合同当事人一方不履行合同义务或者履行合同义务不符合约定时，经另一方当事人的请求，法律强制其按照合同的约定继续履行合同的义务。继续履行虽然是继续履行原合同债务，但它同一般的履行合同债务的行为不同，强制履行属于违约责任的方式。

（八）赔偿损失

赔偿损失是指行为人因违反合同或侵权行为而给他人造成损害，应以其财产赔偿受害人所受损害的一种责任形式。赔偿损失是一种使用最广泛的责任形式，可以适用于违约、侵权和其他民事责任。

赔偿损失的范围可由法律直接规定，或由双方约定。在法律没有特别规定和当事人没有另行约定的情况下，应按完全赔偿原则赔偿全部损失，包括直接损失和间接损失。

损害赔偿的范围：

1. 约定赔偿范围。约定赔偿是依照当事人的意思确定损失赔偿的范围和计算方法。《民法典》第585条第1款规定："当事人可以约定一方违约时应当根据违约情况向对方支付一定数额的违约金，也可以约定因违约产生的损失赔偿额的计算方法。"如当事人有赔偿损失约定的，则应优先适用。

2. 法定赔偿范围。依照法律的一般规定确定损害赔偿的范围。《民法典》第584条规定："当事人一方不履行合同义务或者履行合同义务不符合约定，造成对方损失的，损失赔偿额应当相当于因违约所造成的损失，包括合同履行后可以获得的利益；但是，不得超过违约一方订立合同时预见到或者应当预见到的因违约可能造成的损失。"

3. 惩罚性赔偿。法律基于特殊的立法政策而特别规定的损害赔偿。《民法典》第1207条规定："明知产品存在缺陷仍然生产、销售，或者没有依据前条规定采取有效补救措施，造成他人死亡或者健康严重损害的，被侵权人有权请求相应的惩罚性赔偿。"

（九）支付违约金

违约金是指按照当事人的约定，一方当事人违约时，应向另一方支付的一定数额金钱的民事责任形式。约定违约金源于合同约定，称违约金条款。合同无效，违约金条款也相应无效。约定违约金又是一种附条件条款，违约行为发生，违约金条款生效；违约行为不发生，违约金条款不生效。

（十）消除影响、恢复名誉

消除影响，是指行为人因其行为侵害了自然人或法人的人格权所应承担的在其行为影响所及的范围内消除不良后果的责任形式；恢复名誉，是指行为人因其行为侵害了自然人或法人的名誉权所应承担的在其行为影响所及的范围内将受害人的名誉恢复至未受侵害时的状态的责任形式。

（十一）赔礼道歉

赔礼道歉是指责令违法行为人向受害人公开认错、表示歉意，主要适用于侵害人身权的情况。赔礼道歉可以采取口头方式也可以采取书面形式。

消除影响、恢复名誉、赔礼道歉属于非财产性责任，只适用于侵害人身权的情形。

以上各种民事责任的方式，可以单独适用，也可以合并适用。

第二节　不承担或减轻民事责任的情形

一、不可抗力

（一）不可抗力的概念和特征

不可抗力，是指不能预见、不能避免且不能克服的客观情况。其特征如下：

（1）不可预见，是指在注意标准方面超出了行为人的预期，以现有的科技水平对事件的发生没有预知能力。人们对某件事的预知能力因人而异，应以一般人的预知能力为标准。对于律师、医生等负有特殊义务和责任的人，则应以具有专业知识和能力的人的认识标准来判断。

（2）不能避免且不能克服，是指当事人已经尽到最大的努力，采取一切合理的措施，仍不能避免事件的发生并不能克服事件所造成的损害。关注的重点是人力面对不可抗力的无助性，表明事件的发生和事件造成损害具有必然性。如果行为人对某事件的发生具有管控能力，其没有尽到应有的合理的注意义务和谨慎义务，或者当损失发生后没有采取合理的补救措施，则应被认定为可以避免并可以克服。

（二）不可抗力类型

1. 自然原因。自然原因是指达到一定强度的自然现象，如地震、台风、洪水、海啸、泥石流等。

2. 社会原因。社会原因是指由于社会矛盾激化而形成的不能预见、不能避免并不能克服的客观情况，如战争、武装冲突等。

3. 国家因素。国家因素是指国家依法行使行政或司法权力。

（三）不可抗力的法律效果

根据《民法典》第 180 条第 1 款规定，因不可抗力不能履行民事义务的，不承担民事责任。法律另有规定的，依照其规定。

1. 不可抗力对违约责任的抗辩效果。

（1）当不可抗力是导致合同不能履行的唯一原因时，导致违约责任的免除。

（2）当不可抗力只是导致合同不能履行的部分原因时，可能导致违约责任的部分免除，推迟合同的履行。

（3）迟延履行后发生不可抗力的，债务人仍应承担违约责任。

（4）发生不可抗力后，债务人负有通知义务和举证义务，并有义务采取措施防止损失的扩大。

2. 不可抗力对过错侵权责任的抗辩效果。如果不可抗力是造成损害的唯一原因时，不可抗力成为免责事由，当事人不承担民事责任。如果不可抗力只是造成损害的部分原因时，不可抗力只是免除部分责任的事由，对于剩余部分损害，可按照当事人的过错进行分配。

3. 不可抗力对无过错责任的抗辩效果。

（1）不可抗力不构成免责事由。《民法典》第 1237 条规定的民用核设施致人损害；第 1238 条规定的民用航空器造成他人损害的，不可抗力不构成免责事由，经营者应承担侵权责任。

（2）不可抗力是构成损害发生和扩大的部分原因时，根据原因力的大小适当减轻侵权人的责任。

二、正当防卫

（一）正当防卫的概念和构成要件

为使国家、公共利益、本人或者他人的人身、财产和其他权利免受正在进行中的不法侵害，而采取的制止不法侵害的行为，对不法侵害人造成损害的，属于正当防卫。其构成要件包括：

1. 防卫目的的正当性。防卫是为了使本人、他人的人身、财产权利免受不法侵害。防卫人在防卫时，应当意识到不法侵害的现实存在和防卫行为的目的。

2. 有不法侵害行为。对某种权利或利益的侵害行为是法律所明文禁止的，包括犯罪行为和违法行为。

3. 不法侵害行为正在进行。不法侵害是指暴力性的不法侵害且必须正在进行，对于尚未开始或已经实施完毕或实施者自动停止的行为，不得实施防卫行为。

4. 来不及请求公力救济。如果能够进行公力救济则不能进行正当防卫。

5. 只能针对不法侵害者本人实行防卫。

6. 防卫行为不能超过必要的限度。防卫行为须具有必要性和相当性。必要性，是指防卫行为以达到制止不法侵害之防卫目的所必需；相当性，是指因正当防卫所造成的损害与所欲避免的侵害大体相当。

（二）正当防卫的法律效果

因正当防卫造成损害的，防卫人不承担损害赔偿责任。

正当防卫超过必要的限度，属于防卫过当。防卫过当造成不应有的损害的，正当防卫人应当承担适当的民事责任。

三、紧急避险

（一）紧急避险的概念和构成要件

紧急避险是指为了使公共利益、本人或者他人的人身和其他权利免受正在发生的危险，不得已而采取的损害另一较小的合法利益，以保护较大的合法权益的行为。其构成要件如下：

1. 避险目的的正当性。紧急避险是为了使本人、他人的人身、财产权利免受正在发生的危险。

2. 危险正在发生。如果险情已经消除或尚未发生，则不能采取避险措施。

3. 采取避险措施是迫不得已而采取的行为。避险人面对急迫危险，无法及时寻求公力救济，不得不采取紧急避险措施，以保全更大的、法律所保护的利益。

4. 不能超过必要的限度而造成不应有的危害。避险人采取的措施所造成的损害应小于危险可能给被保全的利益带来的损害，即以牺牲较小的利益以保全较大的利益。

（二）紧急避险的法律效果

《民法典》以引起危险的原因为线索来规定紧急避险的法律效果。

1. 如果危险是由人的行为引起的，应当由引起危险的人承担民事责任。

2. 危险是由自然原因引起的，紧急避险人不承担民事责任，可以给予适当补偿。

（1）受益人补偿，避险人是为了他人的利益而采取避险行为，造成第三人利益损害的，又不存在避险不当情形，避险人无须承担补偿责任，由受益人给予适当补偿。

（2）避险人补偿，避险人为了本人的利益采取了避险行为，造成第三人利益损害的，避险人本人是受益人负责对第三人的损害给予补偿。

3. 紧急避险采取措施不当或超过必要的限度，造成不应有的损害的，紧急避险人应当承担适当的民事责任。

（1）危险是由避险人引起的，避险人应对避险行为所造成的一切损害后果承担民事责任。

（2）危险是由受害人引起的，避险人应对超过必要限度部分的损害承担民事责任，由受害人对自己在紧急避险必要限度内的损失承担责任。

（3）险情是由第三人引起的，避险人应对超过必要限度的部分的损害承担民事责任，第三人应对受害人在紧急避险的必要限度内的损失承担全部赔偿责任。

（4）险情是由自然原因引起的，避险人只是对超过必要限度部分的损害承担民事责任，而受益人应对受害人在紧急避险的必要限度内的损失给予适当补偿。

四、自愿紧急救助

（一）自愿紧急救助的概念和构成要件

自愿紧急救助是指行为人无法定或约定义务，为保护国家利益、社会公共利益或他人人身、财产安全，在紧急情况下实施的防止、制止不法侵害或者抢险救灾的危难救助行为。其构成要件如下：

1. 行为人必须是无法定或约定义务而实施救助的人。负有法定或约定救助义务的人，如警察对遇险公民的救助，承运人对遇险的乘客的救助等均不属于自愿救助行为。

2. 受助人处于紧急状态。紧急救助中的“紧急”一词突出了此类型救助行为通常发生在危急情况下，如急病、不法侵害、自然灾害等。

3. 行为人实施了救助行为。紧急救助行为包括挺身而出制止正在发生的犯罪或侵权行为；在灾情、险情等紧迫情境下，保护、挽救遇险的人，救助急病患者，抢救国家、集体、他人的财产等。

4. 救助人的救助行为与受助人的损害之间具有因果关系。即因自愿紧急救助者的救助行为，造成了被救助者的损害。造成受助人损害包括因救助行为造成受助人原有损害的扩大及造成新的损害。

（二）自愿紧急救助的法律后果

因自愿实施紧急救助行为造成受助人损害的，救助人不承担民事责任。

民法规定“因自愿实施紧急救助行为造成受助人损害的，救助人不承担民事责任”，是为了鼓励善意救助他人的高尚行为，用法律指引人们在他人危难、急需帮助时施以援手，向社会传播正能量，弘扬助人为乐的中华民族传统美德。

五、依法执行职务

依法执行职务是指国家机关及其工作人员，依照法律的授权及有关规定行使职权的行为。依法执行职务是一种合法行为，对造成的损害不承担责任。但如果执行职务不当造成他人损害的，构成职务侵权，仍然要承担民事责任。确认行为人的行为属于依法执行职务行为并将其作为免责理由，必须具备以下构成要件：

1. 合法性要件。

（1）主体合法。主体必须是法律法规规定的有执行职务资格的人。

（2）权限合法。必须有合法授权，超出法定授权的行为则不构成依法执行职务，对损害后果应当承担责任。

（3）程序合法。执行职务的程序和方式必须合法，否则，也构成职务侵权。

2. 合理性要件。只有在不造成损害就不能执行职务时，执行职务行为才是合理的免责事由。

六、受害人同意

受害人同意，是指受害人事先明确作出自愿承担某种损害结果的意思表示。根据私法自治的原则，除依法不能处分的权益之外，受害人有权在不违反法律强制性规定和善良风俗的条件下，处分自己的权益。其构成要件如下：

1. 受害人必须具有同意的能力，受害人只有具有同意的能力时，其作出的同意才能有效。无民事行为能力人与限制民事行为能力人必须征得法定代理人同意才能作出允许他人损害自己合法权益的行为。

2. 必须是受害人自愿作出明确的同意的意思表示。受害人的同意必须出于自愿，是自己真实的意思表示。受害人同意必须是以明示的方式作出，不能以沉默的方式推定受害人同意。

3. 受害人同意不得违反法律、法规的规定和善良社会风俗。受害人只能处分自己有权处分的权益包括人身权益和财产权益。对人身权益的处分一般只限于医疗目的，允许医生等专业人士对自己的人身造成一定的伤害。对财产权益的处分，只要不损害国家、社会公共利益和他人利益，原则上行为人可免责。

七、自助行为

（一）自助行为的概念和特征

自助行为是指权利人为保证自己请求权的实现，在情势紧迫又不能及时请求公力救济的情况下，对他人的财产或人身施加扣押、约束或其他相应措施，而为法律或社会公德所认可的行为。自助行为属于私力救济的一种。其构成要件如下：

1. 必须是为了保护自己的合法权益。如果行为人是为了保护公共利益或他人的合法权益，不构成自助行为。

2. 情况紧急来不及请求公权力救济。情况紧急是指若权利人不在当时采取强制措施，则其人身和财产权利将会遭受损害。如不是情况紧急，则不能实施自助行为。

3. 自助措施只能是保障自己权益所必需的。对债务人财产采取的自助措施应当先行扣押；对债务人人身采取约束措施的，应当立即请求有关国家机关处理。

4. 须为法律或道德所许可。

5. 不得超过必要的限度。自助行为不得超过保护请求权所必要的程度。自助行为超过必要限度，给债务人造成不应有的损害的，行为人应负适当的民事责任。

（二）自助行为的法律后果

符合自助条件的，因自助行为对他人造成损害的，免予承担民事责任。

行为人实施自助行为后，应立即向有关部门申请援助，请求处理。对给他人造成不应有的损害的，应负赔偿责任。

八、受害人过错

《民法典》第1173条规定，被侵权人对同一损害的发生或扩大有过错的，可以减轻侵权人的责任。《民法典》第1174条规定，损害是因受害人故意造成的，行为人不承担责任。受害人的过错包括受害人的故意和过失。

1. 受害人故意。受害人故意，指受害人明知自己的行为会发生损害自己的后果，而希望或者放任此种结果发生。受害人故意排除了加害人具有故意或者重大过失的情形。受害人故意是损害发生的唯一原因；否则，不能完全作为一种免责事由。受害人故意的构成要件：

（1）受害人存在故意。

（2）受害人基于故意实施了不当的行为。

（3）受害人受到损害。

（4）受害人实施的不当行为与自己所受损害之间存在因果关系，排除加害人的行为与受害人损害之间的因果关系。

2. 受害人过失。受害人应当预见自己的行为可能发生使自己损害的结果，因为疏忽大意而没有预见，或者已经预见而轻信能够避免，以致发生损害结果。

受害人和加害人对损害的发生和扩大都有过错的，应当根据各自的过错程度，承担相应的民事责任。

第三节 民事责任的竞合

一、责任聚合与责任竞合

（一）责任聚合

责任聚合是指同一法律事实基于法律的规定以及损害后果的多重性，应当使责任人承担多种法律责任的形态。从权利人的视角，责任聚合表现为请求权的聚合，当事人享有数个不同给付内容的请求权，可以同时主张。① 责任聚合分两种情形：

1. 不同法律部门之间的责任聚合，是指同一法律事实分别违反了不同法律部门的规定，导致多种性质法律责任并存的现象。《民法典》第 187 条规定："民事主体因同一行为应当承担民事责任、行政责任和刑事责任的，承担行政责任或者刑事责任不影响承担民事责任；民事主体的财产不足以支付的，优先用于承担民事责任。"本条就是关于民事责任与行政责任、刑事责任聚合的规定，民事责任与行政责任或刑事责任可以并存互不影响，例外的是，如果行政责任或刑事责任与民事责任都是财产性责任，民事主体的财产有限不足以支付全部责任时，民事责任优先。

2. 民事责任内部的责任聚合，即同一法律事实产生了多种民事责任形式，各种责任同时并存的现象。如侵害他人名誉权，会产生消除影响恢复名誉及精神损害赔偿多种责任。这种聚合只是民事责任内部的聚合，不涉及与其他法律部门的关系问题。

责任聚合产生多项独立的请求权，这些请求权的内容相互独立，并不相同，可以一并请求。

根据《民法典》第 179 条规定，承担民事责任的方式，可以单独适用，也可以合并适用，如果合并适用就构成责任的聚合。

---

① 参见王泽鉴：《法律思维与民法实例》，台北，自版，1999 年，第 199 页。

(二) 责任竞合

法律责任的竞合，是指由于某种法律事实的出现，导致两种或两种以上的法律责任产生，而这些责任之间相互冲突的现象。之所以会发生法律责任的竞合，是因为不同的法律规范从不同角度对社会关系加以调整，而由于法律规范的抽象性以及社会关系的复杂性，不同的法律规范在调整社会关系时可能会产生一定的重合，使得同一个行为同时触犯了不同的法律规范，面临数种法律责任，从而引起法律责任的竞合问题。责任竞合具有如下特点：

1. 数个法律责任的主体为同一法律主体。

2. 责任主体实施了一个行为。

3. 该行为符合两个或两个以上的法律责任构成要件。

4. 数个法律责任之间相互冲突，受害人只能选择一项请求权行使。

责任竞合虽然产生了多个请求权，但多项请求权具有同一给付目的，因此相互排斥，当事人只能选择其一行使。如《民法典》第 186 条规定："因当事人一方的违约行为，损害对方人身权益、财产权益的，受损害方有权选择请求其承担违约责任或者侵权责任。"

二、违约责任与侵权责任的竞合

(一) 违约责任与侵权责任的区别

侵权责任是指行为人因其不法行为给他人的人身权利或财产权利造成损害所应承担的法律后果，它缘于对绝对权利的侵害和对事先存在的法定义务的违反。违约责任，又称违反合同义务的民事责任，是指因违反合同约定义务所应承担的责任。二者的区别如下：

1. 被违反义务的来源不同。违约和侵权界分的首要标准是被违反义务的来源，若义务源于约定，则构成违约；若源于法律规定，则构成侵权。

2. 被侵害权益的绝对性与相对性。一般来说，对相对权的侵犯构成违约，对绝对权的侵犯构成侵权。

3. 损害范围的利益属性。损害的利益载体不同，履行利益（期待利益）的损害，对应的是违约；固有利益的损害，对应的是侵权。履行利益是合同履行完毕之后当事人可获得的利益，故被认为是违约责任所特有的；而固有利益则是现状利益，是当事人在损害发生前既有的利益，这种既有的利益主要体现为人身权和财产权的完整性。

4. 损害赔偿上的不同。

(1) 请求权主体不同。因侵权行为而请求损害赔偿，原则上以被害人提出为限，即以权利或利益直接受到损害之人为限，间接被害人不包括在内。但因侵权行为导致被害人死亡时，权利主体已不存在，法律便赋予某些特定间接受损害人以损害赔偿请求权，也就是说侵权责任损害赔偿请求权人不只限于直接受害人。而违约责任中，由于债务人和债权人之间因合同而存在着信赖关系，因此，仅债权人得向债务人请求履行给付义务，这也是合同相对性原则的必然要求。

（2）赔偿义务主体不同。一般情况下，侵权责任由不法行为实施者承担，但在特殊情况下，如未成年人致人损害、受雇人在执行职务时致人损害，其赔偿义务主体就可能是监护人、雇主或行为人所在单位等。而承担违约责任的主体只能是合同的相对方。

（3）赔偿范围不同。我国《民法典》第584条规定，当事人一方不履行合同义务或者履行合同义务不符合约定，给对方造成损失的，损害赔偿额应当相当于因违约所造成的损失，包括合同履行后可以获得的利益，但不得超过违约一方订立合同时预见到或者应当预见到的因违反合同可能造成的损失。也就是说在违约责任的损害赔偿上，法律强调应当赔偿可预见的可得利益；在赔偿范围上只包括财产损失，对于非财产损害如精神损害，原则上不承担赔偿责任，并且当事人可以用约定违约金、定金等方式事先约定赔偿范围与计算方法。侵权责任的赔偿范围原则上包括直接损失和间接损失，包括物质损害和精神损害，赔偿范围由法律予以明确规定，而不能由当事人约定。

（二）违约责任与侵权责任竞合的条件

侵权责任与违约责任的竞合，是指行为人实施的一个违法行为，既违反侵权责任编的有关规定，具备了侵权责任之构成要件，同时又违反合同编的有关规定，具备了违约责任之构成要件，导致侵权责任与违约责任同时产生而又相互冲突的一种法律现象。

违约责任与侵权责任竞合的条件如下：

1. 必须是当事人之间存在合同关系且一方实施了违约行为。如果当事人之间不存在合同关系，不可能存在违约，只可能存在侵权。

2. 必须是因当事人一方的违约行为，侵害了对方固有利益，包括人身权益、财产权益。所谓固有利益，是指一方的违约行为使对方遭受了履行利益以外的其他利益（人身利益、财产利益）的损害。例如，甲从乙商场购买一台电视机，电视机交付不久即发生了爆炸，不但电视机本身炸坏，还炸毁了旁边的空调。电视机是履行利益，空调是固有利益。交付有缺陷的电视机属于违约行为，符合违约责任的构成要件。这个违约行为又造成空调这个履行利益以外的固有利益的损害，又符合产品侵权责任的构成要件，从而形成了违约责任与侵权责任的竞合。

3. 权利人有权就违约请求权与侵权请求权两种请求权择一行使。需要说明的是，一旦选定行使某种请求权，则不能随意变更。

【本章小结】

本章主要介绍了民事责任的概念、特征、类型；民事责任的形式及每种责任形式的适用条件；不承担或减轻民事责任的情形。

【引例评析】

邱少云烈士生前在战斗中表现出的舍生取义、爱国为民的精神，在当代中国社会有着广泛的道德认同，是中华民族宝贵的精神财富。被告孙某发表的言论将“邱少云烈士在烈火中英勇献身”比作“半边熟的烤肉”，是对邱少云烈士的人格贬损和侮辱，属于故意的侵权行为。被告加某宝公司在其精心策划的“多谢活动”中，应当对感谢对象尽到审慎的注意义务而未尽到，导致较大社会负面影响产生，应承担相应的法律责任。

法院审理后判决被告孙某、被告加某宝公司于判决生效之日起三日内公开发布赔礼道歉公告，向原告邱少云烈士的弟弟赔礼道歉；并判决被告孙某和加某宝公司连带赔偿原告精神损害抚慰金 1 元。

英雄烈士是中华民族的共同记忆，是民族和国家自豪感的重要来源，各国都通过对英雄权益的保护及英雄形象的宣传，弘扬民族精神，增强国家的凝聚力。为此，《民法典》第 185 条规定：“侵害英雄烈士等的姓名、肖像、名誉、荣誉。损害社会公共利益的，应当承担民事责任。”

【练习题】

1. 名词解释

(1) 民事责任

(2) 正当防卫

(3) 紧急避险

2. 简答题

(1) 民事责任的特点有哪些？

(2) 民事责任的形式有哪些？

(3) 正当防卫的构成要件？紧急避险的构成要件？

3. 案例分析题

石女士家有一只宠物犬。一天早上，石女士给犬戴上犬链，准备出去遛狗。此时，恰逢邻居李大妈出门，李大妈见犬可爱就站在家门口的沟沿前观看。不料，这时家门口路过一个 13 岁的小男孩刘某，他想逗这只犬并朝它扔了一个小石头，宠物犬受到惊扰，一时愤怒，竟朝李大妈扑来并进行撕咬，老人在躲闪时，不慎摔倒在沟里，受伤住院并花去医疗费用 2 万元。

问题：

(1) 李大妈受到的伤害，是否构成民事侵权责任？

(2) 李大妈能否要求刘某的父母赔偿？说明理由。

(3) 李大妈能否要求石女士赔偿？说明理由。

(4) 石女士能否向刘某的父母追偿？说明理由。

第九章 诉讼时效与期限

【引入案例】

2017年5月1日，范某从曹某处借款2万元，双方没有约定还款期限。2018年6月1日曹某通知范某还款，并留给其10天准备时间到6月11日准时还款，范某表示同意。曹某请求范某偿还借款的债权请求权的诉讼时效到何时届满？

【学习目标】

通过本章学习，能够掌握：

1. 诉讼时效的含义及诉讼时效的适用范围；
2. 诉讼时效届满的法律后果；
3. 诉讼时效中止的事由及法律效果；
4. 诉讼时效中断的事由及法律效果。
5. 期间的计算。

第一节 诉讼时效概述

一、诉讼时效的概念、特征和功能

（一）时效与诉讼时效的概念

时效，是指一定的事实状态持续经过一定期间而发生与该期间经过相适应的法律效果的法律制度。时效是法律事实的一种，包括取得时效与消灭时效两种。

1. 取得时效，又称为占有时效，是指自主地、和平地、公然地占有他人的动产、不动产或其他财产权利的事实状态经过一定的期限以后，将取得该动产或不动产的所有权或其他财产权。

取得时效制度最早始于古罗马法，根据各国民法的相关规定，取得时效要发生效力，就必须具备一定的构成要件。取得时效有效成立后，一方面占有人取得占有物的所有权及他物权，另一方面原财产所有人丧失所有权及他物权。取得时效是所有权原始取得的一种方式。我国目前尚无取得时效的规定，只规定了诉讼时效，所以以下所说的时效仅指诉讼时效。

2. 诉讼时效又称消灭时效，是指权利人在法定期间不行使权利，义务人获得抗辩权，从而导致权利人无法胜诉，权利失去国家强制保护的制度。诉讼时效不同于除斥期间。除斥期间又称“预定期间”，是指法律规定的某种民事权利有效存续的期间。权利人在法律规定的期限内不行使权利，其权利即消灭。除斥期间主要适用于形成权。二者的区别主要有：

（1）除斥期间本质是权利的存续期，期间经过实体权利消灭，而诉讼时效期间届满实体权利并不消灭，只是债务人产生了永久抗辩权；

（2）除斥期间是不变期间，一般不发生期间中断、中止或延长问题；诉讼时效是可变期间，可以中断、中止或延长；

（3）除斥期间经过，法院应当依职权主动适用，不取决于当事人要求，而诉讼时效届满，除非债务人主张诉讼时效届满的抗辩，否则法院不得依职权主动适用诉讼时效已过而判决债权人败诉；

（4）除斥期间原则上自权利确立之日起算，诉讼时效从权利人知道或应当知道权利被侵害且知道义务人时起算，最长诉讼时效期间是从权利成立时起算。

（二）诉讼时效的特征

1. 诉讼时效是法律事实。诉讼时效是民事法律关系产生、变更或者消灭的依据。

2. 诉讼时效是状态。诉讼时效是一定的法律事实状态持续经过法定期间，而产生一定的法律后果，与人的意志无关。

3. 诉讼时效具有强制性。民法对于诉讼时效的规定，属于强制性规定，不得由当事人以自由意志予以排除、延长或缩短、预先抛弃。

（三）诉讼时效的构成要件

1. 须有请求权的存在。请求权有无是时效发生的首要条件。诉讼时效适用于哪种类型的请求权，我国法律没有明确规定。从最高人民法院的相关司法解释和学理通说来看，诉讼时效原则上仅适用于债权请求权。

2. 有怠于行使权利的事实。怠于行使权利的事实。如侵权行为的受害人不主张损害赔偿请求权，债务履行期限届满债权人不主张债权等。

3. 怠于行使权利状态持续存在达到法定期间。《民法典》规定，怠于行使权利状态持续时间，一般情况下为3年，超过3年，诉讼时间期限届满，权利人丧失胜诉权。

法律规定诉讼时效的意义在于督促权利人及时行使权利，使怠于行使权利者承担不利的法律后果，从而使法律关系持续处于悬而未决的状态得以解决，以稳定社会关系；也可以防止年长日久证据的毁损和灭失，从而减轻债务人举证的难度。

（四）诉讼时效的适用对象

诉讼时效主要适用于债权请求权，如合同请求权和侵权请求权等。根据《民法典》及最高人民法院的司法解释，下列请求权不适用诉讼时效：

1.《民法典》第196条规定的情形：

（1）请求停止侵害、排除妨碍、消除危险；

（2）不动产物权和登记的动产物权的权利人请求返还财产；

（3）请求支付抚养费、赡养费或者扶养费；

（4）依法不适用诉讼时效的其他请求权。

2.《最高人民法院关于审理民事案件适用诉讼时效制度若干问题的规定》第1条规定的情形：

（1）支付存款本金及利息请求权；

（2）兑付国债、金融债券以及向不特定对象发行的企业债券本息请求权；

（3）基于投资关系产生的缴付出资请求权；

（4）其他依法不适用诉讼时效规定的债权请求权。

除了法律和司法解释明确规定不适用诉讼时效的请求权外，根据《民法典》第462条的规定，占有返还请求权适用除斥期间而不适用诉讼时效。

二、诉讼时效的分类

（一）普通诉讼时效

普通诉讼时效是指由民法典规定的，适用于法律没有特殊规定的各种民事法律关系的时效。根据《民法典》第188条第1款的规定，向人民法院请求保护民事权利的诉讼时效期间为3年。法律另有规定的，依照其规定。

（二）最长诉讼时效

最长诉讼时效，是指对于民事权利予以保护的最长时效期间。根据《民法典》188条第2款的规定，自权利受到损害之日起超过20年的，人民法院不予保护；有特殊情况的，人民法院可以根据权利人的申请决定延长。

（三）特殊诉讼时效

特殊诉讼时效，是指法律规定适用于特殊民事法律关系的诉讼时效。例如，

《民法典》第594条规定，国际货物买卖合同、技术进出口合同适用4年的诉讼时效。《海商法》第265条规定，有关船舶发生油污损害的请求权，时效期间为3年，自损害发生之日起计算；但是，在任何情况下时效期间不得超过从造成损害的事故发生之日起6年。《保险法》第26条第2款规定，人寿保险的被保险人或者受益人向保险人请求给付保险金的诉讼时效期间为5年，自其知道或者应当知道保险事故发生之日起计算。

三、诉讼时效的起算

（一）从权利被侵害之日起算

适用于最长诉讼时效的起算。根据《民法典》第188条第2款的规定，自权利被侵害之日超过20年的，人民法院不予保护。

（二）从知道或应当知道权利被侵害以及义务人之日起算

《民法典》第188条第2款规定，诉讼时效期间自权利人知道或者应当知道权利受到损害以及义务人之日起计算。法律另有规定的，依照其规定。具体而言：

1. 有约定履行期限的债权请求权的诉讼时效，以履行期限届满之日起计算。

2. 没有履行期限的债权请求权的诉讼时效，以债权人主张权利之日起计算；债权人给予对方必要的宽限期的，则以该期限届满之日起算。但债务人在债权人第一次向其主张权利时明确表示不履行义务的，从债务人明确表示不履行义务之日起计算。

3. 当事人约定同一债务分期履行的，诉讼时效期间自最后一期履行期限届满之日起算。

4. 无效民事法律行为、可撤销民事法律行为的债权请求权的诉讼时效，以该民事行为被确认为无效或被撤销之日起计算。

5. 附条件的债权请求权的诉讼时效，以该条件成就之日起计算。

6. 附期限的债权请求权的诉讼时效，以该期限到达之日起计算。

7. 请求他人不作为的债权请求权的诉讼时效，从义务人违反不作为义务之日起计算。

8. 因侵权行为而发生的赔偿请求权的诉讼时效，以受害人知道或者应当知道其权利受到侵害以及义务人之日起计算。人身损害赔偿请求权从受害人受伤害且知道义务人之日起算。侵害当时没有发现的，事后经过检查确诊并证明是由该侵权行为所引起的，诉讼时效以伤势确诊之日起计算。侵权行为具有持续性的，从侵权行为实施终了之日起算。

9. 未成年人遭受性侵害的赔偿请求权的诉讼时效，自受害人年满18周岁之日起计算。

10. 无民事行为能力人或限制民事行为能力人对其法定代理人的请求权的诉讼时效，自法定代理终止之日起计算。

11. 返还不当得利请求权的诉讼时效，从当事人一方知道或者应当知道不当得利事实及对方当事人之日起计算。

12. 管理人因无因管理行为产生的给付必要管理费用、赔偿损失请求权的诉讼时效期间，从无因管理行为结束并且管理人知道或者应当知道本人之日起计算。

本人因不当无因管理行为产生的赔偿损失请求权的诉讼时效期间，从其知道或者应当知道管理人及损害事实之日起算。

13. 第三者责任保险的保险合同，被保险人或受害人请求保险人支付保险金的诉讼时效期间自保险事故发生之日起算。保险事故发生之日，指被保险人对第三人的责任性质与责任数额确定之日，而不是侵害发生之日。

14. 其他法律对诉讼时效起算点有特别规定的，从其规定。我国《海商法》第 258 条规定，就海上旅客运输向承运人要求赔偿的 2 年诉讼时效期间，分别依下列规定计算：有关旅客人身伤害的请求权，自旅客离船或应当离船之日起算；有关旅客死亡的请求权，发生在运输期间的，自旅客应当离船之日起算；因运输期间的伤害而导致旅客离船后死亡的，自旅客死亡之日起算，但是此期限自离船之日起不得超过 3 年；有关行李灭失或者损坏的请求权，自旅客离船或者应当离船之日起算。《民用航空法》第 135 条规定："航空运输的诉讼时效期间为二年，自民用航空器到达目的地点、应当到达目的地点或者运输终止之日起计算。"

四、诉讼时效期间完成的法律效果

诉讼时效期间的完成包括最长诉讼时效期间的完成和短期时效期间的完成。最长诉讼时效期间的完成指自权利被侵害之日起已满 20 年；短期诉讼时效期间的完成指自权利人能够行使权利之日起怠于行使请求权，且该状态持续经过 3 年或特殊诉讼时效期限。在我国，诉讼时效期间完成后产生如下法律效果：

（一）债权效力减损降为自然债权

超过诉讼时效的债权，实体权利并不消灭，只是债权效力减损降为自然债权。具体如下：

1. 处分权能、受领权能仍然存在。债权人仍有权转让、质押或抛弃其债权。债务人自愿履行超过诉讼时效的债务的，债权人有权受领；债务人自愿履行后，不得再以超过诉讼时效为由请求返还。

2. 抵销权能、代位权能和撤销权能消灭。在符合抵销权条件时，超过诉讼时效期间的债权不能作为主动债权主张抵销，但可以作为被动债权被抵销。诉讼时效期间届满的债权的债权人不能行使债权人的代位权与撤销权。

3. 请求权能效力减损。如果债务人提出诉讼时效期间届满的抗辩，债权人则丧失胜诉权。

（二）债务人永久抗辩权发生

诉讼时效期限届满，债务人及从债务人均可提出诉讼时效期间届满的抗辩，拒绝履行债务。

《民法典》第 192 条第 1 款规定："诉讼时效期间届满的，义务人可以提出不履行义务的抗辩。"诉讼时效期间届满的抗辩须由当事人主张，法院不得主动适用诉讼时效进行裁判。

保证人享有债务人的抗辩权且不受债务人放弃抗辩权的影响。《民法典》第 701 条规定："保证人可以主张债务人对债权人的抗辩。债务人放弃抗辩的，保证人仍有权向主债权人主张抗辩。"《最高人民法院关于审理民事案件适用诉讼时效制度若干问题的规定》（以下简称《诉讼时效规定》）第 21 条规定："主债务诉讼时效期间届满，保证人享有主债务人的诉讼时效抗辩权。保证人未主张前述诉讼时效抗辩，承担保证责任后向主债务人行使追偿权的，人民法院不予支持，但主债务人同意给付的情形除外。"

抵押人有权以主债务诉讼时效期间届满为由，拒绝抵押权人行使抵押权。《民法典》第 419 条规定："抵押权人应当在主债权诉讼时效期间行使抵押权；未行使的，人民法院不予保护。"

（三）债务人放弃时效利益

债务人不得预先放弃时效利益，放弃的无效，但是诉讼时效届满后，债务人可以放弃时效利益。放弃时效利益的方式：

1. 债务人同意履行义务，放弃时效利益。诉讼时效届满后，债务人同意履行义务，构成抛弃时效利益。债务人同意履行义务包括义务人与权利人达成还款协议、制订还款计划、签订债权确认书、另行提供担保、债务人请求延期支付、债务人请求分期履行等。债务人仅承认债务，但不同意履行的不构成时效利益的抛弃。债务人放弃时效利益的，诉讼时效重新开始计算。

2. 债务人自愿履行义务，放弃时效利益。诉讼时效完成后，债务人自愿履行义务，债权人有权受领。义务人自愿履行义务后，不得请求返还。

第二节 诉讼时效的中止、中断与延长

一、诉讼时效中止

（一）诉讼时效中止的概念和特点

诉讼时效中止，是指在诉讼时效期间的最后6个月，因法定事由使权利人不能行使请求权的，诉讼时效期间暂时停止计算，从中止时效的法定事由消除之日起，诉讼时效期间继续计算的制度。诉讼时效中止具有以下特点：

1. 须存在中止的法定事由，包括：不可抗力、其他障碍；

2. 中止的法定事由须存在或发生于诉讼时效期间的最后6个月；

3. 诉讼时效停止计算，待事由消除后重新计算6个月届满；

4. 诉讼时效中止适用于最长诉讼时效期间以外的诉讼时效。

（二）诉讼时效中止的法定事由

《民法典》第194条第1款规定，在诉讼时效期间的最后6个月内，因下列障碍，不能行使请求权的，诉讼时效中止。

1. 不可抗力；

2. 无民事行为能力人或者限制民事行为能力人没有法定代理人，或者法定代理人死亡、丧失民事行为能力、丧失代理权；

3. 继承开始后未确定继承人或者遗产管理人；

4. 权利人被义务人或者其他人控制；

5. 其他导致权利人不能行使请求权的障碍。

（三）诉讼时效中止的法律效果

1. 诉讼时效停止计算。停止的时间以法定事由的持续时间为准，可能很长也可能很短。

2. 中止的事由消除后，诉讼时效期间继续计算6个月，诉讼时效期间届满。

二、诉讼时效中断

（一）诉讼时效中断的概念与适用范围

诉讼时效的中断是指在诉讼时效期间内，因发生法定事由，致使已经过的时效期间归于无效，待时效中断的事由消除后，诉讼时效期间重新起算。

诉讼时效的中断只适用于普通或特殊短期时效，不适用于最长诉讼时效。

（二）诉讼时效中断的事由

1. 一般规定。《民法典》第 195 条规定，有下列情形之一的，诉讼时效中断，从中断、有关程序终结时起，诉讼时效期间重新计算：

（1）权利人向义务人提出履行请求；

（2）义务人同意履行义务；

（3）权利人提起诉讼或者申请仲裁；

（4）与提起诉讼或者申请仲裁具有同等效力的其他情形。

2. 具体规则。

（1）权利人向义务人提出履行请求。《诉讼时效规定》第 10 条第 1 款规定，具有下列情形之一的，应当认定为“当事人一方提出要求”产生诉讼时效中断的效力：

①当事人一方直接向对方当事人送交主张权利文书，对方当事人在文书上签字、盖章或者虽未签字、盖章但能够以其他方式证明该文书到达对方当事人的；

②当事人一方以发送信件或者数据电文方式主张权利，信件或者数据电文到达或者应当到达对方当事人的；

③当事人一方为金融机构，依照法律规定或者当事人约定从对方当事人账户中扣收欠款本息的；

④当事人一方下落不明，对方当事人在国家级或者下落不明的当事人一方住所地的省级有影响的媒体上刊登具有主张权利内容的公告的，但法律和司法解释另有特别规定的，适用其规定。

《诉讼时效规定》第 19 条第 1 款规定，债权转让的，应当认定诉讼时效从债权转让通知到达债务人之日起中断。

（2）义务人同意履行义务。

①《诉讼时效规定》第 19 条第 2 款规定，债务承担情形下，构成原债务人对债务承认的，应当认定诉讼时效从债务承担意思表示到达债权人之日起中断。

②《诉讼时效规定》第 16 条规定，义务人作出分期履行、部分履行、提供担保、请求延期履行、制定清偿债务计划等承诺或者行为的，应当认定为当事人一方“同意履行义务”。

（3）权利人提起诉讼或申请仲裁。

①《诉讼时效规定》第 12 条规定，当事人一方向人民法院提交起诉状或者口头起诉的，诉讼时效从提交起诉状或者口头起诉之日起中断，但提起诉讼或申请仲裁后，又撤回的，不发生时效中断的效力。

②《诉讼时效规定》第 18 条规定，债权人提起代位权诉讼的，应当认定对

债权人的债权和债务人的债权均发生诉讼时效中断的效力。

（4）与提起诉讼或者申请仲裁具有同等效力的其他情形。

①《诉讼时效规定》第 13 条规定，有下列事项之一，应当认定与提起诉讼具有同等诉讼时效中断的效力：A. 申请仲裁；B. 申请支付令；C. 申请破产、申报破产债权；D. 为主张权利而申请宣告义务人失踪或死亡；E. 申请诉前财产保全、诉前临时禁令等诉前措施；F. 申请强制执行；G. 申请追加当事人或者被通知参加诉讼；H. 在诉讼中主张抵销；I. 其他与提起诉讼具有同等诉讼时效中断效力的事项。

②《诉讼时效规定》第 14 条规定，权利人向人民调解委员会以及其他依法有权解决相关民事纠纷的国家机关、事业单位、社会团体等社会组织提出保护相应民事权利的请求，诉讼时效从提出请求之日起中断。

③《诉讼时效规定》第 15 条规定，权利人向公安机关、人民检察院、人民法院报案或者控告，请求保护其民事权利的，诉讼时效从其报案或者控告之日起中断。上述机关决定不立案、撤销案件、不起诉的，诉讼时效期间从权利人知道或者应当知道不立案、撤销案件或者不起诉之日起重新计算；刑事案件进入审理阶段，诉讼时效期间从刑事裁判文书生效之日起重新计算。

（三）诉讼时效中断的法律效果

1. 法定事由发生诉讼时效中断，原来已经过的诉讼时效归于无效，自中断事由消除之日起，重新起算诉讼时效。

2.《诉讼时效规定》第 11 条规定，权利人对同一债权中的部分债权主张权利，诉讼时效中断的效力及于剩余债权，但权利人明确表示放弃剩余债权的情形除外。

3.《诉讼时效规定》第 17 条规定，对于连带债权人中的一人发生诉讼时效中断效力的事由，应当认定对其他连带债权人也发生诉讼时效中断的效力。对于连带债务人中的一人发生诉讼时效中断效力的事由，应当认定对其他连带债务人也发生诉讼时效中断的效力。但是《最高人民法院关于适用〈中华人民共和国担保法〉若干问题的解释》（以下简称《〈担保法〉司法解释》）第 36 条第 1 款规定，连带责任保证中，主债务人诉讼时效中断的，保证债务的诉讼时效不中断。

（四）诉讼时效中止与诉讼时效中断的关系

诉讼时效期间中止和中断的相同之处是，二者都是在时效期间届满前因法定事由发生而产生阻碍诉讼时效完成的效力。但二者有本质的区别：

1. 发生的时间不同。诉讼时效中断可发生在时效期间的任何阶段；诉讼时效中止只能发生在时效期间最后 6 个月内。

2. 法定事由不同。诉讼时效中断的法定事由是当事人主观意志可以决定的事实，如起诉、请求、承认；诉讼时效中止的法定事由是当事人主观意志不能左右的事实，如不可抗力、债务人丧失行为能力没有法定代理人等。

3. 法律后果不同。诉讼时效中断的法定事由发生前已经过去的时效期间不再计算，从法定事由消除之日重新开始计算诉讼时效期间；诉讼时效中止是将中止的期间暂停计算，待法定中止事由消除后，继续计算时效期间。

参考案例

张某于2000年5月1日向好友李某借款5万元，双方约定张某应该在下个月1日之前还清借款。但是，张某到期却不偿还借款，李某碍于面子，不好意思索要。但是，天有不测风云，2001年11月1日李某死亡，其继承人直到2003年4月1日才确定。7个月后，其继承人才想起该债权的存在。问：此时该债权的诉讼时效怎样？

【评析】张某对李某5万元债务的履行期限届满之日是2000年6月1日，自2000年6月2日开始计算诉讼时效到2003年6月1日诉讼时效届满。2001年11月1日李某死亡，没有继承人该情况一直持续到2002年12月1日，即诉讼时效届满前6个月，此时诉讼时效发生中止，到2003年4月1日李某的继承人确定，中止的事由消灭，能够行使请求权，诉讼时效期间再计算6个月，即到2003年10月1日诉讼时效届满。2003年11月1日，李某的继承人才想起该债权的存在，此时已超过诉讼时效，如果债务人提出诉讼时效期间届满的抗辩，则债权降为自然债权，法院只能判决李某继承人败诉。（本题按《民法典》规定的3年诉讼时效计算，不考虑新法与旧法的适用问题。）

三、诉讼时效期间延长

诉讼时效期间延长是指因特殊情况，法院对已经完成的诉讼时效期间给予的延展。诉讼时效期间的延长与中止、中断不同，它只适用于诉讼时效期间已经完成的情形，而且发生了导致时效延长的特殊情况。

根据《民法典》第188条规定，自权利受到损害之日起超过20年的，人民法院不予保护；有特殊情况的，人民法院可以根据权利人的申请决定延长。

第三节 期 限

一、期限

期限是民事权利义务关系发生、变更、消灭的时间，其可分为期日与期间。

1. 期日，是指不可分或视为不可分的特定时间，如某日、某月或某年。期日的特征是表示时间长度中的某一点，而这一点是不可分的，其虽非瞬间，但无继续的观念。

2. 期间，是指从某一特定的时间点到另一特定的时间点所经过的时间。它是某一特定的时间段，如 2018 年 5 月 1 日到 2019 年 5 月 1 日就是一个期间。

期间不同于期日。期间是时间某一动态的阶段，即期日与期日之间的间隔时间；期日则是时间的某一静态的点。例如，从某年某月某日至某年某月某日，前一个时间是起始时间，后一个时间为终止时间，其间继续的时间就是期间。期间的特征是表示时间长度中的某一点到某一点的区间。

二、期限意义

民法上的期限对民事法律关系的产生、变更和消灭具有重要意义。

1. 确定民事主体权利能力和行为能力的始期与终期。例如，自然人的民事权利能力自出生之日起开始，自死亡之日终止等。

2. 决定某些权利的取得或消灭。例如，动产所有权从财产交付之时起移转，继承自被继承人死亡时开始等。

3. 决定民事义务是否存在。例如，子女未成年期间父母的抚养义务；债的关系有效期间债务人的给付义务；专利权存续期间的实施义务等。

4. 特定期间经过或时点的到来，使附期限的民事法律行为发生效力。

5. 确定某些民事权利的存续期间，如知识产权的存续期间。

三、期限的类型

依民事主体对期限有无选择权，期限分为以下三种类型：

1. 约定期限。约定期限是指由当事人自由选择确定的期限。例如，履行债务的期限、所有权移转的期限等。

2. 法定期限。法定期限是指法律直接规定的期限。例如，诉讼时效期间、未成年人状态的期限等。在有法定期限并同时允许当事人约定期限时，优先适用约定期限。例如，动产所有权从财产交付时移转（法定），但当事人另有约定的除外。

3. 指定期限。指定期限是指由法院或者有关机关指定的期限。例如，宣告死亡以判决宣告之日为死亡日期。

四、期间的计算方法

期间的计算方法有两种：自然计算法与历法计算法，除法律另有规定或当事人另有约定外，民法上的期间应统一采用公历上的年、月、日和小时作为计算时间的基准单位。

1. 自然计算法，即以实际经过的时间作为期间计算方法。在此种计算方法下，每个时间单位都代表着固定的时间长度，从而确保相同的期间对应着相同的客观时间长度。不论平闰年一律定为 365 日，所称月不论大小皆为 30 日。

2. 历法计算法，即以日历所定的年、月、日为计算单位。此种计算方法下，由于年有平闰之分，月有大小之别，因此同为 1 年或 1 月期间，时间的具体长度可能有所不同。

结合《民法典》的规定，在对连续性期间进行计算时应以历法计算法计算年和月的时间长度，而采用自然计算法确定日和小时的时间长度；对非连续性期间进行计算时，则统一采用自然计算法确定时间的长度。

五、期间的始期与终期

（一）始期

1. 以年、月、日计算期间始期的，均以期间开始的下一日为起算点，开始的当日不计算在内。如在借款合同中，双方当事人约定自 2017 年 2 月 1 日起 15 日后偿还借款，出借人于 2 月 1 日将借款交付借款人，借款期限应当从 2 月 2 日起算到 2 月 16 日 24 时，如果出借人有营业时间的，到营业时间结束时止。

2. 以小时计算期间的始期，自法律规定或当事人约定的时间开始计算。当事人有约定按约定，没有约定的按法律规定开始。例如，钟点房租赁合同中，双方当事人约定房屋租期为 3 小时，自 2018 年 10 月 22 日中午 12 点开始，那么租赁期应截止到 10 月 22 日下午 3 点。

（二）终期

按照年、月计算期间的，到期月的对应日为期间的最后一日；没有对应日的，月末日为期间的最后一日。期间的最后一日是法定休假日的，以法定休假日结束的次日为期间的最后一日。期间的最后一日的截止时间为二十四时；有业务时间的，停止业务活动的时间为截止时间。

【本章小结】

本章主要介绍了诉讼时效的含义及诉讼时效的适用范围；诉讼时效届满的法律后果；诉讼时效中止的事由及法律效果；诉讼时效中断的事由及法律效果；期间的计算。

【引例评析】

《诉讼时效规定》第6条规定：未约定履行期限的合同，依照《合同法》第61条、第62条（《民法典》第511条）的规定，可以确定履行期限的，诉讼时效期间从履行期限届满之日起计算；不能确定履行期限的，诉讼时效期间从债权人要求债务人履行义务的宽限期届满之日计算，但债务人在债权人第一次向其主张权利之时明确表示不履行义务的，诉讼时效期间从债务人明确表示不履行义务之日起计算。根据以上规定本案的诉讼时效从2018年6月12日起到2021年6月11日止。

【练习题】

1. 名词解释

（1）诉讼时效

（2）除斥期间

（3）期限

2. 简答题

（1）诉讼时效与除斥期间的区别？

（2）诉讼时效届满后的法律后果有哪些？

（3）如何确定诉讼时效的起算？

3. 案例分析题

甲向乙借款5万元，约定2001年6月30日还本付息，但甲未按时履行还款义务。从2003年5月10日起，债权人乙请求人民调解委员会进行调解，但经过一段时间的调解，双方没有达成调解协议。2006年5月15日，债权人乙起诉债务人甲，要求其还本付息。诉讼中，甲主张人民调解委员会的调解程序结束的时间是2003年5月12日，认为本案已过诉讼时效期间，乙则主张调解程序结束的时间是2003年5月20日，认为没有超过诉讼时效期间。（以《民法典》的规定解析，不考虑《民法通则》的规定。）

问题：

（1）债权人乙请求人民调解委员会调解产生什么法律效果？

(2) 如果调解到 2003 年 5 月 12 日结束，计算债权人乙对债务人甲的诉讼时效起止时间？

(3) 对于本案中的诉讼时效中断事由的持续时间（或者说诉讼时效中断的结束），应当由谁负责举证？

第二编
物　权

第十章 物权总论

【引入案例】

张某有祖传珍贵玉器一件，赵某和吴某都希望购买该玉器。张某先与赵某达成协议，以5万元价格出售之，双方约定，次日交货付款。吴某知道后，当晚即携款至张某家，以6万元价格购买该玉器。张某欣然同意，并即交货付款。因赵某请求张某交付玉器不得而发生纠纷，诉至法院。本案应如何处理？为什么？

【学习目标】

通过本章学习，能够掌握：

1. 物权的概念与特征；
2. 物权法定原则的含义；
3. 物权分类的意义；
4. 物权的效力；
5. 物权变动的公示公信原则和公示方法；
6. 物权的保护方式。

第一节 物权与物权法

一、物权

（一）物权的概念

物权一词是中世纪注释法学派在研究、诠释罗马法时创造的。他们在解释“对物之诉”的基础上，初步建立了物权学说。1896 年的《德国民法典》以“物权”作为第三编的编名，构建了系统、完整的物权制度，从而奠定了物权作为一类基本民事权利的地位以及物权法的基本体系。

物权，是指民事主体依法对特定物进行管理支配并享受物之利益的排除他人干涉的权利。我国《民法典》第 114 条第 2 款规定：“物权是权利人依法对特定的物享有直接支配和排他的权利，包括所有权、用益物权和担保物权。”

（二）物权的法律特征

与其他民事权利相比较，特别是与它联系最为密切的债权相比较，物权具有以下法律特征：

1. 物权是绝对权。民法学根据权利作用的范围将民事权利分为绝对权与相对权。绝对权，是指以不特定的任何人为义务主体的民事权利。物权的权利主体是特定的，而其义务主体则是权利人以外的一切不特定的人。物权是由特定权利主体享有的，排除一切不特定人的侵害的财产权利。除权利人之外，任何不特定的人都负有不得侵害、干涉和妨碍权利人对其享有的物权的义务。所以，物权也属于对世权。

2. 物权是支配权。从人与物的关系上看，物权是人对物的直接支配关系。所谓支配，是指对物进行占有、使用、收益和处分。物权的权利人享有对物进行直接支配的权利。所谓直接支配，是指物权人完全可以在法律规定的范围内根据自己的意志和行为支配物并享受物上利益，无须借助他人的意思或者行为，即可实现。所有权表现为对物的全面支配，用益物权表现为对物以某种方式使用、收益的权利，担保物权支配的是物的交换价值。

3. 物权的客体是物。物是指人身之外，为人力所控制、支配，并且有经济价值的有体物。作为物权客体的物与民法上的一般物具有种属关系，一般应具备以下条件：（1）须为特定物。物权客体的确定性是实现物权支配效力的客观要求。由于物权是对物直接支配的权利，如果标的物不特定，也就不可能在这种标的物上产生所谓的支配力，并在发生物权变动时也无法进行登记或者交付；法律也很难对其进行物权法特有的返还原物、恢复原状等方法保护。因此，尚未特定之物不能成为物权的客体。(2) 须为独立物。物权的客体应当为独立物，无法单独支配又难以公示的物的组成部分，不得为物权的标的。(3) 原则上须为有体物。物权的客体一般为有体物，但并不排除某些无体物作为物权客体的可能性。已为人所掌握、控制并加以利用的自然力，如光、电、热、气等，也可以作为物权的客体。

4. 物权是权利人可直接享受物的利益的权利。物权作为财产权，是一种具有物质内容的、直接体现为财产利益的权利。物权的权利人对物直接支配是为了享受物的利益。物的利益包括归属利益、用益利益和担保利益。物权人具体享有物的何种利益，依物权的具体内容和权利目的而定。

5. 物权是权利人得以排除他人干涉的权利。物权为权利人直接支配标的物所发生的人与人之间的关系，从人与人的关系上看，物权人可排除他人意思或者行为的介入，即物权人享有排斥他人干涉的权利。物权的权利人之外的人都是物权的义务人，都负有不得侵害权利人权利的消极义务，不得妨害物权人享受其物的利益。权利人有权排除他人的任何不法干涉。

二、物权法

(一) 物权法的概念

物权法，是指调整因物的归属和利用产生的民事关系的法律规范的总称。分为形式意义和实质意义的物权法。形式意义的物权法，是指《民法典》中的物权编；实质意义的物权法，是指调整因物的归属和利用产生的民事关系的一切法律规范的总称。除《民法典·物权编》以外，还包括《宪法》《土地管理法》《农村土地承包经营法》《城市房地产管理法》《矿产资源法》《森林法》《水法》《海域管理法》等法律、法规、规章及司法解释中有关调整物权的法律规范。

(二) 物权法的特征

作为民法的重要组成部分的物权法，除具有民法为私法、实体法的特征外，物权法还具有财产法、强行法、固有法的特征。

1. 财产法性。自罗马法以来，民法就存在财产法和身份法的区别。规范经济生活，保护财产秩序的法律，为财产法；规范伦理生活，保障身份秩序的法律，为身份法。民法以规范因物的归属和利用而产生的民事法律关系为内容，性质上属于财产法。物权法仅是财产法的组成部分，物权法既调整静态的财产权，也调整动态的财产权。同样作为财产法组成的债法，是调整财产流转的法律，重在保护动态财产的安全。

2. 强行法性。基于物权支配性、排他性、公示性的要求，物权法多为强制性规范，实行物权法定主义、公示公信等原则，并以此作为物权支撑。除少数例外，物权法的各项制度不允许当事人自行创设或任意变更，须绝对适用。若民事主体的约定违反物权法时，认定为无效行为。而债权法规范具有任意性，债权法倡导并实行契约自由原则，当事人原则上可对债中的合同种类、内容、形式甚至违约责任的方式等加以约定，债法不予干涉，有效的合同具有法律效力。

3. 固有法性。物权法的内容及其制定受制于并反映着一个国家的基本经济制度，乃至该国的基本政治制度，与民族习惯、历史传统和固有文化均有密切关系。因此，物权法内容更多地反映了固有法特征。尤其是关于一国民众赖以生存的土地制度的规范，注重考虑的就是与社会制度相适应。我国土地实行公有制，土地归国家和集体所有，反映这种公有制的物权法内容自然有其特殊性、固有法性。债权法强调对财产流转秩序的维护，它具有普遍意义，各国对债权法的规范不仅大同小异，而且越来越趋同。因此，物权法固有法性与债权法的普遍性对比鲜明。

（三）物权法的调整对象

我国《民法典》第205条规定，物权法调整因物的归属和利用产生的民事法律关系。因此，物权法调整因物的归属和利用而产生的民事法律关系。

1. 物的归属关系。物的归属关系，是指特定的物质资料归特定民事主体所有的财产关系。物的归属关系具有以下特征：（1）在物的归属关系中，占有人对物的占有为自主占有，即以所有的意思占有标的物，处于物之主人即所有人的地位。（2）在物的归属关系中，由物所生的经济利益归属于物的所有人。物的所有人为实现物的经济价值，可以对物为任意的支配。他可以自己使用物以满足自己生产、生活的需要，也可以将物交他人使用以取得对价。（3）在物的归属关系中，当标的物由他人占有、使用时，成立所有人的间接占有。物的归属不变，所有人仍以所有的意思间接掌握控制标的物。

物的归属关系是人类社会生活的重要财产关系，人类社会自从有了国家和法律，物的归属关系便成为法律规定和调整的重要对象。法律规定和调整物的归属关系的规范的总和，构成物权法的重要制度——所有权制度。

2. 物的利用关系。物的利用关系，是指物的所有人基于其意思，将其所有物交他人有限利用而发生的财产关系。在现代社会中，物的所有人对物的利用有两种情形：一是自主利用，即由所有人将其所有物用于自己的生产与生活；二是他主利用，即由所有人将其所有物交给他人进行有限的利用，以取得对价。在第一种情况下，物的利用为物的归属所包容，并不形成新的财产关系，仅在第二种情况下才形成新的财产关系。物的利用关系具有以下特征：（1）在物的利用关系中，标的物上存在两个占有人。在物的利用关系中，形成利用人对标的物的他主占有。同时所有人并不因标的物由他人利用而丧失其自主占有，他仍然保持其所有人的地位，并对标的物具有一定的支配力。（2）在物的利用关系中，存在两个层面的财产关系：一是自主占有人（所有人）与他主占有人之间的关系；二是自主占有人和他主占有人与社会一般人的财产关系。

现代发达的商品经济社会，所有权人对物的支配不是目的而是其手段，所有权人为发挥物的最大效用取得物的利益，物的他主利用就成为必然。因此，调整物的利用关系亦成为物权法的另一重要任务。物权法调整物的利用关系的总和，构成物权法的另一重要制度——他物权制度。

第二节 物权法定与物权分类

一、物权法定原则

物权法定原则，又称物权法定主义，是指物权的种类和内容等均由法律直接规定，禁止任何人创设法律没有规定的物权或者变更物权的法定内容。我国《民法典》第 116 条规定："物权的种类和内容，由法律规定。"

物权法定是物权与债权的重要区别之一。债权的设定具有任意性，即当事人可以任意依法创设债权和确定债权的内容；而物权具有法定性，当事人不能任意创设。物权法定主要包括以下两个方面的内容：（1）物权的种类法定。物权的种类法定又称物权种类强制，是指物权的种类是法律直接规定的，当事人不得创设法律未规定的物权类型。例如，我国物权法未规定不动产质权，当事人就不得设立不动产质权。若当事人约定在不动产上设立质权担保则该约定无效，不能成立不动产质权。(2) 物权的内容法定。物权的内容法定又称物权的内容强制，是指物权的基本内容是由法律直接规定的，当事人不能创设与法律规定不同的物权内容。例如，创设不转移占有的质权，即使名为质权，则因该约定创设了与法律规定相冲突的质权的内容而无效。需注意的是，物权的内容法定并非指当事人不得约定物权的内容，而仅指当事人不得约定违反法律规定的物权内容。例如，地役权的具体内容就是由当事人自行约定的，不过当事人约定的地役权的内容不得违反法律的规定。

物权法定是近代民法中确立的一项原则。我国物权法之所以确立物权法定原则，主要是基于以下原因：一是为了实现物尽其用。一物之上可有不同的物权，以更好地利用物的使用价值和价值。为使各项不同的物权不冲突、不重叠，以发挥物尽其用的效益，法律须对物权的种类和内容做出规定。当事人按照法律规定创设物权，不仅可以节省交易成本，而且可以定分止争，避免无益的权利冲突。若任由当事人自由创设物权的种类和内容，则会因当事人在物上设定各种限制和负担导致权属不清，而影响物的效益的充分发挥。二是为了维护交易安全。物权为对世权和绝对权，具有强烈的排他性，因此，物权关系必须清晰，使交易当事人能够从客观上明确物权的归属，这样才能使交易便捷安全地进行，不至于影响交易效率和损害第三人的利益。因此，法律规定物权的种类和公示方式，以使物上的权属透明，不至于因物上的权属不明不清而影响交易安全。如果任由当事人创设物权种类和决定公示方式，则第三人难以从客观上明了物权的状态，会增加交易成本，影响交易安全。

物权法定中的“法”是指狭义的法律，即仅限于全国人民代表大会及其常务委员会颁布的法律。它既不包括国务院制定的行政法律法规，也不包括国务院各部委制定的部门规章以及地方权力机关、政府制定的地方性法规、地方政府规章。违反物权法定原则而创设物权时，其法律效果根据不同情形而进行确定。法律有规定时，依法律规定；法律无特别规定时，如果当事人创设物权违反禁止性规定时，该权利不成立。

物权法定原则会导致物权僵化的不利一面，因此，各国物权法对物权法定原则也有缓和的趋势。对于某一权利，尽管法律中未规定为物权，若习惯上认可其具有物权的效力，则可认定该项权利具有物权效力。有学者提出，我国在坚持物权法定主义原则的前提下，同时考虑物权法定原则的局限并因应社会生活发展、变迁的需要，也应对物权法定主义进行扩大解释。

二、我国《民法典》及有关法律规定的物权种类

基于物权法定原则，各国民法都规定了与其社会经济制度和历史文化传统相适应的各种物权。我国《民法典》规定了物权的种类包括三大类型：一是所有权，所有权包括国家所有权、集体所有权、私人所有权、业主的建筑物区分所有权、相邻关系和共有；二是用益物权，它包括了我国《民法典》专门规定的土地承包经营权、建设用地使用权、宅基地使用权、居住权、地役权以及主要规定在其他法律中的海域使用权、探矿权、采矿权、取水权、养殖权、捕捞权等；三是担保物权，它包括了抵押权（包括一般抵押权、最高额抵押权、动产浮动抵押权）、质权（含动产质权、权利质权）和留置权。同时也专设分编规定了占有。

三、物权的学理分类

对法律规定的各种物权进行科学分类，有利于帮助我们了解各种物权的性质和特征，加深对物权体系的认识。

（一）自物权与他物权

根据物权的权利主体是否为物的所有人，物权可分为自物权和他物权。自物权，也称完全物权，是指权利人对自己的物所享有的权利。所有权是唯一的自物权种类。他物权，又称定限物权、不完全物权等，是指权利人依法律的规定或合同的约定，对他人所有之物享有的物权。所有权以外的其他物权都是他物权，如用益物权、担保物权等。

自物权与他物权的关系区分的意义在于：自物权有全面的支配力，自物权人在合法范围内能够按照自己的意思对标的物进行占有、使用、收益和处分，并排除他人的干涉。自物权是最主要、最基本的权利，是他物权的源泉；他物权是一种不完全物权，是以自物权的一定权能为内容而形成的独立权利，是所有权的派生物。从权利存在的期限上看，所有权是无期物权，他物权一般为有期物权。

（二）完全物权和定限物权

根据权利人对标的物的支配范围的不同，物权可分为完全物权和定限物权。完全物权，是指依法对标的物的使用价值与交换价值为全面支配的物权。完全物权即自物权、所有权，所有人对自己所有的物得为占有、使用、收益、处分等支配行为，并且其支配力及于物的各个方面，是物权中最完整、最充分的权利。定限物权，又称为限制物权，是指为特定目的对标的物为一定支配的物权。所谓定限，一是定限物权的效力仅仅及于标的物的部分价值，二是定限物权是依所有权人的意志设定的所有权上的负担，起着限制所有权的作用。

区分完全物权和定限物权的意义在于：权利行使的范围不同。完全物权对标的物为全面支配，定限物权仅仅支配标的物的特定范围；完全物权是定限物权产生的基础，定限物权是由完全物权派生出来的物权；定限物权具有限制所有权的作用，其效力优先于所有权。

（三）用益物权与担保物权

根据设立的目的不同，他物权还可进一步分为用益物权与担保物权。用益物权，是指以物的使用、收益为目的而在他人的财产上设立的物权，如土地承包经营权、建设用地使用权、居住权、海域使用权、取水权等。担保物权，是指以支配标的物的交换价值为内容，以保障债权的实现为目的而在他人的财产上设立的物权，如抵押权、质权、留置权。

区分用益物权和担保物权的法律意义在于：两者设立的目的不同，权利内容也不同。用益物权的目的是使权利人对他人所有之物享有使用和收益之权，其权利内容为支配物之使用价值。担保物权的目的是债务人以担保物的价值保证债务的履行和债权的实现。当债务人不履行债务时，担保物权人能够以担保物折价或拍卖、变卖而优先受偿。其权利内容是支配他人之物的价值。

（四）动产物权、不动产物权与权利物权

根据物权标的物的种类不同，可以将物权分为动产物权、不动产物权和权利物权。动产物权，是指以动产为客体的物权。不动产物权是指以不动产为客体的物权。权利物权，是指以权利为客体的物权。

区分动产物权、不动产物权与权利物权的意义，在于这些物权的成立要件、公示方法以及纠纷管辖等方面均不相同。（1）设定的物权种类不尽相同。以动产为标的物的动产物权，包括动产所有权、动产抵押权、动产质权与动产留置权等；以不动产为标的物的不动产物权，主要有不动产所有权、不动产用益物权以及不动产抵押权等。以权利为标的的权利物权，包括以不动产权利设定的抵押权、权利质权。（2）动产物权基于法律行为的变动，多数以交付为生效要件；不动产物权基于法律行为的变动以登记为生效要件；权利物权原则上以登记为生效要件，亦存在以交付为生效条件的情形。

（五）主物权与从物权

根据是否具有独立性为标准，可将物权分为主物权和从物权。主物权，是指可以独立存在，无须从属于其他权利的物权，如所有权、建设用地使用权等。从物权，是指依附、从属于权利人所享有的其他权利而存在的物权，如为担保债权实现为目的的担保物权；地役权从属于需役地之权利而存在，因此也属于从物权。

区分主物权与从物权的意义在于：明确主物权能够独立存在，从物权的存在则须以它所从属的权利的存在为前提，主权利消灭时，从物权也随之消灭。

（六）登记物权与非登记物权

按照物权的成立及变动是否须登记为标准，物权可分为登记物权和非登记物权。登记物权，是指物权的设定、变更及终止须经登记机构登记才能产生相应效力的物权。不动产物权一般都属于登记物权。非登记物权，指物权的产生、变更及终止无须登记而只需交付标的物即可发生相应法律效力的物权。动产物权多以物的占有及占有的移转（交付）为公示方法和成立要件，属非登记物权。机动车辆、船舶、航空器等特殊动产物权，在法律上也要求登记。但我国对此类特殊动产物权变动采交付生效、登记对抗主义，其登记的效力有别于不动产登记，故仍应属于非登记物权。

区分登记物权和非登记物权的意义在于：其成立、变更及终止的法律要件不同。

（七）本权与占有

根据是否有物权的实质内容为标准，可以分为本权和占有。占有，是指对物

具有控制和管领力的事实状态，而不论占有人是否有权利根据。本权是相对于占有而言的，是指当事人不仅对标的物有事实上的控制力，而且有产生该控制力所依据的权利，该依据之权利，即为本权。不仅所有权及以占有标的物为内容的物权为占有的本权，以其内容应为占有的债权，如租赁权、借用权等，亦为本权。

区分占有与本权的法律意义主要在于：确定当事人对标的物的占有是否有权利基础，以便确定不同的保护方法。

物权除上述常见分类外，还可以分为一般法上的物权与特别法上的物权、意定物权与法定物权、有期限物权与无期限物权等。

第三节 物权的效力

物权的效力，是指法律赋予物权的强制性作用力与保障力。它反映了法律保障物权人能够对标的物进行支配，并排除他人干涉的程度和范围，是物权进一步发挥作用的结果。通说认为，物权有排他效力、优先效力、追及效力和物权请求权效力。

一、物权的排他效力

物权的排他效力是物权的根本效力。物权的排他效力，是指在同一标的物上，不得同时成立两个以上内容互不相容的物权。即一项物权排斥与其内容、性质相抵触的其他物权存在。物权的排他效力是由物权的支配性决定的。由于物权为支配权，权利人可以对标的物直接支配，而对同一特定物不可能同时存在相同的支配力，某一权利人取得对某物的某方面支配也就必然排斥他人对该物的同一方面的同样的支配。

物权的排他效力主要表现在以下方面：

1. 同一标的物上，不得同时并立两个所有权。所有权的排他性最为突出，由于所有权是对物的全面支配权，因而同一标的物上，不可能存在两个或两个以上的全面支配权，即不能在同一物上同时设立两个所有权。例如，同一标的物上的所有权，后因善意取得归他人所有时，前一所有权消灭。

2. 同一标的物上，不得有其他同时以占有为内容的他物权存在。非以占有为内容的他物权，则不在此限。以占有为内容的他物权具有相互排斥的排他效力。如果该物权的存在以对标的的占有为前提，那么在同一标的物上也不能存在两个或两个以上的他物权。用益物权是对他人所有物进行使用、收益的一种物权，而对他人之物进行使用与收益，必然以对物进行现实的占有为前提，因此不能在同一物上成立两个用益物权。例如，不得在同一幅土地上设定两个建设用地使用权。就担保物权而言，动产质权及以权利凭证的交付为成立要件的权利质权、留置权，基于转移占有为其成立要件，因而具有成立上的排他效力。不以直接占有为内容的他物权的排他效力较弱，在同一物上可同时存在不以占有为内容的他物权。例如，抵押权不以直接占有为存在条件，在同一物上可以同时存在数个抵押权。

二、物权的优先效力

物权的优先效力，亦称物权的优先权，是指同一标的物上有数个利益相互冲突的权利并存时，具有较强效力的权利排斥或优先于效力较弱的权利的实现。物权的优先效力是物权因对标的物的直接支配权而具有的排他性的表现。至于哪个权利较强，哪个权利较弱是法律根据一定目的强制规定的。关于物权的优先效力的含义与范围，学界有不同的观点。通说认为，物权的优先效力表现在以下两个方面：

（一）物权优先于债权的效力

物权优先于债权，是指当特定的物既是物权的支配物又是债权中的给付物时，无论物权与债权成立的先后，物权的效力均优先于债权。物权之所以优先于债权，仍然是基于物权的支配性、公示性以及由此产生的对抗力。

物权优先于债权，主要表现在以下方面：（1）物权破除债权。就债权的特定标的物成立物权时，该物权可基于其优先效力破除债权，使已成立的债权归于消灭。在这种情况下，债权人不能请求物权人交付原债的标的物，只能请求原债务人承担违约责任。例如，甲作为出卖人以自己所有的一幢房屋为标的与乙订立了买卖合同，但未将该房屋变更登记到乙的名下。此后，甲又以该房屋为标的与丙订立买卖合同，并依合同约定将该房屋登记在丙的名下，按照《民法典》第209条和第214条之规定，丙便取得了该房屋的所有权。由于物权的效力优先于债权，乙不能以先订立买卖合同为由，向丙追索该房屋的所有权，而只能请求甲承担不履行债务的违约责任。（2）物权对债权的优先受偿权。这里所称优先受偿权，是指享有担保物权的债权人可就担保物优先于其他债权人受清偿。基于担保物权的优先受偿权，当企业破产时担保物权人享有别除权，即将担保物从破产财产中别除由担保物权人单独受偿。待担保物权人全部受清偿后再将剩余财产列入破产财产，由其他债权人受偿。当担保物被其他债权人申请强制执行时，担保物权人可向法院提出执行异议。

物权优先于债权虽然为基本原则，但法律也设有例外的规定。这种例外主要表现为以下三种情形：（1）基于成立在先的租赁权，租赁物交付后，可优先于后成立的物权，即该租赁权的效力不受以后租赁物所有权的移转或其他物权的设定的影响。我国《民法典》第725条规定：“租赁物在承租人按照租赁合同占有期限内发生所有权变动的，不影响租赁合同的效力。”此即谓“买卖不破租赁”，是债权物权化的一种趋势。（2）进行了物权登记的债权。不动产买卖合同（尤其是期房预售合同）若在登记机构进行了预告登记，该买受人的债权就可以对抗预告登记后的物权变动，如果出卖人再将该不动产让与第三人，不发生物权变动的后果。（3）基于社会公益或政策的原因，法律规定某些物权不得享有优先次序。例如，先设定的抵押权不得优先于船长、船员的工资及港口规费、海难救助款项的给付请求权等船舶优先权。

（二）物权相互间的优先效力

物权相互间的优先效力是指在同一个标的物上同时存在两个以上不同内容或性质的物权时，先成立的物权具有优先于后成立的物权的效力。这就是物权法所称的“时间在先，权利在先”原则。这种优先效力主要表现在：（1）优先享受其权利，即先成立的物权优先于后成立的物权而得到实现。例如，在同一标的物上成立多个抵押权时，先成立的抵押权优先于后成立的抵押权。（2）先成立的物权压制后成立的物权，即后成立的物权危及先成立的物权时，后成立的物权将因先成立的物权的实行而被排斥或消灭。

以物权的成立时间先后确定物权的优先效力只是一般原则，这原则也存在例外。这种例外主要表现为两种情形：（1）定限物权优先于所有权。定限物权是在一定范围内限制所有权的权利，因此，在同一标的物上，虽然定限物权成立在后，但其也具有优先于所有权的效力。（2）如果法律明确规定了物权的先后顺序，则应以法律的规定确定物权的先后顺序。例如，同一动产上已设立抵押权或者质权，该动产又被留置的，留置权人优先受偿。

三、物权的追及效力

物权的追及效力，又称物权的追及权，是指物权成立后物权的标的物不论辗转落入何人之手，除法律另有规定外，权利人均得追及物之所在，而直接支配其物的效力。物权的追及效力仍然是由物权的支配性和排他性决定的。因为物权人可以依自己的意志支配标的物以满足自己的利益需求并排除他人的非法干涉，所以法律赋予物权追及效力，从而保障物权人对标的物的支配。

物权的追及效力主要表现为以下两种情形：（1）当标的物由无权处分人转让给第三人时，除法律另有规定外，物权人有权向第三人请求返还原物。物权在此种情况下所具有的追及效力属于物权请求权的一种形式。（2）当抵押人将抵押物转让给第三人时，抵押权人得追及至抵押物之所在行使抵押权。

在学理上，物权的追及效力是否为物权的一项独立效力，历来就有肯定说与否定说两种主张。否定说认为，物权的追及效力是物权优先效力的内容之一或者是物权请求权的反映，没有必要将其另立为物权效力。肯定说则认为，虽然否认追及效力为物权的独立效力之见解有一定合理性，但为更周全地保护物权，更清楚深刻地把握物权的本质，将追及效力作为一项独立效力认识，确属得当。

物权的追及效力不是绝对的，而是相对的。物权的追及效力可因善意取得、时效取得、征收等制度的适用而被阻断。民法为维护交易安全，保护善意第三人的利益，对物权的追及效力设有一定的限制。第一，善意第三人对标的物的占有受善意取得制度的保护。当善意第三人按善意取得制度取得标的物所有权时，原所有人无权请求善意第三人返还原物，只能请求无权处分人赔偿损失。第二，物权未按法定方式公示的，不具有对抗善意第三人的法律效力，即对善意第三人不具有追及效力。例如，未经登记的动产抵押权，如抵押人将抵押物让与第三人，抵押权人不得追及至第三人行使抵押权。第三，物权登记错误时，与登记名义人进行交易的善意第三人受登记公信力的法律保护，真正权利人无权向善意第三人追及。

四、物权的请求权效力

（一）物权请求权的概念

物权请求权，又称物上请求权，或者基于物权而生的请求权，是指物权的圆满支配状态受到妨害或者即将发生妨害之时，物权人为恢复其物权的圆满支配状态，得请求妨害人为一定行为或者不为一定行为的权利。物权请求权制度是基于物权的支配性、排他性和绝对性而发生的，我国《民法典·物权编》在“物权的保护”一章中对其作出了规定。

（二）物权请求权的性质

关于物权请求权的性质，大致有物权作用说、债权说、准债权说、非纯粹债权说、物权派生之请求权说、物权效力所生请求权说等几种不同的见解。其中，完全否认物权请求权的独立性或将物权请求权看作纯粹的债权的观点，不足为取。至于其他诸说，都是从物权请求权的不同方面观察而得出的结论，均不无道理，只是着重点有所不同。通说认为，物权请求权系以物权为基础的独立请求权。对此可作以下几个方面的说明：

1. 物权请求权是请求权，而非物权之本体。物权请求权在物权受到妨害时发生，是物权人请求妨害人为特定行为（除去妨害）的权利，为请求权的一种。该请求权不以对物权标的物的支配为内容，故不是物权的本体或其内容的一部分，而是与物权相区别的一种独立的权利。

2. 物权请求权是物权发挥效用的结果。物权请求权是物权的救济权，在物权受到侵害时作为保护手段而发生作用。因此，物权请求权是物权的效用，它以恢复物权的圆满支配状态为目的，在物权存续期间不断地发生。

3. 物权请求权不同于债权请求权。物权请求权以物权及其客体的存在为前提，为物权所派生，与物权同呼吸、共命运。物权请求权的发生、转移与消灭均从属于物权，不能与物权分离而单独存在。作为请求权的一种，物权请求权与债权请求权有相似的属性，在其性质许可的范围内可适用债权的有关规定，如过失相抵、给付迟延、清偿以及债权让与等。

当物权标的物受到毁损，物权请求权无法实现时，物权人可以请求侵害人赔偿损失，但其对原物的支配权已不能恢复。债权请求权是物权请求权的补偿救济途径。

（三）物权请求权的内容

物权请求权系以排除妨害及回复物权的圆满状态为目的，因此，根据妨害形态的不同，物权请求权有不同的种类。一般认为，物权请求权分为以下三类：

1. 原物返还请求权。物权人在其标的物被他人非法侵占时，得请求返还的权利。物权人包括动产或者不动产的所有人以及其他拥有占有权能的用益物权人或者担保物权人。请求的对象是无权占有人，即占有物权人的物而缺乏合法依据的占有人，包括直接占有人和间接占有人。

2. 妨害排除请求权。物权人基于其物权的圆满状态受到占有以外的其他方法妨害时，得请求除去妨害的权利。例如，在他人建筑物外墙上张贴户外广告，将建筑材料堆放在他人大门口而影响通行等。

3. 妨害预防请求权。物权人的物权虽未受到现实妨害，但有受到现实妨害的可能之时，得请求防止妨害发生的权利。虽然物权人排除已经发生的妨害固然重要，但是，在对物的支配有现实威胁时，也应当赋予物权人请求权，使其能够预防妨害的发生。例如，甲企业排放污水于河沟，如继续排放污水，污水一旦流入乙承包的池塘，将造成其养殖的鱼类死亡，在此情况下，乙可请求甲停止排放污水。

（四）物权请求权的行使

物权请求权的行使，可先通过自力保护方式进行。物权人在其权利受到侵害后直接请求侵权人为一定的行为，如请求侵权人停止侵害、排除妨碍、消除危险、恢复原状、返还财产等，使物权恢复至完全的支配状态。物权人直接采用的这种自力保护措施是非常有必要的，一方面可以及时制止侵害继续发生，避免减轻自己财产或权利的损害，另一方面又可顺利了结与侵权人之间的矛盾。

通过自力保护行使物权请求权，并不是解决物权侵害的必经途径，在物权人自力保护未果的情况下采取公力救济解决权利受妨碍的问题，物权人可直接向法院提出诉讼，请求确权和采取其他保护措施，人民法院则通过裁判责令侵权人承担停止侵害、排除妨碍、消除危险、返还财产、恢复原状等救济方式保护物权人的合法权益。

第四节　物权的变动

一、物权变动概述

（一）物权变动的概念

物权的变动，是物权的设立、变更和终止的总称。从权利方面来说，物权的变动是指物权的发生、变更与消灭；从权利主体方面说，物权变动是指物权人权利的得丧变更。因此，物权的变动包括物权的发生、变更与消灭三种情形。物权的变动是物权法上的一种民事法律效果，其本质是权利主体之间对于权利客体的支配和归属的法律关系的变更。我国《民法典》并未使用"物权变动"术语，而使用了"物权的设立、变更、转让和消灭"的具体表述。

（二）物权的发生

物权的发生是指某一主体取得对某物的物权，又称为物权的取得。为自己设立物权的，称物权的取得；为他人设立物权的，称物权的设定。根据是否基于他人之权利与意思为标准，物权的取得可分为原始取得与继受取得两种。

1. 原始取得，又称固有取得，指不依他人既存的权利与意思而依法律的直接规定取得物权。物权原始取得所依据的法律事实一般是事实行为，如生产、征收、即时取得、天然孳息收取、添附、先占、埋藏物发现、遗失物拾得、取得时效等。

2. 继受取得，又称传来取得，指依他人的权利和意思而取得物权。这种取得方式以原权利人对该物享有物权，并且以发生了该物权移转的法律事实为前提和依据。物权的继受取得可进一步分为：（1）移转的继受取得，是指物权人通过一定的民事法律行为将其享有的物权移转给新物权人享有。发生此种继受取得的原因有买卖、互易、赠与、遗赠、继承等。（2）创设的继受取得，是指所有人在自己的所有物上为他人设定他物权，而由他人取得一定的他物权。例如，甲以自己的房屋为债权人乙设定抵押权，那么乙的抵押权就属于创设的继受取得。

（三）物权的变更

物权的变更，有广义和狭义之分。广义的物权的变更，是指物权的主体、客体和内容的变更。狭义的物权的变更，仅指物权的客体和内容的变更，不包括主体变更。因为物权主体的变更，会同时引起原物权人物权的丧失和新物权人物权的取得，应属于物权的取得与丧失问题。因此，物权法中物权的变更，通常就其狭义而言，而将主体的变更分别归入物权的取得和物权的终止之中。物权的客体变更，是指物权的标的物所发生的变化。例如，所有权之客体因部分毁损灭失而减少，抵押权之客体因及于孳息而有所增加。物权的内容变更，是指在不影响物权整体属性的情况下，物权的范围、方式等方面的变化，如地役权行使方式的变化、抵押权顺位的升降等。

（四）物权的消灭

物权的消灭，也称物权的终止，是指特定主体的物权不复存在。传统物权法理论将物权的消灭分为绝对消灭与相对消灭。物权的绝对消灭，是指物权本身已不存在，即物权标的物不仅与其主体相分离，而且他人也未取得其权利。例如，木屋被大火彻底烧毁，抵押权因标的物灭失而消灭等。物权的相对消灭，是指物权与原主体分离，但权利本身并没有灭失，而是与另一主体相结合，归属于另一新的权利主体。例如，因买卖、赠与等民事法律行为，使一方丧失所有权而另一方取得所有权。物权的相对消灭从另一角度观察，可归于物权的继受取得或者主体的变更。通常所说的物权的消灭是指物权的绝对消灭。

二、物权变动的原则

（一）公示原则

公示原则是指当事人以公开的、易于查知的方式使公众知晓物权变动的事实，即物权的变动必须与一定的标志结合起来，使第三人能够从外部加以识别。

物权是对标的物为直接支配的权利，具有对世性和排他效力，其义务主体是权利人之外的任何第三人。因此，物权的变动不仅关系到权利人的利益，并且涉及权利人以外的一切人。为维护第三人的利益和交易的安全，法律必须将一定的方式公示方法规定为物权变动效果发生的要件，从而使第三人能够从外部认识到物权变动的法律现象。未经法定的公示方式公示物权的变动状态，将不能发生物权变动的法律后果。可见，公示原则不仅有利于保护物权人的利益，也有利于保护第三人的利益，以免善意第三人因受让的权利有瑕疵而遭受损失。

在公示原则中，公示方法依物权的标的物为不动产还是动产而有所不同，以登记为不动产物权的公示方法，以交付为动产物权的公示方法。

对于基于不同法律事实发生的物权变动，公示原则具有不同意义。一是基于民事法律行为发生的物权变动，原则上非经法定的公示方法不产生物权变动的效果；二是非基于民事法律行为发生的物权变动，不经法定的公示方法能够引起物权变动的效果，但是，在法定公示完成之前，当事人不得处分之，如因继承、受遗赠、法院判决、政府征收以及事实行为等发生的物权变动。

（二）公信原则

公信原则是指物权变动的公示方式所表现的物权纵然与权利的真实状态不符，法律仍然承认其具有与真实物权存在相同的效果。因此，公信原则也就是指物权的公示方法具有公信效力，只要物权的变动符合法律规定的公示方式，就具有完全的效力。例如，即使物权变动中的让与人事实上并无处分权，只要物权的变动依法予以公示，受让人基于对公示的信赖就仍可取得受让的物权。

公信原则的作用，主要在于保护交易活动中的善意受让人，维护公开交易的可靠性和正常的交易秩序。公信原则的采用，虽然使物权的追及效力大为减弱，但却有效地保护了善意第三人的利益，使第三人在与他人从事交易时只需信赖公示的内容，而无须详细了解公示内容是否真实以及对方是否真正享有权利，从而保护当事人之间的交易关系，维护交易的安全和秩序。

三、物权变动的原因

物权变动的原因，是指引起物权变动的法律事实，可以将其划分为两类即民事法律行为和民事法律行为以外的事实。

（一）民事法律行为

民事法律行为是引起物权变动的最常见、最主要的法律事实，包括单方民事法律行为与双方民事法律行为。前者如物权的抛弃、遗赠等；后者如设定、变更及转让物权的合同行为。

在我国，仅有引起物权变动的买卖、赠与、互易等合同行为本身还不能引起物权变动，根据我国《民法典》规定，就动产物权变动而言，需要法律行为生效加上动产的交付才能引起物权变动；就不动产物权变动而言，需要民事法律行为生效加上登记才能引起物权变动，但是，法律另有规定的除外。

（二）民事法律行为以外的事实

民事法律行为以外的事实，既包括人的行为中的事实行为，也包括行为以外的法律事实，如事件和状态。此处的事实行为，是指行为人无须对外作出某种意思表示，而仅须有符合法律规定的一定行为，即可发生一定物权变动效果的情形，如生产与制造、遗失物的拾得与埋藏物的发现、先占、添附、混同等；与人的意志无关的客观现象，如法定期间的届满、物权人的死亡及继承的发生、因不可抗力导致物权客体灭失等，也可能引起物权的变动。

公法上的行政行为或司法行为以及仲裁机构的裁决也可以引起物权的变动。

例如，因公用征收或没收决定、法院及仲裁机构的法律文书等而导致物权发生变动。

四、物权变动的立法模式

（一）基于民事法律行为引起的物权变动的立法模式

在引起物权变动的民事法律事实中，最重要的是民事法律行为。物权如何依民事法律行为而变动，历来为民法法系各国调整的重点。就各国立法例加以考察分析，物权变动的立法模式主要有三种。

1. 债权意思主义。债权意思主义，又称意思主义或者债权合意主义，该立法例以法国、日本民法为其代表。依债权意思主义，物权因法律行为而变动时，仅需由当事人订立债权合同即为已足，无须以登记或交付为其成立或生效要件。

债权意思主义的立法例，有以下几个方面的特点：（1）不区分债权发生的意思表示和物权变动的意思表示，物权变动是债权行为的当然结果，发生债权的意思表示与发生物权变动的意思表示二者合一；（2）由于不承认旨在发生物权变动的物权行为的独立存在，物权变动的结果当然受其原因关系即债权行为效力的影响，原因行为无效或被撤销的，物权变动的法律效果当然不发生；（3）使物权发生变动的法律行为，仅需当事人合意即可产生物权变动的效果，物权公示原则所要求的登记或交付，并非物权变动的成立或生效要件，而只是发生对抗效力的要件。

2. 物权形式主义。物权形式主义，又称形式主义，该立法例以德国民法为其典型。依物权形式主义，物权因法律行为而发生变动时，除有债权契约（原因行为）外，还须另有物权变动的意思表示（物权合意或物权契约）一致，并履行登记或者交付的法定形式，该变动始能成立或生效。例如，在买卖关系中，当事人双方关于成立买卖关系的意思表示达成一致仅发生买卖的债权债务关系，而不发生所有权转移的效果。当事人要发生移转所有权的物权变动，还须另有移转标的物的所有权的合意及履行登记或者交付程序。

形式主义的立法例，有以下几个方面的特点：（1）引起债权发生的债权契约与引起物权变动的物权行为，是两个不同的法律行为，一个法律行为不能发生债权和物权变动的二重效果，债权行为只能发生债权关系，物权变动只能是物权行为的效果，故物权行为与债权行为相分离而独立存在，物权行为具有独立性。（2）物权行为不仅独立存在，而且物权行为的效果不受债权行为效力的当然影响，具有无因性。债权行为无效或被撤销的，物权变动的结果并不当然随之无效或撤销。（3）物权公示原则所要求的登记或交付为物权行为的法定形式，是物权变动的生效要件和物权的成立要件而非对抗要件，非经登记或交付，不发生物权变动的后果。

3. 债权形式主义。债权形式主义又称折中主义，该立法例以奥地利民法为其典型。依债权形式主义，物权因法律行为发生变动时，除当事人间须有债权合意外，仅须践行登记或交付的法定方式，即发生物权变动的效力。

折中主义的立法例，有以下几个方面的特点：（1）发生债权的意思表示即为物权变动的意思表示，二者合一；（2）物权变动的发生，仅有当事人的意思表示尚有不足，还须履行登记或交付的法定方式，公示为物权变动的生效要件；（3）物权的变动仅需在债权意思表示之外加上登记或交付，不需另有物权变动的合意，故无独立的物权行为；（4）既然无独立的物权行为存在，则物权变动之效力自然受其原因关系即债权行为之影响，因而也就没有物权行为的无因性可言。

我国《民法典》在基于民事法律行为的物权变动原则上采债权形式主义，例外地采用债权意思主义。我国《民法典》第208条、第209条、第224条规定了不动产物权和动产物权变动的一般原则。依照这些条文规定，物权变动须完成法定的公示形式，即不动产登记和动产交付。可见，我国《民法典》将债权形式主义作为民事法律行为的物权变动的原则。同时，我国《民法典》例外地采用债权意思主义的物权变动模式，如土地承包经营权的变动、地役权的变动、动产抵押权的设立等。

（二）非基于民事法律行为引起的物权变动

根据我国《民法典》第229条、第230条、第231条的规定，非基于民事法律行为所引起的物权变动，主要有：（1）因人民法院、仲裁委员会的法律文书或者人民政府的征收决定等，导致物权设立、变更、转让或者消灭的，自法律文书或者人民政府的征收决定等生效时发生效力。（2）因继承取得物权的，自继承开始时发生效力。（3）因合法建造、拆除房屋等事实行为设立或者消灭物权的，自事实行为成就时发生效力。处分基于上述法律事实享有的不动产物权，依照法律规定需要办理登记的，未经登记，不发生物权效力。由于这种登记没有创设物权的效力，而只是将已经发生的不动产物权变动对外予以宣示，这种登记被称为“宣示登记”。

五、物权变动的公示方法

基于物权的法律特性，公示原则要求物权的发生、变更、消灭，必须以一定的可以从外部查知的方式表现出来。《民法典》以登记、交付为物权的公示方法。

（一）不动产登记

1. 不动产登记的概念和意义。不动产登记，是指不动产登记机构依法将不动产权利归属和其他特定事项，记载于不动产登记簿的行为。我国《民法典》中明确规定了不动产物权登记制度，《民法典》第209条第1款规定：“不动产物权的设立、变更、转让和消灭，经依法登记，发生效力；未经登记，不发生效力，但是法律另有规定的除外。”

不动产登记作为不动产物权的公示方法，是基于法律行为的不动产物权变动的生效要件；是非基于法律行为发生的不动产物权变动的处分要件；是国家对不动产进行行政管理、课征税赋等的依据；是公示物权状况、维护不动产交易安全的有效措施；是不动产物权获得法律承认和保护的基本依据。因此，不动产登记在不动产物权变动中具有重要意义。

2. 不动产登记的机构与登记程序。我国《民法典》第210条规定：“不动产登记，由不动产所在地的登记机构办理。国家对不动产实行统一登记制度。统一登记的范围、登记机构和登记办法，由法律、行政法规规定。”2015年3月1日施行的《不动产登记暂行条例》成为不动产登记的基本规范。根据《不动产登记暂行条例》第7条规定，不动产登记由不动产所在地的县级人民政府不动产登记机构办理；直辖市、设区的市人民政府可以确定本级不动产登记机构统一办理所属各区的不动产登记。跨县级行政区域的不动产登记，由所跨县级行政区域的不动产登记机构分别办理。不能分别办理的，由所跨县级行政区域的不动产登记机构协商办理；协商不成的，由共同的上一级人民政府不动产登记主管部门指定办理。国务院确定的重点国有林区的森林、林木和林地，国务院批准项目用海、用岛，中央国家机关使用的国有土地等不动产登记，由国务院国土资源主管部门会同有关部门规定。以该条例为依据，2016年1月1日施行的《不动产登记暂行条例实施细则》（以下简称《实施细则》）更为明确地细化了不动产登记的相关规范。

根据《民法典》和《不动产登记暂行条例》及其《实施细则》的规定，不动产登记的一般程序可分为以下四个步骤：（1）申请。由当事人向不动产所在地的登记机构提出书面登记申请，同时应当根据不同登记事项提供权属证明和不动产界址、面积等必要材料。（2）受理。由有登记管辖权的登记机构受理当事人的申请。(3) 审核。由不动产登记机构审核、查验申请材料有关证明、证书、文书等是否真实、合法、齐全，并在必要时进行实地查看。（4）核准登记和发证。登记机构经审核，认为资料齐全、合法，情况属实的，依法将物权变动的事项记载在不动产登记簿，并向当事人核发权属证书或者登记证明。

3. 登记机构的职责与错误登记的赔偿责任。根据我国《民法典》第212条规定登记机构应当履行下列职责：查验申请人提供的权属证明和其他必要材料；就有关登记事项询问申请人；如实、及时登记有关事项；法律、行政法规规定的其他职责。申请登记的不动产的有关情况需要进一步证明的，登记机构可以要求申请人补充材料，必要时可以实地查看。根据《不动产登记暂行条例》的规定，对可能存在权属争议，或者可能涉及他人利害关系的登记申请，不动产登记机构可以向申请人、利害关系人或者有关单位进行调查。

为了保护不动产申请登记人的利益，《民法典》规定，登记机构不得有下列行为：要求对不动产进行评估，以年检等名义进行重复登记，超出登记职责范围的其他行为。不动产登记费按件收取，不得按照不动产的面积、体积或者价款的比例收取。

我国《民法典》第 222 条规定："当事人提供虚假材料申请登记，造成他人损害的，应当承担赔偿责任。因登记错误，造成他人损害的，登记机构应当承担赔偿责任。登记机构赔偿后，可以向造成登记错误的人追偿。"最高人民法院 2010 年 11 月发布的《关于审理房屋登记案件若干问题的规定》第 12 条、第 13 条规定："申请人提供虚假材料办理房屋登记，给原告造成损害，房屋登记机构未尽合理审慎职责的，应当根据其过错程度及其在损害发生中所起作用承担相应的赔偿责任。""房屋登记机构工作人员与第三人恶意串通违法登记，侵犯原告合法权益的，房屋登记机构与第三人承担连带赔偿责任。"上述规定进一步明确了房屋登记机构基于错误登记应当承担赔偿责任的条件。

4. 物权变动与合同效力的区分原则。我国《民法典》第 215 条规定："当事人之间订立有关设立、变更、转让和消灭不动产物权的合同，除法律另有规定或者当事人另有约定外，自合同成立时生效；未办理物权登记的，不影响合同效力。"该条规定了物权变动的区分原则。所谓物权变动的区分原则，是指在发生物权变动时，物权变动的原因与物权变动的结果作为两个法律事实，它们的成立和生效依据不同法律根据的原则。当事人之间订立关于不动产物权设立、变更、转让和消灭的合同，虽然有了双方物权变动的合意，但是不能仅从当事人之间的有效合同直接推断出物权发生变动。因为不动产物权的变动是否发生效力，与当事人之间关于不动产物权变动的合同是否发生效力，是两回事，因此必须将设立、变更、转让和消灭不动产物权的合同的效力和不动产物权变动的效力区分开来。当事人之间订立的有关不动产物权设立、变更、转让和消灭的合同是否发生效力，应依《民法典》合同编和总则编关于合同和民事法律行为效力的规定而定。当事人之间订立的有关物权变动的合同无效的，不动产物权一般不发生变动，但特殊情况下也可能发生变动；但当事人之间订立的合同有效，而依《民法典》物权编规定不动产物权变动应登记而未登记的，也不能发生不动产物权的变动。不动产物权未发生变动，也并不影响当事人之间订立的关于不动产物权变动的合同的效力。

5. 登记生效时间。关于物权变动的登记生效时间，我国《民法典》第 214 条规定："不动产物权的设立、变更、转让和消灭，依照法律规定应当登记的，自记载于不动产登记簿时发生效力。”如前所述，我国《民法典》对不动产物权的变动采用的立法例是以登记生效为原则，不需登记为例外。因此，法律规定以登记为物权变动生效要件的，不动产物权的设立、变更、转让和消灭，自登记时生效；而法律未规定以登记为生效要件的不动产物权的变动，则不以登记时间为生效时间。

6. 登记簿与权属证书。我国《民法典》第 216 条规定：“不动产登记簿是物权归属和内容的根据。不动产登记簿由登记机构管理。”可见，有关不动产的归属与内容，应当一律以不动产登记簿的记载为准。不动产权属证书是权利人享有该不动产物权的证明。不动产权属证书记载的事项，应当与不动产登记簿一致；记载不一致的，除有证据证明不动产登记簿确有错误的外，以不动产登记簿为准。

7. 登记资料的查询。我国《民法典》第 218 条规定：“权利人、利害关系人可以申请查询、复制不动产登记资料，登记机构应当提供。”不动产登记的目的在于向社会公示物权的享有或者变动，而不动产登记公示当然是以不特定的公众为对象。本条规定登记资料可以查询、复制，肯定了登记的公示功能；同时明确了可以申请查询、复制的主体，仅为“权利人”和“利害关系人”。

8. 登记的种类。根据不动产登记的内容、作用、效力等方面的差别，可以将不动产登记分为以下类别：

（1）根据不动产登记自发生到消灭的一般过程，可以将不动产登记分为首次登记、变更登记、转移登记和注销登记。

首次登记，又称初始登记、原始登记，是指不动产权利第一次登记，即对未登记的不动产权利首次办理登记。例如，甲公司向乙银行借款，将其所有的一幢房屋抵押给乙银行，在不动产登记部门的对该抵押权的登记。

变更登记，是指办理首次登记后，因权利人的姓名、名称或不动产的状况发生变更而进行的登记。《实施细则》第 26 条规定：有下列情形之一的，不动产权利人可以向不动产登记机构申请变更登记：①权利人的姓名、名称、身份证明类型或者身份证明号码发生变更的；②不动产的坐落、界址、用途、面积等状况变更的；③不动产权利期限、来源等状况发生变化的；④同一权利人分割或者合并不动产的；⑤抵押担保的范围、主债权数额、债务履行期限、抵押权顺位发生变化的；⑥最高额抵押担保的债权范围、最高债权额、债权确定期间等发生变化的；⑦地役权的利用目的、方法等发生变化的；⑧共有性质发生变更的；⑨法律、行政法规规定的其他不涉及不动产权利转移的变更情形。

移转登记，又称为转移登记、过户登记，是指因转让、赠与、继承、裁判等原因发生不动产权属转移时所进行的登记。《实施细则》第 27 条规定：因下列情形导致不动产权利转移的，当事人可以向不动产登记机构申请转移登记：①买卖、互换、赠与不动产的；②以不动产作价出资（入股）的；③法人或者其他组织因合并、分立等原因致使不动产权利发生转移的；④不动产分割、合并导致权利发生转移的；⑤继承、受遗赠导致权利发生转移的；⑥共有人增加或者减少以及共有不动产份额变化的；⑦因人民法院、仲裁委员会的生效法律文书导致不动产权利发生转移的；⑧因主债权转移引起不动产抵押权转移的；⑨因需役地不动产权利转移引起地役权转移的；⑩法律、行政法规规定的其他不动产权利转移情形。

注销登记，又称涂销登记，是指在不动产灭失、权利人放弃权利或权利已经消灭等情况下，登记机构根据当事人申请而对原有的登记予以消除而作的登记。《实施细则》第 28 条规定，有下列情形之一的，当事人可以申请办理注销登记：①不动产灭失的；②权利人放弃不动产权利的；③不动产被依法没收、征收或者收回的；④人民法院、仲裁委员会的生效法律文书导致不动产权利消灭的；⑤法律、行政法规规定的其他情形。

（2）根据不动产登记的物权种类和登记的内容，可以将不动产登记分为所有权登记、用益物权登记和不动产抵押权登记。

不动产所有权登记，是指登记机关对于不动产所有权的取得、变更和消灭在不动产登记簿上进行记载，对不动产所有权进行公示的方法。不动产所有权登记主要包括集体土地所有权登记；房屋所有权登记；其他建筑物、构筑物所有权登记；森林、林木所有权登记等。

不动产用益物权登记，是指登记机关对于用益物权的取得、变更和消灭在不动产登记簿上进行记载，对不动产所有权进行公示的方法。主要包括建设用地使用权登记、土地承包经营权登记、宅基地使用权登记、地役权登记、海域使用权登记，以及探矿权、采矿权、取水权等用益物权的登记。

不动产抵押权登记，是指登记机关对于不动产地役权的取得、变更和消灭在不动产登记簿上进行记载，对不动产所有权进行公示的方法。根据《民法典》第 395 条和第 402 条的规定，债务人或者第三人用建筑物和其他土地附着物、正在建造的建筑物等不动产抵押的，应当办理抵押登记。

（3）根据不动产登记的目的，可以将不动产登记分为更正登记、异议登记和预告登记。

这几种登记制度，其直接目的不在于发生不动产物权的变动，而是为了使不动产登记簿的记载反映真实的物上权利归属，如更正登记与异议登记，或者是为了保全一项以不动产物权变动为目的的请求权，如预告登记。

①更正登记，是指权利人或者利害关系人有证据证明不动产登记簿记载事项确有错误时申请更正，或者登记机构发现登记有错误时依职权对记载的错误事项予以更正的登记。更正登记应具备以下条件：第一，申请人是权利人、利害关系

人，这里的权利人是指真正的物权人，既可以是登记的权利人也可以是未登记的权利人；利害关系人是指因登记错误会对其权益造成不利影响的人，包括债权人、用益物权人、担保物权人等。第二，经登记簿上记载的权利人同意，或者申请人有证据证明登记确有错误。登记簿上记载的权利人认为登记有错误，申请更正登记的，登记机构应其申请应当予以办理更正登记。若其他人申请更正登记，则须经登记簿上记载的权利人书面同意，才可办理更正登记；否则，登记机构不能办理更正登记。若申请人确有足够的证据证明登记错误的，登记簿上记载的权利人不同意，登记机构也应予以更正登记。

②异议登记，又称异议抗辩登记，是指利害关系人申请更正登记，但不动产登记簿记载的权利人不同意更正，对登记物权状况提出异议的登记。当不动产登记簿与真实的物权状态不相符的时候，为了确保不动产登记的正确性，以维持不动产登记的公信力，应当予以更正。

异议登记应具备以下两个条件：第一，利害关系人有证据初步证明登记簿上的记载有错误。若利害关系人无任何证据证明登记簿上的记载有错误，则其不得申请更正登记；若其有足够证据证明登记确有错误，则登记机构应进行更正登记，也就不必申请异议登记。第二，不动产登记簿上记载的权利人不同意更正登记。如果登记簿上记载的权利人书面同意更正登记，则登记机构可直接进行更正登记，申请人自然没有申请异议登记的必要。正是因为登记簿上记载的权利人不同意更正登记，而申请人又认为登记错误，才需要办理异议登记，以待一定时间后确认登记簿上的记载是否错误。

异议登记并不具有确认物权归属和内容的效力，只能起到阻止登记簿上记载的权利人对不动产现时处分的作用，因此，异议登记只是一种临时性的保护措施。申请人在办理异议登记后应当及时起诉，请求法院确认登记确有错误。在异议登记后 15 日内申请人未起诉的，异议登记就失去效力。如果异议登记因为申请人在 15 日内未起诉而失效的，当事人提起民事诉讼，请求确认物权归属的，人民法院应当依法受理，异议登记失效不影响人民法院对案件的实体审理。申请人的异议被确定不成立的，申请人应当对因异议登记而给权利人造成的损害负赔偿责任。

异议登记期间，不动产登记簿上记载的权利人以及第三人因处分权利申请登记的，不动产登记机构应当书面告知申请人该权利已经存在异议登记的有关事项。申请人申请继续办理的，应当予以办理，但申请人应当提供知悉异议登记存在并自担风险的书面承诺。

③预告登记，又称为假登记，是指为确保债权实现，以保障将来取得不动产物权，限制债务人重复处分将来的不动产物权而为的登记。预告登记所登记的并非物权，而是将来发生的物权变动的请求权，目的是保障将来实现其请求权。例

如，在房屋预售买卖中，买卖双方签订预售合同，买方依约有权请求卖方在房屋建成之后交付房屋并办理登记，这在性质上属于债权，不具有对抗第三人的效力。为了保障将来取得房屋所有权，买方可以依法办理预告登记，使其发生对抗第三人的效力，以限制卖方再行处分房屋。我国《民法典》第 221 条第 1 款规定：当事人签订买卖房屋的协议或者签订其他不动产物权的协议，为保障将来实现物权，按照约定可以向登记机构申请预告登记。预告登记后，未经预告登记的权利人同意，处分该不动产的，不发生物权效力。根据《实施细则》第 85 条的规定，有下列情形之一的，当事人可以按照约定申请不动产预告登记：商品房等不动产预售的；不动产买卖、抵押的；以预购商品房设定抵押权的；法律、行政法规规定的其他情形。预告登记生效期间，未经预告登记的权利人书面同意，处分该不动产权利申请登记的，不动产登记机构应当不予办理。我国《民法典》第 221 条第 2 款规定，预告登记后，债权消灭或者自能够进行不动产登记之日起 90 日内未申请登记的，预告登记失效。这里所称的“债权消灭”，包括买卖不动产物权的协议被认定无效、被撤销、被解除，或者预告登记的权利人放弃债权。

（二）动产交付

1. 动产交付的含义及意义。动产交付，是指一方民事权利主体将自己占有的物移转给另一方占有的事实，包括现实交付和观念交付。依据《民法典》第 224 条规定：“动产物权的设立和转让，自交付时发生效力，但是法律另有规定的除外。”依据民事法律行为发生动产物权变动的，依交付为生效要件。例如，转移财产所有权的，自标的物交付时起所有权转移；设定动产质权的，出质人交付质物于质权人时，质权生效。“法律另有规定的除外”意味着并非所有的动产物权变动行为均适用交付原则。法律另有规定的除外情况有两种：一是法律的特别规定。例如，因民事法律行为以外的法律事实引起的物权变动，依法不以交付为要件；二是当事人之间对交付不发生物权变动有特别约定。例如，当事人在动产让与合同中约定所有权保留的，标的物虽然交付给受让人，但也并不发生所有权的转移。

动产物权的变动应当交付，这是物权公示原则的要求，是实现物权排他性的必须手段。根据物权公示原则，占有交付在动产物权的变动中，发挥着决定动产物权的变动生效、权利正确性推定和善意保护等作用。

2. 交付的方式。

（1）现实交付。现实交付又称直接交付，是指一方将物的直接占有移转给另一方的行为。现实交付时，只要交付的当事人一方按照约定的时间、地点，将其直接占有的物置于接受交付的当事人一方的控制之下，即完成交付。对物的现实控制是否转移，应当依据交易习惯进行确定。例如，出卖机动车，交付机动车的钥匙，即可认为交付已经完成。现实交付也可以采用委托交付的方式交付。例如，交付的一方当事人将物交付给承运人由其运送给另一方当事人，交付一方当事人办理完承运手续即为完成交付。

（2）观念交付。所谓观念交付，是指法律允许当事人通过特别的约定，并不现实地交付动产，而采用变通的或者观念上的方法转移标的物权利的交付方式。法律规定观念交付有助于充分尊重当事人的意志，鼓励交易并促进交易的便捷、降低交易成本。观念交付主要包括下列三种形式：

①简易交付。简易交付，又称在手交付、先行占有，是指动产物权的受让人已因在先的法律事实而先行占有了动产标的物，其后双方又达成了物权变动的合意，因而不必再行交付，物权变动自合同生效时发生。我国《民法典》第226条规定："动产物权设立和转让前，权利人已经依法占有该动产的，物权自民事法律行为生效时发生效力。"例如，甲借用乙的笔记本电脑，在其占有期间与乙约定该笔记本电脑卖给甲，自双方当事人买卖合同生效时，该笔记本电脑的所有权即移转归甲。此时无须进行现实的交付，事实上，简易交付是双方当事人以动产物权变动的合意来代替对动产的现实交付。

②指示交付。指示交付，又称长手交付、替代交付或者返还请求权的让与，是指当动产标的物由第三人占有时，让与人将对该第三人的返还请求权让与受让人，以代替物的实际交付。我国《民法典》第227条规定："动产物权设立和转让前，第三人占有该动产的，负有交付义务的人可以通过转让请求第三人返还原物的权利代替交付。"例如，甲将交给他人保管的一件玉器出卖给买受人乙时，只需将其对保管人的返还请求权转让给买受人乙，并将买卖之情事通知保管人即可。此时，该玉器的所有权直接移转给买受人乙，乙有权以所有权人的身份请求保管人向其返还玉器。

③占有改定。占有改定，是指在动产物权转让时出让人仍有必要继续占有该动产，而受让人取得对该动产的间接占有以代替现实交付的观念交付。我国《民法典》第228条规定："动产物权转让时，当事人又约定由出让人继续占有该动产的，物权自该约定生效时发生效力。"例如，甲向乙出售彩电，但仍想继续使用该彩电数日看球赛，甲可以在与乙达成所有权移转合意的同时，与乙再订立一个租赁合同，从而以租赁人的身份继续占有该彩电，而乙已经取得该彩电的所有权，并成为彩电的间接占有人。占有改定在让与担保、卖出租回或卖出借回等"混合交易"的情形下，有其适用价值。

第五节　物权的保护

一、物权保护的意义和形式

物权的保护是指通过法律规定的方法和程序，保障所有人在法律许可的范围内对其所有的财产行使占有、使用、收益、处分的权利的制度。这是物权法律制度必不可少的组成部分。物权的保护包括公法上的保护和私法上的保护。保护物权不是一个部门的任务，而是各个法律部门的共同任务。每个法律部门从各自的角度，运用不同的方法，对保护物权作出了直接或间接的规定。宪法对保护物权作了原则性的规定；刑法是运用刑罚的方法对严重侵犯物权的犯罪行为予以惩罚，保护物权；行政法则利用行政措施和行政处罚的方法，制裁破坏、侵吞财产的行为，从而保护物权。

民法对物权的保护包括自力救济和公力救济。物权的自力救济，是指物权人在其物权受到侵害后，依据民法的规定，请求侵害人为一定的行为。如果侵害人依物权人的请求为了一定的行为，如返还原物、排除妨碍、消除危险、赔偿损失，物权人的权利就得到了保护。物权的公力救济，主要是指通过民事诉讼程序对物权进行保护而言，物权人在其物权受到侵害时，有权向法院提起民事诉讼，请求法院予以保护，恢复其被侵犯的合法权益，包括恢复物权人对其物的圆满支配状态，赔偿物权人因受侵犯而受的损失。物权人在其物权受到侵害时，可以直接向侵害人提出请求；如果侵害人没有依物权人的请求为适当行为，物权人则可以向法院提起民事诉讼；物权人也可以直接向法院提起民事诉讼。

二、物权的民法保护方法

依据我国《民法典》的规定，民法对物权的保护，有以下五种保护方法：

（一）确认物权请求权

确认物权即是确定物权的归属或者内容。当事人双方就一项物权归属或者物权的内容发生争议时，首先确定该项权利归何人享有或者权利人所享有的权利的范围。因此，确认物权请求权是物权救济的首要方式。我国《民法典》第 234 条规定：“因物权的归属、内容发生争议的，利害关系人可以请求确认权利。”确认物权请求权是民法保护物权的一种独立方法。确认物权请求权不能由当事人自行解决，只能由有权确认物权的国家机关解决。确认物权请求权通常由当事人向人民法院提起确认之诉，并通过民事诉讼程序解决。

（二）返还原物请求权

返还原物请求权，是指物权人对于无权占有标的物的人，得请求返还该物的权利。我国《民法典》第235条规定："无权占有不动产或者动产的，权利人可以请求返还原物。"物权人行使原物返还请求权，可以采取直接向无权占有人提出返还，也可以向司法机关提出依国家强制力实现返还目的。适用返还原物保护方法的前提是原物仍然存在，如果原物已经灭失，就只能请求损害赔偿。

返还原物的目的是要追回脱离物权人占有的财产，因此返还的原物应当是特定物。如果被非法占有的是种类物，就不能要求返还原物，而只能要求赔偿损失，或者要求返还同种类及同质量的物。物权人须在诉讼时效期间行使原物返还请求权。依据《民法典》第196条规定，不动产物权和登记的动产物权的权利人请求返还财产的，不适用诉讼时效的规定。因此，除不动产物权和登记的动产物权的动产外，请求返还原物请求权须在诉讼时效期内行使。物权人要求返还原物时，对于由原物所生的孳息也可以同时要求返还。

参考案例

甲乙是中学同学，甲的父亲传给其一枚珍稀邮票"放光芒"，即在1956年国庆节期间尚未发行、流落民间的错版邮票。乙得知后，以找人鉴定为托词，将该邮票侵占。甲起诉到法院后，法院判决乙限期一个月返还原物，否则按照高于市场流通价赔偿损失。

【评析】物权人对无权占有标的物的人，得请求追还原物。

（三）排除妨害、消除危险请求权

我国《民法典》第236条规定："妨害物权或者可能妨害物权的，权利人可以请求排除妨害或者消除危险。"排除妨害请求权，是指物权人在其物权的支配状态受到他人的非法妨害时，得请求妨害人除去该妨害的权利。所谓妨害人，是指以占有以外的方式侵害物权圆满支配状态的人。妨害包括行为妨害和状态妨害。行为妨害是妨害人以自己的行为妨害物权人的物权；状态妨害是指妨害人因自己的物权对他人的物权造成妨害。无论行为妨害还是状态妨害，都是非法妨害。排除妨害请求权行使的客观条件是妨害现实存在。

消除危险请求权，又称妨害防止请求权，是指物权人在其物权有受到妨害的危险时要求责任者予以消除的权利。其目的在于避免将来发生的妨害。请求消除危险的人是物权受到妨害危险的物权人；责任者是对物权行使造成妨害危险的人。

（四）修理、重作、更换或者恢复原状请求权

我国《民法典》第237条规定：“造成不动产或者动产毁损的，权利人可以依法请求修理、重作、更换或者恢复原状。”恢复原状有广义和狭义之分。广义的恢复原状，是指恢复到原来的权利状态。广义的恢复原状可以包括各种救济方式。狭义的恢复原状，是指使毁损的物恢复原来的状态。本法条的“恢复原状”是狭义的。

恢复原状可用各种方法，如修理、重作、更换、修复。适用恢复原状的救济方式须具备两个条件：一是已经被毁损的物有恢复原状的可能。所谓有可能也就是能使毁损的物恢复到原来的状态，例如，损坏的物能够修复如初，或者相对人能有同样的物可予以更换。二是有恢复原状的必要。如果毁损的物恢复原状成本过高在经济上不合算或者从法律上没有恢复原状的必要性，则不能适用恢复原状的救济方式。

（五）损害赔偿请求权

物权人的财产因他人的不法侵害而毁损、灭失，无法恢复原状或返还原物时，物权人得请求侵害人赔偿损失。损害赔偿是对不法侵害造成的财产的毁损、灭失，以原物的价值折合货币进行赔偿。它可分为两种情况：一是因侵害人的侵权行为而致财产不能要求返还或全部毁损的，侵权人要依财产的全部价值予以赔偿；二是财产受到侵害，但在现有情况下仍有使用的可能时，侵权人就要按照财产减损的价值进行赔偿。

物权人在其标的物受到损害时，如甲将乙的玻璃水杯撞到地板上摔碎，乙有权请求侵权人甲赔偿损失。传统民法理论认为这是一种债权请求权，又称为损害赔偿请求权。这种请求权不是直接以物权的存在为前提，而是以物权受到侵害后产生的物权人与侵权人之间的债权关系为前提的。

物权请求权与损害赔偿请求权两者不可混淆。物权请求权的目的在于恢复物权人对其标的物的支配状态，从而使物权得以实现。损害赔偿请求权的目的在于消除损害，它是在不能恢复物的原状时，以金钱作为赔偿，补偿物权人受到的财产损失。基于侵权行为的损害赔偿，必须是实际上受有损害，即标的物价值的减少或灭失，物权请求权则不以此为要件。损害赔偿的结果是使物权人的利益不受损失，但不能是物权人恢复对物的支配状态。而原物返还请求权、排除妨害或者消除危险请求权、恢复原状请求权可以使物权人恢复对物的支配状态，避免和防止实际损失的发生。因此，在物权受到侵害时，应当首先适用原物返还请求权等可以恢复对物的支配状态的请求权，在不能适用恢复对物的支配状态的请求权时，才能适用损害赔偿请求权的救济方式。

依据《民法典》第239条规定，上述五种请求权是保护物权的基本方法，实

践中，可根据物权受到侵害的不同情况，采取其中的一种保护方法，或同时采取几种保护方法，以使物权得到切实的保护。

【本章小结】

物权是民法体系中最基本的权利之一，具有鲜明的大陆法系特征。物权法是调整物的归属和利用的法律规范的总称。作为财产权的重要组成部分，物权是支配权、绝对权；具有排他性；是基于对特定物的支配而享受物的利益。基于物权的支配性质，民法赋予物权人享有物权的排他效力、优先效力、追及效力和物权请求权效力。物权与一个国家的经济基础密切相联系，物权法实行物权法定原则，即物权的种类和内容由法律规定。因物权是一种对特定物的直接支配权，因此物权的得丧变更采用公示公信原则，达到保护第三人的利益和维护交易安全的目的。在公示原则中，不动产物权变动的公示方法为登记，动产物权变动的公示方法为交付。

【引例评析】

在本章引入案例中，动产玉器的所有人出卖该玉器，就同一标的物分别订立了两个不同的买卖合同，前一个合同双方意思表示达成一致，后一个合同不仅付款，还将玉器交付给买受人，因而后一个合同已经发生了转移所有权的效果。其原因是，动产物权转移依交付为公示方式而转移所有权。所以，该案争议的买卖标的物归后买受人所有，前买受人不能取得玉器的所有权，但可以请求出卖人承担违约责任。

【练习题】

1. 名词解释
(1) 物权
(2) 物权法定原则
(3) 物权请求权
(4) 原始取得
(5) 不动产登记
(6) 占有改定
2. 简答题
(1) 简述物权的法律特征。
(2) 物权的基本分类有哪些？
(3) 简述公示公信原则的含义。
(4) 交付包括哪些类型？

(5) 物权的民法保护方法有哪些?

3. 案例分析题

甲继承其父的房屋中有三间被乙(甲的叔父)长期借用。甲心想,三间房与其被乙长期无偿占用,不如卖给乙得点钱用。于是找乙商量,要将三间房卖给乙。经双方协商订立了房屋买卖合同并进行了公证。合同约定房价15万元,全部付清后办理房产过户手续。待乙多方筹措付清房款并要求甲办理房产过户登记手续时,甲又觉得房价太低了,要求乙加价。乙不同意,故迟迟未能办理房产过户登记手续。后来,甲见乙不愿加价,便以20万元的价格将该房卖给丙,并办理了房屋产权过户登记手续。在订立房屋买卖合同和办理产权过户登记手续期间,丙只知该房被乙借用,不知甲也与乙签订了房屋买卖合同。后来,丙多次要求甲交房未果,直接找到乙请求交房时,才得知甲、乙之间买卖房屋的实情。于是,丙向法院提起诉讼,一方面请求甲履行交房义务,另一方面又请求乙交还借用的房屋。乙得知甲将房子卖给丙后,也向法院提起诉讼,以自己先与甲签订房屋买卖合同为由,请求法院宣告甲与丙签订的房屋买卖合同无效。

问题:

本案应如何处理?为什么?

第十一章 所有权

【引入案例】

周某在耕田时捡到一头耕牛，并牵回家饲养，同时等待耕牛的主人来认领。事隔一年零三个月，一直未有人来认领该耕牛。周某要搬到县城里居住，经人介绍，周某将耕牛在县交易所以市场价格卖给了邻村的赵某，但卖该耕牛时周某并未说明耕牛是他人的。几天后，该耕牛的主人孙某来找赵某要求返还该耕牛，为此引起纠纷。本案如何处理？

【学习目标】

通过本章学习，能够掌握：

1. 所有权的概念及其特征；
2. 所有权取得的一般理论；
3. 相邻关系的概念及其处理原则；
4. 按份共有和共同共有制度及其区别；
5. 建筑物区分所有权的内容。

第一节 所有权概述

一、所有权的概念和特征

（一）所有权的概念

所有权这一法律概念，在民法学的理论与司法实践中，在不同的语境下有不同的含义，所有权通常可以在以下三种意义上使用：一是指所有权法律制度，即由有关所有权法律规范构成的制度，不仅是物权法制度的基本内容，也是整个民法的基本制度之一。这项制度对于调整和保护公民、法人、国家利益，维护社会稳定，促进社会主义经济体制的建立和发展具有重要意义。二是指所有权民事法律关系，即所有权人因享有所有权而与其他人所发生的权利义务关系。在所有权法律关系中，权利主体是所有权人，义务主体是所有权人以外的不特定的任何人。三是指所有人对所有物享有权利，即所有权法律关系内容中的权利方面。由于民法以权利为本位，在通常情况下，民法是在第三种意义上使用所有权的概念的。我国《民法典》第 240 条规定："所有权人对自己的不动产或动产，依法享有占有、使用、收益和处分的权利"。

所有权是指所有权人在法律规定的范围内，对属于自己的物为全面支配的权利。这一概念揭示了所有权概念中的两个重要因素：一是所有权是对物的全面支配，它体现了使用权人充分的意志自由；二是所有权的全面支配的权利必须受到法律限制。

（二）所有权的特征

所有权是物权制度的基本形态，是其他各种物权的基础，因其权能的分离而形成用益物权和担保物权。所有权以外的物权，都是由所有权派生出来的。因此，所有权为各种定限物权的权源。它除具有物权的一般特征外，还具有如下特征：

1. 所有权具有自权性。所有权的自权性，是指所有权系所有人对自己的物所享有的物权。因此，所有权为自物权。所有人在行使对标的物的权利时，无须其他权利的中介，即可以直接、无条件地行使占有、使用、收益、处分的权利。

2. 所有权具有全面性。所有权的全面性，是指所有权是最完全的物权。在法律规定的范围内，所有人对于所有物得为占有、使用、收益及处分等全面的、概括的支配，即对所有物的使用价值和交换价值都可予以全面的支配。与所有权不同，限制物权仅限于就标的物的使用价值或交换价值支配标的物，而不能全面支配标的物。支配使用价值的，为用益物权；支配交换价值的，为担保物权。所有权作为最完全的物权，是他物权的源泉。

3. 所有权具有整体性。所有权的整体性，是指所有权是一个整体性的权利，不是占有、使用、收益、处分等各项权能在量上的简单相加而得出的一种权利。所有权的整体性使其在内容或时间上不得加以分割。在所有物上设立用益物权或担保物权，不是让与所有权的一部分，而是创设一个新的独立的物权。

4. 所有权具有弹力性。所有权的弹力性，也称为"所有权弹性""归一力"，是指所有权因其标的物上设定用益物权或担保物权而受到限制，但此项限制一旦除去，所有权即可恢复其圆满支配状态。

5. 所有权具有永久性。所有权的永久性又称永恒存续性或恒久性，是指所有权因标的物的存在而永久存续，不能预定其存续期限。当事人对所有权存续期间的约定是无效的。所有权的永久性并不意味着所有权不会发生消灭，实际上，因标的物的灭失、抛弃、取得时效等原因，都可导致所有权的消灭。

二、所有权的权能与限制

（一）所有权的权能

所有权的权能，即所有权的内容，是所有人为利用所有物实现其对所有物的独占利益，在法律规定的范围内可以采取的各种措施和手段，包括积极权能和消极权能。所有权的不同权能表现为所有权的不同作用，是构成所有权内容的有机组成部分。我国《民法典》第 240 条规定，“所有权人对自己的不动产或者动产，依法享有占有、使用、收益和处分的权利”。可见，所有权包括占有、使用、收益和处分四项积极的权能。

1. 所有权的积极权能。占有、使用、收益和处分是所有权正常状态下的内容及表现，所有人依据自己之力，无须借助他人的行为即可行使，因而被称为所有权的积极权能。

（1）占有。占有权能，是指所有人对于物的实际管领或控制物的权能。所有人可依据其占有权能合法地占有所有物，占有是所有权人直接行使所有权的表现。占有权能是所有权的基本权能，是所有人行使支配权的基础和前提。当所有人对物的占有被他人侵夺时，所有人可基于其占有权能向侵夺人行使物权请求权，请求返还原物。

作为所有权的一项独立权能，占有权能在一定条件下可以与所有权分离而授权给非所有权人行使，而且这种分离并不消灭所有权。基于合法原因，非所有人的占有权能同样受法律的保护，所有人不能随意请求返还原物，回复其对所有物的占有。当非所有人的合法占有被他人侵夺时，非所有人同样可以基于其享有的占有权能请求侵夺人返还原物。

（2）使用。使用权能，指依照物的性能和用途，在不改变所有物物理性状的情形下而加以利用，从而实现权利人利益的权能。使用权能的目的是实现物的使用价值，它是所有权权能中一项重要的权能。使用是直接作用于所有物上的权能，所以，使用权能以占有权能为前提。

使用权能和占有权能一样，也可以与所有权分离而由非所有人享有，如承租人依租赁合同使用租赁物。非所有人可以根据法律的规定或者与所有人的约定取得物的使用权能，可以是有偿的，也可以是无偿的。享有物的占有权能并不一定享有物的使用权能，如留置权人、保管人就只能对标的物进行占有而不能对标的物进行使用。

(3) 收益。收益权能，是指收取由原物所生的新增经济价值的权能。所谓新增经济价值，包括孳息和利润。孳息包括法定孳息和天然孳息。利润是利用原物进行生产经营活动而产生的利益。

收益权能一般由所有人自己行使，即使他人使用物时，除法律或合同另有规定外，物的收益权能仍然归所有人。但不排除所有人可以将自己财产的一部或全部收益权能转让给他人。在现代经济条件下，收益权能已成为所有权的基本权能。

所有权的收益权能与使用权能紧密相连。通常情况下，收益权能以使用权能为前提，但在一定条件下，收益权能与使用权能也可以发生分离，由不同主体分别享有。例如，所有人将其财产出租收取租金，就是由出租人享有收益权能，而由承租人享有使用权能。

(4) 处分。处分权能，指所有人对其财产在事实上或法律上的处置以此决定物的命运的权能。包括事实上的处分与法律上的处分。事实上的处分，指对物进行实质上的消耗、改变或毁损财产的行为。法律上的处分，是指使标的物所有权发生转移、限制或消灭，从而使所有权发生变动的法律行为。一般情形下，处分权能只有所有权人才能享有，非所有权人只有在特定条件下依法享有处分权能。处分权能是所有权内容的核心，是所有权最基本的、带有根本性的权能。

2. 所有权的消极权能。所有权的消极权能，是指财产所有人有权排除他人对其所有物的违背其意志的不当干涉。由于该项权能不是所有人施加于所有物的积极主动的利用行为，而是遇有他人违背其意志干涉妨害时不得已的被动行为，如果无他人对所有物予以妨害，这种权能就得不到显现，故民法理论称之为消极权能。

作为绝对权的所有权，若受到他人的非法干涉时，所有权人可以行使物权请求权，即行使所有权返还请求权、排除妨害请求权、消除危险请求权（妨害防止请求权），以恢复其对物的圆满支配状态。总之，所有权的消极权能产生于对所有权独占支配、不容任何人非法干涉的绝对权本质。

（二）所有权行使的限制

所有权行使的限制，是指所有权人在行使自己的权利时亦负有一定的义务，即其积极权能或消极权能的行使受到一定的约束。所有权本身应内在地存在着一定的约束。所有权的行使既应当体现权利人的意志与自由，又要根据社会发展的需要受到一定的限制，这是自罗马法以来的所有权法律制度上一项重要原则。

尽管 19 世纪初的民法立法运动和宪政运动一度成就了民法三大原则之一的

所有权绝对原则，但至20世纪，以表征纯粹个人主义为基础的所有权绝对原则受到所有权社会化运动的冲击。在所有权社会化的背景下，所有权受到了来自公法和私法的限制。具体而言，在公法方面，各国大都规定了所有权的征收、征用制度。我国《民法典》第243条、第244条、第245条规定，为了公共利益的需要，国家可以依照法律规定的权限和程序对集体所有的土地和组织、个人的房屋以及其他不动产进行征收；因抢险救灾、疫情防控等紧急需要，国家可以依照法律规定的权限和程序对集体所有的土地和组织、个人的房屋及其他不动产进行征用。同时又规定应当依法对被征收人、征用人给予补偿，以保障其利益。这些规定都是对所有权的限制。在私法方面，则是通过诚实信用原则、公序良俗原则及禁止权利滥用原则等，来限制所有权的行使。

三、所有权与所有制

所有制是人类社会存在的基础，是指一定社会的物质资料主要是生产资料归属谁和怎样支配的经济形式和经济制度，即一定社会的人们占有、使用、收益、处分物质资料主要是生产资料的一种事实状态，属于经济基础范畴；所有权是特定社会的所有制在法律上直接的表现，是把所有权中的占有、使用、收益、处分等事实权利上升为受国家强制力保护的法律上的权利，就社会财产的归属关系予以调整，属于上层建筑范畴。

所有制存在于人类一切社会，只是形式、性质和内容不同而已，所有权则是一定社会发展到一定阶段的产物，是一种历史现象。在阶级社会中，所有制关系总是存在于所有权这一法律外壳之中，具有法律的形式，统治阶级正是凭借这一法律制度，运用国家强制力量保持对其有利的所有制。当所有权制度一旦形成之后，就会能动地反作用于所有制关系，积极促进自己赖以存在的所有制的巩固与发展。所有权制度不仅从总体上把所有制关系明文确定下来，而且还通过对所有权的取得、丧失，所有权的权能范围和内容，所有权的保护等详明规定来理顺所有制内部的关系。

所有权与所有制密切相关。所有权是所有制在法律上的体现，所有权的本质属性是由一定社会形态的所有制决定的。

由于生产资料的占有形式是生产关系的重要内容，生产资料所有制成为生产关系的集中表现，通常以所有制表彰特定的生产关系。但是，所有制不仅指生产资料的占有形式，也指总和的生产关系。所有权是所有制在法律上的体现，这里的“所有制”指的是以一定的生产资料的占有为重要内容的生产关系。

第二节　所有权的类型

一、所有权的类型概述

依据不同的标准，可以将所有权划分为不同的类型。根据我国《民法典》的规定，主要有以下三种分类。

（一）不动产所有权与动产所有权

根据所有权客体的性质不同，可将其分为不动产所有权与动产所有权。不动产所有权以不动产为客体。不动产是占据空间固定位置，不能移动或者移动会损坏其价值的财产。不动产一般指土地及其附着物，主要是土地、房屋等地上定着物。不动产所有权的效力及于不动产的哪些部分，其行使在法律上受到哪些限制是不动产所有权的重要问题。动产所有权以动产为客体。动产是指无须破坏、损害价值而能够移动其位置的财产。动产具有可移动性，种类繁多。

由于不动产与动产性质上的差异，上述两种所有权在权利的取得、变更和丧失以及内容等方面存在诸多差异；法律对动产的内容和行使限制较少，所有人有更充分的支配权。例如，先占、遗失物拾得等原始取得方式仅适用于动产；在继受取得时，动产所有权以动产之交付为要件，而不动产所有权则以登记为要件。此外，不动产所有权还涉及相邻关系问题以及建筑物区分所有权等问题。

（二）单一所有权与多数人所有权

根据所有权主体的人数的不同，可将所有权分为单一所有权与多数人所有权。所有权人为单一法律主体的，无论其为自然人抑或为法人，所有权为单一所有权，所有权人为两个或者两个以上法律主体的，该所有权为多数人所有权。

单一所有权是普遍适用性的所有权，它也是物权法中所有权法律规范制定的原型，也就是说，如无特别指明，法律中关于所有权的规定都是单一所有权为参照标准而设定。

多数人所有权主要指的是共有，包括共同共有和按份共有两种形态。另外，建筑物区分所有权也是一种特殊类型的多数人所有权。相对于单一所有权而言，多数人所有权的规则较为复杂，它需要明确多数人所有权的内部效力和外部效力。

（三）国家所有权、集体所有权与私人所有权

在我国，根据生产资料所有制的不同而对所有权所作的区分具有十分重要的

意义。我国存在着四种所有制，即全民所有制、集体所有制和私人所有制和混合所有制，反映到法律上，我国《民法典》依据所有权主体的所有制性质不同，规定了国家所有权、集体所有权和私人所有权。

二、国家所有权

（一）国家所有权的概念和特征

国家所有权，是指国家代表全体人民对全民所有的财产的占有、使用、收益和处分的权利。国家所有权本质上是社会主义全民所有制在法律上的表现。我国《民法典》第246条第1款规定："法律规定属于国家所有的财产，属于国家所有即全民所有。"国家所有权作为一种法律关系，它是在全民所有制基础上，特定的权利主体（国家）和不特定的义务主体（任何公民和法人）之间的权利和义务关系。它具有所有权法律关系的一般特征，同时与其他所有权形式相比又具有自己的特征。具体表现在：

1. 主体的特殊性。国家所有权的主体是国家。只有代表全体人民利益和意志的国家才享有国家财产所有权，中华人民共和国是国家所有权的统一和唯一的主体。因此，国家所有权的主体具有统一性和唯一性的特征。国家对国有财产享有排他的支配权，任何个人和组织，都不能以国家财产在经济上属于全民所有为根据，而在法律上主张对国家财产的所有权。这是国家财产所有权的最基本的特征。国家财产属于全民所有，其所有权的行使必须根据全国人民的意志和利益，而只有国家才能真正代表人民的意志和利益。同时，由全民所有的财产组成的全民所有制经济是国民经济的主导力量，它决定着整个国民经济的发展速度和方向，只有由国家统一行使所有权，国家才能对整个国民经济进行宏观调控。

2. 客体的广泛性。任何财产都可以成为国家财产的客体，在财产的种类上不受任何限制。国家所有权的客体既包括土地、矿藏、水流、森林、草原、荒地、滩涂等自然资源，也包括铁路、公路、电力设施、电信设施和油气管道等基础设施。此外，法律规定属于国家所有的农村和城市郊区的土地，属于国家所有；除法律规定属于集体所有的以外，森林、山岭、草原、荒地、滩涂等自然资源，属于国家所有；法律规定属于国家所有的野生动植物资源，属于国家所有；法律规定属于国家所有的文物，属于国家所有等。

3. 某些客体的专有性。根据我国《民法典》的规定，属于国家专有的财产包括以下几类：（1）矿藏、水流、海域；（2）无居民居住的海岛；（3）城市的土地；（4）无线电频谱资源；（5）国防资产。法律规定专属于国家所有的不动产和动产，任何单位和个人不能取得所有权，这意味着国家专属财产在民事主体之间禁止流通。

4. 取得方式的多样性。国家可以凭借其公权力通过征收、国有化、赎买、没收等方式强制性地将普通民事主体的财产收归国有；依其行政权强制性地征收税款而取得所有权。国家在以公权力取得所有权时必须严格依照法律规定及程序，以保障公民、法人的合法权益，维护社会秩序。此外，超过招领公告期无人认领的遗失物，归国家所有；不属于集体经济组织成员的公民死亡后，遗留的无人继承又无人受遗赠的财产，归国家所有，用于公益事业。

（二）国家所有权的行使

国家是国家财产所有权的统一和唯一的主体。国家作为一个抽象的概念，必须借助具体的组织机构来行使其所有权。我国《民法典》第 246 条第 2 款规定："国有财产由国务院代表国家行使所有权。法律另有规定的，依照其规定。"根据"统一领导、分级管理"的原则，按财产的性质、用途把财产分别交给相应的机关、事业单位、企业，这些单位在国家授权范围内行使所有权的权能。具体而言，国家所有权的行使主要有以下几种方式：

1. 国家机关管理国家财产。依据我国《民法典》第 255 条的规定："国家机关对其直接支配的不动产和动产，享有占有、使用以及依照法律和国务院的有关规定处分的权利。"依据该条规定，国家机关应当依法对其直接支配的财产行使占有、使用、处分的权利；国家机关对其占用的国家财产的处分必须依照国家规定的限制和程序进行，不得擅自处置国有财产。

2. 国家举办的事业单位经营管理国家财产。依据我国《民法典》第 256 条的规定："国家举办的事业单位对其直接支配的不动产和动产，享有占有、使用以及依照法律和国务院的有关规定收益、处分的权利。"国家机关举办的事业单位可以对其占有物进行占有。国家机关举办的事业单位对其占有物是否可以进行使用，应当视其占有的权利基础而定。无权利使用而使用者，构成不当得利，应当将其所获得的不当利益予以返还。国家机关举办的事业单位是否可以其占有的财产取得收益、处分应视其权利基础。依据法律或者国务院有关规定，它可以收益、处分，即可享有收益权或者处分权。无权收益而取得收益，构成不当得利，应当将其所获得的不当利益予以返还。

3. 国家投资设立的企业使用或者经营的国有财产。国家投资设立的企业，使用或经营的国有财产，按照我国《民法典》第 257 条的规定，由国务院、地方人民政府依照法律、行政法规规定分别代表国家履行出资人职责，享有出资人权益。所谓出资人职责，就是指中央政府和地方政府通过各自设立的国有资产管理机构，代表国家享有我国《公司法》规定的资产收益、重大决策和选择管理者等出资人权益；对国有资产保值、防止国有资产流失负监管责任。而营利法人按照我国《民法典》第 269 条第 1 款规定对其不动产和动产依照法律、行政法规以及章程享有占有、使用、收益和处分的权利。

三、集体所有权

（一）集体所有权的概念和特征

集体所有权，是指劳动群众集体依法对集体所有财产的占有、使用、收益和处分的权利。集体财产所有权是劳动群众集体所有制的法律表现。集体财产所有权和国家所有权是建立在生产资料公有制基础上的所有权形式。集体财产所有权和国家所有权相比，具有以下特征：

1. 集体所有权主体的复合性。集体所有权的主体首先是集体组织，集体所有权的主体还包括集体组织的全体成员，集体组织与集体全体成员同为集体财产的所有权人。因此，集体所有权主体具有复合性。

2. 权利主体的广泛性和多元化。在我国，劳动群众集体组织所有权没有全国统一的主体。各个劳动群众集体组织都是独立的集体所有权的主体。各个集体组织的财产都分别属于各该集体组织。我国集体所有制组织包括农村集体经济组织和城镇集体经济组织，普遍地存在于城乡中的工业、农业、商业等领域，其财产又分属于各自的集体组织，因而集体所有权表现出多元化的特点。

3. 集体组织所有权客体的限定性。一般要受到集体组织成立的宗旨及其从事的活动的限制。同时，集体组织还不得拥有法律规定的国家专有财产、专有资源以及涉及国计民生的重要财产。因此，集体组织所有权的客体是有限制的，如从事农业生产经营的集体组织可以拥有土地等自然资源，而城乡其他部门的集体组织因其性质、任务与农村集体组织不同，因而不得拥有土地等自然资源的所有权。

4. 集体所有权权利行使的统一性。集体组织所有权属于各个集体组织，只有集体组织才能作为该组织全体成员的代表，独立地享有和行使所有权。也就是说，集体所有的财产归全体成员所有，但并非由集体组织的每个成员分别行使所有权，而是由集体组织代表全体成员行使财产权利。

（二）集体所有权的客体范围

按照我国《民法典》第 260 条的规定，集体所有权的客体范围包括以下内容：（1）法律规定属于集体所有的土地和森林、山岭、草原、荒地、滩涂；（2）集体所有的建筑物、生产设施、农田水利设施；（3）集体所有的教育、科学、文化、卫生、体育等设施；（4）集体所有的其他不动产和动产。该条文中前三项列举了重要的集体所有权客体，除了常见的重要客体外，法条不可能一一列举，因此还规定了一个兜底条款作为补充。除属于国家专有的、法律禁止归集体组织所有的财产外，都可以成为集体所有权的客体。

（三）集体所有权的行使

集体所有的土地和森林、山岭、草原、荒地、滩涂等，我国《民法典》第262条规定，其所有权的行使依下列方式为之：（1）属于村农民集体所有的，由村集体经济组织或者村民委员会代表集体行使所有权；（2）分别属于村内两个以上农民集体所有的，由村内各该集体经济组织或者村民小组依法代表集体行使所有权；（3）属于乡镇农民集体所有的，由乡镇集体经济组织代表集体行使所有权。此外，我国《民法典》第261条第2款规定，集体所有权的行使须反映集体成员的共同意志，下列事项应当依照法定程序经本集体成员决定：（1）土地承包方案以及将土地发包给本集体以外的组织或者个人承包；（2）个别土地承包经营权人之间承包地的调整；（3）土地补偿费等费用的使用、分配办法；（4）集体出资的企业的所有权变动等事项；（5）法律规定的其他事项。我国《民法典》第263条规定："城镇集体所有的不动产和动产，依照法律、行政法规的规定由本集体享有占有、使用、收益和处分的权利。"上述规定因应了集体所有权行使的特点，即集体财产属于成员集体所有，集体事务集体管理。

集体财产所有权关系到每一个集体成员的切身利益，因此，每一个集体成员有权参与集体财产的民主管理和民主监督。我国《民法典》第264条规定："农村集体经济组织或者村民委员会、村民小组应当依照法律、行政法规以及章程、村规民约向本集体成员公布集体财产的状况。集体成员有权查阅、复制相关材料。"

四、私人所有权

（一）私人所有权的概念及特征

私人所有权，是指私人对其所有的财产依法进行占有、使用、收益和处分的权利。私人所有权是私人所有制在法律上的表现。这里的"私人"，不仅包括我国的公民，也包括在我国合法取得财产的外国人、无国籍人；不仅包括自然人，还包括个体工商户、农村承包经营户、个人独资企业、外资企业等。私人所有权具有以下特征：

1. 私人所有权的主体主要是自然人个人。从形式上看，私人所有权的主体有自然人、个体工商户、农村承包经营户、个人独资企业、外资企业等，但其本质主体仍然是自然人个人。

2. 私人所有权客体为私人的生产资料和生活资料。我国《民法典》第266条规定："私人对其合法的收入、房屋、生活用品、生产工具、原材料等不动产和动产享有所有权。"因此，在我国，私人所有权可分为生产资料所有权和生活资料所有权。私人生产资料是为从事生产、经营目的，依法占有、支配的财产。

私人生产资料所有权包括：个体工商户和农村承包经营户对其生产资料依法享有的所有权，私营企业的投资者对其财产依法享有的所有权。私人生活资料所有权是为个人及其家庭的物质生活和文化生活的消费目的而占有、使用的财产。私人生活资料所有权的客体主要包括：私人合法的收入、房屋、生活用品、储蓄等。

3. 私人财产的基本来源是私人的劳动所得和其他合法收入。私人通过从事体力劳动或者脑力劳动所得到的收入都属于劳动所得。其他合法收入是指劳动收入以外的，按照法律规定的方式所取得的收入，如通过接受赠与、继承所取得的财产，投资收益、租金、利息等。

（二）私人所有权的行使

私人可以自由地利用其财产从事法律所许可的任何民事活动，如从事生产经营和投资活动，获取经营利润和投资收益。私人行使其所有权，必须遵守国家的法律和政策，服从有关国家机关的监督管理。不得通过非法手段获取财产，不得滥用私人所有权危害社会公共利益和社会主义道德及损害他人的利益，否则应依法承担法律责任。

私人依法对其所有的生产资料和生活资料享有完全的占有、使用、收益和处分的权利。我国《民法典》第267条规定：“私人的合法财产受法律保护，禁止任何组织或者个人侵占、哄抢、破坏。”私人在法律规定的范围内利用其生产资料从事正当的生产经营活动，或利用其生活资料满足个人的需要，都受法律的保护。私人所有权与国家所有权、集体所有权处于平等地位，受到同等法律保护。除此之外，我国《民法典》还从以下几个方面作出规定保护私人所有权：第一，保护私人储蓄、投资及其收益；第二，保护私人的财产继承权及其他合法权益；第三，禁止以拆迁、征收等名义非法改变私人财产的权属关系。私人在其所有权受到侵犯时，有权要求侵权行为人停止侵害、返还财产、排除妨害、恢复原状、赔偿损失，或依法向人民法院提起诉讼。

五、社会团体法人、捐助法人的所有权

社会团体法人所有权，是指各类社会团体法人对其财产享有的占有、使用、收益和处分的权利。所谓社会团体法人，是指由我国公民自愿组成，为实现会员共同意愿，按照其章程开展活动的非营利性社会组织。在我国，社会团体种类很多，包括人民群众团体、社会公益团体、文艺团体、学术研究团体、宗教团体等。捐助法人所有权是指各类捐助法人对其财产享有的占有、使用、收益和处分的权利。所谓捐助法人，是指以公益为目的、以社会捐助财产设立，经登记成立的基金会法人、社会机构法人和宗教场所法人。我国《民法典》第270条规定：“社会团体法人、捐助法人依法所有的不动产和动产，受法律保护。”法律保护

各类社会团体法人、捐助法人的财产所有权。社会团体法人、捐助法人在行使所有权时，也必须遵循国家的法律和政策，不得超越登记批准的业务范围进行活动。

第三节　所有权取得的特别规定

所有权的享有和救济以所有权的取得为前提。所有权的取得，是指主体根据一定法律事实获得某物的所有权，从而在该特定主体与其他人之间发生以该物为客体的所有权法律关系。所有权的原始取得主要有以下几种方式：

一、善意取得

（一）善意取得的含义及其制度价值

所谓善意取得，亦称为即时取得，是指无权处分人将其占有的动产或者登记在其名下的不动产转让给第三人时，如果第三人在取得该财产时系出于善意，即依法取得该财产的所有权，原财产所有人不得要求第三人返还财产的制度。例如，甲将电脑借给乙，在乙占有电脑期间，乙将该电脑出借给不知情的丙，并向丙交付电脑，丙基于善意取得制度而获得该电脑的所有权。善意取得制度不仅是所有权取得的特别方式，也是用益物权和担保物权取得的特别方式。

按照所有权的物权的效力，非以所有权人的意思处分其所有物，所有权不发生转移。因此，所有权人完全可以对任何占有其物的人请求返还原物。但是，如果在任何情况下允许所有权人都可以请求返还原物，则对善意第三人的保护不周，对交易安全和迅捷造成损害。民法在所有权保护与交易安全保护之间选择的结果是以牺牲原所有权人的权利而保护第三人利益，从而保障交易安全、社会经济秩序。善意取得制度是对法律上的利益衡量与价值判断进行选择的结果。

（二）善意取得的构成要件

根据我国《民法典》第 311 条第 1 款规定："无处分权人将不动产或者动产转让给受让人的，所有权人有权追回；除法律另有规定外，符合下列情形的，受让人取得该不动产或者动产的所有权：（一）受让人受让该不动产或者动产时是善意的；（二）以合理的价格转让；（三）转让的不动产或者动产依照法律规定应当登记的已经登记，不需要登记的已经交付给受让人。"因此，善意取得须具备以下要件：

1. 标的物为动产或者不动产。对于不动产，依据不动产登记的公信力，由善意的受让人因登记而取得所有权。对于动产，现代各国物权法区分了“占有委托物”和“占有脱离物”，前者是指占有人对物的占有是基于所有人的意思取得的，如基于租赁、保管、借用、出质的法律关系由承租人、保管人、借用人、质权人等占有的物；后者是指非基于所有人的意思而丧失占有的物，如遗失物、盗窃物。对占有委托物各国物权法规定原则上适用善意取得，而对于占有脱离物各国物权法通常规定不适用善意取得制度。我国《民法典》第 312 条规定：“所有权人或者其他权利人有权追回遗失物。该遗失物通过转让被他人占有的，权利人有权向无处分权人请求损害赔偿，或者自知道或者应当知道受让人之日起二年内向受让人请求返还原物；但是，受让人通过拍卖或者向具有经营资格的经营者购得该遗失物的，权利人请求返还原物时应当支付受让人所付的费用。权利人向受让人支付所付费用后，有权向无处分权人追偿。”

2. 让予人须为动产的占有人或者不动产的名义权利人。因受让人基于善意受让，所以要求其必须有可资信赖的权利外观。动产所有权须以占有为表征，不动产所有权须以登记为公示。如果缺乏基本的权利外观，受让人当然没有善意可言。因此，对于动产的善意取得来说，出让人须为标的物的占有人；而对不动产的善意取得来说，出让人须为登记簿上记载的名义权利人，即不动产的非真正权利人。

3. 出让人须是无处分权人。所谓无处分权人，是指非所有权人或者在法律上欠缺处分权的其他人。并不是非所有权人皆无处分权，如经所有权人授权对标的物进行处分的代理人、行纪人等。有处分权的人实施的处分行为，无善意取得适用的余地。只有在让与人无处分权的情形下，因无权处分本不应当发生处分的效果，所有权人可以追回让与的财产，在此情形下，才发生第三人是否取得受让物的所有权的问题。

4. 受让人支付了合理的价款。受让人取得财产必须是通过买卖、互易、债务清偿、出资等具有交换性质的行为实现的。如果受让人为无偿受让，则不发生善意取得问题。因为受让人无偿受让时，受让人并没有付出代价，由所有权人追回财产，既不会给受让人造成损失，也不影响交易安全。是否以合理价格受让，亦常为确定受让人是否善意的一个因素。至于价格是否合理，应当根据转让标的物的性质、数量以及付款方式等具体情况，参照转让时交易地市场价格以及交易习惯等因素综合认定。

5. 受让人受让不动产或者动产时是善意的。所谓善意，是受让人受让不动产或者动产时，不知道转让人无处分权，且无重大过失的情形。以什么标准认定受让人是否知道让与人无权处分呢？司法实务中分别以转让的是不动产还是动产采用了不同的标准。具有下列情形之一的，应当认定不动产受让人知道转让人无处分权：（1）登记簿上存在有效的异议登记；（2）预告登记有效期内，未经预告登记的权利人同意；(3) 登记簿上已经记载司法机关或者行政机关依法裁定、决定查封或者以其他形式限制不动产权利的有关事项；(4) 受让人知道登记簿上记载的权利主体错误；(5) 受让人知道他人已经依法享有不动产物权。真实权利人有证据证明不动产受让人应当知道转让人无处分权的，应当认定受让人具有重大过失。受让人受让动产时，交易的对象、场所或者时机等不符合交易习惯的，应当认定受让人具有重大过失。

确定受让人善意的时间点因受让的财产为动产还是不动产而不同，因为动产是以交付为权利转让生效的条件，因此动产应以交付的时间，作为确定受让人是否为善意的时间点；而不动产物权的变动以登记为生效条件，因此不动产应以办理登记的时间，作为确定受让人是否为善意的时间点。受让人仅需在受让时为善意，如果受让人在事后得知让与人是无权处分人的，并不影响受让人受善意取得的保护。受让人是否为善意，应当由主张受让人不是善意的一方当事人负举证责任

6. 转让的财产应当登记的已经登记，不需要登记的已经交付给受让人。不动产所有权的变动，须以登记为要件，如登记未完成，则不发生所有权变动的结果。有权处分行为尚且要求登记，无权处分行为要发生物权变动的效果，即便有善意来弥补无处分权的缺陷，移转登记当然也不可或缺。

动产所有权的变动，原则上无须登记，但须由出让人将标的物的占有移转于受让人，即须完成交付。交付既可以是现实交付，也可以是简易交付、占有改定及返还请求权之让与等观念交付。

(三) 善意取得的法律效力

符合善意取得之构成要件，即发生受让人取得受让财产所有权的法律效力。原所有人对该财产的所有权归于消灭，不得向善意受让人请求返还原物。善意受让人取得动产后，该动产上的原有权利消灭。但是，善意受让人在受让时知道或者应当知道该权利的除外。

不构成善意取得的，受让人负返还之责，原所有人有权请求返还。原所有权人的其他损失，受让方无恶意的，由转让人负责赔偿。受让人返还原物后，可以向转让人请求返还。

二、拾得遗失物

各国民法通常规定，拾得的遗失物为所有权取得的方式之一。我国《民法典》则规定在法定期满后，无人认领的遗失物归国家所有。因此，遗失物在法定条件下成为国家取得所有权的一种特别方式。

(一) 拾得遗失物的概念及其构成条件

遗失物，是指非基于占有人的意思占有人丧失其占有且现无人占有的非无主物。遗失物也就是占有人丢失或者遗忘于某处而又未被任何人占有的动产。

构成遗失物须具备以下五个条件：第一，须为动产。不动产性质上不可能遗失。第二，须为有主物。无主物不存在遗失问题，如为无主物，则发生先占的问题。第三，占有人丧失了对物的占有，即占有人对物已经确定地失去事实上的管领力。确定占有人是否已经丧失对物的占有，应依社会经验及客观情形，以占有人是否确定地失去事实上的管领力为标准。例如，将学习资料放在图书馆而到餐厅吃午饭。第四，占有的丧失须非基于占有人的意思。如基于占有人的意思丧失对物的占有，则通常构成所有权的抛弃，而非遗失。第五，须该物无人占有，否则不发生拾得遗失物的问题。

所谓拾得遗失物，是指发现并实际占有遗失物的行为。拾得包含发现和占有两个步骤：发现是指看到或者知道该遗失物存在于某处，占有是将物纳入拾得人实际管领和支配的事实。拾得遗失物在性质上属于事实行为，因此不以行为人具有行为能力为必要，无民事行为能力人、限制民事行为能力人均可为拾得人。

(二) 拾得遗失物的效力

拾得遗失物，应当返还权利人。拾得人应当及时通知权利人领取，或者送交公安等有关部门。有关部门收到遗失物，知道权利人的，应当及时通知其领取；不知道的，应当及时发布招领公告。遗失物自发布招领公告之日起一年内无人认领的，归国家所有。

拾得人在遗失物送交有关部门前，有关部门在遗失物被领取前，应当妥善保管遗失物。因故意或者重大过失致使遗失物毁损、灭失的，应当承担民事责任。拾得人侵占遗失物的，无权请求保管遗失物等支出的费用，也无权请求权利人按照承诺履行义务。

权利人领取遗失物时，应当向拾得人或者有关部门支付保管遗失物等支出的必要费用。因此，拾得人在返还遗失物时，只能请求失主偿还因拾得、保管、饲养、返还遗失物所支出的费用，而不能请求给付报酬。权利人悬赏寻找遗失物的，领取遗失物时应当按照承诺履行义务。

三、拾得漂流物、发现埋藏物和隐藏物

漂流物，是指不是基于占有人的意思丧失占有而漂流于水面上的有主物。漂流物与遗失物的区别仅在于漂流物是漂在水面上，拾得漂流物是指发现并占有漂流物的事实行为。

埋藏物，是指埋藏于地下的所有权人不明的物。隐藏物，是指隐藏在他物

之中的所有权人不明的物。埋藏物、隐藏物只能是动产，而不能是不动产。发现埋藏物或者隐藏物是指发现埋藏物或隐藏物的所在并予以占有该物的事实行为。

漂流物、埋藏物、隐藏物都是有主物，仅仅是在发现时不能确定所有权人。埋藏物、隐藏物是基于权利人的意思而被埋藏或隐藏的，不过权利人已经忘记埋藏或隐藏之处，因此，埋藏物、隐藏物不属于遗失物。

我国《民法典》第319条规定："拾得漂流物、发现埋藏物或者隐藏物的，参照适用拾得遗失物的有关规定。法律另有规定的，依照其规定。"

四、从物随主物的取得

主物与从物，是根据两物之间的关系对物所作出的一种分类。主物，是指为同一人所有的起主导地位并且可以独立发挥功能的物；从物，是指为同一人所有经常性地辅助主物发挥效用的物。主物与从物为同一人所有的独立的相互有主从关系的两个物。属于同一人所有，但没有主从关系的两物，各物可以单独转让，不会发生一物转让另一物也随之转让的现象。

因为主物与从物具有使用上的辅助关系，只有两者相互结合，才能发挥物尽其用的效用，为发挥物的效用，我国《民法典》第320条规定，主物转让的，从物随主物转让。但是，从物随主物转让并非强制性规则，当事人可以约定排除其适用。因此，当事人另有约定时，从物可不随主物转让。

五、孳息的取得

孳息是指由原物滋生、增值、繁衍出来的财产，由原物产生的物。因产生的原因不同，可分为天然孳息和法定孳息。天然孳息，是指按照原物的自然性质而产生的新的独立的物，如母牛产下的小牛、从果树上摘下的果实等。天然孳息的产生须无损于原物，孳息与原物通过人工方式或者自然分离而成为独立的物。如果是用原材料加工制造出的产品，则不得视为天然孳息。法定孳息，是指依一定的法律关系由原物所生的物。换言之，孳息是原物的所有人进行租赁、投资等特定的民事法律行为而应当获得的合法的收益，如租金、股息、利息、红利等。法定孳息是财产交由他人使用而产生的，如果财产是由所有人自己运用而产生的收益则不是法定孳息。

关于孳息的归属，我国《民法典》第321条规定："天然孳息，由所有权人取得；既有所有权人又有用益物权人的，由用益物权人取得。当事人另有约定的，按照其约定。法定孳息，当事人有约定的，按照约定取得；没有约定或者约定不明确的，按照交易习惯取得。"

六、添附

添附是指不同所有人的物结合成为一个新物，或者由所有人以外的人加工成为新物，而发生的所有权取得的方式，包括附合、混合和加工。法律把添附作为取得所有权的一种根据，究其原因在于，添附发生后要回复各物的原状在事实上不可能或者在经济上不合理，则需要确认新物的归属问题，以解决双方的争执。具体解决新物归属的办法是：由一人取得添附物的所有权，或共有添附物的所有权。若使原物的各所有人对添附物形成共有关系，则导致法律关系的复杂化，不仅会给所有人行使权利带来不便，而且易于产生纠纷。若将因添附而形成的新物归一人所有，不仅使法律关系明确，而且于经济上有益。检视现代各国立法例，一般都是根据添附的事实，将添附物归属于原所有人中的一人所有，取得添附物所有权的人向其他丧失权利的受害者按照不当得利之债的规定进行补偿；在不得已时，由原各个所有人共有。我国《民法典》第 322 条规定："因加工、附合、混合而产生的物的归属，有约定的，按照约定；没有约定或者约定不明确的，依照法律规定；法律没有规定的，按照充分发挥物的效用以及保护无过错当事人的原则确定。因一方当事人的过错或者确定物的归属造成另一方当事人损害的，应当给予赔偿或者补偿。"

（一）附合

附合是指不同所有人的物相互结合，而形成社会经济观念上的一个新物的法律事实。在附合的情况下，各原所有人的物虽从外观上可识别，但非经毁损不能分离或者分离花费甚巨，如砖木附合构建成房屋。附合主要有动产与不动产的附合、动产与动产的附合两种形式。

1. 动产与不动产的附合。动产与不动产的附合，是指不同所有人的动产与不动产相结合，动产成为不动产的组成部分，从而发生的添附。动产与不动产的附合应当具备以下三个条件：第一，须是动产与不动产相结合，即动产附合于不动产上，如瓷砖贴于房屋的地面上。至于附合的原因，系出于人为的原因或自然的原因，系所有人的行为或第三人的行为，系善意或恶意，以及行为人有无民事行为能力，均在所不问。第二，动产须成为不动产的重要成分，即动产与不动产结合后，非经毁损或者变更其性质不能使其分离。同时，动产与不动产的结合必须具有继续性，不能为暂时性的结合。因此，动产是否成为不动产的重要成分，应视二者的结合程度是否具有固定性和继续性，依社会一般观念进行确定。第三，动产与不动产应分别属于不同的人所有。同一所有人的动产与不动产结合在一起，不发生附合问题。

动产附合于不动产的，由不动产所有人取得添附物的所有权，动产因丧失了其独立存在，其原所有权人丧失动产的所有权。动产所有人有权请求取得添附物的所有人（不动产所有人）给予补偿。

2. 动产与动产的附合。动产与动产的附合，是指不同所有人的动产相互结合，非经毁损不能分离或者花费较大而发生动产所有权变动的法律事实。动产与动产的附合应当具备三个条件：第一，须是动产与动产相互结合。附合的原因，系出于人为的原因或自然的原因，系所有人的行为或第三人的行为，系善意或恶意，以及行为人有无民事行为能力，均在所不问。第二，动产与动产须组成合成物。动产与动产附合的程度，必须达非经毁损不能分离，或者虽能分离但花费甚巨。例如，用油漆漆家具，油漆与家具相互结合不能分离，若将油漆与家具分离，非毁损家具而不能，即为附合。第三，动产须由不同的人所有。同一所有人的动产相互结合，不发生附合问题。

因动产附合而形成的合成物，应当依照我国《民法典》第322条的规定确定归属。例如，若附合的动产中，可以区分主物与从物，其中一物在价值、效用或者性质等方面居于主导的地位，按照充分发挥物的效用原则，则由该主物的所有人取得合成物的所有权。当然，取得合成物所有权的人应当给予丧失所有权的另一方以一定的补偿。

（二）混合

混合，是指不同所有人的财产相互混杂，形成一种新的不能分开或难以分开的财产的添附形式。混合应当具备下列条件：第一，混合的各项财产须为动产。混合的财产必须为动产，可以为固体与固体的混合，如大米与大米的混合；可以为液体与液体的混合，如酒与酒的混合；也可以为气体与气体的混合等。第二，不能识别或识别花费过大的程度，即无法从外观上识别混合的各项动产，或者虽能通过某种方法加以识别但花费过大。例如，方糖溶解在咖啡之中。

因动产混合而形成的混合物，应当依照我国《民法典》第322条的规定确定归属。

（三）加工

加工，是指一方使用他人的物，将其加工改造为具有更高价值的物，原物因为加工人的劳动而成为新物，如在他人的画布上创作油画一幅即为加工。加工的构成须具备以下四个要件：第一，加工的标的物须为动产。在他人不动产上的劳动，不构成加工，不会发生所有权的变动。例如，对他人的房屋改建，改建后的房屋仍属于原所有权人，不可能由加工人取得。第二，加工的动产须为他人所有。所有权人对自己的物进行改造、制作，当然不会发生所有权变动。第三，加工后须形成新物。加工前的物与加工后形成的物并非同一物，至于加工后是否形成不同于原物的新物，则应依一般交易观念确定。其四，须有加工行为。加工行为也就是对物进行改造、制作的行为。加工行为虽有脑力和体力的付出，但属于事实行为，不要求加工人有民事行为能力，也不论其是否善意、是否有取得加工物的意思。

加工物的所有权的归属，应当依照我国《民法典》第322条的规定确定归属。

七、先占

（一）先占的概念与性质

先占，是指占有人以所有的意思，先于他人占有无主的动产而取得该动产所有权的法律事实。在初民时期，特别是在前农业社会的采集与狩猎中，先占取得是人类获取物质的基本方式。晚近以来，先占取得式微，但该制度仍然作为所有权取得的特别方式通常为各国立法所认可。我国在民法典制定中对于是否规定先占为所有权的取得方法，有不同的观点。民法典最终未规定先占为所有权取得的特殊方法。但是实务上认可先占制度。但习惯法规则即学理事实上都认可先占的所有权取得的效力。

关于先占的性质，主要有法律行为说、准法律行为说和事实行为说三种学说。法律行为说认为，先占为法律行为，因为先占的成立以先占人以所有的意思占有标的物为要件，而所有的意思也就是取得先占物的所有权的效果意思。准法律行为说认为，先占是以意思表示为要素的准法律行为中的非表现行为，因为先占不属于达到私法自治的目的行为，仅属于法律对一定的意思行为承认其有取得所有权的效果。事实行为说认为，先占虽以先占人有以所有的意思占有为条件，但这里“所有的意思”并非取得所有权的效果意思，而是指事实上对标的物的完全管领的意思，法律是基于占有无主物的事实而赋予先占人取得占有物所有权的法律效果的。事实行为说为通说。正因为先占的法律性质为事实行为，因此，先占不以先占有人有完全民事行为能力为必要。

（二）先占的构成要件

先占是事实行为，其法律效果由法律规定，其构成要件也应当由法律规定。先占的构成要件包括以下几个方面：

1. 标的物须为适用先占的动产。不动产不能依先占取得所有权，也就不能为先占的标的物。先占的标的物仅限于动产，但并不是所有的动产都可为先占的标的物。依照法律规定或者习惯，不能依先占取得的动产，也不能成为先占的标的物。例如，禁止流通物，依法律规定不得流通，也就不能成为先占的标的物。又如，依习惯他人享有排他的先占权的动产，不能成为先占的标的物。例如，取得特定水面养殖权的人依习惯对该水域中的水生动植物有排他的占有权，该水域内的水生动植物就不能成为先占的标的物。

2. 先占的标的物须为无主物。这里的所谓无主物，是指在先占人占有该物时该物不为任何人所有。无主物有两种情形：一是从来就不为任何人所有的物，如不受国家法律保护的野生动植物；二是原来有所有权人而现在无所有权人的物，如抛弃物是否属于无主物，不以先占人的主观认识为标准，而应依先占人占有时该物的客观状态而定。先占人认为为无主物而实际上属于遗失物的物，不属于无主物；相反，先占人认为是遗失物而实际上属于所有权人抛弃的废弃物，仍属于无主物。

3. 占有人以所有的意思占有。所谓以所有的意思占有，是指占有人是以将该物归自己所有的意思并实际控制占有该物。这一要件包括两方面的要求：一是占有人有将占有物归自己的意思，这意味着先占人的占有不是为他人占有，而是为自己占有；二是先占人实际上控制占有物。先占人有将物归自己所有的意思却未控制标的物的，或者事实上控制占有物却没有由自己取得所有的意思，都不为"以所有的意思"占有。先占人的占有不限于自己亲自占有，利用他人或者指示他人占有的，亦构成先占。

（三）先占的法律效果

先占人取得其先占之无主物的所有权。该所有权取得的效果不是基于他人既存的权利，而是基于法律的直接规定，先占属于原始取得。因此，先占标的物上纵然存在权利瑕疵，先占人也不可能承继先占物上的权利瑕疵。

八、时效取得

（一）取得时效的含义和制度价值

所谓取得时效，也称"占有时效"，是指占有他人之物持续达到法定期间而取得所有权的制度。以取得时效取得他人所有权，此项制度为各国法律所普遍承认，但我国《民法典》未规定此制度。

各国承认取得时效制度的原因，主要在于维持因一定事实状态继续达一定期间而形成的财产关系的新秩序，期能从速确定当事人之间的法律关系，并排除因岁月流逝而发生的举证责任的困难，从而实现法律秩序安定的社会公益。法律就所有权保护与增进社会公益的利益予以衡量后，立法者的价值取向保护后者，因此而承认取得时效制度；同时，使长期继续占有他人之物的人，无论善意与否均能取得其所有权或其他财产权，也具有促进物尽其用的社会功能。我国《民法典》没有规定取得时效制度，主要原因有二：第一，认为取得时效与我国社会主义道德观念相悖，确认此制度弊多利少，可能引起行为不轨的人哄抢、私占国家、集体、公民财产，起到鼓励作用。第二，认为从我国财产关系的变化，尤其是土地所有权的限制，以及诉讼时效、善意取得制度的建立和完善，使取得时效失去了适用的余地。我国民法仅规定诉讼时效制度，即可适应我国财产关系的调整需求。但学者通说认为，为维护正常的交易秩序、建立稳定的社会主义经济秩序目的，设立取得时效是必要的。

（二）所有权取得时效的要件

所有权取得时效的要件，指依取得时效制度取得标的物的所有权的法律事实的要件。时效取得应当具备以下要件：第一，标的物为他人所有的动产或者未登记的不动产。动产和不动产均可成为时效取得的对象。但是，已经登记的不动产原则上不适用取得时效。取得时效系占有人取得所有权的方法，必然要求标的物原本属于他人所有。第二，须以所有的意思进行占有。时效取得要求占有人必须以所有的意思占有标的物。此为时效取得所有权的实质要件。非所有人以所有的意思占有他人之物，既存在占有人明知自己并非所有人而为占有的情形，也存在占有人善意地相信自己享有所有权而为占有。前者为恶意占有，而后者为善意占有。善意占有更值得保护，但基于取得时效制度价值在于维护一种长期形成的秩序，因此许多国家的立法都规定，即使是恶意占有亦可适用时效取得，毕竟恶意占有也形成了一种稳定的秩序。第三，占有人的占有须为和平占有、公然占有。和平占有，是指占有人非以强暴、胁迫的方式取得占有或者维持占有。取得占有虽然处于强暴、胁迫，但以和平的手段予以维持，自强暴、胁迫占有的事实终止时起，为和平占有。取得占有虽出于和平，但以强暴、胁迫维持的，变为非和平占有。公然占有，是指占有人非以隐藏秘密的方式占有。是否为公然占有，应当以一般交易观念进行判断。戴宝石项链招摇于市，为公然占有；藏之于保险箱，则非为公然占有。第四，占有人的占有须经过法律规定的普通取得的时效期间。通常而言，不动产的取得时效期间相对于动产的取得时效期间要长。例如，我国台湾地区“民法”规定，动产部分善意和恶意占有，其取得时效期间为5年。而对于不动产，占有之始为善意并无过失的，其取得时效期间为10年；占有之始存在恶意，或者虽然善意而有过失的，其取得时效期间为20年。

（三）取得时效的法律效果

作为取得所有权的一种方式，在符合取得时效的构成要件时，占有人即取得标的物的所有权。在性质上属于原始取得，原存在于标的物上的原权利的权利随之消灭。所有权取得的效果亦不具有溯及力，不溯及至取得占有之时发生。

第四节 相邻关系

一、相邻关系的概念和法律特征

相邻关系，也称不动产相邻关系，是指相邻不动产的所有人或者使用人之间，在各自行使所有权或者使用权时，因相互间应当给予一定的便利或者接受一定的限制所发生的权利义务关系。可见，相邻关系就是不动产的相邻各方因行使所有权或者使用权而发生的权利义务关系。

法律设立不动产相邻关系的目的是尽可能确保相邻的不动产权利人之间的和睦关系，解决相邻的两个或者多个不动产所有人或使用人因行使权利而发生的冲突，维护不动产相邻各方利益的平衡。不动产相邻关系的本质是，一方所有人或者使用人的财产权利得到扩张，以实现其权利内容；同时，他方所有人或者使用人的本应享有的财产权利受到限制，以避免对相邻不动产权利人的权利造成严重损害。例如，甲、乙都是土地承包经营权人，甲承包土地因自然环境的变化而成为“袋地”，甲如果不通过乙承包的土地就不能到达公用道路，在甲、乙两个承包经营人之间就发生了相邻关系。在这种情况下，按照相邻关系的规定，乙必须为甲通行于其土地，或者从其土地上引水、排水提供必要的便利，即乙必须容忍甲在合理范围内使用自己的不动产。在此相邻关系中，对于甲来说，其土地使用权得到合理的扩张；而对乙来说，其土地使用权受到必要的限制。

相邻关系具有普遍性、复杂性和多样性，人们在生产和生活中无不涉及此种关系。正确处理好相邻关系，对于充分发挥财产的效用、加强人们之间的协作、促进社会经济的发展、稳定社会秩序，具有重要意义。不动产相邻关系具有以下几个方面的特征：

1. 相邻关系发生在两个以上的不动产权利人之间。相邻关系旨在解决邻人关系和谐问题，占有不动产的人即涉及相邻关系问题。因此，相邻关系中所称的权利人，应当解释为不动产占有人，既包括通常的对不动产享有物权之人，也包括基于债权而占有不动产者。前者如不动产所有人、土地承包经营权人、建设用地使用权人等；后者如房屋的承租人等。相邻人可以是自然人、法人或者非法人组织，自不待言。

2. 相邻关系源于不动产相邻的事实而发生。相邻不动产包括土地、建筑物及其附属设施。相邻不仅包括不动产相互直接连接，也包括不动产相邻近而不直接相连。在许多情况下，相邻关系的发生与自然环境相关，如甲、乙两个村处于一条河流的上下两个地段，中间被丙村隔开。尽管甲、乙两村不接壤，但因相邻近而仍然构成了甲、乙两个村互相利用水流灌溉和水力资源的相邻关系。

3. 相邻关系的客体是行使不动产权利所引起的与相邻方有关的利益。这种利益可能是经济利益，也可能是非经济利益，需要在相邻方给予必要方便的条件下才能实现。因此，相邻关系所解决的并不是相邻各方对不动产本身的争议，而是在行使不动产权利时所发生的和邻人有关的经济利益或者非经济利益的冲突。前者如相邻竹木归属关系，后者如噪声影响邻人休息。

4. 相邻关系的内容具有复杂性。相邻关系因种类不同而具有不同的内容，但基本上是，相邻一方有权要求他方为自己行使不动产所有权或使用权给予必要方便的权利，他方应当给予必要方便的义务。所谓“必要方便”，是指非从相邻方得到这种便利，就不能正常行使不动产所有权或使用权。相邻各方在行使权利时，应当尽量避免和减少给对方造成损害，不得滥用权力。

5. 相邻关系的产生具有法定性。相邻关系基于法律的直接规定而存在，只能根据不动产相邻的事实进行判断，不能以法律行为发生变动，不登记也能对抗第三人。

二、处理相邻关系的原则及法律渊源

（一）处理相邻关系的原则

我国《民法典》第288条规定，要求不动产的相邻权利人应当以有利生产、方便生活、团结互助、公平合理为处理相邻关系的原则，这是我国司法实践早已形成的经验总结。由于相邻关系的种类繁多，不可能在法律中全部列出予以规范。法律明确规定正确处理相邻关系的原则，不仅是对民事主体处理所有相邻关系提出的原则要求，也是对人民法院审理缺乏法律规定的新型相邻关系纠纷案件提供原则指导，以补充法律漏洞。

1. 有利生产、方便生活。相邻关系直接关系到相邻权利人的生产和生活的正常进行。有利生产、方便生活的原则，要求处理相邻关系时，应从有利于有效合理地使用财产，有利于生产和生活出发。这样，才能充分发挥不动产的使用效益，最大限度地维护各方的利益，促进相邻各方关系和睦，进而构建和谐社会。

2. 团结互助、公平合理。这一原则要求，在处理相邻关系时，以团结为重，强调互助；同时，相邻各方在行使其权利时，应当互相尊重对方的合法权益，行使权利应保持在合理限度内，即不动产权利人的一方，在非使用相邻不动产就不能对自己的不动产进行正常使用时，有权在对相邻不动产损害最小的范围内使用相邻不动产，相邻不动产权利人不能禁止。但如果这种使用超出了合理的限度或者范围，超出了被使用的相邻不动产权利人能够容忍的范围，则应当进行赔偿。

（二）相邻关系的法律渊源

我国《民法典》第289条规定："法律、法规对处理相邻关系有规定的，依照其规定；法律、法规没有规定的，可以按照当地习惯。"可见，相邻关系的法律渊源有两类：制定法和习惯。处理相邻关系，首先依照我国物权法及其他法律法规的规定，在法律法规没有规定的情况下，依据习惯解决相邻关系纠纷。该条规定的习惯必须是不动产所在地长期的社会实践中逐渐形成的为人们所公认的行为准则，这种习惯已经具有"习惯法"的作用。同时，这种习惯以不违背社会公共利益和善良风俗为前提。

三、相邻关系的种类

相邻关系的范围非常广泛，产生的原因复杂，根据《民法典》的规定，并结合实践，不动产相邻关系包括以下基本类型：

（一）相邻用水、排水关系

1. 相邻用水关系。我国《民法典》第290条规定："不动产权利人应当为相邻权利人用水、排水提供必要的便利。对自然流水的利用，应当在不动产的相邻权利人之间合理分配。对自然流水的排放，应当尊重自然流向。"对水资源的利用，可以分为对自然流水和非自然流水的利用。所谓自然流水，是指按其自然属性流动的水，包括地表水和地下水，如天然河道中的水。相邻各方应当根据自然流水的流向，按照"由远及近、由高至低"的原则依次灌溉、使用，任何一方不得为自己的利益而擅自堵截或者独占自然流水。一方擅自堵截或者独占自然流水，影响他方正常生产生活的，他方有权请求排除妨碍，造成损失的，有权请求赔偿。所谓非自然流水，是指非按其自然属性流动的水。相邻人应当尊重水的自然流向，在需要改变流向并影响相邻他方用水时，应征得他方的同意，并对由此造成的损失给予适当补偿。为了灌溉土地，需要提高上游的水位、建筑水坝，必须附着于对岸时，对岸的土地所有人或者使用人应当允许；如果对岸的土地所有人或者使用人也使用水坝及其他设施时，应按受益的大小，分担费用。

2. 相邻排水关系。相邻自然流水的排放包括自然排水和人工排水。自然排水，是指自然流水按照自然规律由高地向低地排放。对于自然排水，自然排水须尊重流水的自然流向，由高地自然流向低地的流水，高地权利人有权向低地排水，低地权利人对高地排水有承受的义务，不得加以妨碍，如不得设堰阻挡等。如系自然淤塞，则低地权利人并不负有积极疏通的义务，但低地权利人应允许高地权利人以自己的费用予以疏通。人工排水，是指自然流水通过人工设施排放。对于人工排水，原则上无使用邻地的权利，也不得设置屋檐或者其他构筑物，使其不动产上的雨水直接注入于相邻他方的不动产上。如为不动产利用的必要而不得不进行人工排水的，则排水必须在必要的限度内选择对邻地损害最小的方式进行，并对相邻他方所受的损害作出补偿。

（二）相邻不动产使用关系

1. 相邻通行关系。所谓相邻通行关系，是指在相邻权利人一方因通行必须利用相邻他方的不动产的情形下，该相邻他方应当容忍其通行的权利义务关系。我国《民法典》第 291 条规定："不动产权利人对相邻权利人因通行等必须利用其土地的，应当提供必要的便利。"对于该条文中"土地"的表述，按照我国《民法典》关于通行关系的立法目的和满足社会实际生活的需要，应当将"土地"一词，扩大解释为"不动产"。相邻权利人一方的不动产，处于邻人的不动产包围之中，非经过相邻他方的不动产不能到达公用通道，可以通过相邻他方的不动产以到达公用通道。但相邻权利人在选择道路时，应当选择最必要、损失最少的路线。通行人应当尽量避免对相邻的不动产权利人造成损害，造成损害的，应当予以赔偿。此外，历史上形成的通道，不动产的所有人或者使用人无权任意堵塞或者改道，以免妨碍相邻权利人通行。如果确实需要改道，应取得相邻权利人的同意。

2. 因建筑物建造、修缮以及管线安设所形成的相邻关系。我国《民法典》第 292 条规定："不动产权利人因建造、修缮建筑物以及铺设电线、电缆、水管、暖气和燃气管线等必须利用相邻土地、建筑物的，该土地、建筑物的权利人应当提供必要的便利。"本条规定的使用相邻不动产包括两种情形：一是因建造、修缮建筑物而临时使用相邻不动产；二是在相邻不动产上安设管线。因而对本条所指的"必须利用相邻土地、建筑物"的解释也应当分两种情形：（1）针对上述第一种情形，"必须利用相邻土地、建筑物"应当解释为，除了使用相邻土地或建筑物以外，便无法完成其建造或修缮建筑物的工作。如果只是为了减少工作的时间或费用，则不能认为是有使用的必要。（2）针对上述第二种情形，"必须利用相邻土地、建筑物"应当解释为，非经他人的土地、建筑物不能安设管线，或者虽能安设管线但花费过巨。相邻权利人应当选择损害最小的地点及方法安设管线，还应对所占土地及施工造成的损失给予补偿，并于事后及时恢复原状。

（三）相邻日照、通风、采光关系

我国《民法典》第 293 条规定："建造建筑物，不得违反国家有关工程建设标准，不得妨碍相邻建筑物的通风、采光和日照。"通风、采光和日照是衡量人居环境质量的重要标准之一。随着城市建设速度加快，住宅建设用地供应趋紧，导致建筑密度过大，高层建筑进一步普及，致使因建筑物之间的通风、采光和日照的纠纷日益呈上升趋势，物权法对其进行规范就成为必然。相邻人在建造建筑物时，应当与相邻他方的建筑物留有一定的距离，不得违反国家规定的有关工程建设标准，以免影响邻人建筑物的日照、通风和采光。如果相邻权利人因建筑等原因严重影响相邻他方的建筑物的通风、采光和日照，则相邻他方有权请求停止侵害、排除妨碍，有损失时还可以请求损害赔偿。

参考案例

某年春天，杨某在自己家的自留地里种黄瓜、西红柿、大白菜等经济作物。可是，到了四五月份，同村的曹某在紧挨着杨某的菜地东侧种上了杨树苗。这些小树苗长得很快，当年就长到了两三米高，使杨某地里的黄瓜、西红柿的生长受到严重影响。次年，杨某又种植了大白菜，而杨树苗已经长到了六七米高，甚至很多树苗就种在两块地之间的田埂上，将白菜地的阳光遮住，使白菜无法正常采光，直到秋天收获季节，白菜还没裹紧菜心。杨某为维护自己的权利向法院起诉。法院经调查后认为，曹某的树苗确实影响了杨某菜地的采光，影响了蔬菜的生长，给杨某造成损失。法院依照实际情况，判决曹某赔偿杨某经济损失500元。

【评析】在本案中曹某侵犯了杨某的相邻权，应对其损失进行赔偿。

（四）相邻不可量物侵害关系

我国《民法典》第294条规定：“不动产权利人不得违反国家规定弃置固体废物，排放大气污染物、水污染物、土壤污染物、噪声、光辐射、电磁波辐射等有害物质。”该条的规定即大陆法系国家所称的“不可量物侵入”。所谓“不可量物侵入”，是指煤气、蒸汽、臭气、噪音、喧嚣、煤烟、振动、尘埃等放射性物质侵入相邻不动产。相邻不动产权利人各方应当注意环境清洁、舒适，讲究精神文明，不得以高音、噪音、喧嚣、振动等妨碍相邻他方的工作、生活和休息。

我国《民法典》第294条虽然没有明确规定相邻不动产权利人之间对不可量物的侵入的容忍义务，但按照第288条规定的处理相邻关系的原则，已经包含了相邻不动产权利人之间应当互负容忍义务。但互负容忍义务是有限度的，法律并非整齐划一地绝对禁止，而是区分情况，在诸如《大气污染防治法》《水污染防治法》等法律法规中分别规定。在国家规定的标准以内不动产权利人应当容忍，如果超过国家规定的标准，受害的不动产权利人有权要求侵害人停止侵害、消除危险、排除妨害，以及赔偿损失。

（五）相邻防险关系

我国《民法典》第295条规定：“不动产权利人挖掘土地、建造建筑物、铺设管线以及安装设备等，不得危及相邻不动产的安全。”不动产权利人有权在其享有使用权的土地范围内进行工程建设，但是应当顾及相邻不动产的安全，避免造成相邻不动产不应有的损害。实际生活中常见的情形有：相邻不动产权利人在自己享有使用权的土地上开挖地基时，要注意避免使相邻土地的地基发生动摇或者动摇之危险，致使相邻土地上的建筑受到损害；相邻不动产人的建筑物有倾倒的危险，威胁相邻他方的生命、财产安全的，应当采取加固、拆除等预防措施消除危险；在与相邻不动产的疆界附近处埋设水管时，要预防土沙垮塌、水渗漏到相邻不动产；不动产权利人在自己的土地范围内种植的竹木根枝伸延，危及相邻他方建筑物的安全和正常使用时，应当消除危险，造成损失的，还应当赔偿损失。

（六）相邻竹木根枝越界关系

相邻权利人在其地界一侧栽培竹木时，应当与地界保持适当的距离，以预防竹木根枝越界侵入相邻他方不动产。相邻权利人种植的竹木根枝越界，如果无害于相邻他方的，相邻他方应当容忍；如果影响相邻他方生活或者生产的，如妨碍自己土地的庄稼采光，相邻他方有权请求剪除、截取越界的根枝，竹木所有人逾期不剪除的，邻人可以自行剪除、截取越界的根枝。

第五节　共　　有

一、共有的概念和特征

财产的所有形式可分为单独所有和共有两种形式：单独所有，是指财产所有权的主体是单一的，即一个人单独享有对某项财产的所有权。单独所有权是所有权在法律上的基本形态。单独所有可以是一个自然人的所有，也可以是一个法人的所有。就以人为基础设立的社团法人而言，因其具有独立人格，故法人的财产属于法人单独所有，而非法人的成员共有。所谓共有，是指某项财产由两个或两个以上的权利主体共同享有所有权，或者说是多个权利主体对一物共同享有所有权。我国《民法典》第297条规定：“不动产或者动产可以由两个以上组织、个人共有。共有包括按份共有和共同共有。”例如，两个人共同所有一套商品房。共有的主体称为共有人，其客体称为共同财产或者共有物。各共有人之间因财产共有形成的权利义务关系，称为共有关系。共有是所有权存在的一种特殊形态，而不是一种独立的所有权类型。共有的法律特征是：

1. 共有权的主体是两个或两个以上的人。共有的主体是复数，而不是单数。多数人共同所有一物，并不是说共有是一物之上有多个所有权，而是说在法律上共有财产只有一个所有权，这一个所有权由多人享有。

2. 共有权的客体具有单一性。共有物是特定的，它可以是独立物，也可以是集合物。在共有关系存续期间，共有物不能分割为各个部分由各共有人分别享有所有权，而是由各共有人共同享有其所有权，各个共有人的权利及于共有物的全部，共有异于区分所有。

3. 共有权的内容具有对内、对外双重权利义务关系。在共有的内部关系中，共有人对共有物或者按照各自的份额，或者平等地享有权利并承担义务。在共有的外部关系中，共有人可以作为单一的民事主体，同共有关系以外的任何单位或个人发生财产所有关系和财产流转关系，由此产生的权利、义务，归共有人共同享有和承担。不论在对内或者对外关系中，在多数情形下，在行使共有财产的权利特别是处分共有财产时，必须由全体共有人协商，按全体共有人的意志行事。

共有与公有是两个不同的概念。公有是和私有相对应的概念，是指社会经济制度，即公有制。公有与共有的区别主要表现在：(1) 公有财产的主体是单一的，在我国为国家或集体组织。全民所有的财产的主体是国家，集体所有财产的主体是集体组织；而共有财产的主体是两个以上的共有人，多数人共享一个所有权。(2) 公有财产是脱离个人而存在的，它既不能实际分割为个人所有，也不能由个人按照一定份额享有财产权利。在法律上，任何个人都不能成为公有财产的所有权主体；而共有财产在归属上为共有人所有，财产往往没有脱离共有人而存在。所以，单个公民退出或加入公有组织并不影响公有财产的完整性，但是，公民退出或加入共有组织（如合伙），就会对共有财产产生影响。(3) 公有财产是基于公有制而产生的，通常不得由它的成员任意变更或者终止；而共有关系是基于共有人的某种共同目的或者法律的直接规定建立起来的财产关系，它可以因共有人的需要或者外界变化，根据其意思解除或消灭。

共有关系是社会经济生活中常见的财产形式，其存在的领域十分广泛。在市场经济中，财产共有形式便于集资，发展横向经济联合，充分发挥物的效用；确认和保护共有关系，对保障社会经济秩序稳定，促进鼓励交易具有重要作用。共有关系产生的原因通常有两种：一是基于当事人的意思而发生。如数人共同出资购买一艘船舶，该船舶因此为数人所共有，数人之间从而形成船舶共有关系。二是基于法律的直接规定而产生，如夫妻财产、家庭财产的共有等。

二、按份共有

（一）按份共有的概念和特征

按份共有，又称分别共有，是指两个或两个以上的共有人按照各自的份额分别对共有财产享有权利和承担义务的共有关系。我国《民法典》第 298 条规定：

“按份共有人对共有的不动产或者动产按照其份额享有所有权。”按份共有是较常见的共有关系，其主要法律特征有：

1. 按份共有人按照预先确定的份额享有权利承担义务。在按份共有中，各共有人对共有物享有不同的份额。各共有人的份额，一般是由共有人的意思决定的，在共有关系产生时，共有人应当将其明确。我国《民法典》第309条规定：“按份共有人对共有的不动产或者动产享有的份额，没有约定或者约定不明确的，按照出资额确定；不能确定出资额的，视为等额享有。”在按份共有中，每个共有人对共有财产享有的权利和承担的义务，是依据其不同的份额确定的。共有人的份额决定了其权利义务的范围。共有人对共有物持有多大的份额，就对共有物享有多大权利和承担相应义务。份额不同，决定了其对共有财产的权利、义务也不同。

2. 按份共有人的权利、义务及于共有财产的全部。在按份共有中，份额是权利在量上的分割，而不是标的物在量上的分割。所以，各个共有人的权利不是局限在共有财产的某一部分上，或就某具体部分单独享有所有权，而是各共有人的权利均及于共有财产的全部。例如，甲乙共同出资购买一套房屋，甲或乙均非对该房屋的某个房间享有权利，而是对整个房屋的各个部分都享有权利。

3. 按份共有人可以要求分出或转让其份额，按份共有人死亡，其继承人有权继承其享有的份额。

（二）按份共有的产生

按份共有一般可以基于以下原因产生：

（1）共同投资。两个以上的民事主体共同投资，共同投资的财产为按份共有，发生按份共有关系。

（2）共同购买。两个以上的民事主体按份额出资共同购买一项财产时，即在该数个民事主体之间发生按份共有关系。

（3）当事人的明确约定。共有人明确约定其共有财产为按份共有的，依共有人的约定产生按份共有关系。

（4）依法定的事实而发生。两个以上的人的财产基于添附相互结合成为合成物，产生按份共有关系。

（5）共有关系不明确的，推定为按份共有。根据我国《民法典》第308条之规定：“共有人对共有的不动产或者动产没有约定为按份共有或者共同共有，或者约定不明确的，除共有人具有家庭关系等外，视为按份共有。”

（三）按份共有人内部关系

按份共有的内部关系，是指各个共有人行使共有物的权利，与其他共有人之间的权利义务关系，通常包括各个共有人对共有物的占有、使用和收益，对共有物的处分、对共有物的管理及费用负担。

1. 共有物的使用和收益。按份共有人按其共有份额对共有物享有使用和收益权，该权益及于共有物的全部。各共有人以其份额决定使用、收益的权利范围，不得影响其他共有人按其应有份额可行使的权益，同时，对共有物为使用、收益，须以共有物的性质和用法为之。否则，就会对其他共有人合法权益造成侵害，其他共有人可请求侵权人承担民事责任。

2. 共有财产的处分。在按份共有中，共有人对共有物的处分，包括对其享有的份额处分和对整个共有物的处分。

（1）份额的处分。按份共有人有权处分自己的份额。对份额的处分包括分出份额和转让份额两种情形。所谓分出份额，是指共有人将自己应有的份额从共有物中分割出去。按照我国《民法典》第 303 条的规定，共有人约定不得分割共有的不动产或者动产，以维持共有关系的，应当按照约定，但共有人有重大理由需要分割的，可以请求分割；没有约定或者约定不明确的，按份共有人可以随时请求分割。因分割对其他共有人造成损害的，应当给予赔偿。所谓转让份额，是指共有人将其应有的份额转让给他人。我国《民法典》第 305 条规定："按份共有人可以转让其享有的共有的不动产或者动产份额。其他共有人在同等条件下享有优先购买的权利。"可见，共有人可以自由参加或退出共有，为了保护共有人的权益，应允许共有人自己转让其共有份额。但是，各共有人转让其份额时不得侵害其他共有人的利益，并受法律的限制。在共有关系中有禁止共有人转让其份额的约定时，对共有人具有约束力。

（2）优先购买权。按份共有人转让自己的份额时，在同等条件下，其他共有人享有优先购买权。此种优先购买权仅适用于按份共有人向共有人之外的人转让其份额的场合。根据最高人民法院相关司法解释规定，明确了以下规则：①共有份额的权利主体因继承、遗赠等原因发生变化时，其他按份共有人主张优先购买权的，不予支持，该按份共有人之间另有约定的除外。②所谓"同等条件"，应当综合共有份额的转让价格、价款履行方式及期限等因素确定。③优先购买权的行使期间，按份共有人之间有约定的，按照约定处理；没有约定或者约定不明的，按照下列情形确定：转让人向其他按份共有人发出的包含同等条件内容的通知中载明行使期间的，以该期间为准；通知中未载明行使期间，或者载明的期间短于通知送达之日起 15 日的，为 15 日；转让人未通知的，为其他按份共有人知道或者应当知道最终确定的同等条件之日起 15 日；转让人未通知，且无法确定其他按份共有人知道或者应当知道最终确定的同等条件的，为共有份额权属转移之日起 6 个月。④按份共有人向共有人之外的人转让其份额，其他按份共有人根据法律、司法解释规定，请求按照同等条件购买该共有份额的，应当予以支持。⑤按份共有人之间转让共有份，其他按份共有人主张优先购买的，不予支持，但按份共有人之间另有约定的除外。⑥两个以上按份共有人主张优先购买且协商不成时，请求按照转让时各自份额比例行使优先购买权的，应予支持。

（3）共有物的处分。我国《民法典》第 301 条规定："处分共有的不动产或者动产以及对共有的不动产或者动产作重大修缮、变更性质或者用途的，应当经占份额三分之二以上的按份共有人或者全体共同共有人同意，但是共有人之间另有约定的除外。"我国物权法对按份共有物处分上兼顾效益原则和公平原则实行"多数决原则"。只要经占 2/3 以上的按份共有人同意，即可处分共有物，但共有人之间约定对共有物的处分应经全体共有人一致同意，就应当以约定为之。

某个或者部分按份共有人未经其他按份共有人的同意而擅自处分共有物，构成无权处分。所订立的合同经过其他共有人追认或者处分人事后取得处分权而有效，否则无效。但不论合同有效或无效，都不影响买受人在符合我国《民法典》第 311 条第 1 款的规定时，善意取得共有物。例如，甲、乙共有一台电脑，甲擅自将电脑出让交付给了丙，丙不知情并支付了合理价款。在此情况下，丙取得该电脑的所有权。但丙取得该电脑所有权的法律依据是基于善意取得制度的法律效果，而不是甲的物权处分行为。此外，占份额 2/3 以上的共有人同意出卖共有物，实际上是出卖各个共有人份额（应有部分）的总和。此时，只要不同意出卖共有物的按份共有人愿意保留对共有物的所有权，就意味着他们愿意购买同意出卖共有物的按份共有人的份额（应有部分）。在此情形下，同意出卖共有物的按份共有人应负有强制缔约义务，将其份额（应有部分）出卖给不同意出卖共有物的按份共有人。换言之，不同意出卖共有物的共有人，对同意出卖的共有人所持份额（应有部分）的出卖，应当享有优先购买权。

3. 共有物的管理。共有物的管理，是指为维持共有物的属性，充分发挥共有物的社会、经济功能而实施的一切活动。一般而言，它包括对共有物的保存、改良、利用。共有人对共有物有管理约定的，依据其约定管理共有物；没有约定或者约定不明确的，各共有人都有管理的权利和义务。

（1）保存行为。所谓共有物的保存行为，是指为了防止共有物的灭失、损毁或者其权利丧失、受限制等，维持其现状的行为。保存行为可以是事实行为，也可以是法律行为。前者如对漏雨的房屋修缮，后者如出卖易腐烂的共有物。因保存行为是为了防止共有物及其权利遭受损害，且多为急迫行为，只可能给其他共有人带来利益，因此共有人无须经过其他共有人的同意而为之。

（2）改良行为。所谓改良行为，是指不改变共有物性质而增加其效用或者价值的行为。例如，装修共有房屋。改良行为不像保存行为那样具有紧迫性与必要性，而且多少会改变共有物的原状，所以完全由共有人单独处理，如其构成我国《民法典》第 301 条的"重大修缮"，则需要经占份额 2/3 以上的共有人同意方可进行。当然，当事人有约定的，依当事人的约定。

（3）利用行为。所谓共有物的利用行为，即对共有物的使用方法，是指以满足共有人共同需要为目的，不变更共有物的性质，决定其使用、收益的方法的行为。按份共有人对共有物的使用与对共有物的利用是性质不同的问题。按份共有人对共有物的使用及收益分配是我国《民法典》第 298 条调整的内容，即各共有人按照其份额对共有物享有的所有权的使用权能。而按份共有人商定对共有物利用，即对共有物利用则属于对共有物管理的内容。例如，全体共有人可以约定各共有人对共有物分部分或者分时间使用；将共有物交个别共有人使用，由使用的共有人对不使用的共有人给予补偿等。对共有物的利用，共有人有约定的，依其约定，无约定或者约定不明的，由全体共有人共同决定。

4. 共有费用的负担。共有物的费用，包括共有物的管理费用和其他负担。共有物的管理费用包括因共有物的保存、改良和利用所产生的费用，其他负担包括各种税款、保险费以及因共有物致人损害所承担的赔偿金。依据我国《民法典》第 302 条的规定：共有人对共有物的管理费用以及其他负担，共有人有约定的，按照约定；没有约定或者约定不明确的，由各按份共有人按照其份额负担。

5. 共有人之间的物权请求权。当某一个或几个共有人未经全体共有人的同意，损害或妨害其他共有人利益时，如共有人份额被其他共有人否认时，可以按份额行使物权请求权。如果其他共有人妨害共有权行使，受侵害的共有人可以行使停止侵害、排除妨害、恢复原状等物权请求权。

（四）按份共有的外部关系

按份共有的外部关系，是指各个按份共有人就共有物对外与第三人发生的权利义务关系。

1. 各个按份共有人对第三人的权利。

（1）对第三人行使物权请求权。各个按份共有人对于第三人，可以就共有物的全部单独行使所有权的请求权。所谓单独行使所有权的请求权，包括所有物返还请求权、排除妨害请求权和消除危险请求权。按份共有人以其所占份额及于共有物的全部而非限于局部，因此，各个按份共有人行使这些权利时，不以其份额（应有部分）为限，无须顾及其他共有人的意思如何，可就共有物的全部加以行使。但是，某个按份共有人单独行使所有物返还请求权，必须是为了全体共有人的利益，即应当请求占有人向全体共有人返还共有物，而不得请求仅向自己返还。

（2）对第三人行使物权确认请求权。第三人主张共有物归其所有的场合，因确认物权只能向法院提起，并通过民事诉讼程序解决。所以，各个按份共有人不得单独行使物权确认请求权，应以全体共有人的名义主张。

2. 对第三人行使债权或者债务请求权。根据我国《民法典》第 307 条的规定，因共有的不动产或者动产产生的债务，在对外关系上，共有人享有连带债权、承担连带债务，但是法律另有规定或者第三人知道共有人不具有连带债务关系的除外。行使债权或者偿还债务超过自己份额的按份共有人，应当将超出自己债权债务份额的部分向其他按份共有人返还或者追偿。

三、共同共有

（一）共同共有的概念和特征

共同共有，是指数人基于某种共同关系而对共有物不分份额地共同享有权利并承担义务的共有关系。我国《民法典》第299条规定："共同共有人对共有的不动产或者动产共同享有所有权。"其法律特征有：

1. 共同共有根据共同关系而产生，以共同关系的存在为前提。所谓共同关系，是指两个或者两个以上的人因共同目的而结合，成为共同共有基础的法律关系。共同关系的产生或者是法律直接规定的，或者是合同约定的。前者如夫妻关系、家庭关系，后者如合伙合同。共有人之间没有共同关系，也就无共同共有，至多可以产生按份共有关系。

2. 在共有关系存续期间，共同财产不分份额。共同共有是不分份额的共有，只要共同共有关系存在，共有人对共有的财产就不能划分各人的份额。只有在共有关系消灭，对共有财产进行分割时，才能确定各个共有人应得的份额。这是共同共有与按份共有的主要区别。

3. 共同共有的共有人平等地享有权利和承担义务。在共同共有关系中，共有人对共有物所享有的权利和所承担的义务不取决于份额，而具有平等性。各共同共有人对于共有物，平等地享有占有、使用、收益、处分的权利，对共有物也平等地承担义务。在共同共有中，各共同共有人对共有物的权利义务不分份额，基于共有物而产生的债权债务通常为连带债权债务，因此较之于按份共有，共同共有人之间具有更密切的利害关系。

我国《民法典》第308条规定："共有人对共有的不动产或者动产没有约定为按份共有或者共同共有，或者约定不明确的，除共有人具有家庭关系等外，视为按份共有。"该规定有利于明确各共有人享有的份额，使共有人之间的法律关系简洁化，有利于共有纠纷的处理。

（二）共同共有的类型

构成共同共有基础的共同关系主要包括婚姻关系、家庭共同生活关系、共同继承关系与合伙关系，因此，共同共有主要包括以下四种类型：

1. 夫妻共有。夫妻共有财产是我国共同共有的基本类型，也是我国法律明确规定的一种共同共有。根据我国《民法典》规定，夫妻在婚姻关系期间所得的财产，归夫妻共同所有，法律另有规定或者双方另有约定的除外，夫妻对共同所有的财产，有平等的处理权。至于夫妻婚前的财产为个人财产的，则不属于夫妻共同财产的范围。在婚姻关系存续期间，下列财产一般为夫妻共同财产：(1) 婚后夫妻一方或双方劳动所得的财产。无论夫妻在家庭中的分工如何、收入高低，夫妻婚后一方或双方劳动所得的财产，均由夫妻双方共同所有。(2) 婚后夫妻双方继承和接受赠与的财产。夫妻双方通过继承遗产、接受赠与或接受遗赠所取得的财产，都属于夫妻共有财产。但遗嘱或者赠与合同中确定只归夫或者妻一方所有的除外。(3) 夫妻以双方的合法收入购置的财产，除长期由一方使用的衣物、书籍外，属于夫妻共有财产。(4) 夫妻在婚姻关系存续期间取得的知识产权收益等其他合法收入以及其他无法确定为个人财产还是共有财产的财产，推定为共有。(5) 夫妻双方经过协商，夫妻可以约定婚姻关系存续期间所得的财产归属，除约定归夫或者妻各自所有的财产外，均为共有财产。(6) 夫妻的婚前财产，是夫妻各自所有的财产，不属于夫妻共有财产。婚后双方用共有财产进行了重大修理和改造的，通过修缮新增加的价值部分，也属于夫妻共有财产。

婚姻关系存续期间，对于夫妻共有财产，夫妻双方平等地享有权利。原则上，非经对方同意，任何一方不得单独处分夫妻共有财产。夫妻一方在处分共有财产时，另一方明知其行为而不作否认表示的，视为同意，事后不得以自己未亲自参加处分为由而否认处分的法律后果。只有在离婚时，即作为共同共有关系基础的婚姻关系终止时，夫妻才可以要求共有财产的分割。

2. 家庭共有。对于家庭共有财产，我国现行法未作明确规定。但是，按照我国传统，儿女即便在成年而获得独立经济收入之后，仍然可能与父母及其他家庭成员居住在一起。基于家庭共同生活关系，确认一定范围的家庭财产归家庭成员共同所有就成为必要，故而理论与实务均认为，家庭共有财产系共同共有的一种形式。所谓家庭共有财产，是指家庭成员在家庭共同生活关系存续期间，共同创造、共同劳动所得的财产。家庭共有财产的来源，主要是家庭成员在共同生活期间的共同收入，家庭成员交给家庭的财产以及家庭成员共同积累、购置、受赠的财产。

家庭共有财产是以维持家庭成员共同生活或者生产为目的的财产，每个家庭成员都对其享有平等的权利。除法律另有规定或家庭成员间另有约定外，对于家庭共有财产的使用、处分，应取得全体家庭成员的同意。家庭共有财产只有在家庭共同生活关系终止以后，才能进行分割。

家庭共有财产不同于家庭财产。家庭财产，是指家庭成员共同所有和家庭成员个人财产的总和。区分家庭共有财产与家庭成员个人财产的主要意义在于：(1) 家庭成员分家析产时，只能对家庭共有财产而不能对个人财产进行分割。如家庭共有财产的某一共有人死亡，在财产继承开始时，必须把死者在家庭共有财产中的应有部分分出，作为遗产继承，而不能把家庭共有财产都作为遗产继承。(2) 因生产经营活动负债时，个人经营的，以个人财产承担清偿债务的责任；家庭经营的，以家庭共有财产承担清偿债务的责任。(3) 在家庭共同生活期间，为家庭的共同生活和生产需要所付出的开支，由家庭共有财产负担。用以满足个人需要的开支，如个人爱好等引起的支出，应由个人财产负担。

3. 遗产分割前的共有。根据我国《民法典》规定，继承开始后，遗产所有权已经转归继承人所有。同一顺序的继承人为多人，则应由多人共同继承遗产。就法定继承而言，遗产以集合物的存在发生所有权转移，在多个继承人分割遗产之前，任何继承人均不能单独地取得遗产的所有权，并不能确定各个继承人所继承的遗产份额。因此，在遗产继承开始后至遗产分割前，各继承人对遗产的共有为共同共有。

4. 合伙的共有。关于合伙人对于合伙财产究竟是按份共有还是共同共有，理论上有不同的观点。一种观点认为，合伙财产属于按份共有，其原因是：首先，共同共有是不能划分份额的，而在合伙财产中，实际上是按照投资比例划分份额的；其次，按份共有是按照自己的份额享有共有财产的收益，而合伙人对收益的分配也主要是按照投资比例确定的。另一种观点认为，合伙关系存续期间，合伙人对于合伙财产为共同共有。其原因是：首先合伙财产由合伙人共同管理，个人不得处分；其次是在共有关系解除之前，不得请求分割共有财产。因此，合伙财产符合共同共有的特征。因合伙财产权是基于合伙关系而产生，合伙不产生独立人格，认定合伙财产由全体合伙人共同共有，有利于维护合伙关系和合伙的主体地位，同时亦可以充分保护债权人的利益。因此，将合伙财产视为共同共有的观点更可采。

(三) 共同共有的内外部关系

1. 共同共有的内部关系。共同共有关系存续期间，共有人对共有财产享有平等的使用、收益权，及于共有财产的全部。共有人按照约定管理共有财产，没有约定或者约定不明确的，各个共同共有人都有管理的权利和义务。对共有财产的收益，不是按比例分配，而是共有人共同享有。

由于共同共有人对共有财产享有平等的权利，对共有财产进行处分或者作重大修缮，应当经全体共同共有人的同意，但共有人之间另有约定的除外。如果是对共有财产为保存行为或者简易修缮，则无须经全体共同共有人的同意；再如，夫妻为了日常生活的需要而处分价值额不大的共有财产时，无须征得另一方同意。但是，在共同共有关系存续期间，部分共有人擅自处分共有财产的，一般应认定无效。但第三人善意、有偿取得该财产的，应当维护第三人的合法权益。对其他共有人的损失，由擅自处分共有财产的人赔偿。根据法律规定或依据共有人之间的协议，可以由某个共有人代表或代理全体共有人处分共有财产。无权代表或代理的共有人擅自处分共有财产的，如果其他共有人明知而不提出异议，视为其同意。

在共同共有的共同关系存续期间，在共同共有的基础丧失之前，或者无重大事由时，各共同共有人不得请求分割共有物。因为共同共有是基于一定的共同关系而产生的，共有财产是以维持共同关系的存在为目的。在共同关系仍然存在时，如果允许共同共有人可以随时分割共有财产，必然瓦解共同关系的存续。因分割共同共有财产对其他共有人造成损害的，应当给予赔偿。

共同共有人对共有财产共同承担义务。因对共有财产进行维护、保管、改良等所支付的费用由共有人共同负担，但共有人有约定的依其约定。

2. 共同共有的外部关系。共同共有人对第三人的物权请求权。在共同共有关系存续期间，当共有物被他人非法占有、他人非法侵害或有被妨害之虞时，任何共有人均可行使基于所有权的请求权，以保全共有物所有权的圆满状态。这种请求权的行使目的在于保护全体共同共有人的利益，无须征得全体共有人的同意。

共同共有人对第三人的连带债权和连带债务。因共有物而使共同共有人与第三人产生的债权，各个共同共有人享有连带债权；共同共有人对因共有物所产生的各类债务，承担连带责任。例如，因共有财产致他人损害而产生的赔偿费用，因修缮、保管共同财产等产生的费用，均由全体共同共有人承担连带责任。

（四）共同共有的消灭

共同共有消灭的原因，适用一般所有权消灭的原因，但共同共有还有特别的消灭原因。共同共有的产生、存在是以共同关系为基础，共同共有人之间的共同关系终止时，共同共有关系就必然消灭。因此，共同共有关系随着下列事实的发生而消灭：（1）配偶一方死亡或者离婚，婚姻关系终止；（2）家庭解散，分家析产；（3）共同继承人分割遗产；（4）合伙关系解除或者终止。

（五）共有物的分割

共同共有财产的分割，是在共有关系终止时，以当事人之间的协议或依法律规定清理共有财产的行为。

1. 共同共有财产的分割原则。共同共有财产的分割，应当以遵守法律规定、遵守约定、平等协商与和睦团结为一般原则。在一般原则下，对夫妻共同共有财产，原则上应坚持均等分割原则，每人各分得共有财产的一半；对于家庭共同财产，在坚持均等分割原则的同时，还应考虑共同共有人对共有财产的贡献大小以及依各共有人生产、生活的实际情况具体确定分配财产的数量。至于共同继承的遗产的分割，则应依《民法典》的规定分割；合伙共同财产的份额，按合伙人投资比例分割。

2. 共同共有财产的分割方式。根据我国《民法典》第 304 条第 1 款的规定，共有人可以协商确定分割方式。达不成协议，共有财产可以分割且不会因分割减损价值的，应当对实物予以分割；难以分割或者因分割会减损价值的，应当对折价或者拍卖、变卖取得的价款予以分割。因此，对共有财产的分割可以采取三种方式：

（1）实物分割。对于共有财产的分割，在不影响共有财产的使用价值和特定用途时，可以对共有财产采取实物分割的方式。可以进行实物分割的共有物一般是可分物，如面粉、布匹等。

（2）变价分割。如果共有财产不能分割或者分割有损其价值，而且各共有人都不愿意接受共有物时，可以将共有物出卖，由各共有人分配价金。

（3）作价补偿。对于不可分割的共有物，共有人中的一人愿意取得共有物的，可以由该共有人取得该共有物。对于共有物的价值超出其应得份额的部分，取得共有物的共有人应对其他共有人作价补偿。

3. 共同共有财产分割的法律效力。共同共有财产分割以后，共有关系归于消灭。就原物进行分割或者变价分割后，各共有人就分得的份额取得单独的所有权。由共有人对全部共有财产的共同所有，变为各共有人对原共有财产的各个部分单独所有。但是，分割以后属于某个共有人的财产由于分割以前的原因而为第三人追索或被发现有瑕疵的，原共有人都要承担责任。因为原共有人有义务担保各人分得的共有财产不受第三人的追索对原共有财产负有瑕疵担保责任。例如，甲乙分割共有财产以后，发现甲分得的财物原来是乙借用丙的财产。甲应将该项财产返还给丙，而乙则应补偿甲一定的损失。也就是说，如果共有人之一分得的财产因其分割前的权利瑕疵问题而被第三人追索或财产本身有瑕疵，其所受的损失应由其他共有人按其所得财产的份额比例进行补偿。因此，我国《民法典》第 304 条第 2 款规定，共有人分割所得的财产有瑕疵的，其他共有人应当分担损失。

四、准共有

准共有，指两个或两个以上的主体按份共有或共同共有所有权以外的财产权的共有。当代各国物权法在对所有权的共有作出规定后，一般均设有准共有的规定。我国《民法典》第 310 条规定：两个以上组织、个人共同享有用益物权、担保物权的，参照适用共有章的有关规定。准共有具有以下法律特征：

准共有的标的物是所有权之外的财产权，包括用益物权、担保物权、知识产权中的财产权以及债权。人格权、身份权等非财产权不得作为准共有的标的物。

占有不是一种权利，不会形成准共有，则能够成为共同占有。

准共有即准用共有的法律规定。究竟是准用法律关于共同共有的规定，还是准用法律关于按份共有的规定，应当视其共有关系而定。

准共有准用按份共有或共同共有的规定，仍然以该财产权的法律没有特别规定的为限。如果其法律有特别规定的，则应首先适用该特别规定。在共有地役权时，应注意地役权具有不可分性。

第六节　业主的建筑物区分所有权

一、业主的建筑物区分所有权的概述

由于城市人口的急剧增长、住宅商品化的推行以及建筑物向多层和高空发展，许多建筑物的所有权主体不是单一的或为少数几个人共有，而是将建筑物区分为各个部分和居住单位而为不同的主体分别所有。这样需要在法律上确认和保障各个主体对其专有部分享有所有权从而保障其对专有部分享有转让、赠与、抵押等处分权。同时由于区分所有中共有部分情况复杂、种类较多，加上每个单独所有人的单独部分各不相同，必须明确各区分所有人的责任。建筑物区分所有关系不仅表现为物权法上的权利义务关系，而且还涉及区分所有权人所组成的共同体（业主大会、业主委员会），所以需要构建业主的建筑物区分所有权法律制度对上述社会关系进行调整。

业主的建筑物区分所有权是我国物权法专章规定的不动产所有权的一种形态。业主的建筑物区分所有权，是指业主对建筑物内的住宅、经营性用房等专有部分享有单独的所有权，对专有部分以外的共有部分享有共有权，以及因共有关系而产生的共同管理权。这里所称的“业主”既包括建筑物专有部分的所有人，也包括基于与建设单位之间的商品房买卖民事法律行为，已合法占有建筑物的专有部分，但尚未依法办理所有权登记的人。这里所指的建筑物包括住宅和经营性用房。住宅，是指以居住为目的和用途，供家庭居住使用的房屋；经营性用房，是指以经营为目的和用途，供商业使用的房屋。业主的建筑物区分所有权具有以下几个法律特征：

1. 权利构成具有复合性。权利的复合性，是指业主的建筑物区分所有权是由几种权利组合而成的，具体地说，该权利是业主的专有所有权、对共有部分所享有的不可分割的共有权以及共同管理权三种权利结合而成的复合型权利。

2. 专有权具有主导性。专有所有权的主导性，是指专有所有权在业主的建

筑物区分所有权这一复合性的权利中具有决定性的意义。主要表现在：（1）取得专有所有权，也就取得了共有权和共同管理权，即建筑物区分所有权的权利人拥有了专有权就必然拥有共有权、管理权；（2）专有所有权标的物之面积大小决定了区分所有人共有部分的比例和共同管理权的权利义务的行使与承担比重；（3）专有所有权变动的效力及于共有权和管理权。

3. 权利的一体性。一体性，是指业主的建筑物区分所有权的专有所有权、共有所有权以及共同管理权构成一个统一的整体。在转让、抵押、继承时，三者不能分离。他人受让取得专有所有权，也同时取得了其他两项权利。

4. 权利主体身份的多重性。建筑物区分所有权的主体身份具有多重性，既是区分所有建筑物的专有人，又是共同使用的建筑物部分的共有人，还是共同管理权的管理人，集专有权人、共有权人、共同管理人三重身份于一体。

二、业主的建筑物区分所有权的客体

业主的建筑物区分所有权的客体包括两部分：专有部分和共有部分。所谓专有部分，是指通过一定方式而对建筑物加以区分，由此所分割出的兼具建筑物构造上和使用上的独立性的部分房屋。所谓共有部分，是指区分建筑物的专有部分以外的归业主共同所有的部分。业主的建筑物区分所有权在区分所有的情况下，只能以共有和专有部分作为建筑物区分所有权客体而不能以整个建筑物作为所有权客体。

（一）专有部分

基于物权客体特定的原则，要成为业主的建筑物区分所有权的专有部分的客体，需具备下列条件：（1）构造上具有独立性。所谓结构上的独立性，是指专有部分在建筑构造上须与建筑物的其他部分相隔离，如通过墙体、地板、天花板等与他人的专有部分及公共部分相隔离。（2）使用上的独立性。所谓使用上的独立性，是指专有部分须满足单独使用及具有独立的经济效用需求。其主要的判断标准是，该区分部分是否有独立的出入门户。（3）能够独立登记公示，成为特定业主所有权的客体。对于专有部分的范围，区分建筑物的专有部分和其他专有部分以共用墙壁、地板、天花板等相隔离。专有部分是各个业主所单独享有的所有权的客体。

（二）共有部分

区分所有的建筑物，除归属各区分所有权人单独所有的专有部分外，还有共有部分。共有部分包括：（1）建筑物本体中不属于专有部分的各部分，如建筑物的基础、屋顶、承重结构、外墙等基本结构部分，通道、楼梯、大堂等公共通行部分，消防、公共照明等附属设施、设备，避难层、设备层或者设备间等结构部分。（2）其他不属于业主专有部分，也不属于市政公用部分或者其他权利人所有的场所及设施等。具体而言，包括建筑区划内不属于城镇公共道路的道路；建筑区划内不属于城镇公共绿地或者明示属于个人的绿地；建筑区划内的其他公共场所、公用设施和物业服务用房等。（3）占用业主共有的道路或者其他场地用于停放汽车的车位，属于业主共有。（4）建筑物及其附属设施的维修资金，属于业主共有。此外，建筑物所占用的土地的建设用地使用权为业主共有。

三、业主的建筑物区分所有权的内容

（一）专有部分的单独所有权

业主的专有部分的单独所有权，是指业主对其建筑物的专有部分享有的占有、使用、收益和处分的权利。我国《民法典》第 272 条规定："业主对其建筑物专有部分享有占有、使用、收益和处分的权利。业主行使权利不得危及建筑物的安全，不得损害其他业主的合法权益。"此项单独所有权与一般的所有权并无本质区别。但此项专有部分与建筑物上其他专有部分有密切的关系，具有共同的利益。例如，在专有部分任意改变建筑结构可能会危及整个建筑物的安全时，不得自行为之。再如，就专有部分进行改良或修理，必要时有权使用他人的专有部分，但不得损害其他业主的合法权益。此外，业主不得违反法律、法规以及管理规约，将住宅改变为经营性用房。业主将住宅改变为经营性用房的，除遵守法律、法规以及管理规约外，应当经有利害关系的业主同意。

（二）共有部分的共有权

业主对共有部分之共有的法律属性究竟是按份共有还是共同共有，依据我国《民法典》第 308 条的规定，应当视为按份共有。同时，根据该法第 278 条在规定业主大会的表决权行使时，将专有部分占建筑物总面积的比例作为表决的计算标准，而该法第 283 条也将专有部分占建筑物总面积的比例作为建筑物及其附属设施的费用分摊、收益分配的标准。均可得出业主对共有部分的共有在性质上类似按份共有。

业主对共有部分行使的共有权包括以下权能：占有权、使用权、收益权和处分权。所谓使用权，是指全体业主对共有部分依其设置目的及通常使用方法享有正当使用的权利，包括共同使用与轮流使用。所谓收益权，是指收取共有部分的天然孳息及法定孳息的权利。对于共有部分所产生的收益，除业主之间另有约定外，应当由业主按其共有部分应有的比例收取。所谓处分权，包括事实上的处分和法律上的处分。共有部分为全体或者相关业主所共有，均不得分割，也不得单独转让。对于事实上的处分，如对共有部分及其相关设施的拆除，应由区分所有权人全体会议决定。对于法律上的处分，如业主处分共有部分时，应随同专有部分所有权同时进行。

我国《民法典》第273条第1款规定："业主对建筑物专有部分以外的共有部分，享有权利，承担义务；不得以放弃权利为由不履行义务。"因此，业主的共有权作为一项权利，业主得自由处分而抛弃，但业主不得以放弃权利不履行义务，是对业主行使的共有权的限制。

（三）共同管理权

共同管理权，也称成员权，是指业主基于专有权与共有权对物业小区之公共事务进行管理与监督的权利。共同管理权包括以下几种具体权利：

1. 业主有权设立业主大会并选举业主委员会。业主大会由全体业主组成，是管理建筑区划内建筑物及其附属设施的共有部分和共同事务的自治组织，是物业小区的意思机构。而选举产生的业主委员会则是业主大会的执行机构，其按照管理规约及业主大会的决定，代表全体业主对内决定建筑区划内的日常事务，对外代表业主从事必要的活动。业主委员会的产生必须由业主行使选举权而成立。

重大事务决定权。依照我国《民法典》第278条第1款规定，业主对下列事项具有决定权：制定和修改业主大会议事规则；制定和修改管理规约；选举业主委员会或者更换业主委员会成员；选聘和解聘物业服务企业或者其他管理人；使用建筑物及其附属设施的维修资金；筹集建筑物及其附属设施的维修资金；改建、重建建筑物及其附属设施；改变共有部分的用途或者利用共有部分从事经营活动；有关共有和共同管理权利的其他重大事项。为确保业主利益，该条第2款明确规定："业主共同决定事项，应当由专有部分面积占比三分之二以上的业主且人数占比三分之二以上的业主参与表决……"决定筹集建筑物及其附属设施的维修资金，改建、重建建筑物及其附属设施，改变共有部分的用途或者利用共有部分从事经营活动的事项，"应当经参与表决专有部分面积四分之三以上的业主且参与表决人数四分之三以上的业主同意。决定前款其他事项，应当经参与表决专有部分面积过半数的业主且参与表决人数过半数的业主同意"。

2. 委托权与监督权。业主既可自行管理建筑物及其附属设施，也可委托物业服务企业或者其他管理人管理。对建设单位聘请的物业服务企业或者其他管理人，业主有权依法更换。

物业服务企业或者其他管理人根据业主的委托，依照有关物业服务合同的规定管理建筑区划内的建筑物及其附属设施，接受业主的监督，并及时答复业主对物业服务情况提出的询问。建筑物及其附属设施的维修资金，经业主共同决定，可以用于电梯、屋顶、外墙、无障碍设施等共有部分的维修、更新和改造。建筑物及其附属设施的维修资金的筹集、使用情况应当定期公布并接受业主的监督。

3. 请求撤销权。业主大会或者业主委员会的决定对业主具有法律约束力。

业主大会或者业主委员会作出的决定侵害业主合法权益的，受侵害的业主可以请求人民法院予以撤销。但业主的该项权利应当在知道或者应当知道业主大会或者业主委员会作出决定之日起1年内行使。

（四）共同收益权

建设单位、物业服务企业或者其他管理人等利用业主的共有部分产生的收入，在扣除合理成本之后，属于业主共有。

【本章小结】

所有权在物权体系中居于核心地位，是贯穿于整个财产法制度的主线索。所有权既包括占有、使用、收益和处分四项积极权能，也包括排除他人干涉的消极权能。我国所有权的种类包括国家所有权、集体所有权、私人所有权等。为提高相邻不动产所有人之间对其不动产的使用效益，民法以相邻关系的法律制度进行调整。基于所有权表现出来的共有、建筑物区分所有等丰富形态，民法亦对共有制度、建筑物区分所有制度进行了保护。

【引例评析】

本案例中，耕牛的所有权人孙某有权追回遗失物，即有权请求赵某返还该牛。该牛作为遗失物通过转让被赵某占有后，孙某可以自知道或者应当知道受让人赵某之日起二年内向受让人赵某请求返还原物；但是，受让人赵某通过具有经营资格的经营者县交易所购得该牛，孙某在请求返还原物时应当支付受让人赵某所付的费用。孙某在向受让人赵某支付所付费用后，有权向无处分权人周某追偿。

【练习题】

1. 名词解释

（1）所有权

（2）国家所有权

（3）私人所有权

（4）业主的建筑物区分所有权

（5）共有

（6）按份共有

（7）共同共有

（8）准共有

（9）相邻关系

(10) 善意取得

(11) 遗失物

(12) 孳息

(13) 添附

(14) 先占

(15) 取得时效

2. 简答题

(1) 所有权的法律特征是什么?

(2) 简述所有权的权能。

(3) 国家所有权的特征是什么?

(4) 善意取得的构成要件包括哪些?

(5) 简述附合的构成条件及其法律后果。

(6) 简述相邻关系的处理原则。

(7) 按份共有的概念和特征是什么?

(8) 业主的建筑物区分所有权的内容包括哪些?

3. 案例分析题

2018年3月,甲要去国外做访问学者。临行前,甲将其祖传的珍贵国画交给邻居乙保管,并称访学归来时取回。乙收下国画,并称请甲放心,一定完璧归赵。甲出国后6个月时,乙因结婚急需用钱。乙将甲寄存的国画以12万元的价格出卖给丙,并称该国画是他自己的。丙为收藏字画的专家,觉得价格比较合理,遂买下该国画。2019年3月,甲从国外访学归来,得知其国画被乙卖给丙,便向丙追要国画。丙称,国画是我从乙处买来的,我购买时认为该国画是乙的,你想要也得向乙要,并表示不能将国画返还给甲。甲请求乙归还国画,乙称,国画已经出卖了,只能向丙要回该国画。在此情况下,甲向法院起诉,要求乙、丙归还国画。

问题:

本案应当如何处理?

第十二章 用益物权

【引入案例】

甲房地产公司在滨海城市经过拍卖程序，获得一块临近大海的住宅建设用地使用权，但该地块面向大海的方位有一工厂乙。为了能使高层住户观赏到海洋景色而建造海景商品住宅楼。甲房地产公司与乙工厂双方协议约定：乙工厂在30年内不得在厂区兴建高层建筑，为此甲房地产公司每年向乙工厂支付20万元作为补偿。协议签订5年后，因污染乙工厂搬迁到另一地方经营。乙工厂将其土地和房屋全部转让给丙公司，乙工厂未向丙公司提及其与甲公司之间的约定。丙公司取得该地块使用权后建造高层办公楼。甲房地产公司得知后要求丙公司立即停止兴建，遭到拒绝便向法院提起诉讼，请求确认乙工厂与丙公司之间转让土地合同无效，并要求赔偿损失。本案应如何处理？

【学习目标】

通过本章学习，能够掌握：

1. 用益物权的概念及其特征；
2. 土地承包经营权人的权利和义务；
3. 建筑用地使用权的设定和消灭；
4. 居住权的内容；
5. 地役权特征及其内容。

第一节　用益物权概述

一、用益物权的概念和法律特征

用益物权，是指对他人所有的不动产或者动产，依照法律规定享有占有、使用和收益的权利（《民法典》第323条）。为了解决人们对物质资料的占有和需求之间的矛盾，提高资源的利用效率，需要构建一种既兼顾所有人利益又兼顾利用人利益的法律制度，这就是用益物权。用益物权适应了市场经济要求扩大所有权、扩张物的效用的需求。用益物权制度的建立，对社会、经济发展有着重要的意义。与财产所有权、担保物权相比较，用益物权具有以下特征：

1. 用益物权是由所有权派生的他物权。就权利所归属的体系而言，用益物权是权利人直接支配标的物的权利，具有绝对性、排他性、优先性，因此属于物权。用益物权是在他人所有物上设定的物权，是非所有人根据法律的规定或者当事人的约定对他人所有物享有使用、收益的权利。用益物权是所有人为了充分发挥物的效用，将所有权与其部分权能相分离，由用益物权人享有和行使对物的一定范围的使用、收益权能的结果。因此，用益物权是由所有权派生的权利。从其法律性质上讲，用益物权是"他物权"，以相对于所有权的"自物权"。

2. 用益物权是一种限制物权。用益物权是由所有权派生出的他物权，决定了用益物权是一种限制物权。用益物权作为限制物权主要表现在两个方面：一方面，用益物权只是在一定范围内行使权利，没有完全的支配权。例如，土地承包经营权、地役权等用益物权，与全面支配标的物的所有权不同，仅限于在特定方面使用他人的土地。另一方面，用益物权是在他人物上设定的权利，是根据所有权人的意思对其所有物（或者说所有权）设定的负担，对所有权起着限制作用。因此在物权的优先效力上，用益物权的效力优先于所有权实现。

3. 用益物权是一种独立的物权。用益物权虽然由所有权派生，以所有权为权源，属于他物权，但用益物权的这种派生性并不影响用益物权作为一种独立的财产权存在。用益物权一旦产生，其权利人就在设定的范围内独立地支配其标的物，进行使用和收益。用益物权人不仅可以排除一般的人对于其行使用益物权的干涉，而且在其权利范围内可以依据用益物权直接对抗物的所有人对其权利的非法妨害。用益物权具有独立于所有权存在的特性。

4. 用益物权以对标的物的占有为前提，以对物的使用、收益为其主要内容。用益物权是权利人对标的物的使用价值单方面利用的物权，这与担保物权以对物的交换价值的利用为内容形成了显著区别。换言之，设置用益物权的目的在于对物的使用、收益，以取得物的使用价值。设立担保物权的目的在于取得物的交换价值。这也就决定了用益物权的设立以对标的物的占有为要件，必须将标的物的占有移转给用益物权人，由其在实体上直接支配标的物。利用他人之物为使用收益，必然要对物予以实际支配。否则，用益物权的目的就不可能实现。而担保物权不必对物进行有形支配，当然，对于质权和留置权而言也以标的物的占有为必要，但这种占有是权利的保持和公示的方法，它并不是对标的物利用的前提。

5. 用益物权的期限具有多样性。用益物权的期限呈现多样性，情况较为复杂。例如，行政划拨方式取得的建设用地使用权没有明确的存续期限，出让方式取得的建设用地使用权我国法律都规定了明确的存续期限，但住宅建设用地使用权的存续期限届满时自动续期。再如，宅基地使用权存续期限无限制。

6. 用益物权的客体主要是不动产。在法律发展史上，用益物权的客体范围很广，及于法律上的一切物。根据我国《民法典》规定，用益物权的客体包括了不动产和动产。但是，我国《民法典》以及其他法律规定的用益物权，包括土地承包经营权、建设用地使用权、宅基地使用权、地役权、海域使用权、探矿权、采矿权、取水权、养殖权、捕捞权，均在不动产上设定。《民法典》尽管规定了在动产上可以设定用益物权，但法律并没有规定具体的动产用益物权的类型。根据物权法定原则，当事人不能创设动产用益物权。《民法典》第 323 条规定在动产上可以设定用益物权，仅仅是为将来的立法预留空间。

二、用益物权的类型

（一）传统民法上重要的用益物权的类型

用益物权的类型设定，与各国或地区固有的政治、经济和历史传统、文化背景、社会发展密切相关，因此大陆法系各个国家或者地区法律规定的用益物权的类型存在十分明显的差异。但这并不意味着在现代市场经济条件下各国物权制度没有共性，传统民法中的地上权、地役权、永佃权、典权、居住权等用益物权制度对完善我国物权立法具有一定借鉴意义。

地上权，又称“借地权”，是指以在他人土地上建造、保有建筑物或其他工作物为目的而使用他人土地的权利。在地上权存续期间，地上权人享有对土地的占有、使用、收益的权利和转让地上权的权利。在地上权终止时，除当事人有特别约定外，地上权人有权收回其建筑和林木，或由土地所有人给予补偿，同时地上权人有义务恢复土地原状。

永佃权，是指以支付地租为对价在他人土地上进行永久性耕作或者放牧的权利。永佃权解决了有地不耕和耕者无地的矛盾。永佃权人永久使用他人土地不定期限，同时永佃权可以转让，这种权利的稳定性和可流转性激发农民向土地进行投资，从制度上保障农民经营行为长期从事农牧业的可能性。

地役权，是指为了自己使用、经营土地的方便而使用他人土地的权利。如为了耕种自己的土地需要经过他人土地而取得的通行权。需要他人土地提供方便才得以使用的土地称为需役地，供给他人使用的土地称为供役地。在地役权关系中，供役地人就利用其土地负有容忍或不作为的义务，需役地人享有他人土地提供必要方便的权利。

典权，是指支付一定典价而占有他人不动产并享有使用、收益的限制物权。支付典价而占有他人财产的人为典权人，取得典价将自己的不动产提供典权人用益的人为出典人，提供的不动产为典物。典权人交付给出典人的价金为典价。出典人有用原典价赎回典物的回赎权。依照双方约定，也可在找补典价与卖价的差额后，将典物卖给典权人所有。如果到期不赎回视为“绝卖”，典物归典权人所有。典权人在出典人出卖典物时，在同等条件下有优先购买权。

居住权，是指对他人所有的住房及其附属设施占有、使用的权利。居住权人对房屋的使用应限于居住的目的。居住权的取得应有法定的依据或有关合同的约定，被赋予与居住权人或其家庭人身有关的特性，当事人既不可转让，也不可出租。

（二）我国法律规定的用益物权

我国《民法典》具体规定了用益物权的五种主要类型：土地承包经营权、建设用地使用权、宅基地使用权、居住权和地役权。同时，也确认了海域使用权、探矿权、采矿权、取水权、养殖权和捕捞权等用益物权，也被称为“特许物权”。这类物权须经过行政特别许可，基于开发、利用的自然资源的目的而取得的用益物权。

第二节　土地承包经营权

一、土地承包经营权的概念和法律特征

土地承包经营权，是指土地承包经营权人通过签订土地承包经营合同，依法享有的在集体经济组织或者国家所有的农用地上进行耕作、养殖或者放牧等占有、使用和收益的权利。《民法典》第331条规定：“土地承包经营权人依法对其承包经营的耕地、林地、草地等享有占有、使用和收益的权利，有权从事种植业、林业、畜牧业等农业生产。”土地承包经营权是以物权关系调整农地使用关系。根据我国法律的规定，土地承包经营权具有以下主要特征：

1. 土地承包经营权以集体经济组织所有或者国家所有由集体经济组织长期使用的土地为客体。依法实行土地承包经营制度的土地，包括农民集体组织所有或国家所有由集体经济组织使用的土地，但在城市的国有土地上不得设立土地承包经营权。具体而言，土地承包经营权的客体包括耕地、林地、草地、农田水利用地、水面以及其他依法用于农业的土地。

2. 土地承包经营权的权利主体具有固定性。作为承包经营权客体的土地属于集体经济组织所有或者国家所有由集体经济组织使用，因此法律将集体经济组织等确定为发包人。根据《农村土地承包经营法》的规定，以家庭承包方式设定的土地承包经营权，承包人须是本集体经济组织的农户，农户家庭成员依法平等地享有承包土地的各项权益；以其他方式设定的土地承包经营权，承包人可以是本集体经济组织以外的单位或者个人，但应当事先经本集体经济组织成员的村民会议三分之二以上成员或者三分之二以上村民代表的同意，并报乡（镇）人民政府批准。

3. 土地承包经营权的权利内容为在集体或者国家所有的土地上从事耕作、养殖、放牧等农业生产。土地承包经营权作为一种用益物权，具有物权效力，对土地的占有、使用和收益并排除他人的不法干预。承包人不仅可以对抗社会一般人，而且可以对抗土地所有人。

4. 土地承包经营权有存续期限。根据我国法律的规定，土地承包经营权都有明确的存续期限。按照我国《农村土地承包法》第 21 条和《民法典》第 332 条第 1 款之规定：“耕地的承包期为三十年。草地的承包期为三十年至五十年。林地的承包期为三十年至七十年。”承包期届满，由土地承包经营权人依照国家农村土地承包的法律规定继续承包。

二、土承包经营权的取得

土地承包经营权取得的方式有两种：一是基于民事法律行为取得，二是基于民事法律行为以外的原因取得。

（一）基于民事法律行为取得

基于民事法律行为取得土地承包经营权的又可以分为有两种情形，包括创设取得和流转取得。

1. 土地承包经营权创设取得。土地承包经营权创设取得的最主要的方式是通过土地承包经营合同取得承包经营权，可分为家庭承包与以招标、拍卖、公开协商等方式的承包。

（1）家庭承包方式取得。家庭承包取得土地承包经营权，是以签订土地承包合同取得土地承包经营权，是土地承包经营权取得的最主要方式。发包方（农村集体经济组织、村民委员会或者村民小组）与承包方（本集体经济组织的农户）签订土地承包经营权合同，取得土地承包经营权。

（2）招标、拍卖、公开协商方式取得。对于“四荒”土地，即荒山、荒沟、荒丘、荒滩等农村土地，可以通过招标、拍卖和公开协商的方式进行承包经营。取得合意后，土地所有权人应当将“四荒”土地交给承包经营权人经营。

设定土地承包经营权都需通过土地承包人与发包人签订土地承包合同，确定双方当事人的权利义务关系。土地承包经营权自土地承包经营权合同生效时设立。

2. 基于土地承包经营权流转取得。土地承包经营权的转移取得，是指在土地承包经营权的流转中，受让人通过互换、转让等方式，依法从承包人手中取得土地承包经营权。土地承包经营权人可以自主决定依法采取出租、入股或者其他方式向他人流转土地经营权。通过招标、拍卖、公开协商等方式取得的农村“四荒”土地的土地承包经营权，可以通过转让、入股、抵押或者以其他方式流转。

（二）非基于民事法律行为的取得

除了法律行为外，继承为基于法律行为以外的原因而取得土地承包经营权的方式。根据我国《农村土地承包法》的规定，承包人应得的承包收益，依照继承法的规定继承。林地承包的承包人死亡，其继承人可以在承包期内继续承包。土地经营权通过招标、拍卖、公开协商等方式取得的，该承包人死亡，其应得的承包收益，依照继承法的规定继承；在承包期内，其继承人可以继续承包。可见，我国农村土地承包法明确了土地承包经营权在一定范围内可以继承。

三、土地承包经营权人的权利和义务

（一）土地承包经营权人的权利

土地承包经营权人的权利主要表现在以下四个方面：

1. 占有、使用承包土地的权利。土地承包经营权人对土地或者其他生产资料有占有权，得以对土地或其他生产资料实际占领控制，是使用、收益的前提条件。土地承包经营权人按照土地用途使用承包地，独立进行生产活动，不受其他组织或者个人的干涉。

2. 享有获取承包地收益的权利。收益权是土地承包经营权人获取承包地上产生的收益的权利，主要包括承包地上种植农林作物以及畜牧中所获得的利益。收益权是承包经营权中重要的权利，土地承包收益可由土地承包经营权人依法自由支配、处分，也可以依法继承。

3. 依法流转土地承包经营权。土地承包经营权的流转，在不改变土地用途、不违背土地有效利用的前提下，土地承包经营权人依照农村土地承包法的规定，有权将土地承包经营权采取互换、转让等方式流转，流转的期限不得超过承包期的剩余期限。土地承包经营权互换、转让的，当事人可以向登记机构申请登记；未经登记，不得对抗善意第三人。

通过招标、拍卖、公开协商等方式承包荒地等农村土地的，依照农村土地承包法等法律和国务院的有关规定，土地承包经营权可以转让、入股、抵押或者以其他方式流转。

依法流转土地经营权。承包方承包土地后，享有土地承包经营权，可以自己经营，也可以保留土地承包权，流转其承包地的土地经营权，由他人经营。承包方可以自主决定依法采取出租、入股或者其他方式向他人流转土地经营权。国家保护承包方依法、自愿、有偿流转土地经营权，保护土地经营权人的合法权益，任何组织和个人不得侵犯。土地经营权流转期限为五年以上的，当事人可以向登记机构申请土地经营权登记。未经登记，不得对抗善意第三人。通过招标、拍卖、公开协商等方式承包农村土地，经依法登记取得权属证书的，可以依法采取出租、入股、抵押或者其他方式流转土地经营权。

4. 承包地被征收的，土地承包经营权人有权依照《民法典》第243条的规定获得相应补偿。

（二）土地承包经营权人的义务

土地承包经营权人的主要义务有：

1. 维持土地的农业用途，未经依法批准不得用于非农业建设。土地承包经营权人应当维持承包土地的农业用途，不得在承包的土地上盖房、建窑、建坟，也不得私自将承包地用于非农建设。违法将承包地用于非农建设的，由县级以上地方人民政府有关行政部门依法予以处罚。

2. 依法保护土地资源的合理开发和可持续利用，维持土地生产力。土地承包经营权人在从事农业生产经营中，应当保持承包地的土地生态及环境质量，合理使用土地，保存、改良土地，提高土地的生产力，并且严禁给土地带来永久性损害。

四、土地承包经营权的消灭

土地承包经营权消灭的原因有以下几个方面：

1. 土地承包经营权期限届满。土地承包经营权为限期物权，在其期限届满时土地承包经营权终止。

2. 依照法定程序调整。依物权法和农村土地承包法的规定，承包期内发包人原则上不得调整承包地，但在因自然灾害严重毁损承包地等特殊情形下确需调整的，可依法定的程序和条件做出调整。因承包地调整可能导致承包经营权的消灭。

3. 承包地灭失。由于自然灾害等原因，承包的土地可能发生灭失。承包地灭失，土地所有权消灭，土地承包经营权也随之发生消灭。

4. 依法解除土地经营权。承包方不得单方解除土地经营权流转合同，但受让方有下列情形之一的除外：（1）擅自改变土地的农业用途；（2）弃耕抛荒连续两年以上；（3）给土地造成严重损害或者严重破坏土地生态环境；（4）其他严重违约行为。

5. 承包地被征收。在国家为公共利益的目的而征收承包地时，不仅集体的土地所有权消灭，而且承包地上的土地承包经营权也因此消灭。

6. 土地承包经营权人放弃。土地承包经营权作为一种民事权利，权利人可以放弃。放弃是权利人行使权利的单方行为。由于这项权利上附有一定义务，抛弃应受到一定限制。

第三节　建设用地使用权

一、建设用地使用权的概念和法律特征

建设用地使用权与大陆法系国家和地区民法中的地上权制度相类似。建设用地使用权有广义和狭义之分。广义的建设用地使用权，是指建设用地使用权人依法对国家或者集体所有的土地及其上下建造建筑物、构筑物及其附属设施并保有其所有权为目的而占有、使用、收益的用益物权。狭义的建设用地使用权，是指仅在国家所有的土地上设立的建设用地使用权，而不包括在集体所有的土地上设立的建设用地使用权。建设用地包括住宅用地、公共设施用地、工矿用地、交通水利设施用地、旅游用地、军事设施用地等。《民法典》第 344 条将建设用地使用权的客体界定为“国家所有的土地”，实际上明确了建设用地使用权主要是在国有土地上设定。同时该法第 361 条又规定：“集体所有的土地作为建设用地的，应当依照土地管理的法律规定办理”。按照《土地管理法》第 59 条的规定，在集体所有土地上设立的建设用地使用权仅存在于乡镇企业、乡（镇）村公共设施、公益事业、农村村民住宅等乡（镇）村建设所占用的土地。目前，农村集体经济组织还不能直接出让自己的土地使用权，使集体所有的土地使用权直接进入土地市场。需要在集体所有的土地上设立建设用地使用权的，应首先完成集体土地的征收，将其转化为国有土地后再设立建设用地使用权。

建设用地使用权具有排他性、优先效力、物权请求权等效力，以占有、使

用、收益为内容，属于用益物权。其具有以下法律特征：

1. 建设用地使用权客体为国家或集体所有的土地。建设用地使用权属于不动产物权，而且其对象仅限于土地，是在国家或者集体享有所有权的土地之上设立的用益物权。我国《民法典》第 344 条规定，建设用地使用权的客体是国家所有的土地。我国《民法典》第 361 条规定："集体所有的土地作为建设用地的，应当依照土地管理的法律规定办理。"

2. 建设用地使用权是以在国家或者集体享有所有权的土地上建造、保有建筑物、构筑物及其附属设施为目的的物权。所谓建筑物，是指可以供人们在其中进行生产、生活的居住用房、生产用房、办公用房等设施。构筑物主要是指不具有居住或者生产经营功能的人工建造物，主要包括道路、桥梁、隧道、堤坝、水池、纪念碑等；附属设施主要是指附属于建筑物、构筑物并辅助其发挥功效的设施，如电缆、变压器等电力设施，广播、电话等通信设施等。如果以农业为目的种植、养殖和畜牧而使用他人土地不属于建设用地使用权而属于土地承包经营权。

3. 建设用地使用权是使用他人土地的定限物权。建设用地使用权是使用他人土地而设定的用益物权，建设用地使用权一旦设定，土地所有人的所有权即受限制。

4. 建设用地使用权可以分层设立。我国《民法典》第 345 条规定："建设用地使用权可以在土地的地表、地上或者地下分别设立。"建设用地使用权是对土地综合开发利用的权利，因此，在土地之上可以就地表、地上、地下分别设立若干建设用地使用权。例如，在一宗土地上为建造住房设立了建设用地使用权，其后为修建地铁又在该宗土地的地下设立了建设用地使用权，为满足相邻人眺望远方景色的需要，又在该房屋上的空间设立了建设用地使用权。在分层设立建设用地使用权的情形下，不同层次的建设用地使用权人之间应当适用相邻关系的规定。

5. 建设用地使用权必须经过法定程序取得。通过有偿出让、转让取得建设用地使用权，除必须依法签订建设用地使用权出让或转让合同外，还必须依法向县级以上人民政府房地产管理部门登记，领取土地使用证。划拨建设用地使用权也必须依法进行，并办理登记手续。我国《民法典》第 349 条规定："设立建设用地使用权的，应当向登记机构申请建设用地使用权登记。建设用地使用权自登记时设立。登记机构应当向建设用地使用权人发放权属证书。"

建设用地使用权和土地租赁都可以获得对他人土地之利用，但由于建设用地使用权属物权性利用权，土地租赁权为债权性利用权，两者具有本质区别，主要表现在：（1）在采取登记要件主义的法律制度下，建设用地使用权非经登记不生效力；而土地租赁权的成立不以登记为成立要件和生效要件。（2）建设用地使用权的存续期间由法律规定，其期限较长，甚至可以由法律规定为无限期物权；而土地租赁的期限则由当事人约定，并受法律的限制，其期限一般较短。(3) 建设用地使用权多以交付使用金为对价，但也可以是无偿的；而土地租赁权的取得必须以交付租金为对价。(4) 建设用地使用权具有流通性，可以转让或作抵押权之标的；而土地租赁权则一般不得转让、抵押，转租须经出租人同意。(5) 建设用地使用权人无权请求土地所有权人修缮土地，承租人有权请求出租人修缮租赁物。

二、建设用地使用权的设立

建设用地使用权是由土地所有权派生的，设立建设用地使用权，主要有出让和划拨两种方式。

(一) 出让方式设立

建设用地使用权的出让，是指国家以土地所有人的身份将建设用地使用权在一定期限内让与土地使用人，并由土地使用人向国家支付建设用地使用权出让金，土地使用者取得建设用地使用权。

建设用地使用权出让有协议、招标、拍卖和挂牌四种形式。按照我国《民法典》的规定，工业、商业、旅游、娱乐和商品住宅等经营性用地以及同一土地有两个以上意向用地者的，应当采取招标、拍卖等公开竞价的方式出让。通过出让方式取得土地使用权的，出让方和受让方应当签订建设用地使用权出让合同。建设用地使用权出让合同一般包括下列条款：(1) 当事人的名称和住所；(2) 土地界址、面积等；(3) 建筑物、构筑物及其附属设施占用的空间；(4) 土地用途；(5) 使用期限；(6) 出让金等费用及其支付方式；(7) 解决争议的方法。

以出让方式设定的建设用地使用权的，按照土地的不同用途，土地使用权的最高年限为：(1) 居住用地 70 年；(2) 工业用地 50 年；(3) 教育、科技、文化、卫生、体育用地 50 年；(4) 商业、旅游、娱乐用地 40 年；(5) 综合或者其他用地 50 年。土地的实际使用年限，在最高年限内，由出让方和受让方双方商定。其中住宅建设用地使用权期限届满的，自动续期。

(二) 划拨方式设立

建设用地使用权的划拨，是指县级以上人民政府依法批准在土地使用人缴纳补偿、安置等费用后将土地交付其使用，或者将土地使用权无偿交付给土地使用人使用的行为。

原则上，建设用地使用权应当采用有偿出让的方式设定，只有在法律规定的特定范围内，才能采用无偿划拨的方式。因此，以划拨方式设定建设用地使用权受到法律的严格限制。我国《民法典》第 347 条第 3 款规定："严格限制以划拨方式设立建设用地使用权。”根据我国《土地管理法》第54条的规定，下列建设用地，经县级以上人民政府依法批准，可以以划拨方式取得：（1）国家机关用地和军事用地；（2）城市基础设施用地和公益事业用地；（3）国家重点扶持的能源、交通、水利等基础设施用地；（4）法律、行政法规规定的其他用地。

（三）登记

我国《民法典》规定，设立建设用地使用权的，应当向登记机构申请建设用地使用权登记。建设用地使用权自登记时设立。登记机构应当向建设用地使用权人发放权属证书。可见，建设用地使用权的设立采用了登记生效要件主义。

三、建设用地使用权人的权利和义务

（一）建设用地使用权人的权利

1. 占有、使用土地。基于建设用地使用权的目的是在国家或集体所有的土地上建造建筑物、构筑物及其附属设施，因此使用权人有权占有和使用出让人依法交付的国有土地，但是，使用权人在使用土地时，应当在划拨或约定的范围内行使，如不得擅自改变土地用途，将非商业用地改为商业用地。

2. 取得所建造建筑物、构筑物及其附属设施所有权的权利。我国《民法典》第352条规定：“建设用地使用权人建造的建筑物、构筑物及其附属设施的所有权属于建设用地使用权人，但有相反证据证明的除外。”建设用地使用权人有权依照出让合同和法律的规定对出让的土地进行投资开发、建设，并有权取得开发、建设的建筑物或其他工作物的所有权。

3. 土地使用权的处分权。以出让方式取得的建设用地使用权，使用权人可以处分其权利，这种处分权主要包括以下几种情形：（1）将建设用地使用权转让、互换、出资、赠与，但法律另有规定的除外。建设用地使用权转让、互换、出资、赠与的，当事人应当采取书面形式订立相应的合同。转让期限由当事人约定，但不得超过建设用地使用权的剩余期限。建设用地使用权转让、互换、出资或者赠与的，应当向登记机构申请变更登记。建设用地使用权转让、互换、出资或者赠与的，附着于该土地上的建筑物、构筑物及其附属设施应当一并处分。建筑物、构筑物及其附属设施转让、互换、出资或者赠与的，该建筑物、构筑物及其附属设施占用范围内的建设用地使用权应当一并处分。（2）将建设用地使用权抵押。建设用地使用权人可以将国有土地使用权设定抵押。建设用地使用权人以建设用地使用权抵押的，该土地上的建筑物或其他附着物随之同时抵押；以地上建筑物或其他附着物抵押的，该建筑物或其他附着物占有范围内的建设用地使用权也随之抵押。（3）将建设用地使用权出租。建设用地使用权人有权将其建设用地使用权租赁给他人使用并收取租金。建设用地使用权人出租建设用地使用权时，应当连同地上建筑物或其他附着物一并出租。（4）设立地役权。建设用地使用权人可以以其建设用地作为供役地而为他人设定地役权。（5）抛弃建设用地使用权。抛弃建设用地使用权的，须向土地所有人作出抛弃的意思并进行注销登记才能产生抛弃的法律效力。

通过划拨方式取得的建设用地使用权，使用权人应当用以从事社会公益事业，不得以营利为目的使用所取得的国有土地。

（二）建设用地使用权人的义务

1. 支付出让金的义务。国家实行国有土地有偿使用制度，除法律规定以划拨方式设立建设用地使用权外，建设用地使用权人应当依照法律规定以及合同约定支付出让金等费用。以招标、拍卖、协议等有偿出让方式取得建设用地使用权的，应当与出让人签订建设用地使用权出让合同，在合同中约定由建设用地使用权人向出让人支付建设用地使用权出让金。

2. 合理利用土地的义务。我国《民法典》第350条规定："建设用地使用权人应当合理利用土地，不得改变土地用途；需要改变土地用途的，应当依法经有关行政主管部门批准。"

四、建设用地使用权的消灭

根据我国《民法典》及相关法律法规的规定及法理，建设用地使用权因下列原因消灭：

1. 建设用地使用权的抛弃。建设用地使用权的抛弃，性质上属于有相对人的单方行为，所以应当向土地所有人作出抛弃的意思表示，在采取登记要件主义的法律制度下，经过登记产生建设用地使用权消灭的效力。

2. 建设用地使用权期间届满未续期。依出让方式取得的建设用地使用权设有期限，应随该期限的届满而发生终止。根据我国《民法典》第359条第1款规定，住宅建设用地使用权期限届满的，自动续期。因此，住宅建设用地使用权不存在存续期限届满而发生消灭的后果。我国《民法典》第359条第2款规定，非住宅建设用地使用权期限届满后的续期，依照法律规定办理。该土地上的房屋及其他不动产的归属，有约定的，按照约定；没有约定或者约定不明确的，依照法律、行政法规的规定办理。非住宅建设用地使用权在其期限届满后如使用人不依法律办理续期手续，则消灭。

3. 建设用地使用权因公共利益的需要而提前收回。根据我国《民法典》第358条的规定，建设用地使用权期限届满前，因公共利益需要，土地所有人可以提前收回建设用地，建设用地使用权因而消灭。在此情形下，应当依照我国《民法典》第243条的规定对该土地上的房屋及其他不动产给予补偿，并退还相应的出让金。

4. 因建设用地使用权人违法使用土地或者长期不使用土地，而由出让人提前收回该土地。例如，我国《城市房地产管理法》第 26 条规定，以出让方式取得土地使用权进行房地产开发的，必须按照土地使用权出让合同约定的土地用途、动工开发期限开发土地。满二年未动工开发的，可以无偿收回土地使用权；但是，因不可抗力或者政府、政府有关部门的行为或者动工开发必需的前期工作造成动工开发迟延的除外。

5. 因建设用地灭失而消灭。建设用地灭失，建设用地使用权失去客体，从而归于消灭。根据我国《民法典》第 360 条的规定，建设用地使用权消灭的，出让人应当及时办理注销登记。登记机构应当收回权属证书。

第四节　宅基地使用权

一、宅基地使用权的概念与法律特征

宅基地使用权，是指农村集体经济组织的成员（事实上为农户）为居住目的而依法享有的在农民集体所有的土地上建造个人住宅及其附属设施的权利。我国《民法典》第 362 条规定："宅基地使用权人依法对集体所有的土地享有占有和使用的权利，有权依法利用该土地建造住宅及其附属设施。"

根据《民法典》《土地管理法》的规定，宅基地使用权具有如下特征：

1. 宅基地使用权的客体是农村集体所有的土地。从权利客体方面看，宅基地使用权的客体限于集体所有的土地，且限于宅基地，既不是耕地，也不是乡镇企业等建设用地。与此不同，建设用地使用权的客体可以是国有和集体所有的土地。

2. 宅基地使用权的主体是农村集体经济组织的成员。从权利主体来看，宅基地使用权的主体具有身份性。宅基地使用权在农村集体土地上设立，实际上是集体经济组织成员对集体所有的土地的一种利用，因此，原则上仅有本集体经济组织的成员才有资格为居住目的获得宅基地使用权的分配。与此不同，建设用地使用权的主体身份上基本上没有限制，自然人、法人均可。

3. 宅基地使用权的目的和功能仅限于村民建造个人住宅及其附属设施，并保有其所有权。所谓住宅，是指农村村民的生活居住用房；所谓附属设施，是指辅助住宅发挥效能的与村民生活相关的建筑物、构筑物等设施，如车库、储粮房、储草房、厕所、沼气池、牛棚、猪圈等。与此不同，建设用地使用权的目的具有多样

性，可以作住宅用地，工业用地，教育用地，商业、旅游、娱乐用地和综合用地。

4. 宅基地使用权取得的无偿性。从权利取得的对价方面看，按照现行法及政策的要求，农村村民无偿取得宅基地使用权，从而使宅基地使用权具有一定的福利性质。

5. 宅基地使用权为无期限物权。从权利的存续期限方面看，宅基地使用权是无期限用益物权，具有永久性。

二、宅基地使用权的设立

宅基地使用权是分享了集体土地所有权中的占有、使用和收益的权能而形成的用益物权。农村宅基地使用权的取得，表现为一种以农村集体经济组织成员的成员权为基础的无偿分配制度。我国《民法典》第363条规定："宅基地使用权的取得、行使和转让，适用土地管理的法律和国家有关规定。"依《土地管理法》和相关政策规定，取得宅基地使用权必须具备以下条件：（1）必须具备村民资格。宅基地使用申请人须为宅基地所在地集体经济组织的成员。（2）须经法定程序。村民作为申请人首先须向本集体经济组织提出用地申请；集体经济组织同意后将申请报乡（镇）人民政府审核；经县级人民政府土地管理部门审查同意后，报县级人民政府批准。（3）应确有因建造住宅而需要宅基地的必要。宅基地使用权的申请人必须是无宅基地、家庭人口众多确需分户居住，因国家或乡（镇）建设需要另行安排宅基地的或者在农村落户需建住宅而无宅基地的村民。根据《土地管理法》的规定，农村村民一户只能拥有一处宅基地；农村村民出卖、出租住房后，再申请宅基地的，不予批准。（4）作为宅基地的土地，应当符合乡镇土地利用总体规划，并尽量使用原有的宅基地和村内空闲地；宅基地的面积不得超过省、自治区、直辖市规定的标准。

我国《民法典》等现行法并未将登记作为取得宅基地使用权的要件，登记与否不影响宅基地使用权的取得，宅基地使用权自县级人民政府批准时设立或取得。

三、宅基地使用权人的权利和义务

（一）宅基地使用权人的权利

宅基地使用权人享有以下主要权利：

1. 占有使用宅基地的权利。宅基地使用权人依法对集体所有的土地享有占有和使用的权利，有权依法利用该土地建造住宅及其附属设施，有权在宅基地上种植竹木、瓜果、蔬菜。

2. 保有所建造的住宅及其附属设施的所有权的权利。即宅基地使用权人对于自己在宅基地上建造的住宅及其附属设施享有所有权。

3. 依法转让房屋所有权时一并转让宅基地使用权的权利。根据我国现行的法律，宅基地使用权不得单独转让、抵押、出租，但承认在宅基地上的房屋的买卖、赠与、继承时宅基地使用权随之转移。农村住房的转让限制较为严格，宅基地使用权人在经过本集体经济组织同意后，可将建造的住房转让给本农村集体组织内符合宅基地使用权分配条件的成员；住房转让时，宅基地使用权一并转让。

4. 宅基地使用权人的权利无期限限制。宅基地使用权本身无期限限制，权利人可以永久享有此项权利。宅基地上的建筑物及其附属设施灭失的，不影响宅基地使用权的效力，宅基地使用权人有权在宅基地上重新建造住宅及其附属设施。

5. 以宅基地为他人设定地役权的权利。即宅基地使用权人可以自己的宅基地为供役地而为他人设定地役权，供他人的土地方便和利益之用。

（二）宅基地使用权人的义务

1. 按照批准的用途使用宅基地。宅基地使用权人只能将宅基地用于建造房屋及其附属设施，不能用于其他建设目的。

2. 不得非法转让、抵押、出租宅基地使用权。宅基地使用权人除依法转让房屋时一并转让宅基地使用权外，不得将宅基地非法转让、抵押、出租。农村村民出卖、出租住房后，再申请宅基地的，不予批准。

3. 接受国家、集体统一规划。因公共利益需要征地，或因乡村公共设施和公益事业建设需要，经县级人民政府批准，集体可以收回宅基地，但收回宅基地给使用权人造成困难或损失时，应当依法给予补偿。

四、宅基地使用权的消灭

（一）宅基地使用权消灭的原因

宅基地使用权消灭的原因有：宅基地因自然灾害等原因灭失；宅基地因公共利益的需要被征收；不按批准的用途使用宅基地，宅基地使用权被依法收回；宅基地长期闲置，土地所有人收回；宅基地使用权人不复存在。

（二）宅基地使用权消灭的法律后果

1. 宅基地使用权因自然灾害等原因灭失的，失去宅基地的村民有权重新获得宅基地。

2. 宅基地使用权绝对消灭时，宅基地上的住宅及其附属设施的所有权转归集体经济组织享有。

第五节 居 住 权

一、居住权的概念和法律特征

（一）居住权的概念

居住权，是指为了满足生活居住的需要，居住权人有权按照合同约定，对他人的住宅享有占有、使用的用益物权（我国《民法典》第366条）。

居住权起源于罗马法。居住权最初是作为生活保障的制度设计而存在，在罗马社会早期，家长通过遗赠方式将房屋的居住权赠与财产继承人以外部分家庭成员，以使受遗赠人的基本生活得以保障。居住权为大陆法系民法所普遍规定。实际上，在我国司法实践中早已使用居住权的概念。《最高人民法院关于适用〈中华人民共和国婚姻法〉若干问题的解释（一）》第27条第3款规定："离婚时，一方以个人财产中的住房对生活困难者进行帮助的形式，可以是房屋的居住权或者房屋的所有权。"在夫妻离婚后，为无住处的配偶设定居住权被得到确认。确认居住权制度的价值在于：首先，旨在解决特定的家庭成员和家庭服务人员之间的居住困难问题，体现了家庭成员间的互助。其次，随着社会经济的发展，我国现在逐步进入老年社会，养老变成一个普遍问题，家庭养老育幼观念亦发生了巨大改变，养老不能完全依靠子女，我国社会化养老水平也欠发达，通过以房养老的反抵押方式，解决了养老资金的问题，但还需要以居住权从法律上做更好的保障。最后，政府为保障低收入群体的住房问题，采用了廉租房的住房保障体系，若居住者得到的仅仅是债权性质的租赁权，则稳定性较低。通过赋予居住权作为用益物权，极大地加强了权利的稳定性。总之，居住权制度能够在以房养老、住房制度改革等多方面发挥重要作用，有利于实现"住有所居"的目标。

（二）居住权的法律特征

居住权作为一种用益物权，具有下列法律特征：

1. 居住权在性质上属于人役权。所谓人役权是以他人之物供自己使用的权利，即为特定人的利益而利用他人之物的权利。居住权属于人役权，即其具有人身性，它是与居住权人的人身和其拥有的法律地位相关的权利。表现在：(1) 居住权人严格限定于自然人。居住权解决的是自然人的居住问题，其权利人只能是自然人，而不能是法人或者非法人组织。（2）居住权为特定人设立，不具有可转让性。居住权虽然具有财产属性，与此同时其还具有较强的人身属性，只能由特定的权利人所享有。基于居住权的目的和性质的限制，居住权是一项不得转让的权利。因此，我国《民法典》第369条规定：“居住权不得转让、继承。设立居住权的住宅不得出租，但是当事人另有约定的除外。”（3）居住权具有时限性。当事人在设定居住权时，可以为居住权约定一个具体的期限，在居住权人的生存期限长于该期限时，约定的期限即作为居住权的期限；如果居住权人在该期限内死亡时，即以居住权人的生存期限为居住权的期限。若当事人在合同或遗嘱中未明确居住权期限的，为了照料权利人的居住需求和居住利益，应当推定居住权的期限至居住权人死亡时止。

2. 居住权的客体限于房屋。一般情形下，居住权是所有权人和居住权人约定在一栋房屋、公寓或者住宅中的一套房屋设定居住权。

3. 居住权是因居住而对房屋进行使用的权利。居住权表现为居住权人因居住的目的对他人所有的房屋的使用权。其包括以下三项内容：（1）居住权人对于房屋的使用应当限于为居住的目的，居住权人为了使用房屋可以对房屋进行必要的装修、改良，但是不得改变房屋的结构和用途，即使是在改变了房屋的结构和用途后房屋的价值会有所增加的情况下也同样受限制；（2）就居住权的权利范围而言，为居住的目的对房屋的各种使用都在居住权人的权利范围之内，因此“居住”，是对居住人使用房屋的必要限定，当然，居住权人在不改变房屋的结构或用途的情形下，还可以为某些必要的收益行为，如从事其他经济活动而对房屋的使用，从事商业买卖，将货物存放在房屋中；（3）居住权主要是居住权人自己对房屋的使用，但是在居住权人需要时，其他人也可以基于其需要与居住权人共同居住，如居住权人的近亲属、雇用的保姆等对房屋的使用。

二、居住权的设立

居住权的设立方式有以下几种：

1. 合同。通过合同设立居住权，当事人应当采用书面形式订立居住权合同。居住权合同一般包括下列条款：（1）当事人的姓名或者名称和住所；（2）住宅的位置；（3）居住的条件和要求；（4）居住权期间；（5）解决争议的方法。居住权的设立，应当向登记机构申请居住权登记。居住权自登记时设立。

2. 遗嘱。即房屋所有权人以遗嘱的方式为他人设定居住权。

3. 法律规定。即由法律直接规定而设定居住权。如法律规定父母作为监护人，对于未成年子女的房屋享有居住权，或未成年子女对其父母的房屋享有居住权。在有关财产分配的诉讼中，如离婚裁判，法官可以将居住权裁判给有特殊需要的人，这也是依法律规定设定居住权的一种方式。

居住权无偿设立，但是当事人另有约定的除外。

三、居住权的内容

在居住权内容的设置上，既要考虑到居住权人为满足其个人需要对房屋的充分使用，又要考虑到居住权主要是以家庭关系为基础而形成的特征，以此平衡房屋所有权人与居住权人之间的利益关系。

（一）居住权人的权利

1. 对房屋的使用权。居住权人可以因居住的目的使用房屋，并可就此排除房屋所有权人或其他任何第三人对其使用权的干涉。居住权人可以与其家属共同居住房屋。居住权人为充分地使用其居住的房屋，对房屋的各种附属设施亦有使用权，并可以行使附属于房屋所有权的各种其他权利，如房屋区分所有权的共有权、成员权、基地的使用权、地役权等。

2. 对房屋的收益权。原则上居住权人不享有对房屋的收益权，但是也有例外，即对于居住房屋所附属的树木的果实等自然孳息，居住权人有亲自收取或使人收取的权利，并取得这些已收取的孳息的所有权。没有收取的孳息如未与树木分离的果实，则是属于房屋所有权人所有。

在居住权设定时，如果设定行为排除了居住权人对于树木果实等自然孳息的收取权，则居住权人不得享有这些权利。

3. 对房屋的租赁权。一般情况下，居住权人不得将房屋出租给他人以收取租金，当事人有约定的除外。如房屋所有权人以让与房屋所有权而保留居住权时，可与房屋受让人约定出租部分房屋来解决自己的生活需要。基于居住权的人役权的他物权性质，在居住权有明确的约定期限时，租赁的期限不得超过居住权的期限或其剩余期限。在居住权是以居住权人的终身为期限时，其租赁期限亦应以居住权人的终身为其最长期限。

4. 对房屋的补偿请求权。基于公租房获得居住权的，如果政府以公共利益为由征收、征用公租房，应当赋予居住权人享有请求补偿的权利，从而更好地保障居住权人的利益。

（二）居住权人的义务

1. 居住权人不得改变房屋的结构、用途。这是从房屋所有权人的利益考虑，以保障在居住权消灭时房屋所有权人可以原状取回房屋。

2. 由于居住权不可以被转让、继承，因此居住权人不可以就居住权设定抵押权以及其他任何权利负担。

3. 向房屋所有权人支付居住费。通常情况下，居住权无偿设立，但当事人也可以约定有偿设立，一旦约定为有偿，居住权人应当向房屋所有人支付居住费。

4. 负有保管房屋的义务。居住权人应当尽善良管理人的注意，如房屋及其权利有毁损灭失的风险时，应当及时通知房屋所有权人。在设定居住权时，当事人也可以对此有明确的约定。

5. 应承担房屋的一般性的负担。房屋的重大修缮一般应当由房屋所有权人承担，但所有权人没有维护房屋以供居住权人使用的义务，因此重大修缮是房屋所有权人基于其所有权的享有而发生的自愿行为，而其他维修及税费应由居住权人负担。由于房屋所有权人与居住权人往往都存在一定的人身关系或其他特殊关系，这种一般性负担利益的冲突，可以通过其亲属关系或者合同约定得到解决。

6. 返还房屋。在居住权消灭时，居住权人有返还房屋的义务。如果居住权是因居住权人死亡而消灭的，则其继承人有返还房屋的义务。但是，对于房屋在正常情况下使用所产生的折旧，居住权人不负担返还义务。

四、居住权的消灭

居住权可因下列原因消灭：

1. 房屋灭失。居住权的客体灭失，居住权随之消灭。
2. 居住权期间届满或者居住权人死亡的，居住权消灭。
3. 混同。房屋所有权人与居住权人归为一人。
4. 滥用居住权。例如，居住权人对所居住房屋进行危害性使用。
5. 其他原因。居住权消灭的，应当及时办理注销登记。

第六节　地　役　权

一、地役权的概念与法律特征

所谓地役权，是指不动产的所有人或者使用人为提高自己不动产的效益而利用他人不动产的权利。我国《民法典》第 372 条第 1 款规定：“地役权人有权按照合同约定，利用他人的不动产，以提高自己的不动产的效益。”在地役权法律关系中，为自己不动产的便利而使用他人不动产的一方称为地役权人，又称需役地人，将自己的不动产供他人使用的一方称为供役地人；因使用他人不动产而获得便利的不动产为需役地，为他人不动产的便利而供使用的不动产为供役地。地役权具有以下法律性质：

1. 地役权是利用他人的不动产。在地役权关系中，需役地和供役地属于不同的土地所有权人或者土地使用权人。地役权存在于供役地上，对地役权人而言，是对他人不动产的利用。

2. 设定地役权的目的在于提高需役地的效益。地役权设立的主要目的就在于对相邻不动产的使用关系加以调整，使需役地能够更好地发挥效益。对供役地利用的利益既包括经济、财产上的利益，如为需役地的便利而在供役地上设立的通行、取水、排水、铺设管线等；也可以包括非财产的利益，即具有精神上的利益，如为需役地上的景色观赏而设定的眺望地役权。

3. 地役权可以是有偿的也可以是无偿的。地役权是对供役地所设定的义务，是已超过法律规定的最低限度权利的限制，通过合同约定而扩张的一种权利，所以一般来说是有偿的。但若当事人约定为无偿，约定优先。

4. 地役权的享有不以实际占有他人不动产为要件。这与其他用益物权不同。占有实质上是对权利客体一种较强力度的控制，地役权中的供役地只是为了提高需役地的效益而承担了一定的辅助义务，所以地役权对客体的实际控制力较弱，也就不要求对供役地的实际占有，因此，地役权对供役地不具有排他的独占性。

5. 地役权具有从属性。所谓地役权的从属性，是指地役权从属于需役地的所有权或者使用权（土地承包经营权、建设用地使用权）而存在，并与该主权利共命运。地役权的成立前提是需役地和供役地同时存在，且两者有使用上的协助需要，地役权的命运是和需役地紧密相连的。主要表现在以下两方面：首先，地役权不得与需役地相分离而单独成为其他权利的标的，如果要在需役地上设定其他权利，则地役权应该包括在内。其次，如果需役地要发生权属上的转移，则必须使地役权与其一同转移，而不能使需役地和地役权分割转移。需役地权利人不得自己保留所有权或者使用权，而单独将地役权让与他人，不得自己保留地役权而将需役地所有权或使用权让与他人，也不得将需役地所有权或者使用权与地役权分别让与两个人。

6. 地役权具有不可分割性。地役权的不可分割性，是指地役权的取得、消灭或者享有应当及于需役地和供役地的全部，不得分割为数部分或者仅为一部分而存在。这是因为地役的设定是为了实现需役地的整体价值，所以它不可以分割为具体的数个部分。即便供役地确实只利于需役地部分地面的价值实现和高效利用，但地役权仍然是为了整个需役地而存在的。地役权的不可分割性主要表现为其取得和丧失上的整体性，不可能取得或者丧失部分地役权。

二、地役权的取得

地役权的取得方式有两种：一是基于民事法律行为取得，二是基于民事法律行为以外的原因取得。

（一）基于民事法律行为取得地役权

1. 通过地役权合同设立地役权。地役权的设定主要是通过订立地役权合同而为之。设立地役权，当事人应当采取书面形式订立地役权合同。地役权合同一般包括下列条款：当事人的姓名或者名称和住所，供役地和需役地的位置，利用目的和方法，利用期限，费用及其支付方式，解决争议的方法。

地役权合同由供役地权利人和需役地权利人订立。在我国，不仅土地的所有权人能成为供役地权利人，而且用益物权人（如土地承包经营权人、建设用地使用权人）也能成为供役地权利人。同样，需役地权利人包括了土地所有人和用益物权人。

地役权的存续期限，由当事人在合同中约定。当事人可约定一定的存续期间，也可约定地役权为无期限限制的永久性权利。但是，如果为他人设定地役权的供役地权利人并非其所有权人，而系土地承包经营权人、建设用地使用权人等用益物权人，则其对土地的处分权当然应受制于其用益物权本身的存续期间。因此，我国《民法典》第377条规定："地役权期限由当事人约定；但是，不得超过土地承包经营权、建设用地使用权等用益物权的剩余期限。"

地役权自地役权合同生效时设立。当事人要求登记的，可以向登记机构申请地役权登记；未经登记，不得对抗善意第三人。所谓"登记对抗主义"，主要指不登记不得对抗不知情也不应知情设有地役权而继受了该土地所有权或土地使用权的第三人。

土地上已设立土地承包经营权、建设用地使用权、宅基地使用权等权利的，未经用益物权人同意，土地所有权人不得设立地役权。

2. 基于转让取得。地役权属于用益物权，为非专属性权利，可以由权利人依法转让。我国《民法典》第380条规定："地役权不得单独转让。土地承包经营权、建设用地使用权等转让的，地役权一并转让，但是合同另有约定的除外。"

（二）基于民事法律行为以外的原因取得地役权

1. 基于法律的直接规定而取得地役权。基于我国《民法典》第380条的规定：地役权不得单独抵押。土地承包经营权、建设用地使用权等抵押的，在实现抵押权时，地役权一并转让。因此，在抵押权实现时，取得土地上用益物权的主体，同时基于法律规定取得了地役权。

2. 因继承取得地役权。需役地权利人死亡时，需役地的权利既然由继承人继承，则其地役权亦当然由其继承人继承。

三、地役权的内容

（一）地役权人的权利

1. 对供役地的使用权。地役权是权利人为其不动产的方便和利益而利用他人土地的权利，因此，地役权的实现须以使用供役地为条件。我国《民法典》

第 375 条规定："供役地权利人应当按照合同约定，允许地役权人利用其不动产，不得妨害地役权人行使权利。"地役权人应当按照地役权设定时约定的使用目的、范围和方法，行使其使用供役地的权利。

2. 实施必要的附属行为与建造设施的权利。所谓附属行为，是指地役权人为达到地役权的目的或实现其权利内容，而不得不实施的行为。地役权人为实现或维持其权利，可以在供役地上为必要的附属行为，如取水地役权人为实现其权利，可以从供役地上通行，再如为了达到排水地役权的目的，在供役地上挖凿沟渠。

（二）地役权人的义务

1. 合理使用的义务。地役权人应当按照合同约定的目的和方法利用供役地，应当采取对供役地损害最小的使用方法，尽量减少对供役地权利人物权的限制。

2. 维护附属设施的义务。地役权人为行使地役权在供役地上修建有附属设施的，应当注意维护其设施的完好。地役权人之所以负有此项义务，其目的在于避免供役地权利人因这些设施的损毁等原因而受到损害。因未尽保养维修义务而致供役地权利人受到损害的，地役权人应当承担赔偿责任。

3. 支付费用的义务。如果当事人约定地役权为有偿的，则地役权人有向供役地人支付约定费用的义务。

四、地役权的消灭

（一）地役权消灭的原因

1. 土地灭失。地役权既可以因供役地灭失而消灭，也可以因需役地的灭失而消灭。

2. 期限届满。地役权设有存续期限的，期限届满，而地役权人又不续期时，该地役权归于消灭。

3. 约定事由出现。在设定地役权的合同中，双方当事人可以约定地役权消灭的具体事由，所约定事由出现时，地役权归于消灭。

4. 目的事实不能。设定地役权的目的事实上不能实现，即供役地事实上不能再供需役地便利时，地役权消灭。例如，汲水地役权因供役地水源枯竭而消灭。

5. 供役地权利人解除地役权合同。根据《民法典》第 384 条的规定：地役权人有下列情形之一的，供役地权利人有权解除地役权合同，地役权消灭：（1）违反法律规定或者合同约定，滥用地役权；（2）有偿利用供役地，约定的付款期限届满后在合理期限内经两次催告未支付费用。

6. 抛弃。如果地役权是无偿的，地役权人可随时抛弃地役权。如果地役权是有偿取得的，地役权人抛弃地役权后，仍应支付地役权全部期间的费用。

（二）地役权消灭的法律后果

地役权消灭后，地役权人占有供役地的，负有返还供役地的义务；在供役地上依法建造设施的，地役权人有权取回，或者由供役地权利人向地役权人作价补偿，但建造的设施对供役地权利人无利益的，地役权人应当及时清除土地上附属设施，恢复原状。

已登记的地役权消灭后，应当及时办理注销登记。除供役地权利人单独申请注销地役权登记外，地役权人负有协助注销地役权登记的义务。

【本章小结】

用益物权是在一定范围内以使用收益为目的而在他人所有的物上设立的他物权。我国用益物权种类的塑形反映了我国经济体制改革的成果。我国《民法典·物权编》明确规定了土地承包经营权、建设用地使用权、宅基地使用权、居住权和地役权五种普通用益物权，在特别法上也具体规定了海域使用权、探矿权、采矿权、取水权和养殖权、捕捞权等特别用益物权。

【引例评析】

依据我国《民法典》第374条规定："地役权自地役权合同生效时设立。当事人要求登记的，可以向登记机构申请地役权登记；未经登记，不得对抗善意第三人。"本案中，甲房地产开发公司与乙工厂之间通过订立地役权合同，在当事人之间设立了地役权。尽管基于合同已经设立了地役权，但没有进行登记，因此该地役权不具有对抗善意第三人丙公司的效力。因此，甲房地产开发公司不能要求丙公司承担其遭受损失的民事责任，而只能基于自己与乙工厂的设立地役权的合同向乙工厂追究赔偿责任。

【练习题】

1. 名词解释

（1）用益物权

（2）土地承包经营权

（3）建设用地使用权

（4）宅基地使用权

（5）居住权

（6）地役权

2. 简答题

（1）用益物权有哪些法律特征？

(2) 简述土地承包经营权的法律特征。

(3) 建设用地使用权有哪些取得方式?

(4) 简述居住权的法律特征。

(5) 地役权的法律特征有哪些?

3. 案例分析题

王二能系大李庄村第二村民组村民，经该村民组招标，承包了该集体经济组织20亩荒地种植桃树。根据中标结果，双方签订承包合同约定，该荒地承包期限为20年，王二能每年向第二村民组缴纳承包款1.2万元，并约定不得改变土地用途。5年后，因王二能的弟弟王小能工作的企业经营不景气下岗在家待业，王小能遂与王二能商议，将该荒地的经营权出租给王小能。双方签订书面合同，王小能每年向王二能支付租金2万元，并将该合同向第二村民组备案。王小能砍除了荒地上原来的桃树，改种苹果树，并在果树的空隙种植其他农作物。因王小能经营有方，苹果树的收益好，第二村民组遂以王二能未经其同意即将荒地经营权出租他人为由，要求解除承包合同收回该荒地。因此与王二能发生纠纷。

问题:

(1) 本案中第二村民组与王二能、王小能之间是何种关系? 该关系是否有效?

(2) 村委会是否有权以转包未经其同意为由而终止该块荒地的承包合同? 为什么?

第十三章 担保物权

【引入案例】

甲公司向乙银行借款500万元，拟以其闲置的一处办公用房作担保。乙银行正好缺乏办公场所，于是与甲公司商定，由甲公司以此办公用房为乙银行设立担保物权。随后，甲公司向乙银行交付了办公用房，但未办理登记手续。借款到期后，甲公司未能偿还借款，乙银行主张对办公用房行使优先受偿的权利，遭到甲公司拒绝，发生纠纷，诉至法院。法院审理后认为，乙银行对甲公司的办公用房未设定抵押权，因此，不享有优先受偿权。

【学习目标】

通过本章学习，能够掌握：

1. 担保物权的特征；
2. 抵押权的设立及抵押权的效力；
3. 抵押财产的范围、抵押合同的效力；
4. 动产质权和权利质权的基本内容；
5. 留置权成立条件及其内容。

第一节 担保物权概述

一、担保物权的含义

担保物权，是指为确保债权实现而在债务人或者第三人所有的物或者权利之上所设定的，在债务人不履行债务时，或者发生当事人约定的实现担保物权的情形时，债权人依法享有的就担保财产变价并优先受偿的定限物权。依这一概念的内涵可以对担保物权的意义作如下解析：

1. 担保物权是以确保债权人的债权得到完全清偿为目的。担保物权与用益物权都为他物权，但用益物权和担保物权在内容、功能上不完全相同。用益物权强调的是对特定财产的直接使用和收益，权利人所享有的是对特定财产使用价值的支配权；而担保物权是强调对特定财产交换价值的支配权，不享有对特定财产的使用和收益权。担保物权不同于用益物权的最根本原因是担保物权旨在确保债务的清偿。因此在担保物权设立或者实行之时，必须有被担保的债权存在。担保物权是从属于债权的权利，其所担保的债权必须是特定的，称为担保物权的特定性。但我国《民法典》第 420 条至第 424 条规定的最高额抵押权，以及该法第 439 条规定的最高额质权，则属例外。

2. 担保物权是在债务人或第三人所有之物或者权利上所成立的权利。担保物权以确保债务的清偿为目的，其客体通常在债务人的物或者权利上设立。但是，作为意定担保物权的抵押权和质权是通过订立相关合同而设立，可以以第三人之物或者权利为债权设立担保物权。根据我国《民法典》规定，可以用于担保的财产范围较为广泛，既包括现在的财产，也包括将来的财产；既包括不动产，也包括动产，在特定情形下还可以用权利作为担保。例如，以通过出让方式取得的建设用地使用权设立抵押权，或者以知识产权的财产权设立权利质权等。

3. 担保物权的标的是特定的。担保物权的标的必须是特定的，否则就无从以其价值优先受清偿。但是担保物的特定，不是要求在担保物设立时能够特定，而是必须在担保物权的实行之时能够特定。所以，担保物权于将来实行之时在特定的标的物上设定担保物权仍然有效，如动产浮动抵押。担保物权人可以通过两种方式将标的特定：一是通过移转占有由债权人直接占有担保标的；二是通过登记而不转移占有。同时，能够设立担保物权的特定物与权利必须能够承担担保作用，即能够具有变价的可能性，否则，不能设立担保物权。

4. 担保物权是具有担保作用的定限物权。担保物权有两种法律效力：一是优先清偿效力。担保物权是通过优先支配担保物的交换价值，在主债权到期没有得到受偿时或者约定的担保物权实现的情形时，担保物权人得以将担保物变价，而获得价金来优先受偿。二是留置效力。在债务没有充分受偿前，担保权利人能够将担保物留置，直至其债权获得清偿为止。因担保物权只是对担保物的交换价值予以支配，故属于定限物权。

二、担保物权的特性

1. 担保物权具有从属性。担保物权的从属性，是指担保物权必须从属于债权而存在。主要表现在三个方面：担保物权在成立上的从属性、存续上的从属性和消灭上的从属性。其成立以债权的成立为前提，并因债权的移转而移转，因债权的消灭而消灭。担保物权是为保障债权而发生，性质上属于主权利（债权）的从权利，因此具有从属性。

2. 担保物权具有不可分性。担保物权的不可分性，是指被担保的债权在未受清偿前，担保物权人可以就担保物的全部行使权利。被担保的债权即使经过部分让与、部分履行或消灭，担保物权仍为了担保各部分的债权或剩余的债权而存在。担保物权存续期间，即便担保物被分割或者部分灭失，分割后的各个部分或者余存的部分仍为担保全部债权而存在。

3. 担保物权具有补充性。担保物权设立后，对权利人来说，仅获得了在将来行使变价权和优先受偿权的潜在可能性。如果债务人正常履行了其到期债务，则担保物权因主债权的消灭而消灭；只有在债务人到期不履行债务时，担保物权的补充性功能才能得以启动，担保物权人通过行使变价权，并就该价金享有的优先受偿权使其债权获得清偿。

4. 担保物权具有物上代位性。担保物权的物上代位性，是指担保物因灭失、毁损而获得保险金、赔偿金或者补偿金的，该保险金、赔偿金或者补偿金成为担保物的代替物，担保权人有权就其行使权利。担保物权专以取得标的物的交换价值为目的，为强化担保物权的功能，法律规定，在担保物因灭失、损毁等而受有赔偿金、保险金等替代物时，该担保物权的标的物即转移到该代替物上。我国《民法典》第390条对担保物权的物上代位性作出了明确规定："担保期间，担保财产毁损、灭失或者被征收等，担保物权人可以就获得的保险金、赔偿金或者补偿金等优先受偿。被担保债权的履行期限未届满的，也可以提存该保险金、赔偿金或者补偿金等。"

三、担保物权的类型

我国《民法典》规定了三种担保物权的类型：抵押权、质权与留置权。根据不同的标准可将担保物权分为不同的类型：

（一）法定担保物权与约定担保物权

依据担保物权的发生原因不同，可以将其分为法定担保物权与约定担保物权。前者是依据法律的规定而发生的担保物权，如留置权；后者是通过当事人之间设定担保物权的意思表示而设定的担保物权，如抵押权和质权。

（二）优先清偿性担保物权与留置性担保物权

依据担保物权的主要法律效力不同，可以将担保物权分为优先受偿性担保物权与留置性担保物权。前者是指支配标的物的交换价值，以债务优先受偿为主要法律效力的担保物权，如抵押权；后者是指以留置标的物的方式迫使债务人清偿债务为主要法律效力的担保物权，如留置权。质权则兼具留置效力与优先受偿效力两种性质的担保物权。

（三）占有担保物权与非占有担保物权

以是否转移担保物的占有为标准，可以将担保物权分为占有担保物权和非占有担保物权。前者是指以担保物转移给债权人占有，为其成立和存续要件的担保物权，如质权、留置权。后者是指不以担保物转移给债权人占有为要件的担保物权，如抵押权。

此外，以担保物权的标的为标准，将其分为不动产担保物权、动产担保物权和权利担保物权。

第二节 抵 押 权

一、抵押权的概念和特征

（一）抵押权的概念

抵押权，是指为担保债务的履行，对于债务人或者第三人不转移占有而提供担保的抵押财产，在债务人不履行债务时，或者发生当事人约定的实现抵押权的情形，依法享有的就该财产变价并优先受偿的担保物权。我国《民法典》第 394 条第 1 款规定："为担保债务的履行，债务人或者第三人不转移财产的占有，将该财产抵押给债权人的，债务人不履行到期债务或者发生当事人约定的实现抵押权的情形，债权人有权就该财产优先受偿。"

在抵押权法律关系中，提供担保财产的债务人或者第三人为抵押人；享有抵押权的债权人为抵押权人；抵押人提供的担保财产为抵押财产或者抵押物。

（二）抵押权的特征

抵押权系在抵押财产上成立的以变价与优先受偿为内容的权利，具有物权的优先效力及追及效力，其性质属于物权。抵押权是以支配抵押财产的交换价值以确保债权之清偿的权利，可以对抗财产所有人及第三人，属于担保物权的一种。抵押权具有以下几个方面的特征：

1. 抵押权的标的物是债务人或者第三人的不动产、动产或者权利。传统民法上的抵押权仅以不动产为其客体，故为不动产物权。我国法律为充分发挥物的交换价值，极大地扩张了抵押财产的范围——抵押权除以不动产为客体外，还可以以一般动产为客体，同时，在建设用地使用权、土地承包经营权等不动产用益物权之上也可以设定抵押。这些动产、不动产或者权利的提供者，可以是债务人，也可以是第三人。所谓第三人，是指债权人与债务人之外的其他人。第三人以自己的财产为债务人的债务与债权人签订抵押合同，第三人成为抵押人。作为抵押权客体的财产，必须是债务人或指第三人享有所有权或者依法享有处分权，对自己不享有所有权或者无权处分的财产不得设定抵押权。

2. 抵押权是不移转标的物占有的担保物权。抵押权的成立与存续不以抵押人将抵押财产的占有移转于抵押权人为必要，抵押人仍可以继续占有抵押财产，并对抵押权使用、收益，仅对抵押人的处分权进行限制。例如，债务人甲将自己的轿车作为抵押财产抵押给乙，在抵押期间，甲仍可占有、使用该车；或者将该车出租给他人，收取租金。这与质权、留置权这两种担保物权要求移转客体占有不同，这也是抵押权优于其他担保物权的原因，由于不转移抵押财产，抵押人既可以利用其使用价值，同时又可以利用其交换价值融通资金；抵押权人则可以借助抵押权的优先受偿权保障自己债权的实现。这样，抵押财产的价值就可得到最充分的利用。

3. 抵押权具有特定性。抵押权的特定性表现在两个方面：（1）抵押财产的特定。抵押权以确保债权的实现为目的，在一般情况下，抵押财产必须是现存的、特定的；在特定的条件下，未来确定可以取得之物也可以成为抵押财产。我国《民法典》第 395 条规定，正在建造的建筑物、船舶、航空器可以抵押。抵押财产的特定化的意义在于抵押公示，以使第三人知晓该财产已用于抵押。（2）抵押权所担保的债权是特定的，而不是担保一切债权，否则也就会无法确定特定债权人的利益，也会损害第三人的合法权益。

4. 抵押权具有顺序性。在同一标的物上存在数个抵押权的，发生在先的抵押权优先于发生在后的抵押权，而优先就标的物受偿。当然，若各抵押权顺序相同，则各抵押权人只能按其各自的债权额比例受偿。

二、抵押权的取得

抵押权，除因继承等原因可依法律行为之外的原因取得外，我国《民法典》规定的以及实践中存在的抵押权主要是约定抵押权，其原则上通过法律行为而取得。因此，抵押权的设立须以抵押合同为之，并需考虑抵押登记的因素。

（一）抵押合同

抵押合同，是指由债务人或者第三人与债权人之间在债务人或者第三人的财产上设定抵押权的合意。根据我国物权法的规定，抵押合同为要式合同，应当采取书面形式。抵押合同可以是单独订立的书面合同，也可以是主合同中的抵押条款。一般认为，抵押合同是主债权债务合同的从合同，根据我国《民法典》第 388 条的规定，主债权债务合同无效的，担保合同无效，但是法律另有规定的除外。从合同无效，并不必然导致主合同无效。抵押合同是补充性合同，即只有在债务人拒绝履行到期债务时，抵押合同才能执行。抵押合同也是诺成合同，即只要双方当事人协商一致，并形成书面文件，合同即告成立并发生效力。

1. 当事人。抵押合同的当事人为抵押权人与抵押人。因抵押权设立的目的是为担保债权的实现，故债权人是抵押权人；债务人以其财产提供抵押的，该债务人为抵押人；第三人以其财产提供抵押的，该第三人为抵押人。

2. 抵押合同的条款。根据我国《民法典》第 400 条第 2 款规定，当事人签订的抵押合同一般应包括下列条款：（1）被担保债权的种类和数额；（2）债务人履行债务的期限；（3）抵押财产的名称、数量等情况；（4）担保的范围。

法律禁止流押。根据我国《民法典》第 401 条规定，抵押权人在债务履行期限届满前，与抵押人约定债务人不履行到期债务时抵押财产归债权人所有的，只能依法就抵押财产优先受偿。

3. 标的物。抵押权的标的物也称抵押财产，是指被设置了抵押权的不动产、动产或者权利。作为抵押财产应当是债务人或第三人对抵押财产有处分权，并且是法律规定可以用于抵押的财产。

我国《民法典》第 395 条的规定，可以抵押的财产包括：（1）建筑物和其他土地附着物；（2）建设用地使用权；（3）海域使用权；（4）生产设备、原材料、半成品、产品；（5）正在建造的建筑物、船舶、航空器；（6）交通运输工具；（7）法律、行政法规未禁止抵押的其他财产。抵押人可以将上述财产一并抵押。此外，该法第 396 条规定："企业、个体工商户、农业生产经营者可以将现有的以及将有的生产设备、原材料、半成品、产品抵押，债务人不履行到期债务或者发生当事人约定的实现抵押权的情形，债权人有权就抵押财产确定时的动产优先受偿。"

我国《民法典》第 399 条规定了禁止抵押的财产，其范围包括：（1）土地所有权；（2）宅基地、自留山、自留地等集体所有土地的使用权，但法律规定可以抵押的除外；（3）学校、幼儿园、医疗机构等为公益目的成立的非营利法人的教育设施、医疗卫生设施和其他公益设施；（4）所有权、使用权不明或者有争议的财产；（5）依法被查封、扣押、监管的财产；（6）法律、行政法规规定不得抵押的其他财产。

（二）抵押登记

在抵押权的设定上，我国《民法典》兼采了登记要件主义与登记对抗主义。

1. 登记要件主义。所谓登记要件主义，是指抵押权必须在法律指定的有关部门进行登记，否则抵押权不生效力。根据我国《民法典》第 402 条的规定，以建筑物和其他土地附着物、建设用地使用权、海域使用权以及正在建造的建筑物抵押的，应当办理抵押登记。抵押权自登记时设立。对该条文规定所确立的登记要件主义，应当注意以下三个方面的问题：第一，它们均为设立在不动产或者其权利之上的抵押权。第二，上述所列财产抵押不经登记，不发生抵押权设定的效果，但是，抵押合同本身在成立时即应发生效力。因此，根据抵押合同，债权人有权要求抵押人协助其完成抵押登记，从而使其取得抵押权。第三，该条文所体现的抵押合同的效力与抵押权设立效力之间的区分系我国《民法典》第215条所确立的“区分原则”的具体体现。

抵押登记记载的内容与抵押合同约定的内容不一致的，以登记记载的内容为准。

2. 登记对抗主义。所谓登记对抗主义，是指抵押权自抵押合同生效时设立，未经登记，不得对抗善意第三人。根据我国《民法典》第403条的规定，以动产抵押的，抵押权自抵押合同生效时设立，但未经登记的，不得对抗善意第三人。对该条文规定所确立的登记对抗主义，应当注意以下几个方面的问题：第一，动产抵押权的设立不移转标的物的占有，同时此类抵押权又无须以登记为其要件，因此抵押合同生效，即可发生抵押权设定的效果，抵押登记只是对抗善意第三人的要件。第二，如果抵押合同中约定了抵押人承担协助债权人办理抵押登记的义务，则债权人仍可据此要求抵押人协助其办理抵押登记；未办理抵押登记的，尽管不影响抵押权在当事人之间的存在，但是，抵押权人不得以此权利对抗善意第三人。第三，我国《民法典》对于登记对抗主义之下的登记机构未作出规定，结合相关法律的规定，可以得出如下结论：以企业的生产设备、原材料、半成品、产品抵押的，登记部门应为财产所在地的工商行政管理部门；以交通运输工具以及正在建的船舶、航空器抵押的，登记部门应为运输工具的登记部门。

三、抵押权的效力

（一）抵押权的效力范围

1. 抵押权所担保的债权的范围。我国《民法典》对担保物权的担保范围作了统一规定，根据该法第389条规定可知，担保物权所担保的范围包括主债权及利息、违约金、损害赔偿金、保管担保财产和实现担保物权的费用。当事人另有约定的，从其约定。抵押权担保债权范围可以由当事人在合同中约定为全部债权或者部分债权担保，没有约定为部分债权担保的，推定为全部债权担保。全部债权担保的范围为债权实际清偿时所存在的范围，包括主债权及利息、违约金、损害赔偿金、保管抵押财产和实现抵押权的费用。

2. 抵押权对抵押财产的效力。抵押权对抵押财产的效力，就是抵押权效力所及标的物的范围，是指当抵押权人实现抵押权时可以就哪些财产行使变价权，并对价金优先受偿。

抵押权的效力及于抵押财产的全部。主债权未受全部清偿的，抵押权人可以就抵押财产的全部行使其抵押权。抵押财产被分割或者部分转让的，抵押权人可以就分割或转让后的抵押财产行使抵押权。

以建筑物抵押的，该建筑物占用范围内的建设用地使用权一并抵押。以建设用地使用权抵押的，该土地上的建筑物一并抵押。抵押人未一并抵押的，未抵押的财产视为一并抵押。建设用地使用权抵押后，该土地上新增的建筑物不属于抵押财产。

乡镇、村企业的建设用地使用权不得单独抵押。以乡镇、村企业的厂房等建筑物抵押的，其占用范围内的建设用地使用权一并抵押。

抵押财产因附合、混合或者加工使抵押财产的所有权为第三人所有的，抵押权的效力及于补偿金；抵押财产所有人为附合物、混合物或者加工物的所有人的，抵押权的效力及于附合物、混合物或者加工物；第三人与抵押财产所有人为附合物、混合物或者加工物的共有人的，抵押权的效力及于抵押人对共有物享有的份额。

抵押权设定前为抵押财产的从物的，抵押权的效力及于抵押财产的从物，但是，抵押财产与其从物为两个以上的人分别所有时，抵押权的效力不及于抵押财产的从物。

债务人不履行到期债务或者发生当事人约定的实现抵押权的情形，致使抵押财产被人民法院依法扣押的，自扣押之日起，抵押权人有权收取该抵押财产的天然孳息或者法定孳息，但抵押权人未通知应当清偿法定孳息的义务人的除外，孳息应当先充抵收取孳息的费用。

（二）抵押人的权利

1. 抵押人对抵押财产的用益权。在财产设定抵押后，抵押人仍有权对抵押财产继续占有、使用，并有权取得抵押财产的孳息。但在抵押财产被法院扣押后，收取抵押财产孳息的权利由抵押权人行使。

2. 抵押人对抵押财产的处分权。抵押权设定后，抵押人并不丧失对抵押财产的所有权，抵押人仍享有对抵押财产的处分权。但抵押人进行处分时，必然要受到已设定的抵押权的制约。由于事实上的处分往往会改变抵押财产的物质形态，会涉及抵押权人的利益，因此，除了对抵押财产进行有益的保存、改良行为外，抵押人一般不得对抵押财产进行事实上的处分。而法律上的处分由于抵押权具有优先的性质，这种处分一般不会影响抵押权人的利益，所以抵押人仍可行使其法律上的处分权。主要有：

（1）抵押人仍可转让抵押财产。我国《民法典》第406条规定：“抵押期间，抵押人可以转让抵押财产。当事人另有约定的，按照其约定。抵押财产转让的，抵押权不受影响。抵押人转让抵押财产的，应当及时通知抵押权人。抵押权人能够证明抵押财产转让可能损害抵押权的，可以请求抵押人将转让所得的价款向抵押权人提前清偿债务或者提存。转让的价款超过债权数额的部分归抵押人所有，不足部分由债务人清偿。”

抵押人仍可对同一抵押财产设定多项抵押权。抵押财产上设定抵押权后，抵押人仍然有权就同一抵押财产，为他人再次设立抵押权，而不必考虑抵押财产的价值与其所担保的数个债权的债权总额。

（2）在抵押财产上为他人设定用益权的权利。以不动产作为抵押的，抵押人仍可为他人设定用益权。此所谓用益权，既包括依物权方式而设定的用益物权，也包括依债权方式而产生的用益权。前者如以招标方式取得的土地承包经营权上设立抵押权后，抵押人可以再为他人设立地役权；后者如将作为抵押财产的房屋出租给他人而设立的租赁权。我国《民法典》第405条规定：“抵押权设立前，抵押财产已经出租并转移占有的，原租赁关系不受该抵押权的影响。”因此，在抵押财产上在先设定租赁关系并将抵押财产转移给承租人占有的，抵押权的设定不影响租赁关系的效力，即在因抵押权人行使抵押权而使抵押财产所有权发生移转时，承租人仍可向受让人主张租赁关系中的权利。如果抵押权设立在先，而租赁关系成立在后，则抵押权的行使不受租赁关系的影响，如因行使抵押权而导致抵押财产为第三人所取得，则承租人不得向该第三人主张其在租赁关系中的权利。

（三）抵押权人的权利

1. 抵押权的保全权。抵押期间，抵押权人不占用抵押财产，如因抵押人的原因致使抵押财产的价值减少，则导致将来抵押权人实现抵押权时，其债权可能不足以得到清偿，因此，法律遂赋予抵押权人以保全其抵押权的权利。我国《民法典》第408条规定：“抵押人的行为足以使抵押财产价值减少的，抵押权人有权要求抵押人停止其行为；抵押财产价值减少的，抵押权人有权请求恢复抵押财产的价值，或者提供与减少的价值相应的担保。抵押人不恢复抵押财产的价值，也不提供担保的，抵押权人有权请求债务人提前清偿债务。”

抵押人对抵押财产价值的减少无过错的，抵押权人有权在抵押人因损害而得到的赔偿范围内要求提供担保。抵押的价值未减少的部分，仍作为债权的担保。

2. 孳息收取权。在抵押期间，抵押财产的孳息一般由抵押人收取，但在债务人不履行到期债务或者发生当事人约定的实现抵押权的情形，致使抵押财产被人民法院依法扣押的，自扣押之日起抵押权人有权收取该抵押财产的天然孳息或者法定孳息。抵押权人未将扣押抵押财产的事实通知应当清偿法定孳息的义务人的，抵押权的效力不及于该孳息。抵押权人收取的孳息应当先充抵收取孳息的费用。

3. 顺位权。抵押权的顺位，是指抵押人因担保两个或两个以上债权，就同一财产设定两个或两个以上的抵押权时，各抵押权之间优先受偿的先后顺序。就普通债权而言，抵押权人有权以抵押财产折价或者以拍卖、变卖抵押财产的价款优先于普通债权人受偿；就各抵押权人而言，相互间亦存在优先受偿的先后顺序问题。

同一财产向两个以上债权人抵押，即同一抵押财产有数个抵押权的，其拍卖、变卖抵押财产所得价款的清偿顺序问题，我国《民法典》第 414 条规定了三种情况：第一，抵押权已登记的，按照登记的时间先后确定清偿顺序；顺序相同的，按照债权比例清偿。关于抵押权生效的原则，《民法典》将不动产和动产抵押作了不同规定，即以不动产抵押的，应当办理抵押登记，抵押权自登记时发生效力；以动产抵押的，抵押权自抵押合同生效时发生效力，未经登记，不得对抗善意第三人。按照登记的时间先后确定清偿顺序的原则，既适用于以登记为抵押权生效要件的不动产抵押，也适用于以登记为抵押权对抗要件的动产抵押，数个抵押权都已登记的，按照登记的时间先后确定清偿顺序。例如，抵押权登记的时间相同，抵押权登记的顺序则相同，各债权人不能得到足额清偿时则按照各自担保债权的比例来清偿。第二，已登记的抵押权优先于未登记的抵押权受偿。这一规则是针对动产抵押权的规定。当事人以动产抵押的，可以自愿办理抵押登记。动产抵押权无论是否办理登记都自抵押合同生效时发生效力，但在法律效力上，当事人未登记的，不得对抗善意第三人。第三，抵押权未登记的，按照债权比例清偿。这一规则也是针对动产抵押的规定。未经登记的动产抵押权不具有对抗善意第三人的效力。在同一抵押财产上设定数个抵押权，如果每一个抵押权都没有办理登记，那么无论各抵押权设立先后，其相互间均不得对抗，因此，各抵押权人对抵押财产拍卖、变卖所得的价款应当享有同等的权利，按照各债权的比例受清偿。

4. 抵押权的处分权。抵押权人可以让与其抵押权，或就抵押权为他人提供担保。我国《民法典》第 407 条规定，抵押权不得与债权分离而单独转让或者作为其他债权的担保。债权转让的，担保该债权的抵押权一并转让，但法律另有规定或者当事人另有约定的除外。

抵押权人可以放弃抵押权、抵押权的顺位以及变更抵押权。我国《民法典》第 409 条规定：“抵押权人可以放弃抵押权或者抵押权的顺位。抵押权人与抵押人可以协议变更抵押权顺位以及被担保的债权数额等内容。但是，抵押权的变更未经其他抵押权人书面同意的，不得对其他抵押权人产生不利影响。债务人以自己的财产设定抵押，抵押权人放弃该抵押权、抵押权顺位或者变更抵押权的，其他担保人在抵押权人丧失优先受偿权益的范围内免除担保责任，但是其他担保人承诺仍然提供担保的除外。”

四、抵押权的实现

所谓抵押权的实现，是指抵押权人于其债权已届清偿期而未获清偿，为实现其债权优先受偿，而处分抵押财产的行为。

(一) 抵押权实现的条件

抵押权的实现须具备以下条件：(1) 存在有效的抵押权且不受限制。如果抵押权未生效或者被撤销，因为抵押权不存在，无从行使抵押权。在有些情形下，抵押权虽然有效，但其实现受到一定的限制，在受限制的范围内不能行使抵押权。(2) 债务人的债务履行期限已届满。如果债务人的债务履行期限未届满，则债务人享有期限利益，债权人不能要求债务人清偿债务，因此不能行使抵押权。(3) 债务人未履行债务。债务人未履行债务不仅包括债务人完全未履行债务，也包括债务人部分未履行债务。(4) 不是因为债权人的原因导致未履行债务。如果债务人未履行债务是因为债权人的原因造成的，则抵押权人不得行使抵押权。

(二) 抵押权实现的程序

1. 协议实现。具备抵押权实现的条件，抵押权人可以与抵押人通过协议，以抵押财产折价或者以拍卖、变卖该抵押财产所得的价款优先清偿债务。

2. 诉讼实现。抵押权人和抵押人协议实现抵押权不成的，抵押权人可以向人民法院提起诉讼，由人民法院判决或者调解拍卖、变卖抵押财产，实现抵押权。

(三) 抵押权的实现方式

我国《民法典》第410条第1款、第2款规定，债务人不履行到期债务或者发生当事人约定的实现抵押权的情形，抵押权人可以与抵押人协议以抵押财产折价或者以拍卖、变卖该抵押财产所得的价款优先受偿。协议损害其他债权人利益的，其他债权人可以请求人民法院撤销该协议。抵押权人与抵押人未就抵押权实现方式达成协议的，抵押权人可以请求人民法院拍卖、变卖抵押财产。可见，抵押权的实现方式可分为以下三种：

1. 折价。它是指抵押权人与抵押人协商由抵押权人以商定的价格取得抵押财产的所有权。在债权清偿期届满后，抵押权人可与抵押人订立合同，由抵押权人取得抵押财产的所有权，将抵押财产价值高于债权额的部分，返还抵押人。

2. 拍卖。拍卖是将抵押财产以公平竞争的方式，由多个竞买者竞相报价，确定报价最高的数额为出售价金，出售给报价最高的人。拍卖抵押财产，是实行抵押权的一种基本方式。

3. 变卖。以一般的买卖方法出卖抵押财产，以卖得价金清偿抵押债权的方式。

（四）清偿债权

我国《民法典》第413条规定，抵押财产折价或者拍卖、变卖后，其价款超过债权数额的部分归抵押人所有，不足部分由债务人清偿。抵押财产折价或者拍卖、变卖所得的价款，当事人没有约定的，按照实现抵押权的费用、主债权的利息、主债权顺序清偿。

建设用地使用权抵押后，该土地上新增的建筑物不属于抵押财产。该建设用地使用权实现抵押权时，应当将该土地上新增的建筑物与建设用地使用权一并处分，但新增建筑物所得的价款，抵押权人无权优先受偿。

以拍卖等方式取得的土地承包经营权抵押的，或者以乡镇、村企业的厂房等建筑物占用范围内的建设用地使用权一并抵押的，实现抵押权后，未经法定程序，不得改变土地所有权的性质和土地用途。

五、特殊抵押权

（一）最高额抵押权

最高额抵押权，是指抵押人与抵押权人约定，在最高债权额限度内，以抵押财产的价值对一定期间内将要连续发生的债权作担保而设立的抵押权。我国《民法典》第420条第1款规定，为担保债务的履行，债务人或者第三人对一定期间内将要连续发生的债权提供担保财产的，债务人不履行到期债务或者发生当事人约定的实现抵押权的情形，抵押权人有权在最高债权额限度内就该担保财产优先受偿。与传统意义上的抵押权相比，最高额抵押权具有便利交易、简化担保手续、节约交易成本的好处，从而普遍受到各国立法、学理与判例的承认。

与一般抵押权一样，最高额抵押权也设立于特定的抵押财产之上，体现了物权客体特定的原则。然而，最高额抵押权作为特殊抵押权，与一般抵押权不同，主要表现在以下方面：（1）最高额抵押权是为将来发生的债权设定的担保，因此最高额抵押在发生上突破了抵押权的从属性。在一般抵押权的情形下，先发生债权而后发生抵押权，若无债权产生则抵押权不能生效，此即抵押权发生上的从属性。而在最高额抵押的情形下，抵押权设定在先，其所担保的债权发生于抵押权设定之后的一定期限之内，因此不具有普通抵押权发生上的从属性。由于一般抵押权具有从属性，在其所担保的主债权移转时，抵押权也随之移转；而根据我国《民法典》第421条的规定，最高额抵押担保的债权确定前，部分债权转让的，最高额抵押权不得转让，但当事人另有约定的除外。（2）最高额抵押权所担保的债权具有不确定性。由于债权是将来发生的，在设立最高额抵押权时，该抵押权所担保的债权并不确定。（3）最高额抵押权所担保的债权有最高限额。由于最高额抵押权所担保的债权数额是不确定的，为了明确抵押人所承担的责任的范围，控制其所承担的责任风险，在设定最高额抵押权时预先确定一个抵押人承担担保责任的最高限额，将来实际发生的债权高于该最高数额时，对超出的部分抵押人不承担责任。（4）最高额抵押权担保的是一定期限内连续发生的债权。最高额抵押权所担保的一般是基于债务人和债权人连续性交易而持续发生的债权，所担保的债权应当具有一定期间。但是，我国《民法典》还规定，最高额抵押设立前已经存在的债权，经当事人同意，可以转入最高额抵押担保的债权范围。

因为最高债权限额并不是实际担保的债权额，因而在实行抵押权时，应当确定实际担保的债权数额，确定该数额的时间为决算期。如果抵押合同没有约定决算期，一般是债权关系终了时确定债权额。如果抵押合同中约定了最高额抵押的存续期间，该期间就是决算期。依照我国《民法典》第 423 条的规定，最高额抵押权人的债权在下列情形下确定：（1）约定的债权确定期间届满；（2）没有约定债权确定期间或者约定不明确，抵押权人或者抵押人自最高额抵押权设立之日起满 2 年后请求确定债权；（3）新的债权不可能发生；（4）抵押权人知道或者应当知道抵押财产被查封、扣押；（5）债务人、抵押人被宣告破产或者解散；（6）法律规定债权确定的其他情形。

最高额抵押权的债权数额确定了之后，产生下列法律效力：（1）最高额抵押权作为特殊的抵押权，已经变为一般的抵押权，按照一般抵押权的法律规定实施。（2）除非当事人另有约定，否则，已确定的债权的利息、违约金等，无论在确定债权时是否已经发生，均为抵押权担保的范畴。（3）实现抵押权时，其优先受偿的总金额不得超过约定的债权最高额。

（二）动产浮动抵押权

动产浮动抵押权，是指抵押权人对抵押人提供担保的现有的以及将有的动产，在债务人不履行到期债务或者发生当事人约定的实现抵押权的情形，有权就实现抵押权时的动产变价和优先受偿的权利。我国《民法典》第 396 条规定："企业、个体工商户、农业生产经营者可以将现有的以及将有的生产设备、原材料、半成品、产品抵押，债务人不履行到期债务或者发生当事人约定的实现抵押权的情形，债权人有权就抵押财产确定时的动产优先受偿。"动产浮动抵押权具有以下几个方面的特征：

1. 动产浮动抵押的抵押人只限于企业、个体工商户、农业生产经营者。一般抵押权的抵押人可以是自然人、法人或其他组织，而动产浮动抵押权的抵押人仅限于企业、个体工商户、农业生产经营者等经营者。

2. 动产浮动抵押权的客体是抵押人现有的或将来可能取得的生产设备、原材料、半成品、产品等动产。一般抵押权以现有的不动产、动产或者权利等作为抵押财产，动产浮动抵押权的抵押财产既包括抵押人现有的动产，也包括将有的动产，并且动产仅限于生产设备、原材料、半成品、产品等。

3. 动产浮动抵押权是支配流动中的财产的特殊抵押权。由于在动产浮动抵押设立后，为保障抵押人正常进行生产经营活动，抵押期间抵押人可以正常处分抵押财产，抵押财产是处于流动之中的。动产浮动抵押权设定后，至实现之前，抵押财产处于变动之中，在实行动产浮动抵押权时，才能得到确定。

动产浮动抵押权因实现而转化为固定抵押权。债务人不履行到期债务或者发生当事人约定的实现抵押权的情形，抵押权人有权实现抵押权，从而使抵押权的标的物得以确定，动产浮动抵押权转化为固定抵押权。按照我国《民法典》第411条的规定，动产浮动抵押权在发生以下情形时确定：(1) 债务履行期限届满，债权未实现；(2) 抵押人被宣告破产或者解散；(3) 发生当事人约定的实现抵押权的情形；(4) 严重影响债权实现的其他情形。

动产浮动抵押权设定后，具有优先受偿的效力。为维护交易的安全和快捷，我国《民法典》规定动产浮动抵押不得对抗正常经营活动中已支付合理价款并取得抵押财产的买受人，以给予浮动抵押财产的买受人一定的保护。这种买受人必须符合以下条件：(1) 买受的财产是生产设备、原材料、半成品和产品；(2) 正常交易活动中的买受人；(3) 已支付合理价款并取得了抵押财产。同时具备这三个条件，抵押财产的买受人可以对抗抵押权人，即买受人可以取得买受的抵押财产而不受抵押权人的追及。

六、抵押权的消灭

抵押权除因物权的一般消灭原因，如抛弃、混同等消灭外，还因下列特殊原因消灭。

1. 主债权消灭。抵押权为担保主债权而存在，具有从属性，如果主债权因清偿、抵销、免除等原因消灭时，抵押权则随之消灭。

2. 抵押财产灭失。抵押权因抵押财产灭失而消灭，但因抵押财产灭失所得的补偿金、赔偿金或保险金，应当作为抵押财产。

3 抵押权实现。抵押权人对于抵押财产已经实现抵押权，无论所担保的债权是否得到全部清偿，抵押权都归于消灭。

4. 因除斥期间的经过而消灭。我国《民法典》第419条规定：“抵押权人应当在主债权诉讼时效期间行使抵押权；未行使的，人民法院不予保护。”抵押权人未依法及时行使抵押权的，不仅丧失人民法院的公力保护，而且会导致抵押权的消灭。

5. 其他原因。抵押权可因抵押权人放弃抵押权、抵押权与所有权或建设用地使用权等用益物权混同等原因而消灭。

第三节 质 权

一、质权的概念和特征

质权，也称质押权，债务人或第三人将特定的财产交由债权人占有，或者以财产权利作为债的担保，在债务人不履行到期债务或者发生当事人约定的实现质权的情形时，债权人可以就担保的动产或权利折价、拍卖或者变卖所得价款优先受偿的权利。质权包括动产质权与权利质权两种类型，前者以动产作为质押财产，后者以可以转让的财产权作为质押财产。在质权关系中，享有质权的债权人称为质权人；提供动产或者权利的债务人或第三人为出质人；出质人移转给债权人占有以作债权担保的动产或权利，称为质物、质押财产或质押物。

质权是一种担保物权，既具有物权的特征，也具有担保物权的担保性、从属性、不可分性、物上代位性、优先性等特征。同抵押权相比，质权有自己独特的法律特征：

1. 标的物不同。质权的标的为动产和权利；作为抵押的标的物既包括不动产、动产，也包权利，并且抵押权多以不动产为抵押财产。

2. 标的物是否转移不同。此点主要就动产质权而言。以动产出质的，质权自出质人将质物交付于质权人占有时成立；以可转让的财产权作质押的，如存在权利凭证，则出质人也应将权利凭证交付给质权人。

3. 公示方式不同。质权的公示方式具有多样性。就动产而言，以交付动产为公示方法；就权利质权而言，有的以交付权利凭证为公示方式，有的以登记为公示方式，有的以背书为公示方法。除动产抵押权、浮动抵押权自抵押合同生效时设立外，抵押权均以登记生效为公示方法。

4. 担保作用不同。动产质权和某些权利质权不仅赋予被担保的债权优先受偿的效力，而且具有留置效力；抵押权只赋予被担保债权优先受偿的效力，无留置效力。

质权不同于营业质权。自古以来，我国的当铺实际是专门从事质押营业的实体，其享有的权利称为营业质权，即债务人以一定的动产（当物）交给当铺，获得一定数额的借款，在约定期限向当铺给付利息回赎当物，即可终止双方的关系；约定的期限届满后没有回赎的，变为死当，当物由当铺自由处理。质权则是禁止当事人约定在债务履行期届满质权人未受清偿时，质物的所有权移转给质权人。

二、动产质权

（一）动产质权的概念与特征

动产质权，是指为担保债权的实现，债权人占有债务人或者第三人的动产，在债务人不履行到期债务或者发生当事人约定的实现质权的情形，有权就该动产的变价使被担保债权优先受偿的权利。其法律特征如下：

1. 动产质权是以他人的动产为标的物。动产质权的标的物，不仅是以动产为限，而且应为他人的动产。此处的他人，是相对于质权人而言。唯有以他人的动产设立质权，才能发挥质权的留置与优先受偿的效力。所以质权为设立在他人之财产上的限制物权。而至于他人是否为债务人，则在所不问，也可以为债务人以外的第三人。

2. 动产质权须转移标的物的占有。动产质权是以占有出质人的特定动产为其成立与生效的要件。动产质权是以交付质物为成立的要件，动产质权以质权人占有质物为存续要件，是由动产质权以留置效力实现其担保的功能的性质决定的。在债务人按照要求履行债务之前，质权人可以合法地占有质物，直至债务人清偿债务为止。但质物的交付，亦即质物占有的转移，既可以是现实交付，也可以是简易交付或者指示交付，但不包括占有改定。

3. 动产质权是就处分质物而获得价金优先受偿的权利。为了担保债权的清偿，在债权未获得充分清偿的时候，质权人可以基于物权的优先效力，就处分质押财产获得价金先于出质人的一般债权和设立在后的物权优先获得清偿。

（二）动产质权的设定

1. 质权合同的订立。质权为约定担保物权，通常必须由债权人与债务人或第三人自愿依合同设定。质押权合同属于要式合同，当事人必须以书面形式订立，如果当事人采取口头形式订立质押合同，该质权的设定无效。质权合同通常应包括以下条款：（1）被担保债权的种类和数额；（2）债务人履行债务的期限；（3）质押财产的名称、数量、质量、状况；（4）担保的范围；（5）质押财产交付的时间。

我国法律规定禁止流质。在质权合同中约定债务人不履行到期债务时，质押财产归债权人所有的，该流质条款无效。但是，该条款本身无效不影响质权合同其他部分的效力。

2. 质物的交付。动产质权的设定不仅要订立书面合同，还必须移转动产的占有。质权自出质人交付质物时设立。出质人代质权人占有质物的，质权不成立；债务人或者第三人未按质押合同约定的时间移交质物，因此给质权人造成损失的，出质人应当根据其过错承担赔偿责任。质权合同中对出质财产约定不明，或者约定的出质财产与实际移交的财产不一致的，以实际交付占有的财产为准。

（三）动产质权的效力

1. 动产质权对所担保的债权的效力。依照《民法典》第389条的规定，质权担保的范围包括主债权及其利息、违约金、损害赔偿金、保管担保财产和实现担保物权的费用。当事人另有约定的，按照约定。

2. 动产质权对质权标的物的效力。质权的效力及于质物的全部。主债权未受全部清偿的，质权人可以就质物的全部行使其质权，质物被分割或者部分转让的，质权人可以就分割或转让后的质物行使质权。

质物因附合、混合或者加工使质物的所有权为第三人所有的，质权的效力及于补偿金；质物所有人为附合物、混合物或者加工物的所有人的，质权的效力及于附合物、混合物或者加工物；第三人与质物所有人为附合物、混合物或者加工物的共有人的，质权的效力及于出质人对共有物享有的份额。

动产质权的效力及于质物的从物。但是，从物未随同质物交付于质权人占有的，质权的效力不及于从物。

质权人有权收取质物的孳息，但合同另有约定的除外。孳息应当先充抵收取孳息的费用。

3. 质权对出质人的效力。根据我国法律规定，出质人享有以下权利：

（1）保全质物的权利。质权人的行为可能使质物毁损、灭失的，出质人可以要求质权人将质物提存，或者要求提前清偿债务并返还质物。由此，产生的提存费用由质权人承担；若出质人提前清偿债权的，则应当扣除未到期部分的利息。

（2）质物处分权。动产出质后，出质人在法律上仍享有质物的所有权，因此仍有权将质物转让他人或者赠与他人，但出质人行使对质物的处分权，不应当影响原有的质权。

（3）质物收益权。在有约定的情况下，出质人继续享有对质物的收益权。但合同中没有约定的，出质人不应当享有此项权利。

出质人应承担下列义务：

（1）不得妨害质权人享有并行使对质物的权利。

（2）因质押财产存在隐蔽瑕疵而致质权人遭受损害时，应由出质人承担赔偿责任，但质权人在质押财产移交时明知质押财产有瑕疵而予以接受的除外。

4. 质权对质权人的效力。质权人享有以下权利：

（1）占有和留置质物。质权人对质物的占有是质权成立的条件，在主债务没有被清偿以前，质权人有权留置质物，即使质物所有权已经由出质人转让给他人，质权人仍然享有留置权，并有权拒绝任何第三人提出的交付质物的要求。

（2）收取质物孳息的权利。质权人有权收取质物的孳息，但质押合同另有约定的除外。质权人收取的孳息应当首先用于充抵收取孳息的费用，其次用于主债权的利息、主债权的清偿。

（3）质权的保全。因不能归责于质权人的事由可能使质押财产毁损或者价值明显减少，足以危害质权人权利的，质权人有权请求出质人提供相应的担保，出质人不提供的，质权人可以拍卖、变卖质押财产，并与出质人通过协议将拍卖变卖所得的价款提前清偿债务或者提存。

（4）优先受偿权。债务人不履行到期债务或者发生当事人约定的实现质权的情形，质权人可以与出质人协议以质押财产折价，也可以就拍卖、变卖质押财产所得的价款优先受偿。质押财产折价或者变卖的，应当参照市场价格。质物折价或拍卖、变卖以后，其价款超过债权数额的部分归出质人所有，不足部分由债务人清偿。

（5）转质权。转质，是指质权人为了担保自己的或者他人的债务，将质物移交给第三人，在该质物上设立新质权的行为。质权人在质权存续期间，为担保自己的债务履行，经出质人同意，可以以其所占有的质物，在原质权所担保的债权范围之内，为第三人设定质权，超过的部分不具有优先受偿的效力。转质权的效力优于原质权。

（6）放弃质权。质权人可以放弃质权。债务人以自己的财产出质，质权人放弃该质权的，其他担保人在质权人丧失优先受偿权益的范围内免除担保责任，但其他担保人承诺仍然提供担保的除外。

质权人承担的主要义务：

（1）妥善保管质物。因保管不善致使质物灭失或者毁损的，质权人应当承担赔偿责任。同时，质权人在质权存续期间，未经出质人同意，擅自使用、处分质押财产，给出质人造成损害的，应当承担赔偿责任。

（2）返还质物的义务。债务人履行债务或者出质人提前清偿所担保的债权的，质权人应当返还质物给出质人。

（四）动产质权的实现

动产质权的实现，是指债务人不履行到期债务或者发生当事人约定的实现质权的情形，质权人与出质人协议以质物折价，或者依法拍卖、变卖质物，并就所得的价金优先受偿的行为。

按照《民法典》的规定，动产质权实现一般需要具备以下条件：(1) 动产质权有效存在；(2) 债务人不履行到期债务，或者发生当事人约定的实现质权的情形；(3) 债权于清偿期届满而未受清偿，可以是全部未获清偿，也可以是部分未获清偿。

出质人可以请求质权人在债务履行期届满后及时行使质权；质权人不行使质权的，出质人可以请求人民法院拍卖、变卖质押财产。出质人请求质权人及时行使质权，因质权人怠于行使权利造成出质人损害的，由质权人承担赔偿责任。

动产质权实现的方式包括折价、拍卖和变卖三种。质物拍卖、变卖的变价款，质权人有权优先受偿，质物折价或者拍卖、变卖后，其价款超过债权数额的部分归出质人所有，不足部分由债务人清偿。

(五) 动产质权的消灭

动产质权因下列原因消灭：

1. 担保债权消灭。动产质权所担保的债权消灭，从属于该债权的动产质权消灭。

2. 动产质权的实现。动产质权的实现，无论被担保债权是否获得全部清偿，动产质权均发生消灭的后果。

3. 动产质权人放弃质权。质权人放弃动产质权，动产质权归于消灭。动产质权以质权人占有质物为设立和存续的条件，在债权得到清偿前质权人自愿将质物返还给出质人的，可视为质权人放弃质权。

4. 质物灭失。质物灭失，并且没有代位物或者代偿物的，动产质权消灭。

三、权利质权

(一) 权利质权的概念

权利质权，是指为了担保债务的履行，债权人就债务人或者第三人所享有的财产权利设定的质权。

权利质权的标的是出质人提供的作为债权担保的权利。能够作为权利质权的标的的权利，在性质上必须满足下列条件：(1) 必须是财产权。财产权包括物权、债权及无体财产权等可以用金钱价格评估的权利。(2) 必须具有可让与性。由于质权是以财产权的价值为标的而设定的担保物权，因此，该财产权必须是可以让渡的，否则，无法实现转让，也无法实现质权。(3) 必须是适于设定质权的权利，不能设立权利质权的权利如所有权、用益物权等不能设定质权。我国《民法典》第 440 条规定，债务人或者第三人有权处分的下列权利可以出质：(1) 汇票、本票、支票；(2) 债券、存款单；(3) 仓单、提单；(4) 可以转让的基金份额、股权；（5）可以转让的注册商标专用权、专利权、著作权等知识产权中的财产权；（6）现有的以及将有的应收账款；（7）法律、行政法规规定可以出质的其他财产权利。

（二）权利质权的设立

1. 有价证券的质押。以汇票、本票、支票、债券、存款单、仓单、提单出质的，质权自权利凭证交付质权人时设立；没有权利凭证的，质权自办理出质登记时设立。法律另有规定的，依照其规定。

以载明兑现或提货日期的汇票、本票、支票、债券、存款单、仓单、提单出质的，其兑现或提货日期先于主债权到期的，质权人可以兑现或者提货，并与出质人协议将兑现的价款或者提取的货物提前清偿债务或者提存。

2. 基金份额、股权的质押。以基金份额、股权出质的，质权自办理出质登记时设立。基金份额、股权出质后，不得转让，但是出质人与质权人协商同意的除外。出质人转让基金份额、股权所得的价款，应当向质权人提前清偿债务或者提存。

3. 知识产权的质押。以注册商标专用权、专利权、著作权等知识产权中的财产权出质的，质权自办理出质登记时设立。知识产权中的财产权出质后，出质人不得转让或者许可他人使用，但是出质人与质权人协商同意的除外。出质人转让或者许可他人使用出质的知识产权中的财产权所得的价款，应当向质权人提前清偿债务或者提存。

4. 应收账款的质押。以应收账款出质的，质权自办理出质登记时设立。应收账款出质后，不得转让，但经出质人与质权人协商同意的除外。出质人转让应收账款所得的价款，应当向质权人提前清偿债务或者提存。

（三）权利质权的法律适用

权利质权与动产质权都是以其客体的交换价值的取得为目的的担保物权，有由客体直接取得一定价值的权能，因其客体存在有体物与无体物性质的不同，两者共同构成质权的组成部分，在很多内容上既存在相同的方面，也存在一定的区别。因此，《民法典》第446条规定，权利质权除适用该法对其所作的特别规定外，适用该法动产质权的规定。

第四节 留置权

一、留置权的概念和特征

留置权，是指在债务人不履行到期债务时，债权人可以留置已经合法占有的债务人的动产，并有权就该动产折价或者以拍卖、变卖该动产的价款优先受偿的权利。在留置权法律关系中，留置债务人财产的债权人为留置权人，被留置财产的债务人为被留置人，被留置的财产为留置财产，也称作留置物。

留置权作为一种担保物权，除具有担保物权的从属性、不可分性和物上代位性等共同特征外，还具有以下特征：

1. 留置权是一种法定担保物权。与抵押权、质权大多数基于当事人的约定设立不同，留置权于法律直接规定的要件具备时当然成立；留置权的范围由法律规定。因此，留置权为法定担保物权。但法律规定或者当事人约定不得留置的动产，不得留置。

2. 留置权是可以发生二次效力的担保物权。留置权第一次发生效力，是指在留置财产产生的时候债权人在其债权没有得到清偿时，有权留置债务人的财产。留置权第二次发生效力，是指债务人于履行期满超过一定期限后仍不履行债务时，留置权人得依法以留置物变价的价金优先受偿。

3. 留置权为动产担保物权。留置权的客体仅限于动产，但不能以不动产或者权利作为标的，与抵押权、质权的客体存在明显不同。

4. 留置权是以债权人占有留置财产为要件的担保物权。所谓留置，是指维持债权人现有的占有状态而不予返还。留置权的成立和存续必须以债权人已占有债务人的动产为前提，当然此种占有并非基于债权人的侵权行为等不法原因而取得。若债权人丧失了对留置财产的占有而又无法予以恢复的则留置权归于消灭。

二、留置权成立的条件

留置权的成立条件可以分为积极要件和消极要件：

1. 留置权成立的积极要件。

（1）须债权人合法占有债务人的动产。此要件包含三层意思：首先，必须是动产。留置权的标的物只能是动产，债权人占有的不动产上不能成立留置权。其次，必须债权人占有动产。债权人的占有可以是直接占有，也可以是间接占有。但单纯的持有不能成立留置权，如占有辅助人虽持有动产，却并非占有人，因此不得享有留置权。最后，必须合法占有动产。债权人必须基于合法原因而占有债务人的动产，如基于承揽、运输、保管合同的约定而取得动产的占有。如果不是合法占有债务人的动产，不得留置，如债权人以侵权行为占有债务人的动产。

（2）债权人占有的动产，应当与债权属于同一法律关系，但企业之间留置的除外。只有债权、债务及债权人对于标的物的占有取得，均基于同一原因事实即同一个法律事实发生的，债权人的债权与债务人的债务间才为有牵连，才可以成立留置权。例如，保管合同中寄存人不按期支付保管费，保管人可以留置保管物，留置权成立。但是如果双方当事人都是企业，则不要求留置物与债权属于同一法律关系，这是为保证商事交易迅捷而作出的例外法律规定。

（3）须债权已届清偿期。债权人虽占有债务人的动产，但在债权尚未届清偿期时，不发生留置权。只有在债权已届清偿期，债务人仍不履行债务时，债权人才可以留置债务人的动产。如果债务人的履行义务尚未到期，而债权人交付其占有的标的物的义务已经到期，则不成立债权人的留置权。因为债务人义务未到期，则不发生债务人不履行义务的问题。

2. 留置权成立的消极要件。留置权的取得必须符合法律的规定和当事人的约定。不得留置的动产，包括以下情形：

（1）债权人通过侵权行为而占有的动产。通过侵权行为而占有动产，是指以故意或者过失心态不法侵害他人权利，而取得动产占有。留置权的取得，以占有债务人的动产为前提，但其占有必须是合法占有。如果是因侵权行为占有他人的动产，不发生留置权。例如，因盗窃、抢夺而取得的占有，即便支出了必要费用，也不享有留置权。

（2）动产的留置违反公共利益或者善良风俗。例如，扣留债务人的身份证、居民户口簿等，因违反公序良俗而不被允许。

（3）动产的留置，与债权人承担的义务相抵触。债权人留置债务人的动产如果与其所承担的义务相抵触时，亦不得为之。例如，承揽人主张定做人没有按照约定先支付部分报酬，而将定做人交付的材料加以留置，拒绝完成工作成果。此种行为就与承揽人依据合同负有完成工作成果的义务相抵触。

（4）当事人约定不得留置的动产，不得留置。债务人在将动产交付债权人占有时，如约定该动产不得留置，则根据意思自治原则，排除债权人在该物上取得留置权。《民法典》第449条规定：“法律规定或者当事人约定不得留置的动产，不得留置。”

三、留置权的效力

（一）留置权所担保的债权范围

留置权所担保的债权范围，包括主债权及其利息、违约金、损害赔偿金、保管留置物和实现留置权的费用。

（二）留置权标的物的范围

留置权的标的物就是留置财产，留置权对留置财产所及的效力范围，法律无明文规定，法律及学说认为，包括主物、从物、孳息和代位物。

（三）留置权人的权利义务

1. 留置权人的权利。

（1）留置物的占有权。在债务人履行债务之前，债权人有权拒绝债务人交付标的物的请求。当其留置物被第三人侵夺时，留置权人行使占有物之返还请求权。留置物为不可分物的，留置权人于其债权未获清偿时，可就留置物全部行使留置权；但留置物为可分物的，债权人只能留置与自己债权额相当的部分，其余部分应当交付债务人。

（2）留置物孳息的收取权。留置权人在占有留置物期间内，有权收取留置物的孳息。如果孳息是金钱，则可以直接充抵债务；如果孳息是其他财产，留置权人享有留置权。同时留置权人对留置物孳息应以善良管理人的注意进行妥善的管理。如果没有尽到这种注意义务，给债务人造成损失的应当承担赔偿责任。

（3）保管留置物的必要使用权。留置权人除经债务人同意使用留置物外，只能在出于保管留置物的需要时才能使用留置物，无权以获得收益为目的而加以使用。

（4）必要费用求偿权。债权人因保管留置物所支出的必要费用，有权向债务人请求返还。

（5）优先受偿权。债权人与债务人应当在合同中约定，债权人留置财产后，债务人应当在不少于2个月的期限内履行债务。债权人和债务人在合同中未约定的，债权人留置财产后，应当确定2个月的期限，通知债务人在该期限内履行债务。债务人逾期不履行义务，债权人可以与债务人协议以留置物折价，也可以依法拍卖、变卖留置物。留置物折价或者拍卖、变卖后，其价款超过债权数额的部分归债务人所有，不足部分由债务人清偿。

2. 留置权人的义务。

（1）妥善保管留置物。债权人应当以善良保管人的注意保管留置物。因保管不善造成留置物毁损、灭失的，应当承担赔偿责任。留置权人在留置权存续期间，未经留置物所有权人的同意，擅自使用、出租、处分留置物，因此给留置物所有权人造成损失的，留置权人应当承担赔偿责任。留置权人是否尽到了注意义务，是判断其是否有过错的标准，如未尽到注意义务，则表明其具有过错，并对其造成的损失负赔偿责任。

（2）返还留置物。留置权因债务人清偿被担保的债权而消灭时，或者因债务人另行提供担保并被债权人接受而消灭时，留置权人负有将留置物返还给留置人的义务。

四、留置权与动产抵押权、质权的竞存的法律适用

留置权属于法定担保物，其效力优先于约定担保物权性质的抵押权或者质权。我国《民法典》第456条规定："同一动产上已设立抵押权或者质权，该动产又被留置的，留置权人优先受偿。"在同一动产上，无论留置权是产生于抵押权或者质权之前还是之后，留置权的效力都优于抵押权或者质权。也就是说，留置权对抵押权或者质权的优先效力不受其产生时间的影响。

五、留置权的消灭

留置权除因担保物权消灭的一般原因外，还具有以下几种特殊原因：

1. 债务人另行提供担保。为取回自己的动产，债务人可以另行向债权人提供担保，债权人接受的，不仅对留置权人没有损害，而且可以避免债务人对留置物因不能使用、收益而造成损失，法律理当不予禁止。

2. 留置权人对留置财产丧失占有。留置权以权利人对留置物的占有为成立条件和存续条件。因此，留置权因权利人丧失对留置物的占有而消灭。

3. 债权清偿期的延缓。留置权的成立，以债务人不履行到期债务致使被担保债权未获清偿为条件，因此，债权人如同意延缓债务清偿期，留置权已无存在的余地，应当归于消灭。但在留置权消灭后，债务人未请求返还留置物，延缓的债务履行期又届满的，债权人仍可主张成立新的留置权。

【本章小结】

担保物权，是指为确保债权实现而在债务人或者第三人所有的物或者权利之上所设定的，在债务人不履行债务时，或者发生当事人约定的实现担保物权的情形时，债权人依法享有的就担保财产变价并优先受偿的定限物权。我国担保物权主要包括抵押权、质权和留置权。担保物权制度既是保障市场交易安全的基本手段，也是社会经济的有效调节工具。

【引例评析】

设立担保物权，应当依照《民法典》和其他法律的规定订立担保合同。设立抵押权，当事人应当采用书面形式订立抵押合同。债务人或者第三人有权处分的建筑物和其他土地附着物可以抵押。以房屋等不动产抵押的应当办理抵押登记。抵押权自登记时设立。本案中，甲公司与乙银行之间签订的合同并未明确约定为抵押合同，并且也没有办理抵押登记。所以抵押权并没有设立，乙银行对办公用房并不享有抵押权。

【练习题】

1. 名词解释

(1) 抵押权

(2) 最高额抵押权

(3) 动产浮动抵押权

(4) 质权

(5) 动产质权

(6) 权利质权

(7) 留置权

2. 简答题

(1) 如何理解担保物权的含义?

(2) 担保物权有哪些特性?

(3) 抵押权的特征是什么?

(4) 简述抵押权的客体范围。

(5) 动产质权人享有哪些权利?

(6) 留置权取得的条件有哪些?

3. 案例分析题

张宏因扩大店面经营急需资金向李刚借款20万元，李刚要求张宏提供担保，张宏将自己价值50万元的宝马车出质给李刚，李刚因自己不会开车。两人约定仍然由张宏占有该车，无须向李刚交付该车，但李刚对该车享有质权。其后，张宏向赵新借款10万元，并将该车出质给赵新，向赵新交付该车。在赵新占有该车期间，因王涛向赵新租用该车，赵新未经张宏同意，即与王涛签订了租赁合同。王涛因违章驾驶造成该车部分毁损，为此引起纠纷。

问题:

(1) 本案中，张宏与李刚之间的质权是否生效?为什么?

(2) 张宏和赵新之间存在何种法律关系?赵新是否有权出租该车?为什么?

(3) 张宏可就该车损失向谁主张权利?为什么?

第十四章
占有

【引入案例】

徐某山在2001年出资购买在N市G区新村的一套房改房，并登记在其名下。因徐某山在L市工作，该房屋一直由其母亲和妹妹徐某花居住，徐某花出嫁后亦在此房居住。经法院查明，该房屋系拆迁安置房，作为家庭成员徐某山和徐某花均为被安置对象。2019年3月，徐某山的母亲去世后，徐某山以其享有该房屋的所有权为由，请求徐某花搬出该房屋，徐某花拒不搬离该房屋而发生纠纷。本案应当如何处理？

【学习目标】

通过本章学习，能够掌握：

1. 占有概念及其分类；
2. 占有的效力；
3. 占有的取得和消灭。

第一节　占有概述

一、占有的概念与性质

（一）占有的概念

占有，是指人对物的事实上的管领与控制。其中，对物进行管领和控制的人，称为占有人；被管领和控制之物，称为占有物。

在现代民法上，占有作为物权法上与各种物权类型并列的一项制度，其独特性在于：占有本身并不是一项权利，而仅仅是一种法律事实，即占有人实际管领、控制占有物的事实。无论所有权人的占有，还是非所有权的合法占有、非法占有等，均受到占有制度的保护。即占有某项财产可能具有法律根据，也可能没有法律根据，但为了保障现存财产关系的稳定，民法规定占有制度，使“占有财产”这一本身就可以产生法律效果。于是，即便是窃贼对其所盗窃之物的事实控制也属于一种占有，而产生其在物权法上的效力。因此，占有作为一种事实状态体现了财产秩序，占有的现状也构成一种社会生活秩序，法律之所以要保护占有并不一定是为了寻求对真正的权利人的保护，而是为了维护社会秩序和生活秩序的稳定。

占有是指控制财产的一种事实。构成占有应当具备以下条件：

1. 占有是以物为客体。占有为人对物的关系，占有的客体应为有体物。物权的客体原则上也必须是有体物，物权的标的物还必须是独立物，故物权不得存在于物的部分之上；相反，占有因不构成权利，不受前述原则的限制，可以存在于物的部分之上。不论是重要组成部分还是非重要组成部分，只要在事实上被人直接支配，都可以成为占有的客体。例如，占有某一住宅建设用地的一角作为停车场。占有的标的以物为限，这就排除了权利成为占有客体的可能性，同时对于非属于权利的无体物，如电力、热力等在未特定化之前，也不能成立占有。因此，物之外的财产，如商标权、专利权、抵押权人对作为抵押物的建设用地使用权等的占有，只能成立准占有，而不能成立占有。

2. 占有是对于物的事实上的管领力。占有属于人对物的关系，它表现为人对物有事实上的管领力。事实上的管领力，不以占有人与占有物存在物理上的接触与控制为限。有相应的法律关系足以认定占有时，直接依照该法律关系认定，如甲将房屋出租给乙，乙为直接占有人，甲为间接占有人；无相应的法律关系足以认定是否构成占有时，应当以一般社会观念及外部可以认知人与物结合的空间关系、时间关系认定。一般社会观念居主导地位，空间关系和时间关系为辅助性的判断因素。例如，所有权人将车停放在路边的停车位上而到国外旅游，按照一般社会观念，并不丧失对车辆的占有。在空间上，物应当处于人的力量作用的范围内始得谓之占有，如居住于房屋、耕作于农田而占有，放置于家中的彩电、冰箱、家具等财产属于主人占有；在时间上，人对物的某种支配应当持续一定的时间才可能认为是占有，如仅是瞬间或暂时性的接触，就只存在持有而不成立占有，如在图书馆取阅杂志，在饭店使用餐具等，不构成占有。

占有除具备对物事实上的管领力外，是否还要求占有人有占有的意思？在占有的构成问题上，持客观说者认为，占有依纯粹客观的事实支配状态即可成立，无须考虑占有人主观上是否有占有的意思。持主观说者认为，占有除须具备事实控制关系外，还要求占有人主观上有占有的意思。实际上，占有的意思不是民事法律行为上的意思，而是一种自然意思，因此，对某物的占有或维持占有都不以占有人具有行为能力为必要。

(二) 占有的性质

自罗马法以来，对占有的法律性质，究竟为事实还是权利，素有争论，立法例亦不相同。日本民法规定占有为权利，瑞士民法和我国台湾地区“民法”规定占有系一项事实。在德国，虽然有主张占有为权利的，但通说认为占有为一种事实。从我国《民法典》立法和民法学理论看，与其他国家占主导性的法律立场相同，我国现行法上的占有指的也是一种事实控制关系，其性质属于一种法律事实，而非权利。

二、占有的分类

依不同的标准，可以将占有分为以下不同的类型：

(一) 自主占有与他主占有

以占有人是否具有所有的意思为标准，可以将占有区分为自主占有与他主占有。自主占有，是指占有人主观上以所有的意思而为的占有。所谓“所有的意思”，是指具备所有人占有的意思，不必是真正的所有人或要求其自信为所有人，如拾得人以据为己有的意思占有遗失物。他主占有，是指占有人主观上非以所有的意思而为的占有，如留置权人对留置物的占有、承租人对租赁物的占有等。

二者区分的意义在于：①取得时效中的占有须为自主占有；②先占取得须以自主占有为之。

(二) 直接占有与间接占有

以占有人在事实上是否直接占有特定物为标准，可以将占有区分为直接占有与间接占有。直接占有，是指对占有物有事实上管领力的占有，如质权人、承租人、借用人、保管人等基于物权关系或者合同关系而直接管领、控制他人之物的占有。间接占有，是指基于一定法律关系，对于事实上占有物的人（即直接占有人）有返还请求权，从而对其物有间接管领力的占有，如出质人、出租人、出借人等的占有。

二者区分的意义在于：两种占有的取得手段不同，保护方法也不一样。

(三) 有权占有与无权占有

以占有人之占有是否具有本权为标准，可以将占有区分为有权占有与无权占有。所谓本权，是指基于法律上的原因，可对物进行占有的权利，如所有权、建设用地使用权、质权、留置权等。有权占有，又称有权源占有，是指基于本权的占有，如基于地役权对供役地的占有，基于租赁、借用等合同关系的占有等。无权占有，又称无权源占有，是指无本权的占有，如窃贼对赃物的占有、拾得人对遗失物的占有等。

二者区分的主要意义在于：有权占有人能够拒绝他人行使本权；无权占有人在本权人行使请求返还原物时，负有返还的义务。此外，作为留置权要件的占有，仅限于有权占有。

（四）善意占有与恶意占有

这是对无权占有依占有人的主观心理状态的不同所作的进一步分类。依占有人的主观心理状态的不同，可以将无权占有分为善意占有与恶意占有。善意占有，是指无权占有人无占有的权源但误信存在此种权源且无怀疑的占有。例如，误以为他人遗失之物为抛弃物而以所有的意思占有的，占有人误以为自己先占取得成为所有权人，从而误信其占有为有权占有。恶意占有，是指占有人明知无占有权源，或者对是否存在占有权源有怀疑而为的占有。例如，窃贼占有窃得的物品，或者以极低的价格从他人处购买物并对该物是否为赃物有怀疑之人的占有等。

二者区分的重要意义在于：①取得时效中善意占有与恶意占有的期间不同，善意占有的取得时效期间一般较恶意占有的时效期间短；②动产的善意取得，须以受让人取得占有时为善意为要件；③善意占有与恶意占有受保护的程度不同。

（五）无过失占有与有过失占有

这是对善意占有的进一步分类，以占有人不知其无占有的权利并且有无过失为区分标准。无过失占有，是指占有人不知且不应知其无占有权利的占有。有过失占有是指占有人应当知道但因过失不知其无占有权利的占有。

二者区分的意义在于：不动产取得的时效期间不同，在占有效力上也有重大不同。

（六）和平占有与强暴占有

以占有的手段为标准，可以将占有区分为和平占有与强暴占有。和平占有，是指不以法律禁止的手段取得和维持占有，如通过拾得遗失物而占有他人之物。强暴占有，是指以法律禁止的手段为占有，如抢夺他人财物而占有。

二者区别的意义在于：取得时效中的占有须为和平占有，强暴占有不发生时效取得。

（七）公然占有与隐秘占有

以占有的方法为标准，可以将占有区分为公然占有与隐秘占有。公然占有，是指不故意以避免他人发现的方式为占有。隐秘占有，是指为避免他人知晓而藏匿、不公之于众的占有。

二者区分的意义在于：取得时效中的占有须为公然占有，隐秘占有不发生时效取得。

（八）无瑕疵占有与有瑕疵占有

以无权占有是否具有瑕疵为标准所作的分类。无瑕疵占有是指善意且无过失、和平、公然、继续的占有。有瑕疵占有是指恶意且有过失、强暴、隐秘、不持续的占有。

二者区别的意义在于：合并前占有人的占有而为主张者，应承继其瑕疵。另外，在善意取得的要件上，二者区分也具有法律意义。

此外，占有还可以划分为单独占有与共同占有、自己占有与辅助占有等。

第二节　占有的效力和保护

一、占有的效力

占有的效力是指根据占有的客观事实，法律规定其产生一定的法律效果。

（一）占有的推定

1. 事实推定。占有的状态多种多样，因其状态的不同，则其效力各不相同。如占有人主张自己的占有为善意、和平、公然或为自主的，要占有人一一证明其事实，不仅事实上做起来存在困难，而且与将占有与本权分离受独立保护的意旨相矛盾。从保护占有人角度出发，法律应当基于社会生活的通常状况，为占有人设有各种推定，以免除占有人的举证责任。这种推定应当包括：推定占有人以所有的意思，善意、和平及公然占有；在占有前后两个时间点有占有的证据的，推定其为继续占有。

2. 权利推定。占有的权利推定效力起源于日耳曼法，其意为占有人在占有物上行使权利，则推定其合法地享有此项权利。至于占有人是否真有此权利，在其他人举证推翻法律推定之前在所不问，唯有在出现相反证据后，占有的事实才让位于权利。

权利推定适用于动产。登记的不动产物权以其登记公示的效力当然强于占有的推定，权利推定没有什么实际意义，故不适用于占有权利推定。就动产而言，对推定其合法有此权利中的“权利”的范围，只要是该权利系对标的物占有的权利（不得占有标的物的权利不在此限）为占有人所行使的，无论为物权（所有权、质权）还是债权（租赁权、借用权）均可，如占有人以所有的意思对占有物行使权利时，即推定其有所有权；以行使质权的意思行使质权时，即推定其有质权；以承租人的意思对占有物行使权利时，即推定其有租赁权。

（二）占有人与返还请求权人的关系

占有人与返还请求权人的关系，是指无权占有在有请求人要求返还占有物时所发生的权利和义务关系。占有人与返还请求权人的关系在性质上属于一种法定债的关系。这种关系经常会与无因管理、侵权行为、合同解除等制度发生竞合，这时应适用何种规定，当事人可以自由选择，至于基于某种法律关系或者法律规定而发生返还关系，如基于质权、留置权等物权关系，或者基于租赁、借用等债的关系，或者基于无因管理、不当得利、侵权行为等法律规定将占有物返还于权利人的关系，应当依其基本法律关系或者法律规定进行，此处不予赘述。

1. 占有人对物的使用、收益。我国《民法典》第 459 条规定，占有人可以使用占有物。此处所称占有人，是指无权占有人。善意占有人对于占有物的使用、收益，应依其推定的权利进行。这种推定的权利种类，应视占有人对于占有物所行使的权利以种类为限。例如，所行使的是借用权，即推定其有借用权。善意占有人即以其受推定的权利，对占有物使用收益。但是，善意占有人的这种使用、收益权，必须是其受推定的权利在内容上具有使用、收益的权能。如果受推定的权利不具有使用、收益的权能，如质权、留置权，占有人即无使用、收益权。

善意占有人对于占有物的使用、收益，应当依物的用途，按法律所不禁止的方法进行。基于合同关系等产生的占有，有关不动产或者动产的使用、收益、违约责任等，按照合同约定；合同没有约定或者约定不明确的，依照法律规定。

恶意占有人在返还占有物时应返还占有物的孳息。如果孳息被消费了或因过失而损失了或者应当收取而没有收取时，应当赔偿损失。

我国《民法典》第 460 条规定，不动产或者动产被占有人占有的，权利人可以请求返还原物及其孳息。可见，占有人不论是善意或者恶意，均不享有占有物的收益权，在返还原物时同时负有返还全部孳息的义务。

2. 对占有物所支出费用的偿还。占有人在占有标的物期间，可能因占有物的维护、改良等支出费用，依其性质为必要费用还是有益费用，以及占有是恶意还是善意，其请求偿还费用的范围也不一样。善意占有人可以要求必要费用的返还，并可以在占有物现存之增加价值范围内，要求有益费用的偿还；恶意占有人对于所支出的必要费用，可以按照不当得利的规定要求偿还，对于其所支付的有益费用，则不得要求偿还。所谓必要费用，是指因维护占有物所不可或缺的费用，譬如修缮费、饲养费、保养费等。所谓有益费用，是指对物进行改善而增加物的价值所支出的费用。

我国《民法典》第 460 条规定，回复请求权人应当支付善意占有人因维护不动产或者动产支出的必要费用。未规定恶意占有人对必要费用的求偿权，对恶意占有人似乎不公平。例如，修缮因雨受损之屋顶而支出的费用乃典型的必要费用，即便占有人为恶意，也应使其有权从权利人处得到偿还为宜。此外，未涉及善意占有人对有益费用的偿还请求权问题，构成一项法律漏洞，需要将来的法律予以填补。

3. 占有人在占有物毁损、灭失时的赔偿责任。在占有物毁损、灭失的时候，占有人对于返还请求人负有赔偿责任。这种责任范围因占有人是善意的还是恶意的有所不同。善意占有人因使用占有的不动产或者动产，致使该不动产或者动产受到损害的，善意占有人不承担赔偿责任；恶意占有人应当承担赔偿责任。

我国《民法典》第461条规定："占有的不动产或者动产毁损、灭失，该不动产或者动产的权利人请求赔偿的，占有人应当将因毁损、灭失取得的保险金、赔偿金或补偿金等返还给权利人；权利人的损害未得到足够弥补的，恶意占有人还应当赔偿损失。"依此规定，免除了善意占有人的损害赔偿责任，却规定了其有限的赔偿责任（定限的赔偿责任），即善意占有人仅须向权利人返还因毁损、灭失取得的保险金、赔偿金或者补偿金等，损害未因此得到完全弥补的，善意占有人不负赔偿责任；如果占有为恶意，则占有人须依侵权法的一般规则，对权利人因物的毁损、灭失所遭受的损害负完全赔偿责任。

二、占有的法律保护

占有的不动产或动产被侵占的，占有人有权请求返还原物；对妨害占有的行为，占有人有权请求排除妨害或者请求消除危险；因侵占或者妨害造成损害的，占有人有权请求损害赔偿。占有人返还原物的请求权，自侵占发生之日起1年内未行使的，该请求权消灭。

第三节 占有的取得与消灭

一、占有的取得

占有的取得，即占有的发生，是指依特定事实或法定原因而取得占有。以占有主体是否需要依赖他人既存的占有为标准，可以区分为占有的原始取得与继受取得。

（一）直接占有的取得

1. 直接占有的原始取得。直接占有的原始取得，是指非基于他人既存的占有而取得的占有。占有的原始取得是典型的事实行为，而非法律行为，如对无主物的先占、拾得遗失物、以盗窃或者暴力手段取得动产的占有等。行为人在依原始取得占有时，不以占有人具有行为能力为必要。直接占有的取得，必须具有占有的自然意思。

2. 直接占有的继受取得。直接占有的继受取得，是指基于他人既存占有而取得直接占有。基于他人既存占有而取得占有，其发生的原因有二，即占有的移转和占有的继承。

（1）占有的移转。所谓占有的移转，是指占有人以法律行为将其占有物交付他人，从而使他人取得占有的情形。其构成要件包括：第一，须有移转占有的意思表示；第二，须有占有物的交付。交付行为除可以表现为现实交付以外，还包括简易交付、占有改定和指示交付等各种观念交付的行为。

（2）占有的继承。占有的继承，是指因继承的原因而取得占有。因继承而发生的占有的移转，应当从继承开始时发生效力，不以其知道继承事实的发生为必要，也无须事实上取得对物的管领力，更无须其作出接受继承的意思表示。以继承取得的占有，是权利义务概括继承的结果，因此继承人取得占有，在种类、状态、瑕疵等方面，都与被继承人的占有相同。

（二）间接占有的取得

间接占有的取得是基于他人既存的占有而取得的占有，属于继受取得，可以分为创设的继受取得和移转的继受取得。

1. 间接占有的创设取得。

（1）直接占有人为自己创设间接占有。直接占有人可以将其占有转移给他人，从而为自己创设间接占有。例如，所有人出租其物于他人时，由他人直接占有出租物，为自己创设间接占有。所有人将其所有物出借给他人，或交给他人保管，或者出质给他人，均创设了间接占有。

（2）直接占有人为他人创设间接占有。此种创设的间接占有，多是通过占有改定方式进行的，如出卖人出售电脑，并向买受人借用该物，使买受人取得对电脑的间接占有。

2. 间接占有的移转取得。间接占有的移转取得，是指占有人将其间接占有移转给他人的现象，主要有让与和继承两者方式。

间接占有人可依指示交付的方式将其间接占有让与他人。例如，出租人（间接占有人）将其租赁物所有权转让给他人时，可以将其对承租人（直接占有人）的返还请求权让与买受人，从而受让人继受取得间接占有。

间接占有是一种占有，可以成为继承的客体，但继承人同时应当取得占有的瑕疵。

二、占有的消灭

占有的消灭，是指占有人对物丧失事实上的管领力。其情形主要有：(1) 因占有人的意思而消灭。占有人将物交付给他人、抛弃对物的占有等。(2) 非因占有人的意思而消灭。占有人对物的管领力也可能由于占有人意志以外的原因而丧失，如物被窃、被抢或者遗失。

但需注意，事实上的管领力仅仅一时不能行使，而可预期自动恢复的，占有不消灭。例如，饲养的家畜临时走失，预期其可自行归来。

占有物灭失，占有人事实上的支配已无所凭借，占有即消灭。

间接占有基于占有人丧失了对物的返还请求权时消灭。

【本章小结】

占有是一种事实状态，反映的是占有人对物的支配状态。占有不为权利，占有的客体也就不以独立物为限。占有的形态呈现出多样化，依据不同的标准对其进行分类具有重要意义。占有的效力包括了占有的推定效力、占有人与返还请求权人的关系。占有虽然是一种事实，但它反映出一定的财产秩序，具有权利的外观，为维护社会财产秩序，定分止争，占有受到法律保护就成为必然。

【引例评析】

根据占有人的占有是否具有本权为标准，占有被分为有权占有与无权占有。所谓本权，是指基于法律上的原因，可对物进行占有的权利。有权占有是指基于本权的占有。本案中，虽然安置房屋已经归徐某山所有，但徐某花系拆迁房屋被安置的家庭成员，一直占有安置房屋，其占有安置房屋的权利来源是拆迁安置。因此，徐某花系有权占有，而非无权占有。因此，徐某花可以继续占有安置房屋。

【练习题】

1. 名词解释

(1) 占有

(2) 自主占有

(3) 间接占有

(4) 善意占有

(5) 恶意占有

2. 简答题

(1) 简述占有的构成要件。

(2) 占有的分类包括哪些?

(3) 简述占有的推动效力。

(4) 占有人与返还请求人之间的关系是怎样的?

(5) 占有取得的方式有哪些?

3. 案例分析题

2020 年 4 月 16 日，甲被 L 县公安局传唤。公安局认为，甲的耕牛是赃物，应予扣押。甲申辩称，耕牛是买来的。公安局调查后证实，该牛原为乙所有，2019 年 12 月 5 日，被丙偷走。丙当天就把牛卖给了丁，因为丁知道牛是赃物，因此只花了 2500 元。此牛在丁家饲养了不到一个月，便再次丢失。戊拾得此牛，饲养了半个月，后又将此牛卖给了甲。

问题:

(1) 若乙要求返还耕牛，甲是否应当返还? 为什么?

(2) 请根据占有的几种分类，分析丙对耕牛的占有属于哪一类?

第三编
合　同

第十五章
合同概述

【引入案例】

甲与乙约定，甲借给乙 50 万元，年利息 10%，借期 5 年。甲按约将 50 万元借款交付给乙。问：甲与乙订立的合同的性质？

【学习目标】

通过本章学习，能够掌握：

1. 合同的概念与特征；
2. 合同的分类。

第一节　合同的概念与特征

合同法律制度是市场经济的基本法律制度。大陆法系国家的民法典分则中通常设立债编作为调整财产流转关系的法律制度，但我国民法典未沿袭大陆法系国家的立法模式，而是从中国实际情况出发，为保持合同法总则体系的完整性和内容的丰富性，设置合同编。此立法模式可以有效简化法律规则，有利于法律适用的便利，实现统摄债之规则的功能。为避免债法总则功能的缺失，合同编的规范在一定程度上发挥了债法总则的功能。将无因管理之债和不当得利之债作为准合同进行规范。将侵权行为规定在《民法典》第七编侵权责任编中。

一、合同的概念

合同有广义和狭义之分，广义合同不仅包括民法上的债权合同、物权合同和身份合同，而且包括行政法上的行政合同、劳动法上的劳动合同等。本章所介绍的合同是狭义上的合同，即《民法典》合同编所调整的债权合同。《民法典》第464条规定："合同是民事主体之间设立、变更、终止民事法律关系的协议。婚姻、收养、监护等有关身份关系的协议，适用有关该身份关系的法律规定；没有规定的，可以根据其性质参照适用合同编规定。"

二、合同的特征

合同具有如下法律特征：

1. 合同是一种民事法律行为。合同不仅以意思表示为要素，而且合同当事人希望按意思表示的内容发生法律上的效果。所以合同为民事法律行为，而非事实行为。

2. 合同是两方以上当事人之间意思表示一致的民事法律行为。合同必须在两方以上当事人意思表示达成一致的基础上才能成立。这是合同区别于只需当事人单方意思即可成立的单方民事法律行为的重要标志。

3. 合同是以设立、变更、终止民事权利义务关系为目的的民事法律行为。合同属于民事法律行为，而民事法律行为的当事人实施的是以发生民事法律后果为目的的行为，合同的目的在于设立、变更、终止民事法律关系。即通过合同的订立使当事人之间产生民事权利义务关系，或变更当事人之间原有的民事权利义务关系，或使当事人之间原有的民事权利义务关系归于消灭。

4. 合同是各方当事人在平等、自愿的基础上实施的民事法律行为。在订立合同时，各方当事人的法律地位一律平等，所作的意思表示是自主自愿的，不是被对方当事人或合同以外的第三人欺诈、胁迫所致。虽然格式合同与强制缔约义务的出现使当事人之间的自愿受到一定的限制，但并未改变合同是以当事人自由意思为基础的本质。

5. 婚姻、收养、监护等有关身份关系的协议，不属于《民法典》合同编上的债权合同，适用有关该身份关系的法律规定。只有在没有法律规定的情况下，才可以根据其性质参照适用合同编的规定。

参考案例

> 美籍华人刘女士欲在祖籍甘肃某县收养一婴儿。她与当地福利院签订了收养协议书。问：收养协议书是否属于合同法的调整范围？
>
> 【评析】收养协议书是有关身份关系的协议，而合同法调整的是财产关系，故收养协议书不属于合同法上的债权合同，适用有关该身份关系的法律规定，如收养法的法律规定。

第二节　合同的分类

合同的分类，是指按照特定的标准将各种合同加以区别和划分。我国合同的分类包括两种，一种是法律上的分类，《民法典》将实践中比较常见的合同分为19类。还有一种是学理上的分类，此处介绍的是合同在学理上的分类。

一、双务合同与单务合同

（一）双务合同与单务合同的概念

以合同双方当事人是否互负给付义务为标准，合同可分为双务合同和单务合同。

双务合同，是指双方当事人都享有权利和承担义务的合同。一方享有一定权利的同时负有相应的义务，对方负担义务的同时也享有相应的权利。即每一方当事人既是债权人又是债务人。例如，买卖、租赁、承揽、互易等合同均属此类。

单务合同，是指一方当事人只享有权利而不承担义务，另一方当事人只承担义务而不享有权利的合同。单务合同的当事人的权利义务不存在对应关系。例如，赠与合同，赠送人只承担交付赠品的义务，而不享受任何权利；受赠人则只享有取得赠送人交付赠品的权利，而不承担任何义务。其他如无偿借贷合同、无偿借用合同、无偿保管合同等。

（二）区分双务合同与单务合同的法律意义

1. 是否适用合同履行抗辩权不同。合同履行抗辩权（包括同时履行抗辩权、先履行抗辩权和不安抗辩权）的成立以合同双方存在对待给付关系为前提，因而只有双务合同中存在合同履行抗辩权，单务合同不适用这一规则。

2. 风险负担不同。在双务合同中，双方的权利义务互相依存、互为条件，如果一方当事人由于可以免责的事由（如因不可抗力）导致不能履行合同义务，发生风险负担问题；而在单务合同中，如果一方因不可抗力导致不能履行义务，风险一律由债务人负担，不会发生双务合同中的复杂问题。

3. 因一方过错所致合同不履行的后果不同。在双务合同中，如果非违约方已履行合同，可以要求违约方履行合同或承担其他违约责任，条件具备时还可解除合同；解除合同并溯及既往时，守约方有权请求违约方返还受领给付。单务合同不发生上述后果。

二、有偿合同与无偿合同

（一）有偿合同与无偿合同的概念

以当事人取得权利是否须付出相应对价为标准，可将合同分为有偿合同和无偿合同。

有偿合同，是指当事人一方享有合同约定的权利，须向对方当事人支付相应对价的合同。买卖、租赁、保险、运输、承揽等合同，均属有偿合同。

无偿合同，是指当事人一方享有合同约定的权利，不必向对方当事人支付相应对价的合同。赠与合同、无偿借用合同、无偿保管合同，均属无偿合同。

（二）区分有偿合同与无偿合同的法律意义

1. 当事人应尽的注意义务与责任不同。有偿合同的债务人应尽较高的注意义务，其责任较重，应对故意和一切过失负责；而无偿合同的债务人则负较轻的注意义务，仅对故意或重大过失负责。

2. 对主体的要求不同。有偿合同的当事人必须具有完全民事行为能力，否则要由其法定代理人代为履行或经其法定代理人的同意；而对纯获利益的无偿合同，限制民事行为能力人未经其法定代理人的同意也可以独立订立合同。

3. 可否行使撤销权不同。如果债务人将其财产无偿转让给第三人，对债权人造成损害的，债权人可请求撤销该无偿行为。如果债务人将其财产有偿转让给第三人，对债权人造成损害的，只有在其转让价值明显不合理且转让人与受让人存在恶意时，债权人方可请求撤销该行为。

4. 有无返还义务不同。如果无处分权人通过有偿合同将财物转让给第三人，第三人善意取得该财产的，适用善意取得制度，第三人对于原物所有人不负返还义务；若通过无偿合同将财物转让给第三人，不得适用善意取得制度，原物存在时，第三人对于原物所有人负有返还原物的义务。

三、诺成合同与实践合同

（一）诺成合同与实践合同的概念

根据合同成立是否以交付标的物为要件，合同可分为诺成合同和实践合同。

诺成合同，是指双方当事人的意思表示达成一致即成立的合同。而实践合同，是指除当事人双方意思表示一致以外还须交付标的物才能成立的合同。

绝大多数合同都属于诺成合同，而实践合同必须由法律特别规定，常见的实践合同主要包括定金合同、自然人之间的借款合同、保管合同、借用合同。

（二）区分诺成合同与实践合同的法律意义

1. 两者成立的要件不同。诺成合同自双方当事人意思表示达成一致时即告成立；而实践合同则在双方当事人意思表示达成一致后，还必须由当事人交付标的物，合同才能成立。

2. 对当事人义务的规定不同。诺成合同中交付标的物是当事人履行合同义务的行为，违反该义务便产生违约责任；而在实践合同中交付标的物或完成其他的给付不是当事人的给付义务只是先合同义务，违反它不产生违约责任，可构成缔约过失责任。

参考案例

王某替张某无偿保管一幅名画；张某借给李某500元钱；李某把价值2万元的货物交给铁路部门运输；赵某找甲工厂制作一批门牌。问：以上哪些合同属于实践合同？

【评析】第一个合同属于保管合同，第二个合同是自然人借款合同，第三个合同是运输合同，第四个合同是加工合同。只有前两个属于实践合同，后两个均是诺成合同。

四、要式合同与不要式合同

（一）要式合同与不要式合同的概念

根据法律对合同的形式是否有特定要求，可将合同分为要式合同与不要式合同。

要式合同，是指根据法律规定必须采取特定形式的合同。对于一些重要的交易，法律常要求当事人必须采取特定的方式订立合同。例如，中外合资经营企业合同必须由审批机关批准，合同方能成立。

不要式合同，是指当事人订立的合同依法并不需要采取特定的形式，当事人可以采取口头方式，也可以采取书面形式。除法律有特别规定以外，合同均为不要式合同。

（二）区分要式合同与不要式合同的法律意义

区分要式合同与不要式合同的法律意义在于某些法律和行政法规对合同的形式要求会影响合同的成立及效力。例如，购房合同、担保合同就属于要式合同，这些合同必须采取书面形式，只有具备了这种形式合同才能正式成立。第二种情况是合同必须经有关部门批准合同才能生效。例如，中外合资经营合同、中外合作经营合同，当事人双方不仅要采取书面形式，而且必须接受商务部的批准合同才能生效；股权转让合同，不仅要有书面合同，还必须经股东会同意且报公司登记主管部门登记备案后才能生效。

五、有名合同与无名合同

（一）有名合同与无名合同的概念

根据法律是否赋予特定的名称并设有规范，合同可分为有名合同与无名合同。

有名合同，又称为典型合同，是指由法律赋予其特定名称及具体规则的合同。例如，我国《民法典》所规定的19类合同，都属于有名合同。

无名合同，又称非典型合同，是指法律上尚未确定一定的名称与规则的合同，是由当事人自由创设的合同。根据合同自由原则，合同当事人可以自由决定合同的内容，因此即使当事人订立的合同不属于有名合同的范围，只要不违背法律的禁止性规定和社会公共利益，也仍然是有效的。可见，当事人可以自由订立无名合同。须注意，无名合同并非没有名称的合同，而是在法律上没有规定名称的合同。例如旅游、美容、法律服务、肖像权使用合同，均属于无名合同。

（二）区分有名合同与无名合同的法律意义

有名合同与无名合同的区分意义主要在于两者适用的法律规则不同。对于有名合同应当直接适用民法典合同编的规定；对于无名合同，《民法典》第467条规定："本法或者其他法律没有明文规定的合同，适用本编通则的规定，并可以参照适用本编或者其他法律最相类似合同的规定。在中华人民共和国境内履行的中外合资经营企业合同、中外合作经营企业合同、中外合作勘探开发自然资源合同，适用中华人民共和国法律。"例如，对旅游合同来说，其中包含了运输合同、服务合同、房屋租赁合同等多项有名合同的内容，因此可以类推适用这些有名合同的规则。

参考案例

甲、乙双方达成约定，约定甲将房屋无偿提供给乙居住，乙则无偿教甲的女儿学钢琴。问：该合同的性质？

【评析】该合同属于无名合同。无名合同，是指法律上尚未确定一定的名称与规则的合同，是由当事人自由创设的合同。除我国《民法典》规定的有名合同外，其余的合同都属于无名合同。

六、实定合同与射幸合同

（一）实定合同与射幸合同的概念

以合同的法律效果在订立合同时是否确定为标准，可将合同分为实定合同与射幸合同。

实定合同，又称确定合同，是指合同的法律效果在合同成立时已经确定的合同。一般合同均为确定合同。

射幸合同，又称机会合同，是指合同的法律效果在合同成立时尚不确定，其确定取决于合同成立后是否发生偶然事件的合同。保险合同、抽奖合同、博彩合同都是射幸合同。

（二）区分实定合同与射幸合同的法律意义

对于实定合同，要求等价有偿，存在对价是否充分的问题。对价不充分的合同有可能以显失公平为由，被变更或者撤销。射幸合同一般不能从实际支付的对价是否充分来衡量合同是否显失公平。比如买了保险的人，因没有出事故，就没有获得保险赔偿。这不存在显失公平的问题。

七、束己合同与涉他合同

（一）束己合同与涉他合同的概念

以订约人是否仅为自己设定权利义务为标准，合同可分为束己合同与涉他合同。

束己合同，是指严格遵循合同相对性原则，当事人为自己设定并承受权利义务，第三人不能向合同当事人主张权利，当事人也不得向第三人主张权利的合同。

涉他合同，是指突破了合同的相对性原则，合同当事人在合同中为第三人设定了权利或者义务的合同，涉他合同包括为第三人利益的合同和由第三人履行的合同。例如，受益人为第三人的人身保险合同。

（二）区分束己合同与涉他合同的法律意义

1. 两类合同的缔约目的不同。束己合同是为缔约当事人自己设定合同权利义务，涉他合同是为第三人设定权利或者义务。

2. 效力不同。束己合同对缔约当事人有约束力，涉他合同突破了合同的相对性原则，能够对第三人产生约束力。在此类合同中，当事人可以约定由第三人向债权人履行债务或者第三人可以直接请求债务人向其履行债务，甚至《民法典》第 522 条规定：当债务人未向第三人履行债务或者履行债务不符合约定的，第三人可以请求债务人承担违约责任。该条款突破了违约责任的相对性，同时赋予第三人违约请求权。

3. 当事人的法律地位不同。在涉他合同中，第三人并非合同的当事人，第三人不享有撤销、变更、解除合同等专属于合同当事人的权利。

八、预约与本约

（一）预约与本约的概念

根据订立合同是否有事先约定的关系来划分，合同可分为预约合同与本约合同。预约合同是指当事人约定未来订立一定合同的合同。当事人约定在将来一定期限内订立合同的认购书、订购书、预订书等，构成预约合同（《民法典》第 495 条第 1 款）。本约合同，是指为了履行预约而订立的合同。

（二）区分预约与本约的法律意义

1. 订约时间不同。预约是谈判期间对未来事项的预先规划，属前契约阶段合同。而本约是在民事合同权利义务关系全部定型后签订的，双方应承担的义务是合同义务。但需注意的是，《民法典》第 495 条第 2 款规定：“当事人一方不履行预约合同约定的订立合同义务的，对方可以请求其承担预约合同的违约责任。”而不是缔约过失责任。

2. 预约不受要物约束，强调当事人主观意志在合同成立中的决定作用。而本约一般则受要物约束，交付是合同履行的重要内容。

九、主合同与从合同

（一）主合同与从合同的概念

根据合同相互间的主从关系，可将合同分为主合同与从合同。所谓主合同，是指不需要其他合同的存在即可独立存在的合同。从合同，又称附属合同，是以其他合同的存在为前提的合同。例如，保证合同、定金合同、质押合同相对于借款合同，前者为从合同，后者为主合同。

（二）区分主合同与从合同的法律意义

由于从合同要依赖主合同的存在而存在，所以从合同又被称为“附属合同”。从合同的主要特点在于其附属性，即它不能独立存在，必须以主合同的存在并生效为前提。主合同不能成立，从合同就不能有效成立；主合同转让，从合同也不能单独存在；主合同被宣告无效或被撤销，从合同也将失去效力；主合同终止，从合同亦随之终止。主合同的存在并生效直接影响到从合同的成立及效力，但从合同不成立或失效，一般并不影响到主合同的效力。

【本章小结】

合同是民事主体在平等、自愿的基础上意思表示达成一致并以设立、变更、终止民事权利义务关系为目的的民事法律行为。婚姻、收养、监护等有关身份关系的协议，适用有关该身份关系的法律规定；没有规定的，可以根据其性质参照适用《民法典》合同编的规定。我国《民法典》将实践中比较常见的合同规定为 19 类有名合同。在学理上，根据不同的标准将合同分为双务合同与单务合同、有偿合同与无偿合同、诺成合同与实践合同、要式合同与不要式合同、有名合同与无名合同、实定合同与射幸合同、束己合同与涉他合同、预约与本约、主合同与从合同等类型。

【引例评析】

引入案例中，合同的性质包括以下几个方面：（1）甲与乙之间的借款合同为实践合同，自甲将借款交付乙时，甲、乙的借款合同才成立并生效。甲交付借款的义务为先合同义务。（2）该借款合同是单务合同。因合同成立后，仅乙负有按期还本付息的义务，甲不负有任何合同义务。（3）该借款合同是有偿合同。因乙取得使用 50 万元 5 年的利益，须支付代价（支付利息）。

【练习题】

1. 名词解释

（1）单务合同

（2）双务合同

（3）有偿合同

（4）无偿合同

(5) 诺成合同

(6) 实践合同

2. 简答题

(1) 简述合同的概念与法律特征。

(2) 简述诺成合同与实践合同的区别。

(3) 简述区分有偿合同与无偿合同的意义。

(4) 简述区分单务合同与双务合同的意义。

3. 案例分析题

贾某因装修房屋，把一批古书交给朋友王某代为保管，王某将古书置于床下。一日，王某楼上住户家水管被冻裂，水流至王某家，致贾某的古书严重受损。

问题：

王某是否应对贾某的损失承担赔偿责任？

第十六章 合同的订立及效力

【引入案例】

甲有一批货物欲出售，遂致电乙，称："钢材，每吨1000元，三个月内回复。"该电文于2006年3月1日到达乙处。乙经研究认为可以接受，但单价应该为每吨800元，遂于4月1日回电给甲，电文于4月2日到达甲处，此时甲不在，其代理人丙遂将电文随手放在甲的办公桌上。乙于5月1日将价款汇至甲处，同时要求甲履行合同，甲表示拒绝。问：乙能否向甲主张违约责任？

【学习目标】

通过本章学习，能够掌握：

1. 合同的订立程序；
2. 合同解释的原则与合同的形式；
3. 格式合同的概念与特征；
4. 格式合同的订立规则；
5. 缔约过失责任的概念、构成要件、类型及赔偿范围。

第一节 合同订立的程序

一、合同订立的概念

合同的订立是指缔约当事人相互为意思表示并达成合意而成立了合同。合同的订立由"订"和"立"两个阶段组成。"订"强调缔约的行为和过程，包括缔约各方的接触、洽商并最终达成协议前的整个讨价还价过程。此阶段由要约邀请、要约及新要约诸规则加以规范和约束，产生先合同义务及缔约过失责任。而"立"强调缔约的结果，指的是双方合意的达成，即双方当事人就合同条款至少是合同的主要条款已经形成一致意见，该状态主要涉及承诺、合同成立要件及合同条款制度的应用，合同得以签订进而各方当事人享有的权利和承担的义务得以确定。

二、合同订立的一般程序

合同订立的过程就是双方当事人意思表示达成一致的过程。这一过程在合同法上称为要约和承诺。《民法典》第 471 条规定："当事人订立合同，可以采取要约、承诺方式或者其他方式。"

（一）要约

1. 要约的概念。要约，是一方当事人以缔结合同为目的，向对方当事人提出合同条件，希望对方当事人接受的意思表示。《民法典》第 472 条规定，要约是希望与他人订立合同的意思表示。要约又称发盘、出盘、发价、出价、报价等，其是订立合同的必经程序。发出要约的一方称要约人，接受要约的一方称受要约人。

2. 要约的要件。

（1）要约是特定当事人所为的意思表示。发出要约的目的在于订立合同，要约人必须使受要约人能够明白是谁发出了要约以便作出承诺。因此，要约人必须是特定的合同当事人。

（2）要约必须向要约人希望与之缔结合同的相对人发出。要约必须经过相对人承诺才能成立合同，因此，要约必须是要约人向相对人发出意思表示。相对人一般为特定的人（可以是一人，也可以是数人）。法律并不禁止要约向不特定人发出。例如，正在工作的自动售货机、超市标价陈列的商品等，都是针对不特定当事人发出的要约。

（3）要约必须具有缔结合同的目的。即表明一经受要约人承诺，要约人即受该意思表示的约束。要约必须以缔结合同为目的，凡不是以缔结合同为目的的行为，如甲对乙声称"我打算五千元把我的钢琴卖掉"，显然甲并没有决定订立合同，甲的表示只能认定为要约邀请，不属于要约。但是，如果甲向乙提出"我愿意以五千元把我的钢琴卖给你"，则表明甲已经决定订立合同，且在该意思表示中已表明如果乙同意购买，则甲要受到乙同意购买承诺的约束。因此，能否构成要约要看这种意思表示是否表达了与受要约人订立合同的真实意愿，如果要约人具有订约意图，这就意味着要约人愿意接受承诺人承诺的后果，要约一经承诺，就可以成立合同，要约人要受到约束。

（4）要约的内容必须具体确定。所谓确定的意思是要求必须明确清楚，不能模棱两可、产生歧义。所谓具体的意思是要求要约的内容必须满足构成一个合同所必备的条件。要约的效力在于，一经受要约人承诺，合同即可成立。因此，如果一个订约的建议含混不清、内容不具备合同成立的最基本的要素，是不能构成要约的。即使受要约人作出承诺，也会因缺乏合同的主要条件而使合同无法成立。

3. 要约邀请。

(1) 要约邀请的概念。要约邀请又称为“要约引诱”，它是指希望他人向自己发出要约的意思表示。拍卖公告、招标公告、招股说明书、债券募集办法、基金招募说明书、商业广告和宣传、寄送的价目表等均为要约邀请。要约邀请是当事人订立合同的预备行为，只是引诱他人向自己发出要约，不能因相对人的承诺而成立合同。在发出要约邀请以后，要约邀请人撤回其邀请，只要没给善意相对人造成信赖利益的损失，要约邀请人一般不承担责任。

(2) 要约邀请的主要表现形式。

第一，寄送的价目表。价目表虽然指明了商品名称、服务类型和价格酬金，但并没有指明商品或服务的数量、质量等具体信息，也不包含一经相对人承诺即接受承诺后果的意图，寄送价目表的当事人还是把成立合同的最终权利留给了自己。而只是向相对人提供有关信息，希望相对人向自己提出要约。自然不符合作为要约的构成要件，只能视作要约邀请。

第二，拍卖公告。拍卖是一种特殊买卖方式。一般认为，在拍卖活动中，竞买人的出价为要约，拍卖人击锤（或者以其他方式）拍定为承诺。拍卖人发出拍卖公告、对拍卖物的宣传介绍或者宣布拍卖物的价格等，都属于要约邀请。

第三，招标公告。招标投标是一种特殊的签订合同的方式，广泛应用于货物买卖、建设工程、土地使用权出让与转让、租赁、技术转让等领域。所谓招标是指招标人采取招标通知或者招标公告的方式，向不特定的人发出，以吸引投标人投标的意思表示。所谓投标是指投标人按照招标人的要求，在规定的期限内向招标人发出的包括合同全部条款的意思表示。对于招标公告或者招标通知，一般都认为属于要约邀请，不是要约。而投标是要约，招标人选定中标人，为承诺。

第四，招股说明书。招股说明书是股份有限公司在公司设立时由公司发起人向社会公开募集股份时或者公司经批准向社会公开发行新股时，向社会公众公开的说明书。

招股说明书是向社会发出的要约邀请，邀请公众向公司发出要约，购买公司的股份。认股人认购股份，为要约，公司卖出股份，为承诺，买卖股份的合同成立。

第五，债券募集办法。债券募集办法包括公司名称、债券总额和债券的票面金额、债券的利率、还本付息的期限方式、债券发行的起止时间和公司净资产额等内容。债券募集办法是向债券购买者发出的要约邀请，投资者认购的行为为要约，债券发行人接受投资者交纳投资款的行为则为对投资者要约的承诺。

第六，基金招募说明书。基金招募说明书是基金发起人向投资者提供的经证券监管部门认可的法律文件。基金募集说明书是向投资者发出的要约邀请，投资者认购的行为为要约，基金发起人接受投资者交纳投资款的行为则为对投资者要约的承诺。

第七，商业广告和宣传。商业广告和宣传是指商品经营者或者服务提供者承担费用、通过一定的媒介和形式直接或间接地介绍自己所推销的商品或者所提供的服务的广告。商业广告和宣传的目的在于宣传商品或者服务的优越性，并以此引诱顾客购买商品或者接受服务。对于商业广告和宣传，一般均认为属于要约邀请。但法律并不排除商业广告和宣传的内容如果符合要约条件的，也可以构成要约。如果商业广告或宣传的内容具体明确，足以使相对人知其对待给付义务，且注明为要约或者广告中含有广告人希望订立合同的愿望，或者写明相对人只要做出规定的行为就可以使合同成立，则应当认为该广告属于要约而不是要约邀请。例如广告中详细表明："我店现有某品牌的手机 1000 部，每部价格 3000 元，先来先买，欲购从速。"此种商业广告就属于要约。

第八，《最高人民法院关于审理商品房买卖合同纠纷案件适用法律若干问题的解释》第 3 条规定："商品房的销售广告和宣传资料为要约邀请，但是出卖人就商品房开发规划范围内的房屋及相关设施所作的说明和允诺具体确定，并对商品房买卖合同的订立以及房屋价格的确定有重大影响的，应当视为要约。该说明和允诺即使未载入商品房买卖合同，亦应当视为合同内容，当事人违反的，应当承担违约责任。"

参考案例

喜好网球和游泳的赵某，看中宏大公司开发的某住宅小区模型中有网球场和游泳池，便购买了该小区商品房一套，交房时发现购房时宏大公司售楼部所展示的该小区模型中的网球场和游泳池并不存在。经查，该小区设计中并无网球场和游泳池。问：赵某怎样维护自身的合法权益？

【评析】根据《最高人民法院关于审理商品房买卖合同纠纷案件适用法律若干问题的解释》第 3 条规定，购房时宏大公司售楼部所展示的该小区模型中的网球场和游泳池对于赵某而言，应构成要约。而小区设计中并无网球场和游泳池，表明宏大公司有欺诈行为，根据《民法典》第 148 条的规定，赵某有权申请法院撤销该买卖合同，撤销后有过错的宏大公司应根据《民法典》第 500 条的规定承担缔约过失责任。如果赵某不申请撤销购房合同，则可以违约为由，请求宏大公司承担违约责任。

(3) 要约与要约邀请的区别。

第一，要约是当事人希望和他人订立合同的意思表示，以订立合同为直接的目的；要约邀请是当事人希望对方主动向自己提出订立合同的意思表示。

第二，要约必须包括将来可能订立的合同的主要内容，要约中含有当事人表示愿意接受要约约束的意思，一旦要约被对方接受，合同即告成立，而要约邀请则不含有当事人接受约束的意思。

第三，要约大多数是针对特定的相对人，故要约往往采用对话方式、数据电文或信函的方式，而要约邀请一般针对不特定的相对人，故往往通过电视、报刊等媒介手段。

4. 要约的法律效力。要约的法律效力又称要约的约束力。要约如果符合一定的构成要件，就会对要约人和受要约人产生一定的效力。关于要约的法律效力，包括以下几点：

(1) 要约的生效时间。根据我国《民法典》第 137 条和第 138 条的规定，要约的生效时间包括以下几个方面：

第一，以对话方式作出的意思表示，相对人知道其内容时生效。

第二，以非对话方式作出的意思表示，到达相对人时生效。只要意思表示送达到相对人（受要约人）所能够控制的地方（如受要约人的信箱等）即为到达。

第三，以非对话方式作出的采用数据电文形式的意思表示，相对人指定特定系统接收数据电文的，该数据电文进入该特定系统时生效；未指定特定系统的，相对人知道或者应当知道该数据电文进入其系统时生效。当事人对采用数据电文形式的意思表示的生效时间另有约定的，按照其约定。

第四，无相对人的意思表示，表示完成时生效。法律另有规定的，依照其规定。

(2) 要约的存续期间。要约的存续期间，是指要约发生法律效力的期间，亦即受要约人得以承诺的期间。要约的存续期间可由要约人规定，如果要约人没有明确规定，则只能以要约的具体情况来确定合理期限。具体来说，如果要约没有明确规定该要约的存续期间，则应区分如下两种情况：

第一，以口头形式发出的要约，如果要约中没有规定存续期间，那么只有在受要约人立即作出承诺的时候，才能对要约人产生约束力，如果受要约人没有立即作出承诺，则要约失去效力。

第二，以书面形式发出的要约，如果要约人在要约中具体规定了存续期间（如规定本要约有效期限为 10 天，或规定本要约于某年某月某日前答复有效），则该期限为要约的有效存续期间；如果要约中没有规定存续期间，则应当确定一段合理时间作为要约存续的期间。合理期间包括三项内容：要约到达受要约人的时间；作出承诺所必要的时间；承诺通知到达要约人所必需的时间。

（3）要约对要约人的约束力。此种约束力又称为要约的形式约束力，是指要约一经生效，要约人即受到要约的拘束，不得随意撤回、撤销要约或变更要约的内容。这对于保护受要约人的利益，维护正常的交易安全是十分必要的。

（4）要约对受要约人的约束力。此种约束力又称为要约的实质约束力，在民法中也称为承诺适格，即受要约人在要约生效时即取得依其承诺而成立合同的法律地位。具体表现在：

第一，要约生效以后，只有受要约人才享有对要约人作出承诺的权利。当然，该项权利由于受要约人的特定性而具有人身性质，它不能转让。

第二，承诺权是受要约人享有的权利，是否行使这项权利应由受要约人自己决定，也就是说受要约人可以行使也可以放弃该项权利。他在收到要约以后并不负有必须承诺的义务。

第三，一旦受要约人作出承诺的意思表示，合同即告成立，在要约人和承诺人之间形成合同权利义务关系。

5. 要约的撤回和撤销。

（1）要约的撤回。要约的撤回是指要约人在发出要约以后，要约生效之前，使要约不发生法律效力的行为。《民法典》第 141 条规定：“行为人可以撤回意思表示。撤回意思表示的通知应当在意思表示到达相对人前或者与意思表示同时到达相对人。”只要撤回的通知先于或同时与要约到达受要约人，便能产生撤回的效力，视为要约人未发出要约。例如，甲于某日给乙去函要求购买某种机器，在信件还未到达乙之前，甲与丙达成了购买该机器的协议，就立即给乙发去传真要求撤回要约，只要该撤回要约的通知先于或者与要约同时到达乙，这种撤回就是有效的。由于撤回是在要约到达受要约人之前作出的，因此在撤回时要约并没有生效，撤回要约也不会影响到受要约人的利益。

（2）要约的撤销。要约的撤销是指要约人在要约到达受要约人并生效以后，将该项要约取消，从而使要约的效力归于消灭的行为。《民法典》第 477 条规定：“撤销要约的意思表示以对话方式作出的，该意思表示的内容应当在受要约人作出承诺之前为受要约人所知道；撤销要约的意思表示以非对话方式作出的，应当在受要约人作出承诺之前到达受要约人。”由于撤销要约时要约已经生效，因此法律对要约的撤销有严格的限定，《民法典》第 476 条规定：要约可以撤销，但是有下列情形之一的除外：一是要约人已确定承诺期限或者其他形式明示要约不可撤销；二是受要约人有理由认为要约是不可撤销的，并已经为履行合同作了合理准备工作。

（3）要约撤销与撤回的区别。撤回要约发生在要约生效之前，即撤回要约的通知应当在要约到达受邀约人之前或者与要约同时到达受要约人；而撤销要约则发生在要约已经生效但受要约人尚未作出承诺的期限内，即撤销要约的通知应当在受要约人作出承诺通知之前到达受要约人。由于撤销要约时要约已经生效，因此对要约的撤销必须有严格的限制，如果因为撤销要约而给受要约人造成损害，要约人应负赔偿责任。而对要约的撤回并没有这些限制。

参考案例

甲向乙发出要约，愿意以1000元购买乙的二手电脑，一个月内答复有效。问：甲的要约能否撤回或撤销？

【评析】要约明确规定了期限的不可以撤销，但可以撤回。撤回要约的通知应当在要约到达受要约人之前或者与要约同时到达受要约人。

6. 要约的失效。要约的失效，是指要约丧失了法律效力，即不再对要约人和受要约人产生拘束。根据《民法典》第478条的规定：有下列情形之一的，要约失效：第一，要约被拒绝；第二，要约依法被撤销；第三，承诺期限届满，受要约人未作出承诺；第四，受要约人对要约的内容作出实质性变更。

参考案例

甲给乙发了一个短信："我把你上次看到的那款iPhone 10以8000元的价格卖给你，一周内回复有效。"乙立即给甲回复了一个短信："7000元我要了。"第二天，乙见甲没有反应，又给甲发了一个短信："昨天的短信不算数，你那个手机8000元我要了。"甲接到短信后还是未置可否。问：甲乙间手机买卖合同是否已经成立？

【评析】未成立。原因：①乙给甲回复的第一个短信对甲的要约作出实质性变更，甲的要约因此失效。②甲的要约失效后，乙丧失承诺的资格，乙给甲发的第二个短信不是承诺，仅为一个新的要约。

（二）承诺

1. 承诺的概念。承诺，是指受要约人同意接受要约的条件以缔结合同的意思表示。《民法典》第479条规定："承诺是受要约人同意要约的意思表示。"承诺的法律效力在于一经承诺并送达于要约人，合同便告成立。

2. 承诺的要件。由于承诺一旦生效，将导致合同的成立，因此承诺必须符合一定的条件。在法律上，承诺必须具备以下条件，才能产生法律效力。

（1）承诺必须由受要约人向要约人作出。由于要约原则上是向特定人发出的，因此只有接受要约的特定人即受要约人才有权作出承诺，受要约人以外的第三人无资格向要约人作出承诺。如果第三人为受要约人的代理人可代为承诺。同时，承诺必须向要约人作出，如果向要约人以外的其他人作出承诺的意思表示，该意思表示不能产生承诺的效力。向要约人的代理人作出承诺的具有承诺的效力。

（2）承诺必须在要约的存续期间内作出并到达要约人。承诺只有在要约的有效期内作出并到达要约人才具有效力。《民法典》第 481 条规定，承诺应当在要约确定的期限内到达要约人。要约没有确定承诺期限的，承诺应当依照下列规定到达：第一，要约以对话方式作出的，应当即时作出承诺；第二，要约以非对话方式作出的，承诺应当在合理期限内到达。针对要约的不同形式，《民法典》第 482 条规定了承诺期限的计算方法："要约以信件或者电报作出的，承诺期限自信件载明的日期或者电报交发之日开始计算。信件未载明日期的，自投寄该信件的邮戳日期开始计算。要约以电话、传真、电子邮件等快速通讯方式作出的，承诺期限自要约到达受要约人时开始计算。"

因迟发而迟到的承诺。《民法典》第 486 条规定："受要约人超过承诺期限发出承诺，或者在承诺期限内发出承诺，按照通常情形不能及时到达要约人的，为新要约；但是，要约人及时通知受要约人该承诺有效的除外。"

《民法典》在第 487 条进一步规定："受要约人在承诺期限内发出承诺，按照通常情形能够及时到达要约人，但是因其他原因致使承诺到达要约人时超过承诺期限的，除要约人及时通知受要约人因承诺超过期限不接受该承诺外，该承诺有效。"该规定属于未迟发而迟到的承诺，这种情况下承诺的迟到是由于受要约人无法预见的其他原因造成的，受要约人对于承诺的迟到没有任何过错，因此，除要约人及时通知受要约人因承诺超过期限不接受该承诺的以外，该承诺为有效的承诺，合同成立。

参考案例

甲向乙发出要约："粮食一批，单价每吨 500 元，三个月内回复。"要约于 1 月 2 日到达乙处，乙于 3 月底即发出回复，但由于邮局工作人员失误，乙的回复于 5 月份到达甲处。问：乙的承诺是否有效？

【评析】《民法典》第 487 条规定："受要约人在承诺期限内发出承诺，按照通常情形能够及时到达要约人，但是因其他原因致使承诺到达要约人时超过承诺期限的，除要约人及时通知受要约人因承诺超过期限不接受该承诺外，该承诺有效。"因此，本案中，乙在要约规定的时间内作出了承诺，只是由于邮局工作人员的问题才导致承诺到达甲时超出要约规定期限，因此，除非甲及时表示不接受承诺，乙的承诺生效，合同成立。

（3）承诺的内容必须与要约的内容一致。《民法典》第 488 条规定：“承诺的内容应当与要约的内容一致。受要约人对要约的内容作出实质性变更的，为新要约。有关合同标的、数量、质量、价款或者报酬、履行期限、履行地点和方式、违约责任和解决争议方法等的变更，是对要约内容的实质性变更。”

有时受要约人可能对要约的非实质性内容加以补充或更改，如果要约人没有及时表示反对，则该意思表示仍具有承诺的效力。《民法典》第 489 条规定：“承诺对要约的内容作出非实质性变更的，除要约人及时表示反对或者要约表明承诺不得对要约的内容作出任何变更外，该承诺有效，合同的内容以承诺的内容为准。”例如，受要约人在承诺中要求卖方在发货的同时应附有货物的产地证明书。这就是一种非实质变更，只要要约人不表示反对，即构成承诺。

参考案例

甲公司于 6 月 10 日向乙公司发出要约订购一批红木，要求乙公司于 6 月 15 日前答复。6 月 12 日，甲公司欲改向丙公司订购红木，遂向乙公司发出撤销要约的信件，于 6 月 14 日到达乙公司。而 6 月 13 日，甲公司收到乙公司的回复，乙公司表示红木缺货，问甲公司能否用杉木代替。问：甲公司的要约于何时失效？

【评析】《民法典》第 476 条规定：要约可以撤销，但是有下列情形之一的除外：一是要约人以确定承诺期限或者其他形式明示要约不可撤销；二是受要约人有理由认为要约是不可撤销的，并已经为履行合同作了合理准备工作。《民法典》第 478 条的规定：有下列情形之一的，要约失效：第一，要约被拒绝；第二，要约依法被撤销；第三，承诺期限届满，受要约人未作出承诺；第四，受要约人对要约的内容作出实质性变更。《民法典》第 488 条规定：“承诺的内容应当与要约的内容一致。受要约人对要约的内容作出实质性变更的，为新要约。有关合同标的、数量、质量、价款或者报酬、履行期限、履行地点和方式、违约责任和解决争议方法等的变更，是对要约内容的实质性变更。”本案中，因为甲公司的要约中规定了承诺期限，所以要约不得撤销，要约也就不可能因为甲公司要撤销要约而失效，6 月 13 日，甲公司收到乙公司的回复，乙公司表示红木缺货，问甲公司能否用杉木代替。这实际上是乙公司对甲公司的要约内容作出了实质性变更，已经属于新要约，因此甲公司关于订购红木的要约在 6 月 13 日失效，失效的原因是乙公司对要约的内容作出了实质性变更。

（4）承诺的方式必须符合法律的规定或者要约的要求。《民法典》第 484 条规定："以通知方式作出的承诺，生效的时间适用本法第一百三十七条的规定。承诺不需要通知的，根据交易习惯或者要约的要求作出承诺的行为时生效。"这就是说，如果根据交易习惯或者要约的要求并不禁止以行为承诺，则受要约人可通过一定的行为作出承诺。所谓根据交易习惯，如在旅馆订房间、自动售货机售货等一般不需要承诺通知，而是以行为作出承诺。所谓根据要约的要求，如甲公司急需一批货物，通知乙公司如果同意订立合同就立即发货，乙公司不必为承诺通知可直接发货。

3. 承诺的效力。《民法典》第 483 条规定："承诺生效时合同成立，但是法律另有规定或者当事人另有约定的除外。"

4. 承诺的撤回。承诺的撤回是承诺人阻止承诺发生法律效力的一种意思表示。由于承诺通知到达要约人，合同即告成立。因此，撤回承诺的通知应当在承诺通知到达要约人之前或者与承诺同时到达要约人。《民法典》第 141 条规定："行为人可以撤回意思表示。撤回意思表示的通知应当在意思表示到达相对人前或者与意思表示同时到达相对人。"承诺一经撤回，即不发生承诺的效力，也就阻止了合同的成立。应当注意的是，承诺只可撤回而不可撤销，否则需要承担缔约过失责任或违约责任。如果允许承诺人撤销承诺，等于赋予承诺人任意撕毁合同的权利。要约人的利益和交易安全就得不到保护。

（三）强制缔约义务

《民法典》第 494 条规定："国家根据抢险救灾、疫情防控或者其他需要下达国家订货任务、指令性任务的，有关民事主体之间应当依照有关法律、行政法规规定的权利和义务订立合同。依照法律、行政法规的规定负有发出要约义务的当事人，应当及时发出合理的要约。依照法律、行政法规的规定负有作出承诺义务的当事人，不得拒绝对方合理的订立合同要求。"例如，供电营业机构，对本营业区内的用户有按照国家规定供电的义务，不得违反国家规定对其营业区内申请用电的单位和个人拒绝供电。

三、合同成立的时间和地点

合同的双方当事人就合同的条款经过多次协商，即要约、反要约、再要约、承诺最终达成一致的过程，才能使合同成立。合同成立之际，亦即当事人双方权利义务开始产生之时。因此，合同成立时间和地点的确定，对合同当事人具有重要的法律意义。

（一）合同成立的时间

1. 一般规定。《民法典》第 483 条规定："承诺生效时合同成立，但是法律另有规定或者当事人另有约定的除外。"据此，合同于承诺生效时成立。

2. 合同书形式的合同成立时间。《民法典》第 490 条第 1 款规定："当事人采用合同书形式订立合同的，自当事人均签字、盖章或者按指印时合同成立。在签字、盖章或者按指印之前，当事人一方已经履行主要义务，对方接受时，该合同成立。"当事人采用合同书形式订立合同，但并未签字、盖章或按指印，意味着当事人的意思表示未能最后达成一致，因而一般不能认为合同成立。双方当事人签字、盖章或按指印不在同一时间的，最后签字、盖章或按指印时合同成立。

3. 确认书形式的合同成立时间。《民法典》第 491 条第 1 款规定："当事人采用信件、数据电文等形式订立合同要求签订确认书的，签订确认书时合同成立。"在此情况下，确认书具有最终承诺的意义。

4. 通过互联网购买商品或者服务的合同成立时间。《民法典》第 491 条第 2 款规定："当事人一方通过互联网等信息网络发布的商品或者服务信息符合要约条件的，对方选择该商品或者服务并提交订单成功时合同成立，但是当事人另有约定的除外。"

5. 合同的实际成立。《民法典》第 490 条第 2 款规定："法律、行政法规规定或者当事人约定合同应当采用书面形式订立，当事人未采用书面形式但是一方已经履行主要义务，对方接受时，该合同成立。"此时可从实际履行合同义务的行为中推定当事人已经就合同条款达成了合意，当事人一方不得以未采取书面形式或未签字盖章为由，否认合同关系的实际存在。

参考案例

甲公司欲卖给乙公司一批货物，向乙公司发出要约书，乙公司接受了甲公司的报价，并传真就该合同其他主要条款提出意见，甲公司完全接受。双方根据协商内容制定了合同书，甲公司盖章后交给乙公司，同时向乙公司交付了货物，乙公司接受了履行，但因为乙公司法定代表人出差，合同书迟迟未签。问：甲公司与乙公司的合同是否成立？

【评析】根据《民法典》第 490 条第 2 款规定："法律、行政法规规定或者当事人约定合同应当采用书面形式订立，当事人未采用书面形式但是一方已经履行主要义务，对方接受时，该合同成立。"甲公司已经履行了合同义务，乙公司也接受了履行，因此，甲公司与乙公司的合同已经成立。

（二）合同成立的地点

1. 一般规定。《民法典》第 492 条规定："承诺生效的地点为合同成立的地点。采用数据电文形式订立合同的，收件人的主营业地为合同成立的地点；没有主营业地的，其住所地为合同成立的地点。当事人另有约定的，按照其约定。”

2. 书面合同的成立地点。《民法典》第 493 条规定：“当事人采用合同书形式订立合同的，最后签字、盖章或者按指印的地点为合同成立的地点，但是当事人另有约定的除外。”

参考案例

张某和李某采用书面形式签订一份买卖合同，双方在甲地谈妥合同的主要条款，张某于乙地在合同上签字，李某于丙地在合同上按了指印，合同在丁地履行。问：哪里是该合同的成立地点？

【评析】根据《民法典》第 493 条规定：“当事人采用合同书形式订立合同的，最后签字、盖章或者按指印的地点为合同成立的地点，但是当事人另有约定的除外。”因此，人民法院应当认定最后签字、盖章或按指印的地点为合同签订地，结合本题，即后签字的李某签字或者盖章的地点即丙地为合同的成立地。

第二节　合同的内容、解释和形式

一、合同的内容

合同的内容是指合同的各项条款。合同条款应当明确、肯定、完整，而且条款之间不能相互矛盾，否则将影响合同成立、生效和履行以及实现订立合同的目的，所以准确理解合同条款的含义具有重要作用。合同的内容由当事人约定，一般包括以下条款：（1）当事人的名称或者姓名和住所；（2）标的；（3）数量；（4）质量；（5）价款或者报酬；（6）履行期限、地点和方式；（7）违约责任；（8）解决争议的方法。

合同条款在理论上可分为主要条款和普通条款。

（一）合同的主要条款

合同的主要条款亦称必要条款，是合同必须具备的条款，它决定着合同的类型和当事人的基本权利义务，若欠缺合同的主要条款，合同不能成立。《民法典》第 470 条规定的并不都是合同的主要条款，通常认为第 1 项规定的当事人条款、第2项规定的标的条款和第3项规定的数量条款属于主要条款。《合同法解释（二）》第1条第1款规定："当事人对合同是否成立存在争议，人民法院能够确定当事人名称或者姓名、标的和数量的，一般应当认定合同成立。但法律另有规定或者当事人另有约定的除外。"

合同的主要条款，有时是法律直接规定的。当法律直接规定某种合同应当具备某些条款时，这些条款就是主要条款。例如，《民法典》第668条第2款规定："借款合同的内容一般包括借款种类、币种、用途、数额、利率、期限和还款方式等条款。"这些条款即为合同的主要条款。

合同的主要条款当然由合同的类型和性质决定。按照合同的类型和性质的要求，应当具备的条款就是合同的主要条款。例如，价款条款是买卖合同的主要条款，却不是赠与合同的主要条款。

合同的主要条款可以由当事人约定产生。例如，买卖合同中关于交货地点的条款，如果双方协议认为合同中必须具有该条款，它就是主要条款；若双方均未提出必须在某地交货，则该条款不是主要条款。

参考案例

甲、乙于2008年12月1日达成口头协议，甲向乙出售绿豆10万斤，交付日期为2009年10月1日，价格双方另行协商确定。但没有约定交付地点。现交付日期已到，甲、乙依然未能就价格达成一致意见。问：甲乙之间的买卖合同是否成立？

【评析】甲、乙未约定合同的主要条款，且已就标的和数量达成一致。根据《合同法解释（二）》第1条第1款的规定，应认定甲、乙之间的买卖合同成立并生效。

（二）合同的普通条款

合同的普通条款，是指合同主要条款以外的条款，包括以下类型：

1. 法律没有直接规定，当事人之间也无特别约定使其成为主要条款，同时也不是合同的类型和性质要求必须具备的合同条款。例如，关于商品外包装样式的约定和合同的免责条款等均属此类。

2. 当事人未写入合同中，甚至从未协商过，但基于当事人的行为，或基于合同的明示条款，或基于法律规定，或基于诚信原则，理应存在的合同条款。它主要包括以下内容：（1）该条款是实现合同目的及作用所必不可少的，只有推定其存在，合同才能达到目的即实现其功能；（2）该条款对于经营习惯来说是不言而喻的，即它的内容实际上是公认的商业习惯或者经营习惯；（3）该条款是当事人系列交易的惯有规则；（4）该条款实际上是某种特定的行业规则，即明示或者约定俗成的交易习惯，在行业内具有不言自明的默示效力；（5）直接根据法律规定而成为合同条款。例如，买卖合同的卖方负有保证出卖的标的物的质量符合法律的规定或者合同的约定，这种条款规定的义务是不言而喻的，不必由特别当事人协商约定，当然成为买卖合同的组成部分。

3. 特意待定条款。这是当事人有意将其留待以后谈判商定的，或者由第三人确定，或者根据具体情况加以确定的合同条款。它不妨碍合同的成立。

二、合同的解释

（一）合同解释的概念

合同解释，是指对合同条款及其相关资料所做的分析和说明。合同解释有广义和狭义之分。对合同条款及其相关资料的含义加以分析和说明，任何人都有权进行，此即广义的合同解释。狭义的合同解释专指有权解释，即受理合同纠纷的法院或仲裁机构对合同及其相关资料所做的具有法律拘束力的分析和说明。通过合同解释，可以使意思表示不明确的合同内容明确化、准确化，有效地解决分歧。也可以补充意思表示不完整的合同内容，更好地填补合同的空白和漏洞。

（二）合同解释的原则

《民法典》第466条规定："当事人对合同条款的理解有争议的，应当依据本法第一百四十二条第一款的规定（有相对人的意思表示的解释，应当按照所使用的词句，结合相关条款、行为的性质和目的、习惯以及诚信原则，确定意思表示的含义），确定争议条款的含义。合同文本采用两种以上文字订立并约定具有同等效力的，对各文本使用的词句推定具有相同含义。各文本使用的词句不一致的，应当根据合同的相关条款、、性质、目的以及诚信原则等予以解释。"通过该法律规定，可以看出，关于合同的解释原则主要有以下几种：

1. 文义解释。所谓文义解释，是指通过对合同所使用的文字词句的含义的解释，以探求合同所表达当事人的真实意思。当事人表示出来的意思，首先是以合同用语为载体的意思。这就是依据合同用语解释合同。但由于当事人语言程度和法律知识上的局限性，合同用语时常不能准确地反映当事人的真实意思，有时甚至会出现内心真意与表达用语的含义完全相反的情况。而且，有的当事人出于自身利益的需要，时常违背订约时的真意为自己辩护。这就要求解释合同不能拘泥于合同文字，而应全面考虑与交易有关的环境因素，包括书面文件、口头陈述、双方表现其意思的行为以及双方缔约前的谈判活动和交易过程、履行过程或者惯例等各方面的情况确定当事人真实意思。

合同的解释必须根据双方当事人签订合同采用的含义。当事人在签订合同时采用的含义，是指其内心的意思（主观主义），还是表示出来的意思（客观主义）？我国立法应采取的合同解释的原则是以客观主义为主，主观主义为辅的合同解释原则。客观主义在具体运用时，应把握以下要点：在双方对合同用语理解不同的场合，法院应以一个中立的理性人处于缔约环境中对合同用语的理解为准，来探寻合同用语的客观含义，从而作出符合行为性质和合同目的的判断。

2. 体系解释。体系解释又称整体解释，是指把全部合同条款和构成部分看成一个统一的整体，从各条款及构成部分的相互关联、所处的地位和整体联系上阐明某一合同用语的含义。一个合同是一个整体，是由诸多其他行为和书面材料所组成（如双方初步谈判、要约、反要约、信件、电报、电传等），其中可能包含对合同文本内容的修订或补充，也可能包含对合同的担保。因此，要理解其整体意思，确定当事人的真实意图，必须准确理解其各个部分的意思；反之，要理解各个条款的意思，也必须将各个条款置于合同整体之中，使其相互协调，才可能理解各个条款的正确意思。如果将某个条款单独解释，或许存在不同的意思，难以确定哪一个意思是当事人的真意，但只要将该条款与其他条款相联系，相互解释，相互补充，即不难确定当事人的真实意思。例如，合同质量条款约定不明，解释时应当参考价格条款，如果约定的是上等价格，则应当解释为上等质量；约定的是中等价格，则应当解释为中等质量。同样，如果价格条款约定不明，也应当参考质量条款解释。

3. 目的解释。所谓目的解释，指解释合同时，如果合同所使用的文字或条款可能作两种或两种以上解释时，应采取最适合于合同目的的解释。当事人订立合同必有其目的，该目的是当事人真实意思的表现。因此，解释合同应符合当事人所欲达成之目的。如果当事人意思表示的内容前后矛盾或模糊不清，应通过解释使之明确，以符合当事人之目的。合同所使用的文字或条款有两种或两种以上相反的意思，应采用其中最适合于当事人目的的意思。需要注意的是，此处所说的当事人目的，是指双方当事人的共同目的或者至少是为对方当事人已知或应知的一方当事人目的。若属于对方不可能得知的一方当事人目的，不得作为解释之依据。

合同目的应被认为是当事人真意的核心，是决定合同条款内容的指针。如果文义解释、体系解释、习惯解释的结果与依合同目的的解释的结果不一致，应依合同目的的解释，即认为当事人缔约时不愿依文字的通常含义或者习惯确定合同用语的含义。不过，如果合同目的模糊，通常会寻求文义解释等方法；合同目的违法，更不得依合同目的的解释；适用情事变更原则，也不依合同目的的解释合同条款。还有，由于一方所追求的目的，并非也是另一方所追求的目的，所以，目的并不能直接决定民事行为的内容。

参考案例

甲公司乃复印器材经销商，欲从在美国注册的乙公司处购买一批大型复印件，指定张某为代理人，张某代理甲公司与乙公司用中、英文两种文字签订了合同。但两种文本条款有矛盾，若全部按英文文本履行，甲公司将无利可图，合同双方当事人争议到人民法院。问：合同应按哪个文本履行？

【评析】如果合同所使用的文字或条款可能作两种或两种以上解释时，应采取最适合于合同目的的解释。本案中，符合双方当事人订立合同目的的文本应当是中文文本，因此，该合同应按中文文本履行。

4. 参照习惯或惯例。习惯和惯例是人们在长期反复实践的基础上形成的，在某一地区、某一行业或某一类交易关系中普遍采用的做法、方法或规则，能够被广大的合同当事人所认知、接受和遵从。所谓习惯解释，是指合同当事人对合同所使用的文字或条款发生争议时，应按照习惯或惯例的含义予以明确。习惯包括地域习惯、行业习惯及当事人之间的交易习惯，这些习惯如不违反法律强行性规定和公序良俗，即可作为解释当事人真实意思的依据。需要注意，采为解释依据的习惯，应是当事人双方共同遵守的习惯，如果仅为一方的习惯，除非订立合同时已将该习惯告知对方并获得对方认可，否则不应成为合同解释的依据。

参考案例

李某从县农科所购买了一批种苗，双方在合同中约定：县农科所在两年内提供有偿技术指导服务。一年后，县农科所停止提供技术指导，理由是：合同规定的有效期是一年。李某向县人民法院提起诉讼，要求县农科所继续提供技术指导服务。在周围地区，提供这种种苗的单位均提供两年以上的技术指导，该县农科所向其他农民出售果苗，也是提供两年的技术指导。问：本案应如何处理？

【评析】提供两年的技术指导，已经是当地的交易习惯，因此，法院应支持李某的诉讼请求。

5. 诚信解释。诚实信用原则为现代民法上指导当事人行使权利、履行义务之基本原则，也是指导法官正确解释合同的基本原则。我国《民法典》第7条规定："民事主体从事民事活动，应当遵循诚信原则，秉持诚实，恪守承诺。"运用诚实信用原则进行合同解释时，应注意三方面的内容：（1）当运用其他解释方法得出两种或两种以上含义，不能确定合同内容时，则先假定采第一种解释并据以作出判决，再假定采第二种解释并据以作出判决，然后比较两种判决的结果，以所得出判决结果使双方当事人之间的利害关系大体平衡的解释，为符合诚实信用原则的正确解释；（2）当然运用其他解释方法得出结论明显不符合诚实信用原则时，则应当运用诚信解释方法对其他解释方法得出的结论进行修正；（3）当合同出现漏洞时，可以运用诚信解释对合同进行漏洞填补。

（三）合同解释的规则

合同解释的具体规则亦即合同解释的方法，是在合同解释原则指导下产生的合同解释的具体手段。根据实践经验和学者归纳，常用的合同解释规则有以下几种：

1.“明示其一即排除其他”规则。如果当事人在合同中列明了特定的款项，未采用更为一般性的术语，其意图就是排除未列明的项目，尽管未列明的项目与列明的项目相类似。

2. 特别条款优于一般性条款规则。合同中如果有书面的一般条款，又有特别条款，而一般条款与特别条款的内容相互矛盾时，特别条款优先于一般条款。因为条款内容越具体特定，就越可能反映当事人的真实意图。

3. 手写条款（词语）优于印刷条款规则。手写条款往往是当事人在印刷条款形成之后通过单独谈判而确定的条款，手写条款更能体现当事人的真实意思，故应优于印刷条款。

4. 不利解释规则。如果一方提供的条款或用语可合理地作出两种解释时，应选择不利于条款或用语提供人的解释。

三、合同的形式

合同形式，是指合同当事人意思表示一致的外在表现形式，是合同内容的载体。《民法典》第 469 条规定：“当事人订立合同，可以采用书面形式、口头形式或者其他形式。书面形式是合同书、信件、电报、电传、传真等可以有形地表现所载内容的形式。以电子数据交换、电子邮件等方式能够有形地表现所载内容，并可以随时调取查用的数据电文，视为书面形式。”据此，合同的形式可以分为口头形式、书面形式和其他形式（推定形式）。

（一）口头形式

合同的口头形式指当事人只以口头语言为意思表示订立合同，而不用文字表达协议内容的合同形式。以口头形式订立合同，可以简化手续、方便交易、提高效益，但其缺点是发生合同纠纷时难以取证，不易分清责任。所以，口头形式适用于能即时清结的合同关系。对于不能即时清结的合同和标的数额较大的合同，不宜采用这种形式。

（二）书面形式

书面形式是指合同书、信件和数据电文（包括电报、电传、传真、电子数据交换和电子邮件）等可以有形地表现所载内容，并可以随时调取查用的形式。书面形式的最大优点是合同有据可查，发生纠纷时容易举证，便于分清责任，有利于交易的安全。因此，对于不能即时清结，内容复杂或标的数额较大的合同、重要的合同，应当采取书面形式。书面形式又可分为下列几种形式：

1. 纸面形式。由当事人双方依法就合同的主要条款协商一致并达成书面协议，并由双方当事人的法定代表人或其授权的人签字盖章，如合同书、信件、确认书。

2. 数据电文形式。双方当事人来往的能够有形地表现所载内容，并可以随时调取查用的电报、电传、传真、电子数据交换和电子邮件等也是书面形式的一种。

3. 特殊书面形式。是指行为人除采用普通文字表述协议内容之外，还须履行法律所规定的其他形式，才能完成意思表示，如经公证、鉴证、审核、登记等。

（三）推定形式

推定形式，是指当事人未用语言、文字表达其意思表示，仅用行为向对方发出要约，对方接受该要约，做出一定或指定的行为作为承诺的，合同成立。当事人未以书面形式或者口头形式订立合同，但从双方从事的民事行为能够推定双方有订立合同意愿的，人民法院可以认定是以《民法典》第469条第1款中的“其他形式”订立的合同。例如，商店安装自动售货机，顾客将规定的货币投入机器内，买卖合同即成立。

第三节 格式合同

一、格式合同的概念与特征

格式合同，也称定式合同、标准合同、附合合同等，是当事人为了重复使用而预先拟定，并在订立合同时未与对方协商的条款。格式合同与一般合同相比具有如下法律特征：

（一）格式合同条款具有预先拟定性

所谓预先拟定性，这是指格式合同条款并非经过合同提供方和相对方协商一致达成的，而是在订约之时就已经由合同提供方制订出来，这与传统合同条款中双方当事人要不断讨价还价，经过要约、反要约直到承诺最终意思表示达成一致的合同订立程序是不同的。格式合同条款的预先拟定性反映了提供方在合同订立时的单方意志，更改了合同条款的双方合意性。当然，实践当中，合同格式条款也可能是合同当事方之外的第三方提供的（如出自建筑协会的建筑承包合同、出自公证机关的公证合同），但这并不能改变合同格式条款的事先预定性特征。

（二）合同格式条款具有广泛性、持续性、细节性和稳定性

所谓广泛性，是指格式合同的要约是向公众发出的，针对的合同对象是多数不特定的第三人，而不是针对特定的第三人。所谓持续性，是指格式合同条款一般在一定的时间内被合同提供方经常性地反复使用。所谓细节性，是指格式合同中包含了合同成立所需的全部条款。所谓稳定性，是指格式合同条款在制订时就预含着将普遍适用于一切要与提供方订立合同的不特定相对人且并不因相对人的不同而在格式合同条款内容上有所区别。

（三）格式合同条款具有不可协商性

所谓不可协商性，是指格式合同条款是由合同提供方单方决定的，相对方对该条款只有整体接受或者拒绝的权利，不享受就合同的个别条款进一步协商的权利，也即所谓的“要么接受，要么走开”（take it or leave it）。例如，作为格式合同的保险合同，投保人只能就合同条款表示同意或者不同意，即要么投保，要么不投保，除此之外无权就合同条款与保险公司协商。

（四）格式合同的双方当事人在经济地位上的不平等性

格式合同条款的制定方一般具有绝对的经济优势或垄断地位，如铁路、邮政、供电、供气、保险等部门，他们在经济上一般都具有绝对的优势地位。而与之订立合同的相对方往往是经济上势单力薄的不特定的消费者。正是由于双方当事人在经济地位上相差悬殊，才使格式合同条款的提供者能够单方决定合同内容，从而排除双方当事人在缔约时讨价还价的可能性。

二、格式合同的订立规则

根据《民法典》的规定，订立格式合同必须遵循以下几项规则，违反其中任何一条规则造成合同当事人双方的权利义务不平等的，都有可能导致合同部分无效或者全部无效。

（一）合理提示规则

《民法典》第496条第2款规定："采用格式条款订立合同的，提供格式条款的一方应当遵循公平原则确定当事人之间的权利和义务，并采取合理的方式提示对方注意免除或者减轻其责任等与对方有重大利害关系的条款，按照对方的要求，对该条款予以说明。提供格式条款的一方未履行提示或者说明义务，致使对方没有注意或者理解与其有重大利害关系的条款的，对方可以主张该条款不成为合同的内容。"

提供格式条款的一方如果对于免除或者减轻其责任、加重对方责任、限制或者排除对方主要权利的内容，在合同订立时采用足以引起对方注意的文字、符号、字体等特别标识，并按照对方的要求对该格式条款予以说明的，人民法院就应当认定其已尽合理提示和说明义务。提供格式条款一方应对已尽合理提示及说明义务承担举证责任。

因此，在格式合同签订的过程中，如果提供格式合同的一方当事人没有履行提示和说明义务，导致对方没有注意或者理解与其有重大利害关系的条款的，对方当事人可以主张该条款不成为合同的内容。应当注意的是，只有在对方当事人提出要求时，格式合同的提供者才应当对格式条款进行说明，对方当事人不提出要求的，提供格式合同的一方当事人一般没有主动说明的义务。

（二）无效规则

《民法典》第497条规定，有下列情形之一的，该格式条款无效：一是具有《民法典》第一编第六章第三节和《民法典》第506条规定的无效情形；二是提供格式条款一方不合理地免除或者减轻其责任、加重对方责任、限制对方主要权利；三是提供格式条款一方排除对方主要权利。根据该法条的规定，格式合同无效有以下几种情况：

1. 具有《民法典》第一编第六章第三节规定的无效情形。(1) 无民事行为能力人实施的民事法律行为；(2) 恶意串通，损害国家、集体或者第三人利益；(3) 双方当事人以虚假的意思表示订立合同；(4) 违背公序良俗；(5) 违反法律、行政法规的强制性规定。

2. 具有《民法典》第506条规定的情形的。(1) 造成对方人身伤害的；(2) 因故意或者重大过失造成对方财产损失的。格式合同中的此类免责条款无效。

3. 提供格式条款一方不合理地免除或者减轻其责任、加重对方责任、限制或者排除对方主要权利的。提供格式条款的一方当事人在拟定格式条款时，应当将双方的权利和义务确定的相互对等，即双方当事人在合同中享有的权利和承担的义务大体相当，而不是一方只享有权利不承担义务，或者享有的权利明显大于承担的义务。否则即为违反公平原则，合同无效。

参考案例

甲某去超市购物，将皮包存放在超市的存包处，后发现皮包丢失。该超市以"'存包须知'明确规定：若寄存物遗失，概不负责"为由，拒不进行赔偿，问：该"存包须知"是否有效？

【评析】"存包须知"属于当事人为了重复使用而预先拟订，并在订立合同时未与对方协商的条款，属于格式条款，但该条款明显免除了超市保管的义务，加重了顾客的责任，因此该"存包须知"无效。

（三）解释规则

《民法典》第498条规定了格式条款的解释规则，对格式条款的理解发生争议的，应当按照通常理解予以解释。对格式条款有两种以上解释的，应当作出不利于提供格式条款一方的解释。格式条款和非格式条款不一致的，应当采用非格式条款。其包含三个层次内容：

1. 通常解释规则。是指对格式条款的解释应以一般人的惯常的理解为准，而不应仅以条款提供者的理解为依据。

2. 不利于合同制作人的解释规则。是指对格式合同有两种以上解释而发生争议时，应作出不利于格式条款提供者一方的解释。

3. 非格式条款效力优先规则。是指如果有格式条款，又有非格式条款，二者内容不一致的情况下，非格式条款效力应优先于格式条款，充分尊重当事人的意思自治。

参考案例

刘某提前两周以600元订购了海鸥航空公司全价1000元的六折机票，后因临时改变行程，刘某于航班起飞前一小时前往售票处办理退票手续，海鸥航空公司规定起飞前两小时内退票按机票价格收取30%手续费。问：海鸥航空公司收取30%退票手续费的规定是否有效？刘某应当支付的退票手续费的数额是多少？

【评析】《民法典》第496条第1款规定："格式条款是当事人为了重复使用而预先拟定，并在订立合同时未与对方协商的条款。"本案中，航空公司关于"起飞前两小时内退票按机票价格收取30%手续费"的规定实际上就属于格式条款。《民法典》第 497 条规定，有下列情形之一的，该格式条款无效：一是具有《民法典》总则编第六章第三节和《民法典》第 506 条规定的无效情形；二是提供格式条款一方不合理地免除或者减轻其责任、加重对方责任、限制对方主要权利；三是提供格式条款一方排除对方主要权利。本案中，该格式条款本身并不存在《民法典》总则编第六章第三节和《民法典》第 506 条规定的无效情形；另外，“起飞前两小时内退票按机票价格收取30%手续费”的规定并不是免责条款，也没有加重客户责任、限制客户的主要权利，因为飞机起飞前两小时内办理退票手续，很可能导致该机票无法在两小时内售出，造成航空公司的损失，收取手续费是让退票者分担损失的措施，并未违背公平的原则，该格式条款是有效的。《民法典》第 498 条规定：“对格式条款的理解发生争议的，应当按照通常理解予以解释。对格式条款有两种以上解释的，应当作出不利于提供格式条款一方的解释……”本案中的“机票价格”可以按照机票票面价格解释，也可以按照机票折后价格解释，因此应当作出不利于航空公司的解释，所以刘某应当按照购买机票的折后价格支付退票手续费，即应支付退票手续费 180 元。

第四节　缔约过失责任

一、缔约过失责任的概念

缔约过失责任是指当事人在订立合同过程中，因过错违反依诚实信用原则负有的先合同义务，导致合同不成立、被确认无效、被撤销或者不被追认，给对方造成损失时所应承担的民事责任。缔约过失责任是一种新型的责任制度，只能产生于缔约过程之中，是对依诚实信用原则所负的先合同义务的违反，是造成他人信赖利益损失所负的损害赔偿责任。

二、缔约过失责任的构成要件

缔约过失责任的成立，需具备以下要件：

（一）缔约一方当事人违反先合同义务

在缔约阶段，双方当事人为签订合同而接触协商之际，依诚实信用原则开始产生的注意义务，称之为先合同义务，即互相协助、互相照顾、互相通知、互相保护、诚实信用等义务。若当事人违背了其所负有的先合同义务，并破坏了缔约关系，就构成了缔约过失，才有可能承担责任。

（二）给对方当事人造成了信赖利益的损失

如果没有损失，就不会存在赔偿问题，而所谓信赖利益损失，指相对人因信赖合同会有效成立却由于合同最终不成立、无效、被撤销或不被追认而受到的利益损失，这种信赖利益必须是基于合理的信赖而产生的利益，即在缔约阶段因为一方的行为已使另一方足以相信合同能成立或生效。例如，甲向乙允诺如果乙不与丙订约，则甲将与乙正式签订合同。乙信赖甲的允诺而未与丙订约，但甲最终拒绝与乙订约从而使乙的信赖利益遭受损失。此种情况下，甲应对乙承担缔约过失责任。须注意，该损失仅为财产损失，不包括精神损害。

（三）违反先合同义务一方当事人在主观上必须存在过错

这里所说的过错既包括故意也包括过失。无论是故意还是过失，只要在缔约阶段违反了先合同义务，并对合同最终不能成立、被确认无效、被撤销或不被追认负有过错，就应当承担缔约过失责任。

（四）违反先合同义务与对方所受到的损失之间存在因果关系

即对方当事人信赖利益的损失是由违反先合同义务一方的缔约过失行为造成的，而不是其他行为造成的。如果这二者之间不存在因果关系，则不能让其承担缔约过失责任。

三、缔约过失责任的类型

依照《民法典》第 500 条、第 501 条的规定，缔约过失行为主要有以下四种类型：

（一）假借订立合同，恶意进行磋商

所谓“假借”就是根本没有与对方订立合同的意思，与对方进行谈判只是借口，目的是损害对方当事人的利益。此处所说的“恶意”，是指假借磋商、谈判，而故意给对方造成损害的主观心理状态。例如，甲就某项合同的订立与乙进行谈判，其目的并不是想与乙订立合同，而在于阻止乙与丙订立合同，使乙丧失其他商业机会。

（二）故意隐瞒与订立合同有关的重要事实或者提供虚假情况

此种情况属于缔约过程中的欺诈行为。欺诈是指一方当事人故意告知对方虚假情况，或者故意隐瞒真实情况，诱使对方当事人陷入错误并作出错误的意思表示。例如，一方当事人故意隐瞒与订立合同有关的重要事实或者提供虚假情况而给对方造成损失的，应当承担缔约过失责任。

（三）泄露或不正当地使用商业秘密

《民法典》第501条规定："当事人在订立合同过程中知悉的商业秘密或者其他应当保密的信息，无论合同是否成立，不得泄露或者不正当地使用；泄露、不正当地使用该商业秘密或者信息，造成对方损失的，应当承担赔偿责任。"所谓泄露是指违背权利人的意思，非法将商业秘密透露给他人的行为。所谓不正当使用是指未经授权而使用该秘密或将该秘密转让给他人。如将商业秘密用于自己的生产经营，或非法允许他人使用。无论行为人是否因此而获取一定的利益，都构成缔约过失责任。

（四）有其他违背诚实信用原则的行为

其他违背诚实信用原则的行为包括：（1）擅自撤销要约的缔约过失责任；（2）缔约之际未尽通知等项义务给对方造成损失的缔约过失责任；（3）缔约之际未尽保护义务侵害对方的人身权、物权的缔约过失责任；（4）合同不成立时的缔约过失责任；（5）合同无效时的缔约过失责任；（6）合同被变更、撤销时的缔约过失责任；（7）无权代理情况下的缔约过失责任；（8）合同不被追认时的缔约过失责任。

参考案例

甲企业与乙企业就彩电购销协议进行洽谈，其间乙采取了保密措施的市场开发计划被甲得知。甲遂推迟与乙签约，开始有针对性地吸引乙的潜在客户，导致乙的市场份额锐减。问：甲是否应承担缔约过失责任？

【评析】《民法典》第501条规定："当事人在订立合同过程中知悉的商业秘密或者其他应当保密的信息，无论合同是否成立，不得泄露或者不正当地使用；泄露、不正当地使用该商业秘密或者信息，造成对方损失的，应当承担赔偿责任。"本案中，甲、乙正处于缔约的过程中，甲应当依照诚实信用原则的要求，保守自己知悉的对方的商业秘密，因此，甲的行为违反了先合同义务，应当承担缔约过失责任。

四、缔约过失责任的赔偿范围

承担缔约过失责任的方式主要是赔偿损失，缔约过失责任制度主要保护当事人的信赖利益。信赖利益的损失包括直接损失和间接损失。

直接损失主要包括：（1）缔约费用，如为了订约而赴实地考察所支付的合理费用；（2）准备履约和实际履约所支付的费用，如运送标的物至购买方所支付的合理费用；（3）因身体受到伤害所支付的医疗费用；（4）因支出缔约费用或准备履约和实际履行支出费用所失去的利息等。

间接损失主要包括：（1）因信赖合同有效成立而放弃的获利机会损失，亦即丧失与第三人签订合同机会所蒙受的损失；（2）利润损失，即无过错方在现有条件下从事正常经营活动所获得的利润损失；（3）因身体受到伤害而产生的误工费；（4）其他可得利益损失。

第五节　合同的效力

一、合同效力的概念

合同效力是法律赋予依法成立的合同所产生的约束力。合同的效力，有狭义概念与广义概念之分。狭义的合同的效力，是指有效成立的合同，依法产生了当事人预期的法律效果。只要当事人间的合意不违反国家法律规定，当事人的意志即发生法律效力。依法成立的合同对当事人具有法律拘束力，当事人应当履行其所承担的义务，如果当事人不履行其义务，应依法承担相应的法律责任。广义的合同效力是指合同成立以后合同的效力状态。根据我国民法典的规定，合同成立以后，效力状态分为四种：有效合同、无效合同、可撤销合同、效力待/未定合同。本节从广义概念使用合同效力一词。

二、有效合同

1. 有效合同的概念。所谓有效合同，是指依照法律的规定成立并在当事人之间产生法律约束力的合同。

2. 合同有效的要件。从目前现有的法律规定来看，都没有对合同有效规定统一的条件。但是我们从现有法律的一些规定还是可以归纳出作为一个有效合同所应具有的共同特征。根据《民法典》第 143 条、第 502 条所规定的条件来看，主要应具有以下条件：

（1）行为人具有相应的民事行为能力；

（2）意思表示真实；

（3）内容不违反法律、行政法规的强制性规定，不违背公序良俗；

（4）形式合法。

3. 合同的生效时间。根据《民法典》第 502 条之规定，合同的生效时间主要有以下三种情况：

（1）合同成立时生效。依法成立的合同，自成立时生效。绝大多数合同自成立时即生效。但是法律另有规定或者当事人另有约定的除外。

（2）批准后生效。依照法律、行政法规的规定，合同应当办理批准等手续的，依照其规定。未办理批准等手续影响合同生效的，不影响合同中履行报批等义务条款以及相关条款的效力。应当办理申请批准等手续的当事人未履行义务的，对方可以请求其承担违反该义务的责任。

（3）条件成就或者期限到来时生效。合同附有生效条件的，条件成就时合同生效；合同附有生效期限的，期限到来合同生效。

4. 合同生效与合同成立的区别。

（1）成立与生效分属两个不同的法律规则和判断标准。合同成立与否是一事实问题，其意义在于识别某一合同是否已经存在，该合同是此合同还是彼合同（即合同的类型化），以及合同行为与事实行为、侵权行为之间的区别。因此，合同成立的规则是一套合同关系的法律事实构成规则，依其仅能作出成立与不成立两种事实判断。而生效与否为一法律价值判断的问题，其意义在于识别某一合同是否符合法律的精神和规定，因而能否取得法律所认可的效力。依合同生效之规则所作出的判断为价值评价判断：有效、无效、效力未定、可撤销。

（2）成立与生效的时间不同。一般而言，双方意思表示一致合同即告成立，《民法典》第 483 条规定，承诺生效时合同成立。合同的生效除了成立起生效以外，需要批准的，批准后才生效。

三、无效合同

1. 无效合同的概念。无效合同是相对于有效合同而言的，它是指合同虽然成立，但因其违反法律、行政法规的强制性规定，或者违背公序良俗。因此被确认无效。

2. 无效合同的特征。由概念推断其主要特征有：

（1）违法性。

（2）不得履行性。无效合同自始无效；无效合同自然无效，当事人无须履行。

（3）不具有约束力。无效合同由于没有法律约束力，因此应不属于合同的范畴。另外有的学者认为，“无效合同是指不具备合同的有效要件且不能补救，对当事人自始即不应具有法律约束力的应由国家予以取缔的合同”。并据此认为，其存在以下三个特征或要件：不具备合同的有效要件且不能补救，对当事人自始不应发生法律效力，由国家予以取缔。

四、效力待/未定的合同

1. 效力待定合同的概念。所谓效力待定的合同，是指合同虽然已经成立，但因其不完全符合法律有关生效要件的规定，因此其发生效力与否尚未确定，一般须经有权人表示承认或追认才能生效。

2. 效力待定合同的种类。

（1）限制行为能力人依法不能独立订立的合同，必须经其法定代理人的承认才能生效；

（2）无权代理人以本人名义订立的合同，必须经过本人追认，才能对本人产生法律拘束力。

五、可撤销的合同

1. 可撤销合同的概念。可撤销合同，是指当事人在订立合同的过程中，由于意思表示不真实，或者是出于重大误解从而作出错误的意思表示，依照法律的规定可予以撤销的合同。

2. 合同可撤销的法定原因。根据《民法典》第 147 条至第 151 条之规定，合同可撤销的情形有以下四种：

（1）因重大误解订立的合同；

（2）因受欺诈订立的合同；

（3）因受胁迫订立的合同；

（4）乘人之危订立的合同。

合同是否撤销必须由享有撤销权的一方当事人提出主张时，人民法院或仲裁机构才能予以撤销，人民法院或仲裁机构一般是不能依职权主动来予以撤销的。这一点似乎更有强调的必要。在司法实践中，很多法院就不管当事人是否提出这一请求或主张就直接依职权撤销了合同，实在是有越权之嫌。撤销权是享有撤销权的当事人一方的一项权利，该当事人既可以依法主张，当然也可以依法予以放弃，这也充分地体现当事人的意愿。

3. 合同在撤销前应为有效。与合同解除不同，也就是说合同解除的意思表示只要到达了对方即告解除，所以很多学者普遍认为合同的解除权应属形成权。但合同的撤销却在法院或仲裁机构依法作出认定后才能发生法律效力，所以笔者不同意把合同撤销权当作一种形成权，而是认为其应属于一种请求权，只有享有撤销请求权的当事人主张或行使这一权利时，人民法院或仲裁机构才可对此请求作出判断、认定和处理。

【本章小结】

合同的订立是指缔约当事人相互为意思表示并达成合意而成立了合同。合同订立的过程就是双方当事人意思表示达成一致的过程。当事人订立合同，通常采用要约、承诺的方式。格式合同是当事人为了重复使用而预先拟定，并在订立合同时未与对方协商的条款。采用格式条款订立合同的，提供格式条款的一方应当遵循公平原则确定当事人之间的权利和义务，并采取合理的方式提示对方注意免除或者减轻其责任等与对方有重大利害关系的条款，按照对方的要求，对该条款予以说明。缔约过失责任是指当事人在订立合同过程中，因过错违反依诚实信用原则负有的先合同义务，导致合同不成立、被确认无效、被撤销或者不被追认，给对方造成损失时所应承担的民事责任。合同的效力是法律赋予依法成立的合同所产生的约束力。合同成立以后，效力状态分为四种：有效合同、无效合同、可撤销合同、效力待/未定合同。

【引例评析】

本案中乙的回复改变了合同的实质内容，因此不是承诺，而是新要约。而甲的不作为行为不能推定为承诺，因此合同根本没有成立，乙不能向甲主张违约责任。

【练习题】

1. 名词解释

(1) 要约

(2) 要约邀请

(3) 承诺

(4) 格式合同

(5) 缔约过失责任

2. 简答题

(1) 要约的构成要件是什么？

(2) 要约与要约邀请的区别是什么？

(3) 承诺的构成要件是什么？

(4) 格式合同的订立规则有哪些？

(5) 缔约过失责任的类型有哪些？

3. 案例分析题

甲公司于2005年10月1日给乙公司发电子邮件，称本公司有一批电子元件欲出售，单价1000元，5日内保证有货，款到后立即发货。乙公司收到邮件后，立即于当日给甲回复邮件，表示愿意购买，并表明货物必须于10月11日之前送到，对于货款只同意单价700元，而且已经通过银行汇给了甲公司。甲公司当日收到电子邮件，10月2日收到银行汇款。收到汇款后，甲立即通知乙，货物只能按照单价1000元出售，请及时补齐货款，货款到位后发货。乙收到甲的通知后于10月3日回电子邮件表示：单价700元是自己的最高报价。乙的通知到达甲公司后，由于秘书的疏忽，甲公司老板没有及时看到乙的回复，直到10月5日才看到。甲公司老板表示接受乙的报价，但提出要签订正式的合同书。于是甲公司遂以双方电子邮件的内容为基础草拟了合同书。10月6日，甲公司董事长在位于A地的营业所内签字，并将合同书寄给了乙公司，同时将电子元件交丙运输公司交给乙公司。因为此时，乙公司老板在C地出差，乙公司遂派人将合同书送往C地。乙公司董事长于10月9日在合同书上签字，并于之前10月8日收到该批货物。

问题：

(1) 甲公司2005年10月1日给乙公司发的邮件，以及乙公司的回复分别属于什么性质？

(2) 甲、乙两公司之间是否存在合同关系？如果存在，合同于何时成立？

(3) 如果甲于10月10日将电子元件送到乙处，那么合同于何时成立、何地成立？

第十七章 合同的履行

【引入案例】

甲公司向乙公司购买小轿车，约定7月1日预付10万元，10月1日预付20万元，12月1日乙公司交车时付清尾款。甲公司按时预付了第一笔款。乙公司于9月30日发函称因原材料价格上涨，需提高小轿车价格。甲公司于10月1日拒绝，等待乙公司答复未果后于10月3日向乙公司汇去20万元。乙公司当即拒收，并称甲公司迟延付款构成违约，要求解除合同，甲公司则要求乙公司继续履行。

【学习目标】

通过本章学习，能够掌握：
1. 合同履行的概念与原则；
2. 合同的适当履行规则；
3. 合同履行的含义与内容；
4. 合同的补缺规则；
5. 双务合同履行抗辩权的含义、种类及其行使的方法。

第一节 合同履行概述

一、合同履行的概念和原则

（一）合同履行的概念

合同的履行，是指合同债务人全面、适当地完成法定或约定的合同义务，债权人的合同债权得到完全实现。合同的履行既可以表现为积极的作为，如支付价款、交付标的物、提供劳务等；也可以表现为消极的不作为，如当事人依约定不以某种价格出售商品。

（二）合同履行的原则

合同的履行原则，是指当事人在履行债务的过程中所应遵循的基本准则。这些基本准则有的属于民法的基本原则，如公平原则、平等原则、诚实信用原则等；有的是专属于合同的履行原则，包括，适当履行原则、协作履行原则、经济合理原则、情势变更原则、保护环境原则等。对于民法的基本原则，此处不再赘述，着重介绍专属于合同的履行原则。

1. 适当履行原则。适当履行原则，又称全面履行原则或正确履行原则，是指由适当的主体按照合同约定或者法律规定的标的、质量、数量及其履行期限、履行地点、履行方式全面履行债务的履行原则。债务人能否适当履行债务，直接决定着债权人的权利能否得到全面实现，也是决定债务人是否承担债的不履行与不适当履行责任的界限。

2. 协作履行原则。协作履行原则，是指当事人双方不仅要适当履行自己的债务，而且应基于诚实信用原则，并在必要的限度内，协助对方当事人履行债务的履行原则。《民法典》第509条第2款规定："当事人应当遵循诚实信用原则，根据合同的性质、目的和交易习惯履行通知、协助、保密等义务。"该条款体现了协作履行原则。协作履行原则强调的是债的双方当事人在债的履行过程中，相互配合和相互协作的精神，是诚实信用原则在债的履行方面的具体体现。

一般认为，协作履行原则包括以下几方面的内容：（1）合同的一方当事人应将自己履行义务的情况及时通知另一方当事人，以便对方当事人做好接受履行或者协助履行的准备。（2）合同的一方当事人应协助另一方履行义务，以使合同能够顺利履行。例如，债务人履行债务，债权人应及时适当受领给付。（3）合同一方当事人因故不履行或不能完全履行合同义务使另一方遭受损失时，遭受损失的一方应积极采取必要措施，以防止损失扩大；否则，受损失一方要就扩大的损失自负责任。（4）在订立和履行合同的过程中，如果合同的一方当事人知悉了对方当事人的秘密时，负有为对方保守秘密的义务。

3. 经济合理原则。经济合理原则，是指在合同的履行过程中，债务人要经济合理地履行债务，要以较小的成本换取最佳的收益。

在履行债务的过程中体现经济合理原则，表现在诸多方面：（1）债务人应选择最经济合理的运输方式。例如，在多种运输方式中，债务人可根据债权人的需要、标的物的性质或自身的成本预算选择最经济合理的运输方式。（2）选择履行期限应体现经济合理。（3）变更合同体现经济合理。（4）债务履行的费用超过履行获得的收益的，债务人可要求变更履行方式或解除合同。（5）违约救济应体现经济合理。一般情况下，合同中约定的违约金数额应相当于因违约所造成的损失，包括合同履行后可以获得的利益，约定的违约金高于或者低于造成的损失，当事人可以请求人民法院或仲裁机构予以减少或增加。

4. 情势变更原则。情势变更原则，是指合同依法成立后，因不可归责于双方当事人的原因发生了不可预见的情势变更，致使合同的基础丧失或者动摇，若继续维持合同原有效力则显失公平，而允许变更或者解除合同的原则。《民法典》第 533 条规定："合同成立后，合同的基础条件发生了当事人在订立合同时无法预见的、不属于商业风险的重大变化，继续履行合同对于当事人一方明显不公平的，受不利影响的当事人可以与对方重新协商；在合理期限内协商不成的，当事人可以请求人民法院或者仲裁机构变更或者解除合同。人民法院或者仲裁机构应当结合案件的实际情况，根据公平原则变更或者解除合同。"

情势变更原则的适用条件包括以下几项：（1）须有不属于商业风险的情势异常变动的事实。"情势"即作为合同成立基础或环境的一切事实，"情势变更"即合同基础或环境在客观上的异常变动。这种变动包括等价关系的严重破坏，以及能够导致合同目的不能实现的情势变动等，前者如严重的通货膨胀，原材料价格的大幅上涨；后者如政府经济政策变动、提供劳务合同的债务人丧失劳动能力等。（2）情势变更须发生在合同成立以后，履行完毕之前。（3）情势变更是当事人所不可预见的。（4）情势变更的发生须不可归责于当事人。如果因为当事人的原因导致客观情况的变化，则应由当事人自己承担由此产生的风险或违约责任。（5）因情势变更使履行原合同显失公平。如果客观情况的变化并未导致当事人双方权利义务明显失衡，不能适用情事变更原则。

情势变更的事实发生以后，受不利影响的当事人首先可以与对方重新协商变更或解除合同的事宜，在合理期限内协商不成的，当事人可以请求人民法院或者仲裁机构变更或者解除合同。

5. 保护环境原则。《民法典》第 509 条第 3 款规定："当事人在履行合同过程中，应当避免浪费资源、污染环境和破坏生态。"该条款与《民法典》第 9 条前后照应，是民法基本原则中的绿色原则在合同编部分的具体体现。该条款的规定不仅有利于节约资源，保护生态环境，又体现了可持续发展理念，有利于缓解我国不断增长的人口与资源生态的矛盾。

二、合同履行的内容

（一）主给付义务与从给付义务

1. 主给付义务，是指合同关系中固有、必备，且决定合同类型的基本义务。如买卖合同中卖方的交付标的物、买方支付价款的义务。主给付义务会直接影响合同当事人订立合同的目的，各种合同的主要区别在于双方当事人的主给付义务上，如买卖合同双方当事人的主给付义务为：出卖人移转标的物所有权，买受人支付价金。互易合同当事人的主给付义务为：双方当事人均向对方移转不同种类的标的物之所有权。

2. 从给付义务，是指不具有独立的意义，仅具有补助主给付义务的功能的义务。从给付义务可基于法律的明文规定。如《民法典》第 599 条规定："出卖人应当按照约定或交易习惯向买受人交付提取标的物单证以外的有关单证和资料。"也可基于当事人的约定。如约定出卖人代办托运并购买保险；还可基于诚实信用原则。例如，房屋买卖合同中，买受人提供办理过户登记所需资料、证件的义务。

（二）附随义务

附随义务，是指当事人虽未在合同中约定，但基于诚实信用原则，仍应遵守的通知、协助、保密、忠实、保护等法定义务。例如，甲卖给乙 30 只羊，约定 3 天后交货，为省饲料，甲 3 天内给羊喂食物极少。依据诚实信用原则，甲违反了互相保护的附随义务。我国《民法典》上的附随义务主要包括三类：先合同义务（《民法典》第 500 条、第 501 条）；合同履行中的附随义务（《民法典》第 509 条）；后合同义务（《民法典》第 558 条）。

三、合同的补缺

（一）合同补缺的含义

合同的补缺也叫作合同漏洞的填补，是指当事人订立的合同条款没有约定，或者约定不明确的，通过法律规定的补缺规则，对这些没有约定或约定不明确的内容赋予确定的内容，以使合同能够适当、全面履行。

（二）合同补缺的规则

1.《民法典》第 510 条规定："合同生效后，当事人就质量、价款或者报酬、履行地点等内容没有约定或者约定不明确的，可以协议补充；不能达成补充协议的，按照合同相关条款或者交易习惯确定。"

2.《民法典》第 511 条规定，当事人就有关合同内容约定不明确，依照《民法典》第 510 条的规定仍不能确定的，适用下列规定：（1）质量要求不明确的，按照强制性国家标准履行；没有强制性国家标准的，按照推荐性国家标准履行；没有推荐性国家标准的，按照行业标准履行；没有国家标准、行业标准的，按照通常标准或者符合合同目的的特定标准履行。（2）价款或者报酬不明确的，按照订立合同时履行地的市场价格履行；依法应当执行政府定价或者政府指导价的，依照规定履行。（3）履行地点不明确，给付货币的，在接受货币一方所在地履行；交付不动产的，在不动产所在地履行；其他标的，在履行义务一方所在地履行。（4）履行期限不明确的，债务人可以随时履行，债权人也可以随时请求履行，但是应当给对方必要的准备时间。（5）履行方式不明确的，按照有利于实现合同目的的方式履行。（6）履行费用的负担不明确的，由履行义务一方负担；因债权人原因增加的履行费用，由债权人负担。

3.《民法典》第512条规定，（1）通过互联网等信息网络订立的电子合同的标的为交付商品并采用快递物流方式交付的，收货人的签收时间为交付时间。（2）电子合同的标的为提供服务的，生成的电子凭证或者实物凭证中载明的时间为提供服务时间；前述凭证没有载明时间或者载明时间与实际提供服务时间不一致的，以实际提供服务的时间为准。（3）电子合同的标的为采用在线传输方式交付的，合同标的进入对方当事人指定的特定系统且能够检索识别的时间为交付时间。（4）电子合同当事人对交付商品或者提供服务的方式、时间另有约定的，按照其约定。

4.《民法典》第513条规定："执行政府定价或者政府指导价的，在合同约定的交付期限内政府价格调整时，按照交付时的价格计价。逾期交付标的物的，遇价格上涨时，按照原价格执行；价格下降时，按照新价格执行。逾期提取标的物或者逾期付款的，遇价格上涨时，按照新价格执行；价格下降时，按照原价格执行。"

（三）合同补缺的步骤

1. 如果合同有约定且约定内容明确的，依照当事人的约定确定合同内容。

2. 如果当事人就某些事项没有约定或者约定不明确的，依照《民法典》第510条的规定确定合同的内容。

3. 如果依照《民法典》第510条的规定仍不能确定的，适用《民法典》第511条、第512条、第513条的规定，也就是直接依据法律的规定确定合同的内容。

第二节 合同的适当履行

合同的适当履行规则，是债务人全面、适当履行债务应遵循的具体标准和要求，是合同的履行原则的具体体现。包括合同的履行主体、履行标的、履行期限、履行地点、履行方式、履行费用、通过网络订立的电子合同的标的的交付时间等方面。

一、履行主体

合同的履行主体是指履行债务的主体和接受债务履行的主体。

（一）单一之债

单一之债，是指合同的履行主体双方均为一人的债。例如，买方和卖方均为一人的买卖合同，就属于单一之债。

（二）多数人之债

多数人之债，是指以同一给付为标的，合同的履行主体为多数人的债。其中，有债权人为多数人的，有债务人为多数人的，也有债权人和债务人双方都是多数人的。根据多数人之债的履行主体之间权利义务关系，合同可分为按份之债和连带之债。

1. 按份之债。按份之债，是指在多数人之债中，债的主体各自按一定份额享有权利或者承担义务的债。《民法典》第 177 条规定："二人以上依法承担按份责任，能够确定责任大小的，各自承担相应的责任；难以确定责任大小的，平均承担责任。"债权人为二人以上，标的可分，按照份额各自享有债权的，为按份债权。按份债权中，债权人只能就其享有的债权份额请求债务人清偿，而无权请求超出其债权份额的给付；债务人为二人以上，标的可分，按照份额各自负担债务的，为按份债务。按份债务中，每一个债务人只需对自己的债务份额承担清偿的义务，而对其他债务人的债务无清偿义务。按份债权人或者按份债务人的份额难以确定的，视为份额相同。

2. 连带之债。连带之债，是指债权人为二人以上，部分或者全部债权人均可以请求债务人履行债务的，为连带债权；债务人为二人以上，债权人可以请求部分或者全部债务人履行全部债务的，为连带债务。《民法典》第 178 条规定："二人以上依法承担连带责任的，权利人有权请求部分或者全部连带责任人承担责任。连带责任人的责任份额根据各自责任大小确定；难以确定责任大小的，平均承担责任。实际承担责任超过自己责任份额的连带责任人，有权向其他连带责任人追偿。连带责任，由法律规定或者当事人约定。"连带之债中少数债权人受领了全部清偿或少数债务人履行了全部债务后，连带之债的外部关系随之消灭，从而转变为一方内部的按份之债。连带债权人之间的份额难以确定的，视为份额相同。实际受领债权的连带债权人，应当按比例向其他连带债权人返还。《民法典》第 519 条规定："连带债务人之间的份额难以确定的，视为份额相同。实际承担债务超过自己份额的连带债务人，有权就超出部分在其他连带债务人未履行的份额范围内向其追偿，并相应地享有债权人的权利，但是不得损害债权人的利益。其他连带债务人对债权人的抗辩，可以向该债务人主张。被追偿的连带债务人不能履行其应分担份额的，其他连带债务人应当在相应范围内按比例分担。”

《民法典》第520条规定：“部分连带债务人履行、抵销债务或者提存标的物的，其他债务人对债权人的债务在相应范围内消灭；该债务人可以依据前条规定向其他债务人追偿。部分连带债务人的债务被债权人免除的，在该连带债务人应当承担的份额范围内，其他债务人对债权人的债务消灭。部分连带债务人的债务与债权人的债权同归于一人的，在扣除该债务人应当承担的份额后，债权人对其他债务人的债权继续存在。债权人对部分连带债务人的给付受领迟延的，对其他连带债务人发生效力。”

参考案例

甲、乙、丙共同侵权给丁造成100万元的损失。法院依据《民法典》第1168条判决甲、乙、丙承担连带责任。丁如何要求甲、乙、丙承担责任？

【评析】根据《民法典》关于连带责任的规定，有以下几种情况：①丁有权请求甲、乙、丙中任何一个人赔偿100万元。②丁有权请求甲、乙、丙按照任何比例共同赔偿100万元（如甲10万元、乙50万元、丙40万元）③丁获得100万元的赔偿后，丁的债权消灭。④甲、乙、丙内部有责任份额分担（有约定的按照约定，没有约定的，按照过错程度和原因力大小确定责任，否则，推定份额均等），对丁承担责任超出自己份额的一方有权按照内部份额比例追偿。⑤连带责任的特点是对外连带，对内按份。

（三）由第三人代为履行的债务

履行债务的主体首先表现为债务人或债务人的代理人。除法律规定、当事人约定或性质上必须由债务人亲自履行的债务以外，民事法律行为的履行也可由债务人以外的第三人代为履行。

第三人代为履行债务的前提是法律有规定或当事人有约定，且合同的性质不属于必须由当事人本人亲自履行的债务。第三人代为履行时，第三人只是履行主体，并不属于合同的当事人，承担责任的主体仍然是债务人而不是第三人。《民法典》第523条规定：“当事人约定由第三人向债权人履行债务，第三人不履行债务或者履行债务不符合约定，债务人应当向债权人承担违约责任。”

参考案例

> 甲与乙签订一份装修合同，约定由乙的侄子丙完成装修任务，丙在装修过程中未经甲、乙同意，擅自改变墙面漆颜色，问：甲应向谁追究责任？
>
> 【评析】根据《民法典》第523条的规定，甲应向乙追究责任，因为乙才是合同的相对人。

（四）由第三人接受履行的债务

对于接受债务履行的主体，通常情况下表现为债权人或者其代理人。当法律规定或者当事人约定由第三人接受履行时，当事人以外的第三人也可以成为接受债务履行的主体。《民法典》第522条第1款规定："当事人约定由债务人向第三人履行债务，债务人未向第三人履行债务或者履行债务不符合约定的，应当向债权人承担违约责任。"可见，一般情况下，第三人接受履行的，第三人并不是合同的当事人，债务人违反合同的约定不履行或者不适当履行债务的，债务人应向债权人承担责任，而不是向第三人承担。但《民法典》第522条第2款规定："法律规定或者当事人约定第三人可以直接请求债务人向其履行债务，第三人未在合理期限内明确拒绝，债务人未向第三人履行债务或者履行债务不符合约定的，第三人可以请求债务人承担违约责任；债务人对债权人的抗辩，可以向第三人主张。"因此，当法律有特别规定或当事人特别约定赋予第三人对债务人的履行请求权，同时第三人在合理期限内也未明确拒绝的情况下，债务人可以直接向第三人承担违约责任。

二、履行标的

合同的履行标的，是指债务人的履行行为。其表现形态多样，如交付标的物、转移权利、完成工作、提供劳务等。合同的履行标的应当按照法律的规定或合同的约定进行，履行的标的是否适当，直接决定着债权人的权利能否得到圆满实现，债的关系能否顺利消灭。

关于给付的标的质量、价款和报酬等要求，依据《民法典》第510条的规定："合同生效后，当事人就质量、价款或者报酬、履行地点等内容没有约定或者约定不明确的，可以协议补充；不能达成补充协议的，按照合同相关条款或者交易习惯确定。"依上述方法仍不能确定的，依据《民法典》第511条第1项和第2项的规定："质量要求不明确的，按照强制性国家标准履行；没有强制性国家标准的，按照推荐性国家标准履行；没有推荐性国家标准的，按照行业标准履行；没有国家标准、行业标准的，按照通常标准或者符合合同目的的特定标准履行。”“价款或者报酬不明确的，按照订立合同时履行地的市场价格履行；依法应当执行政府定价或者政府指导价的，依照规定履行。”《民法典》第513条规定：“执行政府定价或者政府指导价的，在合同约定的交付期限内政府价格调整时，按照交付时的价格计价。逾期交付标的物的，遇价格上涨时，按照原价格执行；价格下降时，按照新价格执行。逾期提取标的物或者逾期付款的，遇价格上涨时，按照新价格执行；价格下降时，按照原价格执行。”同时，《民法典》第514条规定：“以支付金钱为内容的债，除法律另有规定或者当事人另有约定外，债权人可以请求债务人以实际履行地的法定货币履行。”

合同的履行标的为两种以上的为选择之债，当事人在履行时可选定其中的一种而为给付。其中，选择权属于债权人的，称为选择债权；选择权属于债务人的，称为选择债务；《民法典》第515条规定：“标的有多项而债务人只需履行其中一项的，债务人享有选择权；但是，法律另有规定、当事人另有约定或者另有交易习惯的除外。享有选择权的当事人在约定期限内或者履行期限届满未作选择，经催告后在合理期限内仍未选择的，选择权转移至对方。”《民法典》第516条规定：“当事人行使选择权应当及时通知对方，通知到达对方时，标的确定。标的确定后不得变更，但是经对方同意的除外。可选择的标的发生不能履行情形的，享有选择权的当事人不得选择不能履行的标的，但是该不能履行的情形是由对方造成的除外。”

选择之债一经确定其给付，既转化为简单之债。选择之债包括两种：一是法律规定，法律规定的选择之债，称为法定选择之债。例如，《民法典》第186条规定：“因当事人一方的违约行为，损害对方人身权益、财产权益的，受损害方有权选择请求其承担违约责任或者侵权责任。”该规定就属于法定选择之债。二是当事人约定，当事人约定的选择之债，称为约定选择之债。例如，甲公司从乙公司购进一批货物，合同约定乙公司可以铁路或公路运输的方式将货物送至甲公司，就属于约定选择之债。

三、履行期限

履行期限，是指债务人履行债务和债权人接受履行的时间。履行期限应当依照法律的规定、当事人的约定或者债务的性质来确定。例如，节日用品应在节日之前交付。债务人迟于约定的履行期限履行债务属于债的不适当履行。关于债务能否提前履行的问题，《民法典》第530条规定：“债权人可以拒绝债务人提前履行债务，但是提前履行不损害债权人利益的除外。债务人提前履行债务给债权人增加的费用，由债务人负担。”如果当事人没有约定履行期限或者履行期限约定不明确的，可以依据《民法典》第 510 条的规定协议补充，不能达成补充协议的，按照合同有关条款或者交易习惯确定。依上述方法仍不能确定的，依据《民法典》第 511 条第 4 项的规定：“履行期限不明确的，债务人可以随时履行，债权人也可以随时请求履行，但是应当给对方必要的准备时间。”

四、履行地点

履行地点，是指债务人履行债务和债权人接受履行的地点。履行地点是决定合同风险转移的地点，也是法院确定管辖的准据之一。履行地点的确定依据法律的规定或者当事人的约定。如果当事人在合同中明确约定履行地点的，依其约定；没有约定或者约定不明确的，可以协议补充；不能达成补充协议的，按照合同有关条款或者交易习惯确定。在按上述方法仍不能确定履行地点的，依据《民法典》第 511 条第 3 项的规定：“履行地点不明确，给付货币的，在接受货币一方所在地履行；交付不动产的，在不动产所在地履行；其他标的，在履行义务一方所在地履行。”

参考案例

甲与乙签订了一份货物买卖合同，甲为卖方，住所地在 A 市，乙为买方，住所地在 B 市。双方没有在合同中约定履行地点，而且合同的履行地点也不能通过交易习惯、合同性质确定，双方又不能达成补充协议。问：合同的履行地点在哪里？

【评析】根据《民法典》第 511 条的规定，在甲与乙没有在合同中约定履行地点的时候，同时又没有其他方法补充证明时，交付货币应当在收款人甲的住所地 A 市，交付货物应当在履行义务人甲的住所地 A 市。

五、履行方式

履行方式，是指债务人履行义务的方法。如标的物的交付方式、价款或者报酬的支付方式等。履行方式依据当事人的约定、法律的规定或者债务的性质确定。如果当事人在合同中约定了履行方式，从其约定；没有约定或者约定不明确的，可以协议补充；不能达成补充协议的，按照合同有关条款或者交易习惯确定。在按上述方法仍不能确定履行方式的，依据《民法典》第511条第5项的规定："履行方式不明确的，按照有利于实现合同目的的方式履行。"

六、履行费用

履行费用，是指履行债务的必要开支。例如，包装费、运送费、通知费等。关于履行费用的负担，有约定的从其约定，没有约定或者约定不明确的，按《民法典》第510条的规定确定，如仍不能确定的，依据《民法典》第511条第6项的规定："履行费用的负担不明确的，由履行义务一方负担；因债权人原因增加的履行费用，由债权人负担。"

七、电子合同标的的交付时间

《民法典》第512条规定："通过互联网等信息网络订立的电子合同的标的为交付商品并采用快递物流方式交付的，收货人的签收时间为交付时间。电子合同的标的为提供服务的，生成的电子凭证或者实物凭证中载明的时间为提供服务时间；前述凭证没有载明时间或者载明时间与实际提供服务时间不一致的，以实际提供服务的时间为准。电子合同的标的物为采用在线传输方式交付的，合同标的进入对方当事人指定的特定系统并且能够检索识别的时间为交付时间。电子合同当事人对交付商品或者提供服务的方式、时间另有约定的，按照其约定。"随着我国互联网技术的迅猛发展，网络购物已经成为人们现代生活重要的消费途径。该条款的制定，顺应了我国进入互联网时代后新的发展趋势，同时也通过法律明确了网络购物中商品和服务的交付时间，从而有利于有效解决网络购物中出现的纠纷和冲突。

第三节　双务合同履行抗辩权

一、双务合同履行抗辩权概述

双务合同履行抗辩权，是指当事人一方在对方提出实现其合同权利的要求时，以法律规定和必要的事实条件对抗对方当事人的履行请求权，暂时拒绝履行其债务的权利。它包括同时履行抗辩权、先履行抗辩权和不安抗辩权。

双务合同履行抗辩权的行使，只是在一定期限内中止合同履行的债务，并不消灭履行效力。因此，是一时的抗辩权，延缓的抗辩权，产生抗辩权的原因消灭后，债务人仍应履行其债务。

双务合同履行抗辩权的存在基础是双务合同的牵连性，所谓双务合同的牵连性，是在双务合同中，一方的权利和另一方的义务之间相互依存、互为因果的关系。

双务合同履行中的抗辩权，对于抗辩权人一方是一种保护手段，可以避免抗辩权人履行后得不到对方相应履行的风险，促使对方当事人能够及时、适当履行或者提供担保。因此，该抗辩权对债权具有防患于未然的积极保障作用。

行使同时履行抗辩权、先履行抗辩权和不安抗辩权，是双务合同当事人行使自己的合法权利，具有法律依据，应受法律保护，而非违约行为，因而不得让权利人承担违约责任。

二、同时履行抗辩权

（一）同时履行抗辩权的概念

同时履行抗辩权，是指双务合同的当事人没有先后履行顺序的，一方在对方未为对待给付以前，有权拒绝履行自己债务的权利。《民法典》第525条规定："当事人互负债务，没有先后履行顺序的，应当同时履行。一方在对方履行之前有权拒绝其履行请求。一方在对方履行债务不符合约定时，有权拒绝其相应的履行请求。"

同时履行抗辩权是诚实信用原则在合同履行中的体现。因此当事人不能随意行使此权利。在实践中，经常发生一方在另一方仅有轻微违约的情况下便拒绝履行自己的义务，或以各种理由拒绝对方的履行，或同时拒不履行自己的义务等，这就妨碍了合同的正常履行，严重影响了交易秩序。因此，需要明确同时履行抗辩权行使的条件，对滥用同时履行抗辩权的情形做出严格的限制。

（二）同时履行抗辩权的构成要件

1. 必须是由同一双务合同所产生的债务。同时履行抗辩权仅存在于双务合同中。因为同时履行抗辩权的根据在于双务合同功能上的牵连性，因而它适用于双务合同，而不适用于单务合同和不真正的双务合同。

同时履行抗辩权系基于同一双务合同而生的对待给付。如果双方当事人的债务不是基于同一双务合同产生，而是基于两个以上的合同产生，那么，即使在事实上有密切关系，也不得主张同时履行抗辩权。

同时履行抗辩权行使的前提必须是当事人双方互负债务，即双方所负的债务具有对价关系，否则不成立同时履行抗辩权。

2. 必须是双方互负的债务均已届清偿期。同时履行抗辩权制度，旨在使双方当事人所负的债务同时履行，所以，只有双方的债务同时届满到期时，才能行使同时履行抗辩权。如果一方当事人负有先履行的义务，另一方的义务履行在后，义务履行有先后之分，便不能适用同时履行抗辩权，而应适用先履行抗辩权或不安抗辩权。一般而言，当事人如果明确约定一方应先履行义务，只要该约定不违反法律的强制性规定，则排除同时履行抗辩权的适用。反之，如果当事人没有约定一方先履行，按照合同的性质也不能确定义务应先后履行顺序的，则推定为同时履行。

3. 必须是对方未履行债务或履行债务不符合合同约定。互负义务的一方若向对方请求履行债务时，须自己已为履行或提出履行；若自己未履行或未提出履行，而要求对方履行，对方即可行使同时履行抗辩权，拒绝履行自己的债务。若一方已为部分履行，而请求对方为全部履行，对方也可行使同时履行抗辩权，但若已履行部分义务的一方请求对方为相应的部分履行，则对方不能行使同时履行抗辩权。若已为部分履行或全部履行的一方，其义务履行有瑕疵为不适当履行，而请求对方为履行的，对方仍可行使同时履行抗辩权。

4. 必须是对方的对待义务可能履行。同时履行抗辩权的目的，在于促进双务合同的当事人同时履行其债务。但是，同时履行是以履行可能为前提的。如果对方的履行不可能时，无论是因可归责于或不可归责于对方的原因，同时履行的目的已无法实现，则应适用合同解除制度解决。

（三）同时履行抗辩权的适用范围

同时履行抗辩制度主要适用于双务合同，如买卖合同、互易合同、租赁合同、加工承揽合同、委托合同、雇佣合同、技术合同等。除正常情形下的同时履行抗辩权，下列情形亦可适用同时履行抗辩权：

1. 二人合伙情形。就互约出资而言，具有对待性，故通说认为合伙合同属于双务合同。但它是以营利事业为目的，与买卖合同等以交换给付为主要目的的双务合同毕竟不同，所以，在二人合伙场合，同时履行抗辩权可以适用，但在三人以上合伙的情况下，则不适用。

2. 给付不能情形。一方的合同给付义务转变为损害赔偿义务，与对方的合同给付义务之间仍然发生同时履行抗辩权，相互可以行使同时履行抗辩权。

3. 为第三人利益的合同情形。同时履行抗辩权在为第三人利益合同中有适用的余地。在这种情形下，双方当事人约定了互负债务的合同，一方向对方履行债务，对方则向第三人履行债务，如果一方届期不履行债务，则另一方可以对第三人行使同时履行抗辩权，拒绝第三人的履行请求。

参考案例

甲、乙约定："甲以30万元从乙处购买汽车一辆，乙将该车交付给丙，丙有权请求乙交付。"后丙请求乙交付该车。问：乙能否以甲尚未支付价款为由对丙主张同时履行抗辩权？

【评析】可以。《民法典》第522条规定的"向第三人履行的合同"中，符合条件的，债务人可对第三人行使同时履行抗辩权。

4. 债权让与和债务承担情形。同时履行抗辩权在债权让与和债务承担的情形中也有适用的余地。在这种情形中之所以可以适用同时履行抗辩权，是由债权让与和债务承担的效力决定的。债权让与和债务承担发生时，其相应债权、债务之上的抗辩权亦一并发生转移。

（四）当事人一方违约与同时履行抗辩权

1. 一方迟延履行与同时履行抗辩权。在一方迟延履行而另一方已为履行的情形下，互负对待给付的情形已经消失，不再存在同时履行的可能，所以不可能再适用同时履行抗辩权，已为履行的一方可以向对方主张迟延履行的违约责任。

参考案例

甲、乙的买卖合同约定："甲以30万元价格向乙购买一辆汽车，2015年3月1日一手交钱一手交货。"2015年3月1日，乙未交付汽车即请求甲先支付价款，甲拒绝。此后，甲、乙均未履行合同义务，陷入僵局。2015年5月1日，乙通知甲解除合同。乙是否有权通知甲解除合同？

【评析】乙不享有解除权，甲、乙的买卖合同未被解除。原因是甲拒绝支付价款系主张同时履行抗辩权，不陷于迟延履行。乙欲使甲陷入迟延履行，须先提供自己的履行，消灭甲的同时履行抗辩权，经催告后，甲在合理期间内仍不支付价款，乙才享有解除权。

2. 受领迟延与同时履行抗辩权。若债权人受领迟延，其原有的同时履行抗辩权不因此而消灭。所以，债务人在债权人受领迟延后请求为对待给付的，债权人仍可主张同时履行抗辩权。在此场合，债权人主张同时履行抗辩权不影响债务人主张违约责任。

3. 部分履行与同时履行抗辩权。若依合同约定或依合同性质，债务人可以为部分履行时，债权人得依诚实信用原则而为受领，在受领部分给付的情况下，债权人就未给付部分可以主张同时履行抗辩权；若依合同约定或依合同性质债务人不能为部分给付时，债务人若为部分给付，债权人有权拒绝受领，并可主张同时履行抗辩权。

4. 瑕疵履行与同时履行抗辩权。债务人的履行若存在瑕疵，债权人可请求其消除瑕疵或采取其他补救措施，在债务人未消除瑕疵或未采取其他补救措施时，债权人有权行使同时履行抗辩权，拒绝履行自己的义务，同时有权追究债务人的违约责任。

三、先履行抗辩权

（一）先履行抗辩权的概念

先履行抗辩权，是指当事人互负债务，有先后履行顺序，应当先履行债务一方未履行的，后履行一方有权拒绝其履行请求。先履行一方履行债务不符合约定的，后履行一方有权拒绝其相应的履行请求。

先履行抗辩权发生于有先后履行顺序的双务合同中，该抗辩权确立的法律依据在于维护诚信原则和切实保护后履行一方的合法权益，也是对本应先为履行一方未履行或虽先为履行但不符合约定的一种法律制裁。

（二）先履行抗辩权的成立要件

根据《民法典》第526条的规定，先履行抗辩权的成立条件包括：

1. 必须是互为对价的双务合同。先履行抗辩权发生的合同必须是互为对待给付的双务合同。在单务合同中不可能存在先履行抗辩权。

参考案例

甲与乙公司签订的房屋买卖合同约定："乙公司收到首期房款后，向甲交付房屋和房屋使用说明书；收到二期房款后，将房屋过户给甲。"甲交纳首期房款后，乙公司交付房屋但未立即交付房屋使用说明书。甲以此为由行使先履行抗辩权而拒不支付二期房款。

【评析】我国合同履行的三大抗辩权均是针对双务合同中的对待给付而言的，此对待给付即双务合同中的主给付义务之履行，是指合同关系中所固有、必备的、自始确定的，并能够决定合同类型的基本义务，在房屋买卖合同中，卖方交付标的物和办理过户登记的义务、买方支付价款的义务即属于主给付义务。此案中，房屋使用说明书并不构成买卖合同的对待给付，甲的付款义务与乙公司交付房屋使用说明书不形成主给付义务对应关系，甲不能行使先履行抗辩权。

2. 双务合同的履行必须有先后顺序。当事人各自债务的履行有先后履行顺序，这是先履行抗辩权的实质要件。所谓履行顺序，即债务履行在时间上的先后次序，此种时间上的先后次序通常是由合同约定的，如买卖合同约定先付款后发货，或者相反，先交货而后付款，即为履行顺序的约定。如果虽属双务合同，但双方义务应当同时履行，则仅有同时履行抗辩权产生的可能，而不存在先履行抗辩权。如果合同中没有关于履行顺序的约定，但依交易惯例或合同的相关条款能够推导出履行的先后顺序，或法律直接规定先后顺序，也可适用先履行抗辩权。

3. 先履行一方未履行或其履行不符合合同约定。先履行一方未履行债务是指根本未履行义务，既包括先履行一方在履行期限届满前未予履行的状态，也包括先履行一方于履行期限届满时尚未履行的现象。履行不符合合同约定，是指瑕疵履行、加害给付、部分履行、迟延履行等形态。无论发生哪种情形，后履行一方均可主张先履行抗辩权。

（三）先履行抗辩权的效力

第一，先履行抗辩权的成立及行使可使后履行一方暂时中止履行自己债务的效力，以对抗先履行一方的履行请求。但这只是暂时阻止对方当事人请求权的行使，不能永久存续。

第二，当先履行一方采取了补救措施，变违约为适当履行的情况下，先履行抗辩权消灭。行使先履行抗辩权的一方应当及时恢复履行，否则构成违约责任。

第三，先履行抗辩权的行使不影响后履行一方主张违约责任，即抗辩权的行使与违约责任的追究可以同时进行。

第四，后履行一方行使先履行抗辩权致使合同迟延履行的，迟延履行责任应由对方当事人承担。

第五，后履行一方行使先履行抗辩权没有促使对方履行，或者没有促使对方对瑕疵履行采用补充救济措施的，可以根据《民法典》第 563 条的规定通知对方解除合同。

四、不安抗辩权

（一）不安抗辩权的概念

不安抗辩权，是指在有先后履行顺序的双务合同中，应先履行义务的一方当事人有确切证据证明对方当事人有难以给付之虞时，在对方当事人没有恢复履行能力或者没有提供担保之前，有暂时中止履行合同义务的权利。规定不安抗辩权是为了切实保护当事人的合法权益，防止借合同进行欺诈，促使对方履行义务。

不安抗辩权不同于先履行抗辩权：一是前者产生于后履行一方的经营状况严重恶化，或者转移财产、抽逃资金以逃避债务，严重丧失商业信誉及其他丧失或可能丧失履行能力的场合，而后者产生于先履行一方不履行或其履行不符合合同约定的场合。二是前者由先履行一方享有抗辩权，后者归后履行一方享有抗辩权。

（二）不安抗辩权成立的条件

1. 双方当事人因同一双务合同而互负债务。不安抗辩权的成立须双方当事人因同一双务合同而互负债务，并且双方当事人的债务基于对价关系而产生。

2. 后给付义务人有不能为对待给付的现实危险。不安抗辩权制度保护先给付义务人是有条件的，不允许在后给付义务人有履行能力的情况下行使不安抗辩权，只能在其有不能为对待给付的现实危险，危及先给付义务人的债权实现时，才能行使不安抗辩权。

依据《民法典》第527条的规定，所谓后给付义务人的履行能力明显降低，有不能为对待给付的现实危险，包括其经营状况严重恶化；转移财产、抽逃资金，以逃避债务；丧失商业信誉；有丧失或者可能丧失履行债务能力的其他情形。履行能力明显降低，有不能为对待给付的现实危险，须发生在合同成立以后，如果在订立合同时即已经存在，先给付义务人若明知此情况却仍然缔约，法律则无必要对其特别保护；若不知此情况，还可以通过合同无效等制度解决。

3. 后给付义务人未恢复履行能力并且未提供适当担保。当事人依据《民法典》第527条的规定中止履行的，应当及时通知对方。对方提供适当担保的，应当恢复履行。中止履行后，对方在合理期限内未恢复履行能力且未提供适当担保的，视为以自己的行为表明不履行主要债务，中止履行的一方可以解除合同并可以请求对方承担违约责任。（《民法典》第528条）。

参考案例

甲公司与乙公司签订服装加工合同，约定乙公司支付预付款1万元，甲公司加工服装1000套，3月10日交货，乙公司3月15日支付余款9万元。3月10日，甲公司仅加工服装900套，乙公司此时因濒临破产致函甲公司表示无力履行合同。

【评析】本案中，甲乙签订的是加工承揽合同，该合同是双务合同，甲负有先履行义务，乙负有后履行义务。在合同履行期限届满前后履行义务人乙明确表示因濒临破产无力履行合同，构成预期违约。根据《民法典》第527条的规定，甲可以行使不安抗辩权中止履行合同，并依据预期违约，向乙主张违约责任。甲交付900件已经完成了合同的绝大部分履行义务，乙不能解除合同，乙有义务在甲履行义务的范围内支付相应货款。

(三) 不安抗辩权的行使

为了兼顾后给付义务人的利益，也便于他能及时提供适当担保，《民法典》第528条明确规定先给付义务人行使不安抗辩权，应及时通知后给付义务人，同时《民法典》第527条第2款规定："当事人没有确切证据中止履行的，应当承担违约责任。"这一规定明确了先给付义务人的举证责任，其负有举证证明后给付义务人的履行能力明显降低，有不能为对待给付的现实危险的义务。如果先给付义务人没有确切证据中止履行的，应当负违约责任。

(四) 不安抗辩权的效力

不安抗辩权具备其成立要件时，先给付义务人在后给付义务人未为对待给付或提供适当担保前，有权拒绝自己的给付，中止履行合同。后给付义务人恢复履行能力或者提供了适当担保时，不安抗辩权既归于消灭，先给付义务人应当履行合同。后给付义务人在约定的或合理的期限内未恢复履行能力并且不提供担保的，先给付义务人有权解除合同并可以请求对方承担违约责任。

【本章小结】

合同的履行是指合同债务人全面、适当地完成法定或约定的合同义务，债权人的合同债权得到完全实现。当事人在履行债务的过程中所应遵循的基本准则是合同的履行原则，这些基本准则有的属于民法的基本原则；有的是专属于债的履行原则，包括适当履行原则、协作履行原则、经济合理原则和情势变更原则等。合同履行的内容包括主给付义务、从给付义务和附随义务。合同的适当履行规则，是合同的履行原则的具体体现，也是债务人全面、适当履行债务应遵循的具体标准和要求。合同履行抗辩权是指当事人一方在对方提出实现其合同权利的请求时，以法律规定和必要的事实条件对抗对方当事人的履行请求权，暂时拒绝履行其债务的权利。它包括同时履行抗辩权、先履行抗辩权和不安抗辩权。

【引例评析】

《民法典》第527条规定："应当先履行债务的当事人，有确切证据证明对方有下列情形之一的，可以中止履行：（一）经营状况严重恶化；（二）转移财产、抽逃资金，以逃避债务；（三）丧失商业信誉；（四）有丧失或者可能丧失履行债务能力的其他情形。当事人没有确切证据中止履行的，应当承担违约责任。"该法第528条规定，当事人依据第527条的规定中止履行的，应当及时通知对方。对方提供适当担保的，应当恢复履行。中止履行后，对方在合理期限内未恢复履行能力且未提供适当担保的，视为以自己的行为表明不履行主要债务，中止履行的一方可以解除合同并可以请求对方承担违约责任。本案中，甲应预付前两笔款项，然后乙交货，甲的履行顺序在先，但在第二笔款支付前，乙单方要求提价，甲有理由相信若自己拒绝，乙完全可能不向甲履行，因此，甲可以行使不安抗辩权暂时中止第二笔款项的支付，对于迟延支付第二笔货款不构成违约。

《民法典》第563条规定："有下列情形之一的，当事人可以解除合同：(一)因不可抗力致使不能实现合同目的；(二)在履行期限届满之前，当事人一方明确表示或者以自己的行为表明不履行主要债务；(三)当事人一方迟延履行主要债务，经催告后在合理期限内仍未履行；(四)当事人一方迟延履行债务或者有其他违约行为致使不能实现合同目的；(五)法律规定的其他情形。以持续履行的债务为内容的不定期合同，当事人可以随时解除合同，但是应当在合理期限之前通知对方。"据此可知，乙公司不具备解除合同的法定条件。

《民法典》规定的可撤销的法律行为包括因欺诈、胁迫、重大误解、显失公平而实施的法律行为。就本案而言，原材料上涨属于正常的商业风险，不属于上述情形，乙公司不能以此为由要求变更合同价格。

【练习题】

1. 名词解释

(1) 协作履行原则

(2) 情势变更原则

(3) 同时履行抗辩权

(4) 先履行抗辩权

(5) 不安抗辩权

(6) 附随义务

2. 简答题

(1) 合同履行的原则包括哪些？

(2) 情势变更的构成要件是什么？

(3) 合同补缺的规则有哪些？

(4) 同时履行抗辩权的构成要件是什么？

(5) 先履行抗辩权的构成要件是什么？

(6) 不安抗辩权的构成要件是什么？

3. 案例分析题

甲为一著名相声表演艺术家，乙为一家演出公司。甲乙之间签订了一份演出合同，约定甲在乙主办的一场演出中出演一个节目，由乙预先支付给甲演出劳务费5万元。后来，在合同约定支付劳务费的期限到来之前，甲因一场车祸而受伤住院。乙通过向医生询问甲的伤情得知，在演出日之前，甲的身体有康复的可能，但也不排除甲的伤情会恶化，以至于不能参加原定的演出。基于上述情况，乙向甲发出通知，主张暂不予支付合同中所约定的5万元劳务费。

问题：

分析在该案中乙方所行使的是什么权利？

第十八章
合同的保全和担保

【引入案例】

甲对乙享有2016年8月10日到期的6万元债权，到期后乙无力清偿。乙对丙享有5万元债权，清偿期已届满7个月，但乙未对丙采取法律措施。乙对丁还享有5万元人身损害赔偿请求权。后乙去世，无其他遗产，遗嘱中将上述10万元的债权赠与戊。对此，甲可以采取哪些措施有效保全自己的债权？

【学习目标】

通过本章学习，能够掌握：
1. 债权人的代位权；
2. 债权人的撤销权；
3. 保证的基本理论知识；
4. 定金的基本理论知识。

第一节　合同的保全

一、合同的保全的概念

合同的保全，是指法律为防止债务人财产的不当减少给债权人的债权带来的损害，允许债权人代债务人之位向第三人行使债务人对第三人享有的权利，或者请求法院撤销债务人与第三人的法律行为的保全制度。法律设置合同的保全制度的目的在于，债权的实现有赖于债务的适当履行，而债务人的总财产状况就是债务履行的最终保障。因此，债务人总财产的增加或减少，直接关系到债权人的债权能否得以实现。实践中，债务人可能由于多种原因导致其总财产（责任财产）应当增加而未增加，不应当减少而减少，从而导致债务人的总财产不足以承担清偿债务的责任。因此，债务人责任财产的减少往往会危及债权人的债权实现。有鉴于此，法律在民事责任和担保制度之外，设置了能够突破合同的相对性局限的合同保全制度。该制度能够更加全面有效地保护债权人的债权，具有不可替代的独立价值。合同的保全主要包括债权人的代位权和债权人的撤销权。

二、债权人的代位权

（一）债权人代位权的概念

债权人的代位权，是指债务人应当行使却不行使或者怠于行使其对第三人（即次债务人）享有的权利而对债权人的债权造成损害时，债权人为保全自己的债权，可以向人民法院请求以自己的名义代位行使债务人对第三人之债权的权利。《民法典》第535条第1款规定："因债务人怠于行使其债权或者与该债权有关的从权利，影响债权人的到期债权实现的，债权人可以向人民法院请求以自己的名义代位行使债务人对相对人的权利，但是该权利专属于债务人自身的除外。"债权人代位权是债权人所固有的实体法上的一种权利，只要具备代位权成立的法定要件，不需要当事人约定，债权人就可以行使。

（二）债权人代位权的成立要件

1. 债权人对债务人的债权合法、有效且到期。债权人对债务人的债权合法、有效是债权人行使代位权的前提条件。如果债权人对债务人的债权属于非法债权（如赌债）或已过诉讼时效，债权人自然无法行使代位权。

债权人对债务人的债权已经到期，是指债务人已陷入履行迟延。在债务人履行迟延之前，债权人的债权能否实现，尚未可知，如果允许债权人在此时行使代位权，则存在不适当的妨碍债务人之嫌。如果债务人已陷入履行迟延，怠于行使其权利，且又无资力清偿其债务，则证明债权人的债权已经存在不能实现的危险，此时便产生债权人行使代位权的必要性。债务约定有履行期的，债务人届期不履行即构成迟延；债务未约定履行期的，经债权人催告后，债务人仍不履行的，才构成迟延。然而，依据《民法典》第536条的规定："债权人的债权到期前，债务人的债权或者与该债权有关的从权利存在诉讼时效期间即将届满或者未及时申报破产债权等情形，影响债权人的债权实现的，债权人可以代位向债务人的相对人请求其向债务人履行、向破产管理人申报或者作出其他必要的行为。"因为此时行使代位权的目的在于，防止债务人权利的变更或者消灭，属于债权的保存行为。

2. 债务人对第三人的债权合法、有效且到期。债务人对第三人享有的债权须具有财产价值。例如，债务人对第三人享有的物权、债权及知识产权中的财产权的请求权等。债务人对第三人所享有的非金钱债权（如返还原物请求权、移转不动产物权的债权），债权人均无权代位行使。

债务人对第三人的债权应当已届履行期。否则，债务人尚且无权向第三人请求履行，债权人更无可能行使代位权。

3. 债务人怠于行使对第三人的到期债权。判断债务人怠于行使权利的标准包括：第一，在债务到期以后，债务人不存在行使权利的任何障碍；第二，必须是在合理期限内，债务人怠于行使权利；第三，《民法典》第535条规定的“债务人怠于行使其债权或者与该债权有关的从权利，影响债权人的到期债权实现的”，是指债务人不履行其对债权人的到期债务，又不以诉讼方式或者仲裁方式向第三人主张其享有的到期债权，致使债权人的到期债权未能实现。第四，债务人在合理期限内怠于行使权利无正当理由。

4. 债务人怠于行使权利的行为已经对债权人造成损害。债务人因怠于行使自己对第三人的权利，造成自己无力清偿对债权人的债务，而使债权人的债权出现难以实现的危险。也就是说，在债务人怠于行使自己的债权与不能清偿自己的债务之间具有一定的因果关系。如果债务人虽怠于行使对第三人的债权，但不影响其清偿自己债务的能力，则债权人不能行使代位权。

5. 债务人对第三人的债权不具有专属性。债权人代位行使债务人的权利，必须是非专属于债务人本身的权利。专属于债务人本身的权利，均不得由债权人代位行使。《民法典》第535条规定的专属于债务人自身的债权，是指基于扶养关系、抚养关系、赡养关系、继承关系产生的给付请求权和劳动报酬、退休金、养老金、抚恤金、安置费、人寿保险、人身伤害赔偿请求权等权利。

（三）债权人代位权的行使

债权人行使代位权时，需把握以下几点：

1. 行使方式。债权人代位权必须由债权人以自己的名义通过诉讼方式行使，禁止债权人的私力救济。在代位权诉讼中，债权人是原告，次债务人是被告，债务人为第三人，被告（次债务人）住所地的人民法院为代位权诉讼的管辖法院。

2. 行使范围。债权人代位权行使的目的，在于保全债权。因此，代位权的行使范围以债权人的债权为限，不得超过债务人所负债务额或者次债务人对债务人所负债务额。在必要范围内，债权人可以同时或顺位代位行使债务人的数个债权，对一项债权行使代位权已足以保全债权的，债权人不得再代位行使债务人的其他权利。

3. 次债务人可主张的抗辩。在代位权诉讼中，债务人对债权人的抗辩和次债务人对债务人的抗辩，次债务人均可以主张。

参考案例

甲公司对乙公司享有5万元债权，乙公司对丙公司享有10万元债权。问：如甲公司对丙公司提起代位权诉讼，则针对甲公司，丙公司可主张哪些抗辩权？

【评析】丙公司作为次债务人，有权主张债务人乙公司对债权人甲公司的抗辩权，即原债本身的抗辩权。丙公司作为次债务人，有权主张对债务人乙公司的抗辩，即次债本身的抗辩。丙公司作为次债务人，有权主张代位权行使中对甲公司的抗辩，即代位之债本身的抗辩。

（四）债权人代位权行使的效果

1. 效果的归属。《民法典》第537条规定：“人民法院认定代位权成立的，由债务人的相对人向债权人履行义务，债权人接受履行后，债权人与债务人、债务人与相对人之间相应的权利义务终止。债务人对相对人的债权或者与该债权有关的从权利被采取保全、执行措施，或者债务人破产的，依照相关法律的规定处理。”

2. 时效的中断。债权人提起代位权诉讼，一方面可以发生债权人的债权的诉讼时效中断的效果，另一方面，也发生债务人的债权的诉讼时效中断的效果。

3. 费用的负担。《民法典》第535条第2款规定：“……债权人行使代位权的必要费用，由债务人负担。”

三、债权人的撤销权

（一）债权人撤销权的概念

债权人撤销权，是指债权人对于债务人所为的危害债权的行为，可请求法院予以撤销的权利。债权人撤销权也为债权的保全方式之一，是为防止因债务人的责任财产减少而致债权不能实现的现象出现。债权人撤销权的行使，一方面使债务人与第三人的民事法律行为归于无效，另一方面使债务人的责任财产恢复到行为之前的状态。

（二）债权人撤销权的成立要件

债权人撤销权的成立要件可分为客观要件与主观要件，并且依债务人所为的行为是否有偿而有所不同。属于无偿行为的，只须具备客观要件；属于有偿行为的，则必须同时具备客观要件与主观要件。

1. 客观要件。

(1) 须有债务人的行为。《民法典》第538条规定：“债务人以放弃其债权、放弃债权担保、无偿转让财产等方式无偿处分财产权益，或者恶意延长其到期债权的履行期限，影响债权人的债权实现的，债权人可以请求人民法院撤销债务人的行为。”《民法典》第539条规定：“债务人以明显不合理的低价转让财产、以明显不合理的高价受让他人财产或者为他人的债务提供担保，影响债权人的债权实现，债务人的相对人知道或者应当知道该情形的，债权人可以请求人民法院撤销债务人的行为。”本条文中所谓“明显不合理的低价”，人民法院应当以交易当地一般经营者的判断，并参考交易当时交易地的物价部门指导价或者市场交易价，结合其他相关因素综合考虑予以确认。转让价格达不到交易时交易地的指导价或者市场交易价70%的，一般可以视为明显不合理的低价；对转让价格高于当地指导价或者市场交易价30%的，一般可以视为明显不合理的高价。

综上所述，债权人可以撤销的债务人行为包括：第一，放弃到期或未到期债权的行为；第二，放弃债权担保的行为；第三，恶意延长到期债权履行期的行为；第四，无偿处分财产权益的行为；第五，以明显不合理的低价转让财产的行为；第六，以明显不合理的高价受让他人财产的行为；第七，为他人的债务提供担保的行为。

（2）债务人须于债权成立后实施行为。在债权成立之前，债务人的行为不可能危害到尚不存在的债权，债权人当然不能行使撤销权。

参考案例

甲公司在2011年6月1日欠乙公司货款500万元，届期无力清偿。2010年12月1日，甲公司向丙公司赠送一套价值50万元的机器设备。2011年3月1日，甲公司向丁基金会捐赠50万元现金。2011年12月1日，甲公司向戊希望学校捐赠价值100万元的电脑。甲公司的3项赠与行为均尚未履行。问：对于甲公司的3项赠与行为，乙公司是否有权撤销？

【评析】甲公司与乙公司之间的债权债务关系发生在2011年6月1日，而甲丙之间的赠与及甲丁之间的赠与是发生在甲公司和乙公司的合同之前，因此，乙公司无权撤销。《民法典》第658条规定：“赠与人在赠与财产的权利转移之前可以撤销赠与。经过公证的赠与合同或者依法不得撤销的具有救灾、扶贫、助残等公益、道德义务性质的赠与合同，不适用前款规定。”甲公司对戊希望学校的赠与发生在甲乙的合同之后，但是，甲对戊的赠与属于公益性质的赠与，甲不可行使对戊的撤销权，但甲的赠与伤害到了乙的债权，因而符合债权人撤销权的要件，乙公司有权行使债权人撤销权，因此，乙公司有权撤销甲公司对戊学校的捐赠。

（3）债务人的行为必须以财产为标的。债务人的行为，不是以财产为标的的不得予以撤销。例如，结婚、离婚、收养或终止收养等，不得撤销。以不作为债务的发生为目的的民事法律行为，以提供劳务为目的的民事法律行为，均不得作为债权人撤销权的标的。

财产上利益的拒绝行为，如拒绝赠予要约、拒绝第三人承担债务、抛弃继承权等行为。这些行为虽然以财产为标的，但其行为性质均属于未增加债务人财产的行为，并未减少债务人的责任财产，债权人不宜行使撤销权。

（4）债务人的行为须有害于债权。所谓有害债权，是指债务人的行为足以减少其责任财产而使债权人的债权不能或不能完全受清偿。若债务人所为行为虽使其责任财产减少但仍不影响其对债权的清偿时，债权人不得干涉债务人的行为，不能行使撤销权。债权人的债权附有担保物权的，债权人只能于担保物的价值不足清偿的债权数额限度内行使撤销权。若担保物的价值足以担保债权的受偿，债务人的行为不害及债权，债权人不能行使撤销权。

2. 主观要件。债权人撤销权的主观要件依据债务人所为的行为是有偿或者无偿而有所不同。如果债务人的行为是无偿行为或者债务人恶意延长其到期债权的履行期限，则无须债务人和第三人恶意的主观要件。因为债权人撤销无偿行为或者债务人恶意延长其到期债权履行期限的行为，第三人并不会因债权人的撤销权行使而受有任何损失。如果债务人的行为是有偿行为或者债务人为他人的债务提供担保，则须具备债务人和第三人恶意的主观要件，债权人才可以行使撤销权。债务人的恶意，是指债务人明知其行为可能损害债权人的债权。第三人的恶意，是指第三人取得财产或受有利益时，知道债务人所为行为会有害于债权人的债权，而无须第三人具有故意损害债权人的意图，也不要求第三人与债务人恶意串通。

（三）债权人撤销权的行使

债权人行使撤销权时，需要把握以下几点：

1. 行使方式。债权人撤销权必须由债权人以自己的名义通过诉讼方式行使。债权人是撤销权诉讼的原告，在连带债权的情况下，所有的债权人均可作为共同原告主张债权人的撤销权。也可以由其中一个债权人作为原告，但其他债权人不得再就该撤销权的行使提起诉讼。两个或者两个以上债权人以同一债务人为被告，就同一标的提起撤销权诉讼的，人民法院可以合并审理。

债务人是撤销权诉讼的被告，被告（债务人）住所地的人民法院为撤销权诉讼的管辖法院。债权人依照《民法典》第539条的规定提起撤销权诉讼时只以债务人为被告，未将受益人或者受让人列为第三人的，人民法院可以追加该受益人或者受让人为第三人。

2. 行使范围。债权人撤销权的行使范围以债权人的债权为限。但是，在债务人行为的标的物为不可分物时，应认为债权人可就不可分物整体主张权利。

3. 行使的期限。《民法典》第 541 条规定："撤销权自债权人知道或者应当知道撤销事由之日起一年内行使。自债务人的行为发生之日起五年内没有行使撤销权的，该撤销权消灭。"

（四）债权人撤销权行使的效果

1. 效果归属。债务人影响债权人的债权实现的行为被撤销的，自始没有法律效力。例如，为财产赠与的，视为未赠与；为放弃债权的，视为未放弃。对于第三人，已受领债务人的财产的，应当返还。原物不能返还的，应当折价返还其利益。第三人已向债务人支付对价的，得向债务人主张返还不当得利。

对于债权人，行使撤销权的债权人得请求第三人将所得利益返还给债务人，亦即撤销权的行使，其效力及于全体债权人，由第三人返还的财产为债务人的所有债权的共同担保。

2. 费用负担。《民法典》第 540 条规定："……债权人行使撤销权的必要费用，由债务人负担。"

第二节 合同的担保

一、合同的担保概述

（一）合同的担保的概念

合同的担保，是指法律为促使债务人履行债务，保障债权人的债权得以实现而特别规定的以第三人的信用或者以特定财产保障债务人履行义务、债权人实现权利的制度。

债的担保可分为一般担保与特别担保。债的一般担保，是指债务人以自己的全部责任财产作为其所有债权人的总担保。一般担保不是只担保某一项债务，而是为债务人的所有债权人提供的总担保。此种担保在保障债权实现方面的弱点在于，依据债的平等性原则，数个债权人对同一债务人先后发生数个普通债权时，其效力一律平等，不因成立先后而有效力上的优劣。那么对于特定债权人来说，当债务人没有责任财产或责任财产不足清偿全部债务时，债权人的债权就有可能难以实现或难以完全实现。所谓特别担保，是指法律为保障特定债权人利益的实现，而特别规定以第三人的信用或者以特定财产担保债权实现的制度。本章所说的担保，仅指债的特别担保。

（二）合同的担保的形式

1. 人的担保。人的担保，是指在债务人的全部财产之外，又附加第三人的一般财产作为债权实现的总担保。即当债务人不履行债务时，由第三人代债务人履行债务或承担民事责任。人的担保主要是指保证担保。

2. 物的担保。物的担保，是以债务人或第三人的特定财产作为抵偿债权的标的，在债务人不履行其债务时，债权人可以将财产拍卖、折价或者变价，并从中优先受偿的制度，主要有抵押、质押、留置等。物的担保在本书物权法部分已作介绍，此处不再赘述。

3. 金钱担保。金钱担保，是债务人约定交付一定数额的金钱，该金钱的返还或者丧失与债务履行与否联系在一起，使当事人双方产生心理压力，从而督促其积极履行债务，保障债权实现的制度。金钱担保主要指定金。

二、保证

（一）保证的概念与特征

保证，是指为保障债权的实现，第三人和债权人约定，当债务人不履行或不能履行其债务时，该第三人按照约定或法律规定履行债务或者承担责任的担保方式。这里的第三人称为保证人；债权人既是主合同的债权人，又是保证合同中的债权人；“按照约定或法律规定履行债务或者承担责任”称为保证债务，也称为保证责任。保证具有以下主要特征：

1. 从属性。保证债务从属于主债务，具体表现在以下几个方面：首先，成立上的从属性。保证以主债的成立为前提，在其存续中从属于主债务。《民法典》第682条第1款规定：“保证合同是主债权债务合同的从合同。主债权债务合同无效的，保证合同无效，但是法律另有规定的除外。”其次，范围和强度上的从属性。由于保证债务的从属性，保证的范围和强度原则上与主债务相同，不得大于或强于主债务。例如，保证债务的数额不得大于主债务的数额，应随着主债务数额的降低而降低。约定保证债务的利息高于主债务的利息的，应降低至不高于主债务的利息。约定保证债务的履行期早于或等于主债务的履行期的，该约定的期限无效。最后，变更、消灭上的从属性。主债务消灭时，保证债务也随之消灭，例如，主债务因主合同解除而消灭、因适当履行而消灭时，保证债务也随之消灭。主债务变更时，保证债务一般随之变更，但不得增加其范围和强度。《民法典》第695条规定：“债权人和债务人未经保证人书面同意，协商变更主债权债务合同内容，减轻债务的，保证人仍对变更后的债务承担保证责任；加重债务的，保证人对加重的部分不承担保证责任。债权人和债务人变更主债权债务合同的履行期限，未经保证人书面同意的，保证期间不受影响。”

2. 相对独立性。保证债务虽从属于主合同债务，但并非主合同债务的一部分，在从属于主合同债务的范围内具有自己的相对独立性。因此，保证合同可以约定保证债务仅担保主债务的一部分，保证债务的范围和强度可以不同于主债务，可以有自己独立的变更或消灭原因。此外，保证合同还可以单就保证债务约定违约金。基于保证合同所发生的抗辩权，保证人可以单独行使。

3. 补充性。保证债务是对主债务的补充，具体表现为：在一般保证中，债权人应先请求主债务人履行其债务，只有在主合同纠纷经过审判或者仲裁，并就主债务人的财产依法强制执行仍无效果时，才由保证人承担保证责任，否则，一般保证人不承担保证责任。在连带责任保证中，不存在上述履行的限制，但也只有在主债务人不履行债务时，债权人才可以请求保证人履行债务。

（二）保证的分类

1. 一般保证与连带责任保证。这是依保证人在保证关系中所处地位的不同所做的分类。所谓一般保证，是指当事人在保证合同中约定，债务人不能履行债务时，由保证人承担保证责任的保证。《民法典》第 687 条第 1 款规定："当事人在保证合同中约定，债务人不能履行债务时，由保证人承担保证责任的，为一般保证。"所谓连带责任保证，是指当事人在保证合同中约定保证人与债务人对债务承担连带责任的保证。

这两种保证之间最大的区别在于保证人是否享有先诉抗辩权。在一般保证情况下，保证人享有先诉抗辩权，《民法典》第 687 条第 2 款规定：一般保证的保证人在主合同纠纷未经审判或者仲裁，并就债务人财产依法强制执行仍不能履行债务前，有权拒绝向债权人承担保证责任。而在连带责任保证的情况下，保证人不享有先诉抗辩权，《民法典》第 688 条第 2 款规定："连带责任保证的债务人不履行到期债务或者发生当事人约定的情形时，债权人可以请求债务人履行债务，也可以请求保证人在其保证范围内承担保证责任。"

参考案例

甲与乙订立借款合同，约定甲从乙处借款 20 万元，1 年后还本付息。丙作为保证人，丙与乙订立保证合同，合同约定："甲不能履行还款付息，由丙承担还款责任。"1 年后，甲不履行自己的义务，乙应怎样维护自己的合法权益？

【评析】依据《民法典》第 687 条的规定："当事人在保证合同中约定，债务人不能履行债务时，由保证人承担保证责任的，为一般保证。一般保证的保证人在主合同纠纷未经审判或者仲裁，并就债务人财产依法强制执行仍不能履行债务前，有权拒绝向债权人承担保证责任……”本题中，丙为一般保证人，享有先诉抗辩权。因此，乙只能先向法院起诉甲，在法院经过审判并就债务人财产依法强制执行仍不能履行债务时，才可以要求丙承担保证责任。

2. 单独保证与共同保证。以保证人的人数为标准，保证可分为单独保证和共同保证。单独保证是指由一个保证人担保同一债权的保证。除非另有指明，通常所说的保证是指单独保证。共同保证是指由数个保证人担保同一债权的保证。具体而言，一是保证人必须为二人以上，至于是自然人还是法人抑或法律认可的非法人组织，在所不问；二是数个保证人担保同一债务，如果数个保证人分别保证各自的债务，彼此之间无关联，仍为单独保证，而非共同保证。

3. 定期保证和不定期保证。依保证是否有期限，保证可划分为定期保证和不定期保证。定期保证是指保证合同规定有保证人承担保证责任的期限，保证人仅于此期限内负保证责任，债权人未在此期限内对保证人主张权利的，保证人即免除保证责任。不定期保证是指保证合同未约定保证期限，债权人有权自主债务履行期届满之日起6个月内请求保证人承担保证责任的保证。

4. 有限保证和无限保证。依当事人是否约定保证担保的范围，保证可划分为有限保证和无限保证。所谓有限保证，是指当事人约定了担保范围的保证。当然，该约定的范围不得超出主债务的范围。所谓无限保证，是指当事人未特别约定保证担保的范围，而是依据法律的规定确定范围的保证。

5. 既存债务的保证和将来债务的保证。依被担保的债务是否为既存债务，保证还有既存债务的保证和将来债务的保证之分。前者是指为已经存在的债权债务设定的保证，这是保证的常态；后者是指为将来发生的债权债务设定的保证，如最高额保证。

（三）保证合同

保证合同，是指为保障债权的实现，保证人和债权人约定，当债务人不履行到期债务或者发生当事人约定的情形时，保证人履行债务或者承担责任的合同。保证合同是单务合同、无偿合同、诺成性合同、要式合同、从合同。

1. 保证合同的当事人。保证合同的当事人是指债权人和保证人。以下着重介绍作为合格主体的保证人的条件。

(1) 保证人的资格。具有代为清偿债务能力的法人、非法人组织或者自然人，可以作保证人。保证人为债务人向债权人提供保证，目的在于保证债权人的债权能够得到实现。因此，“具有代为清偿能力”是作为合格保证人的基本资格要件。

需要注意的是，关于“保证人具有代位清偿能力”这个条件并非强制性规定，故保证人不能在订立保证合同后，又以自己没有代偿能力为由要求免除保证责任或者认定保证合同不具有法律效力。

（2）禁止提供保证的主体。《民法典》第683条规定：“机关法人不得为保证人，但是经国务院批准为使用外国政府或者国际经济组织贷款进行转贷的除外。以公益为目的的非营利法人、非法人组织不得为保证人。”另外，企业法人的分支机构未经法人书面授权提供保证，以及企业法人的职能部门提供保证的，保证合同无效。

2. 保证合同的内容。根据《民法典》第684条的规定，保证合同应当包括以下内容：

（1）被保证的主债权种类与数额。被保证的主债权种类，如借款合同中的还本付息债权、买卖合同中的请求交付标的物或支付价款的债权等均属此类。

被担保的债权，既可以是已经发生的债权，也可以是将来可能发生的债权。《民法典》第690条第1款规定：“保证人与债权人可以协商订立最高额保证的合同，约定在最高债权额限度内就一定期间连续发生的债权提供保证。”此即最高额保证。

（2）债务人履行债务的期限。债务人履行债务的期限不仅是界定债务人是否违约的标准之一，也是确定保证人是否实际承担保证责任的时间因素之一，因此应当明确规定。

（3）保证的方式。保证的方式包括一般保证和连带责任保证。不同的保证方式会直接影响合同当事人的切身利益，因此应予以明确规定。《民法典》第686条第2款规定：“当事人在保证合同中对保证方式没有约定或者约定不明确的，按照一般保证承担保证责任。”《民法典》第688条第1款规定：“当事人在保证合同中约定保证人和债务人对债务承担连带责任的，为连带责任保证。”

（4）保证担保的范围。保证担保的范围依当事人在保证合同中的约定，无约定时按照《民法典》第691条的规定，保证的范围包括主债权及其利息、违约金、损害赔偿金和实现债权的费用。基于保证的附从性，约定的保证担保的范围不得超出主债务的数额，否则，超出部分无效。

（5）保证期间。保证期间是保证人承担保证责任的时间范围。一般情况下，保证人仅在合同约定或法律规定的保证期间内承担保证责任。因此，保证期间直接关系到保证人保证责任的承担与否。同时也是确定保证债务与诉讼时效关系的依据。《民法典》第692条第2款、第3款规定：“债权人与保证人可以约定保证期间，但是约定的保证期间早于主债务履行期限或者与主债务履行期限同时届满的，视为没有约定；没有约定或者约定不明确的，保证期间为主债务履行期限届满之日起六个月。”“债权人与债务人对主债务履行期限没有约定或者约定不明确的，保证期间自债权人请求债务人履行债务的宽限期届满之日起计算。”

参考案例

甲欠乙100万元，债务履行届满之日为2018年3月1日。丙提供保证，约定在债务人甲不能履行债务时，丙承担保证责任，但未约定保证期间。问：本案涉及哪些法律问题？

【评析】①《民法典》第687条第1款规定：“当事人在保证合同中约定，债务人不能履行债务时，由保证人承担保证责任的，为一般保证。”丙的保证方式为一般保证。②根据《民法典》第692条第2款规定：“……保证期间为主债务履行期届满之日起六个月。”即从2018年3月2日（开始的当天不算入！）到2018年9月1日。③保证期间的作用是，债权人乙须在9月1日之前起诉或者申请仲裁。④若乙在9月1日之前一直没有起诉或者申请仲裁，保证期间经过，丙的保证责任消灭。

（6）双方认为需要约定的其他事项。双方认为需要约定的其他事项，主要有赔偿损失的范围及计算方法、是否设立反担保等。保证合同若不完全具备上述条款，可以补正。

3. 保证债务的诉讼时效。《民法典》第694条规定：“一般保证的债权人在保证期间届满前对债务人提起诉讼或者申请仲裁的，从保证人拒绝承担保证责任的权利消灭之日起，开始计算保证债务的诉讼时效。连带责任保证的债权人在保证期间届满前请求保证人承担保证责任的，从债权人请求保证人承担保证责任之日起，开始计算保证债务的诉讼时效。”

4. 保证合同的形式。《民法典》第685条规定：“保证合同可以是单独订立的书面合同，也可以是主债权债务合同中的保证条款。第三人单方以书面形式向债权人作出保证，债权人接收且未提出异议的，保证合同成立。”

（四）保证人与债权人之间的关系

1. 债权人的权利。债务人不履行到期债务，债权人享有请求保证人承担保证责任的权利。在一般保证中，保证人享有先诉抗辩权。在连带责任保证中，债权人可以请求债务人履行债务，也可以请求保证人在其保证范围内承担保证责任。

2. 保证人的权利。

（1）主张债务人权利的权利。保证具有从属性；因而主债务人对于债权人所有的抗辩或其他类似的权利，保证人均可主张。

一是主债务人的抗辩权。《民法典》第 701 条规定："保证人可以主张债务人对债权人的抗辩。债务人放弃抗辩的，保证人仍有权向债权人主张抗辩。"二是主债务人的其他类似权利。《民法典》第 702 条规定："债务人对债权人享有抵销权或者撤销权的，保证人可以在相应范围内拒绝承担保证责任。"例如，主债务人对主合同有撤销权时，保证人对债权人可以拒绝履行。

（2）先诉抗辩权。先诉抗辩权，是指保证人在债权人未就主债务人的财产依法强制执行而无效果时，对于债权人可拒绝清偿的权利。《民法典》第 687 条第 2 款规定："一般保证的保证人在主合同纠纷未经审判或者仲裁，并就债务人财产依法强制执行仍不能履行债务前，有权拒绝向债权人承担保证责任……"。所谓依法"强制执行仍不能履行"，包括执行结果不能清偿或不足清偿债务两种情形。

按照《民法典》第 687 条第 2 款的规定，在下列四种情况下不得行使先诉抗辩权：其一，债务人下落不明，且无财产可供执行。其二，人民法院已经受理债务人破产案件。债权人在此期间不能从破产的主债务人处优先于其他债权人获得清偿，甚至在破产案件审理终结后，也可能由于主债务人破产财产不足导致债权人不能或不能全部获得清偿。因此，只有保证人实际承担保证责任才能实现债权，所以在此种情况下法律不允许保证人行使先诉抗辩权。其三，债权人有证据证明债务人的财产不足以履行全部债务或者丧失履行债务能力。其四，保证人书面表示放弃先诉抗辩权。

（3）基于一般债务人的地位享有的权利。在保证关系中，保证人是债务人，因而一般债务人应有的权利，保证人也应享有。例如，保证债务已经单独消灭时；保证债务未届清偿期；保证合同不成立、无效或被撤销致使保证债务不存在时；保证债务超过诉讼时效时，保证人均有权主张不负保证责任。

（五）保证人与主债务人之间的关系

保证人与主债务人的关系，主要表现为保证人的追偿权（求偿权）。《民法典》第 700 条规定："保证人承担保证责任后，除当事人另有约定外，有权在其承担保证责任的范围内向债务人追偿，享有债权人对债务人的权利，但是不得损害债权人的利益。"从实质上来说，保证人清偿的不是自己的债务，而是替他人（主债务人）清偿债务。因此，保证人承担保证责任后，有权向主债务人追偿。

（六）保证责任的免除

保证责任的免除，是指在保证期间，根据法律的规定或当事人的约定除去已经存在的保证责任、保证人不承担保证责任的现象。保证责任的免除事由主要有：

1.《民法典》第 696 条规定："债权人转让全部或者部分债权，未通知保证人的，该转让对保证人不发生效力。保证人与债权人约定禁止债权转让，债权人未经保证人书面同意转让债权的，保证人对受让人不再承担保证责任。”

2.《民法典》第 697 条规定：“债权人未经保证人书面同意，允许债务人转移全部或者部分债务，保证人对未经其同意转移的债务不再承担保证责任，但是债权人和保证人另有约定的除外。第三人加入债务的，保证人的保证责任不受影响。”

3.《民法典》第 695 条规定：“债权人和债务人未经保证人书面同意，协商变更主债权债务合同内容，减轻债务的，保证人仍对变更后的债务承担保证责任；加重债务的，保证人对加重的部分不承担保证责任。债权人和债务人变更主债权债务合同的履行期限，未经保证人书面同意的，保证期间不受影响。”

参考案例

甲企业与乙银行签订借款合同，借款金额为 50 万元人民币，借款期限为 1 年，由丙企业作为借款保证人。合同签订 3 个月后，甲企业因扩大生产规模急需资金，遂与乙银行协商，将贷款金额增加到 100 万元，甲企业和乙银行通知了丙企业，丙企业未予答复。后甲企业到期不能偿还债务。问：该案中丙企业的保证责任应如何承担？

【评析】依据《民法典》第 695 条第 1 款的规定：“债权人和债务人未经保证人书面同意，协商变更主债权债务合同内容，减轻债务的，保证人仍对变更后的债务承担保证责任；加重债务的，保证人对加重的部分不承担保证责任。”因此，丙企业对 50 万元应承担保证责任，对增加的 50 万元不承担保证责任。

4.《民法典》第 693 条第 1 款规定：“一般保证的债权人未在保证期间对债务人提起诉讼或者申请仲裁的，保证人不再承担保证责任。”《民法典》第 693 条第 2 款规定：“连带责任保证的债权人未在保证期间请求保证人承担保证责任的，保证人不再承担保证责任”。

5.《民法典》第 698 条规定：“一般保证的保证人在主债务履行期限届满后，向债权人提供债务人可供执行财产的真实情况，债权人放弃或者怠于行使权利致使该财产不能被执行的，保证人在其提供可供执行财产的价值范围内不再承担保证责任。”

6.《民法典》第 392 条规定：“被担保的债权既有物的担保又有人的担保的，债务人不履行到期债务或者发生当事人约定的实现担保物权的情形，债权人应当按照约定实现债权；没有约定或者约定不明确，债务人自己提供物的担保的，债权人应当先就该物的担保实现债权；第三人提供物的担保的，债权人可以就物的担保实现债权，也可以请求保证人承担保证责任。提供担保的第三人承担担保责任后，有权向债务人追偿。”

三、定金

（一）定金的概念

定金，是指依据法律规定或者合同双方当事人约定，由当事人一方在合同订立时、订立后或合同履行前，按合同标的额的一定比例，预先给付对方当事人一定数量的金钱或其他代替物，以保证合同债权实现的一种担保方式。《民法典》第 586 条第 1 款规定：“当事人可以约定一方向对方给付定金作为债权的担保。定金合同自实际交付定金时成立。”债务人履行债务的，定金应当抵作价款或者收回。

定金和预付款虽然都是一方向另一方预先给付金钱，但两者之间在性质上有以下区别：

1. 定金属于一种债的担保方式，而预付款是提前履行部分债务。

2. 定金合同从属于主合同，属于从合同。如果违反约定未交付定金，并不构成对主合同的违反；而交付预付款属于主合同的一部分，如果违反约定未交付预付款，则构成对主合同的违反。

3. 给付定金和收受定金的双方当事人不履行约定债务时，适用定金罚则；而给付和收受预付款的当事人不履行约定债务时，不适用定金罚则。

4. 定金一般为一次性交付，而预付款可以分期交付。

5. 法律对定金有限额的要求，而预付款的数额可由当事人自由约定。

（二）定金合同

1. 定金合同为要式合同。定金应当以书面形式约定。

2. 定金合同为实践性合同。定金的成立不仅须有双方当事人的合意，还须有定金的现实交付，定金合同自实际交付定金时生效。若无定金的实际交付，定金不成立。《民法典》第 586 条第 2 款规定：“定金的数额由当事人约定；但是，不得超过主合同标的额的百分之二十，超过部分不产生定金的效力。实际交付的定金数额多于或者少于约定数额的，视为变更约定的定金数额。”

3. 定金合同是从合同，其成立和有效以主合同的成立和有效为前提。主合同无效或被撤销时，定金合同不发生效力，主合同因解除或其他原因消灭时，定金合同也消灭。

4. 定金合同的标的物一般为金钱。在当事人有约定的情况下，也可以以其他替代物为合同的标的物。

（三）定金的效力

定金作为合同担保方式之一，其担保功能主要是通过定金罚则来实现的。《民法典》第 587 条规定：“债务人履行债务的，定金应当抵作价款或者收回。给付定金的一方不履行债务或者履行债务不符合约定，致使不能实现合同目的的，无权请求返还定金；收受定金的一方不履行债务或者履行债务不符合约定，致使不能实现合同目的的，应当双倍返还定金。”

参考案例

甲公司与乙公司签订了一份手机买卖合同，约定：甲公司供给乙公司某型号手机 1000 部，每部单价 1000 元，乙公司支付定金 30 万元，任何一方违约应向对方支付合同总价款 30%的违约金。合同签订后，乙公司向甲公司交付了 30 万元定金，并将该批手机转售给丙公司，每部单价 1100 元，指明由甲公司直接交付给丙公司。但甲公司未按约定期间交货。问：乙公司可要求甲公司返还定金还是支付违约金?

【评析】依据《民法典》第 586 条第 2 款的规定：“定金的数额由当事人约定，但不得超过主合同标的额的百分之二十……”本案中，乙公司交付的 30 万元定金中只有 20 万元部分是有效的，甲公司违约适用定金罚则时，只能要求甲公司双倍返还 40 万元，不能要求甲公司双倍返还 60 万元。《民法典》第 588 条第 1 款规定：“当事人既约定违约金，又约定定金的，一方违约时，对方可以选择适用违约金或者定金条款。”据此可知，定金罚则与违约金不能同时适用，只能选择其一适用。因此，乙公司可请求甲公司双倍返还定金 40 万元或者支付违约金 30 万元 。

【本章小结】

合同的担保可分为一般担保与特别担保。合同的保全，是指法律为防止债务人财产的不当减少给债权人的债权带来的损害，允许债权人代债务人之位向第三人行使债务人对第三人享有的权利，或者请求法院撤销债务人与第三人的法律行为的保全制度。合同的保全包括债权人的代位权和债权人的撤销权。合同的担保，是指法律为促使债务人履行债务，保障债权人的债权得以实现而特别规定的以第三人的信用或者以特定财产保障债务人履行义务，债权人实现权利的制度。合同的担保形式包括人的担保、物的担保和金钱担保，其中人的担保主要是指保证，金钱担保主要指定金。

【引例评析】

《民法典》第538条规定："债务人以放弃其债权、放弃债权担保、无偿转让财产等方式无偿处分财产权益，或者恶意延长其到期债权的履行期限，影响债权人的债权实现的，债权人可以请求人民法院撤销债务人的行为。"据此，乙在遗嘱中对财产的处分有害于债权人甲的债权，使其债权无法获得清偿，故甲可行使债权人撤销权，向法院请求撤销乙的遗赠。

《民法典》第535条第1款规定："因债务人怠于行使其债权或者与该债权有关的从权利，影响债权人的到期债权实现的，债权人可以向人民法院请求以自己的名义代位行使债务人对相对人的权利，但是该权利专属于债务人自身的除外。"专属于债务人自身的债权，是指基于抚养关系、扶养关系、赡养关系、继承关系产生的给付请求权和劳动报酬、退休金、养老金、抚恤金、安置费、人身保险、人身伤害赔偿请求权等权利。本案中的人身伤害赔偿请求权就是专属于债务人自身的债权，故在乙去世前，甲可以直接向法院请求丙对自己清偿，但由于乙对丁享有的人身损害赔偿请求权专属于乙自身，故甲对丁不能行使代位权。

【练习题】

1. 名词解释

(1) 债权人的代位权

(2) 债权人的撤销权

(3) 一般保证

(4) 连带责任保证

(5) 先诉抗辩权

(6) 定金

2. 简答题

(1) 简述债权人撤销权的成立要件及行使效力。

(2) 简述保证的特征。

(3) 简述定金的效力。

3. 案例分析题

甲公司向乙公司购买一批货物，价值100万元，合同中约定甲公司先预付货款35万元，其余的65万元货款在提货后一年之内付清。甲公司要求丙公司为其提供连带担保，没有约定保证范围。提货1个月后，甲公司在征得乙公司同意后，将65万元的债务转移给欠自己70万元货款的丁公司。丙公司对此完全不知情。债务清偿期届满之后，乙公司要求丁公司偿还65万元的货款及利息，而这时丁公司因违法经营被依法查处，公司的账户被银行冻结。于是，乙公司找到了丙公司，要求其承担保证责任，丙公司以自己刚刚知道甲公司将债务转让给丁公司为由，拒绝承担责任。乙公司诉诸法院。

问题：

(1) 丙公司保证担保责任的范围如何确定？

(2) 甲公司转让债务的行为是否有效？

(3) 丙公司是否继续承担保证责任？

(4) 若乙公司将其债权转让给戊，通知了丙公司，但未经保证人丙的同意，则丙公司是否继续承担保证责任？

(5) 若题中甲、乙公司约定，预付款35万元为合同定金，且甲公司已经交付给乙公司，同时合同中约定如若双方违约，违约金为50万元，那么在乙公司不履行合同的情况下，甲公司理论上最多可要求乙公司给付多少钱？

第十九章
合同的变更和转让

【引入案例】

甲于2014年1月16日向乙借款1万元，约定一年之后偿还，利息参照同期银行利率。一年之后，还款期限已届满，甲没有足够的资金还款。甲的好朋友丙得知后，自愿代替甲偿还该笔欠款，甲欣然同意，双方签订协议。此时，乙已经出外打工，于是甲没有将自己与丙之间的协议告知乙。那么，丙可否以债务人的身份代替甲向乙偿款?

【学习目标】

通过本章学习，能够掌握：

1. 合同变更的概念、要件和效力；
2. 债权让与的概念、要件与效力；
3. 债务承担的概念、要件与效力。

第一节　合同的变更

一、合同变更的概念

合同的变更有广义和狭义之分，广义的合同变更包括合同主体与合同内容的变更，狭义的合同变更仅指合同内容的变更，我国《民法典》规定的合同的变更，是狭义的合同变更，仅指合同内容的变更。合同主体的变更实际上是合同权利义务的转让。

合同的变更，是指依法成立的合同在尚未履行或未完全履行之前，基于当事人双方的协议、法院或仲裁机构的裁决或法律规定，不改变合同主体而使合同内容发生变化的现象。

二、合同变更的要件

（一）当事人之间存在有效的合同关系

合同的变更，是改变原合同关系，无合同关系便无变更的对象。合同无效，自始即没有约束力；合同被撤销，合同自始失去法律约束力，当事人无须履行；追认权人拒绝追认效力未定的合同，合同未生效，在这些情况下，无变更合同的必要。

（二）合同内容发生变化

合同内容的变更包括：标的的变更，标的物数量的增减，标的物品质的改变，价款或酬金的增减，履行期限的变更，履行地点的改变，履行方式的改变，结算方式的改变，担保的设定、变更或消灭，违约金的变更，利息的变化等。《民法典》第 544 条规定："当事人对合同变更的内容约定不明确的，推定为未变更。"

（三）合同变更必须有合法依据

合同的变更基于合同当事人双方的协议、法院或仲裁机构的裁决、法律规定或依形成权人的意思表示而变更协议是合同变更的主要形式，自双方当事人就变更合同协商一致时，发生变更的效力。《民法典》第 543 条规定："当事人协商一致，可以变更合同。"

基于法律的直接规定而变更合同，法律效果可依法律的规定直接发生，不以法院的裁决或当事人的协议为必经程序。例如，债务人违约使履行合同的债务变为赔偿损失的债务。

合同的变更须经法院或仲裁机构的裁决的，如对于可变更、可撤销的合同，无论是变更合同还是撤销合同，都必须经过法院或仲裁机构的裁决。

合同的变更基于形成权人单方意思表示的，如在可选择的合同之债中，选择权人行使选择权，使合同变更。

（四）须遵守法律规定的变更形式

对合同的变更，法律规定采取一定形式的，须遵守法律的要求。例如，法律、行政法规规定变更合同应当办理批准、登记等手续的，应遵守其规定。

三、合同变更的效力

1. 合同变更是在保持原合同关系基础上的合同的内容发生变更。合同变更的效力在于使原合同的内容发生变化。原合同并未消灭，仅是被变更部分的效力发生变化，即按照变更以后的合同内容来履行。

2. 合同变更原则上只向未来发生效力，即合同变更一般没有溯及力。合同未变更的权利义务继续有效，已经履行的部分不因合同的变更而失去法律依据。

3. 合同的变更不影响当事人要求赔偿损失的权利。是否可要求赔偿损失应当依合同变更的类型来定。在法定变更中，因情事变更原则变更合同不能要求赔偿损失，而因重大误解变更合同，在相对人遭受损失的情况下，相对人可要求重大误解人赔偿损失。

第二节　合同的转让

一、合同转让的概念

合同的转让，是指在合同的内容与客体保持不变的情形下，合同的主体发生变更的现象。合同的主体变更实际上就是合同的一方当事人依法将其债权、债务全部或者部分转移给第三人的现象，即由合同之外的第三人成为新的合同当事人。根据转让的主体的不同，合同的转让分为债权人的变更（债权让与）、债务人的变更（债务承担）和债权债务的概括承受。

二、债权让与

（一）债权让与的概念

债权让与，是指不改变债权的内容，债权人将其债权移转给第三人享有的法律事实。

债权人可以将债权的全部或者部分转让给第三人。债权的全部让与是指债权人将债权全部转让给第三人，转让生效后，原债权人退出合同关系，受让人成为新的债权人。债权的部分让与是指债权人将债权的一部分转让给第三人，转让生效后，原债权人并不退出合同关系，而是与受让人共同成为债权人。

（二）债权让与的要件

债权让与一般应具备以下要件：

1. 须存在有效的债权。有效债权的存在，是债权让与的根本前提。以不存在或者无效的债权让与他人，或者以已经消灭的债权让与他人，都将因标的不存在或者标的不能而导致债权让与无效，让与人对受让人因此而产生的损失，应负赔偿责任。超过诉讼时效的债权，由于此债权仍然存在，所以仍可让与；可撤销合同中的债权在合同未被撤销之前，合同仍然有效，债权也可让与；附停止条件或附始期的债权，虽是一种期待权，但此债权客观存在且合法有效，也可以让与。

2. 被让与的债权须具有可让与性。由于债权转让本质上是一种交易行为，从鼓励交易、增加社会财富流转的角度出发，应当允许绝大多数债权转让，只要不违反法律、行政法规的强制性规定和公序良俗。依据《民法典》第545条的规定，以下三类债权不得转让：

(1) 根据债权性质不得转让的债权。①基于个人信任关系而发生的债权。例如，雇用、委托、租赁等合同所生债权。②以特定身份关系为基础的债权。例如，特定人为制定的人绘肖像画的合同。③属于从权利的债权。例如，保证债权不得与主债权分离而单独让与。

(2) 按照当事人的约定不得转让的债权。但需要注意的是，当事人约定非金钱债权不得转让的，不得对抗善意第三人。当事人约定金钱债权不得转让的，不得对抗第三人。

(3) 依照法律规定不得转让的债权。

3. 让与人与受让人须就债权的转让达成协议，并且不得违反法律的有关规定。转让合同原则上为不要式合同，无须采取特别的方式。但法律对债权让与有特别规定或者当事人有特别约定的，应依法律的规定或者当事人的约定。

4. 债权的让与须通知债务人。《民法典》第546条第1款规定，债权人转让债权的，应当通知债务人。未经通知，该转让对债务人不发生效力。依此规定可知，债权让与不以债务人同意为生效要件，只需通知债务人即可。若不通知债务人，该转让仅对债务人不发生效力。关于通知的形式，合同法并未限制，因此，口头形式和书面形式都应当允许，但原则上书面合同的债权让与通知应采取书面形式；法律有特别规定的，应当依照其规定。

参考案例

梁某与甲旅游公司签订合同，约定梁某参加甲公司组织的旅行团赴某地旅游，梁某当场支付了旅游费用给甲公司。旅行团出发前15日，梁某因出差在外无法跟团出行，遂通知甲公司，由韩某替代其跟团旅游。问：在未经甲旅游公司同意的情况下，韩某是否可以替代梁某跟团旅游？

【评析】本案中，梁某与甲旅游公司签订的合同属于可以转让的合同，且合同中并未约定不得转让条款。因此，梁某有权将此合同的权利全部转让给韩某，只须通知甲旅游公司即可，无须得到旅游公司的同意。

(三) 债权让与的效力

债权让与有效成立以后，即在让与人、受让人和债务人之间发生一定的法律效果。其中让与人和受让人之间的效力，被称为债权让与的内部效力；而债权让与对债务人的效力，则被称为债权让与的外部效力。

1. 债权让与的内部效力。

(1) 法律地位的取代。债权让与生效后，在债权全部让与时，该债权即由原债权人（让与人）移转于受让人，让与人丧失债权，受让人成为合同关系的新债权人。但在债权部分让与时，让与人并不脱离原合同关系，只是变为让与人和受让人共同享有债权。

(2) 从权利随之移转。《民法典》第547条规定："债权人让与债权的，受让人取得与债权有关的从权利，但是该从权利专属于债权人自身的除外。受让人取得从权利不因该从权利未办理移转登记手续或者未转移占有而受到影响。"

(3) 让与人应将债权证明文件交付给受让人，并告知受让人行使债权所必要的相关情况。根据诚实信用原则，该义务构成让与人的从给付义务，其中有关的债权证明文件包括债务人出具的借据、票据、合同书、来往邮件、书信等。应告知受让人主张债权的必要情况，一般指债务的履行期、履行地、履行方式、债务人的住所、债权担保的方式以及债务人可能会主张的抗辩等。

2. 债权让与的外部效力。

(1) 债权让与只有在向债务人为债权让与的通知时，才能对债务人发生效力，未经通知，该转让对债务人不发生效力。须注意，《民法典》第546条第2款规定："债权转让的通知不得撤销，但是经受让人同意的除外。"

(2) 表见让与的效力。表见让与是指当债权人将债权让与第三人的事项通知债务人后，即使让与并未发生或者该让与无效、被撤销，此时，只要债务人善意地相信债权已让与第三人，债务人基于对让与通知的信赖而向该第三人履行债务的行为仍然有效。

(3)《民法典》第548条规定："债务人接到债权转让通知后，债务人对让与人的抗辩，可以向受让人主张。"例如，合同不成立以及无效的抗辩权，履行期尚未届至的抗辩权，合同已经消灭的抗辩权，超过诉讼时效的抗辩权等，债务人均可主张。

参考案例

甲方卖给乙方价值10万元的电器，乙方收货后，发现该批货物没有安全认证标志，即以甲方违反国家强制性规定为由拒绝付款，并准备退货，而甲方已将债权转让给丙方。在这种情况下，乙方对甲方的抗辩权，可以向丙方主张。

（4）债务人接到债权让与通知时，有下列情形之一的，债务人可以向受让人主张抵销：①债务人接到债权转让通知时，债务人对让与人享有债权，并且债务人的债权先于转让的债权到期或者同时到期；②债务人的债权与转让的债权是基于同一合同产生（《民法典》第549条）。例如，甲与乙签订了一份机器设备的买卖合同，2019年1月1日，甲将机器设备交付给乙，合同约定乙收到货后，于1月10日之前向甲付款。在乙向甲付款之前，甲将对乙的债权转让给受让人丙，并通知了债务人乙，即1月10日之前债务人应向受让人丙付款。如若受让人丙与债务人乙之前签订有一份借款合同，合同约定受让人丙应于2019年1月5日向债务人乙清偿借款。则依据《民法典》第549条第1项的规定，债务人乙对丙所享有的债权可以与甲转让给丙的债权相抵销。例如，若乙在向甲付款前，将收到的机器设备投入生产，结果机器质量不合格发生爆炸，乙于2019年1月15日请求甲承担违约责任。则依据《民法典》第549条第1项的规定，债务人乙请求甲承担违约责任的债权与甲转让给丙的债权是基于同一买卖合同产生的，所以债务人乙的债权即使晚于转让的债权到期，债务人乙也可以向受让人丙主张抵销。

三、债务承担

（一）债务承担的概念

债务承担，是指在不改变合同内容的前提下，债务人通过与第三人订立债务承担合同，将债务全部或部分移转给第三人承担的法律事实。债务承担，以承担后原债务人是否免责为标准，可以分为免责的债务承担和并存的债务承担。

1. 免责的债务承担，是指债务人经债权人同意，由第三人代替债务人承担其全部债务，原债务人脱离合同关系，承担人成为新的债务人。

免责的债务承担的效力表现为：原债务人不再对所移转的债务承担责任（免责）；第三人则成为新的债务人，对所承受的债务负责。与主债务有关的从债务，除专属于原债务人自身的以外，也随主债务移转给新债务人承担。同时，原债务人对债权人享有的抗辩权，新债务人亦可以之对抗债权人。

2. 并存的债务承担，是指债务人不脱离合同关系，第三人加入合同关系与债务人共同承担债务。由于第三人的加入，债务人增加，成为多数债务人之债。第三人加入后，债权人可以请求第三人在其愿意承担的债务范围内和债务人承担连带债务。债权人可以请求债务人履行义务，也可以请求第三人履行义务。在并存的债务承担中，由于原债务人没有脱离合同关系，对债权人的利益不会发生影响，因而原则上无须债权人的同意，只要债权人未在合理期限内明确拒绝，并且债务人或第三人通知债权人即可发生效力。

（二）债务承担的要件

1. 须存在合法有效的债务。债务合法有效是债务承担的前提。不合法的债务（如赌债），不能产生债务承担的后果。

2. 被移转的债务应具有可移转性。不具有可移转性的债务，不能成为债务承担合同的标的。以下债务不具有可移转性：

（1）性质上不可移转的债务。这种债务一般是以特定债务人拥有的特殊技能或者特别的人身信任关系为基础而产生，具有强烈的人身属性，需要债务人亲自履行。前者如以某演员的表演为标的的合同义务，以某画家绘画为标的的合同义务等；后者如以对某人的特别信任为基础而成立的委托合同等。这种债务一般不能移转给第三人，否则会产生债权人的债权不能实现的风险。但是，如果债权人同意将此类债务移转给第三人，自然应当允许。

（2）当事人特别约定不能移转的债务。

（3）依照法律规定不得转让的债务。

3. 第三人须与债权人或者债务人签订债务承担合同。债务承担合同可以由债权人和第三人签订，也可以由债务人和第三人签订。

（1）第三人与债权人订立债务承担合同。第三人与债权人订立债务承担合同，是否需要取得债务人的同意？一般认为，第三人代债务人履行债务，对债务人有利无害，债务人一般也不会反对，即使债务人反对，但第三人自愿代其履行债务，债权人又愿意接受第三人履行的行为，一般不会对债务人的利益造成不利影响，法律应当认定该债务承担合同有效。所以，第三人与债权人订立的债务承担合同，原则上不必经债务人同意即可生效。但有偿债务承担须经债务人同意。虽然第三人与债权人订立债务承担合同一般不必经债务人同意即可成立，但应通知债务人，该合同才对债务人生效。如果第三人与债权人签订债务承担合同之后，未通知债务人，债务人向债权人所为的履行仍然有效。

（2）第三人与债务人订立债务承担合同。《民法典》第551条规定："债务人将债务的全部或者部分转移给第三人的，应当经债权人同意。债务人或者第三人可以催告债权人在合理期限内予以同意，债权人未作表示的，视为不同意。"第三人与债务人订立债务承担合同，第三人的责任资产、信用状况，直接决定着债权人的债权能否实现。因此，为了有效保护债权人，债务人将债务转移给第三人承担，必须经过债权人同意，若债权人不同意或未作表示的，视为该合同自始无效。但这一规则仅适用于免责的债务承担。对于并存的债务承担，《民法典》第552条规定："第三人与债务人约定加入债务并通知债权人，或者第三人向债权人表示愿意加入债务，债权人未在合理期限内明确拒绝的，债权人可以请求第三人在其愿意承担的债务范围内和债务人承担连带债务。"

参考案例

甲公司向乙银行贷款10万元，得到贷款不久后，甲公司因为业务重组分立为丙、丁公司，丙、丁公司协议：对乙银行债务由丁公司承担。该协议通知了乙银行，乙银行未予答复。后因丁公司不能承担全部债务而发生纠纷。问：乙银行可以要求谁承担债务？

【评析】根据《民法典》第551条的规定："债务人将债务的全部或者部分转移给第三人的，应当经债权人同意。债务人或者第三人可以催告债权人在合理期限内予以同意，债权人未作表示的，视为不同意。"本案中，丙、丁公司的协议，尽管已经通知了乙银行，但是乙银行未予答复，视为银行不同意，对银行不发生效力。银行仍然可以要求丙、丁承担连带责任，丙、丁之间的协议只在其内部发生效力。

（三）债务承担的效力

1. 第三人取得债务人的法律地位。免责的债务承担有效成立后，第三人取代原债务人，成为新债务人；原债务人脱离合同关系，由第三人直接向债权人承担债务。并存的债务承担有效成立后，第三人加入合同关系中，成为新债务人，只要债权人未在合理期限内明确拒绝的，并且债务人或者第三人通知了债权人的，债权人就可以请求第三人在其愿意承担的债务范围内和债务人承担连带债务。

2. 抗辩权随之移转。根据《民法典》第553条的规定："债务人转移债务的，新债务人可以主张原债务人对债权人的抗辩……"这一规定无论对于免责的债务承担，还是并存的债务承担都适用。此外，在双务合同中，新债务人也可以主张履行抗辩权，但原债务人对债权人享有债权的，新债务人不得向债权人主张抵销（《民法典》第553条）。

参考案例

甲乙双方订立承揽合同，约定甲方4月1日交付工作成果，乙方同年5月5日付款7万元。甲方履行义务、乙方接受工作成果后，乙方经甲方同意在4月2日将债务转让给丙方，乙方在4月3日又将检验结果通知丙方，说明接受的工作成果基本不符合要求。问题：甲要求丙支付7万元，丙以工作成果不符合要求为由拒绝支付。丙拒绝支付是否有法律依据？丙方可以向甲方行使履行抗辩权，在甲方修理或重做之前，拒绝支付7万元。

【评析】根据《民法典》第553条的规定，债务人转移债务的，新债务人也可以主张履行抗辩权，所以丙拒绝支付有法律依据。

3. 从债务一并随之移转。《民法典》第554条规定："债务人转移债务的，新债务人应当承担与主债务有关的从债务，但是该从债务专属于原债务人自身的除外。"例如，附随于主债务的利息债务，随着主债务的移转而移转于第三人。但从债务专属于原债务人自身的除外。例如，保证债务不当然随主债务移转于第三人，除非取得保证人的书面同意。

四、债权债务概括转移

（一）债权债务概括转移的概述

债权债务概括转移，是指合同当事人一方与第三人订立合同，将其合同权利义务全部或者部分移转给该第三人，该第三人承受其地位，全部或部分地享受合同权利，承担合同义务。债权债务概括转移既转让合同权利，又转让合同义务，因而被移转的合同只能是双务合同。单务合同只能发生特定承受，即债权让与或债务承担，不能产生概括承受。

债权债务概括转移，可为全部债权债务移转，也可为部分债权债务的移转。全部债权债务的移转使承受人取代出让人，成为合同关系中新的当事人；部分债权债务的移转，让与人和承受人共同享有债权承担债务，享有债权和承担债务的份额有约定的按照约定，如果没有约定或者约定不明确的，则视为连带之债。

（二）债权债务概括转移的类型

1. 约定的债权债务概括转移。债权债务概括转移一般是基于当事人与第三人之间的合同而发生。《民法典》第555条规定："当事人一方经对方同意，可以将自己在合同中的权利和义务一并转让给第三人。"债权债务概括转移不仅包括合同权利的移转，还包括合同义务的移转，所以，合同一方当事人通过合同将权利和义务进行概括转移时，必须经过对方当事人的同意才能生效。在取得对方当事人同意后，转移生效，从而使承受人完全取代出让人的法律地位，成为合同关系的当事人，出让人则脱离合同关系。

2. 法定的债权债务概括转移。债权债务概括转移除了基于当事人与第三人之间的合同而发生之外，也可以基于法律的直接规定而发生。例如，《民法典》第 725 条规定："租赁物在承租人按照租赁合同占有期限内发生所有权变动的，不影响租赁合同的效力。"根据该规定，当购买租赁物时，根据"买卖不破租赁"的原则，买受人在取得标的物的所有权的同时，还概括承受了原出租人在标的物上基于租赁合同所享有的权利和承担的义务。此种合同权利义务的概括承受并不是根据当事人的意志。而是根据法律的直接规定，因而属于法定移转。

【本章小结】

合同的变更是指依法成立的合同在尚未履行或未完全履行之前，基于当事人双方的协议、法院或仲裁机构的裁决或法律规定，不改变合同主体而使合同内容发生变化的现象。合同变更的效力在于使原合同的内容发生变化。原合同并未消灭，仅是被变更部分的效力发生变化，即原合同未变更的部分依然有效，被变更的部分不再有效，而是由变更后的部分发生效力。合同的转让是指在合同的内容与客体保持不变的情形下，合同的主体发生变更的现象。合同转让包括债权让与、债务承担、债权债务概括转移三种情况。

【引例评析】

丙不能以债务人的身份代替甲向乙偿款。丙代替甲偿还甲的 1 万元债务，属于债务的承担。根据《民法典》第 551 条第 1 款的规定，债务人将债务的全部或者部分转移给第三人的，应当经债权人同意。甲将自己的还款义务全部转移给丙，应该得到乙的同意方为有效，本案例中由于甲没有将协议通知给乙，因而债务的移转无效，丙不能成为甲乙之债关系的新债务人。

【练习题】

1. 名词解释

(1) 合同变更

(2) 债的移转

(3) 债权让与

(4) 债务承担

(5) 债权债务的概括转移

2. 简答题

(1) 简述债权让与的条件和效力。

(2) 简述债务承担的条件和效力。

(3) 比较免责的债务承担与并存的债务承担的区别。

3. 案例分析题

甲公司与乙公司签订加工服装的合同，约定乙备料，乙公司按照甲公司提供的样品为其制作服装；甲支付预付款10万元，余款40万元在交货后一周内支付。合同签订后，乙公司提出要将所有服装制作工作交给丙公司，所收取的10万元预付款也全部交给丙公司，余款40万元也在甲公司收货时支付给丙。

问题：

(1) 如果甲未作任何表示，乙的移交行为效力如何?

(2) 如果甲公司考虑到丙公司实力更强，表示同意。后丙公司违约，甲公司可否让乙公司和丙公司共同承担责任?

第二十章
合同的权利义务终止

【引入案例】

甲将自己的电脑转让给乙，后因甲欠丙款项，遂将价金的债权转让给丙并且通知了乙。在甲将电脑交付给乙之前，电脑因地震被砸毁损，问：乙是否可主张解除合同并拒绝向丙支付价金？

【学习目标】

通过本章学习，能够掌握：

1. 合同权利义务终止的原因；
2. 合同解除的概念、特征和分类；
3. 法定解除的条件；
4. 合同解除的效力。

第一节　合同权利义务终止概述

一、合同权利义务终止的概念与效力

合同权利义务的终止，是指民事主体之间的债权债务关系于客观上归于消灭的情况。

合同权利义务终止的效力主要包括四个方面：第一，合同关系不再存在，债权债务关系终止。第二，从权利和从义务一并消灭。《民法典》第559条规定："债权债务终止时，债权的从权利同时消灭，但是法律另有规定或者当事人另有约定的除外。"合同关系消灭的，依附于主债权债务的从属债权、债务，如担保、违约金、利息等一并消灭。第三，负债凭证应当返还。负债字据是债权债务存在的证明，债的关系消灭的，债权人应当将债务人的负债字据返还债

务人，因故不能返还的，应向债务人出据债务已经消灭的凭证。第四，在合同的当事人之间产生后合同义务。《民法典》第 558 条规定：“债权债务终止后，当事人应当遵循诚信等原则，根据交易习惯履行通知、协助、保密、旧物回收等义务。”违反后合同义务给对方造成损害的，应负相应的法律责任。第五，《民法典》第 567 条规定：“合同的权利义务关系终止，不影响合同中结算和清理条款的效力。”

二、合同权利义务终止的原因

合同权利义务终止的原因主要包括以下几类：（1）债务已经履行；（2）债务相互抵销；（3）债务人依法将标的物提存；（4）债权人免除债务；（5）债权债务同归于一人；（6）法律规定或者当事人约定终止的其他情形。合同解除的，也导致合同的权利义务关系终止。合同权利义务关系终止的原因多种多样，本节主要阐述清偿、抵销、提存、免除和混同五种。合同的解除在本章第二节中详细阐述。

（一）清偿

1. 清偿的概念。清偿，即债务的履行，是指债务人按照合同的约定向债权人履行义务、实现债权目的的行为。我国《民法典》第 557 条第 1 款第 1 项规定的“债务已经履行”，债权债务终止。此处所说的按照约定对债务的履行，就是指清偿。清偿与履行的意义相同，只不过履行是从债的效力、动态角度来讲，而清偿是从债的消灭角度来讲。清偿为债的消灭的最常见的原因。

2. 清偿的抵充。清偿的抵充，是指债务人对同一债权人负担的数个债务种类相同，债务人的给付不足以清偿全部债务时，确定该履行抵充其中某宗或某几宗债务的顺序。

清偿抵充必须具备以下几个要件：（1）同一债务人对同一债权人负担数笔债务。此数笔债务不论是否已届清偿期，也不论是自始发生的债务还是嗣后由他人移转而来。（2）数笔债务的种类相同。如果数笔债务的种类不同，可以依照种类清偿给付，不会发生清偿抵充的问题。例如，债权人借给债务人 1000 元钱和 50 斤面粉，债务人如果偿还的是 50 斤面粉，自然不会发生抵充的问题。但如果债权人先借给债务人 1000 元钱，后来又借给债务人 500 元，而债务人只能清偿 500 元，这种情况即可发生债务的清偿抵充。（3）债务人提供的履行不足以清偿全部债务。只有债务人的清偿不足以清偿债权人的全部债务，才会产生债务人的履行究竟清偿了哪一笔债务，清偿了哪一笔债务的哪个部分的抵充问题。

清偿抵充的确定方法大致可分为三种：（1）约定抵充。当事人之间就债务人的履行用来抵充何宗债务有约定时，从其约定。（2）指定抵充。如当事人之间没有约定，可以由债务人在清偿时指定其履行的为何宗债务。该指定为形成权，一经指定债务人不得撤销。（3）法定抵充。当事人之间没有约定，债务人也未作指定的，根据《民法典》第560条第2款的规定，应当优先履行已经到期的债务；数项债务均到期的，优先履行对债权人缺乏担保或者担保最少的债务；均无担保或者担保相等的，优先履行债务人负担较重的债务；负担相同的，按照债务到期的先后顺序履行；到期时间相同的，按照债务比例履行。

《民法典》第561条规定，如果债务人在履行主债务外还应当支付利息和实现债权的有关费用，其给付不足以清偿全部债务的，除当事人另有约定外，应当按照下列顺序履行：（1）实现债权的有关费用；（2）利息；（3）主债务。

（二）抵销

1. 抵销概述。抵销，是指双方互负债务时，各以其债权充当债务之清偿，而使自己的债务与对方的债务在对等数额内相互消灭的制度。主张抵销的债权，称为主动债权、自动债权或能动债权；被抵销的债权，称为被动债权、受动债权或反对债权。抵销制度的目的在于避免双方当事人分别请求以及分别履行所带来的不便及低效。

抵销依其产生的根据不同，可分为合意抵销和法定抵销两种。

合意抵销，是指依当事人双方的合意所为的抵销。合意抵销是由当事人自由约定的，其效力也取决于当事人的约定。《民法典》第569条规定："当事人互负债务，标的物种类、品质不相同的，经协商一致，也可以抵销。"该法条规定的就是合意抵销。

法定抵销，是指当具备法律所规定的条件时，依当事人一方的意思表示即可发生抵销的效力。《民法典》第568条规定："当事人互负债务，该债务的标的物种类、品质相同的，任何一方可以将自己的债务与对方的到期债务抵销；但是，根据债务性质、按照当事人约定或者依照法律规定不得抵销的除外。当事人主张抵销的，应当通知对方。通知自到达对方时生效。抵销不得附条件或者附期限。"其依当事人一方的意思表示，使双方的债权在同等数额内消灭的权利，称为抵销权。此处仅介绍法定抵销。

2. 抵销的要件。

（1）必须是双方当事人互负债务、互享债权。抵销是以合法的债权债务关系的存在为前提的。只有双方互负债务、互享债权，才能使双方的债务在对等额内消灭。

参考案例

> 甲欠乙货款5万元，乙同时须付给甲2万元，现甲债务已经到期，而乙的债务已经过了诉讼时效，问：甲能否抵销债务？
>
> 【评析】本案中，甲、乙的债务均为金钱债务可以相互抵销。但是，甲对乙享有的债权为已经超过诉讼时效的债权，乙对甲享有的债权为已到期债权，故乙可以作为主动债权要求抵销，甲只能作为被动债权予以抵销。甲若主张抵销，必须经乙同意，否则，会损害乙的时效利益。

《民法典》第549条第1项规定，债务人接到债权转让通知时，债务人对让与人享有债权，并且债务人的债权先于转让的债权到期或者同时到期的，债务人可以向受让人主张抵销。在债权让与的情况下，债务人对原债权人享有债权的，得向债权受让人主张抵销。主债务人对债权人享有债权的，保证人得主张抵销。

参考案例

> 乙公司欠甲公司30万元，同时甲公司须在2018年9月20日清偿给乙公司20万元货款。甲公司在同年9月18日与丙公司签订书面协议，转让其对乙公司的30万元债权。同年9月24日，乙公司接到甲公司关于转让债权的通知。问：乙公司于9月24日能否主张20万元的抵销权？
>
> 【评析】乙公司可以于9月24日主张20万元的抵销权。《民法典》第549条第1项规定，债务人接到债权转让通知时，债务人对让与人享有债权，并且债务人的债权先于转让的债权到期或者同时到期的，债务人可以向受让人主张抵销。乙公司对甲公司20万元的债权于9月20日已到期，因此，乙公司在收到债权转让的9月24日取得其到期债权20万元的抵销权。

（2）双方互付的债务，必须标的物的种类、品质相同。如果允许标的物种类、品质不同的双方互负债务法定抵销，很可能会使一方当事人或双方当事人的交易目的难以实现。因此标的物种类、品质不同的双方互负债务不得法定抵销。正因为要求标的物种类、品质相同，因此，在实践中适于法定抵销的，往往是金钱债务或者种类物债务。但须注意以下有两种情况不得法定抵销：一是标的物种类虽相同，但品质不同时，原则上不允许法定抵销。但品质较好的种类物可作为主动债权主张抵销。二是标的物种类、品质相同，未到期债权一般不能与到期债权相互抵销。但到期债权人可以放弃自己的期限利益而与未到期的债权人主张抵销。

（3）必须是主动债权已届清偿期。通常情况下，债权人只有在清偿期届至时，才可以请求债务人清偿，如果未到期的债权与到期债权相互抵销的话，等于强迫债务人牺牲其所享有的期限利益，清偿未到期的债务。因此，只有主动债权已届清偿期才允许抵销，除非当事人有相反的约定。但是债务人自愿放弃期限利益，在清偿期之前主张抵销的，等于债务人自愿清偿未到期的债务，法律自无限制的必要。因此，被动债权即使未届清偿期，也应允许抵销。

（4）必须依债的性质可以抵销。不可抵销的债务包括以下三种：第一，依债的性质不得抵销的债务。有的债务只有实际履行才能实现债的目的，此类债务只能清偿，不能抵销。例如，不作为之债、劳务之债和与人身不可分离的债务（如抚恤金、退休金等债务）。第二，法律规定不得抵销的债务。例如，故意侵权损害赔偿之债、违约金之债不得主张抵销。第三，当事人约定不得抵销的债务。当事人可以进行禁止抵销的特别约定，一旦达成合意，即使法定要件已具备，抵销权也不得产生。

3. 抵销的效力。抵销是由抵销权人以意思表示向被动债权人进行债权处分的行为，因此，法律要求抵销人应具有一定的民事行为能力。《民法典》第568条第2款规定："当事人主张抵销的，应当通知对方。通知自到达对方时生效。抵销不得附条件或者附期限。"抵销的效力表现在以下两个方面：

（1）双方当事人所负债务全部或者部分消灭。当双方当事人所负债务数额相同时，其互负债务消灭。当双方所负债务数额不等时，债务数额小的一方的债务消灭，债务数额大的一方的债务部分消灭，债务人对未消灭的债务部分仍负清偿义务。

（2）抵销具有溯及效力。抵销具有溯及力，溯及抵销权成立之时。抵销的溯及力表现为：其一，自得为抵销时就消灭的债务，不再发生利息债务；其二，自得为抵销时起，不再发生迟延责任；其三，得抵销的情形发生后，就一方当事人所发生的损害赔偿及违约金责任，因抵销的溯及力而归于消灭。

（三）提存

1. 提存的概念。提存，是指由于债权人的原因债务人将无法向债权人清偿的标的物交给提存机关保存，以代替向债权人的给付，从而消灭债务的制度。交付合同标的物的债务人为提存人；债权人为提存领受人；交付的标的物为提存物；由国家设立并保管提存物的机关为提存机关。提存制度的建立，使债务人可以将其无法交付给债权人的标的物交给提存机关保存，以代替向债权人的给付，从而能够及时地消灭自己的债务，以免债务人由于债权人的原因使自己也陷于迟延，有利于保护债务人的利益。

2. 提存的原因。根据《民法典》第 570 条第 1 款的规定，有下列情形之一，难以履行债务的，债务人可以将标的物提存：

（1）债权人无正当理由拒绝受领。构成该提存原因，首先必须是债务人现实地提出了给付。如果债务人未现实地提出给付，则不构成提存原因。其次必须是债权人客观上能够接受履行，但无正当理由的不予接受。债权人拒绝受领使债务人无法及时履行债务，为保护债务人的合法权益，债务人可以向提存机关提存标的物，使债务人能够及时了结债务关系。

（2）债权人下落不明。债权人下落不明包括债权人的地址不详、债权人失踪未确定财产代管人等情形。债权人下落不明，使债务人无法履行债务，故允许债务人提存，以保护其合法权益。

（3）债权人死亡未确定继承人、遗产管理人或者丧失民事行为能力未确定监护人。这两种情况下，债务人均失去了给付受领人，即使履行也达不到合同目的，故债务人可以提存。

（4）法律规定的其他情形。《民法典》第 529 条规定："债权人分立、合并或者变更住所没有通知债务人，致使履行债务发生困难的，债务人可以中止履行或者将标的物提存。"《民法典》第 406 条第 2 款规定："抵押人转让抵押财产的，应当及时通知抵押权人。抵押权人能够证明抵押财产转让可能损害抵押权的，可以请求抵押人将转让所得的价款向抵押权人提前清偿债务或者提存……"

3. 提存的主体。提存的主体，包括提存人、债权人（提存受领人）、提存部门。提存人，履行清偿义务或者担保义务而向提存部门申请提存的人是提存人。提存人须具有民事行为能力并且提存的意思表示必须真实，否则公证处应当拒绝办理提存公证。提存之债的债权人是提存受领人。《提存公证规则》第 4 条第 1 款规定："提存公证由债务履行地的公证处管辖。"《提存公证规则》第 8 条规定："公证处应当在指定银行设立提存账户，并置备保管有价证券、贵重物品的专用设备或租用银行的保险箱。"

4. 提存的标的。提存标的，是指依照合同的约定债务人应当交付的标的物。提存的标的物以适于提存为限。《提存公证规则》第 7 条规定，适于提存的标的物包括货币，有价证券、票据、提单、权利证书，贵重物品，担保物（金）或其替代物，其他适宜提存的标的物。《民法典》第 570 条第 2 款规定："标的物不适于提存或者提存费用过高的，债务人依法可以拍卖或者变卖标的物，提存所得的价款。"

《提存公证规则》第 13 条第 2 款规定："提存标的物与债的标的不符或在提存时难以判明两者是否相符的，公证处应告知提存人如提存受领人因此原因拒绝受领提存物则不能产生提存的效力。提存人仍要求提存的，公证处可以办理提存公证，并记载上述条件。”

5. 提存的效力。提存涉及债务人、提存机关和债权人三方之间的关系，也就必然会在债务人与债权人之间、债务人与提存部门之间以及提存部门与债权人之间产生法律效力。

（1）债务人（提存人）与债权人（提存受领人）之间的效力。自提存之日起，债务人与债权人之间的债权债务关系归于消灭，债权人的债权得到清偿。《民法典》第 571 条第 2 款规定：“提存成立的，视为债务人在其提存范围内已经交付标的物。”《民法典》第 571 条第 1 款规定：“债务人将标的物或者将标的物依法拍卖、变卖所得价款交付提存部门时，提存成立。”《提存公证规则》第 16 条规定：“提存货币的，以现金、支票交付公证处的日期或提存款划入公证处提存账户的日期为提存日期。提存的物品需要验收的，以公证处验收合格的日期为提存日期。提存的有价证券、提单、权利证书或无需验收的物品，以实际交付公证处的日期为提存日期。”

《民法典》第 572 条规定：“标的物提存后，债务人应当及时通知债权人或者债权人的继承人、遗产管理人、监护人、财产代管人。”

（2）债务人与提存部门之间的效力。债务人在符合提存条件时，有权向提存部门提出申请，并将给付的标的物提交提存部门。《提存公证规则》第 26 条规定：“提存人可以凭人民法院生效的判决、裁定或提存之债已经清偿的公证证明取回提存物。提存受领人以书面形式向公证处表示抛弃提存受领权的，提存人得取回提存物。提存人取回提存物的，视为未提存。因此产生的费用由提存人承担。提存人未支付提存费用前，公证处有权留置价值相当的提存标的。”

（3）提存部门与债权人之间的效力。《民法典》第 574 条规定：“债权人可以随时领取提存物。但是，债权人对债务人负有到期债务的，在债权人未履行债务或者提供担保之前，提存部门根据债务人的要求应当拒绝其领取提存物。债权人领取提存物的权利，自提存之日起五年内不行使而消灭，提存物扣除提存费用后归国家所有。但是，债权人未履行对债务人的到期债务，或者债权人向提存部门书面表示放弃领取提存物权利的，债务人负担提存费用后有权取回提存物。”

《提存公证规则》第 23 条第 2 款规定：“提存受领人领取提存标的物时，应提供身份证明、提存通知书或公告，以及有关债权的证明，并承担因提存所支出的费用。提存受领人负有对待给付义务的，应提供履行对待给付义务的证明。委托他人代领的，还应提供有效的授权委托书。由其继承人领取的，应当提交继承公证书或其他有效的法律文书。”

《民法典》第 573 条规定：“标的物提存后，毁损、灭失的风险由债权人承担。提存期间，标的物的孳息归债权人所有。提存费用由债权人负担。”

参考案例

甲与乙签订销售100台空调的合同，但当甲向乙交付时，乙以空调不好卖为由，拒绝受领，要求甲返还货款。于是甲向当地公证机关提存了这批空调。问：（1）空调提存后，因遇火灾，全部烧毁，该损失应由谁承担？（2）空调的提存费用由谁承担？（3）如果债权人乙一直不领取空调，空调归谁所有？

【评析】《民法典》第573条规定，标的物提存后，毁损、灭失的风险由债权人承担。提存期间，提存费用由债权人负担。因此，本案中空调被火烧毁的损失和空调的提存费用，均应由债权人乙承担。《民法典》第574条第2款规定，债权人领取提存物的权利，自提存之日起5年内不行使而消灭，提存物扣除提存费用后归国家所有。因此，如果债权人乙自提存之日起超过5年不领取空调，空调扣除提存费用后归国家所有。

提存部门应采取适当的方法妥善保管提存物。《提存公证规则》第27条2款规定："提存期间，提存物毁损灭失的风险责任由提存受领人负担；但因公证处过错造成毁损、灭失的，公证处负有赔偿责任。"

《提存公证规则》第19条第2款规定："对不宜保存的、提存受领人到期不领取或超过保管期限的提存物品，公证处可以拍卖，保存其价款。"《提存公证规则》第20条规定："下列物品的保管期限为六个月：（一）不适于长期保管或长期保管将损害其价值的；（二）六个月的保管费用超过物品价值5%的。"

（四）免除

1. 免除的概念。免除，是指债权人以消灭债权为目的，免除债务人部分或者全部债务，从而全部或部分消灭债的关系的单方民事法律行为。

免除系无因行为，免除仅依债权人表示免除债务的意思而发生效力，其原因如何，在所不问。

免除为债权人处分债权的行为，因而需要债权人对该债权有处分权。无行为能力人或限制行为能力人不得为免除行为，应由其法定代理人代为免除或者征得其同意。

免除为无偿的单方民事法律行为，无须债务人同意，债务人也无须付出相应对价即可实现免除的效力。

免除为非要式行为。免除的意思表示不需要采用特定形式，无论是以口头方式或是以书面方式作出，均无不可。

2. 免除的形式。免除应由债权人向债务人以意思表示为之。向第三人为免除的意思表示的，不发生免除的法律效力。

《民法典》第 575 条规定："债权人免除债务人部分或者全部债务的，债权债务部分或者全部终止，但是债务人在合理期限内拒绝的除外。"由此可见，一般情况下自债权人向债务人或其代理人作出免除债务的意思表示后，即产生债务消灭的效果。但如果债务人在合理期限内拒绝债权人免除其债务的行为，则合同的债权债务仍然存在，并不消灭。

3. 免除的效力。免除发生债务绝对消灭的效力。因免除使债权消灭，故债权的从权利，如利息债权、担保权等，也同时归于消灭。债权人仅免除部分债务的，债的关系仅部分终止。保证债务的免除不影响被担保债务的存在，被担保债务的免除则使保证债务消灭。

（五）混同

1. 混同的概念。混同，是指债权和债务同归一人，致使债的关系消灭的法律事实。

民法上的混同包括三种情况：(1) 所有权与他物权归属于同一人，他物权归于消灭；(2) 主债务与保证债务归属于同一人，保证债务归于消灭；(3) 债权与债务归属于同一人，债的关系归于消灭。此处讨论的，是第三种混同。

2. 混同的成立。混同主要包括概括承受与特定承受两种成立原因：(1) 概括承受是发生混同的主要原因。例如，债权人继承债务人的财产、债务人继承债权人的财产、企业合并、营业的概括承受等。在企业合并时，合并前的两个企业之间有债权债务时，企业合并后，债权债务因同归一个企业而消灭。(2) 特定承受，是指债务人自债权人受让债权，或者债权人承担债务人的债务，此时也发生混同。

参考案例

甲企业与乙企业签订合同，由乙企业为甲企业在两年内生产一套设备，自合同签订一年半时，设备已经大部分完成，但乙企业因经营管理不善，被甲企业吞并。问：本案中的合同债权债务是否仍然存在？为什么？

【评析】不存在，因为本案中债权债务已发生混同。

3. 混同的效力。《民法典》第 576 条规定："债权和债务同归于一人的，债权债务终止，但是损害第三人利益的除外。"因此，混同的效力是导致债的关系消灭，并且主债消灭，从债也随之消灭。但在涉及第三人利益的情况下，虽发生混同，但债不消灭。例如，债权人已将其债权为第三人设定权利质押，则债权债务同归于一人后，如果债权消灭，便对第三人不利，因此，债权不因混同而消灭。

第二节 合同的解除

一、合同解除的概念与特征

合同解除，是指在合同有效成立后，合同当事人一方或者双方依照法律规定或者当事人的约定，使合同关系自始或者仅向将来消灭的行为。合同解除有以下法律特征：

（一）合同的解除适用于合法有效的合同

合同只有在有效成立后，对双方具有约束力，才有解除的必要。无效合同、效力待定未被追认的合同，由于合同没有约束力，自始不需要履行，则无解除的必要。

（二）合同的解除必须具备解除的条件

合同一经有效成立，就具有法律约束力，当事人双方都必须严格遵守，适当履行，不得擅自变更或解除。只有在依照法律规定或者当事人的约定，主客观情况的变化使合同履行成为不必要、不可能或履行合同将造成显失公平的结果的情况下，合同继续存在已失去积极意义，才允许解除合同。这表明合同解除必须严格遵守法律规定的条件。否则不发生解除的法律效果，而构成违约责任。

（三）合同解除原则上必须有解除行为

解除的条件不过是合同解除的前提，因此当解除的条件具备时，合同并不能自动解除，欲使它解除，一般还需要有解除行为。根据法律的规定，合同的解除行为包括：（1）当事人一方依法主张解除合同的，应当通知对方，合同自通知到达对方时解除；（2）通知载明债务人在一定期限内不履行债务则合同自动解除，债务人在该期限内未履行债务的，合同自通知载明的期限届满时解除；（3）当事人一方未通知对方，直接以提起诉讼或者申请仲裁的方式依法主张解除合同，人民法院或者仲裁机构确认该主张的，合同自起诉状副本或者仲裁申请书副本送达对方时解除（《民法典》第565条）。

（四）合同解除使合同关系自始消灭或者向将来消灭

合同解除的法律效果是使合同关系消灭，合同关系的消灭分为两类：一类是使合同关系自始消灭，即溯及合同成立之时消灭，发生与合同从未订立相同的后果，合同解除有溯及力；另一类是使合同关系自解除时消灭，解除以前的债权债务关系依然存在，合同解除没有溯及力。

二、合同解除的分类

对合同的解除，可作以下分类：

（一）单方解除和协议解除

单方解除，是指解除权人一方行使解除权将合同解除的行为。它不必经过对方当事人的同意，只要解除权人将解除合同的意思表示直接通知对方，或经过人民法院或仲裁机构向对方主张，即可发生合同解除的效果。如《民法典》第562条第2款规定：“当事人可以约定一方解除合同的事由。解除合同的事由发生时，解除权人可以解除合同。”

协议解除，是指双方当事人协商一致解除原合同关系的行为。《民法典》第562条第1款规定：“当事人协商一致，可以解除合同。”它不以解除权的存在为必要。所谓协商一致，当事人双方就解除合同达成一致意见，解除双方合同的行为。

（二）法定解除与约定解除

合同解除的条件由法律直接加以规定的，其解除为法定解除。在法定解除中，有的以适用于所有合同的条件为解除条件，有的则仅以适用于特定合同的条件为解除条件。前者称为一般法定解除条件，如《民法典》第563条至第566条的规定。后者称为特别法定解除条件，如《民法典》第634条、第666条、第673条、第730条、第731条、第772条、第787条、第829条、第857条、第933条之规定。

约定解除，是指当事人以合同形式，约定为一方或双方保留解除权的解除。其中，保留解除权的合意，称为解约条款。解除权可以保留给当事人一方，也可以保留给当事人双方。保留解除权，可以在当事人订立合同时约定，也可以在以后另外订立保留解除权的合同。《民法典》第562条第2款确定了约定解除，因为约定解除是根据当事人的意思表示产生的，其本身具有较大的灵活性，它可以更确切地适应当事人的需要，是尊重当事人意思自治的表现。给当事人在订立合同时留有更多的选择余地，使自己处于主动而有利的地位，以维护自己的合法权益。

参考案例

甲公司与乙公司签订并购协议："甲公司以1亿元收购乙公司在丙公司中51%的股权。若股权过户后，甲公司未支付收购款，则乙公司有权解除并购协议。"后乙公司依约履行股权过户，甲公司却分文未付。乙公司向甲公司发送一份经过公证的《通知》："鉴于你公司严重违约，建议双方终止协议，贵方向我方支付违约金；或者由贵方提出解决方案。"3日后，乙公司又向甲公司发送《通报》："鉴于你公司严重违约，我方现终止协议，要求你方依约支付违约金。"问：乙公司是否有权解除并购协议？自何时解除并购协议？

【评析】《民法典》第562条第2款规定，当事人可以约定一方解除合同的事由。解除合同的事由发生时，解除权人可以解除合同。乙公司有权行使约定解除权。虽然《通知》经过公证，但是其内容并非意在解除并购协议，而实质是督促甲公司依约履行义务。此处的公证只是对事实的认定，并非对事实的法律效力作出认定。乙公司后来给甲公司发送《通报》，《通报》的内容明确表明乙公司解除并购协议的意思，即《通报》送达后，并购协议解除。《民法典》第565条规定，当事人一方依法主张解除合同的，应当通知对方。合同自通知到达对方时解除。对方对解除合同有异议的，任何一方当事人均可以请求人民法院或者仲裁机构确认解除行为的效力。因此，自《通报》送达甲公司后，并购协议解除。

三、合同解除的条件

合同解除可分为法定解除与约定解除，解除条件也可分为法定解除条件与约定解除条件。合同法定解除条件又可分为一般法定解除条件和特别法定解除条件，特别法定解除条件因合同的种类和性质而千差万别，因种类繁多难以在此一一详述，这里仅讨论一般法定解除条件。

《民法典》第563条规定，有下列情形之一的，当事人可以解除合同：

1. 因不可抗力致使不能实现合同目的。不可抗力致使合同目的不能实现，该合同失去意义，应归于消灭。在此情况下，法律允许当事人通过行使解除权的方式消灭合同关系。

2. 在履行期限届满之前，当事人一方明确表示或者以自己的行为表明不履行主要债务。此即债务人拒绝履行，也称预期违约，先期违约，包括明示预期违约和默示预期违约。明示预期违约，即债务人以通知或声明的方式表示到期将不履行合同；默示预期违约，是债务人以行为表明其到期将不履行合同，如将合同标的物出卖或赠与第三人。它作为合同解除条件，一是要求债务人有过错，二是债务人拒绝履行债务无正当理由，三是债务人有履行能力。

3. 当事人一方迟延履行主要债务，经催告后在合理期限内仍未履行。当事人在履行期限届满后仍未履行主要债务，如果继续履行，仍能实现合同目的的，在此情况下，原则上不允许当事人立即解除合同，而应由债权人向债务人发出履行催告，给予一定的履行宽限期。债务人在履行宽限期届满后仍未履行的，此时债权人才有权解除合同。

4. 当事人一方迟延履行债务或者有其他违约行为致使不能实现合同目的。对某些合同而言，履行期限至关重要，如债务人不按期履行，合同目的即不能实现，于此情形，债权人有权解除合同。其他违约行为致使合同目的不能实现时，也应如此。此时无须经催告程序，被违约人在违约人履行期限届满未履行或未适当履行合同时，即可通知对方解除合同。

5. 法律规定的其他情形。法律针对某些具体合同规定了特别法定解除条件的，从其规定。这里的法律不仅指《民法典》，还包括其他法律有关合同解除的规定。

四、合同解除的程序

合同解除的条件只是解除的前提，条件具备时，合同并不当然自动解除。欲使合同解除，还必须经过一定的程序。合同解除的程序包括三种，即单方解除的程序、协议解除的程序和法院或仲裁机构裁决的程序。

（一）单方解除的程序

单方解除的程序，是指享有合同解除权的一方当事人通过行使解除权而解除合同的程序。解除权属形成权，不需对方当事人同意，只需解除权人的单方意思表示，即可发生解除合同的法律效果。单方解除又分为约定单方解除与法定单方解除。

行使解除权的程序主要适用于不可抗力致使合同不能履行、当事人一方违约和约定解除等场合。在不可抗力致使合同不能履行的场合，解除权由双方当事人享有，任何一方都可行使。在当事人一方违约的情况下，解除权归守约方享有，不然会被违约方利用解除制度来谋取不正当利益。在约定解除的情况下，《民法典》第 562 条第 2 款规定，当事人可以约定一方解除合同的事由。解除合同的事由发生时，解除权人可以解除合同。

关于解除权的行使期限，《民法典》第 564 条规定：“法律规定或者当事人约定解除权行使期限，期限届满当事人不行使的，该权利消灭。法律没有规定或者当事人没有约定解除权行使期限，自解除权人知道或者应当知道解除事由之日起一年内不行使，或者经对方催告后在合理期限内不行使的，该权利消灭。”

关于解除权的行使，《民法典》第565条规定，当事人一方依法主张解除合同的，应当通知对方。合同自通知到达对方时解除；通知载明债务人在一定期限内不履行债务则合同自动解除，债务人在该期限内未履行债务的，合同自通知载明的期限届满时解除。对方对解除合同有异议的，任何一方当事人均可以请求人民法院或者仲裁机构确认解除行为的效力。

对解除合同持有异议的，应当在一定期限内提出，并且该期限不宜过长。根据《合同法解释（二）》第24条规定，当事人对合同解除虽有异议，但在约定的异议期限届满后才提出异议并向人民法院起诉的，人民法院不予支持；当事人没有约定异议期间，在解除合同通知到达之日起3个月以后才向人民法院起诉的，人民法院不予支持。

(二) 协议解除的程序

协议解除的程序，是指当事人双方经过协商同意，将合同解除的程序。以协议的方式解除合同取决于当事人双方意思表示一致，而不是基于当事人一方的意思表示，也不需要有解除权，完全是以一个新的合同解除原合同。

由于协议解除程序是采取合同的方式，所以要使合同解除有效成立，也必须有要约和承诺。这里的要约，是解除合同的要约，它必须是向既存合同的对方当事人发出，并且要在既存合同消灭之前提出。这里的承诺，是解除合同的承诺，是完全同意上述要约的意思的表示。

采取协议解除程序，在合同解除需经有关部门批准时，有关部门批准解除的日期即为合同解除的日期。在合同解除不需有关部门批准时，双方当事人协商一致之时就是合同解除生效之时，或者由双方当事人商定解除生效的日期。

(三) 提起诉讼或者申请仲裁解除的程序

当事人一方未通知对方，直接以提起诉讼或者申请仲裁的方式依法主张解除合同，人民法院或者仲裁机构确认该主张的，合同自起诉状副本或者仲裁申请书副本送达对方时解除（《民法典》第565条第2款）。

五、合同解除的效力

《民法典》第566条规定：“合同解除后，尚未履行的，终止履行；已经履行的，根据履行情况和合同性质，当事人可以请求恢复原状或者采取其他补救措施，并有权请求赔偿损失。合同因违约解除的，解除权人可以请求违约方承担违约责任，但是当事人另有约定的除外。主合同解除后，担保人对债务人应当承担的民事责任仍应当承担担保责任，但是担保合同另有约定的除外。”《民法典》第567条规定：“合同的权利义务关系终止，不影响合同中结算和清理条款的效力。”这两个法条的规定，确立了合同解除的五方面效力：

一是向将来发生效力，即终止履行。依据《民法典》第566条的规定，合同解除后，尚未履行的，终止履行。

二是合同解除可以产生溯及力，即引起恢复原状的法律后果。一般认为，继续性合同的解除原则上无溯及力，所谓继续性合同，是指履行必须在一定继续的时间内完成，而不是一时或一次完成的合同，如租赁合同、借用合同、保管合同、仓储合同、承揽合同、委托合同等。此类合同通常以使用、收益标的物为目的，已经被受领方享用的标的物效益，客观上无法返还，无法恢复原状，所以这些合同解除无溯及力，只能产生向后解除的效力，除非当事人有相反的约定。非继续性合同的解除原则上有溯及力，被解除的合同自始失去效力。所谓非继续性合同，是指履行为一次性行为的合同。就非继续性合同的性质而言，当它被解除时能够恢复原状的恢复原状，即已经进行的给付返还给付人。不能恢复原状的可以采取其他补救措施或者请求赔偿损失。

三是合同解除与违约责任可以并存。为了切实保护非违约方的合法权益，合同因违约解除的，除当事人另有约定者外，非违约方可请求违约方承担违约责任。损失赔偿额应当相当于因违约所造成的损失，包括合同履行后可以获得的利益。但是，不得超过违反合同一方订立合同时预见到或者应当预见到的因违反合同可能造成的损失。

四是主合同解除后，除非担保合同另有约定，担保人对债务人应当承担的民事责任仍应当继续承担担保责任，如合同解除后，一方当事人请求债务人赔偿损失或承担违约责任的，债务人的担保人仍应当对债权人的请求继续承担担保责任，并不因主合同的解除，而当然免除其担保责任。

五是合同解除，并不影响合同中结算和清理条款的效力。出现争议时，仍然按照合同中结算和清理条款的约定进行处理。

【本章小结】

合同权利义务的终止，是指民事主体之间的债权债务关系于客观上不再存在的情况。合同权利义务终止的原因主要包括以下几类：第一，债务已经履行；第二，债务相互抵销；第三，债务人依法将标的物提存；第四，债权人免除债务；第五，债权债务同归于一人；第六，法律规定或者当事人约定终止的其他情形。合同解除的，也导致合同的权利义务关系终止。合同解除是指在合同有效成立后，合同当事人一方或者双方依照法律规定或者当事人的约定，使合同关系自始或者仅向将来消灭的行为。

【引例评析】

根据《民法典》第563条第1款第1项的规定，因不可抗力致使不能实现合同目的，当事人可以解除合同。在引入案例中，因不可抗力导致合同标的灭失，履行不能，乙可以主张解除合同。乙也不再承担向丙给付价金的义务，甲和丙之间属于合同的权利移转，乙得以自己对甲的抗辩对抗新债权人丙。

【练习题】

1. 名词解释

(1) 清偿

(2) 抵销

(3) 免除

(4) 混同

(5) 约定解除

(6) 法定解除

(7) 单方解除

2. 简答题

(1) 债务抵销的条件与效力是什么？

(2) 合同解除的特征是什么？

(3) 一般法定解除的条件有哪些？

(4) 合同解除的效力是什么？

3. 案例分析题

甲公司和乙公司签订了一份原材料买卖合同，双方约定由甲公司向乙公司提供用于生产高精密仪器的原材料500箱，货款25万元。原材料的质量标准以封存样品为准。乙分两次付款给甲。在履行期间，乙先付第一笔货款10万元，甲收到货款后即将第一批原材料250箱运送到乙处。乙在收到货物后，认为不合格，但未及时向甲提出，所生产出的仪器一部分无法使用。在甲交付第二批货物时，由于供货市场出现问题，该批原材料紧俏，甲于是找到乙协商，以不能提供全部货物为由，希望将合同标的换为品质稍差一些的另外一种原材料。乙考虑到自己的生产计划，于是同意了甲的要求。后来，甲仍然不能履行自己的供货义务，于是甲背着乙与丁达成协议，由丁向乙提供不足的部分。最终，甲、丁提供了全部的货物，但已经超过了合同约定的时间。乙接受了履行，但是以甲没有按照约定时间履行合同为由行使抗辩权，拒绝履行付款义务。

问题：

(1) 本案中乙收到第一批货物后，合同能否解除？

(2) 甲、乙双方达成的改变标的物的协议是否有效？

(3) 甲、丁公司达成的协议是否有效？

第二十一章 违约责任

【引入案例】

王某因多年未育前往某医院就医，经医院介绍 A 和 B 两种人工辅助生育技术后，王某选定了 A 技术并交纳了相应的费用，但医院实际按照 B 技术进行治疗。后治疗失败，问：王某是否有权请求医院返还医疗费并赔偿损失？

【学习目标】

通过本章学习，能够掌握：

1. 违约责任的概念和特征；
2. 违约责任的构成要件；
3. 承担违约责任的方式；
4. 承担违约责任的规则。

第一节 违约责任概述

一、违约责任的概念和法律特征

（一）违约责任的概念

违约责任，是指当事人不履行合同义务或者履行合同义务不符合合同约定而依法应当承担的民事责任。《民法典》第 577 条规定："当事人一方不履行合同义务或者履行合同义务不符合约定的，应当承担继续履行、采取补救措施或者赔偿损失等违约责任。"违约责任是合同责任中一种重要的形式。

（二）违约责任的法律特征

1. 违约责任是一种民事责任。民事责任主要包括违约责任和侵权责任，违约责任是以当事人之间建立的特定合同法律关系为基础的民事责任，这是其区别于侵权民事责任最基本的特征。

2. 违约责任是违反有效合同构成的责任。违约责任的成立以有效的合同存在为前提的，未成立的合同、无效合同、被撤销的合同以及效力未定的合同未被追认时均不产生违约责任。

3. 违约责任具有相对性。合同关系具有相对性，由于合同关系的相对性，决定了违约责任的相对性。这种相对性是指违约责任只能在特定的当事人之间即合同关系的当事人之间发生，只有守约方才能基于合同向违约方提出请求或提起诉讼，合同关系以外的第三人不对合同当事人承担违约责任，合同当事人也不对其承担违约责任。

4. 违约责任具有补偿性。违约责任的补偿性，是指违约责任旨在弥补或补偿因违约行为造成的损害后果。根据平等原则，在一方违约使合同关系遭到破坏，当事人利益失去平衡时，法律通过违约责任的方式要求违约方对受害人所遭受的损失给予充分的补偿，从而使双方的利益状况达到平衡。根据违约责任的补偿性，一方在违约后，所承担的赔偿责任应相当于另一方因此而受到的损失。

5. 违约责任具有一定的任意性。违约责任尽管具有明显的强制性特点，但是作为民事责任的一种，仍有一定的任意性，即当事人可以在法律规定的范围内，对违约责任预先约定。例如预先约定违约金的数额，预先约定损害赔偿的计算方法，预先设定免责条款等。当然，当事人对违约责任的预先约定必须公正合理，如果当事人约定的违约金低于造成的损失的，人民法院或者仲裁机构可以根据当事人的请求予以增加；约定的违约金过分高于造成的损失的，人民法院或者仲裁机构可以根据当事人的请求予以适当减少（《民法典》第585条第2款）。

二、违约责任与缔约过失责任的区别

（一）产生的依据不同

缔约过失责任是在缔结合同中基于合同不成立、合同无效、被撤销或未被追认等情形而产生的责任，缔约一方当事人违背以诚实信用原则所应负的通知、说明、协力、忠实、照顾等先合同义务，此时合同并未生效，即未发生合同之效力，因此，缔约过失责任产生的根据是先合同义务。而违约责任则只能产生于已生效的合同，债务人应按合同约定的履行义务，对约定义务的违反，债务人应承担违约责任，因此，违约责任产生的根据是合同义务。

（二）责任保护的利益不同

缔约过失责任重在保护合同当事人的信赖利益。所谓信赖利益，是指当事人信赖其与对方签订有效合同而产生的利益。对于信赖利益的损失，依民法一般原理应给当事人予以补偿，应承担缔约过失责任；若无缔约过失责任制度，则难以建立对信赖利益的保护制度，从而使当事人在缔约阶段的信赖利益失去法律保护。而违约责任则重在保护合同当事人的履行利益，所谓履行利益是指合同当事人基于合同的生效，实际履行后所获得的利益。合同生效后，对于债务人不履行合同义务或履行合同义务不符合约定而使得债权人的履行利益得不到实现时，法律规定或当事人约定债务人对此应承担违约责任。

（三）责任的性质不同

缔约过失责任具有法定性，它是基于法律的直接规定而产生的，不是以当事人之间的约定产生，并且缔约过失责任的责任形式也是由法律规定的，即赔偿损失，当事人不能任意选择。而违约责任具有约定性，这是合同法的意思自治原则的体现，当事人可以在合同中约定违约责任的形式，约定违约金及赔偿损失的数额、计算办法等；同时违约责任也具有一定的法定性，如约定的违约金不得低于或过分高于实际损失赔偿额等。但违约责任的性质更多地体现在约定性上。

（四）责任发生的时间不同

缔约过失责任只产生在缔结合同过程中，包括因一方当事人的过错致使合同不能成立，即仍处在要约或承诺阶段，或合同虽已成立但因合同无效、被撤销或不被追认时，当事人已经为订立合同花费了一定的费用或为签订此合同而丧失了其他利益机会，此时为了保护当事人的信赖利益，而创制了缔约过失责任。而违约责任只能发生在合同成立后且已生效的情况下，如合同已成立但不生效，此时并没有产生合同义务，因而不产生违约责任，只能产生缔约过失责任。合同生效后，债务人开始履行义务，如果债务人不履行合同义务或履行义务不符合约定，此时才产生违约责任。

（五）归责原则不同

缔约过失责任的归责原则是过错责任原则，即当事人在订立合同过程中因合同未成立、合同无效、合同被撤销或合同不被追认，致使对方信赖利益损失时，应以其过错作为确定责任的要件及确定责任范围的依据。违约责任的一般归责原则是无过错责任原则（严格责任原则），即违反合同义务的当事人无论主观上有无过错，均应承担违约责任的归责原则。《民法典》第 577 条对该原则进行了规定。同时，对于某些有名合同则规定适用过错责任原则，如《民法典》第 651 条、第 652 条、第 653 条、第 714 条、第 781 条、第 784 条、第 800 条、第 801 条、第 841 条、第 893 条、第 894 条、第 897 条等，以此形成以严格责任原则为主导，过错责任原则为例外和补充的格局。

（六）赔偿损失的范围不同

缔约过失责任赔偿的是信赖利益的损失，既包括因他方的缔约过失而导致信赖人的直接财产的减少，也包括信赖人的财产应当增加而未增加的利益和信赖合同有效而失去的某种应得到的机会利益。当然，这些利益损失的赔偿应以过错责任原则为依据，适用完全赔偿原则。信赖利益赔偿的结果是使当事人达到合同未曾发生时的状态。违约责任赔偿的是履行利益的损失，即合同成立且生效后，而违约方不履行合同义务或履行合同义务不符合约定时给非违约方造成的损失，履行利益赔偿的结果是使当事人达到合同完全适当履行时的状态。一般而言，违约责任赔偿的范围要比缔约过失责任赔偿范围大。对于赔偿的计算方法、数额等，违约责任可以通过双方当事人协商，也可事前达成合意，但缔约过失的损害赔偿则不能事先达成合意。

第二节 违约责任的构成要件

违约责任的构成要件，是指违约当事人应具备何种条件才应承担违约责任。违约责任的构成要件可分为一般构成要件和特殊构成要件。所谓一般构成要件，是指违约当事人承担任何违约责任形式都必须具备的要件。所谓特殊构成要件，是指各种具体的违约责任形式所要求的责任构成。我们此处仅讨论违约责任的一般构成要件。违约责任的一般构成要件主要包括：

一、违约行为

（一）违约行为的概念和特点

违约行为，是指合同当事人违反合同义务的行为。《民法典》第577条规定："当事人一方不履行合同义务或者履行合同义务不符合约定的，应当承担继续履行、采取补救措施或者赔偿损失等违约责任。"这里的"不履行合同义务或者履行合同义务不符合约定"就是违约行为，违约行为是构成违约责任的首要条件。无违约行为即无违约责任。违约行为的特点在于：

1. 违约行为的主体是合同关系中的当事人。违约行为的承担主体仅限于合同关系的当事人，根据合同相对性原则，只有合同当事人才有可能构成违约，第三人即使参与到合同关系中，代为履行或代为接受履行的行为不适当，或者因第三人的原因导致一方的违约行为，第三人也不需要承担违约责任。《民法典》第593条规定，当事人一方因第三人的原因造成违约的，应当依法向对方承担违约责任。当事人一方和第三人之间的纠纷，依照法律规定或者按照约定处理。

2. 违约行为以有效的合同关系的存在为前提。违约行为发生时当事人已经受到有效合同关系的约束。如果合同关系并不存在（如尚未成立、已被解除、被宣告无效或被撤销），则不可能发生违约行为，任何一方当事人都不能基于合同请求另一方承担违约责任。

3. 违约行为在性质上违反了合同义务。合同义务主要通过当事人之间的约定，具有任意性。对约定义务的违反构成违约行为。但是，对于合同没有明确约定，可是根据诚实信用原则产生的忠实、协作、保密等附随义务的违反，也可能构成违约行为。

4. 违约行为在后果上都会导致对合同债权的侵害。违约行为不同于侵权行为的一个重要特点在于，侵权行为是对绝对权（如物权、人身权）的侵害，而违约行为则是对相对权即合同债权的侵害。债权的实施有赖于债务人适当履行其合同义务，因此债务人违反合同义务必然会使债权人依据合同所享有的债权不能实现。所以，任何违约行为都导致了对债权人的债权的侵害。

（二）违约行为的形态

违约行为的形态，是根据违约行为违反合同义务的性质、特点，对违约行为所作的分类。一般而言，违约行为可以分为不履行和不适当履行两大类。所谓不履行，是指当事人根本没有履行合同义务，包括拒绝履行和履行不能。不适当履行，是指当事人虽有履行合同义务的行为，但履行的内容不符合法律的规定或者合同的约定。不适当履行包括履行迟延和瑕疵履行。履行迟延包括给付迟延和受领迟延。瑕疵履行包括一般的瑕疵履行和加害给付。就违约行为发生的时间而言，违约行为可以分为预期违约和实际违约。预期违约，是指当事人一方明确表示或者以自己的行为表明不履行合同义务的，对方可以在履行期限届满前请求其承担违约责任（《民法典》第 578 条）。实际违约，是指合同履行期限届满后，当事人一方不履行合同义务或者履行合同义务不符合约定而产生的违约责任。

参考案例

甲公司与乙公司签订服装加工合同，约定乙公司支付预付款 1 万元，甲公司加工服装 1000 套，3 月 10 日交货，乙公司 3 月 15 日支付余款 9 万元。3 月 10 日，甲公司仅加工服装 900 套，乙公司此时因濒临破产致函甲公司表示无力履行合同。问：甲公司是否有权请求乙公司承担违约责任？

【评析】本案中，甲乙签订的是加工承揽合同，该合同是双务合同，甲负有先履行义务，乙负有后履行义务。在合同履行期限届满前后履行义务人乙明确表示因濒临破产无力履行合同，构成预期违约。甲可以在合同履行期限届满前请求乙承担违约责任。

二、不存在法定或者约定的免责事由

仅有违约行为这一积极要件还不足以构成违约责任，违约责任的构成还需要具备另一消极要件，即不存在法定和约定的免责事由。

（一）法定免责事由

《民法典》第 590 条规定，“当事人一方因不可抗力不能履行合同的，根据不可抗力的影响，部分或者全部免除责任，但是法律另有规定的除外。因不可抗力不能履行合同的，应当及时通知对方，以减轻可能给对方造成的损失，并应当在合理期限内提供证明。当事人迟延履行后发生不可抗力的，不免除其违约责任。”这里的“不可抗力”就是法定的免责事由。

根据《民法典》第 180 条第 2 款规定，不可抗力，是指不能预见、不能避免并不能克服的客观情况。不可抗力主要包括自然灾害，如台风、洪水、冰雹；政府行为，如征收、征用；社会异常事件，如罢工、骚乱。在不可抗力的适用上，有以下问题值得注意：

1. 合同中是否约定不可抗力条款，不影响直接援用法律规定。

2. 不可抗力作为免责条款具有强制性。当事人不得约定将不可抗力排除在免责事由之外。

3. 当事人一方因不可抗力不能履行合同的，应当及时通知对方，以减轻可能给对方造成的损失，并应当在合理期限内提供证明。

4. 迟延履行期间发生的不可抗力不具有免责效力。

5. 金钱债务不得因不可抗力而免除。

除不可抗力外，《民法典》还针对具体类型的合同规定了特别的法定免责事由。例如，《民法典》第 832 条规定：“承运人对运输过程中货物的毁损、灭失承担赔偿责任，但是，承运人证明货物的毁损、灭失是因不可抗力、货物本身的自然性质或者合理损耗以及托运人、收货人的过错造成的，不承担赔偿责任。”第 591 条规定：“当事人一方违约后，对方应当采取适当措施防止损失的扩大；没有采取适当措施致使损失扩大的，不得就扩大的损失请求赔偿。当事人因防止损失扩大而支出的合理费用，由违约方负担。”第 893 条规定：“寄存人交付的保管物有瑕疵或者根据保管物的性质需要采取特殊保管措施的，寄存人应当将有关情况告知保管人。寄存人未告知，致使保管物受损失的，保管人不承担赔偿责任；保管人因此受损失的，除保管人知道或者应当知道且未采取补救措施外，寄存人应当承担赔偿责任。”由以上这些法条可知，“货物本身的自然性质或者合理损耗”“债权人的过错”也可以成为某些具体合同的法定免责事由。

（二）约定免责事由

除法定的免责事由外，当事人如果约定有免责事由，那么免责事由发生时，当事人也可以不承担违约责任。约定的免责事由是指当事人在合同中约定的免除责任的情形，这种约定称为免责条款。免责条款不能排除当事人的基本义务，也不能排除故意或重大过失的责任，免责条款必须不得违背法律规定和社会公益，也就是不能违背公序良俗，否则无效。

免责条款无效，具体是指不得违反《民法典》第六章第三节对无效民事法律行为的规定和《民法典》第506条的规定。一般包括：（1）恶意串通，损害国家、集体或者第三人利益；（2）双方当事人以虚假的意思表示订立合同；（3）违背公序良俗；（4）违反法律、行政法规的强制性规定；（5）造成对方人身伤害的；（6）因故意或者重大过失造成对方财产损失的。

第三节　违约责任的形式

违约责任的形式，即承担违约责任的具体方式。根据《民法典》的相关规定，违约责任主要有继续履行、采取补救措施、赔偿损失、支付违约金等形式。

一、继续履行

（一）继续履行的概念

继续履行，也叫强制履行、实际履行，是指违约方不履行合同时，守约方请求法院或仲裁机构强制其履行合同义务的责任方式。例如，通过判决或裁决要求债务人交付货物、完成工作成果，或支付价款、报酬等。

继续履行虽然是合同履行的继续，仍然是履行原合同债务，但它同一般的履行合同债务的行为不同：一是履行时间不一致，强制履行的时间晚于履行原合同债务的时间；二是继续履行虽然是原合同履行的继续，但与当事人依约自觉履行不同。它是法律规定的对违约方的一种强制形式，介入了法律的强制力。不论违约方是否愿意，只要存在履行的可能就要履行，它表明了对违约行为的否定性评价。

继续履行是与解除合同完全相反的补救措施，主张继续履行就不能请求解除合同，主张解除合同就不能请求继续履行。

（二）继续履行的构成要件

1. 存在违约行为。如果违约行为没有发生，就仅存在合同债务的履行问题，债权人有履行请求权，债务人有履行债务的义务，尚属第一次义务阶段，谈不上作为第二次义务的强制履行问题。就违约形态而言，通常是迟延履行、不完全履行以及拒绝履行。

2. 须有守约方请求违约方继续履行合同债务的行为。继续履行责任的选择权在守约方而非违约方，守约方的请求一般应当明示地通知违约方，但通过主张抵销等行为，一般也应视为请求违约方继续履行。

3. 须违约方能够继续履行合同。如果合同已经不能继续履行，无论是法律上不能履行还是事实上不能履行，都不应再发生继续履行责任的承担。

4. 不属于法律规定的不能要求债务人继续履行合同的情形。《民法典》第579条规定："当事人一方未支付价款、报酬、租金、利息，或者不履行其他金钱债务的，对方可以请求其支付。"由此可见，对于金钱债务不存在不能履行的问题，故金钱债务通常可以适用继续履行责任。而对于非金钱债务，依《民法典》第580条及相关法条的规定，当事人一方不履行非金钱债务或者履行非金钱债务不符合约定的，对方可以请求继续履行，但是以下几种情形不适用继续履行。

（1）法律上或者事实上不能履行。例如，已过诉讼时效的债务，特定的标的物已经毁损、灭失的债务、特定标的物已经被第三方合法取得的债务。这些都表明已不能继续履行。

（2）债务的标的不适于强制履行。比如基于人身信赖关系产生的合同和提供服务的合同，包括委托、合伙、雇佣等基于信任关系的合同，以及表演等依赖于当事人的特殊技能的合同。这些合同具有人身专属性，在性质上决定了不适合继续履行。

（3）履行费用过高。即在经济上不合理，若继续履行合同，其代价过高，履行将导致与所获利益不平衡，或需耗费大量时间。

（4）债权人在合理期限内未请求履行。债权人要求违约方继续履行应当在合理的期限内提出，否则，债权人即丧失请求违约方继续履行合同的权利。之所以规定此种情况，主要是为了促使债权人及时行使继续履行的权利，以稳定当事人之间的关系，保护违约方的利益。

（5）法律明文规定不得使用继续履行，而责令违约方承担违约金责任或者损害赔偿责任的。比如货运合同中，承运人对货物的损毁、灭失承担损害赔偿责任（《民法典》第832条）。

（6）因不可归责于当事人双方的原因导致合同履行实在困难的。例如，适用情势变更原则时，如果要求承担继续履行责任则显失公平。

有前款规定的除外情形之一，致使不能实现合同目的的，人民法院或者仲裁机构可以根据当事人的请求终止合同权利义务关系，但是不影响违约责任的承担。同时《民法典》第581条规定，当事人一方不履行债务或者履行债务不符合约定，根据债务的性质不得强制履行的，对方可以请求其负担由第三人替代履行的费用。

参考案例

张某从银行贷款80万元用于购买房屋，并以该房屋设定了抵押。在借款期间房屋被洪水冲毁，导致张某生活困难。问：在此种情况下，张某是否应清偿银行的贷款？

【评析】洪水应认定为不可抗力。但是，该不可抗力对于张某与银行间的借款合同没有影响。《民法典》第579条规定："当事人一方未支付价款、报酬、租金、利息，或者不履行其他金钱债务的，对方可以请求其支付。"因此，张某对银行负有支付金钱的债务，张某虽生活困难，但金钱债务不发生履行不能的问题，金钱债务不得因不可抗力而免除。张某应继续向银行履行支付金钱的债务。

二、采取补救措施

采取补救措施，是指矫正合同的不适当履行，使履行瑕疵得以消除的具体措施。这种责任形式，与继续履行和赔偿损失具有互补性。《民法典》第582条规定："履行不符合约定的，应当按照当事人的约定承担违约责任。对违约责任没有约定或者约定不明确，依据本法第五百一十条的规定仍不能确定的，受损害方根据标的的性质以及损失的大小，可以合理选择请求对方承担修理、重作、更换、退货、减少价款或者报酬等违约责任。"

依据《民法典》第582条的规定，在采取补救措施的适用上，应注意以下几点：第一，采取补救措施的适用以合同当事人对违约责任没有约定或者约定不明确，而依《民法典》第510条的规定仍不能确定违约责任为前提。换言之，对于履行不符合约定，违约方承担的违约责任形式，当事人有约定者应依其约定；没有约定或约定不明者，首先应按照《民法典》第510条的规定确定违约责任；没有约定或约定不明又不能按照《民法典》第510条的规定确定违约责任的，才适用这些补救措施。第二，应以标的物的性质和损失大小为依据，确定与之相适应的补救方式。第三，受害方对补救措施享有选择权，但选定的方式应当合理。

三、赔偿损失

（一）赔偿损失的概念与特征

赔偿损失，也称违约损害赔偿，是指违约方以支付金钱的方式弥补受害方因违约行为所减少的财产或者所丧失的利益的责任形式。赔偿损失具有如下法律特征：

1. 违约的赔偿损失是合同违约方违反合同义务所产生的责任形式。

2. 赔偿损失是以支付金钱的方式弥补损失。金钱为一般等价物，任何损失一般都可以转化为金钱，因此，赔偿损失主要指金钱赔偿。但在特殊情况下，也可以以其他物代替金钱作为赔偿。

3. 违约的赔偿损失具有补偿性。违约的赔偿损失是强制违约方给非违约方所受损失的一种补偿，违约的赔偿损失一般是以违约所造成的损失为标准。赔偿损失的突出特点是具有一般民事责任的补偿性，除非法律有特别规定，否则一般不具有惩罚性。

4. 违约的赔偿损失具有一定的随意性。违约赔偿的范围和数额，可由当事人约定。当事人既可以约定违约金的数额，也可以约定损害赔偿的计算方法。

5. 违约的赔偿损失以赔偿非违约方受到的实际全部损失为原则。合同当事人一方违约，对方一般会遭到财产损失和可得利益的损失，这些损失都应当得到补偿。

6. 当事人一方不履行合同义务或者履行合同义务不符合约定的，在履行义务或者采取补救措施后，对方还有其他损失的，违约方仍然应当赔偿损失。

（二）赔偿损失的范围

1. 完全赔偿原则。赔偿损失的范围可由法律直接规定，或由双方约定。在法律没有特别规定和当事人没有另行约定的情况下，应按完全赔偿原则，赔偿全部损失。完全赔偿原则是指因违约方的违约行为使受害人所遭受的全部损失，都应由违约方负责承担，包括因违约造成的实际损失和合同履行后可以获得的利益。

《民法典》第584条规定，当事人一方不履行合同义务或者履行合同义务不符合约定，造成对方损失的，损失赔偿额应当相当于因违约所造成的损失，包括合同履行后可以获得的利益。由该法条可知，全部损失包括直接损失和间接损失。直接损失是指财产的直接减少。间接损失又称可得利益，是指合同履行后债权人可以实现或者取得的收益。可得利益具有如下特点：

（1）未来性。可得利益不是现实的利益，而是一种未来的利益，可得利益必须是经过合同违约方履行后才能获得的利益。

(2) 期待性。可得利益是当事人订立合同时可以预见的利益，可得利益的损失也是合同当事人能够预见的损失。

(3) 现实性。尽管可得利益并非订立合同时就可实际享有的利益，但这种利益并不是臆想的，如果合同违约方不违约，是非违约方可以得到的利益。

2. 可预见性规则。《民法典》第 584 条规定，赔偿损失不得超过违反合同一方订立合同时预见到或者应当预见到的因违反合同可能造成的损失。从该条规定来看，《民法典》采取了可预见性规则。可预见性规则是限制法定违约损害赔偿范围的一项重要规则，其理论基础是意思自治原则和公平原则。对此应把握以下几点：

(1) 预见的主体为违约人，而不是非违约人。

(2) 预见的时间为合同订立之时，而不是违约之时。

(3) 预见的内容为立约时应当预见的违约损失，预见不到的损失，不在赔偿范围之列。例如，一旅客要求航空公司赔偿因飞机晚点使其耽误了一笔买卖所造成的损失。因航空公司在售票时无法预见此种情况，故此种损失航空公司不予赔偿。

(4) 判断违约方能否预见的标准采用主观和客观相结合的标准，即通常与同类型的社会一般人的预见能力为标准。

3. 减轻损失规则。减轻损失规则，是指在一方违约并造成损害以后，受害方必须采取合理措施以防止损害的扩大，否则，受害方应对扩大部分的损害负责，违约方此时也有权请求从损害赔偿金额中扣除本可以避免的损害部分。《民法典》第 591 条规定："当事人一方违约后，对方应当采取适当措施防止损失的扩大；没有采取适当措施致使损失扩大的，不得就扩大的损失请求赔偿。当事人因防止损失扩大而支出的合理费用，由违约方负担。"

在司法实践中，我们应明确减轻损失规则的构成要件，从而更好地适用该规则。减轻损失规则的构成要件包括：

(1) 损害的发生由违约方所致，受害方对此没有过错。也即违约方的违约行为是损害发生必不可少的原因，与受害方无关，因而不构成双方违约。在此应区别减轻损害与混合过错两个不同的概念。通常，混合过错是指对于损害的发生，加害方和受害方均有过错，即由于加害方与受害方的过错的结合，导致了损害结果的发生。而在受害方违反减轻义务造成损害的情况下，受害方仅对未履行减轻义务所造成的损害负责。

(2) 受害方未采取合理措施防止损害扩大。减轻损失是受害方的一项义务。在损害发生后，受害方应当采取合理措施减轻损失而未采取，这是其承担责任的根据。在司法实践中，我们应坚持诚实信用原则，以善意为基础，综合考虑各方面的因素。只要受害方根据当时的环境，尽自己的努力实施了一般人认为可能防止损害扩大的有效措施，即使行为结果未能阻止损害的扩大，也应认为受害方尽到了义务。同时，若防止措施将严重损害受害方自身利益，或有悖于商业道德，或所支付的代价过高，则受害方亦可不采取此种措施。

（3）受害方的不当行为造成损害的扩大。即在违约发生并造成损害之后，由于受害方的不当行为使损失继续扩大。

（4）根据民法的公平原则，当事人因防止损失扩大而支出的合理费用，应当由违约方负担。不能因受害方采取合理措施防止损失扩大而使其支出本不应由自己承担的额外费用，这笔费用理应由存在过错的违约方承担。

4. 损益相抵规则。损益相抵规则，又称之为损益同销，是指受害方基于损害发生的同一原因而获得利益时，应将所受利益从所受损害中扣除，以确定损害赔偿范围。损益相抵是确定赔偿责任范围的重要规则。根据这一规则，在受害方所遭受的损害和所获得的利益是基于对方违约行为而发生，也就是说违约即使受害方遭受了损害，又使受害方获得了利益时，法院应责令违约方赔偿受害方全部损害与受害方所得利益的差额。因此，损益相抵是确定受害方因对方违约而遭受的净损失的规则，是计算受害方所受真实损失的规则，而不是减轻违约方本应承担的责任的规则。坚持这一规则，更能体现民事责任的补偿性，有利于平衡当事人之间的物质利益关系。损益相抵规则具有下列构成要件：

（1）违约损害赔偿之债已经成立。该要件是适用损益相抵规则的前提，即只有构成违约损害赔偿之债时，才有必要确定损害赔偿范围，而损益相抵恰恰是限制损害赔偿范围的因素。

（2）违约行为造成了损害和收益，也即违约行为不但给受害方造成了损害，而且还为受害方带来了收益，损害和收益是同一违约行为引起的不同结果，违约行为与损害和收益都具有因果关系。违约损害赔偿的目的是补偿受害方所遭受的损失，并非使受害方反而因此而受益。由于同一违约行为而既遭受损失，又获得利益，如不将利益予以扣除，就等于让受害方因违约行为而受益，这是违反违约损害赔偿的本意和目的的。因此，必须采取损益相抵规则。

5. 过失相抵规则。过失相抵规则又称过错相抵规则，是指在加害方给受害方造成损害的同时，受害方对于损害的发生或扩大也有过错的，则可以相应减轻加害方的赔偿责任。《民法典》第 592 条规定："当事人都违反合同的，应当各自承担相应的责任。当事人一方违约造成对方损失，对方对损失的发生有过错的，可以减少相应的损失赔偿额。"违约损害赔偿中的过失相抵规则具有下列构成要件：

（1）须一方当事人违约并造成对方损失。过失相抵规则的适用目的在于确定违约方对其违约造成的损害应予赔偿的范围。因此，一方当事人违约造成损失是适用该规则的前提条件。

（2）受害方的行为造成了损害的发生或扩大，即受害方的过错行为系损害发生或扩大的共同原因。只有在受害方的过错行为与违约方的违约行为共同为违约所造成的损失原因时，才发生违约方与受害方应如何分摊损失的问题。如果违约方的违约行为与受害方的过错行为各自造成不同的损失，则各自应对自己行为所造成的损失负责，不适用过失相抵规则。如果违约方违约后，受害方应采取适当措施而未采取造成损失扩大的，该扩大的损失也不适用过失相抵规则，而只能适用减轻损失规则。至于受害方的过错行为是否与违约行为同时发生，则在所不问，只要其与违约行为同为造成损失的原因，就不影响过失相抵规则的适用。例如，债权人于债务履行期到来前变更住所地，但未通知债务人，债务人也未作询问调查和采取提存等必要措施，从而致使合同债务履行迟延而造成损失，虽然债权人的行为早于债务人的违约行为，但该行为与债务人的违约行为共同造成违约损害的发生，也应适用过失相抵规则。

（3）受害方须有过错，包括故意与过失。如果受害方的行为虽亦是发生损害的共同原因，客观上促成了损害的发生或扩大，但其只要主观上没有过错，即不适用过失相抵规则，违约方不得以之作为要求减轻损害赔偿责任的抗辩事由。受害方的过错，既包括故意，也包括过失；既包括自身的过错，也包括其代理人、履行辅助人及由其指定的履行合同的第三人的过错。

四、违约金

（一）违约金的概念

违约金是指按照当事人的约定或者法律直接规定，一方当事人违约的，应向另一方支付的金钱或者其他给付。违约金的标的物通常是金钱，但当事人也可以约定违约金的标的物为金钱以外的其他财产。《民法典》第 585 条第 1 款规定："当事人可以约定一方违约时应当根据违约情况向对方支付一定数额的违约金，也可以约定因违约产生的损失赔偿额的计算方法。"违约金是在合同中对承担赔偿责任的一种预先约定。违约金具有担保债务履行的功效，又具有惩罚违约方和补偿无过错一方当事人所受损失的效果。

（二）违约金的分类

1. 法定违约金与约定违约金。法定违约金是由法律预先约定一方当事人违约时，应当按照一定数额或比例向对方支付的违约金。法定违约金具有强制性，不管当事人是否约定，违约方都应当依法支付违约金。从我国现行法律的规定来看，法定违约金主要有以下几种情况：由法律、法规具体规定违约金的数额；由法律、法规直接规定违约金的固定比例；由法律、法规直接规定违约金的比例幅度，具体比例由当事人在此幅度内商定。

约定违约金，是指由当事人在合同中约定的违约金（《民法典》第585条第1款）。约定违约金主要包括两种情况：法律、法规对违约金未作具体规定，完全允许当事人约定的违约金；法律、法规虽规定了违约金的数额、比例或幅度，但是又允许当事人自行协商，或规定当事人的约定优于法定的违约金。

2. 惩罚性违约金与赔偿性违约金。惩罚性违约金是对债务人的过错违约行为实行惩罚以确保合同债务得以履行的违约金。适用此种违约金时，受害方除了可以向违约方请求违约金外，还可以向违约方请求债务不履行或者不适当履行所产生的损害赔偿。

赔偿性违约金是以弥补一方违约后另一方所遭受的损失为目的的违约金。此种违约金，相当于履行之替代，则请求此种违约金之后，便不能够再请求债务履行或者不履行的损害赔偿。例如，在合同履行不能或债务人拒绝履行义务的情况下约定的违约金就属于赔偿性违约金。《民法典》第585条规定的违约金，属于赔偿性违约金。

3. 违约金的调整。违约金是预先约定的损害赔偿额，虽然法律并不要求违约金的数额与损害赔偿额完全一致，但数额差距也不能过于悬殊，否则会违背民法的公平原则。因此，当违约金的数额过高或者过低时法律允许调整违约金的具体数额。《民法典》第585条第2款规定："约定的违约金低于造成的损失的，人民法院或者仲裁机构可以根据当事人的请求予以增加；约定的违约金过分高于造成的损失的，人民法院或者仲裁机构可以根据当事人的请求予以适当减少。"其特点是：（1）以约定违约金"低于造成的损失"或"过分高于造成的损失（违约金超过造成损失的30%）"为条件；（2）须经当事人请求；（3）由法院或仲裁机构予以裁量。

参考案例

甲乙签订一份买卖合同，约定违约方应向对方支付18万元违约金。后甲违约，给乙造成损失15万元，问：甲应向乙支付违约金的数额是多少？

【评析】当事人约定的违约金超过造成损失的30%的，一般可以认定为"过分高于造成的损失"，而本题的违约金没有明显高于该损失，因此甲可以请求乙支付违约金18万元。

4. 违约金的适用。

（1）区分违约金与损害赔偿金。根据《民法典》第585条第2款之规定，损害赔偿金与违约金在本质上具有同一性，原则上不可并用。

（2）区分违约金与定金。《民法典》第588条规定，当事人既约定违约金，又约定定金的，一方违约时，对方可以选择适用违约金或者定金条款。约定的定金不足以弥补一方违约造成的损失的，对方可以请求赔偿超过定金数额的损失。根据该条规定可知，违约金与定金不可并用，当事人只可择其一而行使。当然如果守约方选择定金，定金不足以弥补一方违约造成的损失的，守约方可以请求违约方赔偿超过定金数额的损失。

（3）关于违约金与继续履行能否并用的问题。对此问题，应在坚持违约金赔偿性的同时，探究当事人的真实意图，具体情况具体分析，决定两者是否可以并用。

如果违约金是针对迟延履行约定的，该违约金应推定为是预定迟延履行造成的损害赔偿，合同当事人并没有免除继续履行的意思。《民法典》第585条第3款规定，当事人就迟延履行约定违约金的，违约方支付违约金后，还应当履行债务。因此，在迟延履行的情况下，违约方除支付违约金外，还应当继续履行债务。

如果违约金是针对履行不能约定的，该违约金应推定为是就整个合同不能履行造成的实际损失预定的赔偿金，由于履行不能的合同在客观上已丧失了履行的可能性，因此守约方只能请求违约方支付违约金，而不能请求继续履行。

如果违约金是针对拒绝履行约定的，由于拒绝履行的债务在客观上仍有履行的可能性，因此守约方可以在要求违约方支付违约金和要求继续履行之间作出选择，要么要求对方支付违约金，免除其继续履行的责任；要么要求对方继续履行，但不得要求其支付违约金。但两种请求权不可并用，以免使守约方获得双份利益。需要注意的是，如果出现《民法典》第580条规定的不得强制履行的情形：①法律上或者事实上不能履行；②债务的标的不适于强制履行或者履行费用过高；③债权人在合理期限内未请求履行。此时守约方只能请求违约方支付违约金或者根据《民法典》第581条的规定由第三人替代违约方履行，而不能请求违约方继续履行。

如果违约金是针对不完全履行约定的，在不完全履行债务客观上仍可能履行的情况下，该违约金应推定为是就不完全履行对守约方利益造成的实际损失预定的赔偿金。守约方在请求违约方支付违约金的同时，仍可以请求对方继续履行。《民法典》第582条规定的修理、重作、更换均属于继续履行范畴，可与此种违约金并用。

【本章小结】

违约责任，是指当事人不履行合同义务或者履行合同义务不符合合同约定而依法应当承担的民事责任。违约责任是合同责任中的一种重要的形式。违约责任的一般构成要件主要包括：违约行为和不存在法定或者约定的免责事由。违约责任的形式，即承担违约责任的具体方式。根据《民法典》的相关规定，违约责任主要有继续履行、采取补救措施、赔偿损失、支付违约金等形式。

【引例评析】

《民法典》第577条规定："当事人一方不履行合同义务或者履行合同义务不符合约定的，应当承担继续履行、采取补救措施或者赔偿损失等违约责任。"王某与医院达成了按照A技术实施辅助生育的合同，医院按照B技术进行了治疗，构成违约行为，应承担违约责任，据此，王某有权请求医院返还医疗费并赔偿损失。

【练习题】

1. 名词解释

（1）违约责任

（2）预期违约

（3）继续履行（实际履行）

（4）赔偿损失

（5）违约金

2. 简答题

（1）违约责任与缔约过失责任的区别有哪些？

（2）违约责任的构成要件是什么？

（3）继续履行的构成要件是什么？

（4）赔偿损失的范围如何界定？

3. 案例分析题

甲油料厂与某供销社订立一份农副产品供销合同，双方约定由某供销社在1个月内向甲油料厂供应黄豆30吨，每吨单价1000元。在合同履行期间，乙公司找到某供销社表示愿意以每吨1500元的单价购买20吨黄豆，某供销社见其出价高，就将20吨本来准备运给甲油料厂的黄豆卖给了乙公司，致使只能供应10吨黄豆给甲油料厂。甲油料厂要求某供销社按照合同的约定供应剩余的20吨黄豆，某供销社表示无法按照原合同的条件供货，并要求解除合同。甲油料厂不同意，坚持要求某供销社履行合同。

问题：

（1）在合同没有明确约定的情况下，甲油料厂如果要求某供销社继续履行合同有无法律依据？

（2）某供销社能否只赔偿损失或者只支付违约金而不继续履行合同？

第二十二章
准 合 同

【引入案例】

一日清晨，甲发现一头牛趴在自家门前，便将其拴在自家院内，经打探失主未果。春天来了，甲用此牛耕地，其间牛生病了，甲花费 300 元给牛治病，两年后，牛的主人乙找到甲，要求返还牛，甲拒绝，问：甲是否应将牛返还给乙？甲是否有权要求乙支付 300 元？

【学习目标】

通过本章学习，能够掌握：

1. 无因管理的含义与性质；
2. 无因管理之债的内容；
3. 不当得利的含义与性质；
4. 不当得利的基本类型；
5. 不当得利之债的内容。

第一节 无因管理

一、无因管理概述

（一）无因管理的概念与性质

无因管理是指管理人没有法定的或者约定的义务，为避免他人利益受损失而管理他人事务，并且符合受益人真实意思，不违反法律或者违背公序良俗的事实行为。在无因管理中，管理他人事务的人称管理人，被他人管理事务的人称本人。

从法律事实的分类上看，无因管理属于合法的事实行为。第一，无因管理是人有意识的活动，在性质上不属于事件，而属于行为。第二，无因管理的管理人实施管理行为并不以发生一定的民事法律后果为目的，无因管理行为一旦发生，则依法律的规定直接产生无因管理之债，这种法律效果不是当事人意定的，而是法定的。因此，无因管理不属于民事法律行为，而属于事实行为。第三，无因管理属于合法的事实行为。在社会生活中，事实行为有合法的也有不合法的，对他人事务的管理，不能超出法律规定的界限，否则对他人事务的管理就会构成对他人事务的不正当干涉。法律确立无因管理制度的直接目的，是对于符合无因管理要件的行为承认其合法性，避免管理人因助人而受损。而对于不符合无因管理要件的对他人事务干涉的行为则不承认其合法性，应当受到法律的否定和禁止。

（二）无因管理的构成要件

《民法典》第979条规定："管理人没有法定的或者约定的义务，为避免他人利益受损失而管理他人事务的，可以请求受益人偿还因管理事务而支出的必要费用；管理人因管理事务受到损失的，可以请求受益人给予适当补偿。管理事务不符合受益人真实意思的，管理人不享有前款规定的权利；但是，受益人的真实意思违反法律或者违背公序良俗的除外。"根据该法条可知，无因管理的成立必须具备以下四个要件。

1. 管理他人事务。管理他人事务，是无因管理成立的前提条件。管理他人事务是一种积极的作为，包括保存、利用、管领、改良、帮助、服务等形式，凡能避免他人利益受损或为他人谋利益的行为，均属于管理他人事务。

无因管理之事务，可以是有关财产的事务，也可以是非财产的事务。管理的事务可以是事实行为，如为本人饲养牲畜，也可以是法律行为，如雇人修缮他人房屋。但下列事务，一般不发生无因管理：违法的或者违背公序良俗的行为，如代他人清偿赌债；不能发生民事法律关系的纯粹道义上、宗教上或者其他一般性的生活事务，如代朋友接待客人；依照法律规定必须由本人亲自实施或经本人授权才能实施的行为，如结婚登记、放弃继承权；单纯的不作为行为。

管理的事务必须是他人的事务。管理人所管理的事务是否为他人的事务应从客观角度分析，而不能仅依主观臆断。若当事人主张无因管理，则由管理人负证明该事务为他人的事务的举证责任。

2. 有为他人谋利益的意思。为他人谋利益的意思，是构成无因管理的主观要件，是指具有为他人管理事务的意思，即管理人认识到其所管理的是他人事务，并欲使管理事务所生的利益归于他人（本人）。管理人是否是为他人谋利益而为管理，应由管理人负举证责任。为他人谋利益的意思，其典型形态是专为本人谋利益的意思。但也允许管理人在为本人谋利益的意思同时，也有为自己谋利益的意思。例如，甲、乙两人的房屋相邻，乙的房屋着火，为防止乙家的火蔓延到甲家，甲去乙家扑灭大火。在此例中，甲的行为目的虽然是为了防止火蔓延到自己家，但其去乙家扑灭大火的行为则属于为了乙的利益，因此仍属于无因管理行为。

如果管理人误将他人事务当成自己的事务管理，此时，管理人有管理的行为但无管理的意思，故不符合无因管理。如符合不当得利的要件，可成立不当得利。例如，甲的一头羊走失，混入乙之羊群，乙不知其事，半年后，甲寻知后要求乙返还。乙误将甲的事务当成自己事务管理，缺乏管理意思，甲、乙间不成立无因管理。甲、乙间成立不当得利之债，乙有权请求甲补偿支出的必要费用。如果管理人误将自己的事务当成他人的事务而管理，此时管理人有管理意思，无管理行为，也不成立无因管理。如果管理人误将甲的事务当成乙的事务管理，此时管理人既有管理行为又有管理意思，故成立无因管理，实际受益人与管理人之间构成无因管理之债。

参考案例

一老人昏倒于街道上，甲以为是乙的父亲，赶紧打车将老人送医院并垫付3千元，事后得知老人系丙的父亲。问：甲、丙之间是否成立无因管理？

【评析】对本人发生误认时，管理人既有管理行为又有管理意思，故成立无因管理，实际受益人与管理人之间构成无因管理之债。因此，甲、丙间成立无因管理。

这里的利益，既包括无因管理行为使本人取得某种权益而直接受益，也包括本人得以避免或减少损失而间接受益。此处为他人谋利益，应根据一般社会常识判断。如果按照一般情况认为属于为本人谋利益的行为，而实际结果并未使得本人获得利益，仍构成无因管理，本人仍需支付管理人为管理事务所支出的费用。例如，甲根据天气预报，知道台风来临，看到邻居乙家的房屋无法抵挡，遂为之支付费用若干予以修理，但台风来后乙家房屋仍然倒塌。甲的行为虽然没有使乙得到利益，但仍构成无因管理。

3. 没有法定或者约定的义务。无因管理中所谓“无因”，就是指没有法定或约定的义务。没有法定或约定义务是无因管理成立的重要条件。如果管理人与本人之间有管理事务的约定，或法律规定管理人有管理他人事务的义务，比如，甲按照约定为乙修理房屋，或者父母管理未成年子女的事务，均不构成无因管理。只有在既无当事人的约定又无法定义务时，管理人对他人事务的管理才是无因管理。

衡量管理人有无法定或约定义务，应以管理人着手管理时的客观事实确定，不以管理人的主观认识为标准。如果管理人原无管理的义务，但于管理时有义务的，不能成立无因管理；如果管理人原有管理的义务，但于管理时已没有义务的，则自没有义务之时起可成立无因管理；如果管理人事实上负有管理义务，而其主观误认为没有义务的，其管理事务不能构成无因管理；如果管理人事实上没有管理义务，而管理人主观上误认为有义务的，其管理事务构成无因管理。

4. 符合受益人真实意思且不违反法律或者不违背公序良俗。符合受益人真实意思包括两种情况：一是本人就事务管理的意思曾作出明确表示的，管理人应依据本人的明示进行管理，如本人明确表示过要修理自己的危房。该明示不必向管理人作出，也无须以何种特定方式作出，只要管理人知悉，就应依本人的意思处理事务。二是依本人可推知的意思进行管理，在本人就事务管理未作出明确意思表示的情况下，本人的真实意思应依社会一般观念判定，凡对事务的管理方法在通常情况下符合本人利益，则可认定不违反本人的意思。例如，将被车辆撞伤的路人送往医院治疗，虽本人未明确表示要去医院治疗，但从本人所处的情形，依社会一般观念可推知其有去医院治疗的意思。

本人明示的意思如果违反法律或者违背公序良俗的，如本人对应纳税款不予交纳管理人出于维护公共利益的目的，而违反本人意思为管理，仍为适当管理。本人对自己事务处理所表示的意思违背公序良俗与本人的根本利益冲突，管理人则应依其根本利益为管理。例如，遇自杀者而予以抢救，管理人的管理虽与本人的意思相反，但与其根本利益相一致，管理人的管理为适当管理。

二、无因管理之债的内容

无因管理成立后，即在管理人与本人之间发生债权债务关系，这就是无因管理之债。无因管理之债的内容也就是管理人与本人双方当事人享有的权利和负担的义务。无因管理之债发生于管理人开始管理时。管理人自开始管理他人事务起，就发生以对本人妥善管理为义务的一系列义务。作为管理人承担义务的对价，管理人也享有权利，如向本人要求支付费用、补偿损失、清偿因管理而发生的债务等。

（一）管理人的义务

1. 适当管理义务。这是管理人的主要义务。管理人自开始管理他人事务起，就应依本人明示或可推知的意思，以有利于本人的方法为管理。所谓以有利于本人的方法，是指管理人管理事务的方式、结果有利于本人，而不损害本人的利益。《民法典》第 981 条规定：“管理人管理他人事务，应当采取有利于受益人的方法。中断管理对受益人不利的，无正当理由不得中断。”管理方法是否有利于本人，应依具体情况确定，而不是以管理人或本人主观意思为标准。为了鼓励无因管理行为，对管理人的注意义务不能要求过高，只要管理人尽到了善良管理人的注意义务（对所管理的事务尽到了如同管理自己事务一样的注意），即使其管理不适当，也不为有过错，管理人不承担债务不履行的责任。管理人是否尽到善良管理人应尽的注意义务，应结合管理人的管理能力或水平、管理事务性质、社会通常管理常识综合判断，如果管理人因未尽善良管理人的注意义务而违反了适当管理义务，造成了本人的损害，管理人应承担债务不履行的损害赔偿责任。但是如果管理人所管理事务处于紧迫状态，不迅速处理就会使本人遭受损失时，管理人除有恶意或重大过失外，对不适当管理，不应承担责任，如救助遭遇车祸的人，非因恶意或重大过失致其随身物品遗失，对此管理人不负赔偿责任。

参考案例

甲的幼子丙（8岁）离家出走，好心人乙暂时收留丙，供以衣食。丙突患重病，乙求神拜佛，怠于延医，致病情恶化。问：甲能否要求乙承担丙病情恶化多支出的医疗费？

【评析】乙暂时收留丙的行为有利于甲，不违反甲可得推知的意思，构成无因管理，乙有权请求甲补偿支出的必要费用。乙对丙生病的处置，未依甲可得推知的意思，不利于本人，未尽善良管理人之注意，构成对无因管理债务的违反，应对延误造成丙病情恶化而导致多支出的医疗费用承担赔偿责任。

2. 通知义务。管理人管理他人事务时，能够通知受益人的，应当及时通知受益人。管理的事务不需要紧急处理的，应当等待受益人的指示。事务管理开始后，管理人有通知义务。但管理人的通知义务是以管理人能够通知为限的，如果不能通知，如不知道本人是谁或不知道本人的联系方式等客观事由，则可免除通知义务。管理人负有通知义务，如果没有履行通知义务，对因其不通知所造成的损失则应承担相应的赔偿责任。管理人将管理事项通知了本人，管理人应等待本人的处理意见。本人可能对管理人有指示，也可能没有指示。本人指示管理人继续管理的，《民法典》第984条规定：“管理人管理事务经受益人事后追认的，从管理事务开始时起，适用委托合同的有关规定，但是管理人另有意思表示的除外。”由法条可知，此种情况下管理人与本人之间的法律关系发生变化，双方不再是无因管理关系，管理人与本人之间构成委托关系；本人指示管理人停止管理的，管理人应按本人的意思终止管理。管理人通知本人后，本人没有明确指示的，管理的事务不需要紧急处理的，应当等待受益人的指示。但是中断管理对本人不利的，管理人无正当理由不得中断管理行为，管理人应当继续管理避免本人利益遭受损失。

3. 报告与计算义务。《民法典》第 983 条规定：“管理结束后，管理人应当向受益人报告管理事务的情况。管理人管理事务取得的财产，应当及时转交给受益人。”无因管理开始后，管理人应将管理事务的进行状况报告本人，管理关系终止时，应详细报告其管理情况。管理人因管理事务所收取的金钱、物品及利息应交付本人，管理人以自己名义为本人取得的权利，应移转于本人。管理人为自己利益，使用应交付于本人的金钱的，应自使用之日起支付利息，如有损害应负损害赔偿义务。

（二）管理人的权利

管理人的权利也就是本人应当承担的义务。根据《民法典》第 121 条和第 979 条的规定，管理人有权请求本人清偿的费用包括管理人在管理事务中直接支出的费用，以及管理人在管理事务中受到的实际损失。管理人享有权利的主要有以下三项：

1. 请求偿还必要费用。管理人为管理本人事务而支出的必要费用，本人应当予以偿还。本人支付的费用，以必要或有益为限。费用是否必要或有益依支出时的客观情况来判定，如果依管理事务的当时情况，该项费用的支出是必要的，即使其后情况发生变化，费用的支出变为不必要，该支出的费用仍属必要，本人的偿还范围不应缩小。反之，如果依管理事务的当时情况，该项费用的支出是不必要的，即使其后情况发生变化，费用的支出变为必要，一般也不应视为必要费用。

2. 请求清偿必要债务。管理人为管理事务。而以自己名义向第三人负担的必要债务，管理人有权要求本人清偿。在此种场合，本人并不直接向第三人负担债务，第三人的债务人仍是管理人，本人向第三人清偿的，适用代为清偿或债务承担的规定。如果管理人以本人名义向第三人负债，则发生无权代理。此时如果本人承认无权代理行为，管理人与第三人所为行为的效果直接归属于本人，由本人对第三人清偿，免除管理人的债务。如果本人不承认无权代理行为，管理人也可以请求本人清偿其因向第三人清偿支出的费用。

3. 损害赔偿请求权。管理人因管理事务受有损害的（包括人身损害和财产损害），得向本人请求损害赔偿。该项损害赔偿请求权以损害与管理事务之间有相当因果关系为成立要件。例如，管理人因救火而受伤支出的医药费，得请求本人赔偿。管理人对损害发生也有过错的，应适当减轻本人的赔偿责任。

参考案例

陈某外出期间家中失火，邻居刘某取自家衣物参与扑火。在救火过程中，刘某手部烧伤，花去医疗费200元，衣物损失100元。问：陈某应偿付刘某哪些费用？

【评析】《民法典》第121条规定："没有法定的或者约定的义务，为避免他人利益受损失而进行管理的人，有权请求受益人偿还由此支出的必要费用。"《民法典》第979条第1款规定："管理人没有法定的或者约定的义务，为避免他人利益受损失而管理他人事务的，可以请求受益人偿还因管理事务而支出的必要费用；管理人因管理事务受到损失的，可以请求受益人给予适当补偿"。本案中刘某救火中手部烧伤花去的医疗费200元和衣物损失100元都属于必要费用，陈某应该偿付。

第二节 不当得利

一、不当得利概述

(一) 不当得利的概念与性质

不当得利是指没有法律根据，使得他人遭受损失而自己获得利益的事实。《民法典》第122条规定："因他人没有法律根据，取得不当利益，受损失的人有权请求其返还不当利益"。在这一事实中，取得利益的人称受益人，遭受损害的人称受害人或者受损人。受益人应返还不当得利给受害人，受益人与受害人之间因此形成债的关系。受益人为债务人，受害人为债权人。

不当得利是属于民事法律事实中的事件而非行为，不当得利的产生不是基于受益人的意思，而是基于法律的规定。受益人取得不当利益的主观状态如何，并不影响不当得利事实的成立。在不当得利中，受益人的义务是直接由法律规定的。

(二) 不当得利的构成要件

1. 一方取得财产利益。一方取得财产利益，是指当事人因一定的事实结果而获得了或增加了财产或利益上的积累。受益人获得的利益限于财产利益，即可以用金钱价值衡量的利益，精神利益不属于这里的利益范畴。判断受益人是否受有财产利益的标准为，凡是财产状况或利益较以前增加，或者应减少而未减少即为受有利益；既有得利又有损失的，损益抵销后剩余有利益的，也为受有利益。具体而言，取得财产利益主要包括财产的积极增加和消极增加。

财产的积极增加，即通过取得权利、增强权利效力或获得某种财产利益或义务的减弱而扩大财产范围。具体包括：第一，取得财产权或其他财产利益，如所有权、用益物权、债权、担保物权、知识产权等，也包括通过占有获得财产上的利益。第二，财产权的扩张或效力的加强，受益人在原有权利的基础上扩张了行使权利标的范围或效力范围，也属于受有财产利益。例如，第二顺位的抵押权变为第一顺位的抵押权。第三，权利或利益上的限制或负担消灭，如存在于所有物上的抵押权消灭，对所有人也属于一种得利。

财产的消极增加，即因财产或利益本应减少而未减少所得的利益。具体包括：第一，债务的减少或消灭。债务的减少或消灭，使债务人原本应履行债务的负担减少或解除，对债务人而言也是一种得利。第二，本应设定的权利负担未设定。第三，受益人对他人劳务或物的利用，从而使自己应当支出的费用得免支出。例如，误耕他人之田、误用他人之牛。

参考案例

> 甲在乙餐厅吃饭时，餐厅服务员误将他人点的一道“清蒸基围虾”（价格为135元）上到甲的餐桌上，甲见状未声张，快速将“清蒸基围虾”吃光。问：甲的行为是否构成不当得利？
>
> 【评析】甲的财产虽未积极增加，但应认定为消极增加（换言之，节省了费用），符合不当得利的构成要件，甲负有向乙餐厅返还135元不当得利的债务。

2. 他方受有损失。仅仅有一方受有财产上的利益，而未给他人带来任何损失，不成立不当得利。这里的损失，既包括现有财产或利益的积极减少（直接损失），也包括财产应增加而未增加（间接损失），亦即应得财产利益的损失。对于“应增加”的判定不必以其“必然增加”为必要，只要在通常情况下受损人的利益能增加即为“应增加”。如没有合法根据居住他人房屋，不管他人是否有使用该房屋或是否有出租房屋给第三人的打算，都可认为该房屋所有人受有相当于租金额的损失，因此可以说，房屋所有人对房屋进行使用收益的潜在价值受到侵害。

3. 一方取得利益与他方受损失之间有因果关系。受益人取得利益与受损人所受损失间的因果关系，是指受损人的损失是由于受益人受益所造成的。但受损人的损失与受益人的受益，范围不必相同，受益大于损失，或损失大于受益，均无不可，它只影响受益人返还义务的范围。

对于取得利益与所受损失间的因果关系，有直接因果关系说与非直接因果关系说两种学说。直接因果关系说主张取得利益与受有损失必须基于同一事实发生，如果是基于两个不同的事实发生，即使这两个事实之间具有牵连关系，也不应视为具有因果关系。非直接因果关系说主张取得利益与受有损失不必基于同一事实，只要两者之间具有可依社会观念认可的牵连关系，即如果没有受益的事实，他方即不致受有损失时，则二者之间便具有了因果关系。这两种主张在有第三人行为介入时，往往会产生截然不同的结论。如乙偷窃甲的现金，清偿了乙对丙的债务，依据直接因果关系说，丙的受益是基于乙的清偿行为，甲的受损是基于乙的偷窃行为，它们是两个不同的事实，受益与损失间不具有因果关系。而依据非直接因果关系说，则受益与损失间因两个事实上的牵连关系而具有了因果关系。甲可以要求乙承担侵权责任，但若乙无赔偿能力，甲可以依不当得利要求丙返还。通说认为，为了充分发挥不当得利对不公平的财产变动关系的调节作用，应采非直接因果关系的主张。因此，只要他方的损失是由获得不当利益造成的，或者说没有不当利益的获取，就不会造成他人财产的损失，均应认定受益与损失间有因果关系。

4. 没有合法根据。没有合法的根据是不当得利构成的核心要件。在社会生活中，任何利益的取得都必须有合法的根据，或是直接依据法律，或是依据民事法律行为。没有根据法律或民事法律行为取得利益，其取得的利益就没有合法根据，亦即没有法律上的原因，就构成不当得利。无法律上的原因既可以是自始无原因，也可以是嗣后无原因。例如，无权处分人有偿处分他人财物而受益的属于自始无原因，合同履行后，该合同被确认为无效的属于嗣后无原因。

二、不当得利的基本类型

不当得利依据不同标准可以作不同的划分，最基本的划分是依据不当得利是否基于给付行为而发生，将其分为给付不当得利与非给付不当得利。

（一）给付不当得利

给付的不当得利，是指受益人受领他人基于给付行为而移转的财产或利益，因欠缺给付目的而发生的不当得利。欠缺给付目的既可以是自始欠缺给付目的，也可以是给付目的嗣后不存在，或者是给付目的不达。如果由于某种原因，给付目的（原因）不存在或不能达到，那么受领给付者所取得的利益便会因为无合法根据而成为不当得利。因给付而发生的不当得利包括以下几种情形：

1. 自始欠缺给付目的。这是指一方向受益人给付之时即不具有给付的原因，其典型代表为非债清偿及作为给付的原因不成立、无效或被撤销。非债清偿是指没有合法根据而以清偿目的为一定给付的行为。例如，甲对于其已清偿的欠乙的债务疏于注意又进行清偿，乙所受的第二次清偿，便构成非债清偿的不当得利。但是依据我国《民法典》的规定，对于已过诉讼时效的债务为清偿，债权人可以合法保有该清偿利益，不构成不当得利。给付原因行为不成立、无效或被撤销，此种情形下，也可构成不当得利，如因买卖而交付物品，但买卖合同未成立。

参考案例

甲不知诉讼时效已过，向债权人乙清偿债务。问：债权人乙受偿债务的行为是否构成不当得利？

【评析】《民法典》第192条规定："诉讼时效期间届满的，义务人可以提出不履行义务的抗辩。诉讼时效期间届满后，义务人同意履行的，不得以诉讼时效期间届满为由抗辩；义务人已自愿履行的，不得请求返还"。《最高人民法院关于贯彻执行〈中华人民共和国民法通则〉若干问题的意见（试行）》（以下简称《民通意见》）第171条规定："过了诉讼时效期间，义务人履行义务后，又以超过诉讼时效为由翻悔的，不予支持。"据此可知，甲对已过诉讼时效的债务履行后，再以自己不知超过诉讼时效为由翻悔的，不予支持。因而，乙受偿债务的行为有法律依据，不构成不当得利。

根据《民法典》第985条的规定，在以下情形中，虽然当事人一方没有给付原因而为给付，但另一方不构成不当得利：

（1）为履行道德义务进行的给付。基于道德上的义务为给付行为符合社会道德观念，一旦给付即不得依不当得利请求返还。是否为道德上义务，应依一般社会观念及当事人之间的关系等情况认定。例如，养子女对其生父母的法定赡养义务因收养而解除，但若该养子女仍赡养其生父母，则属于尽道德义务，养子女不得依据不当得利要求其生父母返还支出的抚养费。

（2）债务到期之前的清偿。清偿期到来之前，债务人并无清偿义务，但债权人的受领并非无合法原因，此时的清偿仍然发生债务消灭的效果，故债权人得到的利益不属于不当得利。

（3）明知无给付义务而进行的债务清偿。给付人明知无给付义务而向他人为给付，对方接受给付不成立不当得利。此种情形应视为赠与。

（4）因不法原因而为给付。不法原因是指给付原因违反法律的强行性规定或者违反公序良俗，此种情形下，给付一方不能以不当得利为由请求对方返还。当然，在因不法原因而为给付的情形下，对方也不能取得该财产，该财产应当收缴。例如，为清偿赌债而为的给付，该财产就应收缴。但不法原因仅存在于受领人一方时，不阻却不当得利的发生，如对绑架者支付赎金、索贿等情形。

2. 给付目的嗣后不存在。这是指给付时虽有法律上的原因，但其后该原因不存在，因一方的给付而发生不当得利。属于这种不当得利的主要情形包括：附解除条件或终期的法律行为，条件成就或期限届满，当事人一方因该民事法律行为受有另一方的给付时构成不当得利；合同被撤销或解除后因先前生效合同而受领的给付构成不当得利。

3. 给付目的不达。为实现将来某种目的而为给付，但因某种原因，给付目的不能按照给付意图实现的，受领给付欠缺保有给付利益的正当性，因而构成不当得利。例如，债权人以受清偿的目的将债务清偿的收据交付给债务人，而其后债务人并未清偿债务。

（二）非给付不当得利

非给付不当得利，是指基于给付以外的事由而发生的不当得利，主要有以下情形：

1. 基于受益人的行为。基于受益者的行为而发生的不当得利，主要指侵害他人权益而发生的不当得利，受益者的行为可以是事实行为，也可以是法律行为。前者如侵夺他人所有物或擅自占有、使用、消费他人之物；后者如无权处分他人之物。

2. 基于受损者的行为。这种不当得利以受损人为他人支出费用最为典型，如误将他人的家畜当作自己的家畜饲养，误以他人事务为自己的事务而管理。

3. 基于第三人的行为。例如，债务人对债权的准占有人（债权凭证持有人）清偿，使债权消灭，致真正的债权人受有损失；甲以乙之木料为丙做家具。

4. 基于事件。例如，甲池塘的鱼因天降暴雨冲入乙的池塘；甲饲养的家禽吃掉乙的饲料等，都是基于事件发生的不当得利。

5. 基于法律规定。基于法律规定的不当得利，是指在一定事实或行为发生时，法律直接规定发生不当得利的效果。例如，在因附合、混合、加工而获取被添附物所有权时，允许被添附物原所有人向受益者依据不当得利请求权主张以被添附物价值相当的利益返还。

三、不当得利之债的内容

不当得利作为债的发生根据之一，在受益人与受损人之间发生不当得利返还的债权债务关系。不当得利之债的基本内容便是受损人取得的不当得利返还请求权。

（一）不当得利返还请求权的范围

不当得利制度的规范目的重在去除不当得利，而非损害赔偿，所以，如果受益人所得利益大于受损者的损失，受益人只在损失的限度内，负返还义务；如果受益人所得利益小于受损者损失，受益人也只于受益的限度内负返还义务，但受益人主观上为恶意的，受损者得请求损害赔偿。受益人的返还范围依其善意或者恶意而有不同。

1. 受益人为善意时的利益返还。受益人为善意，是指受益人于受益时不知其受益无法律上的根据。善意受益人利益返还范围以现存利益为限，现存利益的确定时期为受益人受利益返还请求之时，于此时利益已不存在的，受益人不负返还义务。《民法典》第986条规定："得利人不知道且不应当知道取得的利益没有法律根据，取得的利益已经不存在的，不承担返还该利益的义务。"受益人的返还义务以原物为主，当原物因消费、消耗、出卖、赠与、被盗、遗失等情形不能返还时，于现存利益范围内受益人应偿还价额。现存利益不以受益人取得利益的原形为限，原形虽发生变化，但只要其财产价值仍然存在或其代偿利益仍然存在，即有现存利益。凡受益人的财产总额因取得利益而增加，且该财产总额增加尚存在，则可判定有现存利益存在。以下几种情形都属于现存利益：

（1）原物以及原物所产生的孳息。

（2）受益人取得的利益经消费而不存在，并因此而省下其他的费用开支，则其节省下的开支为现存利益。

（3）受益人取得利益原形不存在，但受益人因之取得的对第三人损害赔偿请求权、保险金请求权、对价请求权、因被征收而取得的补偿费用等代偿利益。例如，甲无合法原因取得乙的手机，致使乙受有损失，甲嗣后又将该手机卖给丙而获得交换价金即为现存利益。

善意受益人因信赖所得利益具有法律上原因所支出的必要、有益费用，可以在返还现存利益时，要求受损者偿还有关费用或从现存利益中予以扣除，如运费、医药费、缴纳的税款、动物的饲料费或为取得、保管、维持或增加利益所支出的必要、有益费用。

参考案例

甲误将自己的手机（价值1500元）遗失在乙家，因该手机与乙自己的手机一模一样，乙以为是自己的手机。后乙决定换手机，便将该手机以500元的价格卖给丙。后来甲查知情况，请求乙赔偿1500元。

【评析】①由于乙为善意的不当得利人，仅需返还现存利益500元。②乙并无过错，不构成侵权，甲对乙无侵权损害赔偿请求权。③因手机为遗失物，丙不能善意取得，若甲能找到丙，可以对其主张返还手机。

2. 受益人为恶意时的利益返还。受益人为恶意，是指受益人明知无法律的原因而取得利益。受益人于受领时不知其受益无法律上的原因，其后知晓的，自知晓之日起，成为恶意受益人。

《民法典》第987条规定："得利人知道或者应当知道取得的利益没有法律根据的，受损失的人可以请求得利人返还其取得的利益并依法赔偿损失。"恶意受益人负担较善意受益人严厉的返还义务，应当返还其所取得的全部利益。若恶意受领的利益已不存在，不论其不存在的原因为何，受益人都应当如数返还，不得主张因利益不存在而免除返还义务。恶意受益人返还受损者利益后，仍不足以弥补受损者损失时，恶意受益人应承担赔偿责任。此项赔偿责任不以受益人故意或过失为要件，这实质上是受益人的返还义务与赔偿责任的结合。

受益人在取得利益时为善意、嗣后为恶意的，其返还的利益范围应以恶意开始时存在的利益为准。

参考案例

张某发现自己的工资卡上多出2万元，便将其中1万元借给郭某，约定利息500元；另外1万元投入股市。张某单位查账发现此事，原因在于财务人员工作失误，遂要求张某返还。经查，张某借给郭某的1万元到期未还，投入股市的1万元已获利2000元。问：张某应返还给单位多少钱？

【评析】《民法典》第122条规定："因他人没有法律根据，取得不当利益，受损失的人有权请求其返还不当利益。"张某因单位人员工作失误而受领2万元款项，属于无合法依据的不当得利，应予返还。本案中，张某将1万元出借而约定的500元利息债权，属于该1万元的法定孳息，而将1万元投入股市的收益则不属于孳息。因此，张某应返还最初获得的2万元不当得利本金加500元债权的孳息。

3. 不当得利由第三人无偿取得时的返还义务。《民法典》第 988 条规定："得利人已经将获得的利益无偿转让给第三人的，受损失的人可以请求第三人在相应范围内承担返还义务。" 在适用该法条时，应区分善意受益人和恶意受益人两种情况。

（1）善意的受益人将所受利益无偿让与第三人。

第一，善意受益人就无偿让与第三人的部分不负返还义务。因为受益人是无偿让与，所以现存利益已不存在。如果是有偿让与，则现存利益仍然存在。

第二，第三人在受益人免除返还责任的限度内对受损人负返还的责任。

参考案例

甲的一只羊混入乙的羊群，乙不知情，一直将该羊当作己有。后来，乙将该羊赠与百里之外的远房亲戚丙。

【评析】①乙属于善意的得利人。②善意的乙将所受利益无偿让与丙，无现存利益，乙不承担返还义务。③丙在乙免除责任的范围内对甲负担返还义务。

（2）恶意的受益人将所受利益无偿让与第三人。

第一，恶意受益人的返还义务不因此而受影响。即使恶意不当得利人应返还的所受利益已不存在，恶意得利人仍应承担返还义务。

第二，受害人享有选择权，可要求受益人或第三人承担返还义务。

参考案例

甲的一只羊混入乙的羊群，乙发觉后，为免肥水流入外人田，乙将该羊赠与百里之外的远房亲戚丙。

【评析】①乙属于恶意的得利人。②乙将所受利益无偿让与丙，虽无现存利益，乙仍应负担返还所受利益的义务。③甲享有选择权，可选择乙或丙主张返还不当得利。

（二）不当得利返还请求权与其他请求权的关系

1. 不当得利返还请求权与所有物返还请求权的关系。在一方侵占他人的财物，或者一方基于无效行为给付他人财物，标的物的所有权不发生转移时，成立所有物返还请求权。同时因一方取得他人财物的占有，占有也是一种利益。在此情形下，发生所有物返还请求权与不当得利返还请求权竞合。因不当得利返还请求权为债的请求权，所有物返还请求权为物权请求权，所以，权利人应首先适用物权请求权的规定。但也不排除权利人得依不当得利返还请求权请求返还不当得利。

2. 不当得利返还请求权与侵权损害赔偿请求权。不当得利请求权与侵权损害赔偿请求权可以发生竞合。例如，侵害人因侵权行为而从中受有利益时，所受利益也可以说是无合法根据所得的不当利益，于此情形下可成立不当得利。在发生不当得利请求权与侵权损害赔偿请求权竞合时，当事人可以选择行使何种请求权。

3. 不当得利请求权与违约损害赔偿请求权。不当得利请求权与违约损害赔偿请求权也可发生竞合。例如，在双务合同中，一方履行义务，而对方发生履行不能时，即可发生违约损害赔偿请求权，也可发生不当得利返还请求权。但若一方并未向对方履行义务，对方未受利益，就不能发生不当得利返还请求权。另外，在一方给付有瑕疵的情形下，一般仅发生违约损害赔偿请求权而不能发生不当得利返还请求权。

【本章小结】

本章介绍了无因管理和不当得利，主要包括无因管理的概念、构成要件和无因管理之债的内容；不当得利的概念、构成要件、基本类型和不当得利之债的内容。

【引例评析】

《民法典》第314条规定，拾得遗失物，应当返还权利人。拾得人应当及时通知权利人领取，或者送交公安等有关部门。引入案例中，甲拾得乙的牛属于不当得利，应当返还给失主。

《民法典》第317条第3款规定，拾得人侵占遗失物的，无权请求保管遗失物等支出的费用，也无权请求权利人按照承诺履行义务。引入案例中，甲花费的300元是因为甲使用该牛，致其劳累过度而生病所花费的费用，而非单纯的保管费用。另外，即便300元属于合理的保管遗失物的费用，甲最后拒绝返还的行为说明甲有侵占遗失物的意思，也无权请求乙支付300元。

【练习题】

1. 名词解释

(1) 无因管理

(2) 不当得利

2. 简答题

(1) 简述无因管理的概念和构成要件。

(2) 简述无因管理的效力。

(3) 简述不当得利的概念和构成要件。

(4) 简述不当得利的基本类型。

(5) 简述不当得利的效力。

3. 案例分析题

张某在一风景区旅游，爬到山顶后，见一女子孤身站在山顶悬崖边上，目光异样，即心生疑惑。该女子见有人来，便向悬崖下跳去，张某情急中拉住女子衣服，将女子救上来。张某救人过程中，随身携带的价值2000元的照相机被碰坏，手臂被擦伤；女子的头也被碰伤，衣服被撕破。张某将该女子送到山下医院，为其支付各种费用500元，并为包扎自己的伤口用去20元。当晚，张某住在医院招待所，但已身无分文，只好向服务员借了100元，用以支付食宿费。次日，轻生女子的家人赶到医院，向张某表示感谢。

问题：

(1) 张某与轻生女子之间存在何种民事法律关系？

(2) 张某的照相机被损坏以及治疗自己伤口的费用女子应否偿付？为什么？

(3) 张某为女子支付的医疗费等费用能否请求女子偿付？为什么？

(4) 张某向服务员借的100元，应当由谁偿付？为什么？

(5) 张某能否请求女子给付一定的报酬？为什么？

(6) 张某应否赔偿女子衣服损失？为什么？

第四编
人 身 权

第二十三章
人身权概述

【引入案例】

1999 年 7 月 9 日，某银行甲分行某储蓄所遭到两名歹徒抢劫。女营业员姚某暗中按下了报警器，但警讯未能发出；在另一名女营业员假装找钥匙以拖延时间时，姚某又暗中再次按下了报警器，报警器仍然失效。结果，歹徒从姚某的钱箱中抢走了 13568.46 元现金，从另一名女营业员的钱箱中抢走了 30190 元现金。接着，歹徒又威胁姚某打开保险柜，但被姚某瞒过，柜中的 25 万元现金才未受劫难。歹徒逃离现场后，姚某立即向“110”报警。翌日，姚某从家里取出了 1.3 万元交还储蓄所，以弥补单位的损失。1999 年 8 月，甲分行对姚某作出了开除公职，开除党籍的处分。姚某向劳动争议仲裁委员会申请仲裁。仲裁委员会于 1999 年 11 月 8 日作出裁决，某银行甲分行对姚某开除公职的处分决定无效。某银行甲分行不服，向法院提起诉讼。2000 年 1 月 26 日，法院判决某银行甲分行败诉。

【学习目标】

通过本章学习，能够掌握：

1. 人身权的概念和特征；
2. 人身权的分类；
3. 人身权的权能。

第一节　人身权的概念与分类

一、人身权的概念与特征

（一）人身权的概念

人身权是民事主体依法享有的与其人身不可分离的，以人格利益或者身份利益为内容的民事权利。人身权是民事主体享有的最基本的民事权利，它与财产权一起共同构成民法规定的两大基本民事权利。

（二）人身权的特征

1. 人身权与民事主体的自身主体资格密不可分。一方面，人身权是保障人的精神利益得以实现的权利形式，与民事主体的人身密切相连，不存在脱离特定权利主体的人身权，因此，人身权只能由特定的民事主体享有，一般不得抛弃、转让、继承。作为例外，少数人身权也可以被转让或者继承，如法人的名称权就可以依法转让。另一方面，民事主体也离不开人身权而存在。生命权、健康权等人格权与民事主体须臾不可分离，是民事主体生存的基础，也是民事主体从事社会活动和民事活动的前提。

2. 人身权是非财产性权利，但同时具有可财产救济性。人身权都没有直接的财产价值，不直接体现民事权利主体的财产利益，不能用金钱进行衡量，也不能像物一样被耗费、转让、许可使用。人身权虽然没有直接的财产内容，但又与财产权紧密相关，往往是取得财产权利，发生财产关系的前提和基础。同时对人身权的侵害往往也会影响权利人的经济利益，导致损害赔偿，引起财产关系的变化。《民法典》第 1179 条、第 1182 条、第 1183 条，分别规定了人身损害赔偿、因侵害人身权造成财产损失的赔偿和精神损害赔偿。

3. 人身权是民事主体的固有权利。绝大多数人身权都是自民事主体出生或者成立之时就开始享有。比如，自然人一出生，就享有生命权、健康权等；法人一成立就享有名称权。有些人身权需要一定条件才能享有，如婚姻自主权。这主要是由人的自然属性决定的。至于需要什么条件才能够享有，则是由政府基于公共政策的考虑决定的。一般而言，获得人身权无须申请，也无须以一定方式公示。

4. 人身权是绝对权和支配权。人身权是绝对权，人身权的主体是特定的人，义务主体是特定民事主体以外的任何人，因此，特定民事主体以外的任何人都负有不得侵害、干涉、妨碍人身权的义务。人身权是支配权，是民事主体对自己的人身、人格利益直接支配，排除他人干涉的权利，因此，人身权的实现无须请求他人的协助。

二、人身权的分类

根据人身权与其权利主体的联系程度和产生的依据的不同，人身权可以分为人格权与身份权两大类。人格权是以权利人的人格利益为客体的民事权利。身份权，是指民事主体基于某种特定的身份而依法享有的以身份利益为客体的一种民事权利。

人格权与身份权的区别主要表现在：其一，客体不同。人格权以人格利益为客体，包括自然人应享有的生命、健康利益，自然人、法人获得的良好社会评价利益等。身份权的客体是基于一定身份关系形成的身份利益。其二，利益归属不同。人格权的利益只归属于权利人自身；而有些身份权如亲权更主要是为了相对人的利益。其三，权利的取得方式不同。人格权的取得不需要权利人实施一定的行为，自然人的人格权因出生而取得，法人的人格权因依法成立而取得。身份权的取得则需要借助权利人实施一定的行为。其四，权利的存续期间不同。人格权存在于权利人存续的全过程，无特别期限限制。身份权是以身份的存续为其存续的前提。

第二节 人身权的权能

人身权的权能主要体现为民事主体通过一定方式来享有、处分各种人身利益。一般而言，人身权的权能主要有以下几方面：

一、控制权

控制权，是指民事主体可以按照自己的意志支配各种人身利益，并可以排除他人的非法干涉的权能。例如，自然人对自己姓名、肖像等人身利益的控制，使自己享受精神活动的自由，通过对身体、健康、生命的控制，如锻炼身体以增进健康，患病受伤后进行诊治，改进卫生饮食习惯以益寿延年，因而享受生命、身体安全的利益。

控制权既是人身权的权利主体积极行使其权利的表现，又是权利主体行使人身权其他权能的基础。当他人对人身权或人身权的行使加以非法干涉时，权利人可以依法排除。

二、利用权

利用权，是指民事主体可以按照自己的意志对各种人身利益加以利用，从而满足自身需要的权能。例如，利用姓名、名称，以作为社会活动中不同个体的区分标志；利用自己的形象绘画、摄影、摄像，从事艺术活动；利用自己的信用为他人的债务提供担保，利用自己的身份从事各种社会活动等。

三、有限转让权

民事主体可以将自己的人身利益加以转让，但是这种转让往往有一定的限制。这种限制主要来自两个方面：一方面，并非所有的人身利益都可以转让。例如，自由权、生命权、身体权、健康权、名誉权、荣誉权等人身权所体现的人身利益均不得转让。另一方面，对于能够被转让的人身权益而言，转让通常也不彻底。例如，权利人可以许可他人使用自己的肖像，而本人仍然保留一定的权能。但是，法人的名称权，则可以完全转让。

人身利益的转让，应依有效的民事法律行为进行。转让行为是否有偿，依当事人约定。双方当事人无约定而就是否有偿发生争议的，应依权利人的意志确定，受让人通常应当给予适当报酬。

四、适当处分权

适当处分权，是指权利人对于自己享有的人身利益进行适当的自主支配的权能。例如，自然人可以理发、整容，可以将自己身体的组成部分捐献，如捐献眼角膜、骨髓等。

对人身利益的处分权并不是绝对的，表现在：一是并非所有的人身利益都可以自由处分，如自由、名誉等不得抛弃、转让。二是处分内容的有限性。例如，法律应当提倡人们善待自己的生命，但为国捐躯、舍己救人则是合法的行使处分权的行为。

【本章小结】

人身权是民事主体依法享有的与其人身不可分离的，以人格利益或者身份利益为内容的民事权利。人身权是民事主体享有的最基本的民事权利，它与财产权一起共同构成民法规定的两大基本民事权利。每个人都被当作人看待是人类社会进步的一个巨大成果。人本身被看作了目的，而不再是客体和手段。这一进步促进了民法人身权制度的发展，而民法人身权制度为这种进步提供了保障，并且仍在不断促进这种进步。

【引例评析】

人身权是民事主体享有的最基本的民事权利，生命是自然人最高的人身利益。当生命权和财产权发生冲突时，除非自然人有职务上的或者法定义务的特别要求，应当首先保护生命权。姚某以较小的财产损失，保护了自己和同事的生命权，保护了更多的财产利益，是正当行为，而非失职行为。

2003年北京市教育局对原《中小学生守则》做了修订，删除了鼓励中小学生“敢于斗争”的内容，原有的遇到坏人坏事“敢于斗争”和“见义勇为”等字样被代之以“主动报告”“遇有侵害，善于斗争”，学会“自救自护”等内容。这种修改适应了中小学生身心发展的特点，同样也体现了对其人身权的尊重。

【练习题】

1. 名词解释

(1) 人身权

(2) 人身权的权能

(3) 人身权的控制权能

2. 简答题

(1) 人身权有哪些法律特征?

(2) 人格权和身份权有哪些区别?

(3) 人身权的权能有哪些?

3. 案例分析题

甲、乙两人是某高校的硕士生，同住一寝室，合用一台电脑。甲向美国某大学申请留美奖学金，并将此事告知乙。美方向甲发出电子邮件，邀请甲赴美留学。恰巧甲不在，乙出于妒忌，擅自拒绝美方的邀请。数日后甲发电子邮件向美方询问，美方告知甲美方曾发函邀请并遭甲拒绝，故不再考虑。甲、乙由此发生纠纷。请根据人格权法的相关知识对本案进行分析。

第二十四章
人 格 权

【引入案例】

年仅6岁的女患者王某因腹泻、呕吐、发烧、腹痛等症状到被告某医院就诊，被告以“急性阑尾炎”并“阑尾周围炎”收入该院外科进行手术治疗。术后将切除物送病理科检验。《病理检验报告》显示，送检物为卵巢组织两小块及粪石一粒，卵巢组织未见炎症反应，未见阑尾组织。对此，北京市石景山区医疗事故鉴定委员会作出技术鉴定，属三级医疗技术事故。北京市高级人民法院法医室对原告伤情出具了《法医学鉴定意见书》，分析说明了原告手术中被切除左侧卵巢组织。因卵巢在女性生长发育过程中占有较重要地位，且被鉴定人尚处幼年，本次手术将对其今后生活质量产生较大影响，根据有关规定，原告伤残程度为7级。为此原告向北京市石景山区人民法院提起诉讼，要求法院确认被告侵害其健康权并进行相应赔偿。

【学习目标】

通过本章学习，能够掌握：

1. 人格权的概念和特征；
2. 一般人格权的概念和功能；
3. 生命权、身体权、健康权的内容和保护方法；
4. 姓名权、名称权、肖像权的内容和保护方法；
5. 名誉权、荣誉权的内容和保护方法；
6. 隐私权、个人信息权的内容和保护方法。

第一节　人格权概述

一、人格权的概念与特征

（一）人格权的概念

人格权是指民事主体平等享有的、以人格利益为客体、经法律认可、作为民事主体应当具备的基本权利。《民法典》第990条规定："人格权是民事主体享有的生命权、身体权、健康权、姓名权、名称权、肖像权、名誉权、荣誉权、隐私权等权利。除前款规定的人格权外，自然人享有基于人身自由、人格尊严产生的其他人格权益。"

（二）人格权的特征

1. 人格权是作为民事主体所应当具备的。一方面，人格权是民事主体维系其存在，进行民事活动的前提，民事主体只有具备人格权，才具备主体资格。另一方面，只要是民事主体，均具备人格权。对自然人来讲，这种权利与生俱来；对法人和其他组织来讲，这种权利自成立时即享有。

2. 民事主体享有的人格权完全平等。民事主体之间的人格权完全平等，不因性别、种族、民族、贫富等而有区别，也无论民事主体是否加以行使。

3. 人格权以人格利益为客体。人格利益，是指民事主体自然生存和社会生存所必需的利益。具体而言，是指民事主体就其人身自由和人格尊严、生命、健康、姓名、名誉、肖像、隐私等方面所享有的利益之总和。

4. 人格权须经法律认可。虽然人格权是民事主体固有的，但只有经过法律认可的人格权，如名誉权、肖像权等才受法律的保护。

二、人格权的分类

根据人格权所体现和保护的人格利益，可以将人格权分为一般人格权和具体人格权。一般人格权，其客体为受法律保护的人格利益的总和。一般人格权确定了应受法律保护的人格利益之基本属性，即凡属人格所生之合法利益，均受法律保护。具体人格权是指以具体人格利益为客体的人格权。具体人格利益包括生命、健康、身体、姓名或者名称、名誉、肖像、隐私、荣誉等人格利益，因此，具体人格权又可以分为生命权、健康权、身体权、姓名权或者名称权、名誉权、肖像权、隐私权、荣誉权等。一般人格权为具体人格权的渊源。

第二节　一般人格权

一、一般人格权的概念与特征

一般人格权是民事主体基于人格平等、人格独立、人格自由与人格尊严等根本人格利益而享有的人格权。《民法典》第 990 条第 2 款规定，自然人享有基于人身自由、人格尊严产生的其他人格权益。《最高人民法院关于确定民事侵权精神损害赔偿责任若干问题的解释》第 1 条第 1 款第 3 项也规定了一般人格权。

与具体人格权相比较，一般人格权具有以下法律特征：

（一）主体的普遍性

一般人格权作为民事主体享有的人格利益的一般抽象，不会因为权利主体或权利构成的不同而出现差别。自然人无论其民族、种族、性别、年龄、教育程度、财产状况等个体因素的差异如何，法人及其他组织不论其组织形式、财产多寡、规模大小有何不同，均普遍享有一般人格权。

（二）权利客体的高度概括性

一般人格权的客体是一般人格利益，具有高度的概括性。这种概括性，包括两个方面的意义，一是一般人格利益本身的概括性，人格平等、人格独立、人格自由和人格尊严都不能化成具体的人格利益，也不能成为具体人格权的客体。二是一般人格利益是对各种具体人格权客体的概括，任何一种具体人格权的客体，都可以概括在一般人格利益之中。因此，一般人格权才成为具体人格权的渊源，由此产生并规定具体人格权。

（三）权利内容极具广泛性

一般人格权的内容包括具体人格权的内容，而且，对于具体人格权所不能包括的人格利益，也都包括在一般人格权之中。它不仅是具体人格权的集合，而且为补充和完善具体人格权立法不足提供切实可靠的法律依据。

（四）所保护利益的根本性

一般人格权所保护的人格利益是民事主体的根本利益。人格的平等、独立、自由与尊严，都是民事主体之所以成为民事主体最根本的要件；也是民事主体享有其他民事权利，包括其他具体人格权的基础。

二、一般人格权的内容

通常将一般人格权的内容概况为人格平等、人格独立、人格自由与人格尊严。

（一）人格平等

人格平等的基本含义是指，民事主体的法律地位彼此平等。在民法的意义上，每个民事主体都是平等的。不分性别、年龄、种族、民族、贫富、受教育程度等，民事主体彼此都是平等的，没有高低贵贱之分，彼此没有依附关系。人格平等意味着民事主体享有平等的资格和机会。至于最终结果是否平等，取决于每个人的能力、努力程度、机会的把握、风险的防范等因素。

（二）人格独立

人格独立的基本含义是指，民事主体彼此互相独立，包括意思独立、财产独立与责任独立。他人对别人的意思和民事法律行为无权干涉。每个民事主体有权独立作出意思表示，独立实施民事法律行为，同时要独立为自己的行为承担责任。无民事行为能力和限制民事行为能力人需要由他人代理作出意思表示和实施民事法律行为，这种代理并不是否认人格独立，行为的后果依然同样由本人承担。

（三）人格自由

人格自由的基本含义是指，民事主体可以根据自己的意愿依法实施民事法律行为，他人不得干涉，不能将自己的意愿强加给别人。保持人格的自由，就是主体保持自己做人的自由。民事主体彼此人格平等、人格独立，其必然推论就是人格自由。

（四）人格尊严

人格尊严是所有人格权的核心含义，因此，人格尊严实际上也是一般人格权的代名词。人格尊严是指民事主体作为一个人所应有的最起码的社会地位，并且应受到社会和他人最起码的尊重的资格。换言之，所谓人格尊严，即把人真正当成人。民事主体的人格尊严是相同的，民事主体之间应当互相尊重。

参考案例

钱小姐与侄子一起进入上海某日用品有限公司四川北路店。当她出门时，店门口警报器鸣响，立刻有女店员上前阻拦钱小姐离店，并强行将钱小姐带入地下商场内的办公室。当女店员通过办公室内的手提电子探测器确定钱小姐左髋部带有磁信号时，便毫不客气地责令钱小姐脱去裤子检查。钱小姐被迫两次解扣脱裤，感觉十分屈辱。事后，钱小姐向上海市虹口区消费者协会投诉，但调解没有成功。于是在家人的陪同下钱小姐向虹口区人民法院起诉，要求上海某日用品有限公司登报赔礼道歉，并赔偿自己的精神损失。

【评析】本案中，超市侵害了钱小姐的人格尊严、人格自由，且造成严重后果，钱小姐有权以一般人格权遭受侵害为由，要求超市承担精神损害赔偿责任。

三、一般人格权的功能

一般人格权作为民事主体的一项基本权利，保护的是根本人格利益，从而具有一般条款的作用，因此它可以创造、解释和补充具体人格权，从而使人格权制度更好地保护民事主体的人格利益。

(一) 创造功能

一般人格权是具体人格权的源泉，从中可以创造出各种具体的人格权。人格权是一个不断发展的概念，是一个从弱到强、从少到多、逐渐壮大的权利组合。近代以来，各种社会条件不断促成对人的尊重。相应的，在民事立法上创造了大量的具体人格权，使具体人格权达到数十种，其种类之多，其他基本权利无法相比。这些权利的产生，无一不是依据一般人格权的渊源而创造出来的。随着社会的继续发展，从一般人格权中还会演变出新的具体人格权。

(二) 解释功能

一般人格权的高度概括性和抽象性，使它成为具体人格权的母权，成为对各项具体人格权具有指导意义的基本权利，并决定各项具体人格权的基本性质、具体内容以及与其他具体人格权的区分界限。正因如此，一般人格权对于具体人格权而言，具有解释的功能。当对具体人格权进行解释的时候，应当依据一般人格权的基本原则和基本特征为标准，有悖于一般人格权基本原理的解释应属无效。

(三) 补充功能

一般人格权具有高度的包容性，既可以概括现有的具体人格权，又可以创造新的人格权，还可以对尚未被具体人格权确认保护的其他人格利益，发挥其补充功能，将这些具体人格利益概括在一般人格利益之中，以一般人格权进行法律保护。当这些没有被具体人格权所概括的人格利益受到侵害时，即可依侵害一般人格权确认其为侵权行为，追究行为人的侵权责任，救济其人格利益损害。

第三节 生命权、身体权和健康权

一、生命权

（一）生命权的概念与特征

生命是自然人作为民事主体的前提和基础，是自然人最高的人格利益。法律最重要的目标之一就是致力于保障自然人生命的安全和尊严。生命权是指自然人享有的以生命安全和生命尊严为内容的权利。《民法典》第1002条规定，自然人享有生命权。

生命权具有以下法律特征：

1. 生命权的主体只是自然人，法人或者非法人组织不是生命权的主体。

2. 生命权的客体是生命的安全和尊严。生命是自然人存在的前提，生命只有一次，因此，生命安全是自然人的最高利益。同时，生命权的内容还包括生命的尊严。生命的安全关注的是生命的存续问题，而生命的尊严关注的是生命的存续状态问题。人不仅应当能够活得了，而且应当能够活得好。人身权法律制度在保护自然人享有生命安全的同时，还应当保护生命的尊严，使每个人能够得以免除对生命的威胁，从而心神安宁、内心祥和。

（二）生命权的内容

1. 生命安全维护权。生命是自然人最高的人格利益，权利主体有权维护生命的安全。当生命安全受到非法侵犯时，权利人可以采用一切必要手段制止不法侵害、保护生命安全。权利主体不仅可以向司法机关请求保护，而且可以采取正当防卫或者紧急避险等措施。

2. 生命尊严维护权。生命尊严维护权所针对的是在没有侵犯生命安全的前提下，使他人生命处于危险之中的行为。当环境对生命构成危险，但危害尚未发生时，生命权人有权要求改变环境，消除危险。生命是否处于危险之中，需要根据理性人标准来判断。换言之，只要处于类似情况的理性人可以合理地相信生命存在即时危险，就满足这一标准，而不要求客观上真正使他人生命处于即时危险之中。例如，向他人发出死亡威胁，如果使得理性人合理相信这种威胁的真实性，即构成对生命尊严的侵犯，从而侵犯了他人的生命权。

3. 生命利益支配权。生命利益支配权，主要体现在权利主体是否有权支配自己的生命。这一问题包括两个方面：其一，权利人能否主动将自己的生命置于险境？其二，权利人是否有权主动结束自己的生命？就第一个方面而言，因为人类社会的进步和发展、人生意义和价值的实现，某些冒险和牺牲是必要的，甚至是必须的，所以对该问题人们通常没有多大争议。而个人能否主动结束自己的生命，比如自杀和安乐死，国内外都有很多争论。这一问题也远远超出法律范畴，涉及道德、伦理、哲学、宗教、文化、医学等诸多方面。例如安乐死，从法律角度来看，其焦点并不是病人是否有权支配和处分自己的生命，人们争论的是医生或第三人是否有权应他人的要求帮助其结束生命，以及本人的意思表示是否真实和医生权利是否存在滥用，而并非否认病人的生命利益支配权。同时，法律褒扬为国捐躯、舍己救人的行为，也都涉及权利人对其生命利益的支配和处分。

二、身体权

（一）身体权的概念与特征

身体权是指自然人维护其身体组织完整并支配其身体或者身体组成部分的具体人格权。《民法典》第 1003 条规定，自然人享有身体权。

身体权具有以下法律特征：

1. 身体权的客体是自然人的人身，是自然人身体完全、完整的利益。需要注意的是，与身体相连，不能自由拆卸的假肢、义眼、心脏起搏器、支架属于身体权的客体。

2. 身体权的内容包括维护身体组织完整权与对身体组成部分的支配权。

（二）身体权的内容

1. 维护身体组织完整权。完整的身体是自然人生命延续的基础；也是正常生活的基础。身体残缺，就会导致自然人全部或部分丧失行为能力，而无法享有某些利益。自然人有权维护自己的身体完整。任何破坏自然人身体完整性的行为，均构成对身体权的侵害。

2. 对身体或者身体组成部分的支配权。人身权的权利主体对自己的身体具有支配权，可以根据自己的意志支配自己的身体。《民法典》第 1006 条规定，完全民事行为能力人有权依法自主决定无偿捐献其人体细胞、人体组织、人体器官、遗体。事实上，人们对自己身体组成部分的支配向来就有，如理发、美容、献血、捐献器官等。当然，人身权权利主体对自己身体组成部分的支配权，还要受到道德伦理、公共利益乃至法律上的限制。

三、健康权

（一）健康权的概念与特征

健康权，是指自然人以维护身体机能和心理机能健康为内容的人格权。高质量生活的基础是身心健康，因此健康权是自然人重要的人格权。就整个社会而言，社会成员拥有健康的身体和心理机能，是社会发展的重要基础。《民法典》第1004条规定，自然人享有健康权。

健康权具有以下法律特征：

1. 健康权的主体是自然人。根据民事主体的自身属性，健康权的主体只能是自然人。

2. 健康权的内容包括维护身体机能健康和心理机能健康两个方面。心理健康和身体健康一样，都是高质量生活的基础。现代社会在强调身体健康的同时，越来越关注心理健康。

（二）健康权的内容

1. 身体机能健康的维护权。身体机能健康是民事主体享有正常生活，从事正常社会活动的基础。因此，权利主体有权采取措施维护自己的身体健康。当身体健康受到他人非法侵犯或者威胁时，权利人有权采取必要的措施。

2. 心理机能健康的维护权。心理机能健康同样是民事主体享有正常生活，从事正常社会活动的基础。因此，权利主体有权采取措施维护自己的心理健康。健康权中的心理机能健康维护权与生命权中的生命安宁维护权不同。生命安宁维护权针对的是使他人生命处于危险之中的行为。而心理机能健康维护权所针对的是侵犯心理机能健康的行为。例如，性骚扰会导致受害人的心理产生种种不健康的后果，所以侵犯的是健康权；而死亡威胁会使他人生命处于危险之中，所以侵犯的是生命权。

3. 健康利益支配权。与生命权中对生命利益的支配权一样，健康利益支配权问题也不仅仅是法律问题，它同时涉及道德、伦理、哲学、宗教、文化、医学等诸多方面。应当提倡健康的生活方式，同时也承认权利人对自己的健康利益享有支配权。

参考案例

沈某是某中学高一女学生，一日在放学回家的路上遇到郑某等人。郑某等人将沈某强行带到僻静处欲施暴。这时刚好有一警察路过，郑某等人赶紧扔下沈某仓皇逃跑。沈某被警察送回家中，由于惊吓过度，回家后出现精神异常。沈某的家人带沈某去该市法医鉴定中心作了司法鉴定，鉴定证实沈某精神异常，生活不能自理，劳动能力丧失，原因是受到过度惊吓。后沈某的监护人以健康权受到侵害为由对郑某等人提起民事诉讼。

【评析】由于郑某等人欲对沈某施暴，虽未得逞。但沈某因此受惊吓，造成精神异常生活不能自理，劳动能力丧失，健康权受到侵害。郑某等人应承担赔偿责任。

（三）健康权与生命权、身体权的区别

生命权为不受他人之妨害而享有生命安全、生命尊严利益的权利。它的客体是自然人的生命。健康权与生命权的区别：一是健康权是以维护人的身心健康活动为根本内容；而生命权是以维护人的生命活动延续为基本内容，防止人为侵害将生命权人的生命终止。二是健康权遭到非法侵害，人体生理或者心理机能的完善性遭到破坏，但经过治疗，可以完全恢复健康或部分恢复健康，即使不能恢复健康，但生命终究没有丧失的危险；而侵害生命权的必然后果是受害人的生命终止，人的生命活动不再延续，生命安全利益遭到根本损害。这是健康权与生命权最明显的区别，即权利遭受侵害后的法律后果不同。三是权利遭受侵害后的损害赔偿亦有所不同。这方面的区别，主要体现在是否对劳动能力进行补偿上。健康权作为受害人生存所必需的物质手段不复存在，则受害人今后的生活必然存在极大困难，加害人必须对受害人的劳动能力受损或丧失所带来的经济损失负责，应当承担受害人今后必需的生活费用。对于造成受害人残疾的，还应当赔偿受害人残疾用具费用。生命权遭受侵害后，权利人丧失生命，自然也就不存在劳动能力的补偿问题。

身体权是自然人以维护其身体组织完整并支配其身体或者身体组成部分为内容的人格权。健康权与身体权的区别：一是健康权的客体是健康；身体权的客体是身体。二是健康权体现的利益是自然人机体功能的完善性；身体权体现的利益则是自然人身体组织的完整性。三是身体权是自然人对自己身体组成部分的支配权，健康权则没有明显的支配性质。

需要说明的是，如果一个行为同时侵犯生命权、身体权和健康权，将选择最重的后果确定行为性质。例如，当一个行为被认定为侵犯生命权，就不会再同时认定为侵犯身体权和健康权；当一个行为既侵犯健康权又侵犯身体权时，一般只认定为侵犯健康权。

第四节 姓名权、名称权和肖像权

一、姓名权

（一）姓名权的概念

姓名是用以确定和代表个体自然人并与其他自然人相区别的文字符号和标记。一个人因姓名而与其他人相区别，因此姓名是自然人重要的人格利益。

姓名权，就是自然人对其姓名享有的决定、使用和依照规定改变，同时禁止

他人干涉、盗用和假冒的权利。《民法典》第1012条规定，自然人享有姓名权。

（二）姓名权的内容

1. 姓名决定权。自然人有权决定自己的姓名，任何人无权干涉。姓名分为姓和名两部分。《民法典》第1015条规定：“自然人应当随父姓或者母姓，但是有下列情形之一的，可以在父姓和母姓之外选取姓氏：（一）选取其他直系长辈血亲的姓氏；（二）因由法定扶养人以外的人扶养而选取扶养人姓氏；（三）有不违背公序良俗的其他正当理由。少数民族自然人的姓氏可以遵从本民族的文化传统和风俗习惯。”自然人的名，一般都是自然人出生后其父母给起的，但这不是对权利人姓名决定权的否定，实际上是父母亲权的表现，是父母实施的代理行为。

2. 姓名使用权。自然人在民事活动中，有权根据自己的意愿使用自己的姓名。例如，自然人有权决定是否在作品上签署自己的姓名；在作品上可以签署正式的姓名，也可以签署笔名。基于公共管理的需要，国家可以对姓名的使用设定限制。例如，依照《个人存款账户实名制规定》，自然人在我国境内的金融机构开立个人存款账户的，应当使用实名。

3. 姓名变更权。自然人可以按照自己的意愿依照规定改变自己的姓名，不受其他限制。按照现行规定，自然人改名应当经公安机关登记，否则不发生变更姓名的效力。

参考案例

甲因未婚先孕，到某妇产科医院做人工流产。但碍于情面，甲在病历本和手术单上填写自己同事乙的姓名。事后，乙到同一家妇产科医院做婚前检查时发现此事。后经调查得知，此事为甲所为，甲也承认此事，并向乙承认了错误。

【评析】本案例中，甲将乙的姓名充作自己的姓名到医院做人工流产手术，属于假冒姓名的行为，构成对乙的姓名权的侵害。

二、名称权

（一）名称权的概念

名称权是法人及非法人组织依法享有的决定、使用、改变及转让自己的名称，并排除他人非法干涉、盗用和假冒的人格权。《民法典》第1013条规定，法人、非法人组织享有名称权。

根据有关规定，我国的企业名称应当由行政区划、字号（或者商号）、行业或者经营特点、组织形式依次组成。据此，名称是民事主体的全称，而字号或者商号只是名称的组成部分，当然一般是最核心、最具有识别性的组成部分。

（二）名称权的内容

1. 名称决定权。法人及非法人组织享有名称权的最基本内容，就是决定自己名称的权利，他人不得强制干预。对于法人尤其是企业法人，必须依法设定名称，非经依法登记，不发生效力，不取得名称权。对于个体工商户，依其自愿，可以设定名称，也可以不设定名称。

2. 名称使用权。民事主体对其名称享有独占使用的权利，并排除他人非法干涉和非法使用。名称权经依法登记，即受到法律的保护，具有了独占使用的效力。在登记的地区内，其他组织就不得再以相同的名称进行登记。

3. 名称变更权。民事主体在使用其名称的过程中，可以依法变更自己的名称。名称变更，可以是部分变更，也可以是全部变更。变更名称必须依法进行变更登记。

4. 名称转让权。依据《民法典》第 1013 条的规定，法人、非法人组织有权转让自己的名称。根据有关规定，企业名称可以随企业或者企业的一部分一并转让。企业名称只能转让给一户企业。企业名称的转让方与受让方应当签订书面合同或者协议，报原登记主管机关核准。企业名称转让后，转让方不得继续使用已转让的企业名称。

三、肖像权

（一）肖像权的概念和特征

肖像是通过影像、雕塑、绘画等方式在一定载体上所反映的特定自然人可以被识别的外部形象。肖像权，是指自然人享有的以自己肖像所体现的人格利益为内容的人格权。《民法典》第 1018 条规定，自然人享有肖像权。

肖像权具有以下法律特征：

1. 肖像权的主体只是自然人。肖像是自然人有关形象的人格标识，反映的是自然人的外貌属性。肖像权只能由自然人所享有，法人及其他组织不享有肖像权。

2. 肖像权所体现的是自然人的精神利益。法律保护自然人的肖像权，就是保障自然人的人格尊严，保护肖像权所体现的这种精神利益。

3. 肖像权中包含有物质利益。肖像是自然人形象的再现，和自然人的品格、魅力等属性联系在一起。当某人的肖像与某种商品联系在一起时，人们往往会将该种商品与肖像所体现的该自然人的个人品格、魅力联系在一起，因此肖像就具有了商业价值。权利人享有肖像权就可能获得财产上的利益。

（二）肖像权的内容

1. 肖像制作权。权利人有权根据自己的需要、他人和社会的需要，通过任何形式由自己或他人制作自己的肖像，他人不得干涉；有权禁止他人非法制作自己的肖像。

2. 肖像使用权。权利人有权决定对肖像的使用，有权决定是否同意他人使用自己的肖像。一般情况下，未经肖像权人同意，他人不得擅自使用其肖像，否则构成侵权。但根据《民法典》第1020条规定，为了社会公共利益的需要，或为了科学艺术上的目的，或为了新闻报道等而制作和使用公民的肖像，可以不征得公民同意。

3. 肖像利益维护权。肖像权人有权维护自己的肖像利益。对于恶意毁损、玷污、丑化自然人肖像的行为，肖像权人有权请求行为人停止侵害；任何人以营利为目的使用他人肖像，权利人都有权要求赔偿其财产利益的损失。

参考案例

某影楼与甲约定："影楼为甲免费拍写真集，甲允许影楼使用其中一张照片作为影楼的橱窗广告。"后甲发现自己的照片被用在一种性药品广告上。经查，制药公司是从该影楼花500元买到该照片的。问：影楼和制药公司是否侵犯了甲的肖像权？

【评析】本案中，制药公司以营利为目的，擅自使用甲的肖像，侵害了甲的肖像权。该影楼违反约定，为制药公司的侵权提供了帮助，与制药公司构成共同侵权。

第五节　名誉权和荣誉权

一、名誉权

（一）名誉权的概念和特征

名誉是对民事主体的品德、声望、才能、信用等的社会评价，如有关自然人道德品质和生活作风方面的社会评价，有关法人、非法人组织的职业道德、资信、商品质量或服务质量方面的社会评价。名誉权，是指民事主体所享有的保护自己的名誉不被以侮辱、诽谤等方式加以丑化的权利。法律保护名誉的目的，是使每个民事主体都得到与其自身实际情况相一致的社会评价，名实相符。《民法典》第1024条规定，民事主体享有名誉权。

名誉权具有以下法律特征：

1. 名誉权的主体包括所有民事主体。不仅自然人，其他民事主体也享有名誉权。

2. 名誉权的客体是名誉。民法学说上将名誉分为外部名誉和内部名誉。外部名誉是指对民事主体的社会评价，内部名誉是指民事主体内心对自己各方面的感知，是自己对自己的评价。一般认为，名誉权的客体是外部名誉，即民事主体所享有的社会评价。

参考案例

某广告公司于李某出差时，在其房屋的院墙上刷写了一条卫生巾广告，李某一个月后回来，受到他人耻笑，遂以名誉权遭受侵害为由，起诉广告公司。

【评析】本案例中，广告公司的行为不会导致李某的社会评价被降低，李某的名誉可能受了损害，但不成立名誉侵权。

3. 名誉权不具有财产性，但与财产利益有密切关系。名誉权不具有直接的财产价值，也不能产生直接的经济利益。但良好的名誉，会给民事主体带来良好的社会关系，包括财产关系。非法侵害他人的名誉，会给这种社会关系包括财产关系带来破坏。例如，自然人名誉受到损害，可能导致其招聘、晋级、提薪等受到影响，法人失去好的名誉，就可能破产。

（二）名誉权的内容

1. 名誉维护权。民事主体可以采取合法措施维护自己的名誉。这种维护包括内部维护和外部维护两方面。内部维护，是指通过努力使自身的名誉处于良好状态。如自然人可以通过提升自身的人格修养，奉公守法、诚实守信等获得较好的社会评价；法人及其他组织可以通过改善内部管理，提升产品质量或者服务质量，履行社会责任等提高自己的声誉。外部维护，是指权利人对于侵害自己名誉权的行为，积极寻求各种救济途径，包括司法救济，从而阻止侵权行为，使遭受损害的名誉得以恢复。

2. 名誉利益支配权。权利人对自己名誉所体现的利益享有支配权。权利人可以利用自己良好的名誉，与他人进行广泛的社会、经济交往，使自己获得更好的社会效益和财产效益。

（三）死者名誉的法律保护

死者的名誉是死者基于其生前的属性和特征而获得的社会评价。自然人死亡以后，其存在于人们观念中的名誉并没有立即消亡，因此死者的名誉，实际上是死者生前的名誉。自然人生前的名誉在死后得到保护不仅是尊重人最起码的要求，也是社会道德伦理所倡导的精神力量之所在。

依据《民法典》第994条的规定，死者的名誉受到侵害的，其配偶、子女、父母有权依法请求行为人承担民事责任；死者没有配偶、子女并且父母已经死亡的，其他近亲属有权依法请求行为人承担民事责任。该规定同样适用于对于死者的姓名、肖像、荣誉、隐私、遗体等的保护。《民法典》第185条规定：“侵害英雄烈士等的姓名、肖像、名誉、荣誉，损害社会公共利益的，应当承担民事责任。”

参考案例

2013年11月8日，洪某某在《炎黄春秋》杂志发表了《“狼牙山五壮士”的细节分歧》（以下简称《细节》）一文。该文分为“在何处跳崖”“跳崖是怎么跳的”“‘五壮士’是否拔了群众的萝卜”等部分。文章通过援引不同来源、内容、时期的报刊资料等，对“狼牙山五壮士”事迹中的细节提出质疑。

文章发表后，“狼牙山五壮士”的近亲属认为，《细节》一文以历史考据、学术研究为幌子，以细节否定英雄，企图达到抹黑“狼牙山五壮士”英雄形象和名誉的目的。据此，“狼牙山五壮士”的近亲属于2015年8月25日，分别诉至北京市西城区人民法院（以下简称西城法院），请求判令洪某某停止侵权、公开道歉、消除影响。

洪某某认为，其所发表的文章是学术文章，没有侮辱性的言辞，且文章每一个事实的表述都有相应的根据，而不是凭空捏造或者歪曲，不构成侮辱和诽谤。进行历史研究的目的是探求历史真相，行使的是宪法赋予公民的思想自由、学术自由、言论自由权利，任何人无权剥夺。“狼牙山五壮士”的近亲属的起诉没有事实依据，不同意全部诉讼请求。

法院经审理认为，1941年9月25日，在易县发生的狼牙山战斗，是被大量事实证明的著名战斗。在这场战斗中，“狼牙山五壮士”英勇抗敌的基本事实和舍生取义的伟大精神，赢得了全国人民高度认同和广泛赞扬，是“五壮士”获得“狼牙山五壮士”崇高名誉和荣誉的基础。

“狼牙山五壮士”的英雄称号，是国家及公众对他们在反抗侵略、保家卫国作出巨大牺牲的褒奖，也是他们应当获得的个人名誉和荣誉。和平年代，“狼牙山五壮士”的精神，仍然是我国公众树立不畏艰辛、不怕困难、为国为民奋斗终身的精神指引。

洪某某发表的文章虽无明显侮辱性的语言，但其采取的行为方式却是通过强调与基本事实无关或者关联不大的细节，甚至与网民张某对“狼牙山五壮士”的污蔑性谣言相呼应，质疑“五壮士”英勇抗敌、舍生取义的基本事实，颠覆“五壮士”的英勇形象，贬损、降低“五壮士”的人格评价，引导读者对这一英雄人物群体英勇抗敌事迹和舍生取义精神产生怀疑，从而否定基本事实的真实性，进而降低他们的英勇形象和精神价值。这种“学术研究”“言论自由”不可避免地会侵害“五壮士”的名誉和荣誉，以及融入了这种名誉、荣誉的社会公共利益。

西城法院一审判决：洪某某立即停止侵害行为；公开发布赔礼道歉公告，向原告赔礼道歉，消除影响。一审败诉后，洪某某提起上诉。北京市第二中级人民法院作出二审判决，驳回上诉，维持原判。

【评析】根据《民法典》第994条的规定，“狼牙山五壮士”名誉权受法律保护。其近亲属有权请求侵权人停止侵害、赔礼道歉、消除影响。

二、荣誉权

（一）荣誉权的概念和特征

荣誉是民事主体因在社会生产、社会活动中有突出表现或者突出贡献，国家机关或者其他组织所给予的积极的正式评价。荣誉权，是指民事主体获得、保持、利用荣誉并享有其所生利益的权利。《民法典》第1031条规定，民事主体享有荣誉权。

荣誉权具有以下法律特征：

1. 荣誉权是一种准人格权。荣誉权在人格权体系中是一个较为特殊的权利，关于其性质有人格权说、身份权说、双重属性说。本书认为，荣誉权是以精神利益为客体的尊严型人格权，得到尊重仍是其最主要的内容。荣誉并非人人所具有，但是人人都享有通过正当途径追求荣誉的权利，具备条件时可凭借具体规则而享有荣誉获得权。

2. 荣誉权的客体是荣誉。荣誉和名誉虽然都是一种社会评价，但荣誉是国家机关或者社会组织给予的积极的、正式的评价，是民事主体依据自己的模范行为而取得的。

3. 荣誉权可以因为荣誉被取消而消灭。

（二）荣誉权的内容

1. 荣誉保持权。荣誉权人有权保持自己的荣誉，他人不得非法剥夺。荣誉的本身，包括各种荣誉称号，如劳动模范、战斗英雄、先进企业等，以及各种奖励、表彰，如通报表彰、通令嘉奖等。

2. 荣誉利用权。荣誉权人有权利用自己的荣誉。权利人可以以一定方式表明自己的荣誉，也可以将荣誉用于生产、经营以及生活的各个方面。

3. 享有因荣誉产生的各种利益的权利。荣誉权本身不直接体现财产内容，但是，荣誉往往能够给权利人带来各种利益。荣誉权人有权享有这种利益。

（三）荣誉权与名誉权的区别

荣誉权与名誉权都表明了民事主体在社会中的信誉与评价，在一定程度上表现出关联性，如名誉会因当事人获得荣誉称号而提高，荣誉权受到损害往往也会有损名誉权。但荣誉权与名誉权仍有很大的不同，具体表现在：（1）二者的范围不同。名誉权的权利主体是所有的民事主体，具有普遍性；而荣誉权的主体则依是否获得荣誉的事实而定，因而具有专属性。（2）客体内容不同。名誉是社会对每一民事主体的品德、生活作风等方面因素的综合评价；而荣誉则是对作出突出贡献的民事主体的一种褒扬和嘉奖。（3）取得和丧失权利的方式不同。自然人从出生时起、法人与其他组织自成立时起就开始享有名誉权；而荣誉权必须由国家机关或社会组织给予民事主体表彰以后才能产生。如果其荣誉称号被合法取消或剥夺，荣誉权也就丧失了，但名誉权则无法被剥夺或受到限制。（4）侵权方式不同。侵害名誉权是以侮辱、诽谤等行为损害他人名誉，侵害荣誉权的主要表现为否定、亵渎、贬低他人的荣誉或者非法剥夺他人的荣誉。

参考案例

张某是润某广告有限公司的一名设计师。省电台与电视台联合主办一个公益广告设计大赛。张某以个人名义报名参赛，并利用业余时间，设计出一个有关希望工程方面的广告文案。张某给组委会送交作品时，把公司的地址与电话留给组委会以便联系。在张某被公司派到外地出差期间，公益广告设计大赛的评选结果揭晓，张某以其独特的构思及具有震撼力的画面一举获得特等奖。组委会工作人员按张某留下的电话与其联系时，公司方知张某参赛一事。因颁奖晚会张某无法赶回，组委会希望公司派人为其代领奖杯、获奖证书与2万元的奖金。公司欣然允诺，颁奖当晚由公司经理肖某代为领奖。张某出差归来后，知道自己获奖的消息非常高兴，并马上到肖某处要取回奖杯、获奖证书及奖金。肖某只把奖金交给张某，但奖杯与获奖证书却不交出，他提出要把它们摆放在公司的谈判室，以向广告客户展示其创作实力。张某认为奖杯与证书是奖给自己的，与公司无关，要求公司返还，双方产生争议，张某遂向市人民法院提起诉讼。法院经审理，依法判决被告润某广告有限公司于判决生效后3日内，向原告张某返还奖杯与获奖证书，并在法院认可的范围内向原告赔礼道歉。

【评析】本案中，润某广告公司侵害了张某的荣誉权。

第六节 隐私权和个人信息权

一、隐私权

（一）隐私权的概念和特征

隐私是自然人的私人生活安宁和不愿为他人知晓的私密空间、私密活动、私密信息。隐私权是指自然人对于属于自己私人生活范畴的事项依法自由支配并排斥他人非法干涉的权利。《民法典》第1032条规定，自然人享有隐私权。

隐私权具有以下法律特征：

1. 隐私权的主体只能是自然人。隐私权是基于自然人的精神活动而产生，故不包括法人尤其是企业法人。企业法人对其经营活动的信息享有的权利可依商业秘密不受侵犯而得到保护。

2. 隐私权的客体是隐私。凡属于自然人自身私人生活范畴，即与公共利益无关的内容皆应属于隐私的范围。具体而言，隐私包括私人信息、私人生活、私人空间、身体隐私、生活习惯、财产状况、生命信息（人体基因密码）、私人通信等都属于隐私权保护的范围。

3. 隐私权的保护范围受公共利益的限制。当隐私权与公共利益发生冲突时，应当依公共利益的要求进行调整。

（二）隐私权的内容

1. 隐私控制权。自然人有权对自己的隐私加以控制。例如，采取一定措施保护隐私不为他人所知，将隐私告诉自己愿意告诉的人，拒绝向他人透露属于隐私范围的有关内容等。

2. 隐私利用权。自然人有权对自己的隐私加以利用或者许可他人使用。例如，自然人许可他人使用自己的隐私写作个人传记，在传记中披露鲜为人知的个人生活信息，以提高传记的发行量。自然人对自己隐私的使用，不得违反法律的强制性规定，不得违背社会公序良俗，不得损害第三人的利益。

3. 隐私维护权。自然人有权维护自己的隐私不被他人非法干涉。

(三) 隐私权与名誉权的区别

虽然隐私权与名誉权存在一定的内在联系，二者都是与精神利益有关但不直接体现财产内容的人身权利，但二者是相互独立的人格权，主要区别在于：(1) 权利主体不同。名誉权的主体既包括自然人，也包括法人和其他民事主体；而隐私权的主体只能是自然人。(2) 权利客体不同。名誉权的客体是名誉，是对权利人的一种社会评价；隐私权的客体是隐私，是自然人不愿公开的个人生活秘密。(3) 侵权方式不同。侵害名誉权的行为一般是无中生有，采取侮辱、诽谤等方式贬损他人的人格，从而使其名誉受到损害；而侵害隐私权的行为则多为非法获取、扩散有关他人私生活的事实，干涉他人私生活等，从而使他人的内心安宁受到搅扰。前者散布的是虚假的情节，后者披露的则是真实的情况。(4) 侵权结果不同。对他人名誉的侵害，肯定会造成人格的贬损、名誉的降低；而对他人隐私的侵害，则未必造成名誉的降低。

参考案例

李某与黄某未婚同居生育一子，取名黄小某。后李某和黄某分手，分别建立了家庭。黄小某长大后，进入演艺界，成为一名当红歌星。吴某系星星报社专职记者，在探知这一消息后，撰写文章将黄小某系私生子的事实公开予以报道，给黄小某造成极大痛苦。

【评析】在本案中，该报道显然侵害了黄小某的隐私权，星星报社依法应对黄小某承担侵权责任。

二、个人信息权

(一) 个人信息权的概念和特征

个人信息权，是指自然人依法对其个人资料信息所享有的自由支配并排除他人侵害的权利。个人信息权是自然人在现代信息社会享有的重要权利，明确对个人信息的保护对于保护自然人的人格尊严，使其免受非法侵扰，维护正常的社会秩序具有现实意义。《民法典》第1034条规定了自然人享有个人信息权。

个人信息权的法律特征是：

1. 个人信息权的客体是个人信息。个人信息权是具体人格权，其客体是个人信息，以个人信息所体现的利益作为人格要素。个人信息是以电子或者其他方式记录的能够单独或者与其他信息结合识别特定自然人的各种信息，包括自然人的姓名、出生日期、身份证件号码、生物识别信息、住址、电话号码、电子邮箱地址、行踪信息等。个人信息中的私密信息，同时适用隐私权保护的有关规定。

2. 个人信息权的主体是自然人，不包括法人和非法人组织。

3. 个人信息权的权利要求是，以自我控制权作为其权利基础，自然人对于自己的个人信息，自我掌握、自我支配，他人不得非法侵害。

（二）个人信息权的内容

1. 控制权。权利人有权对自己的个人信息加以控制。自然人有权决定其个人信息在何时、何地及以何种方式被何人收集、使用、加工和传输。

2. 知情权。权利人有权知晓自身信息被有关组织或个人利用的范围与程度，个人信息占有者应当采取适当的方式，公示个人信息收集种类、使用目的、传播范围、利用方式等信息，以及自身单位性质、地址、电话、联系人等。

3. 查询、更正权。面对数量庞大、环节众多的个人信息利用，为了保证个人信息的准确性，权利人可以向信息控制者依法查阅、抄录或者复制其个人信息；发现信息有错误的，有权提出异议并请求及时采取更正等必要措施。自然人发现信息控制者违反法律、行政法规的规定或者双方的约定收集、处理其个人信息的，有权请求信息控制者及时删除。

4. 维护权。自然人有权维护自己的个人信息安全。任何组织和个人需要获取他人个人信息的，应当依法取得并确保信息安全，不得非法收集、使用、加工、传输他人个人信息，不得非法买卖、提供或者公开他人个人信息。在个人信息权受到非法侵害时，自然人有权寻求司法救济。

参考案例

某博客博主发表涉及原告个人隐私的文章，并上传至某浪公司和某度公司网页上。原告先后向某浪公司和某度公司发出律师函要求采取必要措施，某浪公司在诉讼中未提交证据证明其采取了删除等必要措施，某度公司则提供证据证明采取了断开链接、删除等措施。原告起诉要求两公司提供博主的个人信息。北京市海淀区法院认为，某浪公司不能证明其已尽到《互联网电子公告服务管理规定》所规定的事前提示和事后监督义务，应承担相应不利法律后果。某度公司在某度公司网站首页、“某度知道”首页、“某度百科”首页公示了权利人的投诉渠道和投诉步骤，设置了投诉链接及权利声明，并明确提示网络用户的注意义务，已尽到了法定的事前提示和提供有效投诉渠道的事后监督义务，不承担侵权责任。某浪公司未能举证证明接到原告通知后采取了必要措施，应承担侵权责任；某度公司则在接到原告通知后及时采取了断开链接、删除等措施，不承担侵权责任。原告要求某浪公司提供博主的IP地址和全部注册信息，包括但不限于姓名、地址、联系方式等资料，由于两个博客的内容涉及了原告的人格权益，原告有权知晓该网络用户的个人信息以便主张权利，某浪公司应当在网络技术力所能及的范围内，向原告披露上述博主的网络用户信息，以维护其保护自身合法权益的信息知情权，应予支持。

【评析】网络侵权案件的一大特点就是网络的匿名性，如何确定侵权人的个人身份，常常成为阻碍原告维护自身权利的障碍。但是，另一方面，互联网公司又负有法定的对网络用户的保密义务，如何处理两者之间的关系？通过诉讼的方式，由人民法院对原告请求网络服务提供者提供网络用户个人信息的要求进行审查后并作出判断，能够较好地实现两者的平衡。

【本章小结】

人格权是指民事主体平等享有的、以人格利益为客体、经法律认可、作为民事权利义务主体应当具备的基本权利。一般人格权作民事主体的一项的基本权利，保护的是根本人格利益，从而具有一般条款的作用，它对具体人格权具有创造、解释和补充功能。生命权、身体权和健康权是物质性人格权；姓名权、名称权、肖像权、名誉权、荣誉权、隐私权和个人信息权，是民事主体的精神性人格权。

【引例评析】

在本章引例中，被告对原告进行手术中出现医疗事故，误将原告左侧卵巢切除造成原告身体残疾，侵害原告的健康权，应承担赔偿责任。由于被告造成医疗事故给原告器官造成不可逆转的损害，这种损害将给原告造成终生不可消除的心理上、精神上的痛苦，被告应给予原告精神损害赔偿。

【练习题】

1. 名词解释

(1) 一般人格权

(2) 身体权

(3) 姓名权

(4) 荣誉权

(5) 隐私权

(6) 个人信息权

2. 简答题

(1) 什么是一般人格权？其具体内容有哪些？

(2) 身体权与健康权的联系和区别是什么？

(3) 肖像权的内容有哪些？

(4) 隐私权与名誉权的联系和区别是什么？

3. 案例分析题

张某旅游时抱着当地一小女孩拍摄了一张照片，并将照片放在自己的博客中，后来发现该照片被用在某杂志的封面，并配以“母女情深”的文字说明。张某并未结婚，朋友看到杂志后纷纷询问张某，熟人对此也议论纷纷，张某深受困扰。

问题：

(1) 杂志社是否侵犯张某的肖像权？为什么？

(2) 杂志社是否侵犯张某的名誉权？为什么？

(3) 杂志社是否侵犯张某的隐私权？为什么？

第二十五章 身 份 权

【引入案例】

二十多年前，赵某的妻子、孙某的妻子同时在某医院生孩子。二十年后，赵某的儿子在大学献血，经检验，其血型是 AB 型。赵某及妻子的血型都是 B 型，不可能生出血型为 AB 型的孩子。他们费尽周折，终于查明当日在该医院出生了 8 个男孩，种种迹象表明赵家和孙家的孩子有抱错的可能。经亲子鉴定，结果孙家的孩子是赵家的亲生子，但赵家的孩子不是孙家的孩子。经反复寻找，均没有结果。涉案六人向某市东昌区法院提起诉讼。

【学习目标】

通过本章学习，能够掌握：

1. 身份权的概念和特征；
2. 亲权、配偶权与亲属权的内容。

第一节 身份权的概念与特征

一、身份权的概念

身份，是指民事主体在特定社会关系中所享有的地位和不可让与的资格。身份权，是指民事主体基于特定身份而依法享有的民事权利。

古代社会，身份权曾盛极一时，家长权与夫权是其典型代表。家长对子女的绝对支配，丈夫对妻子的人身支配，这都使得古代的身份权具有严重的人身依附性，体现了人格的不独立和不平等。现代社会，基于人格独立、平等和尊严基础上的人格权制度日渐昌盛，个人逐渐摆脱了封建身份关系的束缚和家族权的支配而具有了独立、平等的人格。在此基础上，形成了现代社会新型的身份权。在人身权法意义上，身份的取得源于某种特定的社会关系，而身份权则是因为这种社会关系下的身份所享有的民事权利。身份可能带来利益，但这种可能的利益并非身份本身。

《民法典》第1001条规定，自然人因婚姻、家庭关系等产生的身份权利受法律保护。婚姻和家庭法上的身份权包括亲权、配偶权与亲属权。

二、身份权的特征

（一）身份权属于人身权

按照《民法典》以及传统民法理论的分类，身份权与人格权一起，构成了完整的人身权。

（二）身份权以一定社会关系中的地位或资格为前提

身份权是权利人基于某种特定地位和资格而享有的权利，因此，必须以该特定地位和资格作为前提。例如，亲权基于父母子女关系产生，配偶权基于夫妻关系产生。所以，身份权并不是每个民事主体都享有的权利。

（三）具有权利义务的一致性

民事主体基于特定身份既享有一定的权利，同时也承担一定的义务。例如，亲权中的抚育子女权，其实这既是父母的权利，也是父母的义务。

第二节 亲权、配偶权与亲属权

一、亲权

（一）亲权的概念

亲权，是指父母基于其身份对未成年子女人身、财产方面管理和保护的权利。大陆法系国家普遍设有亲权的规定，英美法系国家将亲权纳入监护中，在我国虽然没有直接的亲权规定，但民法典规定的法定监护权带有亲权的性质。

亲权具有的特征是：

1. 亲权是父母基于其身份所有的权利，因此，亲权人，即行使亲权的权利主体，应为父母。

2. 亲权的对象为未成年人。在以往的法制上，不仅未成年人应服从亲权，成年人也应服从亲权。但是，在现代社会，亲权被认为是专为未成年子女利益而设，故已成年之子女，不论其有无完全民事行为能力，也不管其是否独立谋生、能否自立，不属于亲权的对象和范围。

（二）亲权的内容

据亲权的内容，一般分为：

1. 对未成年子女人身享有的权利：

（1）保护权。父母对未成年子女的身心健康及生命安全负有保护的权利与义务。《民法典》规定，父母是未成年子女的监护人；监护人应当履行监护职责，保护被监护人的人身权利、财产权利以及其他合法权益等。

（2）教育权。父母有对未成年子女身心健康和思想道德进行教育的权利，防止其接受不良诱导，沾染不良习惯。《民法典》第 1068 条规定："父母有教育、保护未成年子女的权利和义务。未成年子女造成他人损害的，父母应当依法承担民事责任。"这同时也是父母享有对未成年人进行教育权的表现。《未成年人保护法》第 11 条规定，父母应当关注未成年人的生理、心理状况和行为习惯，以健康的思想、良好的品行和适当的方法教育和影响未成年人，引导未成年人进行有益身心健康的活动，预防和制止未成年人吸烟、酗酒、流浪、沉迷网络以及赌博、吸毒、卖淫等行为。《预防未成年人犯罪法》第 20 条、第 21 条也规定未成年人的父母对未成年人不得放任不管，放弃监护职责；即使未成年人的父母离异的，离异双方对子女都有教育权利和义务等。

（3）法定代理权与同意权。父母是无民事行为能力的未成年子女的法定代理人，由其代表子女进行意思表示。限制民事行为的未成年子女从事与其年龄及智力因素不相符的民事活动，须经法定代理人的同意方可进行。因此，《民法典》第 19 条规定，8 周岁以上的未成年人为限制民事行为能力人，可以独立实施纯获利益的民事法律行为或者与其年龄、智力相适应的民事法律行为；其他民事法律行为由其法定代理人代理或者经其法定代理人同意、追认。

参考案例

甲、乙系夫妻，生有一男孩丙。甲因车祸死亡后，丙一直由母亲乙抚养。某日下午，丙的祖父丁将丙从幼儿园接走，带回自己家中。乙要求丁将丙送回，遭到拒绝。无奈之下，乙向人民法院起诉，要求丁将丙送回。

【评析】在本案中，丙为未成年人，乙作为丙的母亲，对丙享有抚养教育的亲权。丁虽然是丙的祖父，但对丙并不享有亲权。丁强行将丙带走，拒不送还，乙就无法对丙行使亲权。因此，丁的行为侵害了乙的亲权。

2. 对未成年子女财产享有的权利。

(1) 管理权。为维护未成年子女的权益，父母对未成年子女的财产享有保存与管理的权利。根据《民法典》的有关规定，监护人应在其职责范围内管理好被监护人的财产，维护被监护人的合法权益。监护人不仅有权排除他人对被监护人的财产的侵犯，有权否定被监护人所进行的与其年龄、智力状况不相适应的处分财产的民事法律行为，并有权向不当得利人进行追索。父母未尽职责，造成未成年子女财产损失的应赔偿其损失。

(2) 处分权。为子女的利益与需要，父母对未成年子女的财产可以依法进行处分。

(3) 使用收益权。在不毁损财物或无损财产权利的情况下，父母可以支配未成年子女的财产以获取收益。例如，未成年子女受赠的现金，父母可以购买国债或存入银行以取得利息。若父母一方死亡或因对子女有虐待、遗弃行为而被剥夺亲权时，亲权一般由另一方行使。

二、配偶权

(一) 配偶权的概念

配偶是依照法定程序而确立夫妻关系的双方。夫妻关系是具有夫妻身份的人身关系。配偶权，是指婚姻关系存续期间，夫与妻作为配偶间的一种身份权。

配偶权具有以下特征：

1. 主体的对偶性。夫妻互为配偶，共同享有配偶权，双方既是权利主体，又是义务主体，这是婚姻关系的自然属性所决定的。

2. 客体的利益性。配偶权的客体是夫妻互为配偶的身份利益，不包括财产利益，且这种利益具有独占性，其他任何人都不得共享，这是由我国一夫一妻的婚姻制度所决定的。

3. 内容的双重性，即权利义务的不可分割性。配偶双方既是权利主体，又是义务主体，缺一不可。

4. 权利的排他性，权利的独占性必须就具有排他性，从某种意义上说配偶权也是对世权，即夫妻以外的人都是义务主体，都具有不作为的义务，不得实施干扰、妨害、侵犯配偶权的行为。

(二) 配偶权的内容

配偶权的内容主要包括以下几个方面：

1. 姓名权。《民法典》第 1056 条规定，夫妻双方都有各自使用自己姓名的权利。作为人身权的姓名权由夫妻双方完整、独立地享有，不受职业、收入、生活环境变化的影响，并排除他人（包括其配偶在内）的干涉。在婚姻家庭生活中，夫妻一方可合法、自愿地行使、处分其姓名权，这还体现在子女姓名的确定上，对子女姓名的决定权，由夫妻双方平等享有，即子女既可随父姓，也可随母姓。

2. 人身自由权。《民法典》第 1057 条规定，夫妻双方都有参加生产、工作、学习和社会活动的自由，一方不得对另一方加以限制或者干涉。这是夫妻双方各自充分、自由发展的必要和先决条件。夫妻一方行使人身自由权以合法、合理为限，并应互相尊重，反对各种干涉行为。

3. 协助权。在夫妻关系存续期间，夫妻双方应彼此相互协助、抚养。《民法典》第 1059 条规定，夫妻有相互扶养的义务。需要扶养的一方，在另一方不履行扶养义务时，有要求其给付扶养费的权利。

4. 忠实请求权。《民法典》第 1043 条规定，夫妻应互相忠实，互相尊重，互相关爱。忠实义务主要是指保守贞操的义务，专一的夫妻性生活义务，不为婚外性行为。违反忠实义务不仅伤害夫妻感情，还不利于一夫一妻制度的维护，法律对忠实义务的规定为追究各种侵犯婚姻的违法行为提供了法律依据。如禁止重婚及有配偶者与他人同居。

5. 家事代理权。家事代理权，又称为日常事务代理权，是指夫妻因日常家庭事务与第三人为一定法律行为时，互为代理人，互有代理权，夫妻双方均应对该行为的法律后果承担连带责任。《民法典》第 1060 条规定："夫妻一方因家庭日常生活需要而实施的民事法律行为，对夫妻双方发生效力，但是夫妻一方与相对人另有约定的除外。夫妻之间对一方可以实施的民事法律行为范围的限制，不得对抗善意相对人。"日常家务的范围，包括夫妻、家庭共同生活中的一切必要事项，家庭对外经营活动不包括在内。配偶一方超越日常事务代理权的范围，或者滥用该代理权，另一方可以因违背其意思表示而予以撤销，但是，行为的相对人如为善意且无过失的，则不得撤销。

6. 离婚请求权。夫妻双方有解除婚姻关系的请求权。《民法典》第 1076 条、第 1079 条规定，男女双方自愿离婚的，双方必须到婚姻登记机关申请离婚登记。男女一方要求离婚的，可由有关部门进行调解或直接向人民法院提出离婚诉讼。

参考案例

黄某（男）和迟某（女）为夫妻。黄某去我国南方某省经商后，在 S 市与另一女子同居，并已起诉至法院要求与迟某离婚。迟某在家独自抚养子女，对此事极为伤心。

【评析】在本案中，黄某违反忠实义务，侵害了迟某的配偶权。如果离婚，迟某有权要求黄某给予一定的赔偿。根据《民法典》第 1091 条规定，有配偶者与他人同居导致离婚的，无过错方有权请求损害赔偿。

三、亲属权

（一）亲属权的概念

亲属是由婚姻、血缘或收养产生的人与人之间的社会关系。《民法典》第1045条第1款、第2款规定："亲属包括配偶、血亲和姻亲。配偶、父母、子女、兄弟姐妹、祖父母、外祖父母、孙子女、外孙子女为近亲属。"亲属权，是指父母与成年子女、祖父母与孙子女、外祖父母与外孙子女、兄弟姐妹间的身份权。质言之，亲属权规制配偶权、亲权调整之外的其他亲属关系。

亲属权具有以下特征：

1. 亲属权是基于血缘或者婚姻形成的亲属关系而产生的一种身份权。作为身份权，其具有与其他身份权（如亲权、配偶权等）相同的绝对性、专属性，这是亲属权的基本属性。亲属权与其他身份权不同的是，其不仅基于血缘关系而生，还基于婚姻关系而生。

2. 亲属权表现出一定的附属性。亲属权是一种独立的身份权，但其取得、消灭都依赖于配偶权或亲权。例如，兄弟姐妹关系附属于亲权而产生；由于收养使生父母亲权关系消灭的，基于生父母产生的亲属关系也消灭。

3. 亲属权效力具有补充性。法律规定了亲属权内容，但是这些内容并不必然地表现出来，相对于亲权和配偶权而言，亲属权是一种补充性的权利，只有当亲权、配偶权不行使或无法行使时，亲属权才得以实现。例如，对于未成年人，父母基于亲权对其有当然的监护权，其他亲属并没有监护权。当父母不履行监护义务或者因死亡无法履行时，才由其他亲属顺位承担监护义务。当然在个别情况下，亲属权也可以独立行使，如宣告失踪权，不需要等到亲权或者配偶权不行使或者无法行使时，其他亲属权人才可以行使。

4. 亲属权主体具有一定的范围限制。每个人都以自己为中心存在于一定的亲属环内，其亲属根据血缘或婚姻的远近环绕在个人周围，环绕的亲疏关系产生了亲等，所有的亲属共同构成了亲系。但是法律并不是对所有亲属都承认并赋予一定的亲属权。由于亲等不同，与自身关系紧密程度自然有差异，对自身的利害关系亦不相同，此为人性必然。太远的亲属，由于对自身已经漠不关心，法律也无必要规定双方权利义务，因此不成为亲属权主体，也就不成为法律上的亲属。

（二）亲属权的内容

1. 父母与成年子女之间的权利。对于患有精神病，被宣告为无民事行为能力或限制民事行为能力的成年子女，父母对其有监护权，父母对患有精神病的成年子女有抚养教育权，父母不履行抚养义务时，患有精神病不能独立生活的子女，有要求父母付给抚养费的权利。成年子女对父母有赡养扶助权。成年子女不履行赡养义务时，无劳动能力的或生活困难的父母，有要求子女付给赡养费的权利。父母子女相互间有行为能力宣告、失踪宣告、死亡宣告申请权及一方失踪后的财产代管权。同时父母和子女有相互继承遗产的权利。

2. 祖父母与孙子女、外祖父母与外孙子女间的权利。根据《民法典》第1074条的规定，有负担能力的祖父母、外祖父母，对于父母已经死亡或者父母无力抚养的未成年孙子女、外孙子女，有抚养权。有负担能力的孙子女、外孙子女，对于子女已经死亡或者子女无力赡养的祖父母、外祖父母，有赡养权。他们相互间有继承权，而且孙子女、外孙子女在父母死亡的情况下，对祖父母、外祖父母的财产享有代位继承权。对于父母死亡或者没有监护能力的未成年人，祖父母、外祖父母可以担任监护人，享有监护权。同时他们相互间也有行为能力宣告、失踪宣告、死亡宣告申请及一方失踪后的财产代管权。

3. 兄弟姐妹间的权利。根据《民法典》的规定，有负担能力的兄、姐，对于父母已经死亡或者父母无力抚养的未成年弟、妹，有扶养权。由兄、姐扶养长大的有负担能力的弟、妹，对于缺乏劳动能力又缺乏生活来源的兄、姐，有扶养权。兄弟姐妹相互间享有继承权；有进行行为能力宣告、失踪宣告、死亡宣告的申请权，以及在一方失踪后进行财产代管的权利。家庭成员间的身份权受法律保护。根据《民法典》第34条、第36条的规定，监护人不履行监护职责或者侵害监护人的合法权益的，应当承担法律责任；人民法院可以根据有关个人或者组织的申请，撤销监护人的资格。凡是虐待、遗弃家庭成员、拒绝履行抚养、赡养义务的，都应承担相应的法律责任，受害人有权要求停止侵害、履行义务、赔偿损失。

【本章小结】

身份权，是指民事主体基于特定身份而依法享有的民事权利。按照民法理论的分类，身份权与人格权一起，构成了完整的人身权；身份权以一定社会关系中的地位或资格为前提；具有权利义务的一致性。婚姻和家庭法上的身份权包括亲权、配偶权与亲属权。

【引例评析】

亲权，是指父母基于其身份对未成年子女人身、财产方面管理和保护的权利。在本章引例中，某市人民医院管理混乱、有关人员不负责任，导致“串子案”的发生。医院的行为属于侵害亲权的侵权行为。医院应承担停止侵害、赔礼道歉、赔偿损失等民事责任。

【练习题】

1. 名词解释

(1) 亲权

(2) 配偶权

(3) 亲属权

2. 简答题

(1) 什么是身份权？其与人格权有哪些区别？

(2) 亲权的具体内容有哪些？

(3) 配偶权的具体内容有哪些？

(4) 亲属权的具体内容有哪些？

3. 案例分析题

2004年3月25日，于先生和王女士登记结婚，两个月后，王女士就生下小奇。2009年年初，两人协议离婚，双方约定小奇由王女士抚养，于先生每月给付2000元生活费。2013年10月，于先生与小奇进行了亲子关系鉴定，经鉴定二人不是亲生父子关系。

于先生诉称，在婚姻存续期间及离婚后，小奇的生活费、教育费等费用全部由自己承担。离婚后，于先生除了每月给付抚养费，还多次给付各种费用，并借给王女士一辆轿车用于接送孩子上下学。现得知孩子并非自己亲生，于先生遂起诉要求被告王女士和小奇返还抚养费131万余元，并要求王女士赔偿精神损害抚慰金20万元及返还轿车。

问题：

(1) 结合本案，分析于先生能不能要求返还抚养费？为什么？

(2) 王女士的行为侵犯了于先生的什么权利？

第五编 继 承

第二十六章 继承与继承权

【引入案例】

邹某妻子早逝，有三儿二女。邹某到了晚年，一直由四个儿女轮流照料，其小儿子借口工作忙，拒绝照料老人的生活起居；且小儿子为了向邹某索要其退休金，时常回家虐待邹某，邹某不从，甚至将邹某打伤住院。后邹某去世，留下的动产以及不动产价值总计 90 万元。邹某生前留下一份遗嘱，其财产由小儿子继承，大儿子明确表示放弃继承，其他人未表示态度。请问邹某的遗产应当由哪些人继承？

【学习目标】

通过本章学习，能够掌握：

1. 继承的基本概念；
2. 继承权的接受、放弃；
3. 继承权的丧失。

第一节 继承制度概述

一、继承和继承权的概念

继承，是指自然人死亡时遗留的个人合法财产依法转移给有权取得该项财产的人所有的法律制度。在继承中，生前拥有的财产死亡后而转移给他人的死者称为被继承人；被继承人死亡时遗留的个人合法财产为遗产；依照法律规定或者被继承人的合法遗嘱取得被继承人遗产的人是继承人。

《民法典》第 124 条规定：“自然人依法享有继承权。自然人合法的私有财产，可以依法继承。”

继承权，是指继承人依照法律的直接规定或者被继承人所立的合法遗嘱享有的继承被继承人遗产的权利。

继承和继承权是既有联系又有区别的两个概念。继承主要是指被继承人的遗产依法转移给他人所有，继承权则是继承人依法继承遗产的权利。

二、继承权的法律特征

（一）继承权是自然人基于一定的身份关系享有的权利

首先，继承权是自然人享有的权利，法人或非法人组织则不享有继承权；其次，继承权是以一定的身份关系为前提的权利。身份关系包括血亲关系、婚姻关系和姻亲关系。只有那些与被继承人有血亲关系、婚姻关系以及由此形成的抚养关系的人，才可能成为法定继承人和遗嘱继承人。

（二）继承权是依照法律的直接规定或者合法有效的遗嘱而享有的权利

继承有法定继承和遗嘱继承之分。继承权也有法定继承权与遗嘱继承权之分。法定继承权是依照法律的直接规定而享有的继承权，法定继承权只有法定继承人才能享有。遗嘱继承权是根据被继承人的遗嘱而享有的继承权，遗嘱继承权只有合法有效的遗嘱中指定的继承人才能享有，未在遗嘱中被指定为继承人的人尽管可能享有法定继承权但却不能享有遗嘱继承权。

（三）继承权的标的是遗产

遗产是自然人死亡时遗留的个人合法财产。遗产是以财产利益为内容的，既包括积极财产，也包括消极财产，但不包括身份利益。因此继承权是一种财产权。没有遗产，不发生继承，也就不能实现继承权。

（四）继承权是继承人于被继承人死亡时才可行使的权利

在被继承人死亡之前，继承权仅是一种期待权，继承人不能实现继承权；于被继承人死亡时，继承权才成为既得权，继承人才可行使继承权。

三、继承制度的基本原则

（一）保护自然人的继承权的原则

《民法典》第 1120 条规定：“国家保护自然人的继承权。”可见，继承制度的宗旨就是保护自然人的继承权。保护自然人的继承权既是《民法典》中继承编立法的目的和任务，也是其首要原则。

保护自然人的继承权的原则，一方面，要求法律确认自然人的继承权，保护其不受非法侵害；另一方面，要求在自然人的财产继承权受到侵害时，国家以其强制力予以法律上的救济。因此，保护自然人的继承权的原则主要表现在以下几个方面：

第一，凡自然人死亡时遗留的个人合法财产均为遗产，全得由其继承人继承。被继承人的遗产一般不收归国有，国家保障继承人、受遗赠人的继承权、受遗赠权的行使。

第二，继承人的继承权不得被非法剥夺或者限制。除法律规定的事由外，继承人的继承权不因任何事由而丧失；继承开始后，继承人自主决定是否接受继承，任何人不得代继承人作出放弃继承权的决定。

第三，继承权为绝对权，任何人都负有不得侵害的义务。继承权受到非法侵害时，继承人得于法定期间内通过诉讼程序请求人民法院予以恢复。

（二）继承权男女平等的原则

《民法典》第1126条规定："继承权男女平等。"该条规定是我国宪法规定的"法律面前人人平等"原则精神的体现。继承权男女平等原则在我国《民法典》有关继承的规定中主要表现在以下几个方面：

1. 自然人财产继承权的有无，与男女性别没有关系，妇女与男子享有平等的继承权。

2. 同一继承顺序中的继承人，不论男女都享有平等的继承权。在遗产分配时，男女的份额一般应当均等。

3. 代位继承权男女平等。即无论先于被继承人死亡的是儿子还是女儿，他们的子女都享有同等的代位继承的权利。

4. 遗嘱处分遗产的权利、遗嘱继承权、受遗赠权男女平等。

（三）养老育幼、互谅互让的原则

赡养老人、抚育子女是家庭的社会职能，也是中华民族的传统美德和建设社会主义精神文明的要求。为了保护老人和未成年子女的利益，法律规定，父母有抚养教育未成年子女的义务，成年子女有赡养扶助父母的义务。养老育幼、互谅互让的原则在我国《民法典》有关继承的规定中主要表现在以下几个方面：

1. 在法定继承中，规定对生活有特殊困难又缺乏劳动能力的继承人，分配遗产时，应当予以照顾。

2. 在遗嘱继承中，要求遗嘱应当为缺乏劳动能力又没有生活来源的继承人保留必要的遗产份额。

3. 遗产分割时，应当保留胎儿的继承份额。对继承人以外的依靠被继承人扶养的人，或者继承人以外的对被继承人扶养较多的人，可以分给适当的遗产。

4. 继承人如果故意杀害被继承人、遗弃被继承人或者虐待被继承人情节严重的，丧失继承权。

此外，我国《民法典》还规定，继承人应当本着互谅互让、和睦团结的精神，协商处理继承问题。

（四）权利义务相一致的原则

权利义务相一致是民法的一贯精神。权利义务相一致原则在我国《民法典》有关继承的规定中主要表现在以下几个方面：

1. 丧偶儿媳对公婆、丧偶女婿对岳父母，尽了主要赡养义务的，作为第一顺序继承人。此外，继父母与继子女之间、继兄弟姐妹之间形成实际“扶养关系”的，可以互相继承遗产。

2. 同一顺序继承人继承遗产份额，一般应当均等，但对被继承人尽了主要扶养义务的继承人，分配遗产时，可以多分；有扶养能力和有扶养条件的继承人，不尽扶养义务的，分配遗产时，应当不分或者少分。

3. 继承人在接受遗产的同时，必须以所得遗产实际价值为限清偿被继承人依法应当缴纳的税款和债务。

4. 有遗赠扶养协议时，只有扶养人承担了自然人生养死葬的义务，才能享有受遗赠的权利。

5. 遗嘱继承或遗赠附有义务的，继承人或受遗赠人应当履行义务，没有正当理由不履行义务的，经利害关系人或者有关组织请求，人民法院可以取消其附义务部分遗产的权利。

第二节　继承权的接受、放弃和丧失

一、继承权的接受和放弃

接受继承，是指继承人同意接受被继承人的遗产。接受遗产的意思表示的方式，可以明示，也可以默示。接受继承是单方民事法律行为，不需要其他人有相应的意思表示即发生法律效力。

继承权的放弃，是指继承人表示不接受被继承人的遗产。放弃继承遗产的意思表示的方式，只能明示，并且要在遗产分割之前以书面形式作出。《民法典》第 1124 条第 1 款规定：“继承开始后，继承人放弃继承的，应当在遗产处理前，以书面形式作出放弃继承的表示；没有表示的，视为接受继承。”遗产分割后表示放弃的不是继承权，而是所有权。

遗赠的接受和放弃与继承的接受和放弃的方式不同。

二、继承权的丧失

继承权的丧失，是指继承人因法律规定的事由发生而丧失继承遗产的权利。根据《民法典》第1125条第1款、第2款的规定：“继承人有下列行为之一的，丧失继承权：（一）故意杀害被继承人；（二）为争夺遗产而杀害其他继承人；（三）遗弃被继承人，或者虐待被继承人情节严重；（四）伪造、篡改、隐匿或者销毁遗嘱，情节严重；（五）以欺诈、胁迫手段迫使或者妨碍被继承人设立、变更或者撤回遗嘱，情节严重。继承人有前款第三项至第五项行为，确有悔改表现，被继承人表示宽恕或者事后在遗嘱中将其列为继承人的，该继承人不丧失继承权。”

【本章小结】

继承是指自然人死亡时遗留的个人合法财产依法转移给有权取得该项财产的人所有的法律制度。遗留财产的死者称为被继承人，死者的财产称为遗产，取得遗产的人称为继承人。继承权可以接受、放弃，亦可因法律规定的原因丧失。

【引例评析】

在本章引例中，邹某生前立下遗嘱，其财产由小儿子继承。但其小儿子拒不履行扶养义务，遗弃被继承人邹某，并且虐待邹某，将其打伤住院，符合《民法典》第1125条第3款的规定，小儿子因此丧失继承权，不参与遗产的分配；大儿子明确放弃参与遗产的继承，根据《民法典》第1124条规定，大儿子因此不参与遗产的分配。邹某的其他三个子女，为第一顺位的继承人，并且尽到了扶养义务，因此邹某的遗产由二儿子、大女儿、小女儿三人继承。

【练习题】

1. 名词解释

(1) 继承

(2) 继承权

(3) 接受继承

(4) 继承权的放弃

2. 简答题

(1) 继承权的法律特征有哪些？

(2) 继承制度的基本原则有哪些?

(3) 继承权的接受与放弃的意思表示方式是什么?

(4) 继承权丧失的情形包括哪些?

3. 案例分析题

杨某与周某于2012年登记结婚，婚后两人一起做生意，积累了大量财富。2017年，周某由于生意纠纷，被人殴打致脑出血。出院后，周某由于受精神刺激，时常怀疑身边的人对其不利，并具有暴力倾向。经医院诊断为间歇性精神病。2018年，周某发病将妻子杨某砍死。事发后，公安机关逮捕了周某，经几次司法鉴定，周某被确认为精神病患者，公安机关释放了周某。此时周某是否有权参与继承?

第五编 继承

第二十七章 法定继承

【引入案例】

邹某的妻子因病早逝，邹某膝下无子女，仅靠自己拾荒维持生计。2017 年的春节，邹某突然患了重病，生活不能自理。邻居韩某平素与他关系较好。邹某患重病后，韩某日夜看护、照料着邹某的日常起居。

邹某去世后，留有一间房子和一些家庭用品、家具等遗产。邹某的侄女作为其唯一在世的亲属前来主张继承。居民委员会认为邹某的遗产应分给韩某一部分。但邹某的侄女说韩某不是邹某的亲属，不能继承遗产。本案遗产应如何继承？

【学习目标】

通过本章学习，能够掌握：

1. 法定继承的概述；
2. 法定继承人的范围；
3. 法定继承的继承顺序；
4. 代位继承和转继承；
5. 法定继承中的遗产分配。

第一节 法定继承概述

一、法定继承的概念和特征

（一）法定继承的概念

法定继承是相对于遗嘱继承而言的，是指继承人的继承范围、继承顺序、遗产分配原则均由法律直接规定的一种继承方式。

法定继承的主要内容，是规定哪些人可以作为死者的法定继承人，各法定继承人应按照什么样的继承顺序继承被继承人的遗产，以及同一顺序中各个法定继承人应根据什么原则分配、分割被继承人的遗产等。

（二）法定继承的特征

1. 法定继承以一定的人身关系的存在为前提。法律对继承的范围、继承的顺序和遗产份额的分配等的确定是以继承人和被继承人之间是否存在一定的人身关系为根据的，即只有继承人和被继承人之间存在血亲关系、婚姻关系以及由此形成的抚养关系的人才能成为法定继承人，如丧偶的儿媳对公婆、丧偶的女婿对岳父母尽了主要赡养义务的可以作为第一顺序继承人。可以说法定继承与人身关系有着非常密切的联系。

2. 法定继承人的范围、继承顺序和遗产分配原则均由法律直接加以规定，属于强行性规范，不容改变。

3. 法定继承是对遗嘱继承的补充和限制。在我国，法定继承虽然是最常见的主要的继承方式，但是在效力上，它低于遗嘱继承，只要存在遗嘱，法律就不再考虑法定继承人的继承权，只有在不适用遗嘱继承时才适用法定继承。同时，虽然遗嘱继承具有优先的效力，但法律也对其加以一定的限制。例如，遗嘱继承人必须在法定继承人的范围内选择，立遗嘱人在遗嘱中必须为缺乏劳动能力又没有生活来源的人保留必要的遗产份额。

二、法定继承的适用范围

法定继承是现实生活中最主要的继承方式。我国《民法典》对法定继承的适用范围作了明确规定。《民法典》第 1123 条规定："继承开始后，按照法定继承办理；有遗嘱的，按照遗嘱继承或者遗赠办理；有遗赠扶养协议的，按协议办理。"第 1154 条之规定："有下列情况之一的，遗产中的有关部分按照法定继承办理：（一）遗嘱继承人放弃继承或者受遗赠人放弃受遗赠；（二）遗嘱继承人丧失继承权或者受遗赠人丧失受遗赠权；（三）遗嘱继承人、受遗赠人先于遗嘱人死亡或者终止；（四）遗嘱无效部分所涉及的遗产；（五）遗嘱未处分的遗产。"

据此，法定继承适用于以下情形：

1. 被继承人生前没有签订遗赠扶养协议，也没有立遗嘱的。

2. 被继承人生前虽立有遗嘱，但具有《民法典》第 1154 条规定的五种情形的。

第二节 法定继承人的范围和继承顺序

一、法定继承人的范围

法定继承人的范围，由法律直接规定，其确定的依据是继承人与被继承人之间既存的婚姻关系、血缘关系以及由此形成的抚养关系。我国《民法典》确定的法定继承人的范围是：

（一）配偶

配偶是处于合法婚姻关系中的夫妻双方。作为法定继承人的配偶，专指被继承人死亡时尚生存的与被继承人保持合法夫妻关系的人。尚未办理结婚登记手续而同居的男女，不能构成继承民事关系中的配偶；已经离婚的男女，也不能构成继承民事关系中的配偶。

（二）子女

子女是被继承人最近的直系卑（晚辈）亲属。我国《民法典》第 1070 规定："父母和子女有相互继承遗产的权利。"我国《民法典》第 1127 条第 3 款规定："本编所称子女，包括婚生子女、非婚生子女、养子女和有扶养关系的继子女。"

1. 婚生子女。具有合法婚姻关系的男女结合所生的子女，为婚生子女。在家庭成员中，婚生子女与父母具有最直接的血缘关系与身份关系，经济与生活关系也最密切。因此，他们完全享有对父母遗产的继承权。

2. 非婚生子女。没有夫妻关系的男女所生的子女，称为非婚生子女。我国《民法典》第 1071 条第 1 款规定："非婚生子女享有与婚生子女同等的权利，任何组织或者个人不得加以危害和歧视。"

3. 养子女。非自己所生，而是根据法律规定的条件和程序收养他人的子女做自己的子女，称为养子女。养子女与养父母是一种拟制血亲关系。养子女同亲生子女一样，有权继承养父母的遗产，他人无权干涉。《民法典》第 1111 条规定："自收养关系成立之日起，养父母与养子女间的权利义务关系，适用本法关于父母子女关系的规定；养子女与养父母的近亲属间的权利义务关系，适用本法关于子女与父母的近亲属关系的规定。养子女与生父母以及其他近亲属间的权利义务关系，因收养关系的成立而消除。"所以，按照法律规定，养子女只能继承养父母的遗产，不能同时再继承生父母的遗产。

4. 继子女。继子女，是指丈夫与前妻或妻子与前夫所生的子女。《民法典》

第1072条第2款规定："继父或者继母和受其抚养教育的继子女间的权利义务关系，适用本法关于父母子女关系的规定。"可见，继父母子女间的权利义务关系，要看二者之间是否形成抚养教育关系。形成抚养教育关系的继子女与养子女在继承上的不同是，继子女具有双重继承权，既可以继承继父母的遗产，也可以继承生父母的遗产。

（三）父母

父母是被继承人最近的直系尊（长辈）亲属。对子女的遗产有继承权的父母包括生父母、养父母、有抚养关系的继父母。

（四）兄弟姐妹

从血缘关系上说，兄弟姐妹是被继承人最近的旁系血亲。根据《民法典》第1127条第5款规定，作为法定继承人的兄弟姐妹包括：同父母的兄弟姐妹、同父异母或者同母异父的兄弟姐妹、养兄弟姐妹、有扶养关系的继兄弟姐妹。

（五）祖父母和外祖父母

祖父母与孙子女、外祖父母与外孙子女，是仅次于父母子女的最近直系亲属。因此，我国民法典把祖父母、外祖父母列入法定继承人的范围。

二、法定继承人的继承顺序

继承顺序，是指法律规定的各法定继承人继承遗产的先后次序。只有在没有前一顺序继承人或者前一顺序继承人都放弃或丧失继承权的情况下，才由后一顺序继承人继承。

依我国《民法典》第1127条的规定，将继承顺序规定为两个顺序：

第一顺序：配偶、子女、父母。

依《民法典》第1129条规定，丧偶儿媳对公婆，丧偶女婿对岳父母，尽了主要赡养义务的，作为第一顺序继承人。丧偶儿媳和公婆之间、丧偶女婿与岳父母之间属姻亲关系，本无继承权。但他们如果是尽了主要赡养义务的，依法作为第一顺序继承人。

第二顺序：兄弟姐妹、祖父母、外祖父母。

法定继承开始后，法定继承人按照民法典规定的继承顺序参加继承：由第一顺序继承人继承，第二顺序继承人不继承；没有第一顺序继承人或第一顺序继承人全部放弃或丧失继承权的情况下，由第二顺序继承人继承。

处于同一顺序的法定继承人中，各继承人的法律地位平等，同时继承，没有先后顺序之分，除法律另有规定或继承人有约定外，一般应均等地获得遗产。

第三节 代位继承和转继承

一、代位继承的概念和法律特征

（一）代位继承的概念

代位继承是本位继承的对称，又称“间接继承”。依据《民法典》的规定，包括两种情况：一是被继承人的子女先于被继承人死亡的，由被继承人的子女的直系晚辈血亲代位继承；二是被继承人的兄弟姐妹先于被继承人死亡的，由被继承人的兄弟姐妹的子女代位继承。在代位继承中，先于被继承人死亡的子女或兄弟姐妹，称为被代位人；被继承人的子女的直系晚辈血亲以及被继承人的兄弟姐妹的子女称为代位继承人。

代位继承制度是法定继承的一种特殊形式。

（二）代位继承的法律特征

1. 被代位人必须是被继承人的子女或者兄弟姐妹，且须先于被继承人死亡，否则不发生代位继承问题。

2. 被代位继承人是被继承人的子女时，代位继承人必须是被代位继承人的直系晚辈血亲，代位继承人不受辈数的限制，被代位继承人的子女、孙子女、外孙子女都可以代位继承。被代位继承人是被继承人的兄弟姐妹时，代位继承人只能是被代位继承人的子女。

3. 被代位继承人是被继承人的子女时，代位继承人获得第一顺位法定继承人资格。被代位继承人是被继承人的兄弟姐妹时，代位继承人获得第二顺位法定继承人资格。

4. 代位继承人一般只能继承被代位继承人有权继承的遗产份额。代位继承人有两人以上的，他们只能共同继承和分割被代位人应得的份额。

5. 代位继承只适用于法定继承，不适用于遗嘱继承。因为如果遗嘱指定的继承人先于立遗嘱人死亡，遗嘱不发生法律效力。

二、转继承

转继承是指继承人或受遗赠人在继承开始后、遗产分割前死亡，其所应继承的遗产份额，或接受遗赠的权利由其继承人承受的一项法定的继承制度。本应继承遗产，但在遗产分割前死亡的继承人称为被转继承人，实际接受遗产的人称为转继承人。

转继承的法律特征：

1. 转继承是继承开始后因继承人死亡而发生的继承制度。

2. 转继承是继承人在实际取得遗产前死亡而发生的继承制度。

3. 转继承人只能承受被转继承人有权继承的遗产份额。

三、转继承与代位继承的区别

（一）性质不同

转继承是在继承开始继承人直接继承后又转由转继承人继承被继承人的遗产，实质上是就被继承人的遗产连续发生的两次继承。转继承人享有的实际上是分割被继承人遗产的权利，而不是继承被继承人遗产的遗产继承权。而代位继承人行使的是对被继承人遗产的继承权，而不是对被代位人的遗产继承权。

（二）条件不同

代位继承的发生原因是被继承人的子女或者兄弟姐妹先于被继承人死亡。而转继承发生的原因是继承人在继承开始后、遗产分割前死亡。

（三）主体不同

代位继承的代位继承人限于被继承人死亡子女的直系晚辈亲属或者被继承人死亡兄弟姐妹的子女。而接受转继承遗产的人则是被转继承人的继承人。

（四）适用范围不同

代位继承的性质决定了代位继承只适用于法定继承，而转继承既可以适用于法定继承，又可以适用于遗嘱继承和遗赠。

第四节　法定继承中的遗产分配

按照我国《民法典》第1130条、第1131条的规定，在法定继承中的遗产分配按以下三种原则确定：

一、同一顺序继承人继承遗产的份额一般应均等

这是法定继承中遗产分配的一般原则，即同一顺序的法定继承人应该平均分配遗产。该法条中的“一般”是指法律没有特别规定或者继承人没有约定的情况。

二、特殊情况下法定继承人的继承份额可以不均等

根据《民法典》的有关规定，“特殊情况”主要是指：

1. 对生活有特殊困难又缺乏劳动能力的继承人，分配遗产时应给予照顾。

2. 对被继承人尽了主要扶养义务或者与被继承人共同生活的继承人分配遗产时，可以多分。

3. 有扶养能力和扶养条件的继承人，不尽扶养义务的，分配遗产时，应当不分或少分。

三、可以适当分得遗产的人

这是我国继承制度的一个独特概念，充分体现了继承制度的中国特色，即发挥家庭的社会保障功能。具体是指两种情况：

1. 对继承人以外的依靠被继承人扶养的人，可以分给适当的遗产。虽不是继承人，但依靠被继承人生前抚养的人，因为无生活来源，可以分给适当的遗产。

2. 继承人以外的对被继承人扶养较多的人，可以分给适当的遗产。例如，养子女不是其生父母的继承人，但如果其对生父母尽了较多扶养义务，可作为适当分得遗产人，分得生父母遗产中的部分财产。

在遗产分割时，继承人应当本着互谅互让、和睦团结的精神，协商处理。遗产分割的时间、办法和份额，由继承人协商确定；协商不成的，可以由人民调解委员会调解或者向人民法院提起诉讼。

【本章小结】

法定继承是指由法律直接规定继承的范围、继承顺序以及遗产分配原则的一种继承方式。我国《民法典》确定配偶、子女、父母、兄弟姐妹、祖父母、外祖父母六种人作为法定继承人。其中配偶、子女和父母为第一顺序的继承人，兄弟姐妹、祖父母、外祖父母为第二顺序的继承人。遗产分配时应遵守以下原则：第一，同一顺序继承人的继承份额，一般应当均等；第二，对生活有特殊困难又缺乏劳动能力的继承人，应当给予照顾；第三，对被继承人尽了主要扶养义务或者与被继承人共同生活的继承人，在分配遗产时可以多分；第四，有抚养能力和抚养条件的继承人，不尽抚养义务的，分配遗产时，应当不分或少分；第五，法定继承人在分配遗产时，要本着互谅互让、和睦团结的精神，协商处理遗产问题。此外，对被继承人扶养较多的法定继承人以外的人，予以适当照顾。代位继承与转继承，是指自然人死亡时遗留的个人合法财产依法转移给有权取得该项财

产的人所有的法律制度。

【引例评析】

在本章引例中，邹某未立遗嘱，除侄女外无其他法定继承人，所以依据《民法典》第1128条的规定，邹某的遗产应由其侄女代位继承。《民法典》第1131条规定："对继承人以外的依靠被继承人扶养的人，或者继承人以外的对被继承人扶养较多的人，可以分给适当的遗产。"本案中，邻居韩某在邹某病重期间日夜照料，扶养较多，可以分给适当的遗产。

【练习题】

1. 名词解释

（1）法定继承

（2）代位继承

（3）转继承

（4）遗产分配

2. 简答题

（1）法定继承的适用范围包括哪些？

（2）法定继承人的范围包括哪些？

（3）法定继承人的继承顺序是怎样的？

（4）代位继承与转继承的区别是什么？

（5）法定继承中的遗产分配原则有哪些？

3. 案例分析题

杨某（早年丧偶）病故，其有一女。女儿小杨在料理丧事期间，因食物中毒抢救无效死亡。杨某遗下瓦房五间，且杨某女儿育有一子。

问题：

杨某的遗产怎样继承？

第二十八章
遗嘱继承和遗赠

【引入案例】

邹某是一名画家，2015 年去世后留下巨额遗产，包括珍贵字画、住房等，价值达数千万元。邹某生前留下两份遗嘱。一份自书遗嘱的内容是将其全部财产包括一切动产与不动产全部留给其家中的小保姆焦某；另一份公证遗嘱是将住房一套赠给焦某。邹某的女儿小邹对遗嘱有异议，在其父过世后，将其父留下的字画拿走，双方因此发生纠纷。这两份遗嘱合法有效吗？

【学习目标】

通过本章学习，能够掌握：

1. 遗嘱的概述；
2. 遗嘱继承的适用条件；
3. 遗赠与遗嘱继承的区别。

第一节　遗嘱概述

一、遗嘱的概念和特征

遗嘱，是指自然人生前依法定形式对其个人所有的财产进行处分，并于死亡时发生效力的法律行为。遗嘱是遗嘱继承的前提或依据。遗嘱具有如下法律特征：

1. 遗嘱是遗嘱人的单方意思表示。遗嘱继承人或受遗赠人是否接受遗产，都不影响遗嘱的成立与效力。

2. 遗嘱是一种要式的法律行为。有效的遗嘱必须符合法律规定的形式，若不具备形式要件，则不发生遗嘱人预期的法律后果。因此，遗嘱人必须根据法定的形式订立遗嘱，才能于死后发生执行的效力。

3. 遗嘱具有严格的人身专属性。遗嘱是遗嘱人生前对自己的个人合法财产所作的处分，必须由遗嘱人亲自独立地对遗嘱内容作出真实意思表示，他人不得代为表示。

4. 遗嘱是死因行为。遗嘱是遗嘱人死亡后才发生法律效力的民事法律行为，遗嘱成立于遗嘱作成之时，生效于遗嘱人死亡之时，属于典型的成立在前、生效在后的民事法律行为。

二、遗嘱的有效要件

民事法律行为需具备主体适格，意思表示真实，内容合法才能够生效，而遗嘱是单方民事法律行为，也需要具备法律行为的生效要件。

1. 主体。遗嘱人须有遗嘱能力，即遗嘱人设立遗嘱时须具备民事行为能力。根据我国《民法典》的规定，完全民事行为能力人才有遗嘱能力，无民事行为能力人和限制民事行为能力人无遗嘱能力，无民事行为能力人和限制民事行为能力人所立的遗嘱，即使其本人后来有了民事行为能力，当时所立遗嘱仍属无效。

2. 客体。遗嘱所处分的财产须是遗嘱人死亡时所遗留的个人合法财产。

3. 内容。遗嘱必须是遗嘱人的真实意思表示；遗嘱不得取消缺乏劳动能力又没有生活来源的继承人的继承权；遗嘱须为胎儿保留必要的继承份额；遗嘱内容不得违反社会公德和公共利益。

三、遗嘱的形式

遗嘱的形式，是指遗嘱人依法进行意思表示，处分遗产的方式。根据我国《民法典》的规定，遗嘱形式包括自书遗嘱、代书遗嘱、打印遗嘱、录音录像遗嘱、口头遗嘱与公证遗嘱六种。

1. 自书遗嘱。自书遗嘱是指由立遗嘱人亲笔书写并签名的遗嘱。自书遗嘱必须符合下列要求：(1) 由遗嘱人亲笔书写遗嘱全文；(2) 由遗嘱人亲笔签名并注明年、月、日。

2. 代书遗嘱。代书遗嘱是指立遗嘱人不能书写或者书写确有困难时，由他人代为书写的遗嘱。代书遗嘱必须符合下列要求：(1) 由遗嘱人指定两个以上见证人在场见证；(2) 由见证人中一人代书；(3) 由遗嘱人、代书人和其他见证人签名，注明年、月、日。

3. 打印遗嘱。打印遗嘱是指立遗嘱人通过电脑打印的方式作出遗嘱。打印遗嘱应当符合以下条件：(1) 应当有两个以上见证人在场见证；(2) 遗嘱人和见证人应在遗嘱每一页签名，注明年、月、日。

4. 录音录像遗嘱。录音遗嘱是指立遗嘱人通过录音录像进行意思表示，处分自己遗产的形式。录音遗嘱必须符合下列条件：（1）应当有两个以上见证人在场见证；（2）遗嘱人和见证人应当在录音录像中记录其姓名或肖像，以及年、月、日。

5. 口头遗嘱。口头遗嘱是指遗嘱人在危急的情况下，用口头表示遗嘱内容的形式。口头遗嘱必须符合下列条件：（1）立遗嘱人只有在危急情况下才能采用口头遗嘱的形式；（2）应当有两个以上见证人在场见证；（3）危急情况解除后，立遗嘱人能够以书面或录音录像形式设立遗嘱的，原先所立口头遗嘱无效。

6. 公证遗嘱。公证遗嘱是指由遗嘱人亲自申请，经公证机关证明的遗嘱。对于公证遗嘱，遗嘱人必须亲自到公证机关或者请公证人员到场办理遗嘱公证，不得委托他人代理。同时，立遗嘱人应在自己所立的遗嘱上签名，并注明年、月、日。

为了确保遗嘱的真实性，我国《民法典》第1140条规定，下列人员不能作为遗嘱见证人：（1）无民事行为能力人、限制民事行为能力人以及其他不具有见证能力的人；（2）继承人、受遗赠人；（3）与继承人、受遗赠人有利害关系的人。

参考案例

甲育有乙、丙和丁三个女儿，甲于2013年1月1日亲笔书写一份遗嘱，写明其全部遗产由乙继承，并签名和注明年、月、日。同年3月2日，甲又请张律师代书一份遗嘱，写明其全部遗产由丙继承。同年5月3日，甲因病被丁送至医院急救，甲又立口头遗嘱一份，内容是其全部遗产由丁继承，在场的赵医生和随车护士见证。甲病好转后出院休养，未立新遗嘱。问：本案例中如甲死亡，应按哪份遗嘱执行？

【评析】本案中，第一份遗嘱是自书遗嘱，第二份遗嘱为代书遗嘱，但根据《民法典》第1135条的规定，代书遗嘱应当有两个以上见证人在场见证，由其中一人代书，并因遗嘱人、代书人和其他见证人签名，注明年、月、日。本案中第二份代书遗嘱既没有见证人又没有遗嘱人、代书人或见证人签名并标注日期，故无效。第三份遗嘱为危急情况下的口头遗嘱，根据《民法典》第1138条规定，危急情况消除后，遗嘱人能以书面或者录音录像形式立遗嘱的，所立的口头遗嘱无效。

四、遗嘱的无效

根据《民法典》第1143条的规定，下列遗嘱无效：无民事行为能力人或者限制民事行为能力人所立的遗嘱无效；受欺诈、胁迫所立的遗嘱无效；伪造的遗嘱无效；遗嘱被篡改的，篡改的内容无效。

《民法典》第1141条规定："遗嘱应当为缺乏劳动能力又没有生活来源的继承人保留必要的遗产份额。"据此，遗嘱未对缺乏劳动能力又没有生活来源的继承人保留必要的遗产份额的，对应当保留的必要份额的处分无效。

参考案例

甲育有二子一女，女儿丁长年瘫痪在床，又无收入，甲一贯重男轻女，死后留下遗嘱一份："90万元存款，爱子乙、丙各一半。"丁诉至法院，经查：甲无其他财产，依当地生活标准，丁需有至少40万元才能维持余生生计。法院判决：丁取得40万元；余50万元，乙、丙各半。

【评析】根据《民法典》第1141条规定，在有必留份的情况下，遗产分割应先分割出必留份额，其余按照遗嘱分配。

五、遗嘱的撤回、变更和执行

遗嘱是立遗嘱人关于处分个人遗产的民事法律行为，它可以根据立遗嘱人的真实意思订立，也可以根据真实意思撤回和变更。

（一）遗嘱的撤回与变更

遗嘱的撤回，是指遗嘱人取消原先所立遗嘱的全部内容。遗嘱人既可用声明原遗嘱无效的方式撤销原遗嘱，也可用立新遗嘱的方式撤销原遗嘱。

遗嘱的变更，是指遗嘱人依法改变原先所立遗嘱的部分内容。

《民法典》第1142条规定："遗嘱人可以撤回、变更自己所立的遗嘱。立遗嘱后，遗嘱人实施与遗嘱内容相反的民事法律行为的，视为对遗嘱相关内容的撤回。立有数份遗嘱，内容相抵触的，以最后的遗嘱为准。"

遗嘱人生前的行为与遗嘱的意思表示相反，而使遗嘱处分的财产在继承开始前灭失、部分灭失或所有权转移、部分转移的，遗嘱视为被撤回或部分被撤回。例如，遗嘱人生前将自己的电脑赠给了某学校，而遗嘱中又指定由继承人甲继承该电脑，遗嘱的这一部分内容就已被遗嘱人生前的行为撤回。

（二）遗嘱的执行

遗嘱的执行，是指遗嘱执行人按照遗嘱人生前的愿望，实现遗嘱内容的行为。遗嘱执行人可由遗嘱人指定。继承开始后，遗嘱执行人为遗产管理人；没有遗嘱执行人的，继承人应当及时推选遗产管理人；继承人未推选的，由继承人共同担任遗产管理人；没有继承人或者继承人均放弃继承的，由被继承人生前住所地的民政部门或者村民委员会担任遗产管理人。

遗嘱执行人必须具有执行能力。对遗产管理人的确定有争议的，利害关系人可以向人民法院申请指定遗产管理人。

第二节 遗嘱继承

一、遗嘱继承的概念和法律特征

（一）遗嘱继承的概念

遗嘱继承是与法定继承相对应的一种继承方式，指继承人按照被继承人生前所立的合法有效遗嘱进行继承的一种继承制度。在遗嘱继承中，订立遗嘱的人为遗嘱人，遗嘱指定的继承遗产的人为遗嘱继承人。继承人的范围、顺序和份额均由被继承人在遗嘱中确定，反映了被继承人的意志，故遗嘱继承又称为意定继承、指定继承。

《民法典》第1133条规定：“自然人可以依照本法规定立遗嘱处分个人财产，并可以指定遗嘱执行人。自然人可以立遗嘱将个人财产指定由法定继承人中的一人或者数人继承。自然人可以立遗嘱将个人财产赠与国家、集体或者法定继承人以外的组织、个人。自然人可以依法设立遗嘱信托。”这是我国遗嘱继承的法律依据。

（二）遗嘱继承的法律特征

1. 遗嘱继承的开始，必须有被继承人生前立有有效遗嘱和立遗嘱人死亡两个法律事实构成。这两个法律事实，缺少任何一个都不发生遗嘱继承。例如，所立遗嘱无效或依法被撤销，就不得发生遗嘱继承；或者所立遗嘱有效，但立遗嘱人未死亡，也不得实行遗嘱继承。

2. 遗嘱继承人和法定继承人的范围相同，但遗嘱继承不受法定继承顺序和应继份额的限制。被继承人可以把自己的遗产留给法定继承人中的任何人，还可以按照自己的意思确定给继承人的遗产数额。

3. 遗嘱继承直接体现了被继承人的意思。被继承人可以在遗嘱中明确继承人的范围、顺序和继承份额。继承人按照遗嘱继承也就是按照被继承人的意思继承。

4. 遗嘱继承在法律效力上优于法定继承。遗嘱继承是依遗嘱指定的继承人及其继承份额来转移遗产，遗嘱的内容直接体现了被继承人的意志及其生前对其财产的处分。被继承人死亡时，只要遗嘱合法有效，便适用遗嘱继承；如无合法有效的遗嘱，才适用法定继承。

二、遗嘱继承的适用条件

根据我国《民法典》的规定，遗嘱继承的适用条件是：

（一）被继承人生前立有合法有效的遗嘱

遗嘱必须是被继承人生前订立，并且合法有效，这是遗嘱继承发生的前提条件，如果被继承人生前未立遗嘱或所立遗嘱无效，则不适用遗嘱继承，应按法定继承来继承。

（二）遗嘱继承人未丧失或放弃继承权

遗嘱继承人继承被继承人的遗产须具备继承资格，如果遗嘱继承人因法定事由丧失继承权，或明确表示放弃继承权的，不适用遗嘱继承。

（三）没有遗赠扶养协议或与遗赠扶养协议不发生冲突

《民法典》第 1123 条规定："继承开始后，按照法定继承办理；有遗嘱的，按照遗嘱继承或者遗赠办理；有遗赠扶养协议的，按照协议办理。"可见，遗赠扶养协议的效力具有最优先适用的效力。

被继承人生前与他人订有遗赠扶养协议，同时又立有遗嘱的，继承开始后，如果遗赠扶养协议与遗嘱没有抵触，遗产分别按协议和遗嘱处理；如果有抵触，按协议处理，与协议抵触的遗嘱全部或部分无效。

第三节 遗 赠

一、遗赠的概念

遗赠是指遗嘱人用遗嘱的方式将其个人财产的一部分或全部，于其死后赠给国家、集体或者法定继承人以外的组织、个人的一种法律制度。立遗嘱将其财产进行遗赠的人，成为遗赠人；接受遗赠的人，成为受遗赠人。

遗赠是遗赠人死亡后生效的单方民事法律行为，设立遗嘱时无须征得受遗赠人的同意。同时受遗赠人也可以接受或不接受遗赠。如果受遗赠人先于遗赠人死亡，则遗赠无效。

遗赠分为两种形式：一种是概括遗赠，是指以遗产的全部或者一部分作为遗赠标的的遗赠，这种遗赠的受遗赠人的权利义务与遗嘱继承人相同。另一种是特定继承，是指以某项特定的财产作为标的的遗赠，这种遗赠的效力只是及于遗嘱指定的财产。

二、遗赠与遗嘱继承的异同

遗嘱继承与遗赠，都是自然人用遗嘱处分遗产的单方民事法律行为，都是遗产所有权转移的方式，遗产都是在遗嘱人死亡时开始转移。但两者也存在以下区别：

（一）主体范围不同

根据我国《民法典》的规定，遗嘱继承人只能是法定继承人中的一人或数人，限于自然人；而受遗赠人则是国家、集体或法定继承人以外的组织、个人，既不限于自然人，又不限于法定继承人范围以内的人。

（二）主体所承担的义务不同

遗嘱继承人有权继承遗产，同时在所得遗产实际价值范围内，负责清偿被继承人生前所欠的债务；而受遗赠人享有接受遗赠的权利，但一般不承担被继承人生前所欠的债务。不过，受遗赠人必须在遗赠人的债务清偿后，才能接受遗赠人的财产，若果遗产不足以清偿债务，则受遗赠人不得接受遗赠。

（三）取得遗产的方式不同

遗嘱继承人直接参与遗产分配，直接从遗嘱人那里取得财产；受遗赠人不直接参与遗产分配，不直接从遗嘱人那里取得遗产，受遗赠人从遗嘱执行人或法定继承人那里取得遗产。

（四）作出接受表示的要求不同

遗嘱继承人必须在遗产处理前以书面方式作出放弃继承的表示，不表示放弃的，视为接受；而受遗赠人应当在知道受遗赠后60日内作出接受的表示，到期没有表示接受的，视为放弃受遗赠。

第四节　遗赠扶养协议

一、遗赠扶养协议的概念和法律特征

（一）遗赠扶养协议的概念

遗赠扶养协议，是指自然人与继承人以外的组织或者个人签订的，该组织或者个人承担该自然人生养死葬的义务，享有受遗赠的权利的协议。

（二）遗赠扶养协议的法律特征

1. 遗赠扶养协议是双方民事法律行为。缔约双方必须在意思表示一致的基础上签订协议，双方主体必须是具有完全的民事行为能力人。

2. 遗赠扶养协议是双务合同。遗赠扶养协议既要约定遗赠人的权利和义务，又要约定扶养人的权利和义务，双方当事人之间互为权利义务关系。扶养人负有对受扶养人生养死葬的义务，享有接受受扶养人遗赠财产的权利；受扶养人享有接受扶养的权利，负有将其遗产遗赠给扶养人的义务。

3. 遗赠扶养协议自签订时起就具有法律效力。虽然遗赠扶养协议一经签订即具有法律约束力，但协议约定的遗赠财产转移，要到遗赠人死亡时才实现。因此，遗赠人对遗赠的财产应妥为保管，不得毁损和破坏遗赠的财产，遗赠人除对遗赠中指定的财产享有占有、使用、收益等权利外，不再享有处分权。遗赠人不得将遗赠的财产出卖或赠与他人，也不得另立遗嘱处分，其法定继承人也无权继承。

4. 遗赠扶养协议在适用上具有优先性。继承开始时，按照法定继承办理；有遗嘱的，按照遗嘱继承或者遗赠办理；有遗赠扶养协议的，按照协议办理。遗嘱与遗赠扶养协议内容相抵触的，遗嘱无效。

5. 遗赠扶养协议是一种要式民事法律行为。协议应采用书面形式，并且最好约定办理公证手续，以便于执行。

二、遗赠扶养协议中途反悔的法律后果

遗赠扶养协议的执行期限一般较长，在这期间如因一方反悔而使协议解除，便发生两种法律后果：一是扶养人无正当理由不履行协议规定的义务，导致协议解除的，不能享受遗赠的权利，其已支付的供养费用，一般也不予补偿。二是受扶养人无正当理由不履行协议，致使协议解除的，则应适当偿还扶养人已支付的

供养费用。

三、遗赠扶养协议与遗赠的区别

遗赠扶养协议与遗赠，都是财产所有人对自己的财产在生前作出处分，在死后实现财产所有权转移的行为，但是两者有以下区别。

1. 遗赠扶养协议是双方民事法律行为，而遗赠是单方民事法律行为。遗赠扶养协议采用合同形式，而遗赠的意思表示采用遗嘱形式。

2. 遗赠扶养协议是死后生效行为与生前生效行为的结合，而遗赠属于死后生效的行为。

3. 遗赠扶养协议中的扶养人必须是有民事行为能力的自然人或组织，而遗赠中的受遗赠人可以是有民事行为能力的人，也可以是无民事行为能力人或限制民事行为能力人。

4. 遗赠扶养协议属于有偿的行为，遗赠是无偿的行为。

【本章小结】

遗嘱继承，是指继承人按照被继承人生前所立的合法有效的遗嘱进行继承的一种继承制度。在遗嘱继承中，订立遗嘱的人为遗嘱人。遗嘱指定的继承遗嘱的人为遗嘱继承人。遗赠，是指遗嘱人用遗嘱的方式将其个人财产的一部分或全部，于死后赠给国家、集体和法定继承人以外的组织、个人的一种法律制度。遗赠扶养协议，是指自然人与继承人以外的组织或者个人签订遗赠扶养协议。按照协议，该组织或者个人承担该自然人生养死葬的义务，享有受遗赠的权利。

【引例评析】

《民法典》第1133条规定："自然人可以依照本法规定立遗嘱处分个人财产，并可以指定遗嘱执行人……自然人可以立遗嘱将个人财产赠给国家、集体、或者法定继承人以外的组织、个人……"所以在本章引例中，邹某可以依法自主处分自己的财产，可以将全部财产赠给"小保姆"焦某。在此案中，邹某先后立有两份遗嘱，其法律效力如何，后一份公证遗嘱是否变更了前一份自书遗嘱？《民法典》第1142条规定："遗嘱人可以撤销、变更自己所立的遗嘱……立有数份遗嘱，内容相抵触的，以最后的遗嘱为准。"邹某所立的两份遗嘱，形式及内容并未违反我国民法所规定的形式要件，遗嘱内容真实，两份遗嘱在处分一套房产时抵触，应认为后一遗嘱改变了前一遗嘱的内容。

【练习题】

1. 名词解释

（1）遗嘱

（2）遗嘱继承

（3）遗赠

（4）遗赠扶养协议

2. 简答题

（1）遗嘱的法律特征有哪些？

（2）遗嘱的生效要件包括哪些？

（3）遗嘱继承的适用条件包括哪些？

（4）遗赠与遗嘱继承有何异同？

（5）遗赠扶养协议与遗赠的区别有哪些？

3. 案例分析题

杨某夫妇膝下无子，于1986年收养孙某幼子为养子，改为杨姓，在小杨13岁时，杨某夫妇先后病故，留下了住房5间和15万元的遗产，杨某的弟弟见哥哥留下大笔产业，以小杨是养子，不是杨家血亲不能继承财产为理由，阻挠小杨继承遗产。

问题：

小杨是否有权继承遗产？

第二十九章 遗产的处理

【引入案例】

邹某与琼某是夫妻，共有财产 300 万元。二人有甲、乙、丙三子，甲早逝，遗有一子 A；乙有妻子 B，以及三子 C、D、E；由于家人都不在身边，邹某与邻居韩某签订了遗赠抚养协议，约定韩某承担邹某的生养死葬义务，邹某死后赠与韩某 20 万元；由于邹某的二儿子乙有心脏病，而邹某的朋友焦某早年对其有恩，故邹某立下遗嘱给予乙 40 万元，焦某 10 万元。现在邹某死亡，乙在邹某死后、遗产分割前因旧病复发也死亡。问：遗产应当如何分割？

【学习目标】

通过本章学习，能够掌握：

1. 遗产的概述；
2. 继承开始的时间；
3. 遗产的分割和被继承人债务的清偿；
4. 无人继承与无人受遗赠的遗产的处理。

第一节 遗产概述

一、遗产的概念

遗产是指自然人死亡时遗留的个人合法财产。它是财产继承权的客体。

对遗产的概念要明确三点：第一，遗产是被继承人死亡时遗留的财产。没有死亡事实的发生，自然人的财产不能作为遗产。自然人死亡前已处分的财产不属于遗产。第二，遗产必须是自然人个人的合法财产。非法占有国家集体或者其他自然人的财产，都不能成为遗产。依法不允许自然人个人所有的财产，不属于遗产。第三，遗产包括财产和财产权利。房屋、文物是财产，可属遗产；著作权中的财产权利也属于遗产。

二、遗产的范围

《民法典》继承编对遗产范围采取了概括式规定，改变了《继承法》第3条采取“列举+概括”规定遗产范围的立法方式，避免在财产类型日益增加和财产形式不断丰富的情形下，法律无法涵盖遗产的全部范围的弊端。当然，一般来讲，下列财产可以作为遗产：

1. 自然人的合法收入；
2. 自然人的房屋、储蓄和生活用品；
3. 自然人的林木、牲畜和家禽；
4. 自然人的文物、图书资料；
5. 法律允许自然人所有的生产资料；
6. 自然人的著作权、专利权中的财产权利；
7. 自然人的其他合法财产，这主要指有价证券和履行标的为财物的债权。

三、认定遗产应注意的几个问题

（一）遗产与共有财产

按照我国现行财产制度，家庭财产、夫妻财产、合伙财产都属于共有财产，当家庭成员中、夫妻关系中或合伙关系中的某位成员死亡，对其财产进行继承时，应首先把死者的个人财产份额与其他共有人的财产区分开。从共有财产中分割出来属于死者应享有的财产部分，是死者的遗产。夫妻双方在婚后所得财产，除双方有约定的外，都属于夫妻共有财产，当配偶一方死亡时，则应把死者的财产从夫妻共同财产中分离出来列入遗产范围进行继承，生存一方的财产不属于遗产。

（二）遗产与承包经营的财产

被继承人生前承包经营的财产，如土地、林地、企业等，不属于遗产，不能被继承，但其承包经营的收益，则是自然人的合法收入，属于遗产。承包人死亡后，依照法律规定，如果可由继承人继续承包的，按照承包合同的有关规定办理，例如《农村土地承包法》第32条第2款规定：“林地承包的承包人死亡，其继承人可以在承包期内继续承包。”公民的自留地、自留山、宅基地等依法属于集体所有的财产，自然人只有使用权，没有所有权，因而不属于遗产。

（三）遗产与基于特定身份所享有的财产权和财产

基于特定身份所享有的财产，如伤残军人的抚恤费、职工因工伤致残发给的抚恤费，不属于遗产。当本人死亡后，其继承人不能继承，不能继续领取，但被继承人生前已经领取的抚恤费的剩余部分则属于遗产。

职工因工死亡、军人牺牲或病故，公民因某些事故死亡时，有关部门按照有关法律规定，给予死者家属的抚恤金和其他生活补助费，这是对死者家属的关怀和帮助，不是死者的遗产。

自然人的人格权如姓名权、荣誉权等，以及著作权中的署名权、发表权等，也不得作为被继承人的遗产进行继承。

死者生前参加人身保险的，当保险事故发生后，造成投保人死亡时，保险公司应按规定给付保险金。《保险法》第 42 条第 1 款规定，被保险人死亡后，有下列情形之一的，保险金作为被保险人的遗产，由保险人依照《继承法》的规定履行给付保险金的义务：（1）没有指定受益人，或者受益人指定不明无法确定的；（2）受益人先于被保险人死亡，没有其他受益人的；（3）受益人依法丧失受益权或者放弃受益权，没有其他受益人的。

第二节　继承的开始

一、继承开始的时间

继承是从被继承人死亡时开始。被继承人死亡的时间，就是继承开始的时间，即继承发生效力的时间。

继承开始的时间，在法律上的意义是：

1. 继承开始的时间是继承权从期待权变为既得权的时间界限。继承开始，继承人的继承期待权即变为继承既得权。

2. 继承开始的时间是具体确定遗产内容的时间界限。继承开始前已处分的财产不能作为遗产；继承开始后增加的财产，如活着的夫妻一方的收入，也不能作为遗产。

3. 继承开始的时间是确定继承人范围的时间界限。继承开始前已死亡的继承人不能继承；被继承人的子女在继承开始前死亡的，可发生代位继承；继承人在继承开始后相继死亡的，会发生转继承问题；继承开始前受孕的胎儿出生后是活体的，有取得遗产的权利等。

4. 继承开始的时间是确定遗嘱是否有执行效力的时间界限。继承开始，有效的遗嘱即发生效力。

5. 继承开始的时间是确定保护继承权诉讼时效期间的起算点。继承权的最长诉讼时效期间为20年，从继承开始的时间起，开始计算诉讼时效。

这里要注意继承开始的时间与遗产分割的时间不同。继承开始的时间，是被继承人死亡的时间；遗产分割的时间，是各继承人实际取得遗产的时间。两者不得相混。

二、死亡时间推定

《民法典》第1121条第2款规定，相互有继承关系的数人在同一事件中死亡，难以确定死亡时间的，推定没有其他继承人的人先死亡。都有其他继承人，辈分不同的，推定长辈先死亡；辈分相同的，推定同时死亡，相互不发生继承。

第三节　遗产分割和被继承人债务的清偿

一、遗产分割

遗产分割是指将各继承人应继承的份额从遗产中分出的行为。分割遗产时应注意以下几点：

1. 先析产后继承。夫妻共同所有的财产，除有约定的外，遗产分割时，应当先将共同所有的财产的一半分出为配偶所有，其余的为被继承人的遗产。遗产在家庭共有财产之中的，遗产分割时，应当先分出他人的财产。

2. 保留胎儿的应继份。分割遗产时，应当保留胎儿的继承份额。胎儿娩出时是死体的，保留的份额按法定继承办理。

3. 不损害遗产的效用。遗产分割应当有利于生产和生活需要，不损害遗产的效用。不宜分割的遗产，可以采取折价、适当补偿或者共有等方法处理。

二、被继承人的债务清偿

（一）限定清偿原则

我国《民法典》第1159条规定："分割遗产，应当清偿被继承人依法应当缴纳的税款和债务，但是，应当为缺乏劳动能力又没有生活来源的继承人保留必要的遗产。"第1161条规定："继承人以所得遗产实际价值为限清偿被继承人依法应当缴纳的税款和债务。超过遗产实际价值部分，继承人自愿偿还的不在此限。继承人放弃继承的，对被继承人依法应当缴纳的税款和债务可以不负清偿责任。"

（二）清偿税款、债务应当注意的问题

1. 注意把被继承人的债务与家庭的共同债务区分开，不能把家庭共同债务作为被继承人个人债务，完全用被继承人的遗产偿还。

2. 遗产不足清偿债务时，也应为缺乏劳动能力又没有生活来源的继承人保留适当的遗产份额。

3. 遗产已被分割而未清偿债务时，由法定继承人清偿被继承人依法应当缴纳的税款和债务，超过法定继承遗产实际价值部分，由遗嘱继承人和受遗赠人按比例以所得遗产清偿。

第四节　无人继承与无人受遗赠的遗产

一、无人继承与无人受遗赠的遗产

自然人死亡后，有下列情况之一的，其所留的遗产属于无人继承与无人受遗赠的遗产：（1）死者既无法定继承人，又无遗嘱指定继承人或受遗赠人；（2）全体继承人都放弃继承或丧失了继承权；（3）遗赠受领人放弃受遗赠。

二、无人继承与无人受遗赠的遗产处理方法

1. 无人继承又无人受遗赠的遗产，归国家所有，用于公益事业；死者生前是集体所有制组织成员的，归所在集体所有制组织所有。

无人继承的遗产，无论归国家所有或为集体组织所有，死者生前所欠的债务，均应首先从遗产中清偿。对债务的清偿也同样适用限定继承的原则，

2. 如依法有权可以分得遗产的人提出取得遗产的要求，人民法院可酌情适当分给遗产。

【本章小结】

遗产是指自然人死亡时遗留的个人合法财产，是财产继承权的客体。遗产的范围采取概括性规定，依照法律规定或根据其性质不得继承的除外。继承是从被继承人死亡时开始。被继承人死亡的时间，就是继承开始的时间，即继承发生效力的时间。

【引例评析】

在本章引例中，邹某与琼某共有财产300万元，因此邹某可以处分的财产是

自己的150万元。首先遗赠扶养协议中赠予了韩某20万元，其次立下遗嘱给予乙40万元，焦某10万元。

此时邹某还有80万元遗产尚未处分，按照法定继承由第一顺位继承人琼某、A、乙、丙，四人继承，每人得20万元。

其中乙已经根据遗嘱继承得40万元，另加法定继承的20万元，共计60万元。由于乙死前未立下遗嘱，按照法定继承，乙继承邹某的60万元由乙的第一顺位继承人B、C、D、E四人继承，每人得15万元。

【练习题】

1. 名词解释

(1) 遗产

(2) 继承的开始

(3) 遗产分割

2. 简答题

(1) 遗产的范围包括哪些?

(2) 相互有继承关系的数人在同一事件中死亡的，死亡时间如何推定?

(3) 属于无人继承与无人受遗赠的遗产的情况有哪些? 如何处理?

3. 案例分析题

杨某继承其病故父亲的遗产，总价值200万元。其后杨某发现，父亲生前有银行贷款400万元未偿还，其继承的遗产不够偿还贷款。

问题:

此时杨某是否应当偿还父亲的贷款?

第六编
侵权责任

第三十章
侵权行为和侵权责任

【引入案例】

2014 年 11 月 20 日（星期四）15 时许，出生 46 天的女婴何某在某区世纪龙城小区 11 栋 2 号房楼下南侧晒太阳，被高空抛掷的水泥块砸伤。何某受伤后即被送往医院进行救治。由于没有找到肇事者，2015 年 7 月 22 日，何某的家人向某区人民法院提交起诉状，要求涉案居民楼的居民赔偿 46 万余元，某区人民法院当场登记立案。

【学习目标】

通过本章学习，能够掌握：

1. 侵权行为的概念和特征；
2. 侵权民事责任及其适用原则；
3. 侵权行为责任的归责原则。

第一节　侵权行为和侵权责任概述

一、侵权行为

（一）侵权行为的概念和特征

侵权行为是指行为人由于过错，或者在法律明确规定不论有无过错，违反法律规定的义务，侵害他人民事权益，依法应当承担侵权责任的行为。《民法典》

第 1165 条规定："行为人因过错侵害他人民事权益造成损害的，应当承担侵权责任。依照法律规定推定行为人有过错，其不能证明自己没有过错的，应当承担侵权责任。"第 1166 条规定："行为人造成他人民事权益损害，不论行为人有无过错，法律规定应当承担侵权责任的，依照其规定。"该法第 120 条规定："民事权益受到侵害的，被侵权人有权请求侵权人承担侵权责任。"

侵权行为的特征是：

1. 侵权行为是一种违反法定义务的行为。法定义务表现在：（1）对于物权、人格权等绝对权而言，任何组织和个人都负有不得侵害的一般义务。（2）法律规定某些特殊主体承担的义务，如宾馆、商场、银行、车站、机场、体育场馆、娱乐场所等经营场所、公共场所的经营者、管理者或者群众性活动的组织者的安全保障义务。（3）某些具体场景和行为，法律特别规定相关主体承担的义务，如在公共场所或者道路上挖掘、修缮安装地下设施时，施工人设置明显标志和采取安全措施的义务。侵权行为人若违反了这些法定义务，无论其表现为作为还是不作为，这均是侵权行为成立的前提。

2. 一般而言，侵权行为是一种有过错的行为，只有在法律特别规定的情形下，才不论行为人是否有过错，不要求具备过错要件。通说认为，过错原则是侵权责任的一般归责原则，无过错责任归责原则只是过错责任归责原则的例外情形，其适用受到了严格限制，只有在法律明确规定的情形下才能适用。

3. 侵权行为是侵害他人合法民事权益的行为。仅有违反法定义务的行为，如果没有给他人民事权益造成损害，不一定构成侵权责任。侵权行为侵犯的必须是合法民事权益，非法利益不受法律保护。合法权益包括权利和利益，权利主要是指绝对权。

4. 侵权行为是应当承担侵权责任的不法事实行为。它既不同于民事法律行为，也不同于合法事实行为。它是违反法定义务的不法事实行为。它不同于以合同为基础的违约行为，违约行为是一种违反约定义务的行为，侵权行为是一种违反法定义务的行为；它也不同于以订立合同为目的的缔约过失行为。

参考案例

邹某因合同纠纷，经法院调解后，达成协议，但邹某拒不执行。由于村委会协助法院对邹某强制执行，他酒后闯入村委会办公室，砸坏扩音器、玻璃、验钞机、电话机等物品，造成 300 多元的损失。村委会起诉邹某，追究其侵权责任。法院经过审理，判决邹某赔偿村委会的损失。

【评析】邹某为泄私愤，砸坏村委会的财产，侵犯村委会的财产权，应当承担侵权责任，赔偿村委会损失。

（二）侵权行为所侵犯的“权益”范围

《民法典》第五章规定了民事主体的民事权利，这些民事权利包括生命权、身体权、健康权、姓名权、名誉权、荣誉权、肖像权、隐私权、婚姻自主权、监护权、所有权、用益物权、担保物权、著作权、专利权、商标专用权、发现权、股权、继承权等人身、财产权益。凡是侵害这些民事权益的违法行为都是侵权行为。

二、侵权责任

（一）侵权责任的概念

侵权责任是侵权行为所产生的法律后果，是民事主体侵害他人权益应当承担的法律后果。它是民事责任的一种。

（二）侵权责任的特征

1. 侵权责任是一种法定责任。侵权责任是违反法定义务而应当承担的责任，它与违约责任不同，违约责任是以合法有效的合同存在为前提，一方违反合同义务而承担的责任。

2. 侵权责任以侵权行为存在为前提。只有实施了侵权行为，且没有免责事由的情况下，侵权行为人才要承担侵权责任，即无侵权行为，无侵权责任。

3. 承担侵权责任的主体具有多样性。自然人、法人、非法人组织皆可以成为侵权行为人，特殊侵权行为责任的主体还可能是与行为人有某种特殊关系的人，甚至是无民事行为能力人。

三、侵权责任方式

（一）侵权责任方式的概念和种类

侵权责任方式是指侵权行为人依据侵权责任法就自己实施的侵权行为应当承担的具体的民事责任形式。

根据《民法典》第179条的规定，承担民事责任主要有11种方式，其中有8种属于侵权民事责任方式，即停止侵害，排除妨碍，消除危险，返还财产，恢复原状，赔偿损失，赔礼道歉，消除影响、恢复名誉。

这些侵权责任方式可以分为财产型的民事责任和精神型的民事责任。这些责任形式都是由民法调整的财产关系和人身关系的特殊性所决定的，应当按照救济侵权损害后果和制裁侵权行为人的具体要求，适用具体的侵权责任方式。

（二）赔偿损失是侵权责任的基本方式

侵权责任方式虽然有8种之多，但是最基本的形式是赔偿损失。赔偿损失是侵权责任的基本方式，但它并不是唯一的形式，其他7种民事责任方式对侵权行为都可以适用。这一特点是由侵权责任的基本功能在于补偿受害人的损失所决定的。侵权行为一般都造成了受害人的损失，但不论是财产损失还是人身伤亡以及精神损害，依法律规定均可以适用赔偿损失责任方式。

（三）侵权责任方式适用的一般原则

上述8种侵权责任方式可以分为3种类型：（1）财产责任类型，这是主要方式，如赔偿损失，恢复原状，返还财产。（2）非财产责任类型，这是非主要方式，如停止侵害，消除影响、恢复名誉，赔礼道歉。（3）综合性的方式，如排除妨碍，消除危险，有可能是财产性质的民事责任方式，也可能是非财产性质的民事责任方式。

参考案例

张某以“女博士的职业规划”为题，创作了一部纪实性章回小说。小说在记叙苏博士的经历时，使用了荒诞、侮辱、诽谤性的语言。该书出版发行了5000册。苏博士的丈夫王某认为该小说侵害了其妻苏博士的名誉，起诉要求作者承担精神损害赔偿的责任，同时承担赔礼道歉、恢复名誉、停止发行该书的责任。法院判决支持了原告的诉讼请求。

【评析】自然人的人身权受法律保护。张某使用荒诞、侮辱、诽谤性的语言记叙苏博士的经历，侵犯了苏博士的名誉权，应当承担侵权责任。

《民法典》第179条第3款规定：“本条规定的承担民事责任的方式，可以单独适用，也可以合并适用。”在实践中，对侵权行为适用民事责任方式，应当掌握的原则如下所述。

1. 救济损害需要原则。在恢复受害人受到侵害的权利的目标下，需要适用什么民事责任方式，就适用什么民事责任方式。对于单纯的财产权利损害，可以单独适用损害赔偿方式救济损害；对于生命健康权的损害，可以赔偿财产损失，也可以赔偿精神损害；对于侵害名誉权等人格权的损害，可以单独适用精神型的民事责任方式，也可以根据需要适用财产型的民事责任方式。

2. 可以并用的原则。对于侵权行为造成损害的救济，可以单独适用一种民事责任方式，也可以适用多种民事责任方式。并用的标准是，根据各种责任形式保护受害人的利益不同，如果适用一种责任形式不足以保护受害人时，就应当同时适用其他的责任形式。

3. 适当处分原则。侵权责任方式从受害人的角度看，就是受害人自己享有的请求权，权利人可以处分自己的权利。受害人坚持自己的请求权，法院应当予以支持，受害人自愿要求处分自己的请求权，法院不应当干预。在违背公共秩序和善良风俗的情况下，受害人的自由处分权利应当受到限制。

第二节　侵权责任的归责原则

一、归责原则概述

（一）归责的含义

归责是指行为人因其行为致他人损害的事实发生以后，应依何种根据使其负责，此种根据体现了法律的价值判断，即法律应以行为人的过错还是应以已发生的损害结果为价值判断标准，抑或以公平考虑等作为价值判断标准，而使行为人承担侵权责任的归因。

（二）归责原则的概念

归责原则是确定侵权人侵权损害赔偿责任的一般准则。它是在损害事实已经发生的情况下，为确定侵权行为人对自己的行为所造成的损害是否需要承担民事赔偿责任的原则。归责原则是侵权责任的统帅和灵魂，是侵权责任法理论的核心。

（三）归责原则体系

依照《民法典》第1165条和第1166条的规定，我国侵权责任法的归责原则体系是由过错责任原则和无过错责任原则构成的。在这两个归责原则中，基本的归责原则是过错责任原则。过错推定原则是过错责任原则的一种特殊形式，也是坚持过错是侵权责任构成要件，只是在过错要件的证明上采用推定的形式，受害人的举证负担轻一些。无过错责任原则并不否定过错责任原则，只是在法律规定的特殊场合，以损害事实作为归责的价值判断标准，确定侵权损害赔偿责任的归属问题，是独立于过错责任原则之外的归责原则。这两个归责原则构成侵权责任法完整的归责原则体系。

需要特别强调的是：（1）过错原则为侵权责任法的一般归责原则，适用绝大多数侵权行为，无过错责任原则只适用于特殊侵权责任，只有在法律明确规定的情况下才适用。（2）公平责任原则不是归责原则，而是作为损害赔偿的特殊情况，确定为公平分担责任的方法，是一种对于造成损害双方当事人都没有过错的责任分担的规则。

二、具体的归责原则

（一）过错责任原则

1. 过错责任原则。过错责任原则是以过错作为价值判断标准，判断行为人对其造成的损害应否承担侵权赔偿责任。对于一般侵权责任，应当由主观上有过错的一方承担赔偿责任。主观上的过错是损害赔偿责任构成的基本要件之一，缺少这一要件，即使加害人造成了对方损害，并且加害行为与损害结果之间有因果关系，也不承担民事赔偿责任。过错原则是近代大陆法系民法的三大基本原则之一。[①] 过错责任的价值在于通过惩戒有过错的行为人，指导人的正确的行为，以预防侵权行为的发生。法律不能防止人们不出任何偏差，却能够阻止有偏差活动的继续；最轻微的责任也能够给侵权人某种有用的警告，使其意识到自己活动的危险。

在实践中运用过错责任原则，应当掌握以下要点：

（1）过错责任原则的性质是主观归责原则。这一原则要求在确定侵权行为人的责任的时候，要依行为人的主观意思状态来确定，即行为人主观方面要有过错，即有故意或过失。

（2）以过错行为作为侵权责任的必备构成要件。在适用过错责任原则的场合，行为人的过错是必备要件之一。如果行为人在主观上没有过错，就不能构成侵权责任。

（3）以过错作为责任构成的最终要件。过错责任原则以过错作为法律价值判断标准，就不仅仅要求将过错作为侵权责任构成的一般要件，而且要求将过错作为决定侵权责任构成的最终的、决定性的要件。只有这样，才能彻底贯彻“无过错即无责任”的精神。

（4）过错责任原则的适用。在一般情况下，应当把过错作为行为人是否承担民事赔偿责任的根据，而不是将其作为确定赔偿范围的根据。赔偿责任的大小，原则上决定于损害的大小，是根据损害结果确定的，过错并不发生大的影响。

2. 过错推定原则。过错推定原则是过错责任原则的一种特殊表现形式，是指在某些法律规定的特殊场合，可以从损害事实的本身推定加害人有过错，并据此确定过错行为人赔偿责任的归责原则。

推定是指法律或法官从已知的事实推论未知的事实而得出的结果，实际上就是根据已知的事实对未知的事实进行推断和认定。过错推定，就是受害人在诉讼

① 私权神圣不可侵犯、契约自由和过错责任是近代大陆法系民法的三大原则。

中，能够证明损害事实、违法行为和因果关系的情况下，如果加害人不能证明自己对于损害的发生没有过错，那么，就从损害事实的存在推定加害人有过错，并为此承担侵权责任。在适用过错推定原则的时候，应当注意以下几点：

（1）适用范围：一是无民事行为能力人在教育机构学习生活期间遭受人身损害（《民法典》第1199条）；二是医疗机构违反诊疗规范、拒绝提供或者伪造、篡改、违法销毁病历资料（《民法典》第1222条）；三是动物园饲养的动物致人损害（《民法典》第1248条）；四是建筑物及其搁置物、悬挂物脱落、坠落致人损害（《民法典》第1253条）；五是堆放的物品倒塌致人损害（《民法典》第1255条）；六是在公共道路上堆放、倾倒、遗撒妨碍通行的物品致人损害（《民法典》第1256条）；七是林木折断、果实坠落致人损害（《民法典》第1257条）；八是地面施工或窨井等地下设施致人损害（《民法典》第1258条）。

（2）责任构成要件，仍须具备损害事实、违法行为、因果关系和过错这四个要件。

（3）过错要件的推定和举证责任倒置。首先，原告起诉应当举证证明三个要件，一是违法行为，二是损害事实，三是因果关系。原告承担这三个要件的证明责任。其次，这三个要件的举证责任完成之后，法官直接推定被告具有过错，不要求原告举证证明行为人在主观上存在过错，而是从损害事实的客观要件以及它与违法行为之间的因果关系中，推定行为人主观上有过错。最后，在过错的举证责任方面，实行举证责任倒置。如果被告认为自己在主观上没有过错，则须自己举证证明自己没有过错，证明成立者，推翻过错推定，行为人没有过错，则不承担侵权责任。被告如果证明不足或者不能证明自己没有过错，则推定过错成立，其他三个构成要件齐备的话，行为人应当承担侵权民事责任。

（二）无过错责任原则

无过错责任原则是指在法律中有特别规定的情况下，以已经发生的损害结果为承担责任评价标准而无论行为人是否有过错的归责原则。只要实施违法行为，导致损害结果发生，违法行为与损害后果存在因果关系，则不论行为人主观方面有无过错，都要承担侵权赔偿责任的归责原则。

适用无过错责任原则的意义在于加重行为人的责任，使受害人的损害赔偿请求权更容易实现，受到损害的权利及时得到救济。无过错责任原则的价值判断标准与其他归责原则有所不同，并依此与其他归责原则相区别。无过错责任原则的价值判断标准是已发生的损害后果，以及法律的特别规定。确定责任有无不是过错而是损害事实，有损害则有责任，无损害则无责任。

适用无过错责任原则的具体方法是：

1. 适用无过错责任原则的范围是：产品责任、高度危险责任、环境污染责任、动物损害责任中的部分责任以及工伤事故责任等。

2. 适用无过错责任原则的侵权责任构成，须具备三个要件，一是违法行为，二是损害事实，三是违法行为与损害事实具有因果关系。

3. 适用无过错责任原则的举证责任，受害人即原告应当证明违法行为、损害事实和因果关系，在受害人证明上述责任构成之后，加害人如果主张免责，应当承担举证责任，所要证明的不是自己无过错，而是证明有免责事由的存在，如损害是由受害人的故意所引起的，或者损害是不可抗力事由造成的等，可以免于承担侵权责任。如果无法举证免责事由的存在，则行为人就要承担侵权责任。

4. 适用无过错责任原则的情形必须有法律明确规定，如无法律明确规定适用无过错原则，则不能适用无过错归责原则，从这个意义上说，无过错原则是侵权责任归责原则的特殊原则，适用的情形是法定的。

【本章小结】

侵权行为是指行为人由于过错，或者在法律明确规定不论有无过错，违反法律规定的义务，侵害他人民事权益，依法应当承担侵权责任的行为。侵权行为人根据法律规定应当承担侵权责任。我国侵权责任归责原则的体系由过错责任原则（包括过错推定原则）和无过错责任原则构成，公平原则通说认为不属于侵权责任的归责原则。

【引例评析】

《民法典》第1254条规定：“禁止从建筑物上抛掷物品。从建筑物上抛掷物品或者从建筑物上坠落的物品造成他人损害的，由侵权人依法承担侵权责任；经调查难以确定具体侵权人的，除能够证明自己不是侵权人的外，由可能加害的建筑物使用人给予补偿……”由于该起伤害未找到具体的侵权人，原告将可能加害的房屋所有人或使用人作为被告并要求其承担补偿责任符合法律规定。

【练习题】

1. 名词解释

(1) 侵权行为

(2) 侵权责任法

(3) 侵权责任

(4) 归责原则

2. 简答题

(1) 什么是侵权行为？侵权行为具有哪些法律特征？

(2) 怎样理解侵权责任的概念？适用侵权责任方式应当掌握哪些原则？

(3) 侵权行为责任的归责原则体系是由哪些归责原则构成的?

3. 案例分析题

某甲驾驶进口吉普车行驶在从厦门到福州的高速公路上，汽车的前右侧风挡玻璃突然爆裂，高压气流致使坐在副驾驶员座位上的某乙爆震伤死亡。交通管理部门勘查事故现场时，在现场未发现任何外力致风挡玻璃爆裂的原因，初步鉴定意见为风挡玻璃因自身原因发生爆裂。对于玻璃爆裂的原因，死者家属和玻璃厂家发生了争议，经协商，双方签订协议，物证先由厂家代表保存，待双方共同委托鉴定机构进行玻璃质量鉴定。当晚，厂家代表将该风挡玻璃空运回车辆生产国，经过该厂技术部门鉴定，认为该风挡玻璃没有质量问题，厂家遂拒绝任何赔偿请求。某乙的家属以产品侵权责任起诉，请求被告玻璃厂家承担侵权责任。一审法院判决适用过错责任原则，认为原告不能证明被告在该事故中有过错，故判决驳回原告的诉讼请求。原告上诉，终审法院判决认为，本案应当适用无过错责任原则，原告不负有被告过错的举证责任，原审据此驳回原告的诉讼请求不当。本案的因果关系要件由于被告破坏协议自行进行物证鉴定，致使无法确认，因此推定某乙的死亡与被告的玻璃缺陷有因果关系，被告没有举出证据证明自己的玻璃质量没有缺陷，与某乙的死亡后果没有因果关系，因此因果关系推定成立，判决被告应当承担侵权责任。

问题:

(1) 我国的侵权责任归责原则体系是由哪些归责原则构成的?

(2) 各种不同的归责原则所调整的范围有哪些?

(3) 本案为什么要适用无过错责任原则?

第三十一章
侵权责任构成和免责事由

【引入案例】

原告员某某系许昌某农副产品有限公司蔬菜批发商。2014年8月16日3时许，被告菅某某父亲在许昌市万丰路与天宝路交叉口菜市场批发菜品过程中，因原告的姜放在路边而与原告发生争执。双方争吵过程中，被告菅某某赶来，争吵中用脚踢了地上的姜，员某某就推了菅某某，菅某某动手将原告殴打致伤。后被告菅某某被许昌市公安局北大分局处以行政拘留5日的行政处罚。原告当日被送往许昌市中医院治疗，被诊断为：(1) 颅脑损伤脑震荡头皮下血肿；(2) 多发软组织损伤；(3) 左肘部皮肤擦挫伤；(4) 应激性消化道溃疡。原告住院37天，支出医疗费5759.97元。其医嘱中显示2014年8月26日至2014年9月22日期间无医嘱，也无用药，该26天应不视为住院治疗期间。原告找到被告协商赔偿事宜未果，遂诉至法院。

【学习目标】

通过本章学习，能够掌握：

1. 一般侵权责任构成要件及各个构成要件的内涵；
2. 侵权责任法定免责事由的种类。

第一节　一般侵权责任构成要件

一般侵权责任构成要件，是指构成一般侵权责任必须具备的全部要件。一般侵权责任构成要件为四个：即违法行为、损害事实、违法行为与损害事实之间存在因果关系、违法行为人有过错。四个要件缺一不可，欠缺任何一个构成要件，则不构成一般侵权责任。

一、违法行为

（一）违法行为的概念

违法行为是指民事主体违反法定义务、违反保护他人的法律或者故意违背善良风俗而实施的侵犯他人权利或者合法利益的行为。

违法行为作为侵权责任构成的客观要件，包括行为和违法两个要素，这两个要素构成违法行为要件的完整结构。这一结构表明，侵权行为首先必须由行为来构成，而非由事件或思想等行为以外的事实构成；构成侵权民事责任的前提，必须有一定的行为；其次，这种行为必须在客观上违反法律，具有违法性。

行为是民事主体受其意志支配，并且以其自身或者控制、管领物件或他人的动作、活动，表现为客观上的作为或不作为。

违法是指行为在客观上与法律规定相悖，主要表现为：（1）违反法定义务、违反保护他人的法律和故意违背善良风俗致人损害。违反法定义务，是民事主体作为他人享有绝对权利的法定义务人时，负有不得侵害的法定义务。（2）侵害他人权利，即违反该法定的不可侵犯义务，为违法；对于保护他人利益的法律，行为人违反这种义务造成他人损害，也是违反法律；行为并不违反法律，但是行为人故意违背善良风俗致人以损害，也构成违法性。

参考案例

王女士与孙某（男）、李某（女）合租，王女士住一间，孙某、李某住一间（二人系男女朋友关系）。2013年4月的一天，王女士在凌晨五点突然醒来，发现孙某在其卧室内。孙某发现王女士醒来便夺门而逃，王女士追出门外对孙某进行质问，经过质问王女士得知孙某通过备用钥匙进入其卧室对其进行偷窥，而且之前已经发生过两次。后王女士报警，公安机关在查证事实后，给予孙某行政拘留五天的处罚。王女士认为孙某的行为侵犯了其隐私权，故诉至法院，请求法院判令孙某对其进行书面赔礼道歉，并给予精神损害抚慰金3万元。法院认定孙某侵犯王女士的隐私权，判决孙某赔礼道歉，并赔偿精神损失5000元。

【评析】孙某某通过备用钥匙进入王女士卧室对其进行偷窥，侵犯了王女士的隐私权，依照《民法典》的规定，应当承担侵权责任。

（二）违法行为的方式

违法行为依其方式，分为作为和不作为。这两种行为方式，均可构成侵权行为的客观表现方式。

区分行为的作为与不作为，应以法律规定的法定义务为标准，行为人违反法律现定的不作为义务而为之，为作为的违法行为；反之，行为人违反法律规定的作为义务而不履行之，即为不作为的违法行为。

作为的违法行为是侵权行为的主要行为方式。不作为的违法行为亦可构成侵权责任的行为方式。确定不作为违法行为的前提，是行为人负有特定的作为义务，这种特定的作为义务，不是一般的道德义务，而是法律所要求的具体义务。特定的法定作为义务的来源为以下三种：一是来自法律的直接规定，二是来自业务上或职务上的要求，三是来自行为人先前的行为。

（三）违法行为的样态

违法行为分为以下三种样态：

1. 自己的行为。这是直接行为，是一般侵权行为责任构成的违法行为样态。行为人自己实施行为，无论作为还是不作为，均构成一般侵权责任，即直接责任。

2. 自己监护、管理的人所实施的行为。行为虽然不是侵权责任承担人直接实施的，但实施人是其监护的人或其管理的人，这是间接行为构成特殊侵权行为，行为人承担的侵权责任称为替代责任。

3. 自己管理物件的不当行为。对于自己管领、控制的物件应妥善处置。管理不当，物件致人损害，虽非因自己的直接行为但仍要认定为行为人的间接行为。

这三种不同违法行为的样态，意义在于行为人承担不同的侵权责任，为自己的行为负责，行为人承担的是直接责任，即自己为自己的行为承担侵权民事责任。为他人的行为负责和为自己控制、管领物件的不当致人损害负责，责任人承担的是间接责任，是为他人的行为负责，或者为自己管理的物件所致损害负责。前者为一般侵权行为，适用过错责任原则归责；后者为特殊侵权行为。根据法律的规定，适用过错推定原则或者无过错责任原则归责。

二、损害事实

（一）损害事实的概念

损害事实是指一定的行为致使权利主体的人身权、财产权受到侵害，并造成财产利益的减少或灭失的客观事实。损害事实的存在，是构成侵权行为的另一个要件。没有损害事实，就谈不上侵权，更谈不上侵权损害赔偿。

作为侵权行为构成要件的损害事实具有以下特点：一是损害系合法权益受侵害所致；二是损害具有可补救性，即所受损害可通过一定的方式进行补救；三是损害的确定性，即损害事实确实发生，并可通过一定的方式衡量其大小和程度。

（二）损害事实的种类

损害事实依其性质和内容，可分为财产损害、人身伤害和精神损害三种：

1. 财产损害，主要是指由于行为人对受害人的财产权利施加侵害所造成的经济损失，如毁人房屋、盗人车辆等行为致权利人的经济利益受到损害。财产损害表现为财产损失，包括直接损失和间接损失。直接损失是受害人现有财产减少，如财物被毁损、被侵占而使受害人财富的减少。间接损失是受害人可得利益损失，即应当得到的利益因受不法行为的侵害而没有得到，如因车辆被盗导致营业收入的减少。

2. 人身伤害，是指由于行为人对受害人的人身施加侵害所造成的人身上的损害。人身伤害专指自然人而言，系由侵害自然人的人身所造成，具体包括生命的损害、身体的损害、健康的损害三种情况。同时，对自然人人身的损害往往也会导致其财产的损失。例如，伤害他人身体致其支付医疗费和收入的减少等。

3. 精神损害，又称无形损害，主要是指自然人因人格受损或人身伤害而导致的精神痛苦。例如，名誉受不法侵害、隐私被他人不法披露、身体因受伤而致残等。这些都会导致自然人的精神痛苦。与其他损害不同的是，精神损害具有无形性，难以用金钱来衡量，但是金钱赔偿却是救济精神损害的重要途径。

参考案例

陈某受雇于广西某超市担任保安员，负责门市部及各楼层的保安工作。2004年4月6日，该超市店长发现存放在四楼的一瓶饮料被人偷喝，在员工会议上询问当天上午有谁上过四楼，有几名员工举手表示自己没有上过四楼，陈某没有任何表示。数日后，店长找到陈某，称有人在4月6日上午看见陈某上过四楼。陈某回忆后表明，当天上午9时因上卫生间曾到过四楼，但未动过任何商品。5月14日中午，店长召集本店37名员工，采用投票的方式确认偷窃者，认为是陈某所为的就在投票单的“认同”栏内打钩，认为不是陈某所为的在“否定”栏内打钩。在验票后店长当场向员工宣布投票结果：2票认同、3票弃权、32票否定（认为不是陈某所为）。尽管投票结果如此，但陈某认为店长投票选“贼”的行为侵害了自己的名誉权，向法院提起民事诉讼。法院认为投票选“贼”的行为造成了受害人的名誉损害，判决店长承担赔偿精神损害抚慰金的侵权责任。

【评析】自然人的名誉权受法律保护。店长通过投票方式“选贼”，侵犯了陈某的名誉权，店长应该承担赔偿责任，法院的判决是正确的。

三、因果关系

（一）因果关系的概念

因果关系是一个哲学概念，引起某一现象产生的现象叫原因，而被某些现象所引起的现象叫结果。客观现象之间的这种引起和被引起的关系，就是事物的因果关系。

侵权责任构成中的因果关系要件，是指违法行为作为原因，损害事实作为结果，在它们之间存在的前者引起后者，后者被前者所引起的客观联系。民法研究这种因果关系的目的，在于确定侵权责任的构成，以及确定只有与违法行为具有因果关系的损害，行为人才需承担侵权责任。

（二）确定因果关系的理论

确定违法行为与损害事实之间的因果关系应当遵循以下因果关系规则：

1. 对于具有直接因果关系的违法行为与损害事实，用直接因果关系规则确定因果关系。例如，殴打致受害人耳膜穿孔，加害行为（殴打行为）与损害事实（耳膜穿孔）之间具有直接因果关系。

2. 违法行为与损害事实之间的因果关系较难判断的，采用相当因果关系规则确定因果关系。适用相当因果关系规则，关键在于掌握违法行为是发生损害事实的适当条件，适当条件是发生该种损害结果的不可或缺的条件，它不单是在特定情形下偶然地引起损害，而且是发生同种结果的有利条件，判断相当因果关系的标准，即确定行为与结果之间有无因果关系，要依照行为发生时的一般社会经验和知识水平作为判断标准，认为该行为有引起该损害结果的可能性，而在实际上该行为又确实引起了该损害结果，则该行为与该结果之间有因果关系。

参考案例

某日晚，郑某、张某与赖某等一伙年轻人在酒吧喝酒直到深夜。赖某因饮酒过量无法走动，郑某与张某等丢下赖某不管；酒吧老板刘某将赖某扶到店内的沙发上睡着了，13 日上午，有人发现赖某已经死亡，死因是呕吐物进入气管、支气管导致机械性窒息而死。赖某的家属向法院起诉，要求几个劝酒者与酒吧老板共同赔偿死者死亡补偿费、丧葬费等 13 万多元。法院判决认定，赖某大量饮酒是造成自己死亡的主要原因；刘某和劝酒者没有对醉酒者进行必要的救助，不作为行为对于损害的发生有因果关系，也应承担相应的民事责任。

【评析】承担一般侵权责任的一个要件是损害事实与行为人的行为有

因果关系。本案中劝酒者和酒吧老板刘某应当预见到人过量饮酒，有死亡或者受伤害的风险，但由于疏忽大意没有遇见，没有采取措施照料赖某，导致赖某因饮酒过量死亡，刘某和劝酒者没有对醉酒者进行必要的救助，不作为行为对于损害的发生有因果关系，应承担相应的民事责任。

四、过错

（一）过错的概念和形态

过错就是指行为人在实施违法行为时的主观心理状态，过错分为两种基本形态，即故意和过失。

故意是行为人明知自己的行为会造成侵害他人权益的结果，仍然希望或者放任结果发生的主观心理状态，确定故意的标准在于，行为人应当认识到、预见到行为的结果，同时又希望或放任其发生，就是具有故意。

过失，是指行为人应当预见自己的行为可能发生侵害他人权益的结果，但却因为疏忽大意而没有预见，或者虽然已经预见但轻信能够避免的主观心理状态。衡量行为人是否有过失，应以行为人是否尽到注意义务而定。对行为人注意义务的确定，应根据具体的时间、地点和条件等多种因素综合进行。

民法通说将过错分为三个等级，一是故意，二是重大过失，三是一般过失。所谓重大过失，是指行为人极为疏忽大意的情况；而一般过失则是指尚未达到重大过失的过失。法律对行为人提出了较高的注意义务，结果行为人没有达到较高的注意义务，但是却达到了一般的注意义务，此时就认定构成一般过失；假设行为人不仅未达到该较高注意义务，同时连一般人的注意义务都没有达到，就认定为构成重大过失。

（二）过错与侵权责任的关系

过错程度有轻重之分，在一般情况下，过错的轻重对于确定行为人的民事责任并无实际意义，因为民事责任的承担，完全是根据损害事实决定的，行为人故意造成他人伤害与过失造成他人伤害，在民事责任的承担上是一样的。

但是在法律有特别规定和共同过失、与有过失及第三人过错的情况下，过错程度的轻重对于确定民事责任具有决定作用。例如，适用惩罚性赔偿，一般需要侵权行为人的主观心理状态为故意，《民法典》第1207条规定："明知产品存在缺陷仍然生产、销售，或者没有依据前条规定采取有效补救措施，造成他人死亡或者健康严重损害的，被侵权人有权请求相应的惩罚性赔偿。"此处的明知，就是故意。又如《民法典》第1245条规定："饲养的动物造成他人损害的，动物饲养人或者管理人应当承担侵权责任，但是，能够证明损害是因被侵权人故意或者重大过失造成的，可以不承担或者减轻责任。”此处的受害人的故意或者重大过失行为导致动物造成损害后果发生的，动物饲养人可以免责。

参考案例

2015年6月1日午夜，村民沈甲在路过果农沈乙的桃园时，因口渴随手摘了几个桃子，觉得味道不错，又摘了些带回家，分给75岁的老母亲和两个儿子吃，几人食后均不同程度出现中毒症状，经查，系农药甲胺磷中毒，原因是沈乙对即将成熟的桃子喷洒甲胺磷防虫。沈甲等向法院起诉，要求沈乙赔偿损失。法院认为，甲胺磷属于剧毒农药，沈乙在尚未成熟的桃树上施用农药且没有设置警示标志，违反了《农药管理条例》关于剧毒、高毒农药不用于蔬菜、瓜果、茶叶和中草药材的明确规定，对可能造成公众损害的后果持放任的态度，具有过错，沈甲等人未经许可私自摘别人桃子食用，对食物中毒的损害后果本身也有过错，因此判决沈乙承担沈甲等人人身损害40%的赔偿责任，沈甲等人自己负担60%的赔偿损害责任。

【评析】本案中，沈甲等人其未经许可摘桃子食用，对中毒后果存在主要过错，沈乙在果树上喷洒禁用农药未作必要警示，对沈甲等人中毒后果也有过错，法院判决沈乙承担沈甲等人损失的40%并无不当。

第二节 特殊侵权责任的构成要件

一、特殊侵权行为的概念

特殊侵权行为是相对于一般侵权行为而言的侵权行为形态，是指责任人为他人的行为和为自己管领下的物件所致损害，承担赔偿责任的侵权行为。

二、特殊侵权行为的特点

1. 一般侵权行为适用过错责任原则，而特殊侵权行为则依《民法典》侵权责任编的规定，适用过错责任原则、过错推定原则和无过错责任原则，以保护受害人的合法权益。

2. 特殊侵权责任的成立不能按一般侵权责任的构成要件确定，它由法律根据具体情况规定。这些特殊要件不具有普遍性，每种特殊侵权行为所要求的特别条件也各有不同，不具备该特别要件就不能构成该特殊侵权责任。

3. 举证责任的特殊性。一般侵权责任的证明原则是“谁主张，谁举证”。特殊侵权责任多数实行举证责任倒置，其倒置证明的范围并不是全部侵权责任要件，而只是在部分要件的证明上举证责任倒置。损害事实、因果关系的要件，仍应由赔偿权利人证明；在适用过错推定原则推定过错时，加害人予以否认的，应举证证明自己无过错；在适用无过错责原则时，加害人主张损害是由受害人或第三人的过错所致时，应当负责举证。加害人证明自己的主张成立的，才可以免责或者减轻责任。

三、特殊侵权责任构成要件的特殊性

特殊侵权行为的构成要件也需要具备：（1）违法行为；（2）损害后果；（3）因果关系。这与一般侵权责任并没有区别。特殊侵权责任之所以特殊，主要是主观要件，即行为人是否有过错方面。它既包括适用无过错归责原则和过错推定归责原则的侵权责任形态，也包括适用过错归责原则承担主体特殊的侵权责任。狭义的特殊侵权责任是指不同于一般侵权构成要件的侵权责任，主要是指适用无过错和过错推定归责原则的侵权责任。狭义的特殊侵权责任必须法律明确规定，才能适用无过错或者过错推定归责原则。法律没有明确规定，则适用过错归责原则。

特殊侵权责任分为三大类：责任主体特殊的侵权责任、适用无过错归责原则的侵权责任与适用过错推定归责原则的特殊侵权责任。

第三节　侵权责任的免责事由

一、免责事由及其分类

免责事由是指免除或者减轻承担侵权责任的事由。免责事由可称为抗辩事由。在我国台湾地区，又称为违法阻却理由。侵权责任免责事由是由侵权行为的归责原则和侵权责任构成要件派生出来的。适用归责原则不同，侵权责任的构成要件就不同，与之相对应的免责事由也会有所不同。

免责事由的作用是免除或减轻侵权行为人的侵权责任，免责事由存在的前提是侵权责任构成要件已经具备，如果没有免责事由，行为人就要承担侵权责任。免责事由是从结果上免除或者减轻行为人的侵权责任，将其称为免责事由是比较

确切的。

免责事由一般分为正当事由和外来原因两大类。

正当事由是指损害确系行为人的行为所致，但其行为具有正当理由，从而阻却其行为的违法性，即虽然造成损害，但不需要承担责任。例如依法执行公务、正当防卫、紧急避险、受害人同意、自助行为等，其中正当防卫、紧急避险和自助行为，前文已经述及，此处不再赘述。

外来原因是指损害不是行为人的行为造成的，而是由一个外在于其行为的原因独立造成的，如不可抗力、意外事件、受害人过错和第三人过错等。

这两种免责事由的主要区别在于，基于正当事由而致人损害，行为人已经实施某种行为，但其行为是正当的、合法的，排除了行为人行为的违法性，因而表明行为人是没有过错的。据此，行为人应予免责。在外来原因免责事由存在的情况下，行为人根本没有实施某种致人损害的行为，或者外来原因作用于行为人，使行为人不可避免地造成了受害人的损害，由此行为人不应当承担侵权责任。

二、具体的免责事由

为避免重复，本书第八章（民事责任）第二节（不承担或减轻民事责任的情形）已经阐述过的免责事由此处不再罗列。

1. 意外事件。意外事件是指由于当事人意志以外的原因，而偶然发生的事故。作为免责事由的意外事件，应具备如下条件：（1）意外事件是不可预见的；（2）意外事件是归因于行为人自身以外的原因；（3）意外事件是偶然发生的事件，不包括第三人的行为。

2. 自甘风险。自甘风险是指被害人原可以预见损害之发生而又自愿冒损害发生之危险，而损害结果真的不幸发生的情形，即受害人事先了解为某项行为可能伴随着一定风险、损失或事故，但仍愿为此行为，并同意自行承担可能的后果。《民法典》第 1176 条规定：“自愿参加具有一定风险的文体活动，因其他参加者的活动受到损害的，受害人不得请求其他参加者承担侵权责任；但是，其他参加者对损害的发生有故意或者重大过失的除外。”这是我国首次以法律条文形式确认自甘风险免责制度。自甘风险分为明示的自甘风险和默示的自甘风险。构成自甘风险均须具备以下三个要件：（1）受害人知悉或者了解风险。对文体活动的风险有足够的认识和了解。例如，打篮球、踢足球、拳击等体育活动有一定的受伤风险。（2）受害人有自愿承担之必要，受害人自愿参加有风险的文体活动。（3）不违反成文法的规定。适用范围主要是有一定风险的文体活动。文体活动之外的风险作业，如员工自愿高空作业清洗建筑外立面，并不适用自甘风险。具备这些要件，就构成自甘风险，免除行为人的侵权责任。在举证责任上，如果侵害人原应对受害人负责的（如有过失），原告自愿承担风险的举证责任，则应由被告承担。我国法院在司法实践中也有适用自甘风险的判例。

参考案例

北京石景山法院在一起踢足球引起的人身损害赔偿案件中，适用自甘风险规则，驳回了原告的诉讼请求。法院认为踢足球有一定危险性，愿意踢足球的人都是潜在危险的制造者，同时也是潜在危险的受害者，正常踢球过程中造成的人身损害，致害人不承担责任。对参与高风险体育活动，可以通过购买人身保险来规避这些潜在的风险。

【评析】根据《民法典》第 1176 条规定，自愿参加具有一定风险的文体活动，因其他参加者的活动受到损害的，受害人不得请求其他参加者承担侵权责任，法院判决是正确的。

3. 第三人过错。第三人过错是指除受害人和加害人之外的第三人，对受害人损害的发生或扩大具有过错。第三人过错的主要特征是主体上的特殊性，造成损害是名义加害人的行为，但造成损害的过错在第三人，责任由第三人承担。《民法典》第 1175 条规定：“损害是因第三人造成的，第三人应当承担侵权责任。”

在名义加害人的行为仅是第三人实施侵权行为媒介的场合下，名义加害人对损害的发生并无过错，其行为不具有可归责性，其不应对受害人的损害结果承担赔偿责任，而应由真正制造损害的第三人承担责任。如某甲驾车缓慢通过行人较多的路口，某乙驾车高速驶来，刹车不及，撞上某甲车辆，导致某甲车辆突然向前冲出，撞上正在穿越马路的行人某丙，其中某甲系名义加害人，某丙的损害后果应由某乙承担赔偿责任。

理解和适用第三人过错，需要注意以下几点：

（1）在法律规定应当对受害人的损害后果承担连带责任的场合，被告不能依据该条规定主张免责，具体包括有意思联络的共同侵权、共同危险行为及因果关系叠加的情形。

（2）在对受害人的损害承担按份责任的共同侵权场合，被告不能依据该条规定主张免责。

（3）在不真正连带责任场合，被告不能依据该条规定主张免责。例如，雇员在从事雇用活动中因第三人的侵权行为导致人身损害，雇主应承担的赔偿责任与第三人的责任即构成不真正连带责任。

(4) 在被告负有安全保障义务或者管理职责、监护职责的场合，其不能依据本条主张免责。

【本章小结】

构成一般侵权责任须具备四个要件，即违法行为、损害事实、违法行为与损害事实有因果关系和违法行为人有过错。免责事由是指被告针对原告的诉讼请求而提出的，证明原告的诉讼请求不成立或者不完全成立的事实。在侵权责任法中，免责事由是针对承担民事责任的请求而提出来的，所以又称免责或减轻责任的事由。

【引例评析】

行为人因过错侵害他人民事权益，应当承担侵权责任。侵害他人造成人身损害的，应当赔偿医疗费、护理费、交通费等为治疗和康复支出的合理费用，以及因误工减少的收入。被侵权人对损害的发生也有过错的，可以减轻侵权人的责任。原告员某某与被告菅某某因琐事发生争吵，被告菅某某进而对原告进行殴打，被告菅某某应负相应侵权赔偿责任。原告在争吵中先推了被告，对损害后果的发生也有一定过错，应当承担相应责任。据此，法院判决被告菅某某承担70%的赔偿责任。

【练习题】

1. 名词解释

(1) 违法行为

(2) 损害事实

(3) 因果关系

(4) 过错

2. 简答题

(1) 一般情况下，一般侵权责任构成要件有哪些？各个构成要件在应用时要注意哪些要点？

(2) 侵权责任法定免责事由有哪些种类？

3. 案例分析题

李某骑摩托车上班途中，撞到一根竖在路中间的电线杆，经抢救无效死亡。酿成这场悲剧的电线杆属该县电信局所有，原来并没有安装在路中央，但是2003年拓宽马路时，改路不改线，使本来在路边的电线杆竖在了路中央，成了“马路杀手”。李某的近亲属向法院起诉，请求法院判决电线杆的所有者和管理者即电信局、镇政府承担侵权责任。

问题：

(1) 本案被告的行为性质是什么？

(2) 造成本案受害人李某死亡有几个原因？有何不同？

(3) 对于本案受害人李某的死亡，被告是否有过错？

第三十二章
数人侵权行为

【引入案例】

王某某与林某某、周某某均系江苏省淮安市开明中学在读初中学生，简某系林某某母亲，周某系周某某父亲。2010 年 5 月 11 日下午 2 时许，林某某（14 岁)、周某某（14 岁）在本校初中教学楼 5 楼参加完小中考集体复习活动后，从东侧楼梯下楼欲回 4 楼西侧教室上课，双方在 4 楼走廊东侧，相约以赛跑方式比比谁先到教室。林某某先抢跑，周某某紧追其后。当林某某跑至 4 楼初一（九）班教室后门时，与此时正从教室后门走出的该班学生王某某相撞，导致双方受伤。王某某因伤情严重，先后到江苏、北京等医疗机构治疗，共花费医疗费 92712.79 元。其中，简某支付 2.3 万元，开明中学支付 5000 元。王某某认为林某某、周某某及开明中学对其受伤均具有过错，故诉至法院，要求赔偿其医疗费、营养费、住院伙食补助费等各项损失合计 280488.75 元。

【学习目标】

通过本章学习，能够掌握：

1. 数人行为及其分类；
2. 共同侵权行为及其构成要件；
3. 教唆行为、帮助行为及其责任；
4. 共同危险行为及其责任。

第一节　数人侵权行为概述

一、数人侵权行为的概念

数人侵权行为，是指二人以上实施，造成了同一个损害后果，各侵权人承担不同形态责任的侵权行为。数人侵权行为与一人侵权行为相对应。

二、数人侵权行为分类

（一）数人侵权行为的理论分类

根据数人侵权承担责任的方式不同，可以把数人侵权行为分为：承担连带责任的数人侵权行为和承担按份责任的数人侵权行为。

我国《民法典》第 1168 条规定："二人以上共同实施侵权行为，造成他人损害的，应当承担连带责任。"这是关于承担连带责任的数人侵权行为的规定。该法第 1172 条规定："二人以上分别实施侵权行为造成同一损害，能够确定责任大小的，各自承担相应的责任；难以确定责任大小的，平均承担责任。"

（二）数人侵权行为的法律分类

根据《民法典》的规定，数人侵权行为可以分为：共同侵权行为、教唆帮助行为、共同危险行为和无意思联络的数人侵权行为。其中无意思联络的数人侵权行为包括积累因果关系的侵权行为。

第二节　共同侵权行为及责任

一、共同侵权行为的概念

共同侵权行为是指二人以上共同过错侵害他人权益，依法承担连带责任的行为。共同过错包括共同故意或者共同过失，因为有共同过错，所以共同侵权行为人承担连带责任。

二、共同侵权责任的构成要件

（一）侵权行为人为二人以上

共同侵权行为人应该为二人以上，可以是自然人，也可以是法人、非法人组织。如果侵权行为人是自然人，作为共同侵权行为能力人，需要具有完全民事行为能力。

（二）数人行为具有关联性

共同侵权行为数个行为人都参与或者实施了侵害行为，数人是一个整体，他们的共同行为导致了损害的发生。

（三）共同过错

数个行为人具有共同过错。可以是共同故意，也可以是共同过失，或者是故意与过失的混合。数个行为人之间有意思联络，即知道或者应当知道相互间的实施行为。

（四）损害结果的单一性

数个行为人虽然实施了多个侵权行为，但数个行为造成了同一个损害结果，行为与损害结果不可分割，具有因果关系。

三、共同侵权行为的责任承担

共同侵权人因为有共同过错，所以数个行为人共同对受害人承担连带责任。共同侵权人之中的任意一个人都有义务承担赔偿受害人全部损失的责任。受害人有权请求全部侵权人承担责任，也有权只请求部分侵权人承担责任。部分或者某一侵权行为人承担全部责任以后，就免除了全部加害人的责任。

《民法典》第178条第2款规定："连带责任人的责任份额根据各自责任大小确定；难以确定责任大小的，平均承担责任。实际承担责任超过自己责任份额的连带责任人，有权向其他连带责任人追偿。"根据此条规定，支付超出自己赔偿份额的连带责任人，有权向其他连带责任人追偿。

第三节　教唆行为、帮助行为及其责任

一、教唆行为

（一）教唆行为的概念和特征

教唆行为，是指对他人进行劝导、说服，或者通过刺激、利诱、怂恿等方法使该人接受教唆意图的行为。

教唆行为具有下列特征：

1. 教唆行为采取的是积极作为的形式，可以通过劝导、说服、诱惑、怂恿、收买、激将等方法进行。它既可以采取口头形式也可以采取书面形式，既可以通过明示的方式也可以通过暗示的方式进行。

2. 教唆行为主观上一般是故意的，即教唆者明知自己的行为会使被教唆者做出某种侵权行为，他积极追求或者放任这种行为的发生。在一些特殊的情形下，过失也可能构成教唆行为。

3. 教唆的内容是要求被教唆人按照教唆人的意图或指示实施侵权行为。

（二）教唆行为侵权责任的承担

1. 教唆人为完全民事行为能力人，被教唆者为无民事行为能力人或者限制民事行为能力人，监护人无过错（尽到监护责任）的，则由教唆者单独承担责任；如果该无民事行为能力人、限制民事行为能力人的监护人未尽到监护责任的，则教唆者承担侵权责任，监护人承担相应的责任。

2. 教唆人和被教唆人都是完全民事行为能力人，被教唆者按照教唆人的内容实施了侵害行为，则构成共同侵权，二者承担连带责任。如果被教唆人并没有按照教唆人的内容实施侵害行为，则不构成共同侵权行为。

二、帮助行为

（一）帮助行为的概念和特征

帮助行为，是指给予他人以帮助，如提供工具或者指导方法，以便使他人易于实施侵权行为的行为。

帮助行为具有下列特征：

1. 帮助形式一般应是一种积极的作为。帮助的方式很多，包括提供工具、指示目标、言语激励等，它可以是物质上的，也可以是精神上的。

2. 帮助行为只在侵权行为中起次要或者辅助作用。这是它与教唆行为最主要的区别。

3. 帮助行为主观方面一般是故意，即明知或者应知行为人实施的行为内容而提供帮助的行为。

（二）帮助行为责任的承担

帮助人和被帮助人承担共同侵权责任。如果被帮助人系无民事行为能力或者限制民事行为能力人，则帮助人承担民事责任，该无民事行为能力或者限制民事行为能力人的监护人没有尽到监护职责的，应当承担相应的责任。

第四节　共同危险行为及其责任

一、共同危险行为的概念和特征

共同危险行为又称为准共同侵权行为，是指两人或两人以上共同实施危及他人人身、财产权利的危险行为，并且已造成损害结果，但不能确定实际侵害行为人的侵权行为。《民法典》第 1170 条规定的是共同危险行为。

共同危险行为的特征：

1. 危险行为由数人实施。共同危险行为的行为主体必须是两人或两人以上，这是共同危险行为成立的一个基本要件。

2. 行为的性质具有危险性。这种危险性指的是存在侵害他人人身权利、财产权利的可能性，从主观上，行为人没有致人损害的故意，既没有共同的故意，也没有单独的故意，只存在疏于注意义务的共同过失；在客观上，数人实施的行为有致人损害的现实可能性，这种致害他人的可能性可以从行为本身、周围环境以及行为人对致害可能性的控制条件上加以判断；此外，共同危险行为没有人为的侵害方向，共同危险行为不针对任何特定的人。

3. 具有危险性的共同行为是致人损害的原因。共同危险行为的危险性虽然是一种可能性，但就共同危险行为的构成而言，这种危险性已经转化为现实的、客观的损害结果，具有危险性的共同行为与损害事实之间具有客观的因果关系。

4. 损害结果不是共同危险行为人全体所致，但不能判明谁是加害人。在共同危险行为中，必须确认损害结果的发生，不是全体共同危险行为人的行为所致，如果是全体共同危险行为人所致，即为共同侵权行为；但是在全体共同危险行为人之中，又不能判明谁是真正的加害人，如果已经判明谁是加害人，则应由已经判明的加害人来承担赔偿责任。只有损害结果不是所有共同危险行为人所致，又不能判明谁是加害人，才能构成共同危险行为。共同危险行为人是一个整体，不可分离，这是共同危险人与共同侵害人的明显区别之一。

二、共同危险行为责任的承担

根据《民法典》第 1170 条的规定，二人以上实施危及他人人身、财产安全的行为，不能确定具体侵权人的，行为人承担连带责任。根据此条规定，共同危险行为人对受害人承担连带责任。承担责任的共同危险人可以向其他共同危险人追偿超过其应该承担的部分。

参考案例

某日下午5时许，吴某与曹某、傅某（均为未成年人）一起在某住宅15层的电梯走道间玩耍，各拿一个酒瓶，从电梯走道间北面破损的玻璃窗空洞往下投，恰逢原告马某某怀抱着2周岁的儿子马某从该楼房的底层大门往外走，其中一个酒瓶砸在马某的头上，致马某死亡。马某某向法院起诉，要求3名行为人的法定代理人赔偿医药费等损失和精神损害。法院认定本案的性质属于共同危险行为，判决三个行为人的法定代理人承担连带赔偿责任。

【评析】吴某与曹某、傅某三人实施共同危险行为，造成马某死亡，根据《民法典》的规定，三人对马某的死亡应当承担连带赔偿责任。

【本章小结】

数人侵权行为，是指二人以上实施的侵权行为。数人侵权行为与一人侵权行为相对应。共同侵权行为是指二人以上共同过错侵害他人权益，依法承担连带责任的行为。共同过错包括共同故意或者共同过失，因为有共同过错，所以共同侵权行为人承担连带责任，包括教唆行为、帮助行为、共同危险行为等侵权行为。

【引例评析】

共同侵权行为是指二人或二人以上共同侵害他人的合法权益，依法应当承担连带赔偿责任的侵权行为。本案中，林某某与周某某违反《中学生日常行为规范》的规定，相约在教室走廊上赛跑，最终导致林某某撞伤王某某的后果。从行为上看，二致害人的赛跑行为是共同行为，且两致害行为人对其行为所造成的共同损害后果应该预见，因疏忽大意和不注意致使损害后果发生，二人具有共同过失，因此，构成共同过失的共同侵权，应当承担连带赔偿责任。在共同赛跑过程中，林某某将王某某撞伤，周某某并没有与受害人发生身体接触。从致伤王某某的原因力大小分析，林某某直接撞击王某某所占原因力的比例显然大于周某某，因此，林某某承担撞伤王某某的责任也应大于周某某。二审法院酌情认定林某某承担70%的责任，周某某承担30%的责任。开明中学作为教育机构，已尽到教育、管理职责，故不承担赔偿责任。法院确认原告损失合计269673.79元，判决：简某赔偿王某某各项损失合计165771.65元（扣除已支付的2.3万元后）；周某赔偿王某某各项损失合计80902.14元；简某与周某互负连带赔偿责任；驳回原告其他诉讼请求。

【练习题】

1. 名词解释

(1) 数人侵权行为

(2) 共同侵权行为

(3) 共同危险行为

2. 简答题

(1) 简述共同侵权行为的概念和构成要件。

(2) 共同危险行为人之间如何承担责任?

(3) 教唆行为和帮助行为的区别?

3. 案例分析题

2010年12月9日17时37分许，尹某下班后从某星公司门岗骑电瓶车沿小港滨江路自东向西行驶至兴中路靠近滨江路路段时被同方向行驶的车辆碾轧（事故时间约为17时40分)，经抢救无效死亡。尹某的工友徐某第一时间到达事故现场时，肇事车辆已不在现场。尹某临终前就事故车辆的陈述为“是一辆蓝色的货车、有挂车的”“一辆拉煤的大车”“不是对方向车撞的”。某龙运输公司名下的蒙H####（蒙H####挂）半挂车于2010年12月9日17时37分44秒时从某星公司门岗处经过并驶往事故发生地，某城运输公司名下的豫N####（豫NB###挂）半挂车于17时37分51秒经过某星公司门岗处紧随前车而行。二车均为运煤车，车身挂蓝色篷布，在这两车经过后10分钟内无类似车辆通过。2010年12月13日某市北仑区交警部门将上述两辆事故嫌疑车查获，并于12月25日出具调查报告，结论为“根据现有证据材料，可以判定蒙H####与豫N####两车有重大肇事嫌疑，但无法确认究竟是哪一辆车肇事”。尹某家属向法院起诉两辆卡车所属的运输公司，要求被告承担连带赔偿责任。

问题:

(1) 两辆卡车的司机能否成为被告?

(2) 两辆卡车的行为属于什么性质的行为?

(3) 两个运输公司如何承担责任?

第三十三章
特殊侵权责任类型

【引入案例】

2013年3月20日下午，受害人劳某驾驶两轮电动车搭乘劳某某及郭某沿省道308线由灵山县平山镇往佛子镇方向行驶，在行至省道308线66公里加900米路段越过中心线驶到对向路面时，与相对方向行驶由卢某驾驶的大客车发生碰撞，造成劳某、劳某某当场死亡，郭某受伤，两车不同程度损坏的交通事故。2013年3月29日，交通管理大队作出道路交通事故认定，认定劳某负此事故的主要责任，卢某负此事故的次要责任，劳某某、郭某不负此事故的责任。事故发生后，汽车公司支付了丧葬费17100元给死者的家属。据了解，卢某是该汽车公司雇请的员工。卢某驾驶的权属汽车公司所有的大客车在保险公司购买有机动车交通事故责任强制保险和商业第三者责任保险。

【学习目标】

通过本章学习，能够掌握：

1. 特殊侵权责任的类别；
2. 责任主体特别的侵权责任。

第一节　责任主体特殊的侵权责任

一、监护人责任

监护人责任是指无民事行为能力人或者限制民事行为能力人因自己的行为致人损害，由行为人的监护人承担赔偿责任的特殊侵权责任。

监护人承担侵权责任的规则是：无民事行为能力人、限制民事行为能力人造成他人损害的，由监护人承担侵权责任。监护人尽到监护责任的，可以减轻其侵权责任。如果无民事行为能力人、限制民事行为能力人有财产，则从本人财产中支付赔偿费用，不足部分，由监护人赔偿。

认定无民事行为能力人、限制民事行为能力人致人损害的行为主体是无民事行为能力、限制民事行为能力人，即被监护人，但责任主体是监护人，该种侵权责任监护人承担的是无过错替代责任，监护人尽到监护职责的，可以减轻其责任。

二、暂时丧失心智损害责任

暂时丧失心智损害责任，是指完全民事行为能力人对于因暂时没有意识或者失去控制，或因醉酒、滥用麻醉药品、精神药品暂时没有意识或者失去控制造成他人损害的，所应当承担的特殊侵权责任。

暂时丧失心智损害责任的规则是，完全民事行为能力人对自己的行为暂时没有意识或者失去控制造成他人损害有过错的，应当承担侵权责任，行为人没有过错的，根据行为人的经济状况对受害人进行适当补偿。因醉酒、滥用麻醉药品或者精神药品没有意识、失去控制的，应当承担侵权责任。

参考案例

2010年4月21日3时许，唐某驾驶小客车与于某驾驶的小客车发生交通事故，致使唐某受伤。公安交通管理部门认定于某属醉酒后驾车，应负此次事故的全部责任。事发当日，急救站对唐某进行救治，唐某支付出诊费、抢救费等共计260元。2010年4月21日至5月19日，唐某在北京某医院住院治疗，被诊断为脑挫裂伤、蛛网膜下腔出血、外伤性失忆，唐某共住院28天，并支付医疗费19753.64元。

【评析】唐某所受损害，应该由于某承担责任，于某违反法律规定，酒后驾车造成交通事故，应该负事故全部责任，对唐某的损失应该全部赔偿。

三、用人者责任

用人者责任是一种特殊侵权责任类型，它所概括的是用人单位的工作人员或者劳务派遣人员以及个人劳务的提供劳务方在工作过程中，或者在提供劳务过程中造成他人损害，用人单位或者劳务派遣单位以及接受劳务一方应当承担赔偿责任的特殊侵权责任。用人者责任分为以下三种类型：

（一）用人单位责任

用人单位的工作人员因执行工作任务造成他人损害的，由用人单位承担侵权责任。这是因为单位工作人员的行为是职务行为，行为的后果应该由单位承担。用人单位赔偿之后，如果工作人员在造成他人损害中有故意或者重大过失，则可以向其追偿。

需要注意的是，用人单位侵权行为的实施者是单位工作人员，侵权行为发生在执行职务之中。

参考案例

1999 年 7 月，李某吃饭时不慎将一根长约 4 厘米的鱼刺卡进喉咙，3 天后出现发热发炎症状，前往某医学院附属医院诊治。该院医师进行 CT 检查、手术探查，均未发现鱼刺，对李某进行消炎处理后办理了出院手续。5 年来，李某咽部经常红肿、发炎，2004 年某日，李某高烧不退，被迫再次到另一家医院住院。医师采取 X 光检查，查明了鱼刺的具体部位，取出了鱼刺。李某将某医学院附属医院告上法庭。

【评析】本案中，医生的过错造成了受害人 5 年的痛苦。这种侵权责任属于单位责任，法院经审理，判决医院赔偿受害人 4000 元。

（二）劳务派遣责任

劳务派遣期间，被派遣的工作人员因执行工作任务造成他人损害的，由接受劳务派遣的用工单位承担侵权责任，如果劳务派遣单位对派遣工作人员有过错的，就自己的过错程度和原因力，承担相应的责任。劳务派遣人员通常情况下受接受派遣单位管理，他们的行为由接受派遣单位承担责任。派遣单位有过错，主要是指派遣人员不符合接受派遣单位的要求，行为能力、职业技能或者身体方面达不到接受派遣单位的要求，造成侵权的，派遣单位承担相应的责任。

（三）个人劳务责任

在个人之间形成劳务关系，如家庭雇用保姆，如果提供劳务一方因劳务造成他人损害，则由接受劳务一方承担侵权责任。接受劳务一方承担侵权责任后，可以向有故意或者重大过失的提供劳务的一方追偿。

提供劳务一方因劳务自己受到损害的，属于个人劳务的工伤事故，实行过错责任原则，应当根据双方各自的过错承担相应的责任。

提供劳务期间，因第三人的行为造成提供劳务一方损害的，提供劳务一方有权请求第三人承担侵权责任，也有权请求接受劳务一方给予补偿。接受劳务一方补偿后，可以向第三人追偿。

四、网络侵权责任

网络用户、网络服务提供者利用网络侵害他人民事权益的，应当承担侵权责任。

网络用户利用网络，侵害他人民事权益，构成侵权责任，应当由该用户对被侵权人承担赔偿责任。这种侵权责任采取的是过错归责原则，应当适用《民法典》第1165条第1款规定确定责任。网络服务提供者自己利用网络侵害他人民事权益的表现形式，如在网络上发表作品、信息诽谤、侮辱他人，网络服务提供者在网络上抄袭、剽窃他人著作，未经著作权人同意而在网站上发表他人作品等，按照《民法典》第1165条第1款的规定，都构成侵权，应当承担赔偿责任。

网站对于网络用户侵权行为承担连带责任，有两种情况：（1）网络用户利用网络服务实施侵权行为的，被侵权人有权通知网络服务提供者采取删除、屏蔽、断开链接等必要措施。通知应当包括构成侵权的初步证据及权利人的真实身份信息。网络服务提供者接到通知后，应当及时将该通知转送相关网络用户，并根据构成侵权的初步证据和服务类型采取必要措施；未及时采取必要措施的，对损害的扩大部分与该网络用户承担连带责任。（2）网络服务提供者知道或者应当知道网络用户利用其网络服务侵害他人民事权益，未采取必要措施的，与该网络用户承担连带责任。

五、违反安全保障义务的侵权责任

违反安全保障义务的侵权行为，是指依照法律规定或者约定对他人负有安全保障义务的人，违反该义务，因而直接或者间接地造成他人人身或者财产权益损害，应当承担损害赔偿责任的侵权行为。宾馆、商场、银行、车站、机场、体育场馆、娱乐场所等经营场所、公共场所的经营者、管理者或者群众性活动的组织者，未尽到安全保障义务，造成他人损害的，应当承担侵权责任。管理人或组织者违反安全保障义务致人损害的，构成不作为侵权，应当承担过错侵权责任。

安全保障义务主体管理的公共场所或者组织的群众性活动不以有偿及经营活动为限，只要该活动具备与社会公众接触的主动性和客观上的可能性、现实性，即属于安全保障义务所针对的场所及活动。安全保障义务的保护对象不仅包括经营活动的消费者、潜在的消费者以及其他进入公共场所的人，还包括没有交易关系，但以合乎情理的方式进入可被特定主体控制的对社会而言具有某种开放性场所的人。

因第三人的行为造成他人损害的，由第三人承担侵权责任；经营者、管理者或者组织者未尽到安全保障义务的，承担相应的补充责任。经营者、管理者或者组织者承担补充责任后，可以向第三人追偿。

六、学生伤害事故责任

学生伤害事故是指无民事行为能力或者限制民事行为能力的学生在幼儿园、学校或者其他教育机构学习、生活期间，受到人身损害，应当由幼儿园、学校或者其他教育机构承担赔偿责任的特殊侵权责任，又称为校园伤害责任。

这种侵权责任分为三种情况：（1）无民事行为能力人在幼儿园、学校或者其他教育机构学习、生活期间受到人身损害的，实行过错推定原则，幼儿园、学校或者其他教育机构应当承担责任，如果教育机构能够证明已经尽到教育、管理职责的，则不承担责任。（2）限制民事行为能力人在学校或者其他教育机构学习、生活期间受到人身损害的，实行过错责任原则，学校或者其他教育机构未尽到教育、管理职责的，应当承担侵权责任。过错有无的证明责任，由受害人一方承担。（3）无民事行为能力人或者限制民事行为能力人在幼儿园、学校或者其他教育机构学习、生活期间，受到幼儿园、学校或者其他教育机构以外的第三人人身损害的，由第三人承担侵权责任；幼儿园、学校或者其他教育机构未尽到管理职责的，承担相应的补充责任。幼儿园、学校或者其他教育机构承担补充责任后，可以向第三人追偿。

第二节　适用无过错责任归责原则的侵权责任

无过错责任是一种严格责任，对行为人是相对比较严苛的，所以侵权责任法对其适用有严格限制，只有在法律明确规定的情形下才能适用。本节主要介绍适用无过错责任的四种特殊侵权责任。

一、产品责任

产品责任，是指产品生产者、销售者因生产、销售缺陷产品致使他人遭受人身伤害、财产损失或有致使他人遭受人身、财产损害之虞而应承担的赔偿损失、消除危险、停止侵害等责任的特殊侵权责任。

产品责任对生产者适用无过错责任原则，因产品存在缺陷造成他人损害的，确定生产者的责任，无论是否有过错，都应当承担侵权责任。对于销售者，则适用过错责任原则，因销售者的过错使产品存在缺陷，造成他人损害的，销售者应当承担侵权责任；但销售者不能指明缺陷产品的生产者也不能指明缺陷产品的供货者的，销售者应当承担侵权责任。

在产品责任诉讼中，原告往往将生产者和销售者作为共同被告起诉，生产者和销售者之间的责任形式是不真正连带责任，因产品存在缺陷造成损害的，被侵权人可以向产品的生产者请求赔偿，也可以向产品的销售者请求赔偿。销售者不能以自己没有过错作为抗辩理由，其必须先行向受害人赔付。这是法律规定销售者应当承担的责任，主要是为了更好地保护消费者。产品缺陷由生产者造成的，销售者赔偿后，有权向生产者追偿。因销售者的过错使产品存在缺陷的，生产者赔偿后，有权向销售者追偿。前面已经详细介绍，在此不再赘述。

如果因运输者、仓储者等第三人的过错使产品存在缺陷，造成他人损害的，产品的生产者、销售者赔偿后，有权向第三人追偿。

产品投入流通后发现存在缺陷的，生产者、销售者应当及时采取警示、召回等补救措施。未及时采取补救措施或者补救措施不力造成损害的，应当承担侵权责任。

在产品责任的赔偿上，适用一般的赔偿规则，但明知产品存在缺陷仍然生产、销售，造成他人死亡或者健康严重损害的，被侵权人有权请求相应的惩罚性赔偿，即可以要求超过损失额的赔偿额。

根据《产品质量法》第41条第2款的规定，生产者能够证明下列情形之一的，不承担赔偿责任：（1）未将产品投入流通的；（2）产品投入流通时，引起损害的缺陷尚不存在的；（3）将产品投入流通时的科学技术水平尚不能发现缺陷的存在的。根据我国举证责任规则，产品责任侵权诉讼中，生产者要想免责，需要由生产者举证存在法律规定的免责事由。

参考案例

原告贾某在家中吃饭，不慎将橱门旁边的一瓶啤酒碰倒，引起爆炸，玻璃瓶碎片将贾某的右眼球击伤。经鉴定为伤残六级。于是，贾某提起诉讼，要求被告某啤酒厂赔偿经济损失6000元。

【评析】产品侵权责任构成要件应具备：（1）须有缺陷产品；（2）须有人身、财产的损害事实；（3）缺陷产品与损害事实之间存在相当因果关系。一般来说，这些构成要件应该由原告承担证明责任，否则，被告无须承担侵权责任。在本案中啤酒瓶是否存在缺陷，是双方争执的关键问题。如何理解缺陷的具体含义，一般是指一种不合理的危险，且该危险危及他人人身和财产的安全。但是，合理的危险不是缺陷。按照日常生活经验规则，一个善良人在正常情况下对一件产品应具有安全性的期望，在该产品对其产生损害事实的情形下，可以推定被告的啤酒瓶爆炸系存在制造缺陷或指示、说明缺陷，因为正常情况下啤酒瓶被打破后，不应该发生爆炸，发生爆炸就可以推定该酒瓶存在不合理的危险，即存在缺陷，无须原告对被告的啤酒瓶进行缺陷的证明。如果被告不能提出反证以及免责事由，则应该承担侵权责任。

二、环境污染和生态破坏责任

环境污染和生态破坏责任，是指污染者违反法律规定的义务，以作为或者不作为的方式，污染生活、生态环境或者破坏生态环境，造成损害，依法不问过错，应当承担损害赔偿等法律责任的特殊侵权责任。环境污染和生态破坏责任实行无过错责任原则，凡是因污染环境或者破坏生态造成损害的，行为人都应当承担侵权责任。

在环境污染和生态破坏责任中实行的特殊规则是：

（一）举证责任倒置

受害人需要证明三个基本事实要件：一是须有环境污染和生态破坏行为。污染环境和生态破坏的行为主要有：水污染行为、大气污染行为、固体废弃物污染行为、海洋污染行为、有毒有害放射性物质污染行为、噪声污染行为以及生态损害行为等。二是须有受损害事实。须有因污染行为受到人身或者财产损害的事实。三是环境污染、生态破坏行为与受损害事实之间有因果关系。即损害是由环境污染或者生态破坏行为造成的。因污染环境发生纠纷，污染者应当就法律规定的不承担责任或者减轻责任的情形及其行为与损害之间不存在因果关系承担举证责任。

（二）比例承担规则

如果是两个以上污染者共同排放污染物致污染环境，污染者承担责任的大小，则根据污染物的种类、排放量等因素确定每个污染者对污染造成所占比例，根据此比例向受害人承担侵权责任。需要注意的是，比例承担规则规定的是数个污染者之间内部如何分配责任问题，在对受害者责任承担方面，还需要结合《民法典》第 1171 条、第 1172 条的关于无意思联络数人侵权的有关规定来认定。

（三）第三人过错责任

如果是因第三人的过错污染环境造成损害的，被侵权人可以向污染者请求赔偿，也可以向第三人请求赔偿。污染者赔偿后，有权向第三人追偿。

三、高度危险责任

高度危险责任，是指高度危险行为人实施高度危险活动或者管理高度危险物，造成他人人身损害或者财产损害，应当承担损害赔偿责任的特殊侵权责任。高度危险责任实行无过错责任原则，凡是从事高度危险作业造成他人损害的，不论有无过错，都应当承担侵权责任。

高度危险责任的构成要件：（1）实施高度危险行为或者管理的危险物致害行为；（2）损害事实的存在；（3）损害与高度危险行为或者危险物之间有因果关系。

《民法典》侵权责任编主要规定了四种高度危险责任：

1. 民用核设施发生核事故造成他人损害的，民用核设施的营运单位应当承担侵权责任，但能够证明损害是因战争、武装冲突、暴乱等情形或者受害人故意造成的，不承担责任。

2. 民用航空器造成他人损害的，民用航空器的经营者应当承担侵权责任，但能够证明损害是因受害人故意造成的，不承担责任。

3. 占有或者使用易燃、易爆、剧毒、高放射性、强腐蚀性、高致病性等高度危险物造成他人损害的，占有人或者使用人应当承担侵权责任，但能够证明损害是因受害人故意或者不可抗力造成的，不承担责任。被侵权人对损害的发生有重大过失的，可以减轻占有人或者使用人的责任。

如果是遗失、抛弃高度危险物造成他人损害的，由所有人承担侵权责任。所有人将高度危险物交由他人管理的，由管理人承担侵权责任；所有人有过错的，与管理人承担连带责任。

如果是非法占有高度危险物造成他人损害的，由非法占有人承担侵权责任。所有人、管理人不能证明对防止他人非法占有尽到高度注意义务的，与非法占有人承担连带责任。

4. 从事高空、高压、地下挖掘活动或者使用高速轨道运输工具造成他人损害的，经营者应当承担侵权责任，但能够证明损害是因受害人故意或者不可抗力造成的，不承担责任。被侵权人对损害的发生有重大过失的，可以减轻经营者的责任。

高度危险责任通常实行限额赔偿。如果法律规定承担高度危险责任赔偿限额的，如民用航空器每人赔偿40万元人民币，应当依照其规定进行赔偿。

四、饲养动物损害责任

饲养动物损害责任是指动物饲养人或者管理人饲养的动物造成他人损害时，根据致害动物的种类和性质适用无过错责任原则，应当承担赔偿责任的特殊侵权责任。饲养动物损害责任实行无过错责任原则，凡是饲养的动物造成他人损害的，动物饲养人或者管理人均应当承担侵权责任，但能够证明损害是因被侵权人故意或者重大过失造成的，可以不承担或者减轻责任。

饲养动物损害责任的构成要件：（1）动物致害行为；（2）损害事实；（3）损害事实与动物致害行为之间有因果关系。

认定饲养动物损害侵权行为，需要注意以下两点：一是损害是由饲养的动物造成的，不是野生动物造成的，是行为人管束或喂养的动物。二是该损害是由动物独立造成的，不是受外人驱使。如果受动物饲养人指挥、驱赶、命令等情况下造成的损害，则属于一般侵权行为，由指挥、驱赶、命令者承担责任。

具体的饲养动物损害责任的要求是：（1）违反管理规定，未对动物采取安全措施造成他人损害的，实行无过错责任原则，动物饲养人或者管理人应当承担侵权责任。（2）禁止饲养的烈性犬等危险动物造成他人损害的，实行无过错责任原则，动物饲养人或者管理人应当承担侵权责任。（3）动物园的动物造成他人损害的，实行过错推定原则，动物园应当承担侵权责任，如果动物园能够证明尽到管理职责，没有过错的，不承担责任。（4）遗弃、逃逸的动物在遗弃、逃逸期间造成他人损害的，实行无过错责任原则，由原动物饲养人或者管理人承担侵权责任。

如果是因第三人的过错致使动物造成他人损害的，被侵权人可以向动物饲养人，也可以向第三人请求赔偿。动物饲养人或者管理人赔偿后，有权向第三人追偿。

第三节 其他特殊侵权责任

本节主要介绍机动车交通事故责任、医疗损害责任与建筑物和物件损害责任。机动车交通事故责任、医疗损害责任主要适用过错责任，特殊情形下才适用过错推定归责原则。立法机关之所以将这两类侵权行为单列出来主要是因为它们是比较常见的侵权行为，同时也是实践中发生争议比较多的侵权行为，有必要重点强调。建筑物和物件损害责任规定的几种侵权行为都适用过错推定归责原则，以归责原则区分一般侵权行为和特殊侵权行为分类来看，它是典型的特殊侵权行为。

一、机动车交通事故责任

机动车交通事故，是指机动车与非机动车驾驶人员、行人、乘车人以及其他在公路、城市道路和虽在单位管辖范围但允许社会机动车通行的地方，以及广场、公共停车场等用于公众通行的场所上，进行交通活动的人员，因违反我国《道路交通安全法》和其他道路交通管理法规、规章的行为，过失或者意外造成的人身伤亡或者财产损失的事件。

机动车发生交通事故造成损害的，依照我国《民法典》第 1208 条与《道路交通安全法》第 76 条的规定承担赔偿责任，这些基本规则为：一是保险首先赔付原则。机动车发生交通事故，不问过错，首先由保险公司在机动车第三者责任强制保险责任限额范围内予以赔偿；不足的部分，由承保机动车商业保险的保险人按照保险合同的约定予以赔偿；仍然不足或者没有投保机动车商业险的，由侵权人赔偿。二是机动车之间发生交通事故的，由有过错的一方承担赔偿责任；双方都有过错的，按照各自过错的比例分担责任。三是机动车与非机动车驾驶人、行人之间发生交通事故，非机动车驾驶人、行人没有过错的，由机动车一方承担赔偿责任；有证据证明非机动车驾驶人、行人有过错的，根据过错程度适当减轻机动车一方的赔偿责任；机动车一方没有过错的，承担不超过 10%的赔偿责任。具体数额可以按照非机动车驾驶人或者行人的过错程度来确定，一般不少于 5%，应在 5%到 10% 之间确定赔偿的数额。四是交通事故的损失是由非机动车驾驶人、行人故意碰撞机动车造成的，机动车一方不承担赔偿责任。

在机动车造成损害，机动车所有人与使用人不一致的情况下，承担赔偿责任的规则是：（1）因租赁、借用等情形，机动车所有人、管理人与使用人不是同一人时，发生交通事故造成损害，属于该机动车一方责任的，由机动车使用人承担赔偿责任；机动车所有人、管理人对损害的发生有过错的，承担相应的赔偿责任。（2）当事人之间已经以买卖或者其他方式转让并交付机动车但是未办理登记，发生交通事故造成损害，属于该机动车一方责任的，由受让人承担赔偿责任。（3）以挂靠形式从事道路运输经营活动的机动车，发生交通事故造成损害，属于该机动车一方责任的，由挂靠人和被挂靠人承担连带责任。（4）未经允许驾驶他人机动车，发生交通事故造成损害，属于该机动车一方责任的，由机动车使用人承担赔偿责任；机动车所有人、管理人对损害的发生有过错的，承担相应的赔偿责任。（5）以买卖或者其他方式转让拼装或者已经达到报废标准的机动车，发生交通事故造成损害的，由转让人和受让人承担连带责任。（6）盗窃、抢劫或者抢夺的机动车发生交通事故造成损害的，由盗窃人、抢劫人或者抢夺人承担赔偿责任。盗窃人、抢劫人或者抢夺人与机动车使用人不是同一人，发生交通事故造成损害，属于该机动车一方责任的，由盗窃人、抢劫人或者抢夺人与机动车使用人承担连带责任。保险人在机动车强制保险责任限额范围内垫付抢救费用的，有权向交通事故责任人追偿。（7）机动车驾驶人发生交通事故后逃逸，该机动车参加强制保险的，由保险人在机动车强制保险责任限额范围内予以赔偿；机动车不明、该机动车未参加强制保险或者抢救费用超过机动车强制保险责任限额，需要支付被侵权人人身伤亡的抢救、丧葬等费用的，由道路交通事故社会救助基金垫付。道路交通事故社会救助基金垫付后，其管理机构有权向交通事故责任人追偿。（8）非营运机动车发生交通事故造成无偿搭乘人损害，属于该机动车一方责任的，应当减轻其赔偿责任，但是机动车使用人有故意或者重大过失的除外。

二、医疗损害责任

医疗损害责任是指在医疗机构诊疗过程中，医务人员由于过错，造成患者人身损害，医疗机构应当承担的侵权责任。我国《民法典》第 1218 条规定：“患者在诊疗活动中受到损害，医疗机构或者其医务人员有过错的，由医疗机构承担赔偿责任。”

医疗损害责任分为三种类型：

（一）医疗技术损害责任

1. 适用范围：医疗机构的医务人员在诊疗活动中因过失给患者造成人身损害。

2. 归责原则：过错责任。

（1）原则上，受害人须举证证明医务人员具有过错（《民法典》第 1218 条）。

（2）判断医务人员过错的标准：医务人员在诊疗活动中未尽到与当时的医疗水平相应的诊疗义务，则为具有过错。具体而言，过错的判断采用混合标准，对于法定诊疗义务和基本性操作的诊疗义务，采用全国标准，不因地区、资质而有差异；其他的诊疗义务的标准，采用本地标准，可以考虑地区差异、资质差异，落后地区的医务人员注意义务可以稍低（《民法典》第 1221 条）。

（3）三种例外：下列三种情形采用过错推定，推定医疗机构具有过错：①违反法律、行政法规、规章以及其他有关诊疗规范的规定；②隐匿或者拒绝提供与纠纷有关的病历诊疗；③遗失、伪造、篡改或者违法销毁病历资料（《民法典》第 1222 条）。

3. 责任主体：医疗机构承担替代责任。须注意：医务人员具有重大过失的，不承担连带责任。

4. 免责事由。具有下列情形之一的，医疗机构免责：(1) 患者或者其近亲属不配合医疗机构进行符合诊疗规范的诊疗（主要指不遵医嘱诊疗，不遵医嘱用药）。但也有例外，若患者不遵医嘱是因为医疗机构未尽告知义务的，不能免责，医疗机构应当承担相应的赔偿责任。(2) 医务人员在抢救生命垂危的患者等紧急情况下已经尽到合理诊疗义务。(3) 限于当时的医疗水平难以诊疗的（《民法典》第1224条）。

（二）违反告知义务的医疗损害责任

1. 违反一般告知义务的侵权责任。在诊疗活动中，医疗机构负有一般告知义务，应告知患者的病情和应采取的医疗措施。医疗机构因过错违反一般告知义务，给患者造成损害的，应承担不作为侵权的责任（《民法典》第1219条第1款第1句和第2款）。归责原则：过错责任。

2. 违反特殊告知义务的侵权责任。在诊疗活动中，若需要给患者进行特殊检查（如穿刺）、特殊治疗（如化疗、电击）和做手术，医务人员负有特殊告知义务：应告知医疗行为的风险（如不良反应、并发症等）、替代方案、各自的优缺点等，让患者或者其近亲属知情，并取得患者或者其近亲属的明确同意。医务人员未尽特殊告知义务，或未经患者或者其近亲属的明确同意即实施手术或者特殊检查、特殊治疗，因此给患者造成损害的，构成侵权（《民法典》第1219条第1款第2句和第2款）。归责原则：过错责任。

参考案例

甲医院在给患者乙做白内障手术前，医生未告知乙手术并发症，事实上，即使告知，乙也会同意施行手术。结果手术后，乙因并发症而失明。乙向法院起诉要求甲医院承担违反告知义务造成乙受损害的侵权责任，法院支持了乙的诉讼请求。

【评析】本案中甲医院违反了特殊告知义务，并因此致乙损害，应当承担违反特殊告知义务的侵权责任，法院的判决是正确的。

3. 医疗机构的紧急处置权。因抢救生命垂危的患者等紧急情况，不能取得患者或者其近亲属意见（如患者昏迷且不知其近亲属，患者近亲属无正当理由拒不签字）的，经医疗机构负责人或者授权的负责人批准，可以立即实施相应的医疗措施（《民法典》第1220条）。

（三）医疗产品致人损害的责任承担

1. 适用范围：医疗机构在诊疗活动中使用的药品、消毒产品、医疗器械或者血液制品具有缺陷，给患者造成损害。《民法典》第 1223 条规定："因药品、消毒产品、医疗器械的缺陷，或者输入不合格的血液造成患者损害的，患者可以向药品上市许可持有人、生产者、血液提供机构请求赔偿，也可以向医疗机构请求赔偿。患者向医疗机构请求赔偿的，医疗机构赔偿后，有权向负有责任的药品上市许可持有人、生产者、血液提供机构追偿。"

2. 归责原则：无过错责任。

3. 责任主体：医疗产品的提供者与医疗机构承担不真正连带责任。

三、建筑物和物件损害责任

建筑物和物件损害责任，是指为自己管领下的建筑物或者物件造成他人损害，应当由建筑物或者物件的所有人或者管理人承担侵权责任的特殊侵权责任。此类侵权责任适用过错推定归责原则。建筑物和物件损害责任的主要类型是：

（一）建筑物倒塌致人损害的责任

1. 建筑物、构筑物或者其他设施因质量问题倒塌、塌陷造成他人损害，由建设单位与施工单位承担（无过错的）连带责任。

为了加重建设单位与施工单位的责任心，抑制侵权的发生，即使勘察、设计、监理、验收、监管单位具有过错，它们也不对外承担责任（受害人不能以其为被告起诉），但建设单位与施工单位对外承担责任后可以向它们追偿。

2. 建筑物、构筑物或者其他设施"非因质量问题倒塌"，而是"因所有人、管理人、使用人或者第三人的原因"倒塌、塌陷造成他人损害的，由所有人、管理人、使用人或者第三人承担侵权责任，建设单位与施工单位无责任。

（二）建筑物、建筑物上的搁置物、悬挂物脱落、坠落致人损害的责任

建筑物、构筑物或者其他设施的组成部分脱落，或者其上的搁置物、悬挂物发生脱落、坠落造成他人损害，所有人、管理人或者使用人不能证明自己没有过错的，应当承担侵权责任。

第三人对损害的发生具有过错的，第三人不对外承担责任（受害人不能将有过错的第三人作为被告起诉），所有人、管理人或者使用人对外承担责任后，有权向有过错的第三人追偿。

参考案例

大华商场委托飞达广告公司制作了一块宣传企业形象的广告牌，并由飞达公司负责安装在商场外墙。某日风大，广告牌被吹落砸伤过路人郑某。经查，广告牌的安装存在质量问题。问：郑某应当向谁索赔？

【评析】本案中，对于郑某遭受的损害，属于建筑物上的悬挂物脱落造成的损害，应当由建筑物的所有人、管理人或者使用人承担责任，大华商场作为广告的管理人不能证明广告牌脱落其没有过错，应当承担赔偿责任。大华商场承担赔偿责任后，有权向飞达广告公司追偿。

（三）从建筑物中抛掷物品致人损害的责任

根据《民法典》第1254条之规定，禁止从建筑物中抛掷物品。从建筑物中抛掷物品或者从建筑物上坠落的物品造成他人损害的，由侵权人依法承担侵权责任；经调查难以确定具体侵权人的，除能够证明自己不是侵权人的建筑物使用人外，由可能加害的建筑物使用人给予补偿。可能加害的建筑物使用人补偿后，有权向侵权人追偿。发生此种情况，当事人报案后，当地公安机关应当依法及时调查，查清责任人。

物业服务企业等建筑物管理人应当采取必要的安全保障措施防止上述情形的发生；未采取必要的安全保障措施的，应当依法承担未履行安全保障义务的侵权责任。

参考案例

郝某在重庆市马路上行走时，被楼上坠落的烟灰缸砸中头部，受伤严重，公安机关经过侦查现场后难以确定该烟灰缸的所有人。后来，郝某将位于出事居民楼二层以上的居民告上法庭，要求他们赔偿损失。法院经审理认为，除事发当晚无人居住与确有证据证明当晚不在房屋的住户外，其余房屋的居住人均不能排除扔烟灰缸的可能性，遂判决由当时有人居住的不能排除扔烟灰缸嫌疑的22户住户共同给予受害人郝某补偿。

【评析】本案属于建筑物中抛物致人损害，难以确定具体侵权人，依法应当由可能加害的建筑物使用人给予补偿。法院判决不能证明自己不是加害人的22户共同给予受害人郝某补偿并无不当。

（四）物件致人损害的责任

1. 堆放物倒塌、滚落或者滑落造成他人损害，堆放人不能证明自己没有过错的，应当承担侵权责任（《民法典》第1255条，适用过错推定归责原则）。

2. 在公共道路上堆放、倾倒、遗撒妨碍通行的物品造成他人损害的，由行为人承担侵权责任。公共道路管理人不能证明已经尽到清理、防护、警示等义务的，应当承担相应的责任（《民法典》第1256条，适用过错推定归责原则）。

3. 因林木折断、倾倒或者果实坠落等造成他人损害，林木的所有人或者管理人不能证明自己没有过错的，应当承担侵权责任（《民法典》第1257条，适用过错推定归责原则）。

4. 在公共场所或者道路上挖掘、修缮安装地下设施等造成他人损害，施工人不能证明已经设置明显标志和采取安全措施的，应当承担侵权责任。窨井等地下设施造成他人损害，管理人不能证明尽到管理职责的，应当承担侵权责任（《民法典》第1258条，适用过错推定归责原则）。

【本章小结】

特殊侵权责任包括主体特殊的侵权责任，归责原则采取无过错原则的侵权责任和相对特殊或经常出现的典型侵权责任。主体特殊的侵权责任主要是指用人者责任、监护人责任等。采取无过错原则归责的特殊侵权责任主要包括产品责任、高度危险责任、环境污染和生态破坏责任、饲养动物损害责任。其他特殊或典型侵权责任主要包括机动车交通事故责任、医疗损害责任、建筑物和物件损害责任等。

【引例评析】

法院经审理认为，公民的生命健康权受法律保护。法院采信交通管理大队作出的道路交通事故认定，认定劳某应承担70%的民事责任，卢某承担30%的民事责任。卢某是汽车公司雇用的司机，是在执行工作任务中造成原告损害，根据《民法典》第1191条“用人单位的工作人员因执行工作任务造成他人损害的，由用人单位承担侵权责任”的规定，应由汽车公司承担侵权的民事责任。

所以，对此案死者家属的合理损失，应由汽车公司承担30%的赔偿责任，卢某不负赔偿责任。肇事大客车在保险公司投保了交强险和商业保险。死者家属的经济损失，应当由保险公司在机动车第三者责任强制保险责任限额范围内先予以赔偿；不足部分由保险公司根据保险合同的约定按25%的赔偿责任予以赔偿；仍有不足部分，由汽车公司承担30%的赔偿责任。

【练习题】

1. 名词解释

(1) 监护人责任

(2) 物件损害责任

2. 简答题

(1) 医疗损害责任有哪些不同类型？

(2) 什么是高度危险责任？《民法典》侵权责任编规定了哪些高度危险责任？

(3) 建筑物等倒塌责任的责任主体怎样确定？

3. 案例分析题

新疆生产建设兵团某医院在给一位患者注射青霉素注射液的时候，医护人员先对其过敏史进行了询问，之后进行了皮试，直到过了规定的时间没有发现过敏症状后，才给患者注射，接着患者又在注射室留观了10分钟。但是患者回家3个小时之后，发生过敏，因抢救不及时死亡。死者家属要求追究医院的医疗过错责任，法院判决驳回诉讼请求。

问题：

(1) 某医院给患者注射青霉素注射液造成患者死亡，是否构成侵权？

(2) 该医院及医护人员是否存在医疗过失？

(3) 该医院依据何种法律规定免除其侵权责任？

第三十四章 侵权损害赔偿

【引入案例】

陆某是某小学三年级学生（9 岁），一日趁体育课自由活动时，溜出学校大门欲到附近书店看书，在过马路时被王某驾驶的机动车撞倒，王某逃逸，一直未归案。陆某受重伤被路人送去医院抢救，共花费上万元医疗费。经查，该机动车为肖某所有，是王某于事故发生当日盗取。后陆某的父母向法院起诉，要求某小学和肖某共同承担侵权责任，赔偿陆某的医疗费并进行精神损害赔偿。

问题：

1. 肖某是否需要承担侵权责任？
2. 某小学是否需要承担侵权责任？
3. 两被告是否需要进行精神损害赔偿？

【学习目标】

通过本章学习，能够掌握：

1. 侵权损害赔偿规则及其适用；
2. 人身损害赔偿、财产损害赔偿和精精神损害赔偿适用的特点；
3. 我国法律关于惩罚性赔偿的规定。

第一节 侵权损害赔偿及其规则

一、侵权损害赔偿的概念和特征

（一）侵权损害赔偿的概念

侵权损害赔偿是指当事人一方因侵权行为对他方当事人造成损害时，在当事人之间产生请求赔偿权利和承担赔偿责任的债权债务关系。

（二）侵权损害赔偿的特征

1. 侵权损害赔偿的根本目的是救济损害，使受到的损害得到救济，受到侵害的权利得到恢复，也有制裁违法行为和抚慰受害人的作用。

2. 侵权损害赔偿是财产性的民事责任。对人身伤害以及造成的财产损失必须以财产来赔偿；对精神损害的赔偿，主要以财产的方式进行。

3. 侵权损害赔偿是相对性的法律关系。损害赔偿发生在相对人之间，受害人只能向特定的行为人请求赔偿，赔偿责任主体也只需向特定的受害人承担赔偿责任。

二、侵权损害赔偿规则

（一）全部赔偿原则

全部赔偿原则是侵权损害赔偿的基本规则，指的是侵权行为加害人承担赔偿责任的大小应当以行为所造成的实际财产损失的大小为依据，全部予以赔偿。换言之，就是赔偿以所造成的实际损害为限，损失多少，赔偿多少。

适用全部赔偿原则应当特别注意以下几个问题：（1）确定损害赔偿数额即赔偿责任的大小只能以实际损害作为标准，全部予以赔偿。（2）全部赔偿包括直接损失和间接损失，均予以赔偿。（3）全部赔偿应当包括对受害人为恢复权利、减少损害而支出的必要费用这种损失的赔偿。（4）全部赔偿所赔偿的只能是合理的损失，不合理的损失不应予以赔偿。受害人因受到伤害而故意扩大赔偿范围请求的，不予支持。

（二）财产赔偿原则

财产赔偿原则是指侵权行为无论是造成财产损害、人身损害还是精神损害，均以财产赔偿作为唯一方法，不能以其他方法为之。确认这一原则的目的，在于统一损害赔偿的具体方法，一律适用财产性质方法救济损害，不得使用人身的、肉体的方法。对于财产损害，只能以财产的方式赔偿，不能用其他任何方式赔偿。对于人身伤害，也只能以财产的方式予以赔偿。对于精神损害，无论是否造成经济损失，也主要以财产方式赔偿。

（三）损益相抵原则

损益相抵原则亦称损益同销原则，是指赔偿权利人基于发生损害的同一原因受有利益者，应于损害额内扣除利益，而由赔偿义务人就差额予以赔偿的确定赔偿责任范围的规则。按照损益相抵原则所确定的赔偿标的，是损害额内扣除因同一原因而产生的利益额之差额，而不是全部损害额。损益相抵的计算与折抵方法，主要有以下四种，可以根据不同情况选择适用：（1）损害造成的损失与利益均可以金钱计算时，直接相减，扣除利益，直接赔偿差额。（2）对于损害造成的损失已经金钱赔偿者，应当由赔偿权利人将新生利益退还给赔偿义务人，实行损益相抵。（3）实物赔偿，新旧物的差价，应由赔偿权利人退还赔偿义务人，否则权利人对差价为不当得利。（4）返还原物，对所得消极利益，应返还义务人。例如，侵占他人马匹，应负返还义务，对侵占期间受害人所受损失，亦应予以赔偿，但受害人在侵占期间减少的草料、喂养人工等费用，应作为消极利益，从中扣除。

（四）过失相抵原则

过失相抵原则是指在造成损害受害人也有过错的情况下，即双方都有过错，在计算当事人的赔偿责任时，将因受害人的过错所造成的那一部分损失由受害人自己承担的赔偿规则。

参考案例

张某驾车将李某的一条狗轧死，狗价值3000元人民币。受害人李某向法院起诉，请求张某承担全部赔偿责任。

【评析】本案中，李某没有管好自己的狗，存在过错，因此应承担赔偿责任。

（五）衡平原则

作为赔偿原则的衡平原则，是指在确定侵权损害赔偿范围时，必须考虑诸如当事人的经济状况、赔偿能力等因素，使赔偿责任的确定更公正。

适用衡平原则，应当强调以下几点：（1）适用衡平原则的前提是已确定赔偿责任构成，在此基础上，确定赔偿责任大小适用这一原则。（2）衡平原则适用的顺序，应当是在适用其他赔偿规则已经确定了基本的赔偿责任之后，才能考虑适用衡平原则。没有依据其他赔偿原则确定赔偿的基本范围之前，不能适用衡平原则。（3）适用衡平原则应综合考虑各种因素，主要是当事人过错情况、经济情况，以及考虑社会风俗、习惯、舆论、当事人身份、特殊需求等因素综合判断。（4）适用衡平原则，应当为加害人及其家属留下必要生活费用。适用衡平原则的结果，是减轻赔偿责任，降低加害人的负担，极限是在承担责任以后还必须保留加害人及其家属的必需生活费用，而不能让其因负担赔偿责任而使生活陷入极度贫困。

第二节 侵权损害赔偿方法

一、人身损害赔偿

（一）人身损害的类型和赔偿范围

人身损害赔偿，是指民事主体的生命权、健康权、身体权受到不法侵害，造成致伤、致残、致死的后果以及其他损害时，要求侵权人以财产赔偿等方法进行救济和保护的侵权法律制度。

人身伤害所概括的内容：一是侵害身体，这种损害不以受害人感受身体上的痛苦为必要，也不以肉体上的实际损伤为必要；二是人体致伤，以人体造成伤害为起点，以伤害经治愈为临界点，与人体致残相区别；三是人体致残，以造成人体伤害为前提，以经治疗仍留有残疾为必要条件，与致伤、致死相区别；四是致人死亡，以受害人生命丧失为必要条件的人身权侵害，仍以人身伤害为必要前提；五是侵害身体权、健康权、生命权所致的精神损害，其中身体权、健康权受损害的受害人精神损害是自己的损害，侵害生命权则是生命权丧失之人的近亲属所受的精神损害。

对于人身伤害的以上内容，按照《民法典》第1179条和第1180条的规定以及《最高人民法院关于审理人身损害赔偿案件适用法律若干问题的解释》的规定，其赔偿范围是：

1. 人身伤害的一般赔偿。这种赔偿，是指侵害身体权、健康权、生命权造成人身伤害的一般的赔偿范围，即造成人身伤害一般都要赔偿的项目。无论致伤、致残、致死，有常规赔偿所列项目的费用支出的，均应予以赔偿。

2. 劳动能力丧失的赔偿。这种赔偿，是指人身伤害所致残疾，造成劳动能力全部或部分丧失应赔偿的范围。它是在常规赔偿的基础上，对因伤害致残而丧失劳动能力的，赔偿生活费以及相关的项目。

3. 致人死亡的赔偿，这种赔偿，是侵权行为致受害人死亡所应赔偿的项目。它主要包括丧葬费等赔偿，对于常规赔偿项目，也应予以赔偿。

4. 抚慰金赔偿。侵害身体权、健康权、生命权，给受害人造成精神痛苦的，应当予以抚慰金赔偿。

（二）人身损害一般赔偿项目

1. 医疗费。医疗费根据医疗机构出具的医药费、住院费等收款凭证，结合病历和诊断证明等相关证据确定。医疗费的赔偿数额，按照一审法庭辩论终结前实际发生的数额确定。器官功能恢复训练所必要的康复费、适当的整容费以及其他后续治疗费，赔偿权利人可以待实际发生后另行起诉。

2. 误工费。误工费根据受害人的误工时间和收入状况确定。误工时间根据受害人接受治疗的医疗机构出具的证明确定。受害人因伤致残持续误工的，误工时间可以计算至定残日的前一天。受害人有固定收入的，误工费按照实际减少的收入计算。受害人无固定收入的，按照其最近三年的平均收入计算；受害人不能举证证明其最近三年的平均收入状况的，可以参照受诉法院所在地相同或者相近行业上一年度职工的平均工资计算。

3. 护理费。护理费根据护理人员的收入状况和护理人数、护理期限确定。护理人员有收入的，参照误工费的规定计算；护理人员没有收入或者雇用护工的，参照当地护工从事同等级别护理的劳务报酬标准计算。护理人员原则上为一人，但医疗机构或者鉴定机构有明确意见的，可以参照确定护理人员人数。护理期限应计算至受害人恢复生活自理能力时止。受害人因残疾不能恢复生活自理能力的，可以根据其年龄、健康状况等因素确定合理的护理期限，但最长不超过20年。

4. 转院治疗的交通费、住宿费。交通费根据受害人及其必要的陪护人员因就医或者转院治疗实际发生的费用计算。交通费应当以正规票据为凭；有关凭据应当与就医地点、时间、人数、次数相符合。

5. 伙食补助费和营养费。住院伙食补助费可以参照当地国家机关一般工作人员的出差伙食补助标准予以确定。受害人确有必要到外地治疗，因客观原因不能住院，受害人本人及其陪护人员实际发生的住宿费和伙食费，其合理部分应予赔偿。是否赔偿营养费，应当根据受害人伤残情况参照医疗机构的意见确定。

（三）丧失劳动能力的赔偿

劳动能力丧失是受害人健康权遭受侵害所致的严重后果，使其无法继续劳动以维持生计，因而必须予以赔偿。对于劳动能力丧失的赔偿理论基础，采用“收入丧失说”，赔偿的是受害人因为人身损害而减少的收入。

具体的赔偿范围包括以下几种：

1. 残疾赔偿金。残疾赔偿金根据受害人丧失劳动能力程度或者伤残等级，按照受诉法院所在地上一年度城镇居民人均可支配收入或者农村居民人均纯收入标准，自定残之日起按20年计算。但60周岁以上的，年龄每增加一岁减少一年；75周岁以上的，按5年计算。受害人因伤致残但实际收入没有减少，或者伤残等级较轻但造成职业妨害，严重影响其劳动就业的，可以对残疾赔偿金作相应调整。

2. 残疾辅助器具费。残疾辅助器具费按照普通适用器具的合理费用标准计算。伤情有特殊需要的，可以参照辅助器具配制机构的意见，确定相应的合理费用标准。辅助器具的更换周期和赔偿期限参照配制机构的意见确定。

3. 被扶养人的生活费。被扶养人的生活费根据扶养人丧失劳动能力的程度，按照受诉法院所在地上一年度城镇居民人均消费性支出和农村居民人均年生活消费支出标准计算。被扶养人为未成年人的，计算至18周岁；被扶养人无劳动能力又无其他生活来源的，计算20年。但60周岁以上的，年龄每增加一岁减少一年；75周岁以上的，按5年计算。

被扶养人是指受害人依法应当承担扶养义务的未成年人或者丧失劳动能力又无其他生活来源的成年近亲属。被扶养人还有其他扶养人的，赔偿义务人只赔偿受害人依法应当负担的部分。被扶养人有数人的，年赔偿总额累计不超过上一年度城镇居民人均消费性支出额或者农村居民人均年生活消费支出额。

（四）造成死亡的赔偿

侵害生命权致受害人死亡的，应当赔偿丧葬费以及常规赔偿费用和死亡赔偿金。其中丧葬费和死亡赔偿金的赔偿属于致人死亡的特有赔偿项目。

1. 丧葬费。丧葬费按照受诉法院所在地上一年度职工月平均工资标准，以6个月总额计算。

2. 死亡赔偿金。死亡赔偿金按照受诉法院所在地上一年度城镇居民人均可支配收入或者农村居民人均纯收入标准，按20年计算。但60周岁以上的，年龄每增加一岁减少一年；75周岁以上的，按5年计算。根据《民法典》第1180条的规定，因同一侵权行为造成多人死亡的，可以以相同数额确定死亡赔偿金。该条规定主要是解决在同一次事故中，因城市户籍与农村户籍赔偿标准不同而出现的“同命不同价”现象。

3. 被扶养人的生活费。

（五）人身损害的抚慰金

人身损害抚慰金赔偿的范围包括：一是侵害身体权。对于侵害身体权的，应当以赔偿抚慰金作为救济的主要方法，辅之以财产损失应予赔偿的方法。二是侵害健康权。造成一般伤害结果或者造成残疾，侵害健康权的，应当赔偿精神损害抚慰金。三是侵害生命权，造成死亡结果的，对遭受精神损害的死者的近亲属应当赔偿精神损害抚慰金。基本的赔偿方法是由人民法院斟酌案件的全部情况，确定赔偿金额。

二、财产损害赔偿

（一）财产损害的概念和种类

财产损害，是指侵权行为侵害财产权，使财产权的客体遭到破坏，其使用价值和价值的贬损、减少或者完全丧失，或者破坏财产权人对于财产权客体的支配关系，使财产权人的财产利益受到损失，从而导致权利人拥有的财产价值的减少和可得财产利益的丧失。

（二）财产损害的赔偿范围

确定财产损害赔偿范围应当以全部赔偿为原则，即财产损害赔偿数额的确定，以客观的财产、财产利益所损失的价值为客观标准，损失多少就应当赔偿多少。

对财产损害的全部赔偿，包括直接损失和间接损失。加害人既要对现有财产的直接减少进行赔偿，也要对在正常情况下实际上可以得到的利益即间接损失进行赔偿。直接损失是行为人的加害行为所直接造成的受害人的财产减少，如侵犯财产权而造成的财物的损坏、灭失，都属于直接损失，都应当全部赔偿。间接损失原则上也应当全部赔偿。因为在正常情况下，受害人本应当得到这些利益，只是由于加害人的侵害才使这些可得利益没有得到。

（三）财产损害数额的计算

1. 直接损失赔偿。直接损失是指现有财产的减少，侵害财产权的直接损失，就是指加害人侵权行为侵占或损坏受害人的财产，致使受害人现在拥有的财产价值量的实际减少。

计算直接损失的赔偿范围，首先必须确定原物的价值。原物价值的确定，必须根据原物的原有价格及可以使用时间、已经使用时间等因素综合判断。具体公式是：原物价值=原物价格-原物价格/可用时间×已用时间。

2. 间接损失赔偿。间接损失就是可得利益的减少。财物损害的间接损失，是指加害人侵害受害人所有的财物，致使受害人在一定范围内的未来财产利益的损失，它属于“其他重大损失”的范围。

计算财产损害间接损失的赔偿范围，同样要计算间接损失的价值，以间接损失价值的数额，作为对间接损失的赔偿数额。在间接损失价值的计算中，必须注意两个问题：（1）财产的损害本身不是间接损失，而是直接损失，不能将财产损害的本身计入间接损失当中；（2）在侵害的财产是生产、经营资料，受害人因财产被侵害而无法进行生产、经营的时候，不能在计算财产损害的间接损失的同时，再计算受害人停产的误工工资，因为这两项内容是同一性质的损失，是一个损失，不能重复计算。

计算间接损失价值的公式是：

间接损失价值=单位时间增殖效益×影响效益发挥的时间

在这一公式中，“单位时间增殖效益”是一个关键的量。这个量通常用三种方法确定：（1）收益平均法。即计算出受害人在受害之前一定时间里的单位时间平均收益值。（2）同类比照法。即确定条件相同或基本相同的同类生产、经营者，以其为对象，计算该人在同等条件下的平均收益值，作为受害人损失的单位时间增值效益的数额，按此数额确定受害人的单位时间增值效益。（3）综合法。即将以上两种方法综合使用，使计算的结果更趋于准确。

3. 其他财产利益损失的推算。在其他财产利益的损害赔偿中，绝大部分是赔偿间接损失。这种间接损失主要又是预期利益损失。对于预期利益损失的计算，首先必须准确地确定预期利益的数额，在此基础上，减去已得利益额和必要支出的费用，其余额就是预期利益的赔偿数额。

三、精神损害赔偿

（一）精神损害赔偿的概念和结构

精神损害赔偿是民事主体因其人身权利受到不法侵害，使其人格利益和身份利益受到损害或遭受精神痛苦，要求侵权人通过财产赔偿等方法进行救济和保护的民事法律制度。

精神损害，是指对民事主体精神活动的损害。侵权行为侵害公民、法人的民事权利，造成对公民生理、心理上的精神活动和公民、法人维护其精神利益的精神活动的破坏，最终导致精神痛苦和精神利益丧失或减损。精神损害的最终表现形式，就是精神痛苦和精神利益的丧失或减损。

与此相适应，精神损害赔偿分为两部分，一是精神利益损失的赔偿，二是精神痛苦的损害赔偿。

精神利益的损害赔偿，主要是对精神性人格权和身份权损害的民事救济手段，保护的对象是名誉权、人身自由权、肖像权、姓名权、隐私权以及一般人格权等人格权和身份权。

精神痛苦的抚慰金赔偿，是对人格权、身份权损害造成精神痛苦的民事救济手段，保护的对象是民事主体不受精神创伤的权利。因而它只能对自然人适用，不能对法人适用。当自然人的人格权、身份权受到损害，除应当赔偿其财产上的损害以外，对其本人或亲属造成的精神痛苦，应以一定数额的金钱予以抚慰。抚慰金赔偿制度既包括精神性人格权受侵害的救济，也包括物质性人格权受侵害的救济，同时也包括身份权受侵害的救济。

（二）精神损害赔偿的范围

确定精神损害赔偿的范围包括两个问题：

一是适用范围，指受精神损害赔偿制度保护的权利的范围；二是赔偿范围，即精神利益受到损害应当赔偿的范围。

精神损害赔偿的适用范围，包括以下方面：（1）侵害物质性人格权，可以请求精神损害抚慰金赔偿；（2）侵害精神性人格权，可以请求精神损害赔偿；（3）侵害一般人格权或者其他人格利益，可以请求精神损害赔偿；（4）侵害身份权，可以请求精神损害赔偿；（5）侵害具有人格利益因素的特定纪念物品，可以请求精神损害赔偿。

从损害利益的角度研究精神损害赔偿，可以确定精神损害的赔偿范围。精神利益的损害在客观上表现为三种形式：

第一种是精神利益损失所引起的直接财产损失。精神性人格权和身份权被侵害以后，造成人格利益和身份利益的损害，有可能导致直接的财产损失。这种直接的财产损失主要是精神性人格权和身份权被侵害，为恢复权利而支出的必要费用，如为恢复名誉、消除影响而支出的广告宣传费，为消除侵害后果而支出的其他费用等。

第二种是精神利益中的财产利益因素的损失。在人格利益和身份利益中，基本上都是精神利益。但在这些精神利益中，一般都具有一定的财产利益因素，有的表现得很明显，如名称权、肖像权、信用权；有的表现得较为明显，如姓名权、名誉权、隐私权、荣誉权、婚姻自主权等；有的则表现不甚明显，如人身自由权、一般人格权等。当侵权行为发生以后，财产利益因素明显的权利受到损害，其中的财产利益必遭损失，形成明显的财产损失，如肖像权被侵害、名称权被侵害和信用权被侵害，均可造成其中财产利益的损失。财产利益较为明显的权利受到侵害，也可能引起财产利益的损失，这种损失应是精神利益中的财产利益损失。财产利益不甚明显的权利被侵害，也可能造成财产利益的损失，如人身自由权被侵害所损失的劳动收入和劳动报酬等。

第三种是纯粹的精神利益的损害，即人格利益和身份利益的非财产因素的损害。这种损害是无形损害，纯粹表现为精神利益的损害，无法用金钱衡量。

（三）计算精神损害赔偿金的基本方法

确定精神损害赔偿金的原则有三个，其中一个是基本原则，另外两个是辅助性原则。

1. 法官自由裁量原则。这是确定精神损害赔偿金的基本原则，它赋予法官在处理精神损害赔偿案件时，依自由裁量权，确定精神损害赔偿金的具体数额。自由裁量权不是无限制的权利，并不意味着法官在确定精神损害赔偿金数额时可以随心所欲、主观臆断，必须遵循法律规定的规则和限度，只能在法律规定的幅度内裁量，不能超越规定的限度。

2. 区别对待原则。在法官自由裁量原则的基础上，在具体确定精神损害赔偿金的时候，必须对精神损害中不同利益因素的损害予以区别对待，根据不同侵害情况，依据不同规则，分别计算出应赔偿的数额，最后酌定总的赔偿金数额。

3. 适当限制原则。在实行法官自由裁量原则的基础上，实行适当限制原则，目的是克服自由裁量原则的不利因素，防止误导人们盲目追求高额赔偿的倾向。

（四）确定精神损害赔偿金的具体规则

确定精神损害赔偿金的具体规则，也就是计算精神损害赔偿金所遵循的具体方法，主要有以下几种。

1. 概算规则。对于纯精神利益损害的赔偿和精神痛苦的抚慰金赔偿的算定，适用概算规则。法官应将案件情况分为加害人过错程度的轻重、受害人被侵害的精神利益损害后果及所受精神痛苦程度、双方的经济负担能力、受害人的资力这四种因素，确定具体的数额。

2. 比照规则。现行立法对于精神损害赔偿金算定已有明确规定的，应当比照该规定算定赔偿数额。目前立法中，只有我国《国家赔偿法》对由国家行为造成的人身自由权侵害、生命权侵害和扶养请求权侵害有具体的赔偿规定。

3. 参照规则。当确定精神利益中财产利益损失的数额时，可以参照其他标准确定赔偿金数额。

4. 全部赔偿规则。对于因侵害精神性人格权和身份权而造成的财产直接损失，应当比照侵害财产权的全部赔偿原则，以全部财产损失作为赔偿金数额。应注意的是，其财产损失应是合理的、必要的费用支出。不合理、不必要的支出，不应计算在内。

参考案例

原告张某的网名叫作“红颜静”，被告俞某的网名叫作“大跃进”，二人都在西祠网站上网活动。某日，张某、俞某等网友在南京聚会交流，回家之后，张某发现刚刚还在一起玩的“大跃进”竟在公开版块上发出侮辱她的帖子，称“红颜静”是网上的“交际花”，并使用了一些不堪入目的言语，内容极为低俗。此后的几个月时间里，“大跃进”毫无收敛之心，继续发表大量帖子，侮辱“红颜静”，声称“我和‘红颜静’有一腿”，对“红颜静”进行侮辱和诽谤。法庭查证被告的身份和行为属实，经过合议认定，被告在明知对方网名和真实身份的前提下，在网站的公开版块发帖，对原告进行人格侮辱和诽谤，侵权事实成立。判决被告向原告在西祠网站上赔礼道歉，并赔偿其精神损害赔偿金1000元。

【评析】本案中，被告侵犯原告的名誉权，应当依法承担侵权责任，法院判决被告赔礼道歉，并赔偿其精神损害赔偿金1000元，于法有据。

四、惩罚性赔偿

（一）惩罚性赔偿的概念

惩罚性赔偿是指民事主体违反民事法律规定，通过法院判处的由侵害人向被侵害人支付超过实际损失金额的一种损害赔偿。它起源于18世纪60年代的英格兰，本是英美法系国家的民事赔偿制度。1993年制定的《消费者权益保护法》首次在我国确立了这一制度。惩罚性赔偿至少应包括如下几层含义：

1. 它是民事主体在承担补偿性赔偿的前提下承担的责任；

2. 它是由法律明确规定，也就是某个具体责任类型是否适用惩罚性赔偿必须由法律明确作出规定，当事人不能预先约定；

3. 判处的惩罚性赔偿金是由民事主体向另一平等民事主体支付，而非交给国家；

4. 依民事特别法的规定。

（二）惩罚性赔偿的功能

通说认为，惩罚性赔偿具有惩罚、吓阻、补偿三大功能。

1. 惩罚功能。通过对违法行为处以惩罚性赔偿金，对违法行为人予以一定的处罚。

2. 吓阻功能。吓阻功能主要体现在两方面：一方面让受到惩罚的行为人不敢再实施违法行为；另一方面让其他潜在违法行为人因惩罚性赔偿的威慑，不敢实施违法行为。

3. 补偿功能。惩罚性赔偿金对受害人具有一定的补偿功能是不言自明的。

（三）惩罚性赔偿的特征

惩罚性赔偿是和补偿性赔偿相对应的一种民事赔偿制度，具有民事赔偿的一般特征，但它和补偿性赔偿制度相比，还具有如下独有特征：

1. 惩罚性。补偿性赔偿金的主要目的和功能在于弥补受侵害人所遭受的损失，惩罚性赔偿的功能不在于填补受害人的损失，而在于惩罚和制裁加害人严重过错行为。

2. 附加性。也就是说惩罚性赔偿是一种附加的民事责任形式，只有当补偿性赔偿金不足以惩罚侵害人的恶意侵权行为，或者不足以表明法律对这种行为的充分否定，并以此来阻止其再次发生时，才能加以适用。

3. 法定性。惩罚性赔偿金是民事责任的例外和补充，必须有立法的规定和判例性质的裁决，否则应视为不允许适用惩罚性赔偿金，以免可能导致法官滥用权力进行不正当的惩罚，侵害被告的合法权益，进而对整个民事责任的基础和内部的和谐造成冲击。

（四）我国现行法上惩罚性赔偿的规定

1.《民法典》的规定。《民法典》第179条第2款规定："法律规定惩罚性赔偿的，依照其规定。"第1185条规定："故意侵害他人知识产权，情节严重的，被侵权人有权请求相应的惩罚性赔偿。"第1207条规定："明知产品存在缺陷仍然生产、销售，或者没有依据前条规定采取有效补救措施，造成他人死亡或者健康严重损害的，被侵权人有权请求相应的惩罚性赔偿。"

2.《消费者权益保护法》第55条规定："经营者提供商品或者服务有欺诈行为的，应当按照消费者的要求增加赔偿其受到的损失，增加赔偿的金额为消费者购买商品的价款或者接受服务的费用的三倍；增加赔偿的金额不足五百元的，为五百元。法律另有规定的，依照其规定。经营者明知商品或者服务存在缺陷，仍然向消费者提供，造成消费者或者其他受害人死亡或者健康严重损害的，受害人有权要求经营者依照本法第四十九条、第五十一条等法律规定赔偿损失，并有权要求所受损失二倍以下的惩罚性赔偿。"

3.《食品安全法》第148条第2款规定："生产不符合食品安全标准的食品或者经营明知是不符合食品安全标准的食品，消费者除要求赔偿损失外，还可以向生产者或者经营者要求支付价款十倍或者损失三倍的赔偿金；增加赔偿的金额不足一千元的，为一千元。但是，食品的标签、说明书存在不影响食品安全且不会对消费者造成误导的瑕疵的除外。"

我国近年来，对惩罚性赔偿有扩大适用之势，但在法律实践中惩罚性赔偿绝大多数成了职业打假人牟利的法律武器，这也引起很多法官和行政执法人员的警觉和担忧。而在惩罚性赔偿制度的发源地——英美国家，近年来对惩罚性赔偿却因为其备受争议而被施加越来越多的限制，这值得我们立法机关引起足够的重视和深思。

【本章小结】

侵权损害赔偿是指当事人一方因侵权行为对他方当事人造成损害时，在当事人之间产生请求赔偿权利和承担赔偿责任的债权债务关系。包括人身损害赔偿和财产损害赔偿两大类。人身损害赔偿是指民事主体的生命权、健康权、身体权受到不法侵害，造成致伤、致残、致死的后果以及其他损害时，要求侵权人以财产赔偿等方法进行救济和保护的侵权法律制度，具体包括物质损害赔偿与精神损害赔偿。财产损害赔偿是指侵权行为侵害财产权，使财产权的客体遭到破坏，其使用价值和价值的贬损、减少或者完全丧失，或者破坏了财产权人对于财产权客体的支配关系，使财产权人的财产利益受到损失，从而导致权利人拥有的财产价值的减少和可得财产利益的丧失。我国法律损害赔偿以填补性为原则，以惩罚性赔偿为例外。

【引例评析】

第一，根据《民法典》第1215条的规定，盗窃、抢劫或者抢夺的机动车发生交通事故造成损害的，由盗窃人、抢劫人或者抢夺人承担赔偿责任。保险公司在机动车强制保险责任限额范围内垫付抢救费用的，有权向交通事故责任人追偿。所以该机动车的车主并不承担责任，应由盗窃人王某承担责任。

第二，根据《民法典》第1201条的规定，无民事行为能力人或者限制民事行为能力人在幼儿园、学校或者其他教育机构学习、生活期间，受到幼儿园、学校或者其他教育机构以外的人员人身损害的，由侵权人承担侵权责任；幼儿园、学校或者其他教育机构未尽到管理职责的，承担相应的补充责任。在本案中，学校未尽到管理职责，承担相应的补充责任。

第三，根据《民法典》第1183条规定，侵害自然人人身权益造成严重精神损害的，被侵权人有权请求精神损害赔偿。本案中，此事肯定会给9岁的陆某造成严重精神损害，可以要求精神损害赔偿。

【练习题】

1. 名词解释

(1) 损益相抵原则

(2) 过失相抵原则

(3) 惩罚性赔偿

2. 简答题

(1) 侵权损害赔偿有哪些规则？在实践中怎样适用？

(2) 在实践中适用人身损害赔偿、财产损害赔偿和精神损害赔偿应当注意哪些问题？

(3) 除了损害赔偿，其他侵权民事责任方式还有哪些？

3. 案例分析题

某环境卫生管理所驾驶员徐某驾驶自卸车倒车时，将位于车后关车门的本所工人张某撞倒，造成张某左骨盆骨折、后尿道损伤，致阴茎勃起功能严重障碍，构成六级伤残。张某作为原告诉讼至法院，要求被告环境卫生管理所赔偿医疗费、误工费等各项损失152700元。张某的妻子王某认为，自己作为张某的合法妻子，丈夫因车祸致阴茎勃起功能严重障碍，无法进行正常性生活，从而使其陷入漫长、不完整的夫妻生活而带来的精神痛苦之中，故亦作为本案原告，要求被告赔偿精神损害抚慰金50000元。

问题：

(1) 张某作为健康权的受害人，可以请求哪些赔偿项目？

(2) 王某受到侵害的是什么权利？

(3) 王某可以请求哪些赔偿项目？

参考答案及解析

第一章 民法概述

1. 名词解释

（1）民商分立是指在民法典之外，另行制定商法典，民法典与商法典并存。

（2）民法的渊源是指民法法律规范的来源或者表现形式。

（3）习惯是独立于制定法之外的另一类法律渊源，是指在一定地域、行业范围内长期为一般人确信并普遍遵守的民间习惯或者商业习惯。

（4）民法的效力又称民法的适用范围，是指民法发生法律效力的范围，即民法在时间上的适用范围、在空间上的适用范围以及对人的适用范围。

（5）民法的解释是指在适用民法的过程中，根据立法意图和法律意识，对民法的具体内容、含义和使用的概念、术语所作的阐释和说明。

2. 简答题（略）

3. 案例分析题

姓名权是自然人人格的外在表现，是平等的民事主体之间享有的精神性人格权法律关系，属于人身权法律关系。根据本案案情，陈某琪冒名顶替齐某苓上学，毕业工作后一直使用齐某苓的姓名，被告陈某琪因侵犯原告齐某苓的姓名权，属于平等主体之间的人身关系，所以属于民法调整的范围。

第二章 民法基本原则

1. 名词解释

（1）民法基本原则是指贯彻民事立法、民事司法和民事行为始终具有普遍适用效力的指导思想和基本准则，是对民法调整对象的商品经济关系的本质和规律的集中反映，是克服法律局限性的工具。

（2）平等原则是指在民事活动中所有民事主体法律地位平等，同时法律对民事主体提供平等的法律保护。

（3）自愿原则又称意思自治原则，是指民事主体根据自己的意愿，自主地行使民事权利，参与民事法律关系，不受国家权利和任何第三者的非法干预。

(4) 诚实信用原则简称诚信原则，是指民事主体在从事民事活动、行使民事权利和履行民事义务时，应当恪守诺言、诚实不欺，在不损害他人利益和社会利益的前提下寻求自己的利益，最终达到当事人双方之间的民事利益平衡，以及当事人利益与社会利益达到平衡的基本原则。

(5) 生态环境保护原则又称绿色原则，是指民法要求民事主体在从事民事活动时，应当有利于节约资源、保护生态环境，实现人与生态环境之间的利益平衡，促进人与自然和谐发展。

2. 简答题（略）

3. 案例分析题

购房人与甲公司签订的《退款协议书》违法了民法的公平原则。公平原则是指在民事活动中以利益均衡作为价值判断标准，在民事主体之间发生利益关系摩擦时，以权利和义务是否均衡来平衡双方的利益。本案中，乙、丙等购房人虽然与甲公司签订了《退款协议书》，但是并非出于自愿，而是在无奈的情况下签订的。在该协议书中，乙、丙等购房人被迫放弃了数额巨大的利息、违约金支付的要求，该约定显然是显失公平的。我国《民法典》第151条规定，一方利用对方处于危困状态、缺乏判断能力等情形，致使民事法律行为成立时显失公平的，受损害方有权请求人民法院或者仲裁机构予以撤销。因此，为保护购房人的利益，法院应当依据购房人的要求撤销该协议，公司支付利息和违约金。

第三章　民事法律关系

1. 名词解释

(1) 民事法律关系是指民事法律调整的具有民事权利义务内容的社会关系。

(2) 民事法律事实是指依据民事法律规范规定的，能够引起民事法律关系发生、变更或者消灭的客观现象。

(3) 民事权利是指民法规范赋予民事主体为实现受法律保护的利益而实施一定行为的意思自由。

(4) 民事义务是指义务主体为满足权利人的利益需要，在法律规定或当事人约定的范围内，实施一定行为的法律拘束。

(5) 自助行为是指权利人为保护自己的民事权利，在情况紧迫又来不及请求国家机关救助的情况下，对义务人的财产予以扣押或者对其人身自由进行拘束等措施，而为法律和社会公德认可的行为。

2. 简答题（略）

3. 案例分析题

(1) 甲、乙之间先后存在着两种民事法律关系：①所有权关系；②出借专业书籍的借用合同关系。对后一种民事法律关系的性质，双方当事人存在争议，甲认为是借用关系，乙认为是赠与关系。原因在于双方对“拿去吧”一词的理解不同，甲的意思是借用，乙则理解为赠送。这实际上是乙对双方民事法律关系性质有重大误解。应以甲的意思表示为准，双方之间是一种借用合同关系。

（2）本纠纷的民事法律事实有三个：①甲对专业书籍享有所有权的事实。这种民事法律事实是甲与其他人之间产生所有权关系的事实，属于一种持续存在的事实状态。②甲将自己的专业书籍借给乙，乙表示同意。这种民事法律事实，是引起甲乙之间民事法律关系产生的事实，并且属于民事法律事实中的行为。③甲行使解除权，向乙提出返还借用物的请求。这种民事法律事实，是引起甲乙之间民事法律关系消灭的事实，也属于民事法律事实中的行为。

第四章　民事主体

1. 名词解释

（1）民事权利能力是指法律赋予民事主体享有民事权利和承担民事义务的资格。

（2）民事行为能力是指民事主体能够以自己的行为享有民事权利和承担民事义务的资格。

（3）监护是对无民事行为能力人和限制民事行为能力人的人身、财产和其他合法权益进行监督和保护的一种制度。

（4）宣告死亡是指自然人下落不明达到法定的期限，经利害关系人申请，由人民法院宣告其死亡的法律制度。

（5）法人是具有民事权利能力和民事行为能力，依法独立享有民事权利和承担民事义务的社会组织。

（6）法定代表人是指依照法律或者法人组织章程规定，代表法人行使职权的负责人。

（7）非法人组织是不具有法人资格，但是能够依法以自己的名义从事民事活动的社会组织。

2. 简答题（略）

3. 案例分析题

（1）不能，这笔借款是法人的成员乙的个人债务，不是法人的债务，不应由该法人四海公司偿还。

（2）应该，因为法人的法定代表人与法人的关系是同一人格的关系，法定代表人以法人名义实施的行为就是法人的行为。法定代表人是法人的组成部分，法定代表人的更换虽属于法人的变更，但法人的主体资格未变。因此，原债务仍然有效。

(3) 不能，因为甲、乙、丙成立的公司是法人，法人应以自己的全部财产对外承担责任，但法人的责任独立于出资人，出资人以出资额为限承担有限责任。甲、乙、丙已经完成出资，对四海公司所欠债务不再承担责任。

第五章　民法法律关系的客体

1. 名词解释

(1) 民事法律关系客体是指民事法律关系主体享有的民事权利和承担的民事义务所共同指向的对象，也称为民事权利客体。

(2) 物是指存在于人身之外，能够满足人们的社会需要而又能为人所实际控制或者支配的物质客体。

(3) 不动产是指不能移动或者移动会损害其用途或者价值的物。主要是指土地及土地上的定着物。

(4) 动产是指能够在空间上自由流动而不损害其经济价值的物。

(5) 有价证券是设定并证明持券人有取得一定财产的权利，且能够流通的一种书面凭证，是一种特殊类型的物。

(6) 智力成果是指人们通过智力劳动创造的精神财富或精神产品，依靠智力成果产生的权利叫知识产权，是由智力劳动者对其成果依法享有的一种权利，智力成果是知识产权的客体。

2. 简答题（略）

3. 案例分析题

(1) 物是能够满足人的需要并能为人所控制的物质对象，银行存单不具有这种属性，因此它不属于物，属于有价证券。

(2) 罗某的行为构成侵害财产的侵权行为，但是，由于该银行存单已经挂失，该存单上的财产权利已经得到了保护，盗得的仅仅是存单本身而已，因此应当认定构成侵权行为，但不一定要承担存单记载数额的赔偿责任。

第六章　民事法律行为

1. 名词解释

(1) 民事法律行为是指民事主体通过意思表示设立、变更、终止民事法律关系的行为。

(2) 意思表示是指行为人把进行某一民事法律行为的内心效果意思，以一定的方式表达于外部的行为。

(3) 无效民事法律行为是指虽然成立，但因欠缺有效要件，自始、当然、确定不发生当事人预想的法律效果的民事法律行为。

(4) 可撤销民事法律行为是指已经成立生效，因意思表示不真实或者其他原因，行为人有撤销权的民事法律行为。

2. 简答题（略）

3. 案例分析题

（1）小王买洗发水的行为有效，奖金应当归小王。理由：《民法典》第 19 条规定："八周岁以上的未成年人为限制民事行为能力人，实施的民事法律行为由其法定代理人代理或者经其法定代理人同意、追认；但是，可以独立实施纯获利益的民事法律行为或者与其年龄、智力、精神健康状况相适应的民事法律行为。"小王买洗发水的行为是与其年龄、智力相适应的民事法律行为，所以是有效的。奖金是从属于买卖洗发水合同的从法律行为，而且是纯获利的民事法律行为，所以小王有权获得奖金。

（2）根据日常生活经验，一个 15 岁的小孩对于 6000 元买一台电脑的民事法律行为，无法认识到其重要性与法律后果，超出了其认识能力范围，是一个效力待定的民事法律行为。该买卖合同的效力决定于其法定代理人的追认与否，本案中由于其母亲拒绝追认该买卖合同，所以该买卖合同未生效。民事法律行为无效时，双方需要返还财产，所以本案中小王的母亲要求退货还钱，是有法律依据的。

（3）不符合民法规定。奖金归小王，是小王的个人财产。《民法典》第 35 条第 1 款规定："监护人应当按照最有利于被监护人的原则履行监护职责。监护人除为维护被监护人利益外，不得处分被监护人的财产。"小王的母亲用该奖金去为自己买化妆品，不是为了被监护人的利益处分被监护人的财产，所以不符合《民法典》的规定，是违法的。

第七章 代 理

1. 名词解释

（1）代理指代理人在代理权范围内，以被代理人的名义独立与第三人为法律行为，法律效果直接归属于被代理人的法律制度。

（2）代理权指代理人基于被代理人的意思表示或者法律的直接规定，能够以被代理人的名义为意思表示或者受领意思表示，其法律效果直接归于被代理人的资格。

（3）表见代理指行为人没有代理权，但相对人有理由相信其有代理权，法律规定被代理人应负授权责任的无权代理。

2. 简答题（略）

3. 案例分析题

A、B 选项构成表见代理。吴某持有甲公司的授权委托书与合同专用章，虽然甲公司并未对其授权，但这些足以证明吴某有代理权的外观，也足以让善意的相对人温某相信其有代理权，能够代理甲公司签订借款合同。《民法典》第 490 条规定，当事人采用合同书形式订立合同的，自双方当事人签名或盖章时合同成立。公司的合同专用章与公章，在代表公司对外签订合同时均产生法律效力，可以构成表见代理。温某在借出款项时未向甲公司核实不足以推翻表见代理。

C、D 选项有助于甲公司否定吴某的行为构成表见代理。《民法典》172 条规定，行为人没有代理权、超越代理权或者代理权终止后以被代理人的名义订立合同，相对人有理由相信行为人有代理权的，该代理行为有效。表见代理与狭义无权代理的本质区别在于存在使相对人相信无权代理人有代理权的法律外观。本案中，吴某出示的授权委托书明确限定仅授权其参加投标活动，或者授权已经届期，不存在有合理的理由使温某相信吴某有代理权的事实，不能构成表见代理。

第八章　民事责任

1. 名词解释

（1）民事责任是民事主体违反约定或者法定的民事义务而依法应承担的民事法律后果。

（2）正当防卫指为使国家、公共利益、本人或者他人的人身、财产和其他权利免受正在进行中的不法侵害，而采取的制止不法侵害的行为，因正当防卫对不法侵害人造成损害的，不承担民事责任。

（3）紧急避险指为了使公共利益、本人或者他人的人身和其他权利免受正在发生的危险，不得已而采取的损害另一较小的合法利益，以保护较大的合法权益的行为。

2. 简答题（略）

3. 案例分析题

（1）李大妈被宠物狗咬伤，构成饲养的动物致人损害的侵权责任。

（2）能。理由：《民法典》第 1250 条规定："因第三人的过错致使动物造成他人损害的，被侵权人可以向动物饲养人或者管理人请求赔偿，也可以向第三人请求赔偿。动物饲养人或者管理人赔偿后，有权向第三人追偿。"由于刘某用石头打狗导致李大妈被狗咬伤，属于因第三人的过错致使动物造成他人损害，第三人与狗的饲养人承担不真正的连带责任，被侵权人李大妈可以请求刘某赔偿。但由于刘某 13 岁无侵权责任能力，只能由其监护人也就是他的父母承担赔偿责任。

（3）能。理由：《民法典》第 1245 条规定："饲养的动物造成他人损害的，动物饲养人或者管理人应当承担侵权责任；但是，能够证明损害是因被侵权人故意或者重大过失造成的，可以不承担或者减轻责任。"根据《民法典》第 1246 条规定，违反管理规定，未对动物采取安全措施造成他人损害的，动物饲养人或者管理人应当承担侵权责任。石女士作为动物的饲养人对自己饲养的动物致人损害应当承担无过错的侵权责任。且石女士遛狗时未对狗采取安全措施，给狗带嘴套造成他人损害。根据（2）的答案可知即使狗咬人是由于第三人造成的，动物的饲养人与第三人承担不真正连带责任，动物的饲养人也应当对受害人承担侵权责任。

（4）能。理由同（2）。

第九章　诉讼时效与期限

1. 名词解释

（1）诉讼时效是指权利人在法定期间不行使权利，义务人获得抗辩权，从而导致权利人无法胜诉，权利失去国家强制力保护的法律制度。

（2）除斥期间又称“预定期间”，是指法律规定的某种民事权利有效存续的期间。权利人在法律规定的期限内不行使其权利，其权利即消灭的法律制度。

（3）期限是指民事法律关系发生、变更和消灭的时间，分为期间和期日。

2. 简答题（略）

3. 案例分析题

（1）根据《诉讼时效规定》的规定权利人向人民调解委员会以及其他依法有权解决相关民事纠纷的国家机关、事业单位、社会团体等组织提出保护相应民事权利的请求的，与提起诉讼具有同等诉讼时效中断的效力。债权人乙请求人民调解委员会调解产生诉讼时效中断的效力。

（2）诉讼时效因债权人乙向调解委员会申请调解而中断，中断之前经过的诉讼时效归于无效，自中断的事由消除（调解结束）之日重新计算 3 年的诉讼时效。如果调解至 2003 年 5 月 12 日结束，则诉讼时效自 2003 年 5 月 13 日起算 3 年至 2006 年 5 月 12 日届满。2006 年 5 月 15 日，债权人乙起诉债务人甲，要求其还本付息的请求权已超过诉讼时效。

（3）诉讼时效完成，民法为义务人提供的一种对抗债权人请求权的抗辩权，应当由义务人就诉讼时效期间的开始和届满负举证责任，本案中应当由债务人甲对诉讼时效的届满负举证责任。诉讼时效中断之主张，是对诉讼时效期间届满之抗辩主张的再抗辩，应当由主张诉讼时效中断的权利人乙就中断的事由负举证责任。诉讼时效中断事由的结束之主张，是对时效中断之再抗辩的再抗辩，应当由主张诉讼时效中断事由已结束的义务人甲负举证责任。

第十章　物权总论

1. 名词解释

（1）物权是指民事主体依法对特定物进行管理支配并享受物之利益的排除他人干涉的权利。

（2）物权法定原则又称物权法定主义，是指物权的种类和内容等均有法律直接规定，禁止任何人创设法律没有规定的物权或者变更物权的法定内容。

（3）物权请求权又称物上请求权，或者基于物权而生的请求权，是指物权的圆满支配状态受到妨害或者即将发生妨害之时，物权人为恢复其物权的圆满支配状态，得请求妨害人为一定行为或者不为一定行为的权利。

（4）原始取得又称固有取得，指不依他人既存的权利与意思而依法律的直接规定取得物权。

（5）不动产登记是指不动产登记机构依法将不动产权利归属和其他特定事项，记载于不动产登记簿的行为。

（6）占有改定是指在动产物权转让时出让人仍有必要继续占有该动产，而受让人取得对该动产的间接占有以代替现实交付的观念交付。

2. 简答题（略）

3. 案例分析题

在本案中，丙的两项诉讼请求都应得到法院的支持。其理由是：

（1）丙不仅与甲签订了房屋买卖合同，而且根据该买卖合同办理了房屋产权过户登记手续，已经取得了房屋的所有权。而乙虽然也与甲签订了房屋买卖合同，但尚未办理房屋产权过户登记手续，只享有请求甲转移房屋所有权的债权，而对该房不享有所有权。根据物权优先于债权的原理，丙的房屋所有权应优先于乙的债权受到法律的保护。根据物权的排他效力和追及效力，丙基于对房屋的所有权有权追及至其房屋的占有人乙，对乙行使物权请求权，请求乙返还房屋。

（2）在与丙签订的房屋买卖合同中，甲对丙既负有通过办理房屋产权过户登记手续移转房屋所有权的义务，又负有通过交付移转房屋实际占有的义务。在本案中，甲虽然履行了移转房屋所有权的义务，但尚未履行移转房屋占有的义务，因此丙有权请求甲交付房屋。

第十一章　所有权

1. 名词解释

（1）所有权是指所有权人在法律规定的范围内，对属于自己的物为全面支配的权利。

（2）国家所有权是指国家代表全体人民对全民所有的财产的占有、使用、收益和处分的权利。

（3）私人所有权是指私人对其所有的财产依法进行占有、使用、收益和处分的权利。

（4）业主的建筑物区分所有权是指业主对建筑物内的住宅、经营性用房等专有部分享有单独的所有权，对专有部分以外的共有部分享有共有权，以及因共有关系而产生的共同管理权。

（5）共有是指某项财产由两个或两个以上的权利主体共同享有所有权，或者说是多个权利主体对一物共同享有所有权。

（6）按份共有又称分别共有，是指两个或两个以上的共有人按照各自的份额分别对共有财产享有权利和承担义务的共有关系。

（7）共同共有也称公同共有，是指数人基于某种共同关系而对共有物不分份额地共同享有权利并承担义务的共有关系。

（8）准共有指两个或两个以上的主体按份共有或共同共有所有权以外的财产权的共有。

（9）相邻关系也称不动产相邻关系，是指相邻不动产的所有人或者使用人之间，在各自行使所有权或者使用权时，因相互间应当给予一定的便利或者接受一定的限制所发生的权利义务关系。

（10）善意取得亦称为即时取得，是指无权处分人将其占有的动产或者登记在其名下的不动产转让给第三人时，如果第三人在取得该财产时系出于善意，即依法取得该财产的所有权，原财产所有人不得要求第三人返还财产的制度。

（11）遗失物是指非基于占有人的意思占有人丧失其占有且现无人占有的非无主物。

（12）孳息是指由原物滋生、增值、繁衍出来的财产，由原物产生的物。因产生的原因不同，可分为天然孳息和法定孳息。

（13）添附是指不同所有人的物结合成为一个新物，或者由所有人以外的人加工成为新物，而发生的所有权取得的方式，包括附合、混合和加工。

（14）先占是指占有人以所有的意思，先于他人占有无主的动产而取得该动产所有权的法律事实。

（15）取得时效，也称“占有时效”，是指占有他人之物持续达到法定期间而取得所有权的制度。

2. 简答题（略）

3. 案例分析题

甲无权请求丙归还该国画，丙基于善意取得而取得该国画的所有权。甲的损失可请求无处分权人乙承担违约责任或者侵权责任。

第十二章　用益物权

1. 名词解释

（1）用益物权是指对他人所有的不动产或者动产，依照法律规定享有占有、使用和收益的权利。

（2）土地承包经营权是指土地承包经营权人通过签订土地承包经营合同，

依法享有的在集体经济组织或者国家所有的农用地上进行耕作、养殖或者放牧等占有、使用和收益的权利。

(3) 建设用地使用权是指建设用地使用权人依法对国家或者集体所有的土地及其上下建造建筑物、构筑物及其附属设施并保有其所有权为目的而占有、使用、收益的用益物权。

(4) 宅基地使用权是指农村集体经济组织的成员（事实上为农户）为居住目的而依法享有的在农民集体所有的土地上建造个人住宅及其附属设施的权利。

(5) 居住权是指为了满足生活居住的需要，居住权人有权按照合同约定，对他人的住宅享有占有、使用的用益物权。

(6) 地役权是指不动产的所有人或者使用人为提高自己不动产的效益而利用他人不动产的权利。

2. 简答题（略）

3. 案例分析题

(1) 第二村民组与王二能之间存在基于土地承包经营权而发生的发包人与承包人之间的关系。王二能与王小能之间存在土地经营权转让的关系。王二能作为承包人通过招标而获得该荒地的承包经营权；承包方王二能可以在承包期限内将部分或者全部土地经营权转包或者出租给第三方，承包方与发包方的承包关系不变。因此在王二能将经营权出租给王小能后，其与第二村民组的承包关系没有改变。

(2) 无权。根据我国《土地承包经营法》的规定，土地承包经营权可以依法采取转包、出租、互换、转让或者其他方式流转。本案中，承包方王二能可以自主决定依法采取出租方式向王小能流转土地经营权，并且已经向发包方第二村民组备案。承包期内，发包方不得单方面解除承包合同。

第十三章　担保物权

1. 名词解释

(1) 抵押权是指为担保债务的履行，对于债务人或者第三人不转移占有而提供担保的抵押财产，在债务人不履行债务时，或者发生当事人约定的实现抵押权的情形，依法享有的就该财产变价并优先受偿的担保物权。

(2) 最高额抵押权是指抵押人与抵押权人约定，在最高债权额限度内，以抵押财产的价值对一定期间内将要连续发生的债权作担保而设立的抵押权。

(3) 动产浮动抵押权是指抵押权人对抵押人提供担保的现有的以及将有的动产，在债务人不履行到期债务或者发生当事人约定的实现抵押权的情形，有权就实现抵押权时的动产变价和优先受偿的权利。

(4) 质权也称质押权，指债权人在债务人不履行到期债务或者发生当事人约定的实现质权的情形时，可以就债务人或第三人移转占有而供作担保的动产或权利所卖得的价金优先受偿的权利。

（5）动产质权是指为担保债权的实现，债权人占有债务人或者第三人的动产，在债务人不履行到期债务或者发生当事人约定的实现质权的情形，有权就该动产的变价使被担保债权优先受偿的担保权利。

（6）权利质权是指为了担保债务的履行，债权人就债务人或者第三人所享有的财产权利设定的质权。

（7）留置权是指在债务人不履行到期债务时，债权人可以留置已经合法占有的债务人的动产，并有权就该动产折价或者以拍卖、变卖该动产的价款优先受偿的权利。

2. 简答题（略）

3. 案例分析题

（1）张宏与李刚之间的质权不生效。依据《民法典》规定，质权自出质人交付质押财产时设立。

（2）张宏和赵新之间存在质权法律关系。赵新无权出租该车。质权为担保物权，质权人赵新对质押财产不享有使用、收益权。因此，无权出租该宝马车。

（3）张宏可就该车损失向赵新主张权利。质权人在质权存续期间，未经出质人同意，擅自使用、处分质押财产，造成出质人损害的，应当承担赔偿责任。

第十四章　占　　有

1. 名词解释

（1）占有是指人对物的事实上的管领与控制。

（2）自主占有是指占有人主观上以所有的意思而为的占有。

（3）间接占有是指基于一定法律关系，对于事实上占有物的人（即直接占有人）有返还请求权，从而对其物有间接管领力的占有如出质人、出租人、出借人等的占有。

（4）善意占有是指无权占有人无占有的权源但误信存在此种权源且无怀疑的占有。

（5）恶意占有是指占有人明知无占有权源，或者对是否存在占有权源有怀疑而为的占有。

2. 简答题（略）

3. 案例分析题

(1) 甲应当返还耕牛。我国《民法典》第 312 条规定：“所有权人或者其他权利人有权追回遗失物。该遗失物通过转让被他人占有的，权利人有权向无处分权人请求损害赔偿，或者自知道或者应当知道受让人之日起二年内向受让人请求返还原物；但是，受让人通过拍卖或者向具有经营资格的经营者购得该遗失物的，权利人请求返还原物时应当支付受让人所付的费用。权利人向受让人支付所付费用后，有权向无处分权人追偿。”因此，乙有权要求受让人甲返还原物。

（2）丙作为耕牛的盗窃人，对耕牛的占有为直接占有、自主占有、恶意占有、无权占有。

第十五章　合同概述

1. 名词解释

（1）单务合同是指一方当事人只享有权利而不承担义务，另一方当事人只承担义务而不享有权利的合同。单务合同的当事人的权利义务不存在对应关系。

（2）双务合同是指双方当事人都享有权利和承担义务的合同。一方享有一定权利的同时负有相应的义务，对方负担义务的同时也享有相应的权利，即每一方当事人既是债权人又是债务人。

（3）有偿合同是指当事人一方享有合同约定的权利，须向对方当事人支付相应对价的合同。

（4）无偿合同是指当事人一方享有合同约定的权利，不必向对方当事人支付相应对价的合同。

（5）诺成合同是指双方当事人的意思表示达成一致即成立的合同。

（6）实践合同是指除当事人双方意思表示一致以外还须交付标的物才能成立的合同。

2. 简答题（略）

3. 案例分析题

《民法典》第 897 条规定：“保管期内，因保管人保管不善造成保管物毁损、灭失的，保管人应当承担赔偿责任。但是，无偿保管人证明自己没有故意或者重大过失的，不承担赔偿责任。”因王某对于古书的损害不存在故意或重大过失，所以，王某不应对贾某的损失承担赔偿责任。

第十六章　合同的订立及效力

1. 名词解释

（1）要约是一方当事人以缔结合同为目的，向对方当事人提出合同条件，希望对方当事人接受的意思表示。

（2）要约邀请是指希望他人向自己发出要约的意思表示。

（3）承诺是指受要约人同意接受要约的条件以缔结合同的意思表示。

（4）格式合同是当事人为了重复使用而预先拟定，并在订立合同时未与对方协商的条款。

（5）缔约过失责任是指当事人在订立合同过程中，因过错违反依诚实信用原则负有的先合同义务，导致合同不成立、被确认无效、被撤销或者不被追认，给对方造成损失时所应承担的民事责任。

2. 简答题（略）

3. 案例分析题

（1）甲公司的邮件是要约，因为其内容具体确定；乙公司的回复是新要约，因为其对要约作了实质性变更。(《民法典》第 488 条)

（2）甲乙两公司存在合同关系，合同于 10 月 8 日成立，因为此时虽乙公司董事长尚未签字，但甲公司已经履行了主要义务，乙公司也接受，合同成立。(《民法典》第 490 条第 2 款)

（3）合同于 10 月 9 日在 C 地成立，因为以合同书形式订立合同的，自双方当事人签字或者盖章时合同成立，双方当事人签字或者盖章不在同一地点的，最后签名、盖章或者按指印的地点为合同成立的地点。(《民法典》第 493 条)

第十七章 合同的履行

1. 名词解释

（1）协作履行原则是指当事人双方不仅要适当履行自己的债务，而且应基于诚实信用原则，并在必要的限度内，协助对方当事人履行债务的履行原则。

（2）情势变更原则是指合同依法成立后，因不可归责于双方当事人的原因发生了不可预见的情势变更，致使合同的基础丧失或者动摇，若继续维持合同原有效力则显失公平，而允许变更或者解除合同的原则。

（3）同时履行抗辩权是指双务合同的当事人没有先后履行顺序的，一方在对方未为对待给付以前，可拒绝履行自己的债务的权利。

（4）先履行抗辩权是指当事人互负债务，有先后履行顺序的，先履行一方未履行之前，后履行一方有权拒绝其履行请求，先履行一方履行债务不符合约定的，后履行一方有权拒绝其相应的履行请求。

（5）不安抗辩权是指在有先后履行顺序的双务合同中，应先履行义务的一方当事人有确切证据证明对方当事人有难以给付之虞时，在对方当事人没有恢复履行能力或者没有提供担保之前，有暂时中止履行合同的权利。

（6）附随义务是指当事人虽未在合同中约定，但基于诚实信用原则，仍应遵守的通知、协助、保密、忠实、保护等法定义务。

2. 简答题（略）

3. 案例分析题

本案中，乙方的行为属于行使不安抗辩权，首先甲乙之间签订的为双务合同且双方互负债务，乙公司应支付甲方演出劳务费 5 万元，甲方应在演出日出演一个节目。且甲乙双方对于义务的履行有先后顺序，乙公司为先履行一方，甲为后履行一方。乙公司有确切证据证明甲方在演出日之前，其身体有康复的可能，但也不排除甲的伤情会恶化，以至于不能参加原定的演出。因此乙向甲发出通知，主张暂不予支付合同中所约定的5万元劳务费。即在后履行一方的履行能力明显降低，有不能为对待给付的现实危险的情形下，先履行一方所行使的抗辩权，应为不安抗辩权。

第十八章　合同的保全和担保

1. 名词解释

（1）债权人的代位权是指债务人应当行使却不行使其对第三人（次债务人）享有的权利而对债权人的债权造成损害时，债权人为保全自己的债权，可以向人民法院请求以自己的名义代位行使债务人对第三人之权的权利。

（2）债权人的撤销权是指债权人对于债务人所为的危害债权的行为，可请求法院予以撤销的权利。

（3）一般保证是指当事人在保证合同中约定，债务人不能履行债务时，由保证人承担保证责任的保证。

（4）连带责任保证是指当事人在保证合同中约定保证人与债务人对债务承担连带责任的保证。

（5）先诉抗辩权是指保证人在债权人未就主债务人的财产依法强制执行而无效果时，对于债权人可拒绝清偿的权利。

（6）定金是指合同当事人为了确保合同的履行，依据法律规定或者当事人双方的约定，由当事人一方在合同订立时或订立后、履行前，按合同标的额的一定比例，预先给付对方当事人的金钱或其他代替物。

2. 简答题（略）

3. 案例分析题

（1）丙公司对全部债务承担责任。依据《民法典》第691条。

（2）有效。依据《民法典》第551条。

（3）丙公司不继续承担保证责任。依据《民法典》第697条。

（4）丙公司在原保证范围内对戊公司承担保证责任。依据《民法典》第696条第1款。

（5）85万元。依据《民法典》第586条第2款、《民法典》第588条规定，本例中，甲选择适用违约责任，要求乙支付50万元违约金，同时，甲有权要求乙退回预付款35万元，两项合计85万元。

第十九章　合同的变更和转让

1. 名词解释

（1）合同变更是指依法成立的合同在尚未履行或未完全履行之前，基于当事人双方的协议、法院或仲裁机构的裁决或法律规定，不改变合同主体而使合同内容发生变化的现象。

（2）债的移转是指在债的内容与客体保持不变的情形下，债的主体发生变更的现象。

（3）债权让与是指不改变债的内容，债权人将其债权移转于第三人享有的法律事实。

（4）债务承担是指在不改变债的内容的前提下，债务人通过与第三人订立债务承担合同，将债务全部或部分移转给第三人承担的法律事实。

（5）债权债务的概括转移是指合同当事人一方与第三人订立合同，将其合同权利义务全部或者部分移转给该第三人，经对方当事人同意后，由该第三人承受其地位，全部或部分地享受合同权利，承担合同义务。

2. 简答题（略）

3. 案例分析题

（1）如果甲公司未作任何表示，乙公司的移交行为无效。根据《民法典》第551条的规定："债务人将债务的全部或者部分转移给第三人的，应当经债权人同意。债务人或者第三人可以催告债权人在合理期限内予以同意，债权人未作表示的，视为不同意。"乙公司将所有服装制作工作交给丙公司，应当得到甲公司的同意方为有效，甲公司未作任何表示视为甲公司不同意，乙公司的移交行为无效。

（2）甲公司已经同意乙公司将债务转移给丙，因此乙公司退出了原合同，不再受原债务约束，故甲公司的主张不正确，甲公司只能要求丙公司承担责任。

第二十章　合同的权利义务终止

1. 名词解释

（1）清偿即合同的履行，是指债务人按照合同的约定向债权人履行义务、实现债权目的的行为。

（2）抵销是指双方互负债务时，各以其债权充当债务之清偿，而使其债务与对方的债务在对等数额内相互消灭的制度。

（3）免除是指债权人放弃债权，从而全部或部分消灭债的关系的单方行为。

（4）混同是指债权和债务同归一人，致使债的关系消灭的法律事实。

（5）约定解除是指当事人以合同形式，约定为一方或双方保留解除权的解除。其中，保留解除权的合意，称为解约条款。

（6）法定解除是指合同解除的条件由法律直接加以规定。当法定解除条件成立时，合同解除。

（7）单方解除是指解除权人一方行使解除权将合同解除的行为。它不必经过对方当事人的同意，只要解除权人将解除合同的意思表示直接通知对方，或经过人民法院或仲裁机构向对方主张，即可发生合同解除的效果。

2. 简答题（略）

3. 案例分析题

（1）乙可以解除合同。根据《民法典》第563条第1款第4项的规定，当事人一方迟延履行债务或者有其他违约行为致使不能实现合同目的，当事人可以解除合同，乙在收到第一批货物后，在检查时如果发现货物品质存在严重问题，可以向甲提出更换或解除合同。甲给付的材料存在质量问题显然会影响到乙订立合同目的的实现，因此，如果甲不能履行更换货物的义务，那么乙完全可以解除该合同。

（2）甲、乙双方达成的改变标的物的协议有效。《民法典》第543条规定，当事人协商一致，可以变更合同。甲和乙之间通过协商，达成了更改合同标的物的协议，应该认为他们对合同进行了变更，变更后的合同有效。

（3）甲、丁公司达成的供货协议对于乙公司无效。根据《民法典》第551条第1款规定："债务人将债务的全部或者部分转移给第三人的，应当经债权人同意。"因此，甲、丁公司的约定无效，乙公司有权拒绝丁的履行，同时要求甲公司履行义务并承担不履行或履行迟延的法律责任。

第二十一章　违约责任

1. 名词解释

（1）违约责任是指当事人不履行合同义务或者履行合同义务不符合合同约定而依法应当承担的民事责任。

（2）预期违约是指当事人一方明确表示或者以自己的行为表明不履行合同义务的，对方可以在履行期限届满之前请求其承担违约责任。

（3）继续履行（实际履行）是指违约方不履行合同时，守约方请求法院或仲裁机构强制其履行合同义务的责任方式。

（4）赔偿损失是指违约方以支付金钱的方式弥补受害方因违约行为所减少的财产或者所丧失的利益的责任形式。

（5）违约金是指按照当事人的约定或者法律直接规定，一方当事人违约的，应向另一方支付的金钱或者其他给付。

2. 简答题（略）

3. 案例分析题

（1）若合同没有明确约定的情况下，依我国《民法典》的规定，甲油料厂有权要求某供销社继续供货。《民法典》第577条规定："当事人一方不履行合同义务或者履行合同义务不符合约定的，应当承担继续履行、采取补救措施或者赔偿损失等违约责任。"

（2）订立合同的目的就在于通过履行合同获取预定的利益，合同生效后当事人不履行合同义务，对方就无法实现权利。如果违约方有履行合同的能力，对方（受损害方）认为实现合同权利对自己是必要的，有权要求违约方继续履行合同。违约方不得以承担了对方的损失为由拒绝继续履行合同，受损害方在此情况下，可以请求法院或者仲裁机构强制违约方继续履行合同。所以供销社不能只赔偿损失或者只支付违约金而不继续履行合同。

第二十二章　准合同

1. 名词解释

（1）无因管理指管理人没有法定的或者约定的义务，为避免他人利益受损失而管理他人事务，并且符合受益人真实意思，不违反法律或者违背公序良俗的事实行为。

（2）不当得利指没有法律根据，使得他人遭受损失而自己获得利益的事实。

2. 简答题（略）

3. 案例分析题

（1）因张某的救助行为使二者之间发生无因管理关系。

（2）应当由女子偿付，因为此系张某实施无因管理行为所造成的，而且张某自己没有过失。

（3）能。因为此为张某在管理事务中支出的必要费用。

（4）由女子偿付。因受益人对无因管理行为中发生的正当债务有清偿之义务。

（5）不能。因为无因管理是无偿性的。但如果女方自愿给予，法律可以接受。

（6）不应赔偿。因为此系在紧急情况下无过失造成。

第二十三章　人身权概述

1. 名词解释

（1）人身权是民事主体依法享有的与其人身不可分离的，以人格利益或者身份利益为内容的民事权利。

(2) 人身权的权能主要体现为民事主体通过一定方式来享有、处分各种人身利益。

(3) 人身权的控制权能是指民事主体可以按照自己的意志支配各种人身利益，并可以排除他人的非法干涉的权能。

2. 简答题（略）

3. 案例分析题

乙的行为构成对甲姓名权的侵害。《民法典》第 1012 条规定："自然人享有姓名权，有权依法决定、使用、变更或者许可他人使用自己的姓名，但是不得违背公序良俗。"该法第 1014 条规定："任何组织或者个人不得以干涉、盗用、假冒等方式侵害他人的姓名权或者名称权。"本案中，乙冒用甲的姓名向美国某大学发出电子邮件，即构成假冒他人的姓名，也构成盗用他人的姓名。不论甲以后能否拿到这笔奖学金，都不妨碍乙的行为已经构成对甲姓名权的侵害。

侵害姓名权的行为直接侵害的是人格利益，产生的后果是精神损害及某些财产利益的损失。所以如果甲要求乙承担侵害姓名权的民事责任，主要应当包括赔礼道歉、赔偿精神损害等形式。

第二十四章　人格权

1. 名词解释

(1) 一般人格权是民事主体基于人格平等、人格独立、人格自由与人格尊严等根本人格利益而享有的人格权。

(2) 身体权是指自然人维护其身体组织完整并支配其身体或者身体组成部分的具体人格权。

(3) 姓名权是自然人对其姓名享有的决定、使用和依照规定改变，同时禁止他人干涉、盗用和假冒的权利。

(4) 荣誉权是指民事主体获得、保持、利用荣誉并享有其所生利益的权利。

(5) 隐私权是指自然人对属于自己私人生活范畴的事项依法自由支配并排斥他人非法干涉的权利。

(6) 个人信息权是指自然人依法对其个人资料信息所享有的自由支配并排除他人侵害的权利。

2. 简答题（略）

3. 案例分析题

(1) 杂志社未经张某同意，以营利为目的使用了张某的肖像，所以侵害了张某的肖像权。

(2) 张某是未婚女子，却被配以"母女情深"的文字说明，该信息不具有真实性，应视为捏造事实对张某进行诽谤，侵犯了张某的名誉权。

（3）杂志社的行为并未对张某的隐私进行侵害，所以不构成侵害隐私权。

第二十五章 身份权

1. 名词解释

（1）亲权是指父母基于其身份对未成年子女人身、财产方面管理和保护的权利。

（2）配偶权是指婚姻关系存续期间，夫与妻作为配偶间的一种身份权。

（3）亲属权是指父母与成年子女、祖父母与孙子女、外祖父母与外孙子女、兄弟姐妹间的身份权。

2. 简答题（略）

3. 案例分析题

（1）小奇与于先生不具有亲子关系，所以于先生对小奇不具有亲权，没有抚养的权利和义务，因此于先生可以要求返还抚养费。具体数额由法院依法判决。

（2）王女士在与于先生婚姻存续期间与案外人生育一子，违反了夫妻之间相互忠实的义务，侵犯了于先生的配偶权。

第二十六章 继承与继承权

1. 名词解释

（1）继承是指自然人死亡时遗留的个人合法财产依法转移给有权取得该项财产的人所有的法律制度。

（2）继承权是指继承人依法取得被继承人遗产的权利。

（3）接受继承是指继承人同意接受被继承人的遗产。

（4）继承权的放弃是指继承人表示不接受被继承人的遗产。

2. 简答题（略）

3. 案例分析题

根据《民法典》第1125条第1款的规定："继承人有下列行为之一的，丧失继承权：（一）故意杀害被继承人；（二）为争夺遗产而杀害其他继承人；（三）遗弃被继承人，或者虐待被继承人情节严重；（四）伪造、篡改、隐匿或者销毁遗嘱，情节严重；（五）以欺诈、胁迫手段迫使或者妨碍被继承人设立、变更或者撤回遗嘱，情节严重。"本案中，周某杀害杨某，由于不是故意，故不符合上述丧失继承权的条件，周某有权继承杨某的遗产。

第二十七章　法定继承

1. 名词解释

（1）法定继承是指继承人的继承范围、继承顺序、遗产分配原则均由法律直接规定的一种继承方式。

（2）代位继承是本位继承的对称，又称“间接继承”。被继承人的子女先于被继承人死亡或被宣告死亡，被继承人的子女的晚辈直系亲属代替被继承人子女的继承顺序，继承被继承人子女的应继承的遗产份额的制度。

（3）转继承是指继承人或受遗赠人在继承开始后、遗产分割前死亡，其所应继承的遗产份额，或接受遗赠的权利由其继承人承受的一项法定的继承制度。

（4）遗产分配是指财产所有人死亡后根据法定继承、遗嘱或其他法律规定对其遗产的分配制度。

2. 简答题（略）

3. 案例分析题

根据法律规定，继承人在被继承人死亡后，遗产分割以前死亡的，其应得份额由他的法定继承人继承，这在法律上叫作“转继承”。从继承人的范围来说，转继承是由其法定继承人继承，而代位继承是由其直系晚辈亲属继承。杨某死亡后，应由其女儿小杨继承遗产，由于小杨在取得遗产前死亡，此时她应继承的那份遗产，应由小杨的丈夫和小杨的儿子共同继承。

第二十八章　遗嘱继承和遗赠

1. 名词解释

（1）遗嘱是指自然人生前依法定形式对其个人所有的财产进行处分，并于死亡时发生效力的法律行为。

（2）遗嘱继承指继承人按照被继承人生前所立的合法有效遗嘱进行继承的一种继承制度。

（3）遗赠是指遗嘱人用遗嘱的方式将其个人财产的一部分或全部，于其死后赠给国家、集体或者法定继承人以外的组织、个人的一种法律制度。

（4）遗赠扶养协议是指自然人与继承人以外的组织或者个人签订的，该组织或者个人承担该自然人生养死葬的义务，享有受遗赠的权利的协议。

2. 简答题（略）

3. 案例分析题

根据《民法典》第 1111 条第 1 款之规定：“自收养关系成立之日起，养父母与养子女间的权利义务关系，适用本法关于父母子女关系的规定；养子女与养父母的近亲属间的权利义务关系，适用本法关于子女与父母的近亲属关系的规定。”

养子女与生父母以及其他近亲属间的权利义务关系，因收养关系的成立而消除，也就是与生身父母脱离了关系。在杨家，杨某与小杨父子，收养关系一经成立，取得了与婚生子女同等的法律地位，有权继承养父母的遗产。

根据我国《民法典》规定，配偶子女，父母，兄弟姐妹，祖父母，外祖父母，经及对公婆尽了主要赡养义务的丧偶儿媳及对岳父、岳母尽了主要赡养义务的丧偶女婿均为法定继承人，其中第一顺序继承人是：配偶子女和父母。我国《民法典》第 1127 条第 3 款规定："本编所说的子女，包括婚生子女、非婚生子女、养子女和有扶养关系的继子女。"因此，小杨依法可以成为杨某的第一法定继承人，有权继承其养父母的财产，至于杨的弟弟在其兄养子小杨在世时他无权继承其兄遗产。

第二十九章　遗产的处理

1. 名词解释

（1）遗产是指自然人死亡时遗留的个人合法财产。

（2）继承的开始是从被继承人死亡时开始。被继承人死亡的时间，就是继承开始的时间，即继承发生效力的时间。

（3）遗产分割是指将各继承人应继承的份额从遗产中分出的行为。

2. 简答题（略）

3. 案例分析题

我国《民法典》第 1159 条规定，分割遗产，应当清偿被继承人依法应当缴纳的税款和债务。但必须以所得遗产实际价值为限清偿被继承人依法应当缴纳的税款和债务。因此杨某对其父亲该笔银行的贷款应当承担清偿义务，但仅承担 200 万元的债务，即以所得的 200 万元遗产为限。

第三十章　侵权行为和侵权责任

1. 名词解释

（1）侵权行为是指行为人由于过错，或者在法律特别规定的场合不论有无过错，违反法律规定的义务，以作为或不作为的方式，侵害他人人身权利或者财产权利，依法应当承担损害赔偿等法律后果的行为。

（2）侵权责任法是有关侵权行为的定义和种类，以及对侵权行为如何制裁、对侵权损害后果如何补救的民事法律规范的总称。

（3）侵权责任是侵权行为所产生的法律后果，即由民法规定的侵权行为人对其不法行为造成他人人身权利或者财产权利损害所应承担的民事法律责任。

（4）归责原则是指确定侵权行为人侵权损害赔偿责任的一般准则。

2. 简答题（略）

3. 案例分析题

（1）我国侵权责任归责原则是由过错责任原则（含过错推定原则）和无过错责任原则构成的。

（2）过错责任原则调整一般侵权行为，过错推定原则调整部分特殊侵权行为，无过错责任原则调整部分特殊侵权行为。

（3）本案争议的法律关系是产品侵权责任。按照《民法典》第1202条的规定，产品侵权责任是无过错责任原则调整的范围，因此，一审法院处理本案，适用过错责任原则是不正确的，应当适用无过错责任原则。

第三十一章　侵权责任构成和免责事由

1. 名词解释

（1）违法行为是指自然人、法人或者非法人组织违反法定义务、违反保护他人的法律或者故意违背善良风俗而实施的作为或不作为。

（2）损害事实是指一定的行为致使权利主体的人身权、财产权受到侵害，并造成财产利益和非财产利益的减少或灭失的客观事实。

（3）因果关系是指违法行为作为原因，损害事实作为结果，在它们之间存在的前者引起后者，后者被前者所引起的客观联系。

（4）过错是指行为人在实施违法行为时的主观心理状态。民法通说把过错分为故意、重大过失与一般过失。

2. 简答题（略）

3. 案例分析题

（1）本案被告行为的性质是改路不改线，将原来在路旁的电线杆设在路中央，不予挪走，是不作为的违法行为。

（2）造成李某死亡的原因有两个，一个是正常路中央有电线杆的行为，另一个是李某自己的未尽注意义务的行为。前者是主要原因，后者是次要原因。

（3）对于受害人的死亡，被告具有重大过失，就是普通人应当注意的危险，被告竟然没有尽到必要的注意义务，因此有重大过失。应当对李某的死亡承担主要赔偿责任。

第三十二章　数人侵权行为

1. 名词解释

（1）数人侵权行为是指二人以上实施，造成了同一个损害后果，各侵权人承担不同形态责任的侵权行为。数人侵权行为与一人侵权行为相对应。

（2）共同侵权行为是指二人以上共同过错侵害他人权益，依法承担连带责任的行为。

（3）共同危险行为又称为准共同侵权行为，是指两人或两人以上共同实施危及他人人身、财产权利的危险行为，并且已造成损害结果，但不能确定实际侵害行为人的侵权行为。

2. 简答题（略）

3. 案例分析题

（1）两辆卡车的司机是运输公司的职工，他们的行为属于职务行为，后果应该由其所在的公司承担，司机不宜作为本案的被告。

（2）两辆卡车的行为属于共同危险行为，两辆车都有可能碾轧到尹某，并造成了尹某死亡的损害后果，但又无法确定具体哪辆车碾轧了尹某，这属于共同危险行为。

（3）两个运输公司对尹某的死亡承担连带赔偿责任。根据《民法典》第1170条的规定，实施共同危险行为人承担连带赔偿责任。

第三十三章 特殊侵权责任类型

1. 名词解释

（1）监护人责任是指无民事行为能力人或者限制民事行为能力人因自己的行为致人损害，由行为人的父母或者监护人等承担赔偿责任的特殊侵权责任。

（2）物件损害责任是指为自己管领下的物件造成他人损害，应当由物件的所有人或者管理人承担侵权责任的特殊侵权责任。

2. 简答题（略）

3. 案例分析题

（1）医疗机构已经尽到必要的注意义务，没有违反医疗技术要求，不构成侵权。

（2）青霉素的延缓过敏现象是极为罕见的，是患者体质特殊导致的，医院及医护人员不存在医疗过失。

（3）应当依据《民法典》第1221条关于“医务人员在诊疗活动中未尽到与当时的医疗水平相应的诊疗义务，造成患者损害的，医疗机构应当承担赔偿责任”的规定免除责任。

第三十四章 侵权损害赔偿

1. 名词解释

（1）损益相抵原则是指赔偿权利人基于发生损害的同一原因受有利益者，应由损害额内扣除利益，而由赔偿义务人就差额予以赔偿的确定赔偿责任范围的规则。

（2）过失相抵原则是指在造成损害受害人也有过失的情况下，在计算当事人的赔偿责任时，将因受害人的过错所造成的那一部分损失由受害人自己承担的赔偿规则。

（3）惩罚性赔偿是指民事主体违反民事法律规定，通过法院判处的由侵害人向被侵害人支付超过实际损失的金额的一种损害赔偿。

2. 简答题（略）

3. 案例分析题

（1）张某的健康权受到损害造成残疾，可以请求人身损害的常规赔偿和劳动能力丧失的赔偿。

（2）王某受到侵害的权利是配偶权，是配偶权中的性利益受到损害，造成精神痛苦。

（3）王某可以请求精神损害抚慰金的赔偿。

主要参考文献

1. ［英］梅因著：《古代法》，沈景一译，商务印书馆 1959 年版。

2. ［美］P. 诺内特、［美］P. 塞尔兹尼克著：《转变中的法律与社会：迈向回应型法》，张志铭译，中国政法大学出版社 2004 年版。

3. ［美］劳伦斯·M. 弗里德曼著：《法律制度——从社会科学角度观察》，李琼英，林欣译，中国政法大学出版社 2004 年版。

4. ［美］博登海默著：《法理学——法律哲学与法律方法》，邓正来译，中国政法大学出版社 2001 年版。

5. ［美］曼昆著：《经济学原理》，梁小民译，机械工业出版社 2003 年版。

6. ［美］理查德·A. 波斯纳著：《法律的经济分析》，蒋兆康译，中国大百科全书出版社 1997 年版。

7. ［美］弗里德曼著：《经济学语境下的法律规则》，杨欣欣译，法律出版社 2004 年版。

8. ［美］杰瑞·J. 菲利普斯著：《产品责任法》，上海人民出版社 1999 年版。

9. ［法］孟德斯鸠著：《论法的精神》，彭盛译，当代世界出版社 2008 年版。

10. 魏振瀛：《民法》（第七版），高等教育出版社 2017 年版。

11. 杨立新：《民法》（第七版），中国人民大学出版社 2017 年版。

12. 梁慧星：《民法总论》，法律出版社 2001 年版。

13. 杨立新：《侵权责任法》，法律出版社 2018 年版。

14. 梁慧星：《民法总则》重要条文的理解与适用，《四川大学学报》（哲学社会科学版）2017 年第 4 期

15. 彭万林主编：《民法学》，中国政法大学出版社 2007 年版。

16. 张俊浩主编：《民法学原理》，中国政法大学出版社 2000 年版。

17. 王利明主编：《民法》，中国人民大学出版社 2018 年版。

18. 李建伟编著：《民法 60 讲》，人民法院出版社 2007 年版。

19. 梁慧星：《民法总则讲义》，法律出版社 2018 年版。

20. 王泽鉴：《民法总则》，中国政法大学出版社 2002 年版。
21. 胡长清：《中国民法总论》，中国政法大学出版社 1997 年版。
22. 徐国栋：《民法基本原则解释》，中国政法大学出版社 2004 年版。
23. 郑玉波：《民法总则》，中国政法大学出版社 2003 年版。
24. 董安生：《民事法律行为》，中国人民大学出版社 2000 年版。
25. 杨立新：《民法总则：条文背后的故事与难题》，法律出版社 2020 年版。
26. 崔建远、韩世远等：《民法总论》（第三版），清华大学出版社 2019 年版。
27. 关淑芳著：《惩罚性赔偿制度研究》，中国人民公安大学出版社 2008 年版。
28. 王泽鉴著：《侵权行为法》，中国政法大学出版社 2001 年版。
29. 史尚宽：《民法总论》，中国政法大学出版社 2000 年版。
30. 王泽鉴：《人格权法：法释义学、比较法、案例研究》，北京大学出版社 2013 年版。
31. 杨立新：《人格权法》，法律出版社 2015 年版。